THE RUSSIAN-ENGLISH DICTIONARY
OF VERBAL COLLOCATIONS

RUSSIAN-ENGLISH DICTIONARY

OF VERBAL
COLLOCATIONS
(REDVC)

MORTON BENSON

EVELYN BENSON

JOHN BENJAMINS PUBLISHING COMPANY
AMSTERDAM/PHILADELPHIA

1993

Library of Congress Cataloging-in-Publication Data

Benson, Morton.
The Russian-English dictionary of verbal collocations (REDVC) / compiled by Morton and Evelyn Benson.
   p.   cm.
   Includes bibliographical references.
   1. Russian language--Verb phrase. 2. Russian language--Dictionaries--English. I. Benson, Evelyn. II. Title. III. Title: REDVC.
PG2271.B46   1993
491.73'21--dc20   92-34482
ISBN 90 272 2127 8 (Eur.) / 1-55619-483-8 (US) (Hb; alk. paper)   CIP
ISBN 90 272 2128 6 (Eur.) / 1-55619-484-6 (US) (Pb; alk. paper)

John Benjamins Publishing Co. · P.O. Box 75577 · 1070 AN Amsterdam · The Netherlands
John Benjamins North America · 821 Bethlehem Pike · Philadelphia, PA 19118 · USA

Contents

Preface   vii

Introduction   xi

Purpose of the REDVC   xi

Verbal Collocations   xi

   A. Grammatical Collocations   xi

   B. Special Notes on Grammatical Collocations   xiii

   C. Lexical Collocations   xiv

   D. Miscellaneous Verbal Phrases   xv

Style Guide   xv

   E. Aspect   xv

   F. Verbs of Motion   xv

   G. Presentation of Collocations; Structure of Entries   xvi

   H. Miscellaneous Notes on the Structure of Entries   xvii

Abbreviations and Symbols   xix

Selected Bibliography   xxi

Dictionary   1

Preface

All languages are characterized by the regular co-occurrence of certain words. We say in English, for example, *tall building*, but *high mountain*. These *recurrent combinations* or *collocations* are, of course, peculiar to each individual language and cannot be predicted by a learner of that language. Clearly, the knowledge of one's own language and its collocations does not facilitate a learner's ability to form collocations in a second language — there are striking collocational differences between any two languages.

To demonstrate the arbitrary nature of collocations and collocational differences between languages, let us examine four typical Russian verbal collocations and their English equivalents:

A. *вылечивать/вылечить кого от чего*
B. *извещать/известить кого о чём*
C. *лишать/лишить кого чего*
D. *обвинять/обвинить кого в чём*

Note that the Russian collocations have varying structures: collocations A, B, and D each have a different preposition; collocation C has the genitive case without any preposition.

Let us now list the corresponding English collocations:

A. *to cure smb. of smt.*
B. *to inform smb. of smt.*
C. *to deprive smb. of smt.*
D. *to accuse smb. of smt.*

Note that all of the collocations have identical structures: verb + direct object + prepositional phrase, consisting of the preposition *of* and an object.

There are thousands of such striking collocational differences between any two languages such as English and Russian. *These differences are of vital importance to language learners and translators*. A learner cannot speak or write a foreign language correctly without knowing how to form its collocations; translators cannot do their work without paying careful attention to collocations. The *Russian-English Dictionary of Verbal Collocations* (REDVC) has been compiled to help English-speaking learners master Russian, to help Russian-speaking learners master English, and to help translators of both languages. It is assumed that language learners who use the REDVC have already mastered the elements of the language that they are studying — English or Russian. The REDVC is intended for use by language learners at the intermediate and advanced levels.

The REDVC lists Russian verbal collocations and translates them into English. Whenever possible, corresponding English collocations are used in the translations. Most of the collocations listed in the REDVC are grammatical, that is, they consist of a verb + preposition; or, of a verb + specific case or cases; or, of a verb + infinitive; or, of a verb + subordinate clause. In addition, frequently used lexical collocations are given; these consist of a verb + adverb: *to argue heatedly = спорить горячо*. Lastly, various types of miscellaneous verbal phrases are provided, including some important idioms and figurative expressions. Readers who would like more information about grammatical and lexical collocations should consult the *BBI Combinatory Dictionary of English* and the *Lexicographic Description of English*, listed in the Bibliography. The Bibliography also lists other dictionararies that were used during the compilation of the REDVC.

The REDVC makes every effort to describe contemporary Russian. Thus, a large number of illustrative examples given in the REDVC were taken from the current Russian press. See, for example, the entry for **ИМЕНОВАТЬСЯ** (referring to the renaming of Leningrad), the entry for **ПЕРЕХОДИТЬ** G1 (referring to the shift to a market economy), the entry for **ПОСЫЛАТЬ** 4 (referring to the faxing of a document), the entry for **СКАТЫВАТЬСЯ** B2 (referring to the Dow-Jones index), etc. On the other hand, the REDVC, in order to provide an adequate description of the Russian used during the Soviet era, includes some obsolete political expressions. See, for example, the entries for **ВСТУПАТЬ** C, **СКАТЫВАТЬСЯ** C, etc.

Many persons assisted in the compilation of the REDVC. Two native speakers of Russian who are experts on that language read the entire manuscript and made corrections and suggestions. They are Katya Zubritskaja, graduate student in Linguistics at the University of Pennsylvania, and Galina Sergouchenkova, Instructor at the Pushkin Institute of Russian in Moscow.

Major contributions were also made by Professor S. I. Timina, Dean of the Department of Slavic Languages of the Hertzen Russian State Pedagogical University in St. Petersburg; Professor Fred Patton of West Chester State University; Larisa Ratnikoff, Instructor in Russian at the University of Pennsylvania. Each of these consultants examined and commented on various sections of the REDVC.

Other native speakers of Russian at the University of Pennsylvania answered questions about the grammaticality of selected Russian expressions. We are deeply grateful to all of them. Special thanks are due to Professor Wolf Moskovich of Hebrew

University, who was temporarily at the University of Pennsylvania.
    The authors would appreciate receiving comments from users of the REDVC.

M. B., E. B.
Williams Hall
Department of Slavic Languages
University of Pennsylvania
Philadelphia, PA 19104

Introduction

Purpose of the REDVC

In order to help language learners master either Russian or English, and in order to provide translators with essential information, the REDVC presents the following:

- Russian *verbal collocations*;
- Russian *miscellaneous verbal phrases*, including selected idioms and figurative expressions.

All collocations and phrases are translated into English.

Verbal Collocations

There are two types of verbal collocations: grammatical collocations and lexical collocations.

A. *Grammatical collocations*

The REDVC gives eight categories of grammatical collocations. In the following examples, the term *direct object* means an 'object, not preceded by a preposition, in the accusative case':

1. Verb + direct object + prepositional phrase
   извещать кого о чём

2. Verb + direct object + genitive *or* dative *or* instrumental
   лишать кого чего
   учить кого чему
   назначать кого кем

3. Verb + prepositional phrase
   думать о ком/чём

4. Verb + genitive *or* dative *or* instrumental
   бояться кого/чего
   помогать кому
   гордиться кем/чем

5. Verb + direct object + indirect object (in the dative)
   диктовать что кому

6. Verb + infinitive
   уметь читать
   мы спорили о том, где встретиться

7. Verb + clause
   она сказала, что придёт в пять
   спроси, когда он приедет
   мы спорили о том, где встретимся

8. Verb + accusative or genitive

In general, the REDVC does *not* give combinations that consist solely of verb + accusative — индустриализировать страну. Note, however, the following:

a. Many Russian transitive verbs, which normally govern the accusative of inanimate objects, often take the genitive *if the verb is used in the perfective* and if the construction has the partitive meaning of 'some', 'not all'. For example: пить воду means 'to drink water'; выпить воду means 'to drink all the water'; but выпить воды means 'to drink some water'.

Verbs that often take the partitive genitive are marked in the REDVC as *Verb* что/чего.

In order to save space, entries for such verbs do not repeat the fact that they can be used with the genitive only when they are in the perfective.

b. Similarly, some Russian verbs, often with the prefix *на*, can take the genitive with the meaning 'a lot', 'a large quantity' if they are in the perfective. For example, она накупила книг means 'she bought a lot of books'; они натащили дров на кухню means 'they dragged a lot of firewood into the kitchen'. Such verbs take inanimate objects and are marked in the entries in the same manner as those described in a. above.

In order to save space, entries for such verbs do not repeat the fact that they can be used with the genitive only when they are in the perfective.

c. Verbs such as *ждать, желать, искать, ожидать, просить, спрашивать, требовать, хотеть* are used with both the accusative and with the genitive; although usually used with inanimate objects, they can occur with animates.

The accusative prevails when the direct object is concrete or definite, countable, not partitive:

мы ждём его письмо ('we are waiting for his letter')
он ищет своё место ('he is looking for his seat')
она ожидает сестру ('she's expecting her sister')
кондуктор требует билет ('the conductor asks for a ticket')
ребёнок хочет конфету ('the child wants a piece of candy')

The genitive is frequently used when the direct object is indefinite or intangible or partitive or uncountable:

мы желаем свободы ('we want freedom')
я искал убежища ('I was seeking asylum')
они спрашивают разрешения ('they are requesting permission')
она попросила денег ('she asked for some money')

(Compare the preceding sentence with the following two in which a definite amount or a total sum of money is asked for: она попросила сто рублей 'she asked for a hundred roubles'; она попросила свои деньги 'she asked for her money', i.e., 'all of the money that she had lent'.)

Countables can also be in the genitive if the object is indefinite:

они ждут поезда ('they are waiting for a train')
учитель потребовал у ученика ответа ('the teacher demanded an answer from the pupil')

It appears that speakers of modern Russian avoid the genitive if the noun in question is a personal name of the *a* declension:

ждать Анну   искать Марию   ожидать Ольгу

The verbs discussed in this section that can take the accusative and genitive are marked in the REDVC as *Verb* кого/что/чего.

B.   *Special Notes on Grammatical Collocations*

Note 1: Every effort has been made not to clutter the REDVC with unnecessary, i.e., predictable combinations. Consequently, combinations answering the question *где* are usually not given. Any intermediate or advanced student of Russian can form, without the help of a dictionary, such constructions as работать в библиотеке, работать на фабрике, работать дома, etc. However, it must be noted that certain verbs form collocations, with the same prepositions, that answer the two questions: *где* and *куда*. In such instances, the REDVC shows both possibilities at the pertinent entries:

записывать адрес в блокнот/в блокноте
прятать деньги в сейф/в сейфе
ставить автомобиль в гараж/в гараже

In addition, the REDVC shows verbs that occur in synonymous collocations meaning *где*: дежурить в общежитии/по общежитию.

Note 2: One might argue that the use of the instrumental without a preposition to denote 'means', 'instrument', answering the question *чем*, is a predictable feature of Russian syntax and need not be entered in a learner's dictionary of Russian. However, in certain instances the use of the instrumental with or without the preposition *c* may be impossible for learners of Russian to predict. Take, for example, the constructions мыть руки водой с мылом ('to wash one's hands with soap and water'), and стирать бельё со стиральным порошком ('to do the laundry with detergent').

It is also important to note that in many instances the translation of collocations with the instrumental is extremely difficult. Thus, накрывать стол скатертью is in English 'to put a tablecloth on a table' and нас угостили вкусным обедом is 'they treated us to a good dinner'. Consequently, the REDVC does include many collocations with the instrumental answering the question *чем*.

Note 3: As indicated above, transitive Russian verbs that take the accusative (such as атаковать врага, электрифицировать страну) are usually *not* shown in the REDVC. It must be kept in mind, however, that such verbs can be used with the genitive in negative constructions: она никогда не читает газет. This use of the genitive in negative constructions is a regular, predictable feature of Russian syntax and is not shown in the REDVC.

Nonetheless, in some instances, the REDVC does show constructions consisting of verb + accusative. These constructions are given when they are synonymous with a construction consisting of a verb + preposition with object. For example, the entry for **ПЕРЕХОДИТЬ** shows that переходить улицу and переходить через улицу are synonymous, both meaning 'to cross the street'.

C. *Lexical Collocations*

The REDVC gives lexical collocations that consist of an adverb (or adverbial phrase) + verb. Some typical examples are the following:

аплодировать горячо/громко/ бурно	to applaud loudly
беспокоиться очень/страшно/ чрезвычайно	to be deeply concerned
биться стойко	to fight hard/stubbornly
благодарить искренне	to thank sincerely

| болеть тяжело | to be seriously ill |
| болтать без умолку | to chatter incessantly |

D. *Miscellaneous Verbal Phrases*

Verbs play a key role in many Russian phrases that do not fit into any of the types of verbal collocations given above. Important unclassifiable phrases of this type have been included in the REDVC. Some typical examples are:

его бросает в холод	he's getting a chill
вбить что себе в голову	to knock smt. into one's head
вводить в бой	to commit to battle
вводить кого в заблуждение	to mislead smb.
вгонять кого в слёзы	to drive smb. to tears
вставать на путь борьбы	to join a struggle

Some of the miscellaneous phrases included in the REDVC can be considered to be idioms and figurative expressions. These are preceded by an asterisk (*) in the entries to alert the reader. Examples of idioms and figurative expressions are:

*бросать камень/камнем в кого	to slander smb.
*бряцать оружием	to engage in saber rattling
*у меня гора с плеч свалилась	it was a load off my mind
*висеть на волоске/ниточке	to hang by a thread
*смеяться в кулак	to laugh up one's sleeve

Style Guide

E. *Aspect*

The aspectual forms of all verbs are shown. Verbs are normally treated at the imperfective form. When the perfective form is separated alphabetically, it is given as a separate entry with a cross-reference to its imperfective partner. See **ПОДАТЬ.** The aspect of every verb form is indicated by the abbreviations *несов.* and *сов.* When a verb is biaspectual, this fact is noted by the abbreviation in parentheses: (сов. и несов.). An example is **ЭКСПОРТИРОВАТЬ.** If a verb has an alternate perfective form, this fact is noted by the abbreviation *сов. тж.* See the entry for **КООРДИ-НИРОВАТЬ.** See also Miscellaneous Note 8 below.

In general, Ozhegov's Dictionary is used as a guide to Russian verbal aspect.

F. *Verbs of Motion*

The REDVC gives the following pairs of unprefixed verbs of motion:

бежать — бегать	катить — катать
брести — бродить	лезть — лазить
везти — возить	лететь — летать
вести — водить	нести — носить
гнать — гонять	плыть — плавать
ехать — ездить	ползти — ползать
идти — ходить	тащить — таскать

With the exception of the pair *катить — катать*, these verbs are treated at the determinate form (бежать, etc.) of each pair. An entry is given for each indeterminate form, referring to the corresponding determinate form. Whenever the indeterminate form enters into its own collocations, these are shown. See the entry for **ХОДИТЬ**.

The REDVC gives a large number of prefixed verbs of motion: **ВЛЕТАТЬ, ВЫХОДИТЬ, ДОВОЗИТЬ, ЗАВОДИТЬ, НАБЕГАТЬ, ОТГОНЯТЬ, ПЕРЕПОЛЗАТЬ, ПОДНОСИТЬ**, etc.

G.   *Presentation of Collocations; Structure of Entries*

Collocations are presented with the help of the traditional Russian interrogative words: *кого, кому, кем, ком, что, чего, чему, чем, чём, куда, где, каким*, etc. The form *куда* means that the verb can be followed by prepositions meaning 'where to': *в, на, до, к, под*, etc. The form *откуда* means that the verb can be followed by prepositions meaning 'from where': *из, от, с, из-за*, etc.

To demonstrate how collocations are presented, let us reproduce two entries. The first entry shows a verb with one general meaning:

> **ВАРИТЬ** (несов.) **СВАРИТЬ** (сов.) **to cook, make, prepare** (a hot meal or dish) 1. В что из чего (В суп из овощей to make a vegetable soup) 2. В что кому/чему *and* для кого/чего *and* на кого/что (В обед семье/ для семьи/на семью to prepare lunch for one's family) 3. *misc.* В рис в молоке to cook rice in milk; *с ними каши/пива не сваришь! you can't do business with them!

We see here that an entry consists of the following elements, always presented in the same order: aspectual forms; translation of the meaning(s) of the verb; the collocation proper, presented with the help of the Russian question words; an illustrative example or examples within parentheses translated into English, whenever possible with the corresponding English collocation. Note that each different collocational construction is marked by an Arabic number — 1, 2, etc. Collocational variants are shown. Under *misc.* are listed miscellaneous phrases and, preceded by an asterisk (*), idioms and figurative expressions. Whenever possible, an appropriate English idiom is used in the translation.

The second entry shows a verb with more than one meaning:

ВВЁРТЫВАТЬ (несов.) **ВВЕРНУТЬ** (сов.)   A. **to inject, work in** В что во что (В замечание в разговор to inject a comment into a conversation) B. **to insert, screw in** В что во что (В лампочку в патрон to screw a bulb into a socket; В штопор в бутылку to put a cork into a bottle)

Note that each meaning of the verb is treated in a section marked by a capital letter — A, B, etc.

In order to clear up especially troublesome problems of usage, **Notes** are given at some entries. See, for example, the **Note** at the entry for **СОСКУЧИТЬСЯ**.

H.   *Miscellaneous Notes on the Structure of Entries*

Note 1: Some Russian verbs can be followed by dependent clauses introduced by various conjunctions such as *где, зачем, как, когда, куда, откуда, почему, что,* etc. When a verb can be followed by such conjunctions, the entry usually shows only three in order to save space — *где, как, что.* See **ЗНАТЬ** 5. When a verb is usually followed by only *что,* this fact is shown in the entry. See **ЗАЯВЛЯТЬ** B.

Note 2: Many reflexive verbs are included as separate entries. See **АССОЦИИРОВАТЬСЯ, БАЗИРОВАТЬСЯ, БАЛЛОТИРОВАТЬСЯ,** etc. However, it must be kept in mind that almost all transitive Russian verbs can be used reflexively and that this reflexive use is not always shown in the REDVC. In some entries for transitive verbs, examples of reflexive use are given. See **ВЫЯСНЯТЬ, ЗАВОЗИТЬ** A3, **ОТВОДИТЬ** IC1, etc.

Note 3: Some verbs have different meanings, from the standpoint of English, in various aspectual forms. See **АГИТИРОВАТЬ** B, **БОЛЕТЬ** II, **ПРАКТИКОВАТЬСЯ,** etc.

Note 4: As indicated above in the entry for **ВАРИТЬ**, different collocations are given in separate, numbered sections. However, in order to save space, alternate constructions are given in the same section with the help of the conjunctions *and* and *or* or with the help of the slash (/), whenever such a listing will be clear. See the entries for **ВЫСТУПАТЬ** F3, 4 and **ДОСТАВАТЬ** D. The slash is also used to separate synonyms in the English glosses. See the entries for **ВДАВАТЬСЯ** A and B, **ВЫСТУПАТЬ** F2, etc.

Note 5: Differences between American English (AE) and British English (BE) are shown in the English glosses. See entries for **БАЛЛОТИРОВАТЬСЯ, БРОСАТЬ** A2, **ВЫСЕЛЯТЬ** A, **ГОТОВИТЬСЯ** B3, etc.

Note 6: Within an entry, the headword is usually replaced by the capitalized first letter of the headword when it is used in the infinitive form as part of an example. However, when a certain aspect seems to prevail, especially in an idiom, the infinite form of the appropriate aspect is shown. Examples are *яблоку упасть негде/некуда under **ПАДАТЬ** D, *строить глазки кому under **СТРОИТЬ** IC, *не удариться лицом в грязь under **УДАРЯТЬСЯ** D, etc.

Note 7: In some verbs, the stress may differentiate verbal aspect. In prefixed aspectual pairs with the verbs **РЕЗАТЬ** and **СЫПАТЬ**, the imperfective has the stress on the last syllable, and the perfective has the stress on the penult, that is, on the next-to-last syllable. The REDVC gives the following verbs that differentiate aspect in this manner:

ВРЕЗАТЬ, ВРЕЗАТЬСЯ, ВЫРЕЗАТЬ, НАРЕЗАТЬ, ОБРЕЗАТЬ, ОБРЕЗАТЬСЯ, ОТРЕЗАТЬ, ПЕРЕРЕЗАТЬ, ПОДРЕЗАТЬ, ПРИРЕЗАТЬ, ПРОРЕЗАТЬ, СРЕЗАТЬ, УРЕЗАТЬ.

ВСЫПАТЬ, ВЫСЫПАТЬ, ЗАСЫПАТЬ, НАСЫПАТЬ, ОСЫПАТЬ, ОТСЫПАТЬ, ПЕРЕСЫПАТЬ, ПОДСЫПАТЬ, ПОСЫПАТЬ, ПРИСЫПАТЬ, РАССЫПАТЬ, РАССЫПАТЬСЯ, ССЫПАТЬ, УСЫПАТЬ.

Note also:

ЗАБЕГАТЬ I, imperfective, is stressed on its last syllable.
ЗАБЕГАТЬ II, perfective, is stressed on the next-to-last syllable.

ПАХНУТЬ I, imperfective, is stressed on the next-to-last syllable.
ПАХНУТЬ II, perfective, is stressed on its last syllable.

Note 8: Some polysemous verbs have differing aspectual forms in certain meanings or have only one aspect in certain meanings. Such restrictions are shown in various ways. First, when a verb has two meanings and has a perfective form in only one meaning, the perfective form is shown only at the appropriate meaning. An example is **ДРАТЬСЯ**. In this entry, the perfective **ПОДРАТЬСЯ** is given at meaning A. For meaning B, used only in the imperfective, no perfective is shown. Second, in entries for verbs that have more than two meanings, explicit statements may indicate aspectual restrictions. See, for example, the entry for **БРОСАТЬСЯ**, where for meanings D and E it is stated explicitly that only the imperfective is used. Third, some verbs have differing perfectives for each meaning or for each collocation. These are indicated. See **МАЗАТЬ, ТАЩИТЬ,** etc. Fourth, in miscellaneous constructions, including idioms, the infinitive form of the appropriate aspect is given. See **УЧИТЬСЯ** 5.

A few verbs have especially complex aspectual relationships in their various meanings and collocations. Examples are **ГОТОВИТЬ, ДЕВАТЬ, ПЛАТИТЬ**, etc.

Abbreviations and Symbols

AE	American English
BE	British English
cf.	compare
esp.	especially
fig.	figurative
imperf.	imperfective
impers.	impersonal
lit.	literary, bookish
mil.	military
misc.	miscellaneous
obsol.	obsolescent, obsolete
perf.	perfective
usu.	usually
*	idiomatic, figurative
+ неопр. ф.	used with the infinitive
где/как/что с придат.	followed by a clause
несов.	imperfective
сов.	perfective
тж.	also

Selected Bibliography

This Bibliography lists those works that were used as sources for the REDVC.

Andreyeva-Georg, V. and V. Tolmacheva, *Russian Verb-Prepositional and Non-Prepositional Government*. Moscow, 1975.

Apreszjan (Apresjan), Jurij D. and Erna Pall. *Orosz ige — magyar ige. Vonzatok es kapcsolodasok*. (Russian Verb — Hungarian Verb: Government and Co-occurrence). 2 volumes. Budapest, 1982.

Benson, M., E. Benson, and R. Ilson. *The BBI Combinatory Dictionary of English*. Amsterdam & Philadelphia, 1986.

Benson, M., E. Benson, and R. Ilson. *The Lexicographic Description of English*. Amsterdam & Philadelphia, 1986.

Bratus, B. V., S. I. Timina et alii. *Russian Word-Collocations*. Moscow, 1979.

Chvany, C. "A Continuum of Lexical Transitivity: Slightly Transitive Verbs." In *Festskrift till Carin Davidsson*. Abo, Finland: Abo Academy Press, 1990, pp. 51-63.

Dubrovin, M. *A Book of Russian Idioms Illustrated*. Moscow, 1977.

Jaszczun, W. and S. Krynski. *A Dictionary of Russian Idioms and Colloquialisms*. Pittsburgh, 1967.

Katzner, K. *English-Russian, Russian-English Dictionary*. New York, etc.: John Wiley & Sons, 1984.

Wheeler, M. *The Oxford Russian-English Dictionary*. Oxford: Clarendon, 1972 and 1992.

Анисимова Г. И. и др. Пособие по лексической сочетаемости слов русского языка. Минск, 1975.

Демидова А. К., Шевцова, С. В. Русско-английские эквиваленты глагольно-именных словосочетаний. Москва, 1984.

Денисов П. Н., Морковкин В. В. Учебный словарь сочетаемости слов русского языка. Москва, 1978.

Дерягина, С. И. Учебный словарь глагольно-именных словосочетаний русского языка. Москва, 1987.

Красных В. И. Материалы к словарю лексико-синтаксической сочетаемости.

"Актуальные проблемы учебной лексикографической." Москва, 1977, стр. 255-271.

Лобанова, Н. А., Амиантова, Э. И. и др. Словарь-справочник по русскому языку для иностранцев. Выпуск 1: Глагол. Москва, 1970.

Медникова Э. М. и др. Англо-русский словарь глагольных словосочетаний. Москва, 1986.

Мельчук И. А., Жолковский А. К. Толково-комбинаторный словарь современного русского языка. Вена, 1984.

Ожегов С. И. Словарь русского языка. Москва, 1988.

Прокопович Н. Н., Дерибас Л. А., Прокопович, Е. Н. Именное и глагольное управление в современном русском языке. Москва, 1975.

Регинина К. В., Тюрина Г. П., Широкова Л. И. Устойчивые словосочетания русского языка. Москва, 1976.

Розенталь, Д. Э. Управление в русском языке. Москва, 1986.

Фелицына, В. П., Мокиенко, В. М. Русские фразеологизмы. Москва, 1990.

Шанский Н. М., Быстрова Е. А., Зимин, В. И. Фразеологические обороты русского языка. Москва, 1988.

А

АГИТИРОВАТЬ (несов.) A. **to agitate, campaign, push** 1. А за кого/что (А за кандидата to campaign for a candidate; они агитируют за реформу they are agitating/campaigning/pushing for reform) 2. А против кого/чего (мы должны агитировать против этого кандидата we must campaign against this candidate; А против чьего предложения to campaign against smb.'s proposal) 3. (rare) А + неопр. ф. (А провести референдум to push for a referendum) 4. А (за то), чтобы с придат. (они агитировали за то, чтобы выборы были свободными they were pushing for free elections) 5. *misc.* А среди студентов to campaign among students B. **САГИТИРОВАТЬ** (сов.) *Note*: The translation depends on the aspect; in the imperfective, the verb means *to urge*; in the perfective, it is usually translated by **to persuade, talk into** 1. А кого за что (агитировали нас за новый проект they urged us to support the new project) 2. А кого на что (она сагитировала нас на поход в горы she talked us into going on a hike in the mountains) 3. А (кого) чем (сагитировать кого всевозможными средствами to win smb. over with all sorts of inducements) 4. А + неопр. ф. (её агитировали подписать обращение they urged her to sign the petition; её сагитировали подписать обращение they persuaded her to sign the petition)

АДАПТИРОВАТЬ (сов. и несов.) see **ПРИСПОСАБЛИВАТЬ**

АДАПТИРОВАТЬСЯ (сов. и несов.) see **ПРИСПОСАБЛИВАТЬСЯ**

АДРЕСОВАТЬ (сов. и несов.) **to address, direct, send** 1. А что кому/чему (А письмо директору музея to address a letter to the director of a museum; А вопрос докладчику to direct a question to a speaker; А послание правительству to send a message to the government) 2. (formal) А что куда на чьё имя (А телеграмму в институт на имя ректора to direct a telegram to the head of an institute)

АККЛИМАТИЗИРОВАТЬ (сов. и несов.) see **ПРИСПОСАБЛИВАТЬ**

АККЛИМАТИЗИРОВАТЬСЯ (сов. и несов.) see **ПРИСПОСАБЛИВАТЬСЯ**

АККОМПАНИРОВАТЬ (несов.) **to accompany** 1. А кому (А скрипачу to accompany a violinist) 2. А на чём (А певцу на рояле to accompany a vocalist on a piano)

АККРЕДИТОВАТЬ (сов. и несов.) **to accredit** А кого где/куда (дипломат был аккредитован в Париже the diplomat was accredited to Paris; корреспондент был аккредитован на чемпионат мира по футболу the correspondent was accredited to cover the world football BE/soccer AE championship)

АКЦЕНТИРОВАТЬ (сов. и несов.) **to concentrate** А что на чём (А внимание на какой проблеме to concentrate one's attention on a certain problem)

АЛКАТЬ (несов.) (obsol., lit.) **to thirst for** А чего (А познаний to thirst for knowledge)

АМПУТИРОВАТЬ (сов. и несов.) **to amputate, remove** 1. А что кому (ампутировали ему ногу he had his leg amputated *or* his leg was amputated) 2. *misc.* А хирургическим ножом to remove surgically; А с помощью лазера to remove by laser

АПЕЛЛИРОВАТЬ (сов. и несов.) (formal) **to appeal** 1. А к кому/чему (А к здравому смыслу to appeal to common sense; А к общественному мнению to appeal to/enlist public opinion; А к чьей совести to appeal to smb.'s conscience) 2. А во что (А в высшую инстанцию to appeal to a higher court; А в областной суд to appeal to a circuit court)

АПЛОДИРОВАТЬ (несов.) (*Note*: The perf. **ЗААПЛОДИРОВАТЬ** is used to denote the beginning of an action) **to applaud** 1. А кому/чему (зрители бурно аплодировали артистам the audience applauded the performers loudly; or, — colloq.: the audience gave the performers a big hand) 2. *misc.* А бурно/горячо/громко to applaud loudly; они дружно зааплодировали they all started to applaud

АРГУМЕНТИРОВАТЬ (сов. и несов.) (formal) **to back up, support** А что чем (А выступление цифрами to back up a proposal with figures/statistics)

АРЕНДОВАТЬ (сов. и несов.) **to lease, rent** 1. А что у кого (мы арендовали помещение у них we leased office space from them) 2. А что кому/чему (А театр организации to rent a theater to an organization) 3. А что за что (А помещение за пять тысяч рублей to lease office space for 5000 roubles) 4. А что на что (А землю на два года to lease property for two years)

АРЕСТОВЫВАТЬ (несов.) **АРЕСТОВАТЬ** (сов. и несов.) **to arrest** 1. А кого за что (А кого за шпионаж to arrest smb. for espionage) 2. (formal) А кого по обвинению в чём (его арестовали по обвинению в убийстве he was arrested on a murder charge)

АССИГНОВАТЬ (сов. и несов.) **to appropriate, set aside** 1. А что кому/чему (они ассигновали деньги беженцам they set aside money for refugees) 2. А что на что/для чего (А средства на строительство школы to appropriate funds for the construction of a school)

АССИМИЛИРОВАТЬСЯ (сов. и несов.) **to assimilate, become assimilated** А кому/чему and А с кем/чем (А с другими народами to assimilate with other peoples)

АССИСТИРОВАТЬ (несов.) **to serve as an assistant** А кому (А профессору to serve as an assistant to a professor)

АССОЦИИРОВАТЬ (сов. и несов.) (formal) **to associate** А кого/что с кем/чем (А яркие краски с югом to associate bright colors with the south)

АССОЦИИРОВАТЬСЯ (сов. и несов.) (formal) **to be associated** А с кем/чем (имя Моцарта ассоциируется у меня с хорошей музыкой in my mind the name Mozart is associated with good music)

АТТЕСТОВАТЬ (сов. и несов.) **to recommend** А кого как кого (А кого как отлично-го работника to recommend smb. as a good worker)

Б

БАГРОВЕТЬ (несов.) **ПОБАГРОВЕТЬ** (сов.) **to redden, turn crimson** Б от чего (он побагровел от гнева his face reddened in anger)

БАЗИРОВАТЬ (несов.) **to base** Б что на чём (Б своё выступление на фактах to base one's report on facts)

БАЗИРОВАТЬСЯ (несов.) **to be based** 1. Б на чём (Б на фактах to be based on facts) 2. (usu. mil.) Б на что/на чём (флот базировался на Пёрл-Харбор the fleet was based at Pearl Harbor; эскадрилья базируется на этом аэродроме the squadron is based at this airfield)

БАЛАНСИРОВАТЬ (несов.) **to balance** (also fig.) Б на чём (Б на канате to walk a tightrope; Б на грани войны to practice brinkmanship)

БАЛЛОТИРОВАТЬСЯ (несов.) **to be a candidate, run** AE/**stand** BE Б куда (Б в Верховный совет to run AE/stand BE for the National Assembly; Б на пост президента to be a candidate for the presidency)

БАЛОВАТЬ A. **ИЗБАЛОВАТЬ** (сов.) **to pamper, spoil** 1. Б кого чем (Б кого подарками to shower gifts on smb.; Б кого вниманием to lavish attention on smb.) 2. *misc.* тундра редко балует хорошей погодой the tundra rarely enjoys good weather B. see **БАЛОВАТЬСЯ**

БАЛОВАТЬСЯ (несов.) A. **to dabble** (in) Б чем (Б фотографией to dabble in photography) B. (*Note*: In this meaning the verb **ИГРАТЬ** is used more frequently) **to play** (with) Б с чем (Б с огнём to play with fire)

БАРАБАНИТЬ (несов.) **to drum** 1. Б (чем) во что/по чему (дождь барабанил в окна the rain pattered on the windows; Б пальцами по столу to drum on a table with one's fingers) 2. *misc.* Б на рояле to bang away on a piano

БАХВАЛИТЬСЯ (несов.) (colloq.) **to boast** Б чем (Б силой to boast of one's strength)

БЕГАТЬ (несов.) A. **to run**; see **БЕЖАТЬ** B. **to chase around, run around** 1. Б где (Б по парку/в парке to run around in a park; Б на улице to run around on the street; Б во дворе to run around in a courtyard; Б по городу to chase around town; Б по магазинам to run from store to store) 2. Б вокруг чего (Б вок-

руг газона to run around a lawn) C. **to chase after, run after** Б за кем (все бегали за знаменитым актёром everyone was chasing after the famous actor) D. (colloq.) **to court, run after** Б за кем (он бегает за Ольгой he's running after Olga) E. **to go/run somewhere** (and return; used in the past tense) Б куда (она бегала в аптеку she ran down to the pharmacy) (*Note*: In this sense the verb **СБЕГАТЬ** is used more frequently) F. *misc.* от дела не бегай don't shirk your responsibilities; пальцы у пианистки бегали по клавишам the pianist's fingers were gliding over the keyboard; *у меня от этого мурашки по спине/по телу бегают that makes chills go up and down my spine

БЕЖАТЬ (несов.) (*Note*: The perf. **ПОБЕЖАТЬ** is used to denote the beginning of an action) A. **to run** 1. Б куда (Б в магазин to run to a store; Б к финишу to run towards the finish line; Б на вокзал to run to the railroad station; Б по улице to run along a street; Б через мост to run across a bridge) 2. Б к кому (Б к Ольге to run up to Olga; *or*,—depending on the context: to run over to Olga's place) 3. Б откуда (Б из школы to run out of school; Б домой с работы to run home from work; Б из комнаты в комнату to run from room to room; Б от реки to run away from a river) 4. Б за кем/чем (Б за врачом to run for a doctor *or* to run to get a doctor; Б за хлебом to run down to get some bread) 5. Б + неопр. ф. (Б встречать кого to run to meet smb.) 6. *misc.* Б быстро to run fast; Б стремительно to run at full speed B. **to gush, pour, run, stream** 1. Б из чего (кровь бежит из раны blood is gushing from a wound; вода бежит из крана water is pouring/running from a tap) 2. Б по чему (по щекам у неё бежали слёзы tears poured/ran/streamed down her cheeks) C. **to escape, flee, run off** 1. Б откуда/от кого (Б из тюрьмы to escape from prison; Б с каторги to escape from a labor camp; Б от врагов to flee from one's enemies) 2. Б куда (Б в горы to flee/run off into the mountains; Б за границу to flee abroad)

БЕРЕДИТЬ (несов.) **to irritate** Б что чем (Б рану неловкими прикосновениями to irritate a wound by constant rubbing)

БЕРЕМЕНЕТЬ (несов.) **ЗАБЕРЕМЕНЕТЬ** (сов.) **to get pregnant** Б от кого (она забеременела от него he got her pregnant)

БЕРЕЧЬ (несов.) **ПОБЕРЕЧЬ** (сов.) A. **to guard, protect, shield; to prevent** 1. Б кого/что от чего (Б воду от загрязнения to prevent water pollution; Б имущество от пожара to protect one's property from fire; Б детей от дурных влияний to shield children from unwholesome influences) 2. *misc.* Б свято to treasure; Б тщательно to guard zealously; *беречь как зеницу ока to guard with one's life (see also **СБЕРЕГАТЬ**) B. **to save** Б что для кого/чего (Б деньги для детей to save one's money for one's children)

БЕРЕЧЬСЯ (несов.) **to avoid, be wary of** Б кого/чего (берегитесь карманных воров! beware of pickpockets! Б простуды to avoid catching cold)

БЕСЕДОВАТЬ (несов.) **ПОБЕСЕДОВАТЬ** (сов.) **to converse, discuss** 1. Б о ком/чём (Б об искусстве to discuss art) 2. Б с кем (Б с школьниками об экзамене to discuss an examination with pupils) 3. Б о том, где/как/что с придат. (мы беседовали о том, что выборы состоятся через два месяца we were discussing the fact that elections would take place in two months; они беседовали о том, как устроят встречу they were discussing how to arrange a meeting) 4. *misc.* Б на разные темы to discuss various topics

БЕСИТЬ (несов.) **ВЗБЕСИТЬ** (сов.) **to infuriate, upset** Б кого чем (он бесит их своим нахальством he infuriates them with his insolence)

БЕСИТЬСЯ (несов.) **to get upset** *misc.* она бесится при всякой неудаче she gets upset over every mishap; *Б с жиру to lead a completely wasteful, extravagant life

БЕСПОКОИТЬ (несов.) **ПОБЕСПОКОИТЬ** (сов.) A. **to concern, worry** 1. Б кого, что с придат. (меня беспокоит, что она так мало ест I am concerned that she eats so little) 2. *misc.* Б очень/страшно/ужасно/чрезвычайно to concern deeply B. **to bother, disturb** Б кого чем (Б соседа телефонными звонками to bother a neighbor with telephone calls)

БЕСПОКОИТЬСЯ (несов.) **ПОБЕСПОКОИТЬСЯ** (сов.) **to be concerned, worry** 1. Б из-за чего (Б из-за пустяков to worry over trifles) 2. Б за кого/что *and* Б о ком/чём (Б за дочь/о дочери to be concerned about one's daughter; Б за результат выборов to be concerned about the results of the elections; Б о чьём здоровье to worry about smb.'s health) 3. Б (о том), как бы/что с придат. (мы беспокоились о том, что они не получат денег we were worried that they would not receive the money; я беспокоился, как бы они не опоздали на поезд I was worried that they might miss their train) 4. *misc.* Б очень/страшно/ужасно/чрезвычайно to be deeply concerned; Б зря/напрасно to be needlessly concerned

БИНТОВАТЬ (несов.) **ЗАБИНТОВАТЬ** (сов.) **to bandage** Б (кому) что (медсестра забинтовала раненому голову the nurse bandaged the patient's head)

БИТЬ (несов.) A. **to hit, pound, punch, strike** 1. Б (во что/по чему) чем (Б рукой в стену to strike a wall with one's hand; Б кулаком по столу to pound a table with one's fist; Б кнутом to flog/whip) 2. Б кого (чем) во что/по чему (Б кого в лицо/по лицу кулаком to punch smb. in the face with one's fist; Б себя в грудь to thump oneself in the chest) 3. *misc.* Б жестоко/сильно to punch hard B. **to harm, work against** Б по кому/чему (запрет бьёт по нашим деловым интересам the ban works against our business interests) C. **to fire, shoot** 1. Б из чего (Б из пулемёта to fire a machine gun) 2. Б по кому/чему (Б по врагу to fire/shoot at an enemy; тяжёлая артиллерия била по городу heavy artillery was shelling the city) 3. Б откуда (Б из окопа to fire from a trench) 4. Б чем (Б картечью to fire buckshot) 5. *misc.* винтовка бьёт на полкилометра the rifle has a range of a half kilometer; Б по воротам to shoot at an opponent's goal (as in soccer) D. **to gush, pour** 1. Б откуда (Б из шланга to pour from a hose; нефть из-под земли била фонтаном oil gushed from the earth) 2. *misc.* Б ключом/сильно/с силой to spurt E. **to play** (chiefly percussion instruments) Б во что (Б в барабан to play a drum; Б в колокол to ring a bell) F. *misc.* Б в ладоши to clap one's hands; Б в набат to sound the alarm; Б в цель to hit the mark; Б мимо цели to miss the mark; Б козырем to trump; Б на эффект to do smt. for effect; свет бьёт в глаза the sun is shining into our eyes; *Б в одну точку to concentrate one's efforts; *Б кому челом to beseech smb.; *Б по рукам to close a deal; *жизнь бьёт ключом life is in full swing; *Б в глаза to attract attention; *Б по карману to be very expensive

БИТЬСЯ (несов.) A. **to fight, grapple, struggle** 1. Б за что (Б за свободу to fight for freedom) 2. Б над чем (Б над решением задачи to grapple with/struggle with the solution of a problem *or* to rack one's brain over a problem) 3. Б против кого/чего *and* с кем/чем (Б против общего врага/с общим врагом to fight against/fight a common enemy) 4. *misc.* Б стойко to fight hard/stubbornly; Б геройски/мужественно/храбро to fight bravely/heroically; Б до конца to fight to the end; Б насмерть to fight to the death; Б до последней капли крови to fight to the last breath; бились врукопашную there was hand-to-hand fighting; *Б как рыба об лёд to struggle to keep body and soul together B. **to bang, beat, hit, pound, strike** 1. Б (чем) обо что (лодка билась об лёд the boat kept striking against the ice; птица бьётся о прутья клетки the bird keeps beating against the bars of its cage; волны бились о берег the surf pounded the shore; Б лбом о стекло to bang one's head against a window pane; Б головой о стену to bang one's head against a wall; *or*,—fig.: to beat one's head against a wall) 2. *misc.* *хоть головой об стену бейся things are terrible; (obsol.) Б об заклад to place a bet

БЛАГОВОЛИТЬ (несов.) (obsol.) A. **to like** Б к кому (она ко мне благоволила she liked me) B. **please** imperative + неопред. ф. (благоволите ответить please answer)

БЛАГОГОВЕТЬ (несов.) **to revere, worship** Б перед кем/чем (Б перед легендарным героем to worship a legendary hero)

БЛАГОДАРИТЬ (несов.) **ПОБЛАГОДА-РИТЬ** (сов.) **to thank** 1. Б кого за что (я поблагодарил их за помощь I thanked them for their help) 2. (formal) Б от имени кого (Б кого от имени всех присутствующих to thank smb. in the name of all those present) 3. *misc.* Б искренне/сердечно/от всего сердца to thank sincerely; Б горячо/от всей души to thank profusely; Б вежливо/любезно to thank cordially; Б официально to thank officially

БЛАГОПРИЯТСТВОВАТЬ (несов.) (lit. and formal) **to favor** Б кому/чему (Б развитию торговли to favor the development of trade; случай ему благоприятствовал he was lucky)

БЛЕДНЕТЬ (несов.) **ПОБЛЕДНЕТЬ** (сов.) A. **to turn pale, blanch** Б при чём (все бледнеют при упоминании его фамилии everyone blanches at the mention of his name) B. **to pale** 1. Б от чего (он побледнел от гнева he paled in anger) 2. Б перед кем/чем (всё побледнело перед этими грандиозными сооружениями everything paled into insignificance in the face of these magnificent structures)

БЛЕСТЕТЬ (несов.) **БЛЕСНУТЬ** (сов.) **to shine, sparkle** 1. Б чем/от чего (глаза у них блестят радостью their eyes sparkle with pleasure; в доме всё блестело от чистоты everything in the house was spotlessly clean) 2. *misc.* Б ослепительно/ярко to shine brightly; *он не блещет умом he is not exactly intelligent

БЛИЗИТЬСЯ (несов.) **to approach** Б к чему (процесс близится к концу the trial is almost over)

БЛИСТАТЬ (несов.) (bookish) A. see **БЛЕСТЕТЬ** B. *misc.* Б красноречием to be a brilliant speaker; *Б отсутствием to be conspicuous by one's absence

БЛУЖДАТЬ (несов.) **to roam, wander** 1. Б где (Б по свету to wander aimlessly) 2. *misc.* *Б в потёмках to grope in the dark

БОЛЕТЬ I (несов.) **to ache, hurt, pain** Б (от чего) у кого (у него болит спина от тяжёлой работы his back hurts from working hard; голова у неё очень/сильно болит she has a splitting headache; зубы у меня болят I have a toothache)

БОЛЕТЬ II (несов.) **ЗАБОЛЕТЬ** (сов.) **to be ill** (with); (*Note:* In the perf. this verb means **to become ill, come down with**) 1. Б чем (она болеет гриппом she has the flu; он в прошлом году болел воспалением легких he had pneumonia last year; я заболел ангиной I got a sore throat; ребёнок заболел корью the child came down with the/with measles; Б желудком от острой пищи to get a stomachache AE/get stomachache BE after eating spicy food) 2. *misc.* Б серьёзно/сильно/тяжело to be gravely/seriously ill; Б неизлечимо to be terminally ill; она заболела от переутомления she collapsed from fatigue (see also **ЗАБОЛЕВАТЬ А**)

БОЛЕТЬ III (несов.) A. **to be concerned** 1. Б за кого/что (Б за друзей to be concerned about one's friends; Б за успех дела to be concerned about the success of a project) 2. *misc.* *Б душой/сердцем за кого/что to be greatly/very much concerned about smb./smt.; *душа у меня болит за это I am very much concerned about this B. **to root for, support** Б за кого/что (Б за команду to root for/support a team)

БОЛТАТЬ I (несов.) (colloq.) **to chatter 1.** Б о ком/чём (они болтали о новостях с друзьями they were chattering with their friends about the news) **2.** *misc.* Б без умолку to chatter incessantly; не болтай никому об этом don't breathe a word about this to anyone

БОЛТАТЬ II (несов.) **to shake, stir 1.** Б чем (Б чай ложкой to stir one's tea with a spoon) **2.** *misc.* Б ногами to dangle one's feet; Б языком to babble; самолёт начало болтать the plane began to vibrate

БОЛТАТЬСЯ (несов.) (colloq.) **A. to roam, wander 1.** Б по чему (Б по улицам to wander through the streets) **2.** *misc.* (colloq.) ребята болтаются без дела the kids are just hanging around **B.** *misc.* за спиной болталось охотничье ружьё a hunting rifle was slung across his back

БОМБАРДИРОВАТЬ (несов.) **A. to bomb, bombard** Б что откуда (форт бомбардовали с моря they bombarded the fort from the sea) **B. to bombard, deluge** Б кого чем (Б кого просьбами to bombard/deluge smb. with requests)

БОРОТЬСЯ (несов.) **to fight, struggle 1.** Б за кого/что (Б за свободу to fight for freedom) **2.** Б против кого/чего *and* Б с кем/чем (Б против врага/с врагом to fight against/fight an enemy; Б с несправедливостью to fight against injustice) **3.** Б с кем против кого/чего (Б с союзниками против общего врага to join one's allies in fighting a common enemy) **4.** Б (за то), чтобы с придат. (мы боролись за то, чтобы каждый ребёнок мог ходить в школу we fought to make school accessible to every child) **5.** *misc.* Б бесстрашно/геройски/мужественно to fight bravely/heroically; Б отчаянно to fight desperately; Б стойко/упорно to fight stubbornly; Б до победы to achieve victory; *Б не на жизнь, а на смерть to fight to the death

БОЯТЬСЯ (несов.) **to fear, be afraid 1.** Б кого/чего (Б собак to be afraid of dogs; Б старости to fear old age) **2.** Б за кого/что (они боялись за него they feared for his safety) **3.** Б + неопр. ф. (она боится простудиться she's afraid of catching a cold) (see also **ПОБОЯТЬСЯ**) **4.** Б (того), как бы/что с придат. (я боялся, как бы не пошёл дождь I was afraid that it would rain; мы боялись, что они опоздают we were afraid that they

would be late) **5.** *misc.* Б очень/страшно/ужасно to fear greatly/very much; *Б собственной тени to be afraid of one's own shadow

БРАВИРОВАТЬ (несов.) (lit.) **to defy** Б чем (Б опасностью to defy danger)

БРАНИТЬ (несов.) **ВЫБРАНИТЬ** (сов.) (rare) **to scold** Б кого за что (учительница его выбранила за опоздание the teacher scolded him for being late) (*Note:* In modern Russian the usual verb is *ругать*)

БРАТАТЬСЯ (несов.) **ПОБРАТАТЬСЯ** (сов.) **A. to fraternize** (Б с кем (Б с солдатами to fraternize with soldiers) **B.** *misc.* наш город побратался с городом в Англии we have a sister city in England

БРАТЬ (несов.) **ВЗЯТЬ** (сов.) **A. to take 1.** Б что/чего (Б варенье/варенья to take preserves/some preserves **2.** Б кого/что за что/подо что (Б ребёнка за руку/под руку to take a child by the hand) **3.** Б кого/что куда (Б в дорогу чемодан to take a suitcase on a trip; Б детей в цирк to take children to a circus; Б семью с собой за город to take one's family to the country; Б сына на прогулку to take one's son for a walk) **4.** Б кого/что откуда (Б вещи из чемодана to take one's things out of a suitcase; Б книги с полки to take books from a shelf; Б данные из разных источников to take data from various sources; Б ребёнка из школы to take a child out of school) **5.** Б что за что (Б плату за работу to take payment for work; Б что за основу to base smt. on smt.) **6.** Б что с кого/у кого (Б деньги с заказчика to take money from a customer; Б уроки у кого to take lessons from smb.) **7.** Б что чем (Б крепость штурмом to take a fortress by storm *or* to storm a fortress; Б что силой to take smt. by force) **8.** Б что для кого/чего (Б книгу для товарища to take a book for a friend; Б тему для диссертации to choose/take a topic for one's dissertation) **9.** Б кого кем (Б кого заложником to take smb. hostage) **10.** Б (кого) в кого (Б в жёны to take as a wife) **11.** *misc.* Б что во внимание/в расчёт/в соображение to take smt. into consideration; Б на учёт to take into account; Б кого в плен to take smb. prisoner; армия взята в клещи the army has been enveloped; *Б быка за рога to take the bull by the horns; *Б кого под крылечко to take smb. under one's wing **B. to assume, take on** Б на себя что (Б на себя ответственность to assume/take on a responsibility; Б на себя расходы to assume/pay all expenses) C. **to borrow** 1. Б что у кого (Б книгу у товарища to borrow a book from a friend) 2. *misc.* Б взаймы/в долг to borrow; она взяла книгу в библиотеке she borrowed a book from the library D. **to charge, take** 1. Б что за что (Б пять рублей за фотоснимок to charge five roubles for a photograph) 2. *misc.* Б дорого за работу to charge a lot for one's services; сколько берут с человека? what is the charge per person? E. **to pick up, take** Б что чем (Б сахар щипцами to pick up sugar with tongs; Б что руками to pick up smt. with one's hands) F. **to bear, turn** Б куда (Б влево to bear left; дорога берёт в сторону the road turns off to the side) G. *misc.* Б ребёнка на воспитание to take in a foster child; Б кого на иждивение to agree to support smb.; Б на прицел мишень to take aim at a target; Б налоги с населения to levy taxes on a population; Б пример с кого to follow smb.'s example; Б слово с кого to take smb.'s word; Б курс на что to set out to do smt.; Б что под контроль to seize/take control of smt.; Б что под свою юрисдикцию to place smt. under one's own jurisdiction; Б что в кредит to buy smt. on credit; Б на абордаж to board (a ship); Б на вооружение новую тактику to use new tactics; Б кого на работу *and* Б кого в штат to hire smb.; Б машину на прокат to hire BE/rent AE a car; Б театр в аренду to lease a theater; Б в свидетели to call as a witness; Б кого под арест/под стражу to place smb. under arrest; Б под козырёк to salute; Б кого под охрану to place smb. under guard; Б лошадь под уздцы to lead a horse by the bridle; ружьё берёт на тысячу шагов the rifle has a range of a thousand yards; Б у кого интервью to interview smb.; *возьмём на заметку! let's make a careful note of this! *Б себя в руки to get a grip on oneself *or* to pull oneself together; *Б кого за шиворот to grab smb. by the scruff of the neck; *Б кого за горло to force smb. to do smt.; *берёт за душу/сердце it's upsetting; *его голыми руками не возьмёшь he will not be taken without a struggle; *с потолка Б что to concoct smt.; (colloq.) *он взял и убежал he just upped and left; *она всем берёт — очаровательным лицом, и достоинством, и умом she is attractive in every way — with her charming appearance, her dignity, and her wit; *Б кого на буксир to offer help to smb.

БРАТЬСЯ (несов.) **ВЗЯТЬСЯ** (сов.) A. **to grab, seize** 1. Б (чем) за что (Б за верёвку to grab a rope; Б двумя руками за канат to grab a cable with two hands; Б за перила to hold on to a banister) 2. *misc.* Б за руки to join hands; Б крепко to seize firmly B. **to begin, get down to, take up** 1. Б за что (Б за работу to get down to work; Б за книгу to get down to reading a book; Б за учёбу to get down to one's studies; Б за русский язык to take up Russian *or* to get down to studying Russian; Б за оружие to take up arms; Б за перо to begin to write) 2. *misc.* Б с большим желанием/с радостью/с энтузиазмом to get down to work with enthusiasm; Б неохотно to get down to work with reluctance C. **to promise (to do), take on, undertake** 1. Б за что (Б за ремонт чего to take on the repair of smt.) 2. Б + неопр. ф. (Б помочь кому to promise to help smb.; я не берусь это сделать I will not promise to do it; Б выполнить работу to take on a job *or* to undertake to do a job) D. **to deal with** Б за кого (они взялись за прогульщиков they cracked down on those who did not show up for work every day) E. *misc.* Б за новый рынок to venture into a new market; откуда взялись снаряды? where did the shells come from? *Б не за своё дело to meddle in smb. else's affairs; *Б за ум to come to one's senses; *откуда ни возьмись suddenly

БРЕДИТЬ (несов.) **to babble, natter** Б чем/о чём (они бредят театром they keep nattering about the theater; он бредит о ней he keeps babbling about her)

БРЕЗГАТЬ, БРЕЗГОВАТЬ (несов.) **ПО-БРЕЗГАТЬ, ПОБРЕЗГОВАТЬ** (сов.) **to disdain; to have an aversion to** 1. Б чем (он ничем не брезгает he doesn't stop at anything) 2. Б + неопр. ф. (она брезгует есть капусту she will not eat cabbage)

БРЕНЧАТЬ (несов.) A. **to jingle** Б чем (Б ключами to jingle one's keys) B. **to strum** Б на чём (Б на гитаре to strum a guitar)

БРЕСТИ (несов.) (*Note*: The perf. **ПОБРЕСТИ** is used to denote the beginning of an action) **to stroll, walk** Б где/куда (Б по дороге to walk along a road; Б вдоль леса to walk along the edge of a forest; Б в город to stroll into town)

БРОДИТЬ A. see **БРЕСТИ** B. **to wander** 1. Б откуда/куда (Б с места на место to wander from place to place) 2. *misc.* Б бесцельно to wander aimlessly; странные мысли бродили

у меня в голове all sorts of strange thoughts were running around in my head
БРОСАТЬ (несов.) **БРОСИТЬ** (сов.) A. **to throw** 1. Б кому что (она бросила мяч девочке she threw a ball to the girl) 2. Б что куда (Б камень в воду to throw a stone into the water; Б письмо в ящик to drop a letter into a mailbox AE/pillar box BE; Б книгу за шкаф to throw a book behind a dresser; Б кого в тюрьму to throw smb. into prison; она бросила шляпу на кровать she threw her hat onto a bed; Б взгляд на кого to cast a glance at smb.) 3. Б чем/что куда/в кого (он бросил камнем/камень в окно he threw a stone through a window; она бросила снежок/снежком в мальчика she threw a snowball at the boy) 4. *misc.* Б что далеко to throw smt. far; Б с силой to throw hard; *Б камень/камнем в кого to slander smb. B. **to give up, stop** Б + неопр. ф. (она бросила курить she stopped smoking) C. **to drive, haul** Б кого/что куда (Б работников на строительство to drive workers to a construction site) D. **to assign, place, put** Б кого/что куда (Б опытных работников в глушь to assign experienced workers to an isolated spot; Б все силы на выполнение ответственного заказа to assign all of one's resources to filling a top-priority order) E. *misc.* Б в лицо обвинение кому to accuse smb. directly; его бросает в дрожь he's getting a chill; его бросает в жар he's getting a fever; она мне бросила вопрос she asked me a question; *Б тень на кого to cast a slur on smb.'s reputation; *Б камешки в чей огород to criticize smb. indirectly; *Б деньги на ветер to squander money; *на ветер Б слова to make empty promises

БРОСАТЬСЯ (несов.) **БРОСИТЬСЯ** (сов.) A. **to attack; to hurl oneself, throw oneself** 1. Б на кого (Б на врага to hurl oneself at the enemy *or* to attack the enemy; он бросился на меня с ножом he attacked me with a knife) 2. *misc.* Б на кого яростно to attack smb. fiercely B. **to hurl oneself, throw oneself; to drop, jump** 1. Б куда (Б в атаку to hurl oneself into the attack; Б в постель to jump into bed; Б на колени to drop to one's knees; Б на диван to drop onto a sofa) 2. Б откуда (Б с крыши to jump from a roof; Б с моста to jump from a bridge; Б из окна to jump/throw oneself from a window) C. **to run, rush** 1. Б куда (Б в комнату to rush into a room; Б за беглецом to run after a fugitive; Б к телефону to rush to

a telephone; Б на помощь кому to rush to smb.'s aid) 2. Б + неопр. ф. (Б помогать кому to rush to smb.'s aid) 3. *misc.* Б вдогонку to rush to catch up; Б со всех ног to rush headlong; Б врассыпную to rush in all directions D. (only imperf.) **to throw at each other** Б чем (Б камнями друг в друга to throw stones at each other; мальчики бросались снежками the boys were having a snowball fight) E. (only imperf.) **to squander** Б чем (Б деньгами to squander money *or* to throw money away) F. *misc.* Б из крайности в крайность to go from one extreme to the other; Б на шею кому/к кому to embrace smb.; *Б в глаза to attract attention; *он не бросается словами he does what he says he'll do

БРЫЗГАТЬ (несов.) **БРЫЗНУТЬ** (сов.) A. **to splash** Б что/чем на кого/что (мальчик брызнул на брата водой the boy splashed his brother with water; Б чернила на стол to spill ink on a table) B. **to spurt** 1. Б откуда (грязь брызжет из-под копыт the mud squishes under the horses' hooves; кровь брызнула из раны blood spurted from the wound) 2. Б чем (кровь брызнула ключом the blood gushed out) C. *misc.* Б слюной to salivate

БРЯКАТЬ (несов.) **БРЯКНУТЬ** (сов.) (colloq.) A. **to clatter, rattle** Б чем (Б посудой to rattle dishes) B. **to blurt out** Б (кому), что с придат. (он случайно ей брякнул, что хотят её уволить he blurted out that they wanted to fire her)

БРЯЦАТЬ (несов.) A. **to jingle, rattle** 1. Б чем (Б шпорами to jingle one's spurs) 2. *misc.* *Б оружием to engage in saber rattling B. **to strum** Б на чём (Б на гитаре to strum a guitar)

БУДИТЬ (несов.) **РАЗБУДИТЬ** (сов.) **to awaken, wake up** 1. Б кого чем (Б кого звонком to wake smb. up with a telephone call) 2. *misc.* *Б в ком зверя to bring out the beast in smb.

БУКСИРОВАТЬ (несов.) **ОТБУКСИРОВАТЬ** (сов.) **to tow** Б что куда (самолёт был отбуксирован в дальний конец аэродрома the plane was towed to the far end of the airport)

БУНТОВАТЬ (несов.) **ВЗБУНТОВАТЬСЯ** (сов.) (colloq.) **to protest, rebel** Б против кого/чего (Б против закона to protest against a law)

БУХНУТЬСЯ (сов.) (slang) **to fall** Б куда (Б в канаву to fall into a ditch)

БЫВАТЬ (несов.) A. see **БЫТЬ** 6, 7, 8 B. *misc.* она, бывало, приходила к нам по вечерам she used to visit us in the evening; придёт он, бывало, к нам, сядет и начнёт рассказывать что-нибудь he would drop in on us, sit down and start telling us about smt.; после этого, он пришёл к нам, как ни в чём не бывало after that, he came to see us as if nothing had happened; я принял лекарство — и боли как не бывало after I took the medicine, I felt as if I'd never had any pain at all (see also **ПОБЫВАТЬ**)

БЫТЬ (несов.) **to be** 1. (with nouns and adjectives after the infinitive form) Б кем/чем/каким (Б врачом to be a doctor; он хочет быть полезным he wants to be helpful/useful; человек с талантом может себе позволить быть скромным a person with talent can afford to be modest) 2. (with nouns after the zero linking verb (= present tense) Б кто/что (она врач she is a doctor; это их школа that's their school) 3. (with adjectives after the zero linking verb (= present tense) Б какой (*Note:* In modern spoken Russian the long form of the predicate adjective predominates; the short form is often felt to be more literary, abstract. In some instances, the long form can be used to denote a permanent quality whereas the short form is felt to be characteristic of a temporary quality. Some adjectives are always long: *американский, большой, здешний, передовой*, etc; others are always short: *виден, виноват, виновен, готов, доволен, должен, нужен, похож, рад, согласен*, etc.) (книга интересная/интересна the book is interesting; этот приём новый/нов this method is new; урок трудный/труден the lesson is difficult; сегодня она больна she's sick today; он очень больной he's a very sick man; мы довольны we are satisfied; они согласны they agree) 4. (with nouns after был-будет) Б кем/чем (especially to denote a temporary quality) *and* Б кто/что (в то время он был студентом at that time he was a student; она была оперной певицей she used to be an opera singer; я буду актёром I will be/will become an actor; её муж был инженер her husband was an engineer) 5. (with adjectives after был-будет) Б каким *and* (less frequently) Б какой (*Note:* As indicated above under 3, the short adjective is not frequently used in modern Russian except for *виден, виноват, виновен, готов*, etc.) (погода будет тёплая/тёплой the weather will be warm; он был пьяный/пьяным/пьян he was drunk; конфликт не будет лёгким the conflict will not be an easy one; беседа была интересной/интересна the discussion was interesting; они были готовы they were ready; город был виден издалека the city is visible from a distance) 6. Б где (Б в Канаде to be in Canada; Б на уроке to be in class) 7. Б у кого (Б у друга to be at a friend's house) 8. Б с кем (Б с коллегами to be with one's colleagues) 9. (used with the infinitive and a noun) быть кому/чему (быть ли войне? will there be a war? какой быть нашей стране? what will our country be like? быть грозе there is going to be a storm; быть беде there is going to be trouble) 10. *misc.* нам было о чём поговорить we had plenty to talk about (see also **ЕСТЬ** II B); *будь что будет come what may; *была не была no matter what 11. *misc.* (*Note:* The form *было* is used in a construction, now becoming obsolete, to denote an action that was 'about to happen' or an action that was interrupted) она споткнулась и упала было, но удержалась за ветку she tripped and was about to fall, but held onto a branch; мы пошли было в театр, но не достали билетов и вернулись домой we went to the theater, but couldn't get tickets and returned home

В

ВАЛИТЬ I (несов.) **СВАЛИТЬ** (сов.) A. **to heap, pile** В что куда (В вещи в ящик to pile things into a box; В книги на стол to heap books on a table; она небрежно свалила всё в одну кучу she threw everything into a heap) B. *misc.* В вину на другого to shift the blame to smb. else; *В с больной головы на здоровую to pass the buck

ВАЛИТЬ II ПОВАЛИТЬ, СВАЛИТЬ (сов.) **to blow down, knock down** 1. В кого/что куда (ветер повалил столбы на землю the wind knocked some poles to the ground; В кого на землю to knock smb. to the ground) 2. *misc.* В кого с ног to knock smb. off her/his feet

ВАЛИТЬ III (несов.) **ПОВАЛИТЬ** (сов.) A. **to flock, pour, throng** В куда (болельщики гурьбой валили на стадион the fans poured into the stadium; толпа валила валом на улицы a crowd thronged the streets) B. **to pour** 1. В откуда (дым валил из трубы smoke poured from the chimney) 2. В чем (снег валил хлопьями it was snowing very hard)

ВАЛИТЬСЯ (несов.) **ПОВАЛИТЬСЯ, СВАЛИТЬСЯ** (сов.) **to fall** 1. В куда (В на пол to fall to the floor) 2. В откуда (он свалился с дерева he fell from a tree; В с крыши to fall from a roof; В из окна to fall from a window; всё у неё валится из рук she keeps dropping everything; or, — fig.: she fails in everything) (see also **ВЫВАЛИВАТЬСЯ**) 3. В от чего (В с ног от усталости to collapse from exhaustion) 4. *misc.* он повалился навзничь he fell on his back; *гора с плеч свалилась *and* *камень с души свалился it was a load off my mind; *они нам свалились как снег на голову they barged in on us out of the blue

ВАЛЯТЬСЯ (несов.) **to lie around, loll** 1. В где (В на диване to lie around on a sofa) 2. *misc.* В в грязи to wallow in the mud; уже неделю валяюсь с гриппом I've been laid up with the flu for a week; *В в ногах у кого to beg smb. for help

ВАРИТЬ (несов.) **СВАРИТЬ** (сов.) **to cook, make, prepare** (a hot meal or dish) 1. В что из чего (В суп из овощей to make a vegetable soup) 2. В что кому/чему *and* для кого/чего *and* на кого/что (В обед семье/для семьи/на семью to prepare lunch for one's family) 3. *misc.* В рис в молоке to cook rice in milk; *с

ними каши/пива не сваришь! you can't do business with them!

ВАРЬИРОВАТЬ (несов.) (lit.) **to vary** В что чем (В музыкальную тему различными мотивами to play variations on a theme)

ВБЕГАТЬ (несов.) **ВБЕЖАТЬ** (сов.) **to run** (into, onto), **enter** В куда/откуда (В на мост to run onto a bridge; В в дом с улицы to run into a house from the street)

ВБИВАТЬ (несов.) **ВБИТЬ** (сов.) **to drive in, hammer in** 1. В что во что (В гвоздь в доску to drive/hammer a nail into a board) 2. *misc.* В что себе в голову to knock smt. into one's head; он вбил себе в голову, что пора жениться he finally got it through his head that it was time to get married; *В клин между друзьями to alienate friends

ВБИРАТЬ (несов.) **ВОБРАТЬ** (сов.) **to absorb; to breathe in** 1. В что во что (В воздух в лёгкие to inhale air into the lungs; В в себя влагу to absorb moisture) 2. *misc.* В знания жадно to soak up knowledge

ВБРАСЫВАТЬ (несов.) **ВБРОСИТЬ** (сов.) **to throw** (in) 1. В куда (В мяч в поле to throw the ball back into play — as in football/soccer) 2. *misc.* В мяч из-за боковой линии to throw the ball into play from the sideline

ВБУХАТЬ (несов.) **ВБУХНУТЬ** (сов.) (slang) **to drop, put** В что во что (он вбухнул две ложки сахара в стакан he put two spoonfuls of sugar into his glass)

ВВАЛИВАТЬ (несов.) **ВВАЛИТЬ** (сов.) **to dump, throw** В что во что (В щебень в яму to dump crushed rock into a ditch)

ВВЕЗТИ see **ВВОЗИТЬ**

ВВЕРГАТЬ (несов.) **ВВЕРГНУТЬ** (сов.) (formal) **to drive** В кого во что (В кого в отчаяние to drive smb. to despair; В кого в нищету to reduce smb. to poverty; В район в войну to plunge an area into war)

ВВЕРИТЬ see **ВВЕРЯТЬ**

ВВЁРТЫВАТЬ (несов.) **ВВЕРНУТЬ** (сов.) A. **to inject, work in** В что во что (В замечание в разговор to inject a comment into a conversation) B. **to insert, screw in** В что во что (В лампочку в патрон to screw a bulb into a socket; В штопор в бутылку to put a cork into a bottle)

ВВЕРЯТЬ (несов.) **ВВЕРИТЬ** (сов.) **to en-**

trust В что кому/чему (В свою судьбу кому to entrust one's fate to smb.)

ВВЕРЯТЬСЯ (несов.) **ВВЕРИТЬСЯ** (сов.) **to trust** В кому (В другу to trust a friend)

ВВЕСТИ see **ВВОДИТЬ**

ВВИНЧИВАТЬ (несов.) **ВВИНТИТЬ** (сов.) **to screw in** В что во что (В лампочку в патрон to screw a bulb into a socket)

ВВОДИТЬ (несов.) **ВВЕСТИ** (сов.) A. **to bring** (in) В кого/что куда (В нового ученика в класс to bring a new pupil into a classroom; В судно в порт to bring a ship into port; введите ко мне арестованного! bring in the prisoner!) B. **to inject, insert; to introduce** В что во что (В новый предмет в программу to introduce a new subject into a curriculum; В новое лекарство в употребление to introduce a new medicine on the market; В глюкозу в кровь to inject glucose into the blood; В лекарство в вену to inject medication into a vein) C. **to appoint** В кого во что (В нового члена в комиссию to appoint a new member to a commission) D. **to declare, impose** В что где (В чрезвычайное положение на всей территории области to declare a state of emergency throughout an entire oblast; В комендантский час в городе to impose a curfew in a city) E. *misc.* В кого в курс дела to show smb. the ropes *or* to bring smb. up to date; В кого в расход to put smb. to expense; В новую шахту в действие/строй/эксплуатацию to put a new mine into operation; В танки в бой to commit tanks to battle; В кого в заблуждение to mislead smb.; В что в повестку дня to place an item on an agenda

ВВОЗИТЬ (несов.) **ВВЕЗТИ** (сов.) A. **to haul** (in), **bring** (in) В кого/что во что (В дрова во двор to haul firewood into a courtyard; В туристов в город to bring tourists to town) B. **to bring** В что кому (В молоко детям to bring milk to children) C. **to import** 1. В что куда (В нефть в страну to import oil into a country; В товары на территорию СССР to import goods into the USSR) 2. В что откуда (В пшеницу из разных стран to import wheat from various countries; В нефть из-за рубежа to import oil from abroad)

ВВЯЗЫВАТЬ (несов.) **ВВЯЗАТЬ** (сов.) A. **to weave in** В что во что (В цветную полоску в чулок to weave a colored thread into a stocking) B. **to involve** В кого во что (В кого в дело to involve smb. in a matter)

ВВЯЗЫВАТЬСЯ (несов.) **ВВЯЗАТЬСЯ**

(сов.) **to break into** В во что (В в разговор to break into a conversation)

ВГЛЯДЫВАТЬСЯ (несов.) **ВГЛЯДЕТЬСЯ** (сов.) **to look into, peer into, stare into** 1. В в кого/что (В в лицо кому to peer into smb.'s face; В в темноту to stare into the darkness) 2. *misc.* В внимательно to stare wide-eyed; В напряжённо to stare fixedly

ВГОНЯТЬ (несов.) **ВОГНАТЬ** (сов.) **to drive** (in) 1. В что во что (В стадо в загон to drive a herd into an enclosure; В гвоздь в стену to drive/hammer a nail into a wall) 2. *misc.* В кого в слёзы to drive smb. to tears; В кого в страх to instill fear in smb.; В кого в краску to make smb. blush; В кого в пот to make smb. sweat

ВГРЫЗАТЬСЯ (несов.) **ВГРЫЗТЬСЯ** (сов.) **to bite into, dig into** В (чем) во что (ковш бульдозера вгрызался в землю the bulldozer dug into the ground)

ВДАВАТЬСЯ (несов.) **ВДАТЬСЯ** (сов.) A. **to jut, jut out** В во что (пристань вдаётся в залив the pier juts/juts out into the bay) B. **to enter** (into), **go** (into) В во что (В в подробности to go into detail/details; В в крайности to go to extremes)

ВДАВЛИВАТЬ (несов.) **ВДАВИТЬ** (сов.) **to press in, push in** В что во что (В пробку в бутылку to push a cork into a bottle)

ВДАЛБЛИВАТЬ (несов.) **ВДОЛБИТЬ** (сов.) **to drum in, knock in** *misc.* им вдолбили это правило в голову they drummed the rule into their heads; она себе вдолбила это в голову she finally got it through her head *or* she finally got the point

ВДЕВАТЬ (несов.) **ВДЕТЬ** (сов.) **to put through** В что во что (В ремешок в пряжку to put a belt through a buckle; Б нитку в иголку to thread a needle; В серьги в уши to put earrings on)

ВДЕЛЫВАТЬ (несов.) **ВДЕЛАТЬ** (сов.) **to mount** В что во что (В аметист в кольцо to mount an amethyst onto a ring)

ВДЁРГИВАТЬ (несов.) **ВДЁРНУТЬ** (сов.) **to insert, put in** В что во что (В шнурки в ботинки to put laces into shoes)

ВДОЛБИТЬ see **ВДАЛБЛИВАТЬ**

ВДОХНОВЛЯТЬ (несов.) **ВДОХНОВИТЬ** (сов.) **to inspire** 1. В кого чем (В бойцов своим примером to inspire the troops by one's personal example) 2. В кого на что (это событие вдохновило её на создание романа that event inspired her to write a novel)

ВДУМЫВАТЬСЯ (несов.) **ВДУМАТЬСЯ**

(сов.) **to ponder, think through** В во что (В в чьи слова to ponder smb.'s words)

ВДЫХАТЬ (несов.) **ВДОХНУТЬ** (сов.) **to breathe** 1. В что во что (В воздух в лёгкие to breathe air into one's lungs; В в произведение жизнь to breathe life into a production) 2. В чем (В носом to breathe through the nose) 3. *misc.* В полной грудью to take a deep breath

ВЕДАТЬ (несов.) **to be in charge** (of), **manage** В чем (В обороной города to be in charge of the defense of a city)

ВЕЗТИ I (несов.) (*Note:* The perf. **ПОВЕЗТИ** is used to denote the beginning of an action) **to drive, haul, take, transport** 1. В что кому (В подарок матери to take a gift to one's mother) 2. В кого/что куда (В людей в город to drive people to town; В рабочих на завод to drive workers to a plant; В ребёнка к бабушке to drive a child to its grandmother; В товары за границу to transport merchandise across a border) 3. В кого/что откуда (В детей из школы домой to drive children home from school; В друзей с концерта to drive one's friends from a concert) 4. В кого/что чем/на чём (В рабочих автобусом/на автобусе to transport workers in a bus) 5. В кого/что по чему (он вёз туристов по городу he was driving tourists around town)

ВЕЗТИ II (несов.) **ПОВЕЗТИ** (сов.) (impers.) **to be lucky/successful** В кому (ему везёт во всём he is successful at everything; ей повезло she was lucky; мне не везёт в карты I have no luck at cards; ей повезло в том, что сразу нашла работу she was lucky to find work immediately)

ВЕЛЕТЬ (сов. и несов.) (formal) (used only in the past tense) **to order, command** 1. В (кому) + неопр. ф. (учитель велел ученикам выполнять упражнения the teacher told the pupils to do the exercises; майор велел вызвать следователя the major had the investigating officer summoned) 2. В, чтобы с придат. (она велела, чтобы все присутствовали she ordered everyone to attend)

ВЕНЧАТЬСЯ (несов.) A. see **УВЕНЧИВАТЬСЯ** B. (lit.) **ОБВЕНЧАТЬСЯ** (сов.) **to get married** В с кем (он обвенчался со своей школьной подругой he married his childhood sweetheart)

ВЕРБОВАТЬ (несов.) **ЗАВЕРБОВАТЬ** (сов.) **to recruit** 1. В кого куда (В добровольцев в армию to recruit volunteers for the army; В рабочих на строительство to recruit laborers for a construction project) 2. *misc.* вербоваться на флот to enlist in the navy

ВЕРИТЬ (несов.) **ПОВЕРИТЬ** (сов.) **to believe, trust** 1. В во кого/что (В в бога to believe in/trust in God; В в победу to believe in victory; В в себя to believe in oneself; В в чудеса to believe in miracles) 2. В кому/чему (В товарищу to believe one's friend; В слухам to believe rumors) 3. В, что с придат. (я верю, что они победят I believe that they will win) 4. *misc.* я не поверю, чтобы ты сам решил эту задачу I cannot believe that you solved this problem by yourself; В безоговорочно/непоколебимо/слепо to believe blindly; В твёрдо to believe firmly/sincerely/ strongly

ВЕРНУТЬ (сов.) see **ВОЗВРАЩАТЬ**

ВЕРНУТЬСЯ (сов.) see **ВОЗВРАЩАТЬСЯ**

ВЕРТЕТЬ (несов.) A. **to twirl, twist** В что/чем (он вертел трость/тростью he was twirling his cane) B. **to boss around** В кем/чем (В подчинёнными to boss one's employees around) C. *misc.* *В хвостом to be flirtatious

ВЕРТЕТЬСЯ (несов.) A. **to fidget** В где (он вертится на стуле he sits there on a chair fidgeting) B. *misc.* В под ногами to keep getting in the way; *её фамилия вертится у меня на языке/на кончике языка her name is on the tip of my tongue; *В как белка в колесе to run around like a chicken without a head

ВЕРХОВОДИТЬ (несов.) (colloq.) **to boss around, manage** В кем/чем (В всеми ребятами to boss all the kids around)

ВЕРШИТЬ (несов.) (lit.) **to manage, run** В что/чем (В дела/ делами to run things)

ВЕСТИ (несов.) (*Note:* The perf. **ПОВЕСТИ** is used to denote the beginning of an action) A. **to take** 1. В кого куда/откуда (В ребёнка в школу to take a child to school; В школьников на экскурсию to take school children on a picnic; В туристов из музея в гостиницу to take tourists from a museum back to their hotel) 2. В кого к кому/чему (В дочь к врачу to take one's daughter to a doctor) 3. В кого по чему (она вела туристов по городу she was taking tourists through town) B. **to lead** 1. В кого/что куда/откуда (В дивизию в бой to lead a division into battle; В страну к победе to lead a country to victory; В детей из комнаты to lead children from/out of a room) 2. В куда/откуда (коридор ведёт в кухню the corridor leads to the kitchen; лестница ведёт на чердак the staircase leads to the attic; В к согласию to lead to an agreement; В из тупика to lead out of an impasse) 3. В кого за что/подо что (В ребёнка за руку to lead a child by the hand; В лошадь за узду/под уздцы to lead a horse by the bridle) C. **to direct, guide** В чем по чему (В указкой по карте to guide a pointer across a map; В смычком по струнам to draw a bow across strings) D. **to drive** 1. В что по чему (В машину по дороге to drive a car along a road) 2. В что куда/откуда (В самолёт на юг to fly a plane south; В пароход из порта to sail a ship out of a harbor) E. *misc.* *и бровью/ухом не ведёт he doesn't give a damn

ВЕШАТЬ (несов.) **ПОВЕСИТЬ** (сов.) **to hang** 1. В что куда (В костюм в шкаф to hang a suit in a closet; В пальто на вешалку to hang a coat on a hanger; В картину на стену to hang a picture on a wall) 2. В что где (В портрет в классе to hang a portrait in a classroom; В портрет над входом to hang a portait over an entrance) 3. *misc.* *уныло вешать нос to be crestfallen; *вешаться на шею кому to make a play for smb.; *повесить нос на квинту to be dejected

ВЕЩАТЬ I (несов.) **ПРОВЕЩАТЬ** (сов.) (ironical, pejorative) **to natter, preach** В что/о чём (громкоговоритель вещал о партийных собраниях a loudspeaker kept droning on and on about party meetings)

ВЕЩАТЬ II (несов.) **to broadcast** В куда (В на соседние страны to broadcast to neighboring countries)

ВЕЯТЬ (несов.) (*Note*: The perf. **ПОВЕЯТЬ** is used to denote the beginning of an action) A. (usu. impers.) **to be in the air; to breathe, radiate** 1. В чем (веет весной spring is in the air; веяло революцией revolution was in the air/wind; ветерок веял прохладой there was a cool breeze) 2. В чем откуда/от кого (веет прохладой от окна cold air is coming in through the window; веет уверенностью от неё she radiates confidence) B. **ПРОВЕЯТЬ** (сов.) **to winnow** В что чем/на чём (В зерно веялкой/на веялке to winnow grain by machine)

ВЖИВАТЬСЯ (несов.) **ВЖИТЬСЯ** (сов.) **to adapt to, get used to** В во что (В в военную жизнь to get used to military life)

ВЖИВЛЯТЬ (несов.) **ВЖИВИТЬ** (сов.) **to implant** В что куда (под мышцу больного вживлён специальный аппарат a special device was implanted in the patient's muscle

tissue)

ВЗБЕГАТЬ (несов.) **ВЗБЕЖАТЬ** (сов.) **to run** 1. В на что (В на второй этаж to run up to the second floor) 2. В по чему (В по лестнице to run up the stairs) 3. В чем (куда) (В горной тропой to go up a mountain path)

ВЗБЕСИТЬ see **БЕСИТЬ**

ВЗБИВАТЬ (несов.) **ВЗБИТЬ** (сов.) **to beat, whip** 1. В что чем (В белки вилкой to beat egg whites with a fork) 2. *misc.* В в крутую пену белки to whip egg whites until stiff

ВЗБИРАТЬСЯ (несов.) **ВЗОБРАТЬСЯ** (сов.) **to climb; to go up** 1. В на что (В на вершину to climb a peak; В на крышу to go up to a roof *or* to climb up on a roof) 2. В по чему (В по лестнице to climb the stairs *and* to go up the stairs)

ВЗБУНТОВАТЬСЯ see **БУНТОВАТЬ**

ВЗВАЛИВАТЬ (несов.) **ВЗВАЛИТЬ** (сов.) A. **to lift, load** В что на что (В мешок на спину to lift a sack onto one's back) B. **to shift, transfer** В что на кого/что (В чужую вину на кого to shift the blame to smb. else; всю работу взвалили на меня they shifted all the work onto me *or* they loaded me down with all the work)

ВЗВЕШИВАТЬ (несов.) **ВЗВЕСИТЬ** (сов.) **to weigh** В что на чём (В сахар на весах to weigh out sugar)

ВЗВОДИТЬ (несов.) **ВЗВЕСТИ** (сов.) **to level** В что на кого (В обвинение на кого to level a charge against smb.)

ВЗВОЛНОВАТЬСЯ see **ВОЛНОВАТЬСЯ**

ВЗГЛЯДЫВАТЬ (несов.) **ВЗГЛЯНУТЬ** (сов.) **to glance, look** 1. В во что (В в зеркало to look into a mirror; В в окно to look out of/through a window 2. В на кого/что (В на детей to glance at the children; В на часы to glance at one's watch) 3. *misc.* В мельком/мимоходом to steal a fleeting glance

ВЗДОРОЖАТЬ see **ДОРОЖАТЬ**

ВЗДРАГИВАТЬ (несов.) **ВЗДРОГНУТЬ** (сов.) **to shiver, tremble** 1. В от чего (В от холода to shiver with the/with cold; В от неожиданности to be startled) 2. В чем (она вздрогнула всем телом her whole body trembled)

ВЗДУМАТЬ (сов.) (colloq.) **to do smt.** (on the spur of the moment) В + неопр. ф. (она вздумала прокатиться on the spur of the moment she went for a drive)

ВЗДУМАТЬСЯ (сов.) (impers.) (colloq.) A. **to do smt.** (on the spur of the moment) В (кому)

+ неопр. ф. (мне вздумалось погулять on the spur of the moment I took a walk) В. *misc.* пусть живут, как им вздумается let them live anyway they want to

ВЗДЫХАТЬ (несов.) **to pine, sigh** В о/по ком/чём (В о прошедшей молодости to pine for one's lost youth)

ВЗИМАТЬ (несов.) (formal) **to impose, levy** 1. В что с кого (В штраф с нарушителя to fine smb. for an infraction; В налоги с населения to levy taxes on a population) 2. В что за что (за регистрацию брака взимается 100 рублей there is a 100-rouble fee to register a marriage; В с водителей плату за проезд по дороге to collect a toll from drivers)

ВЗЛЕТАТЬ (несов.) **ВЗЛЕТЕТЬ** (сов.) **to fly** (up); **to take off** (of an airplane, rocket, spaceship) 1. В куда (ракета взлетела в синее небо the rocket took off into the blue sky; В к потолку to fly up to the ceiling; В по лестнице to go flying up the stairs) 2. *misc.* В над головой to fly overhead; истребитель взлетел с базы курсом на юг the fighter took off from its base heading south; В на воздух to blow up/explode

ВЗМАНИТЬ see **МАНИТЬ** В

ВЗМАХИВАТЬ (несов.) **ВЗМАХНУТЬ** (сов.) **to wave** В чем (В платком to wave a handkerchief; птица взмахивает крыльями the bird is fluttering its wings)

ВЗМЁТЫВАТЬ (несов.) **ВЗМЕТНУТЬ** (сов.) **to flap, flutter** В что/чем (птица взметнула крыльями the bird flapped its wings)

ВЗМЁТЫВАТЬСЯ (несов.) **ВЗМЕТНУТЬСЯ** (сов.) **to fly** (up), **shoot** (up) 1. В куда (ракета вметнулась в небо/к небу the rocket shot up into the air) 2. В откуда (искры взметнулись из-под копыт лошади sparks shot up from under the horse's hooves)

ВЗМУТИТЬ see **МУТИТЬ** А

ВЗМЫВАТЬ (несов.) **ВЗМЫТЬ** (сов.) **to fly** (up), **rise** В куда (В в воздух to rise into the air)

ВЗОБРАТЬСЯ see **ВЗБИРАТЬСЯ**

ВЗОЙТИ see **ВОСХОДИТЬ** and **ВСХОДИТЬ**

ВЗРЫВАТЬСЯ (несов.) **ВЗОРВАТЬСЯ** (сов.) **to break** (into), **explode** В чем (В аплодисментами to break into applause)

ВЗЪЕДАТЬСЯ (несов.) **ВЗЪЕСТЬСЯ** (сов.) (colloq.) **to lace into, scold, tear into** В на кого/что (В на ученика to scold a pupil)

ВЗЪЕЗЖАТЬ (несов.) **ВЗЪЕХАТЬ** (сов.) **to drive** (onto) В куда (машина взъехала на мост a car drove onto a bridge)

ВЗЫВАТЬ (несов.) **ВОЗЗВАТЬ** (сов.) (formal amd bookish) **to appeal** 1. В к кому/чему (В к суду to appeal to a court) 2. В (к кому/чему) о чём (она воззвала к товарищам о помощи she appealed to her friends for help)

ВЗЫСКИВАТЬ (несов.) **ВЗЫСКАТЬ** (сов.) 1. **to impose, levy** В что (за что) с кого (В штраф с водителя за нарушение закона to fine a driver for a traffic violation; суд взыскал издержки с подсудимого the defendant was ordered to pay court costs) 2. *misc.* строго В с кого to punish smb. harshly

ВЗЯТЬ see **БРАТЬ**

ВЗЯТЬСЯ see **БРАТЬСЯ**

ВИДЕТЬ (несов.) **УВИДЕТЬ** (сов.) **to see** 1. В (кого/что) чем (В что своими глазами to see smt. with one's own eyes) 2. В кого/что во что/через что (В друга в/через открытую дверь to see a friend through an open door) 3. В кого/что в ком/чём (В в искусстве своё призвание to see art as one's calling; В в ком лучшего друга to consider smb. to be one's best friend) 4. В кого/что кем/чем/каким (мы хотели бы видеть его президентом we would like to see him president; она его видела здоровым when she saw him, he was in good health) 5. В, где/как/когда/что с придат. (она увидела, что происходит she saw what was happening; я видела, как он поднимался по лестнице I saw him come/coming upstairs) 6. *misc.* В отчётливо/ясно to see clearly; В невооружённым глазом to see with the naked eye; В кого/что во сне to dream of smb./smt.; *не видеть дальше своего носа to see no farther than the end of one's nose; *не видеть леса за деревьями not to see the forest for the trees; *видеть кого насквозь to see through smb.

ВИДЕТЬСЯ (несов.) А. **УВИДЕТЬСЯ** (сов.) **to meet** В с кем (В с друзьями на выставке to meet one's friends at an exhibit) В. **ПРИВИДЕТЬСЯ** (сов.) **to appear** В кому (мне что-то странное виделось во сне I had a strange dream; как он тебе виделся? what do you think of him?)

ВИЛЯТЬ (несов.) **ВИЛЬНУТЬ** (сов.) А. **to wag** 1. В чем (собака виляла хвостом the dog was wagging its tail) В. **to snake, zigzag** В между чем (дорога виляет между холмами the road snakes through the hills; баркас вилял между другими судами the launch zigzagged

through the other ships) C. **to dodge, evade** В
от чего (В от удара to dodge a blow)

ВИНИТЬ (несов.) **to accuse, blame** 1. В кого
в чём/за что (они винили друг друга в
неудаче they blamed each other for the failure;
В кого за ошибку to blame smb. for a mistake) 2. В кого в том, что с придат. (она
меня винила в том, что я уклоняюсь от
ответствственности she accused me of shirking
my duties)

ВИСЕТЬ (несов.) А. **to hang** 1. В на чём (В на
шнуре to hang from a cable) 2. В откуда (В из
окна to hang out of a window; В с балкона to
hang from a balcony) 3. В под чем (люстра
висит под потолком a light fixture hangs
down from the ceiling) 4. *misc.* *В на волоске/
ниточке to hang by a thread; *В в воздухе to
be undecided; *В на телефоне to hog the
telephone B. **to hover** В над чем (В над городом to hover over a city)

ВИСНУТЬ (несов.) А. **to hang down** В. В
куда (волосы виснут на лоб my hair is hanging down over my forehead) B. *misc.* В на ком/
на шее у кого to cling to smb.

ВИТАТЬ (несов.) (ironical) **to hover, soar**
misc. *смерть витает над ним he is near
death; *В в облаках to have one's head in the
clouds *or* to be spaced-out

ВИТЬ (несов.) **СВИТЬ** (сов.) **to make** (by
twisting, weaving) 1. В что из чего (В гнездо
из веток to build a nest out of twigs) 2. *misc.*
*В верёвки из кого to twist smb. around one's
little finger

ВИТЬСЯ (несов.) А. **to twist, wind** В по чему
(тропинка вьётся по лесу the path winds
through the forest) B. *misc.* собака вьётся у
ног I keep tripping over the dog; *В вьюном
около кого to keep hanging around smb.

ВКАЛЫВАТЬ (несов.) **ВКОЛОТЬ** (сов.) **to
stick in** В что во что (В булавку в платье to
stick a pin into a dress)

ВКАПЫВАТЬ (несов.) **ВКОПАТЬ** (сов.) **to
dig in** В что во что (В столб в землю to dig/
drive a pole into the ground)

ВКАТЫВАТЬ (несов.) **ВКАТИТЬ** (сов.) А.
to push in, roll in В что куда (В машину в
гараж to push a car into a garage; В бочку под
навес to roll a barrel under a canopy) B. *misc.* В
кому выговор за плохую работу to reprimand smb. for shoddy work; В единицу ученику to give a pupil a failing grade

ВКЛАДЫВАТЬ (несов.) **ВЛОЖИТЬ** (сов.)
(*Note*: The obsolete imperf. form of this verb is

ВЛАГАТЬ) А. **to insert, put in** В что во что
(В письмо в конверт to put a letter into an
envelope) B. **to deposit; to invest, put in** В что
во что (В деньги в сберкассу to deposit
money in a savings bank; В средства в лёгкую
промышленность to invest capital in light
industry *or* to put capital into light industry) C.
misc. В в чьи слова иной смысл to read a
different meaning into smb.'s words; *влагать
душу во что to put one's heart and soul into
smt.; *вложить меч в ножны to lay down
one's arms

ВКЛИНИВАТЬСЯ (несов.) **ВКЛИНИТЬСЯ**
А. **to protrude, jut out** В во что (В в залив to
jut out into a bay) B. **to wedge oneself, get
wedged** В между кем/чем (полк вклинился
между двумя дивизиями the regiment drove
a wedge between two divisions)

ВКЛЮЧАТЬ (несов.) **ВКЛЮЧИТЬ** (сов.)
А. **to add, include** В кого/что во что (В
студента в список to add a student to a list;
мы включим это слово в словарь we will
include this word in the dictionary *or* we will
add this word to the dictionary) B. **to plug in** В
что во что (В прибор в сеть to plug an appli-
ance into an outlet)

ВКЛЮЧАТЬСЯ (несов.) **ВКЛЮЧИТЬСЯ**
(сов.) **to enter, join** В во что (В в соревнова-
ние to enter a contest; В в борьбу to join a
struggle)

ВКОЛАЧИВАТЬ (несов.) **ВКОЛОТИТЬ**
(сов.) **to drive in, hammer in, pound in** В что
во что (В гвоздь в доску to drive/hammer a
nail into a board; В кол в землю to drive/
pound a stake into the ground)

ВКОЛОТЬ see **ВКАЛЫВАТЬ**

ВКОПАТЬ see **ВКАПЫВАТЬ**

ВКРАДЫВАТЬСЯ (несов.) **ВКРАСТЬСЯ**
(сов.) **to get in, slip in** 1. В во что (в текст
вкралась ошибка an error slipped into the
text) 2. *misc.* *В в чьё доверие to worm oneself into smb.'s confidence

ВКРАПЛИВАТЬ (несов.) **ВКРАПИТЬ**
(сов.) **to weave in, work in** В что во что (В
остроумное замечание в изложение to work
a witty remark into one's lecture)

ВКУШАТЬ (несов.) **ВКУСИТЬ** (сов.) (lit.) **to
savor, taste** В что/чего (вкусить славы to
savor glory)

ВЛАГАТЬ see **ВКЛАДЫВАТЬ**

ВЛАДЕТЬ (несов.) А. **to own, possess** В кем/
чем (В землёй to own land; В рабами to own
slaves) B. **to have command of; to have the**

use of В чем (В английским языком to be fluent/proficient in English; В оружием to be proficient in the use of arms; В пером to be a proficient writer; больная не владеет левой рукой the patient cannot use her left arm; В вниманием аудитории to command the attention of an audience) C. *misc.* В своими чувствами to show self-control; одна мысль владеет ей she is obsessed with one thought; В собой to retain one's self-control

ВЛАМЫВАТЬСЯ (несов.) **ВЛОМАТЬСЯ** (сов.) (colloq.) **to break in** В во что (В в чужой дом to break into smb.'s house)

ВЛАСТВОВАТЬ (несов.) (lit.) **to dominate** В над кем/чем (В над домом to dominate a household)

ВЛЕЗАТЬ (несов.) **ВЛЕЗТЬ** (сов.) **to climb** (in); **to get** (in) 1. В куда (В в окно to climb in/get in through a window; В в автобус to get into a bus; мальчик влез на дерево the boy climbed a tree; В на крышу to get up on the roof *or* climb up to the roof; В в карман к кому to get into smb.'s pocket *or* to pick smb.'s pocket) 2. В по чему (В по лестнице to come/go upstairs) 3. В через что (В через окно to climb in through a window) 4. *misc.* В в долги to get/go into debt

ВЛЕПИТЬ (сов.) (colloq.) **to give, hand out** В что кому (В пощёчину кому to give smb. a slap; В ученику двойку to give a low grade to a pupil)

ВЛЕТАТЬ (несов.) **ВЛЕТЕТЬ** (сов.) A. **to fly** (in) В куда (влетела в комнату птица a bird flew into the room; В в окно to fly in through a window) B. **to cost** 1. В кому во что (в 20 миллионов долларов влетает американцам их база the base costs the Americans 20 million dollars) 2. *misc.* *в копеечку влетело it cost a pretty penny C. *misc.*: *мальчику влетело от отца the boy caught it from his father

ВЛЕЧЬ (несов.) A. (impers.) **to be attracted, be drawn** В кого куда (его влекло на Волгу he was drawn to the Volga; её влечёт к иностранным языкам she just loves foreign languages) B. **ПОВЛЕЧЬ** (сов.) **to entail** В что за собой (это повлечёт за собой большие неприятности that will entail a great deal of unpleasantness)

ВЛИВАТЬ (несов.) **ВЛИТЬ** (сов.) A. **to pour in** В что во что (В воду в стакан to pour water into a glass) B. **to instill** В что в кого (В надежду в кого to instill hope in smb.)

ВЛИЯТЬ (несов.) **ПОВЛИЯТЬ** (сов.) **to influence** 1. В (чем) на кого/что (В на детей своим примером to influence children by one's own example) 2. *misc.* В благотворно/положительно to influence positively; В вредно/дурно/плохо to influence negatively; В пагубно to have a devastating effect

ВЛОЖИТЬ see **ВКЛАДЫВАТЬ**

ВЛОМАТЬСЯ see **ВЛАМЫВАТЬСЯ**

ВЛОПАТЬСЯ (сов.) (slang) **to get into** В во что (В в беду to get into trouble)

ВЛЮБЛЯТЬСЯ (несов.) **ВЛЮБИТЬСЯ** (сов.) **to fall in love** 1. В в кого/что (В в девушку to fall in love with a girl; В в Париж to fall in love with Paris) 2. *misc.* В безнадёжно/без памяти/по уши to fall head-over-heels in love

ВМАЗЫВАТЬ (несов.) **ВМАЗАТЬ** (сов.) **to cement, putty** 1. В что во что (В кирпич в стену to cement bricks into a wall) 2. В что чем (В цветные стёкла глиной в щели to putty pieces of colored glass in the cracks)

ВМЕНЯТЬ (несов.) **ВМЕНИТЬ** (сов.) (formal) **to assign** В что кому во что (она вменила себе в обязанность воспитание ребёнка she took on the job of raising the child; он вменил брату неудачу в вину he blamed his brother for the failure; ему вменяется в обязанность следить за дисциплиной it is his responsibility to maintain discipline; В кому что в заслугу to give smb. credit for smt.)

ВМЕШИВАТЬ (несов.) A. **ВМЕСИТЬ, ВМЕШАТЬ** (сов.) **to add, mix in** В что во что (В пряности в тесто to add spices to the batter) B. **ВМЕШАТЬ** (сов.) **to involve** В кого во что (В кого в опасное дело to involve smb. in a dangerous matter)

ВМЕШИВАТЬСЯ (несов.) **ВМЕШАТЬСЯ** (сов.) **to interfere, intervene, meddle** 1. В во что (В не в своё дело to meddle in smb. else's business; В в конфликт to intervene in a conflict; В в разговор to break into a conversation) 2. *misc.* В беззастенчиво/грубо to meddle crudely; В непрошено to make a pest of oneself

ВМЕЩАТЬ (несов.) **ВМЕСТИТЬ** (сов.) **to put in** В что во что (В все вещи в шкаф to put everything into a closet)

ВМЕЩАТЬСЯ (несов.) **ВМЕСТИТЬСЯ** (сов.) **to fit in, go in** В во что/в чём (все вместилось в чемодан/в чемодане everything fit into a suitcase)

ВМОНТИРОВАТЬ (сов.) **to install, mount** В

что во что (В деталь в двигатель to install a part in an engine)

ВНЕДРЯТЬ (несов.) **ВНЕДРИТЬ** (сов.) **to introduce** В что во что (В новые методы в сельское хозяйство to introduce new methods into agriculture)

ВНЕДРЯТЬСЯ (несов.) **ВНЕДРИТЬСЯ** (сов.) **to penetrate** (as a spy) В куда (агент внедрился в организацию an agent penetrated the organization)

ВНИКАТЬ (несов.) **ВНИКНУТЬ** (сов.) A. **to go into, investigate** В во что (В в подробности to go into detail/details; В в дело to investigate a matter) B. **to comprehend, penetrate** В во что (В в доклад to comprehend a report)

ВНИМАТЬ (несов.) **ВНЯТЬ** (сов.) (lit.) **to heed, pay attention to** В чему (В просьбе to heed a request)

ВНОСИТЬ (несов.) **ВНЕСТИ** (сов.) A. **to bring in, carry in** В что куда (В мебель в комнату to carry furniture into a room; В больного в операционную to bring a patient into an operating room AE/operating theatre BE; В чемодан на крыльцо to carry a suitcase to a porch) B. **to deposit; to pay** В что куда (В деньги в кассу to deposit money in a savings bank; В деньги на счёт to deposit money in an account; В плату за квартиру в кассу вперёд to pay the rent in advance at the bank) C. **to enter** В что во что (В фамилию в список to enter a name on a list; В поправки в текст to enter corrections in a text; В изменение в повестку дня to change an item on an agenda) D. **to bring in, introduce** В что во что (В разнообразие в работу to introduce variety into one's work; В изменения в конструкцию to alter a design; В разлад в семью to introduce friction into a family) E. *misc.* В вклад во что to make a contribution to smt.; В резолюцию на рассмотрение Совета Безопасности to bring up a resolution for consideration at the Security Council

ВНУШАТЬ (несов.) **ВНУШИТЬ** (сов.) A. **to arouse, inspire** В что кому (В кому ненависть to arouse hatred in smb.; его вид мне внушил страх his appearance frightened me) B. **to convince** В, что с придат. (она нам внушила, что она права she convinced us that she was right) C. **to suggest** В кому что (В кому мысль to suggest a thought to smb.)

ВНЯТЬ see **ВНИМАТЬ**

ВОБРАТЬ see **ВБИРАТЬ**

ВОВЛЕКАТЬ (несов.) **ВОВЛЕЧЬ** (сов.) **to draw in, involve** В кого/что во что (В товарища в разговор to draw one's friend into a conversation; В кого в заговор to involve smb. in a plot)

ВОГНАТЬ see **ВГОНЯТЬ**

ВОДВОРЯТЬ (несов.) **ВОДВОРИТЬ** (сов.) A. **to put, settle** В кого/что куда (В кого на престол to put smb. on a throne) B. *misc.* В флаг на крышу to plant a flag on a roof

ВОДИТЬ A. see **ВЕСТИ**; *водить кого за нос to make a fool of smb. B. **to take** (and bring back; used in the past tense) В кого/что куда (мы водили ребёнка в театр we took our child to the theater; она водила собаку к ветеринару she took her dog to the vet)

ВОДИТЬСЯ (несов.) (colloq.) **to associate with, hang around with** (colloq.) В с кем (В с подозрительными типами to associate with unsavory characters)

ВОДРУЖАТЬ (несов.) **ВОДРУЗИТЬ** (сов.) (lit.) A. **to plant, put** В что где/куда (профессор водрузил на нос золотое пенсне the professor put a gold pince-nez on his nose) B. **to hoist, raise, unfurl** 1. В что где (бойцы водрузили знамя на вершине рейхстага the soldiers hoisted/unfurled their banner on top of the Reichstag) 2. В что над чем (В знамя над городом to hoist a flag over a city)

ВОЕВАТЬ (несов.) **to fight, struggle** 1. В за что (В за родину to fight for one's country) 2. В против кого/чего *and* с кем/чем (В против врага/с врагом to fight against/fight an enemy; В с предрассудками to fight prejudice) 3. *misc.* В бесстрашно/храбро to fight bravely; Б до последнего солдата to fight to the last man

ВОЗВЕЩАТЬ (несов.) **ВОЗВЕСТИТЬ** (сов.) (formal) **to announce** В о чём (В о начале съезда to announce the opening of a convention)

ВОЗВОДИТЬ (несов.) **ВОЗВЕСТИ** (сов.) A. **to elevate, raise** В кого/что во/на что (В число в куб to cube a number; В кого на престол to elevate smb. to a throne; В кого в графское достоинство to confer the title of 'Count' on smb.) B. **to trace back** В что к чему (некоторые обычаи можно возвести к глубокой древности some customs can be traced back to antiquity) C. *misc.* В обвинение на кого to bring charges against smb.; В в принцип что to apply a principle

ВОЗВРАЩАТЬ (несов.) **ВОЗВРАТИТЬ** (сов.) **to bring back, return, restore** 1. В кого/что кому (В вещь владельцу to return smt. to its owner; В здоровье больному to restore a patient to health; В долг товарищу to repay a debt to one's friend; В ребёнка родителям to return a child to its parents) 2. В кого/что куда (В книгу в библиотеку to return a book to the library; В военнопленных на родину to repatriate prisoners of war; В ребёнка домой to return a child to its home) 3. В кого к чему (В кого к жизни to bring smb. back to life; В кого к действительности to bring smb. back to reality) 4. В кого/что откуда (В группу из командировки to bring back a group from a business trip)

ВОЗВРАЩАТЬСЯ (несов.) **ВОЗВРАТИТЬСЯ** (сов.) **to come back, return** В куда (В в город to come back/return to town; В на родину to return home) 2. В к кому/чему (В к родителям to return to one's parents; В к старой профессии to return to one's old profession; В к теме to get back to a topic; В к семье to return to one's family) 3. В откуда (В с работы to return from work; В из отпуска to return from leave) 4. В какой/каким (он вернулся живым и невредимым he returned safe and sound; предложение вернулось одобренное the proposal came back approved) 5. В кем (она вернулась активным его сторонником when she returned, she was his active supporter)

ВОЗВЫШАТЬСЯ (несов.) А. **to rise** В над чем (В над толпой to rise above the crowd) В. **to stand out** В среди чего (В среди других зданий to stand out among the other buildings)

ВОЗГОРАТЬСЯ (несов.) **ВОЗГОРЕТЬСЯ** (сов.) А. **to flare up** В из чего (из искры возгорелось пламя a flame flared up out of the spark) В. **to become obsessed** (with) В чем (она возгорелась страстью к театру she's crazy about the theater)

ВОЗДАВАТЬ (несов.) **ВОЗДАТЬ** (сов.) (lit.) **to give** 1. В что кому (В должное кому to give credit to smb. *or* to give smb. her/his due; В почести ветеранам to honor veterans) 2. *misc.* *В добром за зло to turn the other cheek

ВОЗДЕЙСТВОВАТЬ (несов. и сов.) **to influence** В (чем) на кого/что (В на кого силой примера to influence smb. by setting an example; В на ребёнка лаской to influence a child by showing kindness)

ВОЗДЕРЖИВАТЬСЯ (несов.) **ВОЗДЕРЖАТЬСЯ** (сов.) **to abstain, refrain** В от чего (В от голосования to abstain from voting; В от курения to refrain from smoking)

ВОЗИТЬ А. see **ВЕЗТИ** В. **to drive, take** (and bring back; used in the past tense) В кого/что куда (они возили детей в зоопарк they took the children to the zoo)

ВОЗИТЬСЯ (несов.) **ПОВОЗИТЬСЯ** (сов.) **to spend a great deal of time** В с кем/чем *and* над кем/чем (В с ребёнком to spend a great deal of time with a child)

ВОЗЛАГАТЬ (несов.) **ВОЗЛОЖИТЬ** (сов.) А. **to lay, place, put** В что к чему/на что (В венок к могиле/на могилу to place a wreath on a grave) В. **to assign, place** В что на кого/что (В ответственность на кого to assign responsibility to smb.; В надежды на кого to pin one's hopes on smb.; В вину на кого to place the blame on smb.)

ВОЗМЕЩАТЬ (несов.) **ВОЗМЕСТИТЬ** (сов.) А. **to compensate, reimburse** В кому что (В кому расходы to reimburse smb.'s expenses) В. **to make up for** В что чем (В потерянное время усиленной работой to make up for lost time by working very hard)

ВОЗМУЩАТЬ (несов.) **ВОЗМУТИТЬ** (сов.) **to infuriate, outrage** В кого чем (он возмутил товарищей своим поведением his behavior infuriated his friends)

ВОЗМУЩАТЬСЯ (несов.) **ВОЗМУТИТЬСЯ** (сов.) **to be outraged** В чем (В несправедливым решением to be outraged by an unfair decision)

ВОЗНАГРАЖДАТЬ (несов.) **ВОЗНАГРАДИТЬ** (сов.) **to compensate; to reward** В кого (чем) за что (меня вознаградили за услуги золотыми часами I was rewarded for my services with a gold watch)

ВОЗНАМЕРИТЬСЯ (сов.) (lit.) **to intend** В + неопр. ф. (В уехать to intend to leave)

ВОЗНЕНАВИДЕТЬ (сов.) **to come to despise/hate** В кого за что (В кого за жадность to get to despise smb. for her/his greed)

ВОЗНИКАТЬ (несов.) **ВОЗНИКНУТЬ** (сов.) А. **to appear, arise** В у кого (у следователя возникло подозрение the investigator became suspicious; у нас возникает опасение we are beginning to feel apprehensive) В. **to emerge, grow** В из чего (из посёлка возник город the village grew into a city)

ВОЗНОСИТЬ (несов.) **ВОЗНЕСТИ** (сов.) (lit., fig.) **to elevate, raise** 1. В кого/что куда (В искусство на новые высоты to elevate art to new heights) 2. *misc.* *до небес вознести to praise to the skies

ВОЗОМНИТЬ (сов.) **to imagine** *misc.* В себя президентом to imagine that one is president; В о себе to get a swelled head

ВОЗРАЖАТЬ (несов.) **ВОЗРАЗИТЬ** (сов.) A. **to object, protest** 1. В кому (она возразила отцу she protested to her father) 2. В (кому) на что/против чего (В на предложение/ против предложения руководителю to object to the director about a proposal) 3. В, что с придат. (они возражали, что налоги уже высоки they protested that taxes were already too high) 4. В против того, чтобы с придат. (она возражала против того, чтобы открыли окно she objected to the window being opened) 5. *misc.* В резко/решительно to protest strongly/vigorously B. **to mind** В + неопр. ф. (она не возражала помочь she didn't mind helping)

ВОЗРАСТАТЬ (несов.) **ВОЗРАСТИ** (сов.) **to grow** (to), **reach** 1. В (от/с чего) до чего (безработица может возрасти до двух миллионов человек unemployment may reach two million; население города возросло с 5 миллионов до 6 миллионов the population of the city grew from five to six million) 2. В на что (В на треть to grow by a third) 3. *misc.* В в два раза to double

ВОЙТИ see **ВХОДИТЬ**

ВОЛНОВАТЬСЯ (несов.) **ВЗВОЛНОВАТЬСЯ** (сов.) **to get upset** 1. В за кого/о ком (они волновались за дочь/о дочери they were upset about their daughter) 2. В из-за чего (В из-за пустяков to get upset over trifles) 3. В перед чем (В перед экзаменом to have the jitters before an examination) 4. *misc.* В сильно/страшно to get terribly/very much upset; В зря/напрасно/попусту to get upset over nothing

ВОЛОЧИТЬ (несов.) **to drag** В что по чему (В что по земле to drag smt. along the ground; он едва/еле-еле волочит ноги по земле he can barely move)

ВОЛОЧИТЬСЯ (несов.) (colloq.) **to court, run after** В за кем (В за девушкой to run after a girl)

ВОНЗАТЬ (несов.) **ВОНЗИТЬ** (сов.) **to plunge, stick, thrust** В что в кого/что (В кинжал в кого to plunge a dagger into smb.; В иголку в палец to stick a needle into one's finger)

ВОНЯТЬ (несов.) (impers.) **to smell, stink** В (от кого/чего) чем (В прелью to smell rotten; от него воняет чесноком he smells of garlic)

ВООБРАЖАТЬ (несов.) **ВООБРАЗИТЬ** (сов.) **to imagine** 1. В кого/что кем/чем (В кого президентом to imagine smb. as president) 2. В, что с придат. (они вообразили, что против них ведётся интрига they imagined that there was a plot against them) 3. *misc.* она о себе много воображает she's very conceited

ВООДУШЕВЛЯТЬ (несов.) **ВООДУШЕВИТЬ** (сов.) **to inspire** В кого (на что) чем (В слушателей своей речью to inspire an audience with one's speech; В бойцов на борьбу своим примером to inspire soldiers by setting an example)

ВООРУЖАТЬ (несов.) **ВООРУЖИТЬ** (сов.) A. **to arm; to equip, outfit, supply** 1. В кого/что чем (В армию современной техникой to supply an army with modern equipment; В студентов знаниями to impart knowledge to students) 2. *misc.* В кого до зубов to arm smb. to the teeth B. **to pit, set** В кого против кого/чего (В отца против сына to set father against son)

ВООРУЖАТЬСЯ (несов.) **ВООРУЖИТЬСЯ** (сов.) **to arm oneself, outfit oneself** 1. В чем (они вооружились пистолетами they armed themselves with pistols) 2. *misc.* *В терпением to be patient

ВОПЛОЩАТЬ (несов.) **ВОПЛОТИТЬ** (сов.) **to convert, translate** В что во что (В мечту в действительность to translate a dream into reality)

ВОРВАТЬСЯ see **ВРЫВАТЬСЯ**

ВОРОВАТЬ (несов.) **to steal** В (что) откуда (В из карманов to pick pockets)

ВОРОТИТЬ (несов.) (slang) A. **to turn** В куда (В в сторону to turn aside/to the side) B. *misc.* меня воротит от запаха рыбы the smell of fish makes me sick; *В нос от кого to turn up one's nose at smt.; *с души воротит it's disgusting

ВОРОЧАТЬ (несов.) A. **to move** В чем (В веслом to row) B. **to control, manipulate** В чем (он ворочает большими делами he's a big operator; В миллионами to be rolling in money)

ВОРОЧАТЬСЯ (несов.) **to toss and turn** 1. В где (беспокойно В в постели to toss and turn in bed) 2. *misc.* В с боку на бок to turn from side to side

ВОРЧАТЬ (несов.) A. **to scold** В на кого (В на мужа to scold one's husband) B. **to growl, grumble** В, что с придат. (работники ворчали, что зарплата низка the workers were grumbling that salaries were too low)

ВОСКЛИЦАТЬ (несов.) **ВОСКЛИКНУТЬ** (сов.) **to cry out, exclaim** В, что с придат. (подсудимый воскликнул, что он не виноват the accused cried out that he was innocent)

ВОСПИТЫВАТЬ (несов.) **ВОСПИТАТЬ** (сов.) А. **to bring up** 1. В кого кем (В ребёнка честным человеком to bring up a child to be an honest person) 2. В из кого кого (В из сына хорошего гражданина to bring up one's son to be a good citizen) В. **to develop** В что в ком/у кого (В вкус в детях/у детей to develop good taste in children)

ВОСПОЛЬЗОВАТЬСЯ see **ПОЛЬЗОВАТЬСЯ**

ВОСПРЕПЯТСТВОВАТЬ see **ПРЕПЯТСТВОВАТЬ**

ВОСПРЕЩАТЬ (несов.) **ВОСПРЕТИТЬ** (сов.) **to forbid, prohibit** 1. В кому что (вход посторонним воспрещён no one is permitted to enter) 2. В кому + неопр. ф. (В кому курить to forbid smb. to smoke *or* to order/tell smb. not to smoke)

ВОСПРЕЩАТЬСЯ (несов.) **ВОСПРЕТИТЬСЯ** (сов.) **to be forbidden** В + неопр. ф. (курить воспрещается! no smoking!)

ВОСПРИНИМАТЬ (несов.) **ВОСПРИНЯТЬ** (сов.) **to see (as)**, **take (as)** В кого/что как кого/что (В молчание как знак согласия to take silence as a sign of consent)

ВОСПРОТИВИТЬСЯ see **ПРОТИВИТЬСЯ**

ВОСПРЯНУТЬ (сов.) (obsol.) *misc.* В духом to take heart

ВОСПЫЛАТЬ (сов.) (lit.) **to flare up** В чем (В ненавистью to be consumed by hatred; В любовью to be smitten with love)

ВОССТАНАВЛИВАТЬ (несов.) **ВОССТАНОВИТЬ** (сов.) А. **to restore; to reinstate** В кого в/на чём (В кого в правах to restore smb.'s rights; В кого в должности to reinstate smb. in her/his position; В уволенную на работе to restore a former employee to her position) В. **to set, pit** кого/что против кого/чего (она восстановила против него весь коллектив she set the whole group against him)

ВОССТАВАТЬ (несов.) **ВОССТАТЬ** (сов.) **to rebel, revolt** В против кого/чего (В против несправедливости to rebel against injustice)

ВОСТОРГАТЬСЯ (несов.) **to be delighted, rave** В кем/чем (все восторгались новым романом everyone was raving about the new novel)

ВОСТОРЖЕСТВОВАТЬ see **ТОРЖЕСТВОВАТЬ**

ВОСТРЕБОВАТЬ (сов.) **to demand, request** В что с кого (В жертву с народа to demand a sacrifice from a people) (see also **ТРЕБОВАТЬ** А2)

ВОСХИЩАТЬ (несов.) **ВОСХИТИТЬ** (сов.) **to captivate, dazzle** В кого чем (фильм всех восхищает своей смелостью everyone marvels at the film's bold approach)

ВОСХИЩАТЬСЯ (несов.) **ВОСХИТИТЬСЯ** (сов.) А. **to admire** В кем/чем (В спортсменкой to admire an athlete; В чьей смелостью to admire smb.'s daring; В красотой природы to admire the beauty of nature) В. **to be delighted** В (тем), что с придат. (она восхищалась, что студенты понимают её лекции she was delighted that the students understood her lectures)

ВОСХОДИТЬ (несов.) А. **to date back, go back** В к чему (В к древности to date back/go back to antiquity) В. see **ВСХОДИТЬ**

ВОТКНУТЬ see **ВТЫКАТЬ**

ВПАДАТЬ (несов.) А. **to empty into, flow into** В во что (Волга впадает в Каспийское море the Volga flows into the Caspian Sea) В. **ВПАСТЬ** (сов.) **to fall into, lapse into, sink into** В во что (В в немилость to fall into disgrace; В в отчаяние to become desperate; В в уныние to become depressed; В в бедность to become poor; В в крайность to go to an extreme; В в противоречие to contradict oneself; В в сомнение to begin to have doubts; *В в детство to lapse into one's second childhood)

ВПЕРЯТЬ (несов.) **ВПЕРИТЬ** (сов.) (obsol., lit.) *misc.* В взор в кого/на кого to fix one's gaze on smb.

ВПИВАТЬСЯ (несов.) **ВПИТЬСЯ** (сов.) А. **to bury, sink** В (чем) во что (В зубами в мясо to sink one's teeth into meat; собака впилась мне в ногу the dog bit me in the leg) В. **to become absorbed, engrossed** В (чем) во что (В в новую книгу to become engrossed in a new book; В глазами в картину to become absorbed in a painting)

ВПИСЫВАТЬ (несов.) **ВПИСАТЬ** (сов.) А. **to add, enter, insert, write in** 1. В кого/что во что (В пропущенные слова в текст to enter missing words in a text; В кого в список подписчиков to add smb. to a list of subscribers) 2. *misc.* *В своё имя в историю to go down in history B. (mathematics) **to inscribe** В что во что (В треугольник в окружность to inscribe a triangle in a circle)

ВПИТЫВАТЬСЯ (несов.) **ВПИТАТЬСЯ** (сов.) **to soak into** 1. В во что (вода впиталась в почву the water soaked into the soil) 2. *misc.* знания впитываются учениками knowledge is soaked up by the pupils

ВПИХИВАТЬ (несов.) **ВПИХНУТЬ** (сов.) **to cram, shove** В кого/что во что (В вещи в чемодан to cram one's things into a suitcase)

ВПЛЕТАТЬ (несов.) **ВПЛЕСТИ** (сов.) **to stick in, tie in** В что во что (она ей вплела ленту в косу she tied a ribbon in her hair)

ВПОЛЗАТЬ (несов.) **ВПОЛЗТИ** (сов.) **to crawl in** В во что (В в нору to crawl into a hole)

ВПРЫГИВАТЬ (несов.) **ВПРЫГНУТЬ** (сов.) **to jump** 1. В куда (В через окно to jump through a window; В на стул to jump onto a chair) 2. *misc.* В от испуга to give a start

ВПРЫСКИВАТЬ (несов.) **ВПРЫСНУТЬ** (сов.) **to inject** 1. В что кому (В больному морфий to give a patient a morphine injection) 2. В что во что (В морфий в вену to inject morphine into a vein)

ВПРЯГАТЬ (несов.) **ВПРЯЧЬ** (сов.) 1. **to hitch** В кого/что во что (В лошадь в телегу to hitch a horse to a cart) 2. *misc.* В кого в работу to put smb. to work

ВПУСКАТЬ (несов.) **ВПУСТИТЬ** (сов.) A. **to admit, allow to enter, let in** В кого/что во что (В пассажиров в поезд to allow passengers to enter a train) B. **to let in** В что во что (В воду в бассейн to let water into a pool *or* to fill a pool)

ВПУТАТЬ see **ПУТАТЬ** С
ВПУТАТЬСЯ see **ПУТАТЬСЯ** С1

ВРАЖДОВАТЬ (несов.) **to feud** В с кем (В с соперником to feud with a competitor)

ВРАСТАТЬ (несов.) **ВРАСТИ** (сов.) **to grow (in)** 1. В во что (ноготь врос в кожу the nail grew into the flesh) 2. *misc.* *В корнями to get attached to smt.

ВРАТЬ (несов.) **СОВРАТЬ** (сов.) **to lie, tell a falsehood** В кому (В родителям to lie to one's parents)

ВРАЩАТЬ (несов.) **to revolve, roll, rotate** В чем (В глазами to roll one's eyes)

ВРАЩАТЬСЯ (несов.) A. **to revolve, rotate, turn** В вокруг чего (Земля вращается вокруг Солнца the earth revolves around the sun;

Земля вращается вокруг своей оси the earth rotates on its axis) B. **to circulate, move** В в чём (В в хорошем обществе to move in the best circles)

ВРЕДИТЬ (несов.) **ПОВРЕДИТЬ** (сов.) **to harm, jeopardize** В (чем) кому/чему (В здоровью курением to jeopardize one's health by smoking; В себе to harm oneself)

ВРЕЗАТЬ (несов.) **ВРЕЗАТЬ** (сов.) A. **to install** (by cutting) В что во что (В замок в дверь to install a lock on a door) B. (slang) **to scold, tell off** В кому (она начальнику здорово врезала she really told her boss off)

ВРЕЗАТЬСЯ (несов.) **ВРЕЗАТЬСЯ** (сов.) A. **to crash** (into); **to charge** (into) В во что (поезд врезался в цистерну a train crashed into a tank car; конница врезалась в неприятельские ряды the cavalry charged into the ranks of the enemy) B. **to jut out** В во что (песчаная отмель врезалась в море a sandbar jutted out into the sea) C. **to become etched** В во что (тот день врезался в её память that day was etched into her memory)

ВРУЧАТЬ (несов.) **ВРУЧИТЬ** (сов.) A. **1. to deliver, hand over** В что кому (В письмо кому to deliver/hand over a letter to smb.) B. **to award, confer** 1. В что кому (В кому медаль to award a medal to smb.) 2. *misc.* В торжественно to award in a solemn ceremony C. *misc.* В кому свою судьбу to entrust one's fate to smb.

ВРЫВАТЬСЯ (несов.) **ВОРВАТЬСЯ** (сов.) **to burst into** В во что (В в комнату to burst into a room; В в деревню to storm a village)

ВСАЖИВАТЬ (несов.) **ВСАДИТЬ** (сов.) A. **to plunge, put, stick** В что во что (В нож в спину кому to plunge a knife into smb.'s back) B. (slang) **to deposit, invest, sink** В что во что (В все сбережения в дачу to invest/sink all of one's savings into a summer home)

ВСАСЫВАТЬ (несов.) **ВСОСАТЬ** (сов.) **to absorb, pull in** 1. В что во что (вентиляция всасывает свежий воздух в погреб the ventilating system pulls fresh air into the basement) 2. *misc.* *всосать что с молоком матери to learn smt. at one's mother's knee

ВСЕЛЯТЬ (несов.) **ВСЕЛИТЬ** (сов.) A. **to move, settle** В кого во что (В жильцов в новый дом to move tenants into a new house) B. **to inspire** В что в кого/что (В надежду в кого to raise smb.'s hopes; В тревогу в душу to cause alarm)

ВСКАКИВАТЬ (несов.) **ВСКОЧИТЬ** (сов.)

to hop, jump, leap. 1. В куда (В в автобус to hop aboard a bus; В на коня to leap onto a horse) 2. В откуда (В с постели to jump out of bed; В со стула to jump from a chair) 3. *misc.* В от испуга to give a start

ВСКАРМЛИВАТЬ (несов.) **ВСКОРМИТЬ** (сов.) **to feed, nourish** В кого чем (В младенца материнским молоком to nurse an infant)

ВСКИДЫВАТЬ (несов.) **ВСКИНУТЬ** (сов.) **to throw** В что куда (В мешок на спину to throw a sack onto/over one's back)

ВСКИПЕТЬ see **КИПЕТЬ**

ВСКОРМИТЬ see **ВСКАРМЛИВАТЬ**

ВСЛУШИВАТЬСЯ (несов.) **ВСЛУШАТЬ-СЯ** (сов.) **to listen attentively/carefully** В во что (В в чьи слова to listen attentively to smb.'s words)

ВСМАТРИВАТЬСЯ (несов.) **ВСМОТРЕТЬ-СЯ** (сов.) **to peer, stare** В во что (В в темноту to peer into the darkness)

ВСОВЫВАТЬ (несов.) **ВСУНУТЬ** (сов.) **to insert, put in** В что во что (В ключ в скважину to insert a key into a keyhole)

ВСОСАТЬ see **ВСАСЫВАТЬ**

ВСПАХАТЬ see **ПАХАТЬ**

ВСПЛЕСНУТЬ (сов.) *misc.* В руками to throw up one's hands (in dismay)

ВСПЛЫВАТЬ (несов.) **ВСПЛЫТЬ** (сов.) **to come** (to the top) В на что (В на поверхность to come to the surface)

ВСПОМИНАТЬ (несов.) **ВСПОМНИТЬ** (сов.) **to recall, remember** 1. В кого/что *and* В о ком/чём (В отца/об отце to remember one's father; В о родителях to remember one's parents; В о событии to recall an event) 2. В, где/как/что с придат. (я вспомнил, что она сказала I remembered what she had said) (see also **ПОМНИТЬ**)

ВСПРЫГИВАТЬ (несов.) **ВСПРЫГНУТЬ** (сов.) **to jump, leap** В на кого/что (В на коня to leap onto a horse)

ВСПЫХИВАТЬ (несов.) **ВСПЫХНУТЬ** (сов.) **to blaze up, flare up, radiate** 1. В чем (В гневом to flare up in anger; она вспыхнула румянцем she blushed deeply) 2. В от чего (В от радости to radiate sheer joy)

ВСТАВАТЬ (несов.) **ВСТАТЬ** (сов.) A. **to get up, rise** 1. В откуда (В со стула to get up/rise from a chair; В из-за стола to get up/rise from the table 2. В какой (она встала бледная и мрачная she got up looking pale and sullen) B. **to take up a position, get, stand** В куда/где (В

на ноги to get to one's feet; В на ковёр to step onto a carpet; В в кружок to stand in a circle; В на очередь to get on a waiting list; В в позу to strike a pose; В перед картиной to stand before a picture) (see also **СТАНОВИТЬСЯ** H) C. **to appear** В перед кем/чем (перед её глазами встали картины счастливого будущего the vision of a bright future appeared to her; перед путниками встали высокие горы the travellers saw high mountains come into view) D. (usu. perf.) **to begin** (working) В куда (В за станок/к станку to begin operating a lathe; *or*, — fig.: to become a worker; В за чертёжную доску to begin working at a drawing board) (see also **СТАНОВИТЬСЯ** C) E. **to fit** В куда (шкаф встал в простенок the cupboard fit into a space along a wall) F. **to join** В на что (В на путь борьбы to join a struggle; В на сторону революции to join a revolution; В на путь законности и правопорядка to support law and order; народ встал стеной на защиту родины the entire nation rose up to defend its borders) G. *misc.* перед нами встал вопрос we face a problem; *встать с левой ноги/не с той ноги to get up on the wrong side of the bed; *встать на ноги to get on/to one's feet; *встать поперёк дороги кому to get in smb.'s way; *встать поперёк горла кому to stick in smb.'s throat; *В с петухами to rise very early

ВСТАВЛЯТЬ (несов.) **ВСТАВИТЬ** (сов.) **to add, insert, put in** 1. В что во что (В статью в договор to add a clause to a contract; В слово в текст to insert a word in a text; В портрет в рамку to frame a portrait) 2. *misc.* *В палки в колёса to throw a monkey wrench AE/spanner BE into the works

ВСТРЕВОЖИТЬ see **ТРЕВОЖИТЬ**

ВСТРЕВОЖИТЬСЯ see **ТРЕВОЖИТЬСЯ**

ВСТРЕЧАТЬ (несов.) **ВСТРЕТИТЬ** (сов.) **to greet, meet** 1. В кого чем (В поэта аплодисментами to greet a poet with applause) 2. *misc.* В заявление с одобрением to greet an announcement; В неожиданно to meet unexpectedly; В случайно to meet by chance; В приветливо/радушно/сердечно to greet warmly; *В хлебом-солью to offer smb. hospitality; *В кого в штыки to give smb. a hostile reception

ВСТРЕЧАТЬСЯ (несов.) **ВСТРЕТИТЬСЯ** (сов.) **to meet, encounter** 1. В с кем/чем (В с трудностями to encounter difficulties; В с делегацией to meet a delegation) 2. *misc.* В неожиданно to meet unexpectedly; В случайно to meet by chance; они встретились глазами their eyes met

ВСТРЯХИВАТЬ (несов.) **ВСТРЯХНУТЬ** (сов.) **to shake, wave** В чем (В головой to shake one's head)

ВСТРЯХНУТЬСЯ (сов.) **to be roused** В от чего (В ото сна to be roused from sleep)

ВСТУПАТЬ (несов.) **ВСТУПИТЬ** (сов.) А. **to enter, go into** В куда (В в новую фазу to enter a new phase; новый закон вступил в силу a new law has gone into effect; завод вступил в действие/в строй/в эксплуатацию the plant has gone into production; войска вступили в город troops have entered the city; В в разговор to enter into a conversation) В. **to join** В куда (В в члены клуба to join a club) С. *misc.* В на престол to mount a throne; В в контакт с кем to establish contact with smb.; В в драку to get into a fight; В в должность to start a job; В на пост президента to take up one's duties as president; В в брак to get married; (political; obsol.) В на путь борьбы to take up the class struggle; *В в жизнь to strike out on one's own

ВСТУПАТЬСЯ (несов.) **ВСТУПИТЬСЯ** (сов.) **to defend, stand up for** В за кого/что (В за товарища to stand up for one's friend)

ВСУНУТЬ see **ВСОВЫВАТЬ**

ВСХОДИТЬ (несов.) **ВЗОЙТИ** (сов.) **to ascend, climb, go up, mount** 1. В на что (В на трибуну to mount a platform; В на вершину горы to climb/scale a peak) 2. В по чему (В по склону to climb a slope; В по тропе to go up a path; В по лестнице to go upstairs)

ВСЫПАТЬ (несов.) **ВСЫПАТЬ** (сов.) А. **to pour** (in) В что во что (В зерно в мешки to pour grain into sacks) В. *misc.* *В ребёнку за непослушание to punish a child for disobedience

ВТАЛКИВАТЬ (несов.) **ВТОЛКНУТЬ** (сов.) **to push** (in) В кого/что куда (В бочку в подвал to push/roll a barrel into a basement)

ВТАПТЫВАТЬ (несов.) **ВТОПТАТЬ** (сов.) **to grind, press** В что во что (В окурок в землю to grind a cigarette butt into the ground)

ВТАСКИВАТЬ (несов.) **ВТАЩИТЬ** (сов.) **to drag** (in), **pull** (in) В кого/что куда (В стол в комнату to drag a table into a room; В мешок на чердак to drag a sack up to an attic)

ВТЕКАТЬ (несов.) **ВТЕЧЬ** (сов.) **to flow in** В во что (вода втекала в бассейн water was flowing into the pool)

ВТИРАТЬ (несов.) **ВТЕРЕТЬ** (сов.) **to rub in** А. В что во что (В мазь в кожу to rub ointment into the skin) В. *misc.* *В очки кому to deceive smb.

ВТИРАТЬСЯ (несов.) **ВТЕРЕТЬСЯ** (сов.) А. (colloq.) **to push, shove** В во что (В в толпу to shove one's way into a crowd) В. (slang) **to insinuate oneself, worm oneself into** В куда (В в доверие к кому to worm oneself into smb.'s confidence)

ВТИСКИВАТЬ (несов.) **ВТИСНУТЬ** (сов.) **to cram in, squeeze in** В что во что (В вещи в чемодан to cram one's things into a suitcase)

ВТОЛКНУТЬ see **ВТАЛКИВАТЬ**

ВТОЛКОВЫВАТЬ (несов.) **ВТОЛКОВАТЬ** (сов.) **to explain** В что кому (В правило кому to explain a rule to smb.)

ВТОПТАТЬ see **ВТАПТЫВАТЬ**

ВТОРГАТЬСЯ (несов.) **ВТОРГНУТЬСЯ** (сов.) **to intrude, invade** В куда (В в соседнее государство to invade a neighboring country; В на чужую территорию to invade foreign territory; патруль вторгся на пять километров в глубь оккупированной территории a patrol penetrated five kilometers into occupied territory)

ВТОРИТЬ (несов.) А. **to harmonize with** В кому (В тенору to harmonize with the tenor) В. **to echo; to repeat slavishly** В кому/чему (она всегда вторит жениху she always repeats what her fiance says; В чьим словам to echo smb.'s words)

ВТЫКАТЬ (несов.) **ВОТКНУТЬ** (сов.) **to drive in, stick in** В что во что (В кол в землю to drive a stake into the ground)

ВТЯГИВАТЬ (несов.) **ВТЯНУТЬ** (сов.) **to draw in, pull in** В кого/что в/на что (В воздух в лёгкие to draw air into the lungs; В лодку на берег to pull a boat up onto a bank; В товарища в разговор to draw a friend into a conversation)

ВТЯГИВАТЬСЯ (несов.) **ВТЯНУТЬСЯ** (сов.) **to be drawn in** В во что (В в борьбу to be drawn into a fight)

ВХОДИТЬ I (несов.) **ВОЙТИ** (сов.) А. **to enter, go in** 1. В во что (В в комнату to enter a room; В в гавань to enter a port; В в подробности to go into detail; В в действие/строй/эксплуатацию to go into operation) 2. В через что (В в больницу через ворота to enter a hospital through a gate) 3. В куда/откуда (В в класс из коридора to enter a classroom from a corridor) 4. В каким (он вошёл готовым к пути when he walked in, he was ready to leave) 5. *misc.* в аудиторию воины вошли строем the soldiers marched into the auditorium in formation B. **to be part of** В во что (В в список to be on a list; В в состав комиссии to be a member of a commission; В в словарь to be in a dictionary; В в повестку дня to be on an agenda) C. **to fit into, go into** В во что (В в чемодан to fit into/go into a suit-case) D. **to become, turn into** В во что (В в быт to become a way of life; В в моду to come into fashion; В в пословицу to become a proverb; В в практику to become an accepted practice; В в привычку to become a habit; закон входит в силу a law goes into/takes effect; В в употребление to come into use) E. *misc.* итальянская опера вошла ему во вкус he acquired a taste for Italian opera; *В в роль to identify with a role; *В в чьё положение to put oneself into smb. else's shoes; *В в колею/в русло to settle into a routine; *В в историю to go down in history

ВХОДИТЬ II (сов.) **to come in, enter** (and leave; used in the past tense) В куда (кто-то входил в мою комнату someone was in my room)

ВЦЕПЛЯТЬСЯ (несов.) **ВЦЕПИТЬСЯ** (сов.) **to grab, seize** 1. В (чем) в кого/что (В в перила рукой to grab hold of a banister with one's hand) 2. *misc.* собака ему вцепилась в ногу the dog got him by the leg

ВЧИТЫВАТЬСЯ (несов.) **ВЧИТАТЬСЯ** (сов.) **to read carefully** В во что (В в документы to read documents carefully)

ВЪЕЗЖАТЬ (несов.) **ВЪЕХАТЬ** (сов.) A. **to enter, go in; to drive in, ride in** В куда (В в город to enter a city *or* to drive/ride into a city; В на мост to drive onto/ride onto/get onto a bridge; В на площадь to drive onto a square) B. **to climb, drive up** В на что (В на гору to drive/go uphill; В на вершину to drive up/ride up to the top of a mountain)

ВЫБЕГАТЬ (несов.) **ВЫБЕЖАТЬ** (сов.) **to run out** 1. В куда (В на улицу to run out on/onto a street; В на балкон to run out onto a balcony) 2. В откуда (В из комнаты в коридор to run out of a room into a corridor; В из дома/дому to run out of a house)

ВЫБИВАТЬ (несов.) **ВЫБИТЬ** (сов.) A. **to knock** (down, out) 1. В что из чего (В поднос из рук у кого to knock a tray out of smb.'s hands; В всадника из седла to unseat a rider) 2. *misc.* взрывной волной выбило стёкла а

shock wave knocked out the windows; *В кого из колеи to disrupt smb.'s routine; *В у кого почву из-под ног to take the wind out of smb.'s sails B. **to drive** В кого/что откуда (враг выбил нас из окопов the enemy drove us out of our trenches; В гарнизон с острова to drive a garrison off an island)

ВЫБИВАТЬСЯ (несов.) **ВЫБИТЬСЯ** (сов.) A. **to break out of, rise out of** 1. В из чего (В из нищеты to rise out of poverty; В из окружения to break out of an encirclement) B. *misc.*: В из графика to miss a deadline; *В в люди to attain a social position; *В из сил to wear oneself out

ВЫБИРАТЬ (несов.) **ВЫБРАТЬ** (сов.) A. **to choose, elect, select** 1. В кого/что кем/чем (В кого президентом to elect smb. president; они выбрали местом для встречи резиденцию посла they picked the ambassador's residence as their meeting place) 2. В кого куда (В делегата на конференцию to choose a delegate to attend a conference; В кого в комиссию to choose smb. to serve on a commission) 3. В кого/что кому/для кого (В книгу жене/для жены to select a book for one's wife) 4. В кого/что из кого/чего (В цитаты из классиков to select citations from the classics) 5. В между кем/чем (В между двумя претендентами to choose between two contenders) 6. В кого/что для кого/чего (В тему для диссертации to select a topic for one's dissertation) B. **to remove** (completely) В что из чего (В всё из сундука to remove everything from a trunk)

ВЫБИРАТЬСЯ (несов.) **ВЫБРАТЬСЯ** (сов.) A. **to break out** (of), **get out** (of) В из чего (В из грязи to get out of the mud; В из нищеты to break out of poverty) B. **to (manage to) get to** В куда (В в театр to get to the theater)

ВЫБРАНИТЬ see **БРАНИТЬ**

ВЫБРАСЫВАТЬ (несов.) **ВЫБРОСИТЬ** (сов.) A. **to throw** (out), **remove** 1. В кого/что куда (В кого на улицу to throw smb. out on the street; В папиросу в урну to throw a cigarette butt into a receptacle) 2. В что откуда (В бумажку из окна to throw a piece of paper out of a window) 3. *misc.* *В мысль из головы to get smt. out of one's head/mind; *В кого/что за борт to get rid of smb./smt. B. **to cast, spew** (can be impers.) В что куда (обломки выбросило на побережье debris was cast up on shore; В вредные газы в атмосферу to spew toxic gases into the atmosphere; гейзер выбрасывал пар на высоту 50 метров the geyser was spewing steam to a height of 50 meters)

ВЫБРАСЫВАТЬСЯ (несов.) **ВЫБРОСИТЬСЯ** (сов.) **to jump from, jump out** В откуда (В из окна to jump from/out of a window; В с самолёта to jump from an airplane)

ВЫБЫВАТЬ (несов.) **ВЫБЫТЬ** (сов.) А. **to drop out, leave** 1. В из чего (В из города на родину to leave a city for one's home town; В из школы to drop out of school) 2. *misc.* В из строя to be disabled *or* to be put out of action В. (sports) **to be eliminated** В из чего (команда выбыла из соревнования the team was eliminated from the tournament)

ВЫВАЛИВАТЬ (несов.) **ВЫВАЛИТЬ** (сов.) **to pour out, throw out** В что из чего (В песок из тачки to pour sand out of a wheelbarrow)

ВЫВАЛИВАТЬСЯ (несов.) **ВЫВАЛИТЬСЯ** (сов.) **to drop out, fall out** В (на что) из чего (это у меня вывалилось из рук на пол it slipped out of my hands and fell to the ground)

ВЫВАРИВАТЬ (несов.) **ВЫВАРИТЬ** (сов.) **to extract** (by boiling) В что из чего (В соль из морской воды to extract salt from sea water)

ВЫВЕЗТИ see **ВЫВОЗИТЬ**

ВЫВЁРТЫВАТЬ (несов.) **ВЫВЕРНУТЬ** (сов.) А. **to unscrew** В что из чего (В лампочку из патрона to unscrew a light bulb from a socket) В. *misc.* В что наизнанку to turn smt. inside out; вывернуться из чьих рук to squirm/wriggle out of smb.'s hands

ВЫВЕСТИ see **ВЫВОДИТЬ**

ВЫВЕШИВАТЬ (несов.) **ВЫВЕСИТЬ** (сов.) **to post, put up** В что на что (В объявление на доску to post an announcement on a bulletin board AE/notice board BE)

ВЫВИНЧИВАТЬ (несов.) **ВЫВИНТИТЬ** (сов.) **to unscrew** В что из чего (В лампочку из патрона to unscrew a light bulb from a socket)

ВЫВОДИТЬ (несов.) **ВЫВЕСТИ** (сов.) А. **to bring out, get out, lead out, take out** 1. В кого/что откуда (В детей из помещения to lead children out of a building; В машину из гаража to take a car out of a garage; В отряд из-под обстрела to lead a detachment out of an area exposed to fire; В страну из кризиса to lead a country out of a crisis; В товарища

из затруднения to get a friend out of trouble; В танк из строя to put a tank out of action; В самолёт из штопора to bring/pull a plane out of a spin) 2. В кого/что куда (В детей во двор to take children out into a courtyard; В больного из палаты на свежий воздух to take a patient out of a ward into the fresh air) В. **to remove; to withdraw** В кого/что из чего/с чего (В спортсмена из команды to remove an athlete from a team; В пятно с костюма to remove a spot from a suit; В войска из страны to withdraw troops from a country) С. **to draw** В что из чего (В заключение из собранных данных to draw a conclusion from the available data) D. **to picture, portray** В кого кем (В кого жертвой to portray smb. as a victim) E. *misc.* В кого из заблуждения to disabuse smb.; В кого из себя/из терпения to thoroughly exasperate smb.; В ракету на орбиту to put a rocket into orbit; В спутник в космос to put a satellite into space; В войска на парад to form troops for a parade; В войска за пределы страны to move troops beyond the borders of a country *or* to withdraw troops from a country; *В кого в люди to make smt. of smb.; *В кого на чистую воду to expose/show up smb.; *В кого на дорогу to get smb. started in life

ВЫВОЗИТЬ (несов.) **ВЫВЕЗТИ** (сов.) А. **to bring, drive, haul, take; to remove** 1. В кого/что куда (В детей за город to drive/take children to the country; В овощи в магазины to haul vegetables to stores; В войска на родину to send troops home) 2. В кого/что откуда (В снег со двора to remove snow from a courtyard; В мебель из квартиры to remove furniture from an apartment AE/flat BE) В. **to export** 1. В что куда (В сырьё за границу to export raw materials; В компьютеры в соседние страны to export computers to neighboring countries) 2. В что откуда (В товары из разных стран to export goods from various countries)

ВЫВОРАЧИВАТЬ (несовю) **ВЫВОРОТИТЬ** (сов.) (colloq.) А. **to pull out** В что из чего (В камень из земли to pull a rock out of the ground) В. *misc.* В что наизнанку to turn smt. inside out

ВЫГАДЫВАТЬ (несов.) **ВЫГАДАТЬ** (сов.) (colloq.) **to gain, profit** 1. В (что) на чём (В много денег на деле to make a lot of money on a transaction) 2. В от чего (В от сделки to profit from a deal)

ВЫГЛАДИТЬ see **ГЛАДИТЬ**

ВЫГЛЯДЕТЬ (несов.) **to appear, look like** 1. В кем/чем (он выглядит взрослым he looks like a grownup; это выглядит шуткой it appears to be a joke) 2. В каким (В здоровым to appear or to be healthy or to appear healthy) 3. В как кто/что (В как старик to look like an old man)

ВЫГЛЯДЫВАТЬ (несов.) **ВЫГЛЯНУТЬ** (сов.) **to look** (out), **peep, peer, watch** 1. В откуда (В из окна to look out of a window; В с балкона to watch from a balcony; из-за туч выглянуло солнце the sun peeped out from behind the clouds; В из-за куста to watch from behind a bush; В из-под кровати to peer out from under a bed) 2. В куда (В на улицу to look out on/onto the street; В в окно to look through a window)

ВЫГОВАРИВАТЬ (несов.) А. (colloq.) **to reprimand, scold** 1. В (за что) кому (В ученику за опоздание to scold a pupil for being late) 2. *misc.* В строго to reprimand sharply В.

ВЫГОВОРИТЬ (сов.) **to reserve, stipulate** В себе что *and* В для кого что (я выговорил себе право жить в их доме I reserved the right to live in their house)

ВЫГОНЯТЬ (несов.) **ВЫГНАТЬ** (сов.) А. **to drive out, expel** В кого/что (за что) откуда (В ученика из школы за непослушание to expel a pupil from school for disobedience; В рабочего с работы за прогулы to dismiss a worker for absenteeism) В. **to chase, drive** В кого/что куда (В скот на пастбище to drive cattle out to pasture; В собаку на улицу to chase a dog out onto the street)

ВЫГРУЖАТЬ (несов.) **ВЫГРУЗИТЬ** (сов.) А. **to unload** В что откуда (В багаж из автомобиля to unload luggage from a car; В груз с парохода to unload cargo from a ship) В. **to load** В что куда (В товары на платформу to load merchandise onto a platform)

ВЫДАВАТЬ (несов.) **ВЫДАТЬ** (сов.) А. **to award, give, grant; to issue** 1. В что кому/чему (В стипендию студенту to award a fellowship to a student; нам выдали полное обмундирование we were issued a complete set of clothing and equipment; В кредит кому to grant smb. a loan) 2. В что/чего кому (В кому деньги/денег to award smb. money) В. **to lend** (out) В что из чего (В книги из библиотеки to lend books from a library) С. **to betray, reveal; to hand over** В кого/что кому/чему (В преступника властям to hand over a criminal to the authorities; В тайну

врагу to betray a secret to an enemy) D. **to give away, reveal** 1. В что чем (она выдала своё присуствование неосторожным движением she revealed her presence by a careless move) 2. *misc.* невольно В тайну to reveal a secret inadvertently Е. **to pass off** В кого/что за кого/что (В подругу за сестру to pass one's friend off as one's sister; В чужую работу за свою to pass off smb. else's work as one's own) F. **to pass oneself off, pose** В себя за кого (В себя за врача to pass oneself off as a doctor) G. **to marry off** (a woman) В кого за кого (В дочь за хорошего человека to marry off one's daughter to a nice fellow) (Cf. **ЖЕНИТЬ**)

ВЫДАВАТЬСЯ (несов.) **ВЫДАТЬСЯ** (сов.) А. **to jut, protrude** 1. В из чего (В из воды to jut out of the water) 2. В во что (В в море to jut out into the sea) В. *misc.* день выдался серый и хмурый the day turned out to be gray and gloomy; (colloq.) она выдалась в бабушку she took after her grandmother

ВЫДАВЛИВАТЬ (несов.) **ВЫДАВИТЬ** (сов.) **to squeeze** В что из чего (В пасту из тюбика to squeeze paste out of a tube; В сок из апельсина to squeeze juice out of an orange)

ВЫДВИГАТЬ (несов.) **ВЫДВИНУТЬ** (сов.) А. **to move** 1. В что из чего (В ящик из стола to open a drawer) 2. В что из-под чего (В чемодан из-под кровати to move a suitcase out from under a bed) 3. В кого/что куда (В диван на середину комнаты to move a sofa to the center/middle of a room; В войска к границе to move troops up to the border) В. **to name, nominate, put up** 1. В кого куда/в кого (В рабочего на премию to nominate a worker for an award; В представителя в комиссию to name a representative to a commission; В кандидатов в народные депутаты to put up candidates for Parliament; В кого на пост президента США to nominate smb. for the presidency of the USA) 2. В кого кем (В кого кандидатом to put smb. up as a candidate) 3. *misc.* выдвинуты кандидаты от Демократической партии the Democratic party has put up its slate of candidates

ВЫДВИГАТЬСЯ (несов.) **ВЫДВИГАТЬСЯ** (сов.) А. **to move** В куда (В вперёд to move forward) В. see **ВЫДВИГАТЬ**

ВЫДВОРЯТЬ (несов.) **ВЫДВОРИТЬ** (сов.) **to eject, expel** В кого откуда (В студента из университета to expel a student from a university; В хулигана из зала to eject a rowdy person from an auditorium)

ВЫДЕЛЯТЬ (несов.) **ВЫДЕЛИТЬ** (сов.) A. 1. **to set aside, single out** 1. В кого/что из кого/чего (В лучших рабочих из группы to single out the best workers in a group) 2. В что чем (В слово интонацией to single out a word by intonation) B. **to assign** 1. В кого/что во что/на что (В слабых учеников в отдельную группу to assign weak pupils to a separate group; В добровольцев на работу в деревне to assign volunteers to work in the country) 2. В кого кому/чему *and* для кого/чего (В специалиста заводу/для завода to assign a specialist to a factory; В часть призывников для пополнения штатов милиции to assign some conscripts to reinforce the police) C. **to award, grant** В что кому/чему (В квартиру рабочему to award an apartment AE/a flat BE to a worker; В кредит кому to make a loan to smb.; В приз кому to award a prize to smb.; В часть имущества дочери to bequeath/leave part of one's estate to one's daughter) D. **to appropriate, set aside** В что для чего/на что (В 200 гектаров для строительства парка to set aside 200 hectares for the construction of a park; В фонды на закупку лекарств to appropriate funds for the purchase of medicine) E. **to print** В что чем (В заглавие жирным шрифтом to print a title in boldface; В слово курсивом to italicize a word)

ВЫДЕЛЯТЬСЯ (несов.) **ВЫДЕЛИТЬСЯ** (сов.) A. see **ВЫДЕЛЯТЬ** B. **to stand out** 1. В (чем) из чего (В из толпы to stand out in a crowd; В из общей массы to stand out from the rest of the group) 2. В (чем) среди кого/чего (В среди школьников знанием to stand out from the other pupils on the basis of one's knowledge) 3. В чем (В умом to stand out as being a very intelligent person)

ВЫДЁРГИВАТЬ (несов.) **ВЫДЕРНУТЬ** (сов.) A. **to pull** В что из чего (В гвоздь из стены to pull a nail out of a wall; В саблю из ножен to draw a saber from a scabbard) B. **to extract** В что из чего (В цитаты из текста to extract citations from a text)

ВЫДЫХАТЬ (несов.) **ВЫДОХНУТЬ** (сов.) **to breathe out, exhale** В что из чего (В воздух из лёгких to exhale air from the lungs)

ВЫЕЗЖАТЬ I (несов.) **ВЫЕХАТЬ** (сов.) A. **to drive, go, ride; to leave** 1. В откуда (В из города to drive out of/leave a city; В со станции to drive out of a station; В с Кубы to leave

Cuba; В из-за поворота to come driving around a turn; В из-под моста to drive out from under a bridge) 2. В куда (В в соседний город to drive to the next town; В в командировку to leave on a business trip; к месту аварии выехал спасательный отряд a rescue squad left for the accident site; В за город to drive out to the country; В за границу to drive across a border; В к родителям to drive to one's parents) 3. *misc.* водитель выехал на полосу встречного движения the driver crossed over into the opposite lane; мы выехали к железной дороге we reached the railroad B. **to go, ride** В чем/на чём (В на поезде/поездом to go by train) C. (colloq.) (only imperf.) **to exploit, make use of, take advantage of** В на ком/чём (выезжать на подчинённых to exploit one's subordinates; она любит выезжать на чужой работе she likes to have others do her work; он выезжает на прежних заслугах he is coasting along on his past accomplishments)

ВЫЕЗЖАТЬ II (сов.) **to leave** (and come back; used in the past tense) 1. В откуда (она выезжала из города she was out of town for a while) 2. В куда (я выезжал в командировку I was away on a business trip)

ВЫЖИВАТЬ (несов.) **ВЫЖИТЬ** (сов.) (colloq.) A. **to drive** 1. В кого откуда (дурной запах выжил всех из комнаты the stench drove everyone out of the room; В рабочего с работы to drive a worker from a job) B. *misc.* *В из ума to lose one's mind

ВЫЖИМАТЬ (несов.) **ВЫЖАТЬ** (сов.) **to squeeze** В что из чего (В сок из лимона to squeeze juice from a lemon)

ВЫЗВОЛЯТЬ (несов.) **ВЫЗВОЛИТЬ** (сов.) **to help** (get out of) В кого из чего (В друга из беды to help a friend who was in trouble)

ВЫЗЫВАТЬ (несов.) **ВЫЗВАТЬ** (сов.) A. **to call, summon** 1. В кого куда (В обвиняемого в суд to summon an accused person to court; В ученика к доске to call a pupil up to the blackboard; В студента к декану to call a student to the dean's office; В кого на проверку to call smb. in for a checkup) 2. В кого откуда (В кого из комнаты to call smb. out of a room) 3. В кого чем (В артиста аплодисментами to summon an actor for a curtain call with a round of applause; В кого телеграммой to summon smb. with a telegram) 4. В кого + неопр. ф. (учитель вызывает учеников отвечать урок the teacher calls on the pupils to answer questions about the assignment) 5. *misc.* В кого по телефону to call smb. by telephone; В балерину на бис to call out a dancer for an encore B. **to challenge** 1. В кого на что (В кого на дуэль to challenge smb. to a duel) 2. В кого + неопр. ф. (В врага бороться to challenge an enemy to fight) C. **to arouse, cause, stir up** 1. В что у кого (В испуг у кого to arouse smb.'s fear) 2. В что чем (она вызвала интерес у зрителей своими словами she aroused the audience's interest with her words) D. **to rouse** В кого из чего (В кого из оцепенения to rouse smb. from a state of stupor) E. **to appeal** В к кому о чём (она вызвала к товарищам о помощи she appealed to her friends for help) F. *misc.* *В огонь на себя to attract attention to oneself

ВЫИГРЫВАТЬ (несов.) **ВЫИГРАТЬ** (сов.) A. **to profit** В от чего/на чём (В от снижения цен *or* В на снижении цен to profit from a price reduction) B. **to defeat, win** 1. В в/на чём (В в чемпионате/на чемпионате to win a championship) 2. В по чему (В по лотерее to win a lottery) 3. В (что) у кого/чего (В у соперника to defeat a rival; В матч у местной команды to defeat the home team) 4. В во что (В в карты to win at cards) 5. *misc.* В в чьих глазах to rise in smb.'s esteem

ВЫЙТИ see **ВЫХОДИТЬ**

ВЫКАЗЫВАТЬ (несов.) **ВЫКАЗАТЬ** (сов.) **to display, show** В что кому (В кому сочувствие to show compassion for smb.)

ВЫКАПЫВАТЬ (несов.) **ВЫКОПАТЬ** (сов.) **to dig** В что откуда (В растение из земли to dig a plant out of the ground; В трактор из-под снега to dig a tractor out of the snow)

ВЫКАРАБКИВАТЬСЯ (несов.) **ВЫКАРАБКАТЬСЯ** (сов.) **to climb out of, get out of** В из чего (В из ямы to climb out of a hole; В из беды to get out of trouble)

ВЫКАТЫВАТЬ (несов.) **ВЫКАТАТЬ** (сов.) **to roll, wheel** 1. В что откуда (В бочку из подвала to roll a barrel out of a basement) 2. В что куда (В тачку на улицу to roll a wheelbarrow onto the street)

ВЫКАЧИВАТЬ (несов.) **ВЫКАЧАТЬ** (сов.) **to pump** В что из чего (В воду из шахты to pump water out of a mine)

ВЫКИДЫВАТЬ (несов.) **ВЫКИНУТЬ** (сов.) A. see **ВЫБРАСЫВАТЬ** B. *misc.* В что из головы to get/put smt. out of one's head

ВЫКЛАДЫВАТЬ (несов.) **ВЫЛОЖИТЬ** (сов.) A. **to lay out, spread out** В что куда (В покупки на стол to lay out one's purchases on a table) B. **to take out** В что из чего (он всё выложил из карманов he took everything out of his pockets) C. (colloq.) **to blab, blurt out** В что кому/перед кем (он всё выложил другу he blurted out everything to his friend) D. **to cover** В что чем (В пол плитками to tile a floor)

ВЫКЛЮЧАТЬ (несов.) **ВЫКЛЮЧИТЬ** (сов.) **to delete, exclude, strike** В кого/что из чего (В кого из игры to exclude smb. from a game; *or*, — colloq.: to throw smb. out of a game; В фамилию из списка to strike a name from a list)

ВЫКОЛАЧИВАТЬ (несов.) **ВЫКОЛОТИТЬ** (сов.) A. **to knock** В что из чего (В пепел из трубки to knock ashes out of a pipe) B. *misc.* В средства для чего/на что to dig up funds for smt.

ВЫКОПАТЬ see **ВЫКАПЫВАТЬ**

ВЫКРАДЫВАТЬ (несов.) **ВЫКРАСТЬ** (сов.) **to steal** В что из чего (В автомобиль из гаража to steal a car from a garage)

ВЫКРАИВАТЬ (несов.) **ВЫКРОИТЬ** (сов.) A. **to make, tailor** В что из чего (она выкроила платье из этой ткани she made a dress from this fabric; В сапоги из кожи to make boots out of leather) B. **to set aside** 1. В что для чего/на что (В время для встречи с друзьями to set aside time to meet one's friends; В деньги на покупку чего to set aside money to buy smt.) 2. В что из чего (он выкроил три часа из своей насыщенной программы he set aside three hours from his busy schedule)

ВЫКРАСИТЬ see **КРАСИТЬ**

ВЫКРИКИВАТЬ (несов.) **ВЫКРИКНУТЬ** (сов.) **to cry out, scream** 1. В что кому (В что детям to scream smt. to the children) 2. В (кому), что с придат. (она выкрикнула, что дом горит she screamed that the house was on fire)

ВЫКРУЧИВАТЬ (несов.) **ВЫКРУТИТЬ** (сов.) A. see **ВЫВЁРТЫВАТЬ** B. *misc.* им выкручивали руки they were twisting their arms

ВЫКУПАТЬ (несов.) **ВЫКУПИТЬ** (сов.) A. **to ransom; to redeem** В кого/что из чего (В заложника из плена to ransom a hostage from captivity; В вещи из ломбарда to redeem one's things from a pawnshop) B. **to buy** (back)

В что у кого (В картину у кого to buy a painting back from smb.)

ВЫКУРИВАТЬ (несов.) **ВЫКУРИТЬ** (сов.) **to smoke out** В кого из чего (В лису из норы to smoke a fox out of its hole)

ВЫЛАКАТЬ see **ЛАКАТЬ**

ВЫЛЕЗАТЬ (несов.) **ВЫЛЕЗТИ, ВЫЛЕЗТЬ** (сов.) А. **to crawl out; to climb out** 1. В откуда (В из окна to climb out of a window; В из ямы to crawl out/climb out of a hole; В из долгов to get out of debt) В. **to (manage to) get** 1. (colloq.) В откуда (В из трамвая to get out of a streetcar AE/tram BE) 2. В куда (бойцы переплыли реку и с трудом вылезли на тот берег the soldiers swam across the river and managed to scramble up onto the other bank) С. **to come out/up with** (smt. inappropriate) В с чем (он всегда вылезает с глупыми предложениями he's always coming up with foolish ideas)

ВЫЛЕПИТЬ see **ЛЕПИТЬ** А

ВЫЛЕТАТЬ (несов.) **ВЫЛЕТЕТЬ** (сов.) А. **to fly; to fly by plane** 1. В откуда (В из гнезда to fly out of a nest; В из Москвы to fly from Moscow) 2. В куда (В на юг to fly south; В в Белград to fly to Belgrade; В в служебную командировку to leave on an official trip) 3. В чем/на чём (они вылетели в Вашингтон на Боинге they left for Washington on a Boeing; она вылетела предыдущим рейсом she had left on the preceding flight) 4. *misc.* самолёт вылетел из-за облаков а plane flew out from behind the clouds; В на разведку to take off on a reconnaissance mission В. **to come flying/charging** *or* **to go charging/flying** В откуда (она вылетела из кабинета she came/went flying out of the office; из засады вылетел кавалерийский эскадрон a cavalry troop came charging out of ambush) С. *misc.* *вылететь из головы to be forgotten; *В трубу to be ruined financially; *вылететь со службы to be fired

ВЫЛЕЧИВАТЬ (несов.) **ВЫЛЕЧИТЬ** (сов.) **to cure** 1. В кого от чего (В кого от болезни to cure smb. of a disease) 2. В кого чем (В кого новым лекарством to cure smb. with a new remedy) (see also **ЛЕЧИТЬ**)

ВЫЛИВАТЬ (несов.) **ВЫЛИТЬ** (сов.) **to pour** 1. В что из чего (В молоко из бутылки to pour milk from a bottle) 2. В что куда (В воду на землю to pour water onto the ground)

ВЫЛИВАТЬСЯ (несов.) **ВЫЛИТЬСЯ** (сов.) А. **to flow, pour** 1. В из чего (вода вылилась

из бочки the water flowed out of a barrel) 2. В куда (в реку вылилось около 1.000 тонн мазута around one thousand tons of crude oil spilled into the river) В. **to take the form of, turn into** В во что (В в протест to turn into a protest)

ВЫЛОЖИТЬ see **ВЫКЛАДЫВАТЬ**

ВЫМАЗАТЬСЯ see **МАЗАТЬСЯ**

ВЫМАЗЫВАТЬ (несов.) **ВЫМАЗАТЬ** (сов.) **to daub, paint** В что чем (В стены известью to whitewash walls)

ВЫМАЛИВАТЬ (несов.) **ВЫМОЛИТЬ** (сов.) **to ask for, beg for** В что/чего у кого (В деньги/денег у родителей to ask/beg one's parents for money)

ВЫМАНИВАТЬ (несов.) **ВЫМАНИТЬ** (сов.) А. **to lure** В кого из чего (В кого из дому to lure smb. out of a house) (see also **МАНИТЬ** 1) В. **to cheat** В что у кого (В деньги у товарища to cheat a friend out of her/his money) С. **to wheedle** В что у кого (у него выманили пожертвование they wheedled a contribution out of him)

ВЫМЕНИВАТЬ (несов.) **ВЫМЕНЯТЬ** (сов.) **to exchange** В что на что (В одну вещь на другую to exchange one thing for another)

ВЫМЕТАТЬ (несов.) **ВЫМЕСТИ** (сов.) **to sweep** В что (чем) из чего (В мусор из комнаты метлой to sweep the dirt out of a room)

ВЫМЕЩАТЬ (несов.) **ВЫМЕСТИТЬ** (сов.) **to vent** В что на ком (В злобу на ком to vent one's anger on smb.)

ВЫМОЛИТЬ see **ВЫМАЛИВАТЬ**

ВЫМОСТИТЬ see **МОСТИТЬ**

ВЫМОТАТЬ (сов.) *misc.* *В всю душу кому to rag smb.'s soul out

ВЫМЫТЬ see **МЫТЬ**

ВЫНИМАТЬ (несов.) **ВЫНУТЬ** (сов.) **to remove, take out** В что из чего (В платок из кармана to take a handkerchief out of one's pocket; В занозу из пальца to remove a splinter from a finger)

ВЫНОСИТЬ (несов.) **ВЫНЕСТИ** (сов.) А. **to carry** 1. В кого/что откуда (В ребёнка из комнаты to carry a child out of a room) 2. В кого/что куда (В стул на балкон to carry a chair onto a balcony) 3. *misc.* (impers.) лодку вынесло на берег a boat was carried up on shore by the current В. **to bring** (out, up) 1. что/чего кому (она вынесла детям молока she brought out some milk for the children) 2. В что куда (шторм вынес на берег чемодан the storm brought a suitcase up onto the shore *or* the storm deposited a suitcase on the shore) 3. В + неопр. ф. (В попить to bring out smt. to drink) C. (formal) **to express** В что кому (В благодарность кому to express one's gratitude to smb.) D. *misc.* В приговор преступнику to pronounce sentence on a criminal; В вопрос на обсуждение to present a question for discussion; В примечания на поля to enter comments in the margins; В рамки программы за пределы страны to extend a program into foreign countries; *В сор из избы to wash one's dirty linen in public

ВЫНУЖДАТЬ (несов.) **ВЫНУДИТЬ** (сов.) **to force** 1. В кого к чему/на что (В кого к отступлению to force smb. to withdraw; В кого на сделку to force smb. into an agreement) 2. В кого + неопр. ф. (В кого сознаться to force smb. to confess) 3. В кого к тому, чтобы с придат. (её вынудили к тому, чтобы она созналась they forced her to confess)

ВЫНУТЬ see **ВЫНИМАТЬ**

ВЫНЫРИВАТЬ (несов.) **ВЫНЫРНУТЬ** (сов.) A. **to dive** В из чего (В из воды to dive out of the water) B. **to come, emerge** 1. В куда (В на поверхность to come to the surface) 2. В откуда (В из темноты to emerge from the darkness)

ВЫПАДАТЬ (несов.) **ВЫПАСТЬ** (сов.) A. **to fall** 1. В откуда (В из кармана to fall out of smb.'s pocket) 2. В куда (В на землю to fall to the ground) B. **to befall** В кому (выпало мне счастье I had good luck) C. *misc.* на её долю выпала тяжёлая жизнь she had a rough life; по жребию ей выпало ехать в Париж she won a free trip to Paris; нашим воинам выпадают самые трудные задачи our troops are assigned extremely difficult missions

ВЫПАЛИТЬ see **ПАЛИТЬ**

ВЫПАЧКАТЬ see **ПАЧКАТЬ**

ВЫПАЧКАТЬСЯ see **ПАЧКАТЬСЯ**

ВЫПИСЫВАТЬ (несов.) **ВЫПИСАТЬ** (сов.) A. **to copy** 1. В что из чего (В цитату из книги to copy a citation from a book) 2. В что куда (В слова в тетрадь to copy words into a notebook) B. **to discharge** В кого откуда (В больного из больницы to discharge a patient from a hospital) C. **to order** 1. В что откуда (В лекарство из Франции to order a medication from France) 2. *misc.* В газету на год to subscribe to a newspaper for a year; В

книги по почте to order books by mail D. **to send for, summon** (in writing) 1. В кого к кому (В к себе семью to send for one's family) 2. В кого откуда (В брата из Парижа to summon one's brother from Paris) E. **to issue** В что кому (В кому ордер на квартиру to issue smb. the authorization to occupy an apartment AE/a flat BE)

ВЫПИТЬ see **ПИТЬ**

ВЫПЛАВЛЯТЬ (несов.) **ВЫПЛАВИТЬ** (сов.) **to smelt** В что из чего (В сталь из руды to make steel from iron ore)

ВЫПЛАКИВАТЬ (несов.) **ВЫПЛАКАТЬ** (сов.) **to obtain by begging/weeping, wheedle** В что у кого (он выплакал эти деньги у отца he wheedled this money from his father)

ВЫПЛАЧИВАТЬ (несов.) **ВЫПЛАТИТЬ** (сов.) **to pay** 1. В что за что (В гонорар за книгу to pay royalties on a book) 2. В что кому (В зарплату рабочим to pay wages to workers) 3. *misc.* В деньги наличными to pay in cash

ВЫПЛЁВЫВАТЬ (несов.) **ВЫПЛЮНУТЬ** (сов.) **to spit** 1. В что из чего (В косточку изо рта to spit a pit AE/stone BE out of one's mouth) 2. В что куда (В косточку на землю to spit a pit/stone onto the ground)

ВЫПЛЁСКИВАТЬ (несов.) **ВЫПЛЕСКАТЬ, ВЫПЛЕСНУТЬ** (сов.) A. **to splash** 1. В что из чего (В воду из кружки to splash water out of a mug; молоко выплеснулось из кувшина the milk splashed out of the jug BE/pitcher AE) 2. В что куда (В воду на землю to splash water on the ground) 3. *misc.* вода выплескалась из ведра the water splashed out of the bucket B. *misc.* В свои обиды на друга to vent one's feelings on a friend; *выплеснуть вместе с водой из ванны ребёнка to throw the baby out with the bathwater

ВЫПЛЫВАТЬ (несов.) **ВЫПЛЫТЬ** (сов.) A. **to swim** В куда (В на поверхность to swim to the surface) B. **to sail** 1. В куда (В в открытое море to sail out into the open sea) 2. В откуда (В из бухты to sail out of a bay)

ВЫПЛЮНУТЬ see **ВЫПЛЁВЫВАТЬ**

ВЫПОЛЗАТЬ (несов.) **ВЫПОЛЗТИ** (сов.) **to crawl, creep** 1. В откуда (В из кустов to creep out of the bushes; В из-под стола to crawl out from under a table) 2. В куда (В на открытое место to creep to an open spot)

ВЫПОЛНЯТЬ (несов.) **ВЫПОЛНИТЬ** (сов.) **to make, manufacture** В что из чего (часы выполнены из нержавеющей стали the watch is made of stainless steel)

ВЫПОЛОТЬ see **ПОЛОТЬ**

ВЫПОРОТЬ see **ПОРОТЬ** II

ВЫПРАШИВАТЬ (несов.) **ВЫПРОСИТЬ** (сов.) **to get** (by pleading) В что у кого (В книгу у товарища to get a book from a friend)

ВЫПРОВАЖИВАТЬ (несов.) **ВЫПРОВОДИТЬ** (сов.) **to eject, send packing** 1. В кого откуда (В непрошеного гостя из дома to send an uninvited guest packing) 2. В кого куда (В детей в другую комнату to send the children to another room)

ВЫПРЫГИВАТЬ (несов.) **ВЫПРЫГНУТЬ** (сов.) **to jump** 1. В откуда (В из окна to jump from/out of a window; В из-за куста to jump out from behind a bush) 2. В куда (В на тротуар to jump to the pavement BE/sidewalk AE; В в/через окно to jump through a window)

ВЫПРЯГАТЬ (несов.) **ВЫПРЯЧЬ** (сов.) **to unhitch** В кого/что из чего (В лошадь из телеги to unhitch a horse from a cart)

ВЫПРЯМЛЯТЬСЯ (несов.) **ВЫПРЯМИТЬСЯ** (сов.) **to rise, straighten up** *misc.* В во весь рост to rise to one's full height

ВЫПУСКАТЬ (несов.) **ВЫПУСТИТЬ** (сов.) A. **to allow, let** 1. В кого куда (В детей на прогулку to let children go for a walk; В собаку во двор to let a dog into the courtyard) 2. В кого/что + неопр. ф. (В стадо пастись to let a herd graze) B. **to let go, let out, release** 1. В кого/что откуда (В птицу из клетки to let a bird out of its cage; В заключённого из тюрьмы to release a prisoner; В пар из котла to release steam from a boiler; В воду из ванны to let the water out of a bathtub; В что из рук to let smt. drop) 2. В кого/что куда (В ребёнка в сад to let a child go into the garden; В фильм на экраны to release a film; В птицу на волю to let a bird go free; В кого на свободу to free smb.; В нефть в воды залива to dump/release oil into the waters of a gulf) 3. *misc.* В кого из-под стражи под залог to release smb. on bail; *В вожжи из рук to relax discipline C. **to cut out, leave out, omit** В что из чего (В главу из книги to omit a chapter from a book) D. **to fire** В что по чему (В ракеты по территории врага to fire rockets at enemy territory) E. *misc.* В книгу тиражом в сто тысяч экземпляров to bring out a book in a printing of 100,000 copies; В в свет свой труд to publish one's work; *В что из виду to disregard smt.

ВЫПУТЫВАТЬСЯ (несов.) **ВЫПУТАТЬ-**

СЯ (сов.) **to extricate oneself, get out of** В из чего (В из ловушки to get out of a trap)

ВЫРАБАТЫВАТЬ (несов.) **ВЫРАБОТАТЬ** (сов.) **to make, produce** В что из чего (В что из металлолома to make smt. out of scrap metal)

ВЫРАЖАТЬ (несов.) **ВЫРАЗИТЬ** (сов.) **to express** 1. В что кому (В благодарность другу to express gratitude to a friend) 2. В что чем (В что словами to express smt. in words) 3. В что в чём (В цены в денежных единицах to express prices in monetary units *or* to give prices in a specific currency; В чувства в словах to express one's feelings in words; В что в разных формах to express smt. in various forms)

ВЫРАСТАТЬ (несов.) **ВЫРАСТИ** (сов.) A. **to become, grow** В в кого/что (В в крупного учёного to become a leading scientist; они выросли в активных строителей нового общества they grew up to become active builders of a new society) B. **to grow out of** В из чего (ребёнок вырос из одежды the child grew out of its clothes) C. **to grow, increase** 1. В на что (В на 20 процентов to increase by 20%) 2. *misc.* В вдвое to double D. *misc.* из непонимания ситуации вырастают многие трудности many difficulties arise from the misinterpretation of a situation; *В в чьих глазах to rise in smb.'s esteem *or* in smb.'s eyes; *как из-под земли выросла she appeared out of nowhere

ВЫРАСТИ see **ВЫРАСТАТЬ, РАСТИ**

ВЫРАСТИТЬ see **РАСТИТЬ**

ВЫРЕЗАТЬ (несов.) **ВЫРЕЗАТЬ** (сов.) A. **to cut out, remove** В (чем) что из чего (В картинку из книги to cut a picture out of a book; она вырезала ножом сердцевину из яблока she removed the core of an apple with a knife) B. **to carve** 1. В (чем) что из чего (В фигурку из дерева to carve a figure out of wood) 2. В (чем) что на чём (В надпись ножом на камне to carve an inscription in stone)

ВЫРОНИТЬ (сов.) **to drop** В что из чего (В письмо из рук to drop a letter) (see also **РОНЯТЬ**)

ВЫРУБАТЬ (несов.) **ВЫРУБИТЬ** (сов.) **to carve** В что из чего (В памятник из гранита to carve a monument from granite)

ВЫРУГАТЬ see **РУГАТЬ**

ВЫРУЛИВАТЬ (несов.) **ВЫРУЛИТЬ** (сов.) **to drive, taxi** 1. В что куда (В самолёт на старт to taxi a plane out to its starting position)

2. В куда (самолёт выруливает на взлёт-ную полосу the plane is taxiing out onto the runway) (see also **РУЛИТЬ**)

ВЫРУЧАТЬ (несов.) **ВЫРУЧИТЬ** (сов.) A. **to help** В кого из чего (В друга из беды to help a friend get out of trouble) B. **to earn money; to make a profit** В что за что/от чего (В деньги за товар to make a profit from selling merchandise; средства, вырученные от продажи the proceeds from a sale)

ВЫРЫВАТЬ (несов.) **ВЫРВАТЬ** (сов.) A. **to pull out, rip out, tear out** 1. В что из чего (В лист из книги to tear a page out of a book) 2. *misc.* В что с корнем to uproot smt. B. **to grab, seize, snatch** В что у кого (она вырва-ла письмо у него из рук she grabbed the letter out of his hands) C. **to extract, wring** В что у кого (В признание у кого to wring a confes-sion from smb.)

ВЫРЫВАТЬСЯ (несов.) **ВЫРВАТЬСЯ** (сов.) A. **to break** (loose, out of) 1. В из чего (он вырвался у меня из рук he broke loose from my grip; В из окружения to break out of an encirclement) 2. *misc.* В в открытое море to get into the open sea; В на свободу to make a break for freedom B. **to shoot out, shoot up** В из чего (пламя вырвалось из трубы a flame shot up out of the chimney) C. **to come out, slip out** В из чего (из груди больного вырвался стон the patient let out a groan; лампа вырва-лась из рук the lamp slipped out of my hands)

ВЫСАЖИВАТЬ (несов.) **ВЫСАДИТЬ** (сов.) A. **to drop off, put off** 1. В кого откуда (кон-дуктор высадил буяна из автобуса the conductor threw a rowdy passenger off the bus; В пассажиров с парохода to put passengers ashore) 2. В кого/что куда (В десант на берег to put a landing party ashore; группа террористов высадилась на остров a group of terrorists landed on the island) B. **to trans-plant** В что куда (В цветы из теплицы в сад to transplant flowers from a greenhouse to a garden)

ВЫСАСЫВАТЬ (несов.) **ВЫСОСАТЬ** (сов.) A. **to suck out** В что из чего (В кровь из раны to suck the blood from a wound) 2. *misc.* *высосать все соки из кого to wear smb. out; *высосать что из пальца to make up a story

ВЫСВЕЧИВАТЬ (несов.) **ВЫСВЕТИТЬ** (сов.) **to illuminate, light up** В что чем (В фарами дорогу to light up a road with head-lights)

ВЫСЕКАТЬ (несов.) **ВЫСЕЧЬ** (сов.) **to cut,** **carve** В что из чего (В памятник из мра-морной глыбы to carve a monument out of a marble block)

ВЫСЕЛЯТЬ (несов.) **ВЫСЕЛИТЬ** (сов.) A. **to evict** В кого откуда (В жильцов из квар-тиры to evict tenants from an apartment AE/a flat BE) B. **to move** В кого куда (В семью в другую область to move a family to a differ-ent region)

ВЫСЕЧЬ I see **ВЫСЕКАТЬ**

ВЫСЕЧЬ II see **СЕЧЬ**

ВЫСКАЗЫВАТЬ (несов.) **ВЫСКАЗАТЬ** (сов.) **to express** В что кому (В кому своё мнение to express one's opinion to smb.)

ВЫСКАЗЫВАТЬСЯ (несов.) **ВЫСКАЗАТЬ-СЯ** (сов.) A. **to give an opinion** 1. В о ком/чём (В о книге to give one's opinion about a book) 2. В по чему (В по докладу to give one's opinion about a report) B. **to come out for, support** 1. В за кого/что (В за кандида-та to come out for a candidate) 2. *misc.* В в поддержку кого to come out in support of smb. C. **to come out against** В против кого/чего (В против кандидата to come out against a candidate)

ВЫСКАКИВАТЬ (несов.) **ВЫСКОЧИТЬ** (сов.) A. **to jump** 1. В откуда (В из окна to jump from/out of a window; В из-за куста to jump out from behind a bush) 2. В куда (В на тротуар to jump onto the pavement BE/the sidewalk AE; В в окно/через окно to jump through a window; матросы выскочили на палубу the sailors rushed up on deck) B. **to fall** 1. В откуда (ключ выскочил у него из кармана the key fell out of his pocket) 2. *misc.* В из памяти to be forgotten

ВЫСКАЛЬЗЫВАТЬ (несов.) **ВЫСКОЛЬ-ЗНУТЬ** (сов.) **to slip out of** В откуда (рыба выскользнула из рук the fish slipped out of my hands; В из дому to slip out of the house)

ВЫСЛУЖИВАТЬСЯ (несов.) **ВЫСЛУ-ЖИТЬСЯ** (сов.) **to ingratiate oneself** В перед кем (В перед начальством to ingrati-ate oneself with one's superiors)

ВЫСМЕИВАТЬ (несов.) **ВЫСМЕЯТЬ** (сов.) **to make fun of, ridicule** В кого за что (В кого за неловкость to make fun of smb. for being clumsy)

ВЫСОВЫВАТЬ (несов.) **ВЫСУНУТЬ** (сов.) **to put out, stick out** В что откуда (В голову из окна to stick one's head out of a window; В язык изо рта to stick one's tongue out)

ВЫСОСАТЬ see **ВЫСАСЫВАТЬ**

ВЫСТАВЛЯТЬ (несов.) **ВЫСТАВИТЬ** (сов.) A. **to move, remove** 1. В кого/что из чего (В ученика из класса to remove a pupil from a classroom) 2. В что куда (В стол в коридор to move a table out into the corridor) B. **to portray, show** 1. В кого/что кем/чем (его выставили трусом he was portrayed as a coward) 2. *misc.* В кого в дурном свете to show smb. in an unfavorable light; В своё богатство на обозрение to flaunt one's wealth C. *misc.* В ученику отметки to give grades to a pupil

ВЫСТИРАТЬ see **СТИРАТЬ** II

ВЫСТРАИВАТЬСЯ (несов.) **ВЫСТРО-ИТЬСЯ** (сов.) **to line up** В куда (В в очередь to form a line)

ВЫСТРЕЛИВАТЬ (несов.) (fig.) **to come up with, spout** В чем (В цитатами to come up with a lot of citations)

ВЫСТРЕЛИТЬ (сов.) **to fire, shoot** 1. В в кого/что *and* по кому/чему (В в птицу to shoot a bird) 2. В из чего (В из ружья to shoot a rifle) 3. *misc.* В в упор to fire point-blank (see also **СТРЕЛЯТЬ** A)

ВЫСТРОГАТЬ see **ВЫСТРУГИВАТЬ, СТРОГАТЬ**

ВЫСТРОИТЬ see **СТРОИТЬ** II

ВЫСТРОИТЬСЯ see **ВЫСТРАИВАТЬСЯ**

ВЫСТРУГИВАТЬ (несов.) **ВЫСТРУГАТЬ, ВЫСТРОГАТЬ** (сов.) **to carve, fashion, make** В что из чего (В лопасть из дерева to make a paddle out of wood)

ВЫСТУПАТЬ (несов.) **ВЫСТУПИТЬ** (сов.) A. **to come out** 1. В за кого/что (В за кандидата to come out for a candidate) 2. В против кого/чего (В против предложения to come out against a proposal) 3. В во что (В в защиту кого to come out in smb.'s defense; В в поддержку договора to come out in support of a treaty) 4. *misc.* наше правительство выступает за то, чтобы перейти к переговорам our government is in favor of negotiations B. **to step forward, step out** 1. В из чего (В из толпы to step out of the crowd) 2. В куда (В вперёд to step forward) C. **to emerge from** В из чего (озеро выступил из берегов the lake overflowed its banks) D. **to leave** 1. В куда (В в путь to leave on a trip) 2. В откуда (войска выступили из города на рассвете the troops left the city at dawn) E. **to jut, protrude, stick out** 1. В куда (скала выступала далеко в море a rock jutted out into the sea) 2. В откуда (из воды выступал крохотный

островок a tiny island jutted out of the water; из-под кровати выступал краешек чемодана the corner of a suitcase stuck out from under the bed) F. **to appear; to perform, play** 1. В перед кем (В перед избирателями to address voters) 2. В с чем (В с речью to give/make a speech; В со статьёй to publish an article; В с новой программой to present a new program; В с заявлением to make a statement; В с протестом to protest; В с концертом to appear/perform in a concert) 3. В в чём/на чём (В в/на чемпионате to compete in a championship; В на суде to appear in court; В на сцене to appear on the stage) 4. В как кто/В кем (В как посредник *or* В посредником to serve as a mediator) 5. В за что (В за команду to play for a team) 6. В по чему (В по телевидению to appear/perform on television) 7. *misc.* В блестяще/великолепно to perform brilliantly; В наружу to become known; В в роли Гамлета to play the role of Hamlet; В единым фронтом to present a united front

ВЫСУНУТЬ see **ВЫСОЫВАТЬ**

ВЫСЫЛАТЬ (несов.) **ВЫСЛАТЬ** (сов.) A. **to send** 1. В что кому (В деньги родителям to send money to one's parents) 2. В кого/что куда (В документы в институт to send documents to an institute; В подкрепление в отряд to send reinforcements to a detachment) 3. В что чем/по чему (В письмо авиапочтой/по авиапочте to send a letter by airmail) B. **to expel, send** В кого/что откуда (В детей из комнаты to send children from/out of a room; В кого из страны to expel smb. from a country)

ВЫСЫПАТЬ (несов.) **ВЫСЫПАТЬ** (сов.) **to pour** 1. В что из чего (В муку из мешка to pour flour from a sack) 2. В куда (жители города высыпали на улицы the inhabitants of the city poured out onto the streets)

ВЫТАЛКИВАТЬ (несов.) **ВЫТОЛКАТЬ, ВЫТОЛКНУТЬ** (сов.) **to push, throw** 1. В кого/что откуда (В кого из дома to throw smb. out of a house) 2. В кого/что куда (сторож их вытолкал на улицу the guard threw them out onto the street)

ВЫТАСКИВАТЬ (несов.) **ВЫТАЩИТЬ** (сов.) A. **to drag, pull** 1. В кого/что откуда (В чемодан из-под кровати to drag a suitcase from under a bed; В рыбу из воды to pull a fish out of the water) 2. В кого/что куда (В стулья в сад to drag chairs out into a garden; В кого в музей to drag smb. to a museum) B. **to

get out, remove В что из чего (В занозу из пальца to remove a splinter from a finger)

ВЫТАЩИТЬ see **ВЫТАСКИВАТЬ, ТАЩИТЬ**

ВЫТЕКАТЬ (несов.) **ВЫТЕЧЬ** (сов.) A. **to flow, run; to leak** 1. В откуда (вода вытекает из крана water is running from a tap; кувшин надтреснут — вода вытекает из него the jug BE/pitcher AE is cracked — the water is leaking out) 2. В куда (В на землю to pour on/onto the ground) B. (only imperf.) **to rise** (of a river) В из чего (Нева вытекает из Ладожского озера the Neva rises in Lake Ladoga) C. (only imperf.) **to follow, result** 1. В откуда (это вытекает из её слов this follows from her words) 2. В (откуда), что с придат. (отсюда вытекает, что они ошиблись from this it follows/it is clear that they were mistaken)

ВЫТЕРЕТЬ see **ВЫТИРАТЬ**

ВЫТЕСНЯТЬ (несов.) **ВЫТЕСНИТЬ** (сов.) **to crowd out, force out, push out** В кого откуда (В со службы to force smb. out of a job; В кого из очереди to push smb. out of a line AE/a queue BE)

ВЫТИРАТЬ (несов.) **ВЫТЕРЕТЬ** (сов.) A. **to dry, wipe** В (кому) что чем (она вытерла ребёнку лицо полотенцем she dried the child's face with a towel) B. **to wipe** 1. В что откуда (В кровь со штыка or В штык от крови to wipe the blood from a bayonet) 2. В что обо что (В сапоги о половик to wipe one's boots on a doormat)

ВЫТОЛКАТЬ, ВЫТОЛКНУТЬ see **ВЫТАЛКИВАТЬ**

ВЫТОРГОВЫВАТЬ (несов.) **ВЫТОРГОВАТЬ** (сов.) **to coax, wheedle** В что у кого (мы у них выторговали более выгодные условия we wheedled more favorable conditions from them)

ВЫТРАВЛИВАТЬ, ВЫТРАВЛЯТЬ (несов.) **ВЫТРАВИТЬ** (сов.) **to erase** В что из чего (В что из памяти людской to erase smt. from human memory)

ВЫТРЯСАТЬ (несов.) **ВЫТРЯСТИ** (сов.) **to shake out** В что из чего (В муку из мешка to shake flour out of a sack) (see also **ТРЯСТИ**)

ВЫТРЯХИВАТЬ (несов.) **ВЫТРЯХНУТЬ** (сов.) **to shake out** В что из чего (В песок из ботинка to shake sand out of a shoe)

ВЫТЯГИВАТЬ (несов.) **ВЫТЯНУТЬ** (сов.) A. **to drag out, extract** В что из/у кого (В ответ из/у ученика to drag an answer out of a pupil) B. **to clear out** (can be impers.) В что из чего (ветер вытянул дым из комнаты or дым вытянуло ветром из комнаты a breeze cleared the smoke out of the room) C. *misc.* В кнутом лошадь to flog a horse; *В всю душу/все жилы у кого to rag smb.'s soul out

ВЫТЯГИВАТЬСЯ (несов.) **ВЫТЯНУТЬСЯ** (сов.) A. **to extend** В на что (В на несколько километров to extend for several kilometers) B. **to clear out** В из чего (дым из комнаты вытянулся the smoke cleared out of the room) C. (usu. mil.) **to come/snap to (the position of) 'attention'** 1. В перед кем (он вытянулся перед командиром he snapped to attention before the commanding officer) 2. *misc.* В во фронт/в струнку/по стойке смирно to snap to attention D. *misc.* её губы вытянулись в улыбку her lips formed a smile; его лицо вытянулось от огорчения his face was lined with worry

ВЫУЧИВАТЬ (несов.) **ВЫУЧИТЬ** (сов.) **to teach** 1. В кого чему (В детей чтению to teach children to read) 2. В кого + неопр. ф. (В детей читать to teach children to read)

ВЫУЧИТЬСЯ see **УЧИТЬСЯ**

ВЫХВАТЫВАТЬ (несов.) **ВЫХВАТИТЬ** (сов.) A. **to grab, snatch** В что у кого/из чего (В книгу у кого to grab a book away from smb.; она выхватила из моих рук ключи she grabbed the keys out of my hands) B. **to draw** В что из чего (В шашку из ножен to draw a saber from a scabbard)

ВЫХЛОПАТЫВАТЬ (несов.) **ВЫХЛОПОТАТЬ** (сов.) **to (manage to) arrange** В кому что (В отпуск кому to arrange leave for smb.)

ВЫХОДИТЬ I (несов.) **ВЫЙТИ** (сов.) A. **to go, go out, leave, move** 1. В откуда (В из комнаты to go out of/leave a room; В с завода to leave a factory) 2. В куда (В на охоту to go hunting; В на прогулку to go for a walk; В на работу to go to work; на улицы города ежедневно выходят почти 600 тысяч автомобилей the daily traffic on the city streets adds up to almost 600,000 cars; В в эфир to go out into the airwaves or to be broadcast; В на экран to appear on the screen; в район Средиземного моря вышел другой авианосец another aircraft carrier left for the Mediterranean; В к гостью to go to meet a guest; В через дверь в коридор to go through a door into a corridor) 3. В + неопр. ф. (В гулять to go for a walk) 4. В кем (из зала суда они вышли свободными людьми they walked out of the courtroom as free people; в запас вышел капитаном he went into the reserves as a captain; В из института инженером to graduate from an institute as an engineer) 5. В какой/каким (она вышла из кабинета озабоченная, усталая she walked out of her office looking worried and tired; правительство вышло из войны ещё более окрепшим our government came out of the war stronger than ever) 6. *misc.* В из моды to go out of fashion; В на орбиту to go into orbit; *and*, — *fig.*: to become prominent В. **to come** 1. В откуда (В из-за прегородки to come out from behind a partition; В из-под навеса to come out from under a canopy; страна выходит из изоляции the country is emerging from its isolation) 2. В куда (В на сцену to come out on the stage) C. **to emerge; to turn out** 1. В кем (дети вышли лентяями the children turned out to be lazy; наши спортсмены вышли победителями our athletes won) 2. В из кого (из неё выйдет хороший врач she will make a good doctor; из него вышел хороший офицер he turned out to be a good officer) 3. В, что с придат. (вышло, что она права it turned out that she was right) D. (only imperf.) **to face** В куда (окна выходят на юг the windows face south) E. **to go beyond, transgress** В за что (В за рамки приличия to go beyond the bounds of decency) F. *misc* В в отставку *or* В на пенсию to retire; В на первое место to occupy first place; пароход вышел по маршруту Одесса-Батуми-Одесса the ship left on the route Odessa-Batumi-Odessa; В наружу to be revealed; В из терпения/из себя to lose one's patience; В из строя to be disabled; В на связь с кем to establish contact with smb.; В из-под чьего влияния to free oneself from smb.'s influence; В из состава комиссии to give up one's membership in AE/of BE a commission; В за кого замуж to marry smb. (of a woman); В на мировой рынок to appear/emerge on the world market; В в море to put out to sea; В из кризиса to ride out a crisis; рабочие вышли на площадь the workers moved out onto the square; В из-под контроля to get out of control; В к доске to go up to the blackboard; В на старт to take up one's starting position; команда вышла в финал the team advanced to the finals; В на ринг to get into the ring; отряд вышел к реке/на реку the detachment reached the river; В в большой спорт to get into big-time sports; В в свет *or* В из печати to appear in print; книга

вышла у меня в этом издательстве this publishing house brought out my book; словарь вышел тиражом в сто тысяч *or* словарь вышел 100-тысячным (стотысячным) тиражом the dictionary came out in a printing of one hundred thousand; из этого ничего не выйдет nothing will come of this; река вышла из берегов the river flooded its banks; В на финишную прямую to enter the home stretch (also fig.); *выйти в люди to attain a social position; *выйти сухим из воды to get off scot-free; *выйти из пелёнок to go out on one's own; *В кому боком to cause smb. grief **ВЫХОДИТЬ** II (сов.) **to go out** (and come back; used in the past tense) 1. В куда (она выходила в коридор she was out in the corridor for a while) 2. В откуда (мы выходили из аудитории только на пять минут we were out of the auditorium for only five minutes)

ВЫЧЁРКИВАТЬ (несов.) **ВЫЧЕРКНУТЬ** (сов.) **to cross out, strike** В что из чего (В фамилию из списка to strike a name from a list)

ВЫЧЕРПЫВАТЬ (несов.) **ВЫЧЕРПНУТЬ** (сов.) **to scoop out** (В воду из ведра to scoop water out of a pail; В воду из лодки to bail water out of a boat)

ВЫЧИСТИТЬ see **ЧИСТИТЬ**

ВЫЧИТАТЬ (несов.) **ВЫЧЕСТЬ** (сов.) A. **to deduct** В что из чего (В налог из гонорара to deduct a tax from royalties) B. **to subtract** В что из чего (В три из пяти to subtract three from five)

ВЫШИБАТЬ (несов.) **ВЫШИБИТЬ** (сов.) (colloq.) **to drive out** 1. В кого/что откуда (В врага из деревни to drive the enemy out of a village) 2. *misc.* *клин клином вышибать to fight fire with fire

ВЬЮЧИТЬ see **НАВЬЮЧИВАТЬ**

ВЫЯВЛЯТЬ (несов.) **ВЫЯВИТЬ** (сов.) **to reveal** В, что с придат. (следствие выявило, что они брали взятки an investigation revealed that they took bribes)

ВЫЯСНЯТЬ (несов.) **ВЫЯСНИТЬ** (сов.) **to ascertain** В, где/как/что с придат. (из показаний очевидцев полиция выяснила, что он не виноват the police ascertained from the witnesses' testimony that he was innocent; выяснилось, что она говорит по-русски it turned out that she spoke Russian)

ВЯЗНУТЬ see **УВЯЗАТЬ** II

ВЯЗАТЬ (несов.) **СВЯЗАТЬ** (сов.) **to knit** В что кому (В свитер ребёнку to knit a sweater for one's child)

ВЯЗАТЬСЯ (несов.) **to agree** (with), **be in keeping** (with) В с чем (слова обвиняемого не вяжутся с показаниями свидетелей the statement of the accused does not agree with the testimony of the witnesses)

Г

ГАДАТЬ (несов.) **ПОГАДАТЬ** (сов.) A. **to tell fortunes** 1. Г (кому) на чём/по чему (Г кому на картах to tell smb.'s fortune with playing cards; Г по руке to read palms) 2. *misc.* Г по кофейней гуще to read tea leaves; *or,* — fig.: to make unfounded suppositions; *Г на бобах to make faulty assumptions B. (only imperf.) **to guess, speculate** 1. Г о чём (Г о будущем to speculate about the future) 2. Г, как/что с придат. (я гадал, как сложится её судьба I guessed what her fate would be)

ГАДИТЬ (несов.) **НАГАДИТЬ** (сов.) (slang) **to be nasty to** Г кому (Г другу to be nasty to a friend)

ГАРАНТИРОВАТЬ (сов. и несов.) A. **to ensure, guarantee** 1. Г что кому (Г безопасность президенту to ensure a president's security) 2. Г, что с придат. (они гарантировали, что долг будет выплачен they guaranteed the repayment of the loan) B. **to guard, safeguard** Г кого/что от чего (Г путешественника от неожиданностей to safeguard a traveler against surprises)

ГАРМОНИРОВАТЬ (несов.) **to be consistent/in harmony** Г с чем (конец гармонирует с началом the conclusion is consistent with the introduction)

ГАСИТЬ (несов.) **ЗАГАСИТЬ, ПОГАСИТЬ** (сов.) **to extinguish, put out** Г что чем (Г костёр водой to extinguish a bonfire with water)

ГИБНУТЬ (несов.) see **ПОГИБАТЬ**

ГЛАВЕНСТВОВАТЬ (несов.) (lit.) **to dominate, tower over** Г над кем/чем (эта гора главенствует над окружающим хребтом this mountain towers over the surrounding range)

ГЛАДИТЬ (несов.) A. **ПОГЛАДИТЬ** (сов.) **to pat, stroke** 1. Г что кому (Г голову кому to pat smb. on the head) 2. Г кого по чему (Г ребёнка по голове to pat a child on the head) 3. Г кого/что чем (Г ребёнка рукой to pat a child) 4. *misc.* Г ласково/нежно to stroke gently; *Г кого по шерсти to play up to smb.; *Г кого против шерсти to rub smb. the wrong way; *за это тебя по головке не погладят you will catch hell for this B. **ВЫГЛАДИТЬ** (сов.) **to iron** Г что чем (Г рубашку утюгом to iron a shirt)

ГЛУМИТЬСЯ (несов.) **to make fun of, mock** Г над кем/чем (Г над стариком to make fun of an old man)

ГЛЯДЕТЬ (несов.) **ПОГЛЯДЕТЬ** and, — colloq.: **ГЛЯНУТЬ** (сов.) A. **to look, peer; to watch** 1. Г во что (Г в бинокль to look through field glasses; Г в зеркало to look into a mirror; Г в микроскоп to look through a microscope; Г в очки to peer through one's glasses; В в комнату to look into a room; она глянула в программу she looked at the program; Г прямо в глаза to look right into smb.'s eyes) 2. Г через что (Г через стекло to look through glass) 3. Г на кого/что (Г на детей to look at children; Г на звёзды to gaze/look at the stars) 4. Г откуда (Г из окна to look out a window *or* to watch from a window; Г с балкона to watch from a balcony) 5. *misc.* он глядел вдаль затуманным взглядом he stared blankly into the distance; Г на что другими глазами to take a second look at smt.; Г под стол to look under a table; Г с ужасом to watch in horror B. (colloq.) **to look after, keep an eye on** 1. Г за кем/чем (Г за ребёнком to look after a child; Г за порядком to keep an eye on how things are working; Г за чистотой to make sure that everything is clean) 2. Г, чтобы с придат. (гляди, чтобы никто ничего не унёс see to it that nothing is taken) C. **to watch** Г, как с придат. (он глядел, как выгружали груз с парохода he watched them unloading cargo from a ship) D. (obsol. and rare) **to appear, seem** Г кем (Г героем to appear to be a hero) E. *misc.* *того и гляди будет буря I'm afraid that there will be a storm; *Г сквозь пальцы на что to look the other way; *Г во все глаза to stare; *Г в оба глаза to be on the alert; *Г правде в глаза to face the truth; *Г косо на что to frown on smt.; *на ночь глядя very late at night; *куда глаза глядят to wander aimlessly

ГЛЯДЕТЬСЯ (несов.) **ПОГЛЯДЕТЬСЯ** (сов.) **to look** Г во что (Г в зеркало to look into a mirror)

ГНАТЬ (несов.) (*Note*: The perf. **ПОГНАТЬ** is used to denote the beginning of an action) **to drive** 1. Г кого/что куда (Г скот на пастбище to drive cattle to pasture) 2. Г кого/что откуда (Г врага из страны to drive an enemy from a country)

ГНАТЬСЯ (несов.) (*Note*: The perf. **ПО-ГНАТЬСЯ** is used to denote the beginning of an action) A. **to chase, pursue** Г за кем/чем (Г за беглецом to pursue a fugitive) B. **to strive for** Г за чем (Г за успехом to strive for success) C. *misc.* Г изо всех сил to race at full speed; *Г за двумя зайцами to try to kill two birds with one stone

ГНЕВАТЬСЯ (несов.) (obsol.) **to be angry** Г на кого/что (за что) (мать гневалась на дочь за опоздание the mother was angry at her daughter for being late)

ГНУШАТЬСЯ (несов.) **ПОГНУШАТЬСЯ** (сов.) A. **to shun** Г кого/кем (*Note*: In modern Russian the instrumental is used more frequently) (Г старыми друзьями to shun old friends) B. **to hesitate; to refuse** 1. Г чего/чем (*Note*: In modern Russian the instrumental is used more frequently) (они не гнушаются применением самых изощрённых пыток they do not hesitate to use the most sophisticated methods of torture; Г подачками to refuse handouts; они не гнушаются лжи/ложью they do not hesitate to lie) 2. Г + неопр. ф. (они не гнушаются прибегать к жестоким методам they do not hesitate to resort to cruel methods) C. *misc.* она не гнушается ничем/никакими средствами she will stop at nothing

ГОВОРИТЬ (несов.) A. **ПОГОВОРИТЬ** (сов.) **to speak, talk** 1. Г куда (Г в микрофон to speak into a microphone) 2. Г откуда (Г с балкона to speak from a balcony) 3. Г по чему (Г по радио to speak on/over the radio; Г по телефону to speak/talk on the phone) 4. Г чем (Г шёпотом to speak in a whisper *or* to whisper; Г громко/громким голосом to speak loudly; Г языком народа to speak the language of the people) 5. *misc.* говорить свободно по-английски to speak English fluently; говорить на русском языке to speak Russian *or* to speak in Russian; Г с жаром to speak with feeling; Г тихо to speak softly; Г загадками to speak in riddles; Г с акцентом to speak with an accent; Г от чьего имени to speak in smb.'s name; Г в пользу кого/за кого to speak in smb.'s behalf; Г дурно о ком to speak ill of smb.; Г с расстановкой to speak in measured tones; *говорить за глаза to speak behind smb.'s back B. **СКАЗАТЬ** (сов.) **to say, tell** 1. Г что кому (он сказал истину отцу he told his father the truth; мы всегда говорим детям истину we always tell our

children the truth) 2. Г что о ком/чём (что говорят в Вашингтоне о выступлении президента? what are they saying in Washington about the president's speech?) 3. Г (кому), где/как/что с придат. (скажи мне, где находится музей tell me where the museum is; она сказала, как её зовут she gave her name; говорят, что она хорошая певица people say that she is a good singer) 4. Г, чтобы с придат. (медсестра сказала, чтобы больной принимал это лекарство the nurse said that the patient should take this medication) 5. *misc.* как это сказать по-русски? how do you say that in Russian? сказать что в шутку to say smt. as a joke/in jest C. **ПОГОВОРИТЬ** (сов.) **to converse, speak** 1. Г с кем *and* между кем (она поговорила с врачом she spoke with the doctor; студенты говорили между собой the students were conversing with each other) 2. Г о ком/чём (Г о погоде to speak about the weather; я поговорил с профессором об экзамене I spoke with the professor about the examination) 3. *misc.* Г на разные темы to speak about various things D. *misc.* Г перед аудиторией to address an audience

ГОВОРИТЬСЯ (несов.) A. **to be discussed** 1. Г о чём (в резолюции говорится о необходимости перейти к диалогу the resolution discusses the need of starting a dialog) 2. Г (о том), что с придат. (говорилось о том, что растёт безработица the rise in unemployment was discussed) B. **to be said, to be stated** Г (о том), что с придат. (в заявлении говорится, что правительство согласится на переговоры the communique states that the government will agree to negotiations)

ГОДИТЬСЯ (несов.) **to be suitable/suited** 1. Г для чего/на что (он для этой работы не годится he is not suited for this work; эта материя ни на что не годится this fabric isn't good for anything) 2. Г кому (это пальто мне не годится I cannot use this coat) 3. Г + неопр. ф. (так поступать не годится you should not behave that way) 4. *misc.* она годится ей в матери she is old enough to be her mother; он не годится в офицеры he is not cut out to be an officer; не годится, чтобы ребёнок так поздно шёл домой один a child should not be going home alone so late; *он ей в подмётки не годится he is not worthy of her (see also **ПРИГОДИТЬСЯ**)

ГОЛОСОВАТЬ (несов.) **ПРОГОЛОСО-ВАТЬ** (сов.) **to vote** 1. Г за кого/что (Г за кандидата to vote for a candidate) 2. Г против кого/чего (Г против предложения to vote against a proposal)

ГОНЯТЬ see **ГНАТЬ**

ГОНЯТЬСЯ see **ГНАТЬСЯ**

ГОРДИТЬСЯ (несов.) **to be proud** 1. Г кем/чем (Г детьми to be proud of one's children) 2. Г (тем), что с придат. (они гордятся тем, что дети окончили университет they are proud of the fact that their children are college graduates)

ГОРЕВАТЬ (несов.) **to grieve** 1. Г о ком/чём (Г о потере to grieve over one's loss; Г о муже to grieve over one's husband) 2. Г (о том), что с придат. (она горевала о том, что умерла мать she was grieving over her mother's death)

ГОРЕТЬ (несов.) A. **to burn, seethe** 1. Г чем (Г желанием to feel a burning desire; Г ненавистью to seethe with hatred) B. **СГОРЕТЬ** (сов.) **to shine** 1. Г от чего (у ребят глаза так и горят от восторга the children's eyes are just shining with delight) 2. Г чем (море горело золотом заката the sea was aglow in the rays of the setting sun) (see also **СГОРАТЬ**)

ГОСПОДСТВОВАТЬ (несов.) A. **to tower** Г над чем (Г над городом to tower over a city) B. **to dominate, tyrannize** Г над кем/чем (Г над населением to dominate a people)

ГОТОВИТЬ (несов.) (*Note*: This verb and the following reflexive with the prefix *при* have the meaning of 'prepare by putting the finishing touches on smt. that has already been worked on'. These verbs with the prefix *под* mean 'prepare by extensive work') A. **to prepare, get ready** 1. **ПОДГОТОВИТЬ, ПРИГОТОВИТЬ** (сов.) Г кого/что к чему (Г ученика к экзамену to prepare a pupil for an examination; Г рукопись к сдаче to prepare a manuscript for submission to a publisher; её надо подготовить/приготовить к этому известию we have to break the news to her gently) 2. **ПРИГОТОВИТЬ** (сов.) Г что кому (Г кому сюрприз to prepare a surprise for smb.; Г встречу делегации to prepare a reception for a delegation) 3. **ПОДГОТОВИТЬ, ПРИГОТОВИТЬ** (сов.) Г что для кого/чего (Г сцену для спектакля to prepare a stage for a performance; Г холст для картины to prepare a canvas for a painting; Г почву для посева to prepare soil for planting) B. **ПРИГОТОВИТЬ** (сов.) **to cook, make, prepare** 1. П что кому/

для кого (Г обед семье/для семьи to prepare lunch for one's family) 2. Г что из чего (Г суп из овощей to make soup from vegetables) 3. (only imperf.) Г на чём (Г на плите to cook on a stove; Г на газе to cook with gas; Г на слабом огне to cook on/over a low light; Г на костре to cook over an open fire) (*Note*: Alternative imperfective forms are **ПОДГОТОВЛЯТЬ, ПОДГОТАВЛИВАТЬ, ПРИГОТОВЛЯТЬ, ПРИГОТАВЛИВАТЬ**)

ГОТОВИТЬСЯ (несов.) (*Note*: See the Note at the preceding entry) **ПОДГОТОВИТЬСЯ, ПРИГОТОВИТЬСЯ** (сов.) A. **to get ready, prepare** 1. Г к чему (Г к отъезду to get ready for a trip; Г к худшему to prepare for the worst) 2. Г + неопр. ф. (Г ехать to get ready to leave) 3. *misc.* готовится к печати новый словарь *or* готовится в печать новый словарь a new dictionary is about to be published; Г в путь to get ready for a trip B. **to study** (for), **prepare** (for) 1. Г к чему (Г к экзамену to study/prepare for an examination) 2. Г по чему (Г по математике to study mathematics) 3. Г куда (Г в аспирантуру to prepare for graduate AE/ postgraduate BE studies; Г на исторический факультет to prepare to study history at a university) 4. *misc.* Г прилежно/усердно to study hard

ГРАНИЧИТЬ (несов.) **to border** Г с чем (Канада граничит с США Canada borders on/borders the USA)

ГРЕМЕТЬ (несов.) **to jingle, rattle** Г чем (Г ключами to jingle one's keys)

ГРЕСТИ (несов.) A. **to row** Г куда (Г к берегу to row to shore) B. **to rake** 1. Г что чем (Г сено граблями to rake hay) 2. *misc.* *Г деньги лопатой to rake in money

ГРЕТЬ (несов.) **СОГРЕТЬ** (сов.) **to warm, warm up** 1. Г что чем (Г руки дыханием to warm one's hands by blowing on them) 2. *misc.* *греть руки на чём to take advantage of a situation

ГРЕТЬСЯ (несов.) **СОГРЕТЬСЯ** (сов.) **to get warmed up** Г чем/от чего (Г ходьбой/от ходьбы to get warmed up by walking)

ГРЕШИТЬ (несов.) **ПОГРЕШИТЬ** (сов.) A. **to contradict** Г против чего (Г против истины to contradict the facts; Г против логики to be illogical; это грешит против хорошего вкуса this is not in good taste) B. **to do smt. wrong** Г чем (чем мы грешим? what are we doing wrong? такие утверждения грешат неточностью such assertions are inaccurate)

ГРИММИРОВАТЬ (несов.) **ЗАГРИМИРО-ВАТЬ** (сов.) **to make up** Г кого кем (Г актрису старухой to make up an actress as an old woman)

ГРОЗИТЬ (несов.) А. **ПОГРОЗИТЬ** (сов.) **to point, shake** (as a threat) Г кому чем (он мне погрозил кулаком he shook his fist at me; Г кому пальцем to point one's finger at smb.) B. **ПРИГРОЗИТЬ** (сов.) **to threaten** 1. Г (кому/чему) чем (Г забастовщикам арестами to threaten to arrest strikers; они грозят войной they are threatening to go to war; ей грозили смертью they threatened to kill her) (see also **УГРОЖАТЬ** 1) 2. (only imperf.) Г кому/чему (ему грозит банкротство he is threatened with bankruptcy; ей грозит большая опасность she is in grave danger) (see also **УГРОЖАТЬ** 2) 3. Г + неопр. ф. (Г убить кого to threaten to kill smb.) (see also **УГРОЖАТЬ** 4) 4. Г (тем), что с придат. (он грозит, что уйдёт he is threatening to leave) (see also **УГРОЖАТЬ** 5) C. **to threaten, be on the verge of** Г чем (дом грозит падением the house is on the verge of collapsing) (see also **УГРОЖАТЬ** 3)

ГРОЗИТЬСЯ (несов.) (colloq.) **to threaten** Г + неопр. ф. (она грозится пожаловаться учителю she is threatening to complain to the teacher) (see also **ГРОЗИТЬ** B3)

ГРОХАТЬ (несов.) **ГРОХНУТЬ** (сов.) (colloq.) **to throw** Г что куда (Г вязанку дров на пол to throw a bundle of firewood on the floor)

ГРОХАТЬСЯ (несов.) **ГРОХНУТЬСЯ** (сов.) (colloq.) **to fall** Г откуда (Г с лестницы to fall down the stairs)

ГРУБИТЬ (несов.) **НАГРУБИТЬ** (сов.) **to be rude** Г кому (Г учителю to be rude to a teacher)

ГРУЗИТЬ (несов.) **to load** 1. **ЗАГРУЗИТЬ, НАГРУЗИТЬ** (сов.) Г что чем (Г баржу лесом to load a barge with lumber) 2. **ПОГРУЗИТЬ** (сов.) Г что куда (Г зерно в вагоны to load grain into freight cars AE/goods wagons BE; Г машины на суда to load cars onto ships) (see also **ЗАГРУЖАТЬ**)

ГРУСТИТЬ (несов.) **to grieve, mourn; to miss, yearn for** Г по кому/чему *and*, — now rare: Г о ком/чём (Г по матери to mourn one's mother; Г о потере to grieve over a loss; Г по семье to miss one's family; Г по дому to be homesick) (see the *Note* at the entry for **СОСКУЧИТЬСЯ**)

ГРЫЗТЬ (несов.) **to chew, gnaw** Г что чем (Г кость зубами to gnaw at a bone)

ГУЛЯТЬ (несов.) **ПОГУЛЯТЬ** (сов.) **to walk, stroll** 1. Г с кем (Г с другом to walk with a friend) 2. Г где (Г в парке/по парку to walk in a park; Г по улице to walk along a street)

Д

ДАВАТЬ (несов.) **ДАТЬ** (сов.) A. **to give** 1. Д что/чего кому/чему (Д лекарство ребёнку to give medicine to a child; дай мне хлеба give me some bread; он дал корму лошадям he fed the horses; я дал денег брату I gave some money to my brother; Д кому колбасу/колбасы to give smb. sausage/some sausage) 2. Д кому + неопр. ф. (медсестра дала больному пить the nurse gave the patient smt. to drink) 3. *misc.* Д кому в долг to give smb. a loan; Д кому в кредит to give smb. credit B. **to provide** Д что кому/чему (Д доход государству to provide a government with revenue; Д стране нефть to provide a country with oil) C. **to allow, let** Д (кому/чему) + неопр. ф. (Д пройти встречному to allow smb. to pass; Д выписаться больному to allow a patient to be discharged; Д потухнуть огню to let a fire go out; администрация дала понять, что согласится the administration let it be known that it would agree; они дали вовлечь себя в гонку вооружений they allowed themselves to be drawn into the arms race) D. **to assign, give** Д кому что (ей дали трудную работу they assigned her a difficult job) E. *misc.* Д выход чувству to vent one's feelings; Д образец детям to set an example for children; Д отпор противнику to oppose an enemy; Д концерт детям to stage a concert for children; Д обед в чью честь to arrange a luncheon in smb.'s honor; это решение далось правительству нелегко it was not easy for the government to make this decision; она дала знать милиции she informed the police; *Д себя/о себе знать to make one's impact felt; *старая рана даёт себя/о себе знать the old injury/wound is acting up; *ни дать ни взять exactly the same; *не Д в обиду кого to stand up for smb.; *как пить дать without fail; *Д кому по шапке to fire smb.; *Д волю рукам to use one's fists; *Д по рукам кому to rap smb. over the knuckles; *Д жару кому to ream smb. out *and* to overwork smb.; *Д врагу жару to rout an enemy; *Д дачи to answer in kind

ДАВАТЬСЯ (несов.) **ДАТЬСЯ** (сов.) A. **to allow, let** Д во что (не дамся я в обман I will not let myself be taken in) B. *misc.* Латынь ей далась Latin was easy for her; далась тебе эта книга all you can talk about is this book;

*диву даваться to be amazed

ДАВИТЬ (несов.) A. **to press, weigh down** 1. Д на кого/что (Д на кнопку to press a button; снег давит на крышу the snow is weighing down on the roof) 2. *misc.* мне давит грудь I feel pressure on my chest B. **to exert pressure on** 1. Д на кого/что (Д на подчинённых to exert pressure on one's subordinates) 2. *misc.* Д своим авторитетом to be overbearing; *or,* — colloq.: to swing one's weight around C. **to extract, squeeze** (out of) Д что из чего (Д масло из семян to extract oil from seeds) (see also **ВЫДАВЛИВАТЬ**) D. **ЗАДАВИТЬ, РАЗДАВИТЬ** (сов.) **to crush** Д кого/что чем (Д животное колёсами to run over an animal; Д червяка ногой to crush a worm with one's foot)

ДАВИТЬСЯ (несов.) **ПОДАВИТЬСЯ** (сов.) **to choke** Д чем (Д костью to choke on a bone)

ДАРИТЬ (несов.) **ПОДАРИТЬ** (сов.) A. **to give, donate** Д кого/что кому/чему (Д игрушку ребёнку ко дню рождения to give a toy to a child on her/his birthday; Д библиотеку городу to donate one's library to a city; Д что кому на прощание to give smb. a farewell gift) B. **to bestow, grant** (formal; humorous) Д кого чем (Д кого улыбкой to give smb. a smile)

ДАРОВАТЬ (сов. и несов.) (obsol., formal) **to confer, grant** Д что кому (Д жизнь кому to commute smb.'s death sentence)

ДАТИРОВАТЬ (сов. и несов.) **to date** Д что чем (Д письмо вчерашним числом to put yesterday's date on a letter)

ДАТЬ see **ДАВАТЬ**

ДАТЬСЯ see **ДАВАТЬСЯ**

ДВИГАТЬ (несов.) **ДВИНУТЬ** (сов.) A. **to move, push** 1. Д что куда (Д стол к окну to move/push a table over to a window; Д стул в угол to push a chair into a corner) B. **to move, twitch** Д чем (Д руками to move one's arms; Д плечом to twitch a shoulder) C. **to move** Д что куда (Д батальон в атаку to move a battalion into an attack) D. **to drive, move** Д кем (им движет тщеславие he is driven by greed)

ДВИГАТЬСЯ (несов.) **ДВИНУТЬСЯ** (сов.) A. **to move, go** 1. Д куда (Д к двери to move towards the door; Д на юг to move south; Д в Москву to go to Moscow) 2. Д по чему (Д по дороге to move along a road; Д по бездорожью to go cross-country; Д по небу to move across the sky) 3. Д чем/где (Д берегом to move along a shore; Д вдоль дороги to move along a road; Д полем to move across a field) 4. Д откуда (Д из города to move out of a city) 5. *misc.* *двигаться в ногу со временем to keep up with the times B. **to follow** Д за кем/чем (Д за провожатым to follow a guide) C. **to leave** Д куда (Д в путь to leave on a trip)

ДЕВАТЬ (colloq.) **to put** 1. (несов.) (used in the present) Д что куда (куда ты постоянно деваешь мои книги? where do you keep putting my books?) 2. (сов.) (used in the past and infinitive as a synonym of **ДЕТЬ**) Д что куда (куда ты девал/дел мои ключи? where did you put my keys? некуда девать беженцев there is no room for the refugees)

ДЕВАТЬСЯ (colloq.) A. **to disappear, get to** 1. (несов.) (used in the present) Д куда (куда книги со стола деваются? where do the books from the table keep disappearing to?) 2. (сов.) (used in the past as a synonym of **ДЕТЬСЯ**) Д куда (куда девалась/делась моя ручка? where did my pen get to?) B. (несов.) **ДЕТЬСЯ** (сов.) (can be impers.) **to turn** Д куда/некуда (я не знал, куда деваться I didn't know where to turn; ей некуда деваться she has nowhere to turn; ему некуда деться от стыда he is so ashamed that he doesn't know where to turn)

ДЕЖУРИТЬ (несов.) **to be on duty** 1. Д в чём/по чему (Д в общежитии/по общежитию to be on duty in a dormitory) 2. Д у чего (Д у телефона to be on duty at the telephone) 3. *misc.* мать дежурила у постели больного сына the mother was at her son's bedside

ДЕЗЕРТИРОВАТЬ (сов. и несов.) **to desert** 1. Д куда (они дезертировали в Турцию they deserted to Turkey) 2. Д откуда (Д из армии to desert from the army)

ДЕЙСТВОВАТЬ (несов.) A. (colloq.) **to use** Д чем (Д руками to use one's arms; Д силой to use force) B. **ПОДЕЙСТВОВАТЬ** (сов.) **to affect, influence** 1. Д на кого/что (Д на ход событий to affect the course of events) 2. Д чем на кого (Д на сына уговорами to influence a son by persuasion) 3. *misc.* отрезвляюще Д на кого to sober smb. up; подавляюще Д на кого to inhibit smb.; Д кому на нервы

to get on smb.'s nerves C. **to act** 1. Д как кто (Д как герой to act like a hero) 2. Д по чему (Д по закону to act in accordance with the law) 3. *misc.* Д в чьих интересах to act in smb.'s interest

ДЕКОРИРОВАТЬ (сов. и несов.) (lit.) **to decorate** Д что чем (Д зал цветами to decorate a hall with flowers) (see also **УКРАШАТЬ**)

ДЕЛАТЬ (несов.) **СДЕЛАТЬ** (сов.) A. **to make, produce** 1. Д что из чего (Д игрушку из дерева to make a toy out of wood) 2. Д что кому/для кого (Д игрушку ребёнку/для ребёнка to make a toy for a child) B. **to make, turn into** 1. Д кого из кого (Д руководителя из кого to turn smb. into a leader *or* to make a leader out of smb.) 2. Д кого/что кем/чем (Д кого своим заместителем to make smb. one's deputy; Д город столицей to make a city the capital) 3. Д кого/что каким (Д кого счастливым to make smb. happy) C. **to do** 1. Д с кем/чем (что делать с деньгами? what should we do with the money?) 2. Д то, что с придат. (он сделал то, что ему велели he did what they told him to do) D. **to give, issue** Д что кому/чему (Д подарок сестре to give one's sister a gift; Д указание подчинённому to issue an order to a subordinate) E. *misc.* Д выговор ученику to reprimand a pupil; Д одолжение кому to do smb. a favor; Д вывод из наблюдений to draw a conclusion on the basis of observations; Д удовольствие из чего to derive pleasure from smt.; Д что с удовольствием to do smt. with pleasure; *Д из мухи слона to make a mountain out of a molehill; *Д под козырёк to salute

ДЕЛАТЬСЯ (несов.) **СДЕЛАТЬСЯ** (сов.) **to become** 1. Д кем/чем (Д художником to become an artist; Д угрозой to become a threat) 2. Д каким (Д грустным to become sad)

ДЕЛЕГИРОВАТЬ (сов. и несов.) **to send as a delegate** Д кого куда (её делегировали на съезд she was sent as a delegate to the conference)

ДЕЛИТЬ (несов.) **РАЗДЕЛИТЬ** (сов.) A. (mathematics) **to divide** Д что на что (Д одно число на другое to divide one number by another; Д тридцать на три to divide thirty by three) B. (сов. тж.) **ПОДЕЛИТЬ to divide** (into parts), **group** 1. Д кого/что на что (Д игроков на команды to divide players into teams) 2. Д что между кем/чем (Д имущество между наследниками to divide property among heirs) 3. Д кого (на что) по чему (Д детей на группы по возрасту to group children on the basis of age) C. **to share** Д что с кем (Д горе и радость с кем to share trials and joys with smb.; Д хлеб с другом to share bread with a friend)

ДЕЛИТЬСЯ (несов.) **ПОДЕЛИТЬСЯ** (сов.) A. **to share** Д чем с кем (Д деньгами с товарищем to share money with a friend) B. see **ДЕЛИТЬ**

ДЕМОНСТРИРОВАТЬ (сов. и несов.) — (сов. тж.) **ПРОДЕМОНСТРИРОВАТЬ to demonstrate, show** Д что кому (Д присутствующим работу нового аппарата to demonstrate a new device to an audience)

ДЕПОНИРОВАТЬ (сов. и несов.) (rare) **to deposit** Д что куда (Д тысячу долларов в банк to deposit a thousand dollars in the bank) (see **ВНОСИТЬ** B)

ДЕПОРТИРОВАТЬ (сов. и несов.) **to deport** 1. Д кого куда (Д кого на родину to deport smb. back to her/his native country) 2. Д кого откуда (Д кого из страны to deport smb. from a country)

ДЁРГАТЬ (несов.) **ДЁРНУТЬ** (сов.) A. **to pull, tug** Д кого за что (Д кого за рукав to tug at smb.'s sleeve) B. **to shrug, twitch** Д чем (Д плечами to shrug one's shoulders; он дёргается всем телом his whole body is twitching) C. *misc.* дёрнуло меня это сделать smt. just made me do it

ДЕРЖАТЬ (несов.) A. **to hold** 1. Д кого/что в чём (Д книгу в руках to hold a book in one's hands) 2. Д кого/что на чём (Д ребёнка на плечах to hold a child on one's shoulders) 3. Д кого/что чем (Д зонтик руками to hold an umbrella in one's hands) 4. Д кого за что (Д ребёнка за руку to hold a child by the hand) 5. *misc.* Д крепко to hold firmly; журналистов держали заложниками *or* журналистов держали в качестве заложников the journalists were held as hostages B. **to keep** 1. Д кого/что где (Д птицу в клетке to keep a bird in a cage; Д деньги в сейфе to keep money in a safe) 2. Д что каким (Д глаза открытыми to keep one's eyes open) 3. *misc.* *Д кого на известном/почтительном расстоянии to keep smb. at a distance; *Д кого в ежовых рукавицах to treat smb. with an iron hand; *Д кого в чёрном теле to mistreat smb.; *Д камень за пазухой to bear a grudge; *Д нос по ветру to adapt/adjust to the situation;

*Д ухо востро to be on one's guard; *Д язык за зубами to remain silent

ДЕРЖАТЬСЯ (несов.) A. **to hold onto** 1. Д (чем) за кого/что (Д обеими руками за перила to hold onto a banister with both hands; Д за старую должность to hold onto one's old job) 2. *misc.* Д крепко to hold on tight; Д изо всех сил to hold on with all one's might; *он держится за бабью юбку he's never grown up B. **to be supported by, rest on** 1. Д на чём (мост держится на столбах the bridge rests on pillars) 2. *misc.* армия держится дисциплиной an army is held together by discipline C. **to bear, keep to, stay to** 1. Д чего (Д правой стороны to keep to/stay to the right side) 2. Д куда (Д на запад to bear west; Д левее to bear left) 3. *misc.* *Д на известном/почтительном расстоянии to keep one's distance D. **to hold** Д чего (Д мнения to hold an opinion)

ДЕРЗАТЬ (несов.) **ДЕРЗНУТЬ** (сов.) (lit., obsol.) **to attempt, dare, try** 1. Д на что (он дерзал даже на хореографические постановки he even tried his hand at choreographic productions) 2. Д + неопр. ф. (не дерзаю спорить I do not dare argue)

ДЕРЗИТЬ (несов.) **НАДЕРЗИТЬ** (сов.) **to be insolent** Д кому (Д старшим to be insolent to one's elders)

ДЁРНУТЬ see **ДЁРГАТЬ**

ДЕТЬ (сов.) see **ДЕВАТЬ** 2

ДЕТЬСЯ (сов.) (colloq.) A. see **ДЕВАТЬСЯ** A2 (куда делись все карандаши? where have all the pencils disappeared to?) B. see **ДЕВАТЬСЯ** B C. **to escape** Д от чего (от правды никуда не денешься you cannot escape from the truth)

ДИВИТЬСЯ (несов.) **ПОДИВИТЬСЯ** (сов.) (colloq.) **to be amazed, marvel, wonder** 1. Д кому/чему (мы дивились её терпению we marveled at her patience) 2. Д на кого/что (я дивлюсь на него: и когда он всё успевает? he amazes me: when does he manage to get everything done?

ДИКТОВАТЬ (несов.) **ПРОДИКТОВАТЬ** (сов.) **to dictate** Д что кому (Д доклад машинистке to dictate a report to a typist; Д условия противнику to dictate conditions to a foe)

ДИРИЖИРОВАТЬ (несов.) **to conduct, direct** Д чем (Д оркестром to conduct/direct an orchestra)

ДИСГРАМОНИРОВАТЬ (несов.) **to clash** Д

с чем (Д с цветом to clash with a color)

ДИСКВАЛИФИЦИРОВАТЬ (сов. и несов.) **to disqualify** Д кого за что (Д спортсмена за употребление запрещённых препаратов to disqualify an athlete for using drugs)

ДИСКУТИРОВАТЬ (несов.) **to discuss** Д (с кем) что/о чём (Д о проблеме to discuss a problem)

ДИЧИТЬСЯ (несов.) **to avoid, shun** Д кого/чего (Д общества to shun society)

ДОБАВЛЯТЬ (несов.) **ДОБАВИТЬ** (сов.) **to add** 1. Д что/чего к чему/куда (добавить сахару в чай to add some sugar to tea; Д несколько слов к письму to add a few words to a letter) 2. Д что/чего кому (Д хлеб/хлеба гостю to give/serve a guest more bread) 3. Д что/чего для чего (Д соль/соли для вкуса to add salt/some salt to improve the taste) 4. Д чем (Д частями to add bit by bit; Д каплями to add drop by drop) 5. Д, что с придат. (он добавил, что опоздают he added that they would be late)

ДОБЕГАТЬ (несов.) **ДОБЕЖАТЬ** (сов.) **to run** Д до кого/чего (Д до входа to run to an entrance; Д до автобуса to run for a bus)

ДОБИВАТЬ (несов.) **ДОБИТЬ** (сов.) **to finish off, kill** Д кого/что чем (Д волка выстрелом to finish off a wolf with a rifle shot; Д змею палкой to kill a snake with a stick)

ДОБИВАТЬСЯ (несов.) **ДОБИТЬСЯ** (сов.) **to achieve, gain, get**; (in the imperf.: **to seek, strive for**) 1. Д чего (Д успеха to achieve success; Д хорошего урожая to reap a good harvest) 2. Д чего от кого (Д уступок от противника to gain concessions from an enemy) 3. Д, чтобы с придат. (правительство добивалось, чтобы прекратились забастовки the government strove to put an end to the strikes)

ДОБИРАТЬСЯ (несов.) **ДОБРАТЬСЯ** (сов.) **to get to, reach** Д до кого/чего *and* куда (Д до родителей to get to see one's parents; Д до истины to get at the truth; Д до города to get to town)

ДОБРАСЫВАТЬ (несов.) **ДОБРОСИТЬ** (сов.) A. **to throw** Д что до кого/чего (Д мяч до забора to throw a ball to the fence) B. *misc.* (colloq.) Д кого (на машине) до вокзала to drop smb. off at a station

ДОБРЕДАТЬ (несов.) **ДОБРЕСТИ** (сов.) **to reach** Д до кого/чего (Д до жилья to reach a house)

ДОБРОСИТЬ see **ДОБРАСЫВАТЬ**

ДОБЫВАТЬ (несов.) **ДОБЫТЬ** (сов.) A. **to extract; to mine** 1. Д что из чего (Д бензин из нефти to extract gasoline AE/petrol BE from oil; Д нефть из земли to remove oil from the ground) 2. Д что чем (Д уголь машинами to mine coal with machinery) B. **to obtain** 1. Д что у кого (Д книги у товарища to obtain books from a friend) 2. *misc.* добыть еды для детей to find food for one's children; добывать на пропитание to eke out a living

ДОВЕЗТИ see **ДОВОЗИТИ**

ДОВЕРЯТЬ (несов.) **ДОВЕРИТЬ** (сов.) A. **to entrust** Д кого/что кому (Д свои деньги кому to entrust one's money to smb.) B. **to authorize** Д кому + неопр. ф. (Д товарищу получить деньги to authorize a friend to receive one's money) C. (only imperf.) **to trust** Д кому (Д другу to trust a friend)

ДОВЕРЯТЬСЯ (несов.) **ДОВЕРИТЬСЯ** (сов.) **to trust, have trust in** Д кому (Д другу to trust a friend)

ДОВЛЕТЬ (несов.) (obsol.) A. **to be sufficient** Д кому/чему (Д себе to be self-sufficient) B. (not standard) **to dominate** Д над кем/чем (Д над организацией to dominate an organization)

ДОВОДИТЬ (несов.) **ДОВЕСТИ** (сов.) A. **to bring, take** (on foot) Д кого/что до чего (Д ребёнка до школы to take a child to school; Д туристов до гостиницы to bring tourists to a hotel) B. **to bring, drive, lead** Д кого/что до чего (Д дело до конца to bring a matter to its conclusion; Д что до чьего сведения to bring smt. to smb.'s attention; Д кого до отчаяния to drive smb. to despair) C. *misc.* Д дорогу до центра города to extend a road to the center of town; Д кого до слёз to reduce smb. to tears; *Д кого до белого каления to infuriate smb.

ДОВОДИТЬСЯ (несов.) **ДОВЕСТИСЬ** (сов.) A. (impers.) **to happen to** Д кому + неопр. ф. (мне довелось застать её дома I happened to catch her at home) B. (only imperf.) **to be related to as** доводиться кому кем (он мне доводится дядей he is my uncle) (see also **ПРИХОДИТЬСЯ**)

ДОВОЗИТЬ (несов.) **ДОВЕЗТИ** (сов.) **to bring** (not on foot), **drive, take** Д кого/что до кого/чего (Д детей до школы to drive children to school; Д вещи до вокзала на машине to bring one's things to a station by car)

ДОВОЛЬСТВОВАТЬСЯ (несов.) **УДОВОЛЬСТВОВАТЬСЯ** (сов.) **to be content**

Д кем/чем (Д скромным заработком to be content with a modest salary)

ДОГАДЫВАТЬСЯ (несов.) **ДОГАДАТЬСЯ** (сов.) A. **to figure out; to realize, suspect** 1. Д о чём (я догадался о её намерении I figured out what she intended to do) 2. Д где/как/что с придат. (она сразу догадалась, что что-то случилось she realized immediately that smt. had happened; она не догадывалась, что его болезнь такая серьёзная she did not realize/suspect that his condition was so serious) B. (only imperf.) **to guess, speculate** Д о чём (об этом можно только догадываться one can only speculate about that) C. **to think of** Д + неопр. ф. (он просто не догадался спросить he simply did not think of asking)

ДОГНАТЬ see **ДОГОНЯТЬ**

ДОГОВАРИВАТЬ (несов.) **ДОГОВОРИТЬ** (сов.) **to speak, express** Д что до чего (Д мысль до конца to express one's thought completely)

ДОГОВАРИВАТЬСЯ (несов.) **ДОГОВОРИТЬСЯ** (сов.) A. **to agree, come to an agreement** 1. Д о чём (Д о цене to agree on a price) 2. Д с кем/чем (Д с министерством о строительстве новой дороги to come to an agreement with a ministry about the construction of a new road) 3. Д по чему (Д по всем вопросам to come to an agreement on all questions) 4. Д + неопр. ф. (Д встретиться to agree to meet) 5. Д (о том), где/как/что с придат. (мы договорились, что я буду ждать его we agreed that I would wait for him; я хотел договориться с ними о том, где мы встретимся I wanted to come to an agreement with them about where to meet) 6. *misc.* Д между собой to reach an agreement B. **to reach a point** (while speaking) 1. Д до чего (Д до взаимных упрёков to end up by exchanging insults; Д до абсурда to get absurd) 2. *misc.* она договорилась до того, что причислила меня к реакционерам she went so far as to call me a reactionary

ДОГОНЯТЬ (несов.) **ДОГНАТЬ** (сов.) A. **to catch up, overtake** Д кого/что в чём *and* по чему (Д западные страны по производству на душу населения to overtake western countries in per capita production; Д товарищей в математике/по математике to catch up with one's friends in mathematics) B. **to drive** Д кого/что до чего (Д стадо до пастбища to drive a herd to pasture)

ДОДАВАТЬ (несов.) **ДОДАТЬ** (сов.) **to add** (to), **supplement** Д что кому/чему (Д сырьё заводу to make additional deliveries of raw materials to a factory)

ДОДЕЛЫВАТЬ (несов.) **ДОДЕЛАТЬ** (сов.) **to complete, finish** Д что до чего (Д задание до конца to complete an assigment)

ДОДУМЫВАТЬСЯ (несов.) **ДОДУМАТЬСЯ** (сов.) **to come up with, think of** 1. Д до чего (Д до ответа to come up with an answer) 2. Д + неопр. ф. (кто додумался это делать? who thought of doing that?) 3. Д, как + неопр. ф. (Д, как решить задачу to think of how to solve a problem)

ДОЕДАТЬ (несов.) **ДОЕСТЬ** (сов.) **to eat** (as far as) Д что до чего (Д тарелку супа до половины to eat half a bowl of soup)

ДОЕЗЖАТЬ (несов.) **ДОЕХАТЬ** (сов.) 1. **to ride** (as far as) Д до чего (Д до моста to ride as far as the bridge) 2. *misc.* как доехать до Красной площади? how can we get to Red Square? за сколько времени вы доезжаете от дома до университета? how long does it take you to get from your home to the university? сегодня я доехал за 20 минут today it took me 20 minutes

ДОЖДИТЬ (несов.) (obsol.) **to rain** Д чем (небо дождило изморосью it was drizzling)

ДОЖИВАТЬ (несов.) **ДОЖИТЬ** (сов.) **to live** (to) Д до чего (Д до победы to live to see victory; Д до глубокой старости/до седин to live to a ripe old age)

ДОЖИДАТЬСЯ (несов.) **ДОЖДАТЬСЯ** (сов.) A. **to hold out; to wait for** 1. Д кого/чего (Д конца спектакля to hold out until the play is/was over; Д товарища to wait for one's friend) 2. *misc.* Д с нетерпением to look forward to eagerly B. **to live to see** Д чего (они дождались конца войны they lived to see the end of the war)

ДОЗВАНИВАТЬСЯ (несов.) **ДОЗВОНИТЬСЯ** (сов.) **to call, get through to** (on the telephone) 1. Д во что/на что (Д в министерство to call/get through to a ministry; Д на завод to call a factory) 2. Д к кому (Д к врачу to get through to a doctor) 3. Д до кого/чего (Д до министра to get through to a minister)

ДОЗВОЛЯТЬ (несов.) **ДОЗВОЛИТЬ** (сов.) (obsol.) **to allow, permit** Д (кому) + неопр. ф. (Д кому уйти to permit smb. to leave)

ДОЗНАВАТЬСЯ (несов.) **ДОЗНАТЬСЯ** (сов.) (colloq.) **to find out** 1. Д чего *and* Д о ком/чём (Д правды to find out the truth;

полиция дозналась о ней the police found out about her) 2. Д куда/что с придат. (не мог дознаться, куда они ушли I could not find out where they went)

ДОИГРЫВАТЬ (несов.) **ДОИГРАТЬ** (сов.) **to play** (as far as) Д что до чего (Д партию до конца to finish playing a game)

ДОИГРЫВАТЬСЯ (несов.) **ДОИГРАТЬСЯ** (сов.) **to end up** Д до чего (доиграешься до того, что тебя уволят you'll end up by getting yourself fired; Д до неприятностей to end up by getting into trouble)

ДОЙТИ see **ДОХОДИТЬ**

ДОКАЗЫВАТЬ (несов.) **ДОКАЗАТЬ** (сов.) **to prove** 1. Д что кому (Д свою невиновность кому to prove one's innocence to smb.) 2. Д что чем (Д необходимость чего фактами to prove the necessity of smt. by citing facts) 3. Д, что с придат. (она доказала, что она права she proved that she was right)

ДОКАПЫВАТЬСЯ (несов.) **ДОКОПАТЬСЯ** (сов.) **to dig** (up); **to get** (at) Д до чего (Д до истины to get at the truth; Д до подробностей to dig up details)

ДОКАТЫВАТЬСЯ (несов.) **ДОКАТИТЬСЯ** (сов.) A. **to roll** (as far as) Д до кого/чего (мяч докатился до забора the ball rolled to the fence) B. **to end up** Д до чего (он докатился до преступления he ended up by committing a crime)

ДОКЛАДЫВАТЬ I (несов.) **ДОЛОЖИТЬ** (сов.) A. **to report** 1. Д (о чём) (кому/куда) (Д о результатах руководителю to report results to one's superior; Д о проделанной работе в министерство to make a progress report to a ministry; Д командиру to report to one's commanding officer) 2. Д откуда (Д из Лондона to report from London) 3. Д, что с придат. (министр доложил, что план составлен the minister reported that a plan had been drawn up) B. *misc.* о посетителях докладывает лакей a servant announces the guests; он попросил доложить о себе директору he requested that his arrival be announced to the director

ДОКЛАДЫВАТЬ II (несов.) **ДОЛОЖИТЬ** (сов.) **to put more** Д что/чего куда (она доложила каши в тарелку she put more cereal on the plate)

ДОКУМЕНТИРОВАТЬ (сов. и несов.) **to back up, document** Д что чем (Д отчёт конкретными данными to document a report with concrete data)

ДОЛБИТЬ (несов.) **ПРОДОЛБИТЬ** (сов.) A. **to chisel** Д что чем (Д отверстие долотом to chisel an opening) B. *misc.* *долбить прописные истины кому to try to talk sense into smb.

ДОЛЕТАТЬ (несов.) **ДОЛЕТЕТЬ** (сов.) A. **to fly** 1. Д до чего (Д до Луны to fly to the moon) 2. Д откуда (Д из Киева to fly from Kiev) B. **to reach** (of news, sounds, spray, etc.) Д до кого/чего (новость долетела до отца the news reached my father; до моего слуха долетел странный звук I heard a strange sound)

ДОЛЖАТЬ (несов.) **ЗАДОЛЖАТЬ** (сов.) (colloq.) **to borrow, become indebted** Д (что) кому/у кого (Д у знакомых to borrow from friends; нашей компании задолжали около миллиона долларов they owe our firm around a million dollars)

ДОЛИВАТЬ (несов.) **ДОЛИТЬ** (сов.) A. **to add, pour more** 1. Д что/чего куда (долить воды в стакан to pour some more water into a glass) 2. Д что/чего кому (долить чаю кому to pour smb. a little more tea) B. **to fill** Д что чем (Д чайник водой to fill a teapot with water)

ДОЛОЖИТЬ see **ДОКЛАДЫВАТЬ** I, II

ДОМИНИРОВАТЬ (несов.) (lit.) **to dominate, tower over** Д над чем (гора доминирует над городом a mountain towers over the city)

ДОМОГАТЬСЯ (несов.) **to attempt to obtain** 1. Д чего (Д власти to attempt to gain power) 2. Д чего от кого (Д признания от обвиняемого to attempt to wring a confession from an accused) 3. *misc.* Д настойчиво/усиленно to make an all-out effort; он уже пятый год домогается, чтобы его назначили главным врачом for five years he's been hoping to be appointed chief medical officer

ДОНИМАТЬ (несов.) **ДОНЯТЬ** (сов.) **to exasperate, wear out** Д кого чем (Д родителей просьбами to wear out parents with demands)

ДОНОСИТЬ I (несов.) **ДОНЕСТИ** (сов.) **to carry** (to) Д кого/что до кого/чего (Д ребёнка до дома to carry a child to a house)

ДОНОСИТЬ II (несов.) **ДОНЕСТИ** (сов.) A. **to inform, report** 1. Д о ком/чём (кому) (Д о заговоре милиции to report on a conspiracy to the police) 2. Д (куда), что с придат. (разведка донесла в штаб, что деревня занята the patrol reported to headquarters that the village was occupied) B. **to inform on** Д на кого/что кому (Д на революционеров полиции to inform on revolutionaries to the police)

ДОНОСИТЬСЯ (несов.) **ДОНЕСТИСЬ** (сов.) **to reach** Д до кого/чего (до нас донеслись звуки музыки sounds of music reached us *or* we heard sounds of music)

ДОПИВАТЬСЯ (несов.) **ДОПИТЬСЯ** (сов.) **to drink** (until) Д до чего (Д до белой горячки/до чёртиков to drink oneself under the table)

ДОПИСАТЬСЯ (сов.) **to write** (until) Д до чего (она дописалась до переутомления she kept writing until she was completely exhausted)

ДОПИСЫВАТЬ (несов.) **ДОПИСАТЬ** (сов.) A. **to write** (as far as) Д что до чего (Д статью до половины to write the first half of an article) B. **to paint** (as far as) Д что до чего (Д портрет до конца to finish painting a portrait)

ДОПЛАЧИВАТЬ (несов.) **ДОПЛАТИТЬ** (сов.) **to pay** (an additional sum) 1. Д что кому/куда (Д недостающую сумму продавцу to pay off the balance of one's bill to a clerk; Д деньги в банк to pay an additional sum to a bank) 2. *misc.* Д деньги за машину to make the final payment on a car

ДОПЛЫВАТЬ (несов.) **ДОПЛЫТЬ** (сов.) **to swim** (to) Д до чего (Д до лодки to swim to a boat)

ДОПОЛНЯТЬ (несов.) **ДОПОЛНИТЬ** (сов.) **to round out, supplement** Д что чем (Д сообщение замечаниями to round out a report with comments)

ДОПРАШИВАТЬ (несов.) **ДОПРОСИТЬ** (сов.) **to interrogate, question** Д кого о чём (мы допрашивали журналистов о событиях на Ближнем Востоке we questioned the journalists about events in the Middle East)

ДОПУСКАТЬ (несов.) **ДОПУСТИТЬ** (сов.) A. **to allow, let** 1. Д кого/что куда (Д посторонних в архив to allow visitors access to files; Д студентов до экзамена/к экзамену to allow students to take an examination; Д посетителей к больному to allow visitors to see a patient) 2. Д, чтобы с придат. (я не допущу, чтобы они шумели I will not allow them to make noise) B. **to admit** Д, что с придат. (я допускаю, что это возможно I admit that it is possible)

ДОРАБАТЫВАТЬ (несов.) **ДОРАБОТАТЬ**

(сов.) **to work** (to) Д до чего (Д до пенсии to work until eligible for retirement benefits)

ДОРАСТАТЬ (несов.) **ДОРАСТИ** (сов.) A. **to grow** (to), **reach** Д до чего (Д до какого возраста to reach a certain age) B. *misc.* он ещё не дорос, чтобы ездить на велосипеде he's still not old enough to ride a bicycle

ДОРОЖАТЬ (несов.) **ВЗДОРОЖАТЬ, ПОДОРОЖАТЬ** (сов.) **to go up, increase** (in price) 1. Д на что (цены вздорожали на 20 процентов prices went up by 20 percent) 2. Д до чего (Д до 20 долларов to go up in price to 20 dollars) 3. *misc.* Д в пять раз to increase fivefold

ДОРОЖИТЬ (несов.) **to cherish, value** Д кем/чем (Д репутацией to cherish one's reputation)

ДОСАДОВАТЬ (несов.) **to be annoyed/upset** 1. Д на кого/что (Д на задержку to be upset with the delay) 2. Д (за то), что с придат. (он досадовал на себя за то, что опоздал he was annoyed with himself for having been late)

ДОСАЖДАТЬ (несов.) **ДОСАДИТЬ** (сов.) **to annoy, harass, pester** Д кому чем (Д кому своими замечаниями to annoy smb. with one's remarks)

ДОСКАЗЫВАТЬ (несов.) **ДОСКАЗАТЬ** (сов.) A. **to finish telling** Д что кому (Д сказку детям to finish telling a story to children) B. **to tell** (as far as) Д что до чего (Д сказку до середины to tell the first half of a story)

ДОСЛУЖИВАТЬ (несов.) **ДОСЛУЖИТЬ** (сов.) **to work** (to) Д до чего (Д до пенсии to work until eligible for retirement benefits)

ДОСЛУЖИВАТЬСЯ (несов.) **ДОСЛУЖИТЬСЯ** (сов.) **to work one's way** (up to) Д до чего (Д до места заведующего to work one's way up to the position of department head; Д до чина майора to work one's way up to the rank of major)

ДОСЛУШИВАТЬ (несов.) **ДОСЛУШАТЬ** (сов.) **to listen** (as far as) 1. Д кого/что до чего (Д пластинки до половины to listen to the first half of a record) 2. *misc.* ты меня не дослушала до конца you didn't hear me out

ДОСМАТРИВАТЬ (несов.) **ДОСМОТРЕТЬ** (сов.) A. **to watch** (as far as) Д что до чего (Д пьесу до второго действия to watch a play up to the second act) B. (colloq.) **to take care of, watch** Д за кем/чем (Д за детьми to watch children)

ДОСТАВАТЬ (несов.) **ДОСТАТЬ** (сов.) A.

to reach Д чем до чего (Д рукой до потолка to reach the ceiling with one's hand) B. **to get, take** 1. Д что откуда (Д книгу с полки to get/take a book from a shelf; Д чемодан из сетки to get/take a suitcase from a rack; Д свёрток из-под стола to get a bundle from under a table; спасатели достали из-под обломков труп the rescuers pulled a corpse from under the debris) 2. Д что чем (она достала уголёк из печки клещами she got a live coal out of the stove with tongs) C. **to reach, come up to** Д (кому) до чего (дочь достаёт отцу до плеча the daughter comes up to her father's shoulders) D. **to get, obtain** Д что/чего кому/чему *and* для кого/чего (Д билет другу/для друга to get a ticket for a friend; Д деньги/денег для кого to get money/some money for smb.) E. (impers.) **to suffice** Д чего (денег у нас не достаёт we do not have enough money) F. *misc.* (colloq.) он достал всех своими просьбами everyone is fed up with his demands

ДОСТАВАТЬСЯ (несов.) **ДОСТАТЬСЯ** (сов.) A. **to become the possession of; to go to** Д (от кого) кому (ей достался в наследство/по наследству дом от бабушки she inherited a house from her grandmother; мне досталось много книг от отца my father left me a lot of books; все подряды достались американским компаниям all contracts went to American companies; ей досталась золотая мелаль she won a gold medal) B. **to fall to one's lot** 1. Д кому (ей досталась нелёгкая доля she had a rough life) 2. Д кому + неопр. ф. (ему досталось говорить первым he was the first to speak) C. (colloq.) **to catch it, get it** (as punishment) Д кому (от кого) (за что) (мальчику досталось от отца за лень the boy caught it from his father for being lazy)

ДОСТАВЛЯТЬ (несов.) **ДОСТАВИТЬ** (сов.) A. **to deliver, take** 1. Д кого/что кому/чему *or* куда (Д посылку кому to deliver a package to smb.; Д пассажиров до вокзала to take passengers to a station; Д материалы на стройку to deliver building materials to a construction site; Д пострадавших в больницу to take the injured to a hospital) 2. Д что откуда (Д машины из Японии to deliver cars from Japan) 3. Д что чем (Д товары самолётом to deliver cargo by airplane) B. **to give, provide** Д что кому (Д кому удовольствие to give smb. pleasure)

ДОСТИГАТЬ (несов.) **ДОСТИЧЬ, ДО-**

СТИГНУТЬ (сов.) A. **to reach** Д чего (Д берега to reach a shore) B. **to achieve, attain, reach** Д чего (Д успеха to achieve success; Д цели to reach a goal; Д соглашения to reach an agreement)

ДОТАСКИВАТЬ (несов.) **ДОТАЩИТЬ** (сов.) **to drag, pull** (as far as) Д кого/что до чего (Д лодку до воды to drag a boat to the water)

ДОТРАГИВАТЬСЯ (несов.) **ДОТРОНУТЬ-СЯ** (сов.) **to touch** Д (чем) до кого/чего (Д до книги рукой to touch a book with one's hand)

ДОТЯГИВАТЬ (несов.) **ДОТЯНУТЬ** (сов.) A. **to extend, stretch** Д что до чего (Д провод до дома to extend a wire to a house; Д дорогу до города to extend a road to a city; Д время до ужина to kill time until dinner) B. **to drag, haul** (as far as) Д кого/что до чего (Д чемодан до вокзала to drag a suitcase to a station) C. (colloq.) **to hold out, last, make it** (as far as) Д до чего (машина дотянула до гаража the car held out as far as the garage; самолёт дотянул до аэродрома the plane made it to the airport; Д до зарплаты to make it to payday) D. (colloq.) **to put off, delay** Д что/с чем до чего (Д работу/с работой до вечера to put off one's work until evening)

ДОТЯГИВАТЬСЯ (несов.) **ДОТЯНУТЬСЯ** (сов.) A. **to reach** 1. Д (чем) до чего (Д до берега веслом to reach out with an oar to touch the bank; ребёнок дотянулся до выключателя the child reached the light switch/the receptacle) 2. Д до чего (верёвка дотянулась до столба the cord reached the pole) B. **to drag, stretch** Д до чего (обоз дотянулся до деревни the supply train stretched all the way back to the village)

ДОХОДИТЬ (несов.) **ДОЙТИ** (сов.) A. **to get to, reach** 1. Д до кого/чего (Д до угла to get to/reach the corner; письмо дошло до получателя the letter reached the addressee; Д до истины to get at the truth) 2. *misc.* Д до отчаяния to become desperate; Д до слёз to begin to weep; Д до полного разложения to disintegrate completely; дело дошло до драки there was a fight; скоро и до тебя очередь дойдёт your turn will come soon; как дойти до Красной площади? how can we get to Red Square? дошло до моих ушей, что вы выходите в отставку I have heard that you are/were retiring B. **to go** (as far as) Д до того, что с придат. (они дошли до того, что стали открыто рекламировать наркотики they went as far as to advertise drugs openly)

ДОЧИТЫВАТЬ (несов.) **ДОЧИТАТЬ** (сов.) **to read** (as far as) Д что до чего (Д статью до половины to read half of an article)

ДРАЗНИТЬ (несов.) **to tease** Д кого/что чем (Д собаку палкой to tease a dog with a stick)

ДРАТЬ (несов.) A. (colloq.) **to beat** Д кого чем (Д кого розгами to flog smb.) B. **СОДРАТЬ** (сов.) **to skin** Д что с чего (Д шкуру с овцы to skin a sheep)

ДРАТЬСЯ (несов.) A. **ПОДРАТЬСЯ** (сов.) **to fight** 1. Д с кем *and* против кого *and* Д между собой (Д с врагом to fight an enemy; мальчики дрались между собой the boys were fighting with each other) 2. Д из-за кого/чего (Д из-за девушки to fight over a girl) 3. *misc.* Д на кулаках/кулачках to have a fist-fight B. **to struggle, fight** 1. Д (с кем) за что (Д за свободу to struggle for freedom; Д с бюрократами за свои права to fight with the bureaucracy for one's rights) 2. *misc.* Д насмерть to fight to the death; Д отчаянно to fight desperately; Д смело to fight valiantly

ДРЕЙФОВАТЬ (несов.) **to drift** (of balloons, ships) 1. Д куда (аэростат дрейфовал на запад the balloon was drifting west) 2. *misc.* Д по течению to drift with the current; Д во льдах to drift in the ice

ДРОБИТЬ (несов.) **РАЗДРОБИТЬ** (сов.) **to crush, smash** Д что (чем) на что (Д камень молотком на мелкие части to smash a rock into small pieces with a hammer)

ДРОГНУТЬ (сов.) **to flinch, give way, waver** 1. Д перед кем/чем (Д перед врагом to turn and flee before an enemy; Д перед опасностью to waver in the face of danger) 2. *misc.* у него рука не дрогнет предать друга he would not hesitate to betray a friend

ДРОЖАТЬ (несов.) A. **to shake, shiver, tremble** 1. Д от чего (Д от холода to shiver with cold; Д од страха to tremble in/with fear; Д от волнения to quiver with excitement) 2. Д перед кем/чем (ученик дрожал перед учителем the child trembled in fear of the teacher) *misc.* Д всем телом to tremble all over; *Д как осиновый лист to tremble in fear B. **to worry about, be concerned about** 1. Д за кого/что *and* над кем/чем (Д за детей to be concerned about the children; Д над каждой копейкои to worry about every penny) 2. *misc.* *Д за свою шкуру to be afraid of getting into trouble

ДРУЖИТЬ (несов.) **to be friendly, be on friendly terms** Д с кем (я с ними дружил I was on friendly terms with them)

ДРУЖИТЬСЯ (несов.) (rare) see **ПОДРУЖИТЬСЯ**

ДУМАТЬ (несов.) **ПОДУМАТЬ** (сов.) A. **to think** 1. Д о ком/чём (Д о семье to think about one's family) 2. Д над чем (Д над проблемой to think about a problem) 3. Д (о том), что с придат. (я думаю, что это зависит от них I think that it depends on them) 4. *misc.* Д иначе to think differently; мне думается, что это оправдано I think that it is justified B. **to consider, intend, think** Д + неопр. ф. (она думает поехать домой she intends to go home *or* she is thinking of going home; не думаешь ли ты поехать поездом? have you considered going by train?) 2. Д о том, чтобы + неопр. ф. (я думаю о том, чтобы рассказать ей об этом I am thinking of telling her about it)

ДУМАТЬСЯ (несов.) (colloq.) **to appear, seem** Д кому (мне думается, так лучше будет it seems to me. that it will be better that way)

ДУТЬ (несов.) **ПОДУТЬ** (сов.) A. **to blow** 1. Д на что (Д на свечку to blow on a candle) 2. Д во что (В в трубку to blow into a tube) 3. (also impers.) Д куда (ветер дует в окно the wind is blowing through the window) 4. (also impers.) Д откуда (дует ветерок с гор there is a breeze blowing from the mountains; дует от окна there is a draft AE/draught BE from the window; дует с моря there's a breeze blowing from the sea) 5. (impers.) Д чем (дует холодным ветром there is a cold wind blowing) B. *misc.* *в ус не дует he doesn't give a damn; *куда ветер дует as the wind blows

ДУШИТЬ (несов.) **ЗАДУШИТЬ** (сов.) **to strangle; to smother** 1. Д кого чем (Д кого руками to strangle smb. with one's bare hands; Д кого поцелуями to smother smb. with kisses) 2. *misc.* душить кого в объятиях to give smb. a bear hug

ДЫШАТЬ (несов.) A. **to breathe** Д чем (Д носом to breathe through the nose; рыбы дышат жабрами fish breathe through their gills; Д свежим воздухом to breathe fresh air) B. **to blow, breathe** 1. Д на кого/что (Д на руки to blow on one's hands) 2. *misc.* Д в трубку to breathe into the receiver (of a telephone) B. (also impers.) **to breathe, exude, give off** Д чем (печь дышит жаром the stove gives off heat; Д нежностью to exude tender-ness; ветер дышит прохладой the wind feels cold; дышит весной spring is in the air; Д здоровьем to be a picture of health) D. *misc.*

чем она дышит? what does she do with herself? *or* what is she really like? *Д на ладан to be near death

Е

ЕГОЗИТЬ (несов.) **to fawn over, play up to** Е перед кем (Е перед начальником to fawn over/play up to the boss)

ЕЗДИТЬ A. see **ЕХАТЬ** B. **to go** (and come back; used in the past tense) Е куда/к кому (летом они ездили на Чёрное море during the summer they went to the Black Sea; вчера дети ездили к бабушке yesterday the children visited their grandmother)

ЕСТЬ I (несов.) **СЪЕСТЬ** (сов.) **to eat** 1. Е (что) чем (Е руками to eat with one's hands; Е ложкой и вилкой to eat with a spoon and fork; Е палочками to eat with chopsticks) 2. Е из чего/на чём (Е из тарелки *and* Е на тарелке to eat from a plate) 3. Е что/чего (Е суп/супа/супу to eat soup/some soup) 4. *misc.* Е с аппетитом to eat heartily

ЕСТЬ II (third personal singular of the verb **БЫТЬ**) A. **to have** у кого/чего есть (у неё есть дети she has children; у чашки есть ручка the cup has a handle; у меня не было денег I didn't have any money) B. **to exist in abundance** Е (кому) + неопр. ф. (есть чем гордиться there is plenty to be proud of; нам есть о чём поговорить we have a lot to talk about; нам есть чему учиться we have many things to learn; им есть что терять they have a lot to lose) (see also **БЫТЬ** 10)

ЕХАТЬ (несов.) (*Note*: The perf. **ПОЕХАТЬ** is used to denote the beginning of an action) A. **to go** (not on foot), **drive, ride** 1. Е куда (Е в театр to go to the theater; Е на завод to go to a factory; Е к родителям to go to one's parents; Е за границу to go abroad) 2. Е откуда (Е с работы to go from work; Е из Москвы to go from Moscow) 3. Е на чём/в чём/чем (Е на поезде/в поезде/поездом to go/ride by train; Е верхом to go on horseback) 4. Е чем/по чему (Е дорогой/по дороге to ride along a road; Е лесом/по лесу to ride through a forest) 5. *misc.* Е зайцем to stow away *or* to travel without a ticket; быстро to go fast; Е медленно to go slow B. **to leave** (not on foot) Е откуда (Е из города to leave a city; Е с вокзала to leave a station) C. **to return** (not on foot) Е откуда (Е из командировки to return from a business trip; Е с работы to return from work)

Ж

ЖАЖДАТЬ (lit.) (несов.) **to crave, long for, thirst for** 1. Ж чего (Ж знаний to crave knowledge; Ж мира to long for peace) 2. Ж + неопр. ф. (Ж освободиться to yearn to be free)

ЖАЛЕТЬ (несов.) **ПОЖАЛЕТЬ** (сов.) A. **to spare** Ж (для кого/чего) что/чего (не будем жалеть денег для детей we will spare no expense for our children) B. **to long for, miss** Ж о ком/чём *and* Ж чего (Ж о погибших друзьях to miss one's friends who have died; Ж о прошедшей молодости *or* Ж прошедшей молодости to long for one's youth) C. **to be sorry, regret** 1. Ж о ком/чём (Ж о сделанной ошибке to be sorry about one's mistake) 2. Ж (о том), что с придат. (мы жалеем о том, что она уехала we are sorry that she left) 3. *misc.* искренне/очень Ж to be very sorry

ЖАЛИТЬ (несов.) **УЖАЛИТЬ** (сов.) **to sting** Ж (чем) кого/что во что (пчела её ужалила в лицо a bee stung her in the face)

ЖАЛОВАТЬ (несов.) **ПОЖАЛОВАТЬ** (сов.) (obsol.) A. see **НАГРАЖДАТЬ** B. **to visit** Ж к кому (давно к нам не жалует he hasn't paid us a visit in a long time)

ЖАЛОВАТЬСЯ (несов.) **ПОЖАЛОВАТЬСЯ** (сов.) **to complain** 1. Ж на кого/что (Ж на кашель to complain about a cough; Ж на учителя to complain about a teacher) 2. Ж кому/куда (Ж учителю to complain to a teacher; Ж врачу на бессонницу to complain to a doctor about insomnia; Ж в милицию на соседа to complain to the police about a neighbor) 3. Ж (на то), что с придат. (другие жильцы жалуются, что вы очень шумите the other tenants complain that you make too much noise)

ЖАРИТЬ (несов.) A. **ЗАЖАРИТЬ, ИЗЖАРИТЬ, ПРОЖАРИТЬ** (сов.) **to broil, fry, grill, roast** 1. Ж что в чём/на чём (Ж мясо на огне to broil meat; Ж мясо в духовке to roast meat; Ж мясо на вертеле to barbecue/grill meat; Ж рыбу на сковороде to fry fish; Ж рыбу в/на масле to fry fish in butter) 2. Ж что каким (картофель можно жарить сырым it is possible to fry potatoes without boiling them first) 3. *misc.* Ж на слабом огне to cook on/over a low light B. (*Note*: This verb can replace some other verbs in order to denote an action performed quickly, energetically, or with strong feeling; when used in this manner, **ЖАРИТЬ** retains the same preposition that is used with the synonymous verb) (slang) Ж на гармонии to play away on the accordion (cf. играть на гармонике); Ж в карты to have a great time playing cards; жарь в аптеку! run down to the pharmacy! жарь отсюда! get out of here!

ЖАТЬ I (несов.) A. **СЖАТЬ** (сов.) **to squeeze hard, press, squeeze** 1. Ж что кому (Ж кому руку to shake smb.'s hand) 2. *misc.* жать на тормоза to step on the brakes; Ж крепко to squeeze hard (see also **СЖИМАТЬ**) B. **to crowd, drive** Ж кого куда (Ж противника к реке to drive an enemy towards a river) (see also **ПРИЖИМАТЬ**) C. **to squeeze** Ж что из чего (Ж сок из лимона to squeeze juice out of a lemon) (see also **ВЫЖИМАТЬ**)

ЖАТЬ II (несов.) **СЖАТЬ** (сов.) **to harvest, reap** Ж что чем (Ж рожь комбайном to harvest rye with a combine)

ЖАТЬСЯ (несов.) **to cuddle up to, snuggle up to** Ж к кому/чему (дети жмутся к матери the children cuddle up to their mother)

ЖДАТЬ (несов.) A. **to wait for** 1. Ж кого/что/чего (see section A8c of the Introduction) (Ж поезда/поезд to wait for a/the train; Ж решения to wait for a decision; Ж сестру to wait for one's sister) 2. Ж, когда с придат. (они ждали, когда перестанет дождь they were waiting for the rain to stop) 3. Ж пока/пока не с придат. (*Note*: The variant *пока не* is used when the following verb is a perf. future) (мы ждали, пока они обедали we waited while they had their lunch; ждите, пока я не вернусь wait until I return) (see also **ПОДОЖДАТЬ**) B. **to hope for** Ж чего (Ж удачи to hope for success) C. **to expect, look forward to** 1. Ж (от кого) что/чего (Ж денег от брата to be expecting money from one's brother; Ж письма от друга to look forward to receiving a letter from a friend; Ж помощи to expect help) 2. Ж, что с придат. (мы ждали, что нам помогут we expected them to help us)

ЖЕЛАТЬ (несов.) **ПОЖЕЛАТЬ** (сов.) A. **to desire, want, wish for** 1. Ж кого/что/чего (see section A8c of the Introduction) (он желает дочь he wants a daughter; Ж успехов to wish for success) 2. Ж кому чего (Ж кому счастливого пути to wish smb. a pleasant journey; он нам добра желает he wishes us well) 3. Ж + неопр. ф. (они желают учиться they want/wish to study) 4. Ж, чтобы с придат. (желаю, чтобы он вернулся I want him to return) 5. *misc.* Ж горячо/искренне to desire deeply/fervently/strongly; Ж от всей души/от всего сердца to wish with all one's heart B. **to hope** Ж кому + неопр. ф. (желаю вам поправиться I hope that you get better)

ЖЕНИТЬ (сов. и несов.) **to marry off** (a son) Ж кого на ком (Ж сына на хорошей девушке to marry off a son to a nice girl) (Cf. **ВЫДАВАТЬ** G)

ЖЕНИТЬСЯ (сов. и несов.) **to marry** (of a man) 1. Ж на ком (он женился на любимой девушке he married the girl he loved) 2. *misc.* Ж по любви to marry for love; Ж по расчёту to marry for money (Cf. **ВЫХОДИТЬ** F)

ЖЕРТВОВАТЬ (несов.) **ПОЖЕРТВОВАТЬ** (сов.) A. **to contribute** 1. Ж что кому/для кого/в пользу кого (Ж медикаменты пострадавшим/для пострадавших/в пользу пострадаших от наводнения to contribute medical supplies for flood victims) 2. Ж что на что (Ж деньги на памятник to contribute money for a monument) B. **to sacrifice** Ж (для кого/чего *and* ради кого/чего) чем (Ж жизнью to sacrifice one's life; Ж интересами ради/для общего дела to sacrifice one's interests for the common good)

ЖЕЧЬ (несов.) **СЖЕЧЬ** (сов.) see **СЖИГАТЬ**

ЖИТЬ (несов.) A. **to live for** 1. Ж кем/чем *and* ради кого/чего (Ж детьми/ради детей to live for one's children; Ж исскуством to live for art) 2. *misc.* Ж мечтой о счастье to dream of happiness B. **to live from/on** Ж на что/чем (Ж на зарплату/зарплатой to live on one's salary; ему нечем жить he has nothing to live on) C. **to live, reside** Ж с кем (Ж с родителями to live with one's parents) D. *misc.* Ж при социализме to live under socialism; Ж в мире to live in peace; *Ж припеваючи to live the life of Riley; *Ж на широкую ногу to lead a fast life; *Ж своим умом to make one's own decisions; *Ж чужим умом to depend on others to make decisions; *Ж душа в душу с кем to live in perfect harmony with smb.; *Ж как кошка с собакой to be constantly bickering; *Ж как на вулкане to be sitting on a volcano

ЖМУРИТЬСЯ (несов.) **ЗАЖМУРИТЬСЯ** (сов.) **to squint** Ж от чего (Ж от солнца to squint in the sun)

ЖОНГЛИРОВАТЬ (несов.) A. **to juggle** Ж чем (Ж тарелками to juggle plates) B. **to juggle, manipulate** Ж чем (Ж цифрами to juggle/manipulate figures)

З

ЗААПЛОДИРОВАТЬ see **АПЛОДИРОВАТЬ**

ЗАБАВЛЯТЬ (несов.) **to amuse, entertain** З кого/что чем (З публику шутками to entertain an audience with jokes)

ЗАБЕГАТЬ I (несов.) **ЗАБЕЖАТЬ** (сов.) А. **to run into, come into** З куда (З в дом to run into a house) B. **to drop in, stop off** (for a short time) 1. З к кому (он иногда к нам забегает he drops in to see us every once in a while; З к знакомым to drop in on friends) 2. З куда (З в библиотеку to stop off at a library; З на выставку to drop in to see an exhibit) 3. З за чем (З за письмами to drop in for one's mail; З за книгой to drop in to pick up a book) C. *misc.* З за угол to run around a corner; З за забор to run around a fence; *З вперёд (событий) to anticipate events

ЗАБЕГАТЬ II (сов.) **to begin to run** (back and forth) 1. З по чему (от волнения она забегала по комнате she got upset and began to pace the room) 2. *misc.* её пальцы быстро забегали по клавишам her fingers flew over the keys

ЗАБЕРЕМЕНЕТЬ see **БЕРЕМЕНЕТЬ**

ЗАБИВАТЬ (несов.) **ЗАБИТЬ** (сов.) А. **to drive** З что во что (З гвоздь в стену to drive a nail into a wall; З мяч в ворота to drive a ball into the goal) B. **to cover** З что чем (З окно досками to board up a window) C. **to seal** З что чем (З щели паклей to seal cracks with oakum) D. **to cram, fill; to clog** (can be impers.) 1. З что чем (З склад товарами to cram/fill a warehouse with goods; трубу забило песком the pipe got clogged with sand) 2. *misc.* зал был забит до предела the auditorium was crammed to capacity E. *misc.* З что себе в голову to get an idea into one's head; З голову кому пустяками to fill smb.'s head with nonsense

ЗАБИВАТЬСЯ (несов.) **ЗАБИТЬСЯ** (сов.) А. (colloq.) **to hide; to huddle** З куда (З в угол to huddle in a corner; З под одеяло to huddle under a blanket) B. **to get clogged** З чем (З копотью to get clogged with soot)

ЗАБИНТОВАТЬ see **БИНТОВАТЬ**

ЗАБИРАТЬ (несов.) **ЗАБРАТЬ** (сов.) А. **to remove** З кого/что откуда (З ребёнка из яслей to remove a child from a nursery school) B. **to put; to take** З кого/что куда (З кого в тюрьму to put smb. into prison; З детей в деревню to take children to the country; его забрали в армию they put him in/into the army; З кого в плен to take smb. prisoner) C. (colloq.) **to confiscate, take away** З что у кого (З дом у кого to confiscate smb.'s house; забрали у них деньги they took their money away) D. **to cover** З что чем (З окно досками to board up a window) E. **to tuck in** З что куда (он забрал рубашку в брюки he tucked his shirt into his trousers) F. *misc.* забрать что себе в голову to get smt. into one's head

ЗАБИРАТЬСЯ (несов.) **ЗАБРАТЬСЯ** (сов.) **to get** З куда (З в чужой дом to get into smb.'s house; З на высокое дерево to climb a tall tree; З под одеяло to get under a blanket)

ЗАБЛАГОРАССУДИТЬСЯ (сов.) (impers.) **to come to mind** З кому (он делает всё, что ему заблагорассудится he does whatever comes to mind without weighing the consequences; ей заблагорассудилось уехать on the spur of the moment she decided to leave)

ЗАБЛУЖДАТЬСЯ (несов.) **to be mistaken** 1. З в чём (З в оценке произведения to be mistaken in one's appraisal of a work) 2. З на чей счёт (мы заблуждались на его счёт we were mistaken about him)

ЗАБОЛЕВАТЬ (несов.) **ЗАБОЛЕТЬ** (сов.) А. **to catch, come down with** З чем (З гриппом to come down with the flu; З ангиной to get a sore throat) (see also **БОЛЕТЬ** II) B. (colloq.) **to become obsessed with, be carried away by** З чем (З театром to become obsessed with the theater)

ЗАБОТИТЬСЯ (несов.) **ПОЗАБОТИТЬСЯ** (сов.) А. **to worry about, be concerned about** З о ком/чём (не заботьтесь о нас don't worry about us) B. **to take care of, care for, make sure** 1. З о ком/чём (З о детях to take care of children; З о здоровье to care for one's health *or* to take care of oneself; З о выполнении плана to make sure that a plan is carried out) 2. З + неопр. ф. (она не позаботилась закрыть за собой дверь she didn't bother to close the door) 3. З (о том), чтобы с придат. (мы позаботимся о том, чтобы она получила работу we will make sure that she gets a job)

ЗАБРАСЫВАТЬ I (несов.) **ЗАБРОСАТЬ**

(сов.) A. **to fill** З что чем (З яму землёй to fill a hole with dirt) B. **to pelt, toss** З кого/что чем (З артистов цветами to toss flowers at actors; З полицию камнями to pelt the police with rocks) C. **to spatter** З кого/что чем (З кого грязью to spatter smb. with mud) (also fig.) D. **to bombard, pepper, shower** З кого чем (З докладчика вопросами to bombard/pepper a lecturer with questions; З друга подарками to shower a friend with gifts)

ЗАБРАСЫВАТЬ II (несов.) **ЗАБРОСИТЬ** (сов.) A. **to throw** З что куда (З мяч в корзину to throw the ball into the basket; З что за книжный шкаф to throw smt. behind a bookcase) B. **to drop** З кого/что куда (З парашютистов в тыл врага to drop paratroops into the enemy's rear) C. **to bring** (may be impers.) З кого куда (судьба забросила меня в Америку fate brought me to America; её на юг забросило fate brought her to the south) D. *misc.* З ногу на ногу to cross one's legs; З письма на почту to mail AE/post BE letters from a post office; З шарф на плечо to sling a scarf over one's shoulder

ЗАБРАТЬ see **ЗАБИРАТЬ**

ЗАБРАТЬСЯ see **ЗАБИРАТЬСЯ**

ЗАБРЕДАТЬ (несов.) **ЗАБРЕСТИ** (сов.) **to wander** З куда (З в болото to wander into a swamp)

ЗАБРЫЗГИВАТЬ (несов.) **ЗАБРЫЗГАТЬ** (сов.) **to spatter** З кого чем (машина забрызгала пешехода грязью the car spattered the pedestrian with mud)

ЗАБЫВАТЬ (несов.) **ЗАБЫТЬ** (сов.) A. 1. **to forget** З кого/что *and* З о ком/чём *and* З про кого/что (З старого товарища *and* З о старом товарище to forget one's old friend *and* to forget about one's old friend; З номер дома to forget the number of a house) 2. З + неопр. ф. (она забыла спросить she forgot to ask) 3. З (о том), где/как/что с придат. (она забыла, что мы сегодня уезжаем she forgot that we are/were leaving today; я забыл, как называется улица I forgot the name of the street) B. **to forget, leave** З что где (я забыл кошелёк в гостинице I forgot/left my wallet in the hotel)

ЗАВАЛИВАТЬ (несов.) **ЗАВАЛИТЬ** (сов.) A. **to fill, stuff** З что чем (З яму землёй to fill a hole with dirt) B. **to block** З что чем (З дорогу камнями to block a road with rocks) C. **to flood, overload, swamp** З кого/что чем (З кого работой to overload/swamp smb. with

work; З рынок товарами to flood the market with merchandise) D. **to pile** З что чем (З стол книгами to pile books on a table) E. *misc.* З лектора вопросами to pepper a speaker with questions

ЗАВАЛИВАТЬСЯ (несов.) **ЗАВАЛИТЬСЯ** (сов.) A. **to fall** З куда (книга завалилась за диван a book fell behind the sofa; карандаш завалился под стол a pencil fell under the table) B. *misc.* З спать to drop off to sleep

ЗАВЕДОВАТЬ (несов.) **to direct, manage, run** З чем (З библиотекой to direct a library; З учреждением to manage an office; З отделом to run a department/section; З кафедрой to chair a department at a university)

ЗАВЕЗТИ see **ЗАВОЗИТЬ**

ЗАВЕРБОВАТЬ see **ВЕРБОВАТЬ**

ЗАВЕРИТЬ see **ЗАВЕРЯТЬ**

ЗАВЁРТЫВАТЬ (несов.) **ЗАВЕРНУТЬ** (сов.) A. **to wrap** 1. З кого/что во что (З ребёнка в одеяло to wrap a child in a blanket; З покупки в бумагу to wrap one's purchases in paper) 2. *misc.* З аккуратно/бережно/осторожно to wrap carefully B. **to tighten; to turn off** З что чем (З гайку ключом to tighten a nut with a spanner BE/wrench AE; З кран рукой to turn off a tap by hand) C. **to turn** З куда (З к подъезду to turn into an entrance; З за угол to turn a corner; З во двор to turn into a courtyard) D. **to drop in, stop off** 1. З к кому (З к друзьям to drop in on friends) 2. З куда (З в закусочную to stop off at a snack bar)

ЗАВЁРТЫВАТЬСЯ (несов.) **ЗАВЕРНУТЬСЯ** (сов.) **to wrap oneself in** З во что (З в одеяло to wrap oneself in a blanket)

ЗАВЕРШАТЬ (несов.) **ЗАВЕРШИТЬ** (сов.) **to conclude, terminate** З что чем (З речь цитатой to conclude one's speech with a quote)

ЗАВЕРЯТЬ (несов.) **ЗАВЕРИТЬ** (сов.) **to assure, promise** 1. З кого в чём (З кого в своей дружбе to assure smb. of one's friendship) 2. З (кого) (в том), что с придат. (доктор меня заверил, что беспокоиться не о чем the doctor assured me that there was nothing to worry about) 3. *misc.* З клятвенно to promise solemnly

ЗАВЕСИТЬ see **ЗАВЕШИВАТЬ B**

ЗАВЕСТИ see **ЗАВОДИТЬ**

ЗАВЕШИВАТЬ (несов.) A. **ЗАВЕШАТЬ** (сов.) **to cover** (the entire surface of) З что чем (З стены кабинета фотографиями to cover the walls of one's office with photographs) B.

ЗАВЕСИТЬ (сов.) **to cover, drape** З что чем (З окно портьерой to cover a window with a curtain)

ЗАВЕЩАТЬ (сов. и несов.) A. **to bequeath, leave** З что кому (З имущество сыну to bequeath one's property to one's son) B. **to charge with** (in one's last will) З кому + неопр. ф. (учёная завещала ученикам довести до конца исследование the scientist charged her students with the responsibility of completing their research)

ЗАВИДОВАТЬ (несов.) **ПОЗАВИДОВАТЬ** (сов.) **to envy** З кому/чему (З товарищу to envy a friend; З чьему успеху to envy smb.'s success)

ЗАВИСАТЬ (несов.) **ЗАВИСНУТЬ** (сов.) **to hang, hover** З над кем/чем (НЛО завис над городом the UFO hovered over the city)

ЗАВИСЕТЬ (несов.) **to depend** З от кого/чего (З от родителей to depend on one's parents; это зависит от обстоятельств it depends on the circumstances)

ЗАВЛАДЕВАТЬ (несов.) **ЗАВЛАДЕТЬ** (сов.) **to capture, take possession of** (З городом to take possession of a city)

ЗАВЛЕКАТЬ (несов.) **ЗАВЛЕЧЬ** (сов.) **to draw, entice, lure** З (чем) кого/что куда (З противника в ловушку обманом to lure an enemy into a trap)

ЗАВОДИТЬ (несов.) **ЗАВЕСТИ** (сов.) A. **to bring; to take** З кого к кому/куда (З товарища к себе to bring a friend to one's home; З ребёнка в детский сад to take a child to a kindergarten) B. **to place, put** З что куда (З машину в гараж to put a car into a garage) C. **to guide, lead** З кого/что куда (З кого в болото to lead smb. into a swamp; З самолёт на аэропорт to guide a plane to an airport) D. *misc.* З мотор рукояткой to crank an engine by hand; З переговоры в тупик to deadlock negotiations; З досье на кого to open a file on smb.

ЗАВОЁВЫВАТЬ (несов.) **ЗАВОЕВАТЬ** (сов.) **to conquer, win** З что чем (З уважение своей честностью to win respect through one's integrity)

ЗАВОЗИТЬ (несов.) **ЗАВЕЗТИ** (сов.) A. **to deliver, drop off** (not on foot); **to ship** 1. З кого/что куда (З пассажира на вокзал to drop off a passenger at a station; З товары в магазин to deliver merchandise to a store; З оружие в страну to ship arms to a country) 2. З кого/что откуда (З грузы из Канады to deliver cargo from Canada) 3. *misc.* З письмо по дороге to deliver/drop off a letter on the way; контрабандно завозиться на территорию США to be smuggled into the United States B. **to lead** (astray) З кого куда (З кого в болото to lead smb. into a swamp; куда ты нас завёз? where have you brought/taken us?)

ЗАВОЛАКИВАТЬ (несов.) **ЗАВОЛОЧЬ** (сов.) see **ЗАВОЛАКИВАТЬСЯ**

ЗАВОЛАКИВАТЬСЯ (несов.) **ЗАВОЛОЧЬСЯ** (сов.) **to become overcast, cloud over** З чем (небо заволоклось тучами the sky clouded over)

ЗАВОРАЧИВАТЬ (несов.) A. see **ЗАВЁРТЫВАТЬ** B. (colloq.) **to be in charge of** З чем (З производством to be in charge of production)

ЗАВТРАКАТЬ (несов.) **ПОЗАВТРАКАТЬ** (сов.) **to breakfast** З чем (З бутербродами to breakfast on sandwiches)

ЗАВЯЗЫВАТЬ (несов.) **ЗАВЯЗАТЬ** (сов.) A. **to tie** 1. З что чем (З галстук узлом to tie one's tie) 2. *misc.* З кому глаза to blindfold smb. B. **to wrap** 1. З что во что (З вещи в узел to wrap one's things in a bundle) 2. З что чем (З палец бинтом to bandage a finger) C. **to establish** З что с чем/кем (З дипломатические связи с страной to establish diplomatic ties with a country)

ЗАГАДЫВАТЬ (несов.) **ЗАГАДАТЬ** (сов.) **to pose** (a riddle) З что кому (З кому загадку to pose a riddle to smb.)

ЗАГАСИТЬ see **ГАСИТЬ**

ЗАГЛАЖИВАТЬ (несов.) **ЗАГЛАДИТЬ** (сов.) **to iron, smoothen** З что чем (З складки утюгом to iron out the creases)

ЗАГЛУШАТЬ (несов.) **ЗАГЛУШИТЬ** (сов.) **to drown out, muffle** З что чем (З голоса громкой музыкой to drown out voices with loud music)

ЗАГЛЯДЫВАТЬ (несов.) **ЗАГЛЯНУТЬ** (сов.) A. **to glance, look** 1. З куда (З в зеркало to look into a mirror; З в окно to look through a window; З в газету to look at a newspaper; З за шкаф to look behind a cupboard; З под стол to look under a table; З через забор to look over a fence; З в прошлое to look back at the past) 2. З откуда (З с улицы to look in from the outside) B. **to look in on, drop in on** З куда/к кому (З к друзьям на несколько минут to drop in on friends for a few minutes)

ЗАГЛЯДЫВАТЬСЯ (несов.) **ЗАГЛЯДЕТЬ-**

СЯ (сов.) **to stare at** З на кого/что (она заглянулась на внучек she couldn't take her eyes off her granddaughters)

ЗАГЛЯНУТЬ see **ЗАГЛЯДЫВАТЬ**

ЗАГНАТЬ see **ЗАГОНЯТЬ**

ЗАГОВАРИВАТЬ I (несов.) **ЗАГОВОРИТЬ** (сов.) **to begin to speak, start a conversation** З (с кем) о ком/чём (З с другом о новости to start a conversation with a friend about the news)

ЗАГОВАРИВАТЬ II (несов.) **ЗАГОВОРИТЬ** (сов.) (colloq.) A. **to tire out by talking** З кого чем (З гостя длинным рассказом to tire out a guest with a long story) B. **to cast a spell on** З кого от чего (З кого от болезни to cure smb. with a magical incantation)

ЗАГОНЯТЬ (несов.) **ЗАГНАТЬ** (сов.) A. **to drive** 1. З кого/что куда (З стадо на пастбище to drive a herd to pasture; З мяч в ворота to drive a ball into the goal) 2. *misc.* *З кого в тупик to drive smb. into a corner B. **to exhaust, tire, wear out** З кого/что чем (З лошадь ездой to wear out a horse; З подсудимого вопросами to wear down an accused prisoner with questions)

ЗАГОРАЖИВАТЬ (несов.) **ЗАГОРОДИТЬ** (сов.) A. **to fence, partition** З что чем (З сад забором to fence off a garden) B. **to shield** З кого/что от кого/чего (З ребёнка от ветра to shield a child from the wind) C. **to block** З что чем (З проход камнями to block a passage with rocks)

ЗАГОРАЖИВАТЬСЯ (несов.) **ЗАГОРОДИТЬСЯ** (сов.) **to screen oneself** З чем (он загородился газетой he buried himself in his newspaper)

ЗАГОРАТЬСЯ (несов.) **ЗАГОРЕТЬСЯ** (сов.) A. **to catch fire** З от чего (З от искры to catch fire from a spark) B. *misc.* З желанием видеть Париж to have a burning desire to see Paris; её глаза загорелись от гнева her eyes flashed with anger; он загорелся от смущения he blushed in embarrassment

ЗАГРАЖДАТЬ (несов.) **ЗАГРАДИТЬ** (сов.) **to block** З что чем (З путь шлагбаумом to block a road with a barrier)

ЗАГРИМИРОВАТЬ see **ГРИМИРОВАТЬ**

ЗАГРОМОЖДАТЬ (несов.) **ЗАГРОМОЗДИТЬ** (сов.) **to clutter** З что чем (З комнату мебелью to clutter a room with furniture; З проход разными вещами to clutter a passage with various objects)

ЗАГРУЖАТЬ (несов.) **ЗАГРУЗИТЬ** (сов.) A.

to load, stoke З что куда (З топливо в домну to stoke a blast furnace) B. **to load** 1. З что чем (З баржу лесом to load a barge with lumber) (see also **ГРУЗИТЬ** 1) 2. З кого/что куда (З раненых в вертолёт to load the wounded into a helicopter) (see also **ГРУЗИТЬ** 2) C. **to busy, occupy** 1. З кого/что чем (З мастерскую заказами to keep a repair shop busy with orders; З ученика занятиями to keep a pupil occupied with homework) 2. *misc.* эта лаборатория загружена всего на 40 процентов this laboratory is operating at only 40 percent of its capacity

ЗАДАБРИВАТЬ (несов.) **ЗАДОБРИТЬ** (сов.) **to win over** З кого чем (З кого лаской to win smb. over with flattery)

ЗАДАВАТЬ (несов.) **ЗАДАТЬ** (сов.) A. **to assign; to set** (BE) З что кому (З домашнее задание ученикам to assign homework to pupils) B. **to pose** З что кому (З студенту вопрос to pose a question to a student; он мне задал трудный вопрос he asked me a difficult question) C. **to chart, mark out, set** З что кому/чему (З курс кораблю to chart a ship's course) D. **to give, provide** З что/чего кому (З обед другу to give a luncheon for one's friend; задать овса лошадям to feed oats to horses) E. **to cause, give, make** 1. З что/чего кому (З матери работу/работы to make a lot of work for one's mother; она задала хлопот родителям she caused a lot of trouble for her parents; З страху мальчику to give a boy a good scare) 2. *misc.* *З баню/жару/пару/перцу кому to ream smb. out; *З жару кому to overwork smb.; *З врагу жару to rout an enemy

ЗАДАВАТЬСЯ (несов.) **ЗАДАТЬСЯ** (сов.) (colloq.) **to set** (oneself) З чем (он задался целью изучить английский язык he set himself the goal of learning English; З вопросом to ask oneself a question *or* to wonder)

ЗАДАВИТЬ see **ДАВИТЬ**

ЗАДАРИВАТЬ (несов.) **ЗАДАРИТЬ** (сов.) **to load down** (with gifts) З кого чем (З детей игрушками to load children down with toys)

ЗАДВИГАТЬ (несов.) **ЗАДВИНУТЬ** (сов.) A. **to push, slide** З что куда (З стол в угол to push a table into a corner; З чемодан под кровать to slide a suitcase under a bed) B. **to block** З что чем (З дверь шкафом to block a door with a closet)

ЗАДЕВАТЬ (несов.) **ЗАДЕТЬ** (сов.) A. **to catch, snag** 1. З за что (юбка задела за сучок her skirt caught on a branch) 2. З чем за что (З рукавом за гвоздь to snag one's sleeve on a nail) B. **to graze** З кого/что чем (он меня задел локтем he grazed me with his elbow) C. *misc.* *З кого за живое to cut smb. to the quick

ЗАДЕЛЫВАТЬ (несов.) **ЗАДЕЛАТЬ** (сов.) **to seal** З что чем (З дыру замазкой to seal a hole with putty)

ЗАДЕЛЫВАТЬСЯ (несов.) **ЗАДЕЛАТЬСЯ** (сов.) (slang) **to become** З кем (он заделался политиком he became a politician)

ЗАДЁРГИВАТЬ (несов.) **ЗАДЁРНУТЬ** (сов.) **to draw, pull** З что чем (З окно занавеской to draw a curtain over a window)

ЗАДЕРЖИВАТЬ (несов.) **ЗАДЕРЖАТЬ** (сов.) A. **to hold back, restrain** З цто цем (З воду плотиной to hold back water with a dam) B. **to arrest** З кого за что (З кого за растрату to arrest smb. for embezzlement)

ЗАДЕРЖИВАТЬСЯ (несов.) **ЗАДЕРЖАТЬСЯ** (сов.) A. **to delay** З с чем (З с ответом на несколько дней to delay responding for several days) B. **to stop** З где (она задержалась на этой странице she stopped at/on this page)

ЗАДЕТЬ see **ЗАДЕВАТЬ**

ЗАДОБРИТЬ see **ЗАДАБРИВАТЬ**

ЗАДОЛЖАТЬ see **ДОЛЖАТЬ**

ЗАДУВАТЬ (несов.) **ЗАДУТЬ** (сов.) **to blow** 1. З что куда (ветер задул снег под автомобиль the wind blew the snow under the car) 2. *misc.* задуло огонь ветром the wind blew the fire out

ЗАДУМЫВАТЬ (несов.) **ЗАДУМАТЬ** (сов.) **to think of** З + неопр. ф. (она задумала написать статью she thought of writing an article)

ЗАДУМЫВАТЬСЯ (несов.) **ЗАДУМАТЬСЯ** (сов.) A. **to think, reflect, meditate** 1. З над чем/о чём (З над вопросом/о вопросе to think about a question; З над своей жизнью/о своей жизни to meditate on one's life) 2. З о том, как + неопр. ф. (З о том, как лучше написать статью to think of how to write an article in the best possible way) 3. *misc.* З глубоко to meditate deeply B. **to hesitate** З + неопр. ф. (usu. with the negative) (она не задумалась сказать правду she did not hesitate to tell the truth)

ЗАДУШИТЬ see **ДУШИТЬ**

ЗАДЫХАТЬСЯ (несов.) **ЗАДОХНУТЬСЯ** (сов.) **to choke** З от чего (З от гнева to seethe in anger; З от бега to be out of breath after running)

ЗАЕДАТЬ (несов.) **ЗАЕСТЬ** (сов.) **to swallow, take** (with) З что чем (он заел лекарство конфетой he took the medicine with a piece of candy)

ЗАЕЗЖАТЬ (несов.) **ЗАЕХАТЬ** (сов.) A. **to come in, drop in, drive, go, stop off** (not on foot) 1. З куда (З к знакомым to drop in on friends; З в деревню to drive into a village; З на вокзал to stop off at a station) 2. З откуда (З из школы to drop in after school) B. **to call for, come for, pick up, collect** BE З за кем/чем (она приехала за детьми she came to pick up the children) C. **to get, go** (too far) 1. З куда (З в болото to land in a swamp) 2. *misc.* куда он заехал со своим хвастовством look what he got himself into with his boasting D. (colloq.) **to hit, punch, strike** З (кому, чем) во что (он заехал ему в морду he gave him a punch in the jaw; З кому ногой в живот to kick smb. in the stomach)

ЗАЖАРИТЬ see **ЖАРИТЬ**

ЗАЖАТЬ see **ЗАЖИМАТЬ**

ЗАЖДАТЬСЯ (сов.) (colloq.) **to get tired of waiting** З кого/чего (З письма to get tired of waiting for a letter)

ЗАЖИГАТЬ (несов.) **ЗАЖЕЧЬ** (сов.) A. **to light** З что чем (З огонь спичкой to light a fire with a match) B. **to arouse, stir up** З кого/что чем (З слушателей горячей речью to arouse an audience with a stirring speech)

ЗАЖИМАТЬ (несов.) **ЗАЖАТЬ** (сов.) A. **to press, squeeze** З что во что/в чём (З болт в тиски to hold a bolt in a vice BE/vise AE; З карандаш в руке to squeeze a pencil in one's hand) B. **to cover** З что чем (З рот рукой to cover one's mouth with a hand) C. *misc.* *З рот кому to gag smb. or to shut smb. up

ЗАЖМУРИТЬСЯ see **ЖМУРИТЬСЯ**

ЗАИГРЫВАТЬ (несов.) **to play up to; to flirt with** З с кем (З с либералами to play up to the liberals)

ЗАИКАТЬСЯ (несов.) **ЗАИКНУТЬСЯ** (сов.) **to mention** (in passing) З о ком/чём (она и не заикалась о поездке she didn't even mention a trip)

ЗАИМСТВОВАТЬ (сов. и несов.) — (сов. тж.) **ПОЗАИМСТВОВАТЬ to borrow** 1. З что откуда (эти сказки заимствованы с Востока these stories were borrowed from the Orient; З слова из других языков to borrow words from other languages) 2. З что у кого/от кого (он заимствовал эту идею у Платона he borrowed this idea from Plato)

ЗАИНТЕРЕСОВЫВАТЬ (несов.) **ЗАИНТЕ-РЕСОВАТЬ** (сов.) **to interest, get interested** З кого чем (З учеников математикой to get pupils interested in mathematics)

ЗАИНТЕРЕСОВЫВАТЬСЯ (несов.) **ЗАИН-ТЕРЕСОВАТЬСЯ** (сов.) **to become interested** З кем/чем (З новой книгой to become interested in a new book)

ЗАИСКИВАТЬ (несов.) **to ingratiate oneself, play up to** З перед кем/у кого (З перед начальством/у начальства to play up to one's superiors)

ЗАЙТИ see **ЗАХОДИТЬ**

ЗАЙТИСЬ see **ЗАХОДИТЬСЯ**

ЗАКАЗЫВАТЬ I (несов.) **ЗАКАЗАТЬ** (сов.) **to order** 1. З что кому/у кого (З платье портному/у портного to order a dress from a tailor) 2. З что кому/для кого (З такси сыну/для сына to order a taxi for one's son; она заказала выпивку для всех присутствующих she ordered a round of drinks for everyone) 3. З что по чему (З книги по телефону to order books by telephone) 4. З что куда (он заказывал чай в номер he had tea brought to his room; З продукты на дом to have groceries delivered to one's home)

ЗАКАЗЫВАТЬ II (несов.) **ЗАКАЗАТЬ** (сов.) (obsol.) A. **to bar, make inaccessible** З что кому (вход им заказан they are not allowed to enter; все пути им заказаны they are completely cut off) B. **to forbid** З кому + неопр. ф. (говорить никому не закажешь you cannot forbid anyone to speak)

ЗАКАЛЫВАТЬ (несов.) **ЗАКОЛОТЬ** (сов.) **to pin up** З что чем (З волосы шпильками to pin up one's hair with hairpins)

ЗАКАНЧИВАТЬ (несов.) **ЗАКОНЧИТЬ** (сов.) **to end, finish, terminate** 1. З что чем (З рассказ шуткой to finish a story with a joke; он закончил речь призывом к борьбе he ended his speech with a call to arms) 2. З + неопр. ф. (З писать to finish writing)

ЗАКАНЧИВАТЬСЯ (несов.) **ЗАКОНЧИТЬ-СЯ** (сов.) **to end** З чем (собрание закончилось пением государственного гимна the meeting ended with the singing of the national anthem; З катастрофой to end in disaster)

ЗАКАПАТЬ see **ЗАКАПЫВАТЬ** II

ЗАКАПЫВАТЬ I (несов.) **ЗАКОПАТЬ** (сов.) A. **to fill in** З что чем (З ров землёй to fill in a ditch with dirt) B. **to bury** З кого/что во что/в чём (З клад в землю to bury a treasure in the ground)

ЗАКАПЫВАТЬ II (несов.) **ЗАКАПАТЬ** (сов.) A. **to soil, stain** З что чем (З скатерть чернилами to spill ink on a tablecloth) B. **to put in** З (кому) что во что (медсестра ей закапала капли в глаза the nurse put drops into her eyes; З капли в нос to put in nose drops)

ЗАКАРМЛИВАТЬ (несов.) **ЗАКОРМИТЬ** (сов.) **to stuff** З кого чем (мы закормили детей сладостями we stuffed the children with sweets)

ЗАКАТЫВАТЬ I (несов.) **ЗАКАТАТЬ** (сов.) A. **to wrap** З кого/что во что (З бутылку в бумагу to wrap a bottle in paper) B. *misc.* З асфальт дорожным катком to roll asphalt

ЗАКАТЫВАТЬ II (несов.) **ЗАКАТИТЬ** (сов.) A. **to roll** З что куда (З машину в гараж to roll a car into a garage; З мяч под диван to roll a ball under a sofa) B. (colloq.) **to cause** З что кому (З кому скандал to cause smb. trouble; она закатила ему пощёчину she slapped his face) C. *misc.* *З пир горой to throw a big party

ЗАКАТЫВАТЬСЯ (несов.) **ЗАКАТИТЬСЯ** (сов.) A. **to roll** З куда (мяч закатился в угол под кровать a ball rolled into a corner under the bed) B. *misc.* она закатилась смехом she died laughing; (colloq.) закатимся за город! let's take off for the country!

ЗАКИДЫВАТЬ I (несов.) **ЗАКИДАТЬ** (сов.) see **ЗАБРАСЫВАТЬ** I

ЗАКИДЫВАТЬ II (несов.) **ЗАКИНУТЬ** (сов.) A. see **ЗАБРАСЫВАТЬ** II B. **to cross; to toss** (back) З что куда (З ногу на ногу to cross one's legs; З ружьё за спину to sling a rifle onto one's back; З голову назад to toss one's head back; он закинул руки за голову he folded his hands on the back of his head; рыбаки закидывают невод в озеро the fishermen cast a net into the lake)

ЗАКИПАТЬ (несов.) **ЗАКИПЕТЬ** (сов.) **to (begin to) boil** 1. З при чём (вода закипает при двухстах двенадцати градусах по Фаренгейту и при ста по Цельсию water boils at 212 degrees Fahrenheit and at 100 degrees Celsius/centigrade) 2. *misc.* она закипела от гнева she blew up in anger

ЗАКЛАДЫВАТЬ (несов.) **ЗАЛОЖИТЬ** (сов.) A. **to place, put** 1. З что куда (З руки за спину to put one's hands behind one's back; З дрова в печь to put wood into a stove; З диск в пулемёт to feed a clip into a machine gun; З карандаш за ухо to put a pencil behind one's ear) 2. *misc.* под зданием заложен динамит dynamite has been placed under the building B. **to block, stuff; to clutter, pile** З что чем (З пещеру камнями to block a cave with rocks; З окно кирпичом to brick up a window; З стол книгами to pile books on a table; З уши ватой to stuff one's ears with cotton) C. **to enter** З что куда (З данные в компьютер to enter data into a computer) D. *misc.* З страницу закладкой to mark a page with a bookmark; мне/у меня заложило уши от шума I was deafened by the noise; она заложила часы в ломбард she pawned her watch

ЗАКЛЕИВАТЬ (несов.) **ЗАКЛЕИТЬ** (сов.) A. **to fill** З что чем (З щели в стене газетами to fill the holes in a wall with newspapers) B. **to cover** З (кому) что чем (З кому рот пласты- рем to tape up smb.'s mouth)

ЗАКЛЕЙМИТЬ see **КЛЕЙМИТЬ**

ЗАКЛИНИТЬ (сов.) (impers.) **to jam** З (чем) что (ударом снаряда в корму заклинило руль the rudder jammed when a shell hit the stern)

ЗАКЛЮЧАТЬ (несов.) **ЗАКЛЮЧИТЬ** (сов.) A. **to conclude** 1. З что чем (З выступление призывом трудиться лучше to conclude a speech with an appeal to work more efficiently) 2. З что с чем (З договор с дружественной страной to conclude a treaty with a friendly country) 3. З (из чего), что с придат. (я заключил из его слов, что он согласен I concluded from what he said that he was in agreement) B. **to enclose, put in** З кого/что во что (З слово в скобки to put a word into parentheses; З кого в тюрьму to put smb. into prison; З кого в кандалы to shackle smb.) C. *misc.* З в себе to contain; З кого под стражу to arrest smb.

ЗАКЛЮЧАТЬСЯ (несов.) A. **to be conveyed/ expressed** З в чём (в этих словах заключа- ется особый смысл these words convey a special meaning) B. **to conclude** З чем (статья заключается интересными выводами the article concludes with interesting observations) C. **to boil down to** З в том, что/чтобы с придат./+ неопр. ф. (проблема заключается в том, что некуда девать беженцев the problem is that there is no room for the refu- gees; правда заключается в том, что нефть больше не поступает the truth is that oil is not being pumped any more; политика нашего правительства заключается в том, чтобы

использовать все возможности it's the policy of our government to make use of all options)

ЗАКОВЫВАТЬ (несов.) **ЗАКОВАТЬ** (сов.) **to chain, shackle** З кого во что (З кого в цепи to shackle smb.)

ЗАКОЛОТЬ see **КОЛОТЬ**

ЗАКОНЧИТЬ see **ЗАКАНЧИВАТЬ**

ЗАКОНЧИТЬСЯ see **ЗАКАНЧИВАТЬСЯ**

ЗАКОРМИТЬ see **ЗАКАРМЛИВАТЬ**

ЗАКРАДЫВАТЬСЯ (несов.) **ЗАКРАСТЬСЯ** (сов.) **to creep, steal** З во что (в душу его закралось сомнение doubt crept into his mind)

ЗАКРЕПЛЯТЬ (несов.) **ЗАКРЕПИТЬ** (сов.) A. **to allot, assign** З что за кем/чем (за ними закрепили новую квартиру they have been assigned a new apartment AE/flat BE) B. *misc.* З доску гвоздём to hammer a board down; З обязательство своей подписью to sign an agreement

ЗАКРУТИТЬ see **КРУТИТЬ** C

ЗАКРЕПОЩАТЬ (несов.) **ЗАКРЕПОС- ТИТЬ** (сов.) **to enslave** З кого чем (они закрепостили туземцев кабальными дого- ворами they enslaved the native population through trickery)

ЗАКРУЖИТЬ see **КРУЖИТЬ**

ЗАКРУЖИТЬСЯ see **КРУЖИТЬСЯ**

ЗАКРЫВАТЬ (несов.) **ЗАКРЫТЬ** (сов.) A. **to close, lock** 1. З что чем/на что (З дверь ключом/на ключ to lock a door with a key) 2. *misc.* З магазин на обеденный перерыв to close a shop/store for the lunch break; *З глаза на происходящее to close one's eyes to what is/was taking place B. **to cover** З кого/что чем (З ребёнка одеялом to cover a child with a blanket)

ЗАКУПАТЬ (несов.) **ЗАКУПИТЬ** (сов.) **to buy** (in quantity) 1. З что/чего (З хлеб/хлеба to buy bread; она закупила дров she bought some firewood) 2. З что за/на что (З товары на тысячу рублей to buy up goods for 1000 roubles; З что на валютные средства *or* З что за валюту to buy smt. for hard currency) 3. *misc.* З зерно у Канады to buy grain from Canada; З продукты впрок to hoard food *or* to stock up on food

ЗАКУСЫВАТЬ (несов.) **ЗАКУСИТЬ** (сов.) A. **to snack** (on) З чего/чем (З икры/икрой to snack on caviar) B. **to drink** (while eating) З что чем (З водку селёдкой to have some vodka with one's herring) C. *misc.* *закусить губу от боли to bite one's lip in pain

ЗАКУТАТЬ see **КУТАТЬ**

ЗАКУТАТЬСЯ see **КУТАТЬСЯ**

ЗАЛЕГАТЬ (несов.) **ЗАЛЕЧЬ** (сов.) A. (usu. perf.) **to lie down** (for a long rest), **hibernate** 3 куда (3 в берлогу to hibernate) B. **to lie down** (to hide) 3 где/куда (3 в окопах to be in trenches; 3 в засаду to set an ambush) C. *misc.* руда залегла на глубине двух метров there is an ore deposit two meters down

ЗАЛЕЗАТЬ (несов.) **ЗАЛЕЗТЬ** (сов.) A. **to climb** 3 на что (3 на дерево to climb a tree; 3 на крышу to climb up on a roof; 3 на мачту to climb a mast) B. **to get** 3 куда (3 в воду to get into the water; 3 под стол to get under a table; 3 под одеяло to get under a blanket; 3 в кусты to get into the bushes; 3 в автобус to get into a bus) C. *misc.* 3 кому в карман to pick smb.'s pocket; 3 в долги to run up debts *or* to get/go into debt

ЗАЛЕПЛЯТЬ (несов.) **ЗАЛЕПИТЬ** (сов.) **to fill; to paste** 3 что чем (3 щель глиной to fill a crack with clay; всю стену залепили объявлениями they posted notices all over a wall)

ЗАЛЕТАТЬ (несов.) **ЗАЛЕТЕТЬ** (сов.) A. **to fly** (in by accident/chance) 3 куда (в окошко залетела птица a bird flew in through a window) B. **to land, stop off** (for) 3 за чем (им пришлось за горючим залететь в Севастополь they had to land in Sevastopol for fuel) C. *misc.* мухи залетали по комнате flies began to fly around the room; 3 на большую высоту to fly to a great height

ЗАЛЕЧИВАТЬ (несов.) **ЗАЛЕЧИТЬ** (сов.) **to cure, heal, treat** 3 что чем (3 язву травами to treat an ulcer with herbs)

ЗАЛЕЧЬ see **ЗАЛЕГАТЬ**

ЗАЛИВАТЬ (несов.) **ЗАЛИТЬ** (сов.) A. **to (begin to) pour** 3 что куда (3 горючее в бак to pour fuel into a tank) B. **to cover; to flood; to spill** 3 кого/что чем (3 двор асфальтом to cover a courtyard with asphalt; 3 гостя соусом to spill gravy on a guest; 3 пожар водой to douse a fire with water; 3 вином скатерть to spill wine on a tablecloth; 3 комнату светом to flood a room with light) C. *misc.* (slang) *залить за галстук to have a few drinks

ЗАЛИВАТЬСЯ (несов.) **ЗАЛИТЬСЯ** (сов.) A. **to pour, spill** 3 куда (вода залилась мне за воротник the water poured down my neck) B. **to spill on oneself** 3 чем (ты весь залился супом you've spilled soup all over yourself) C. **to break into, burst into** 3 чем (3 слезами to burst into tears; 3 смехом to burst into laughter; 3 песней to break into song) D. *misc.* *3 соловьём to begin speaking eloquently

ЗАЛОЖИТЬ see **ЗАКЛАДЫВАТЬ**

ЗАЛЮБОВАТЬСЯ (сов.) **to be captivated; to be delighted** 3 кем/чем (3 пейзажем to be captivated by scenery; 3 детьми to be delighted with the children)

ЗАМАЗЫВАТЬ (несов.) **ЗАМАЗАТЬ** (сов.) A. **to paint; to fill** 3 что чем (3 надпись краской to paint over an inscription; 3 окна замазкой to reinforce window panes with putty; 3 щель глиной to fill a crack with clay) B. **to smear, soil** see **МАЗАТЬ** B

ЗАМАНИВАТЬ (несов.) **ЗАМАНИТЬ** (сов.) **to entice, lure** 1. 3 (чем) кого/что куда (3 противника в засаду обманом to lure an enemy into an ambush with a ruse; 3 кого в ловушку to lure smb. into a trap) 2. *misc.* *калачом не заманишь you couldn't get me to do that for love or money

ЗАМАСКИРОВАТЬ see **МАСКИРОВАТЬ**

ЗАМАТЫВАТЬ (несов.) **ЗАМОТАТЬ** (сов.) A. **to wrap** 3 что чем (3 шею шарфом to wrap a scarf around one's neck; 3 руку бинтом to bandage a hand) B. **to wind, wrap** 3 что вокруг чего (3 верёвку вокруг столба to wind a rope around a pole) C. see **МОТАТЬ** B

ЗАМАХИВАТЬСЯ (несов.) **ЗАМАХНУТЬСЯ** (сов.) A. **to brandish, wave** (threateningly) 3 на кого/что (чем) (она замахнулась на собаку палкой she raised a stick to hit the dog; он замахнулся на ребёнка he raised his arm to strike the child) B. **to take on** 3 на что (3 на большое дело to take on a big project)

ЗАМЕДЛЯТЬ (несов.) **ЗАМЕДЛИТЬ** (сов.) **to delay, be slow** 1. 3 что/с чем (3 ответ/с ответом to be slow in giving an answer; 3 с решением to delay making a decision) 2. 3 + неопр. ф. (случай не замедлил представиться an opportunity presented itself immediately; ответ не замедлил прийти an answer was not long in coming)

ЗАМЕНЯТЬ (несов.) **ЗАМЕНИТЬ** (сов.) **to replace, take the place of** 1. 3 кого/что кем/чем (3 актёром дублёром to replace an actor with an understudy; 3 металл пластмассой to replace metal with plastic) 2. 3 кого/что кому (3 мать ребёнку to take the place of a child's mother; шинель заменила мне подушку my coat served as a pillow) 3. 3 что на что (3 чёрные туфли на коричневые to put on brown shoes in place of black ones; 3 казнь на пожизненное заключение to commute a death sentence to life imprisonment)

ЗАМЕРЗАТЬ (несов.) **ЗАМЁРЗНУТЬ** (сов.) **to freeze** 3 при чём (вода замерзает при тридцати двух градусах по Фаренгейту и при нуле по Цельсию water freezes at thirty two degrees Fahrenheit and at zero Celsius/ centigrade)

ЗАМЕТАТЬ I (несов.) **ЗАМЕСТИ** (сов.) A. **to sweep** 3 что куда (3 сор в угол to sweep dirt into a corner) B. (impers.) 3 что чем (дорогу замело снегом the road was covered with snow)

ЗАМЕТАТЬ II see **ЗАМЁТЫВАТЬ**

ЗАМЁТЫВАТЬ (несов.) **ЗАМЕТАТЬ** (сов.) **to baste, tack** 3 что чем (3 шов стежками to baste a hem)

ЗАМЕЧАТЬ (несов.) **ЗАМЕТИТЬ** A. **to notice** 3, как/что с придат. (я не заметила, как он вышел I did not notice him/his leaving) B. **to mention, point out, remark** 3 (кому), что с придат. (профессор заметил, что они не правы the professor remarked that they were not right; я должен вам заметить, что ваша работа плохая I must point out to you that your work is unsatisfactory)

ЗАМЕЧТАТЬСЯ (сов.) **to begin to dream** 3 о чём (она замечталась о будущем she began to dream about the future)

ЗАМЕШИВАТЬ (несов.) **ЗАМЕШАТЬ** (сов.) **to draw in, involve** 1. 3 кого/что во что (3 кого в заговор to involve smb. in a plot) 2. *misc.* замешанный в неприятном деле involved in an ugly affair

ЗАМЕШИВАТЬСЯ (несов.) **ЗАМЕШАТЬСЯ** (сов.) A. **to mingle, mix** 1. 3 где (3 в толпе to mingle with a crowd) 2. 3 среди кого (3 среди публики to mingle with an audience) 3. К между кем (3 между людьми to mix with people) B. **to get involved, mixed up** 3 во что (3 в неприятное дело to get involved in an ugly affair)

ЗАМЕШКАТЬСЯ (сов.) **to be slow; to linger, tarry** 1. 3 с чем (3 с ответом to be slow in answering/to answer) 2. *misc.* 3 у приятеля to linger at a friend's house

ЗАМЕЩАТЬ (несов.) **ЗАМЕСТИТЬ** (сов.) **to replace, take the place of** 1. 3 кого/что кем/ чем (3 мужской персонал женским to replace male workers with women) 2. 3 кого кому (старший брат замещает ему отца his older brother takes the place of his father) 3. *misc.* 3 временно to replace temporarily

ЗАМКНУТЬ see **ЗАМЫКАТЬ**

ЗАМОЛВИТЬ (сов.) *misc.* 3 слово/словечко (перед кем/у кого) за кого (пожалуйста, замолвите за меня словечко перед ней please put in a good word for me with her)

ЗАМОСТИТЬ see **МОСТИТЬ**

ЗАМОТАТЬ see **ЗАМАТЫВАТЬ**

ЗАМОЧИТЬ see **МОЧИТЬ**

ЗАМУСОРИВАТЬ (несов.) **ЗАМУСОРИТЬ** (сов.) **to litter** 3 что чем (3 комнату окурками to litter a room with cigarette butts)

ЗАМУТИТЬ see **МУТИТЬ** A

ЗАМУЧИТЬ see **МУЧИТЬ**

ЗАМУЧИТЬСЯ see **ЗАМУЧИТЬСЯ**

ЗАМЫКАТЬ (несов.) **ЗАМКНУТЬ** (сов.) **to lock** 3 что чем/на что (3 дверь ключом/на ключ to lock a door)

ЗАМЫКАТЬСЯ (несов.) **ЗАМКНУТЬСЯ** (сов.) **to isolate oneself** 1. 3 во что/в чём (3 в семейный круг/в семейном кругу to isolate oneself from society by staying within one's family circle; 3 в себе to isolate oneself) 2. *misc.* *3 в свою скорлупу to isolate oneself completely *or* to withdraw into a shell

ЗАМЫШЛЯТЬ (несов.) **ЗАМЫСЛИТЬ** (сов.) **to plan** 3 + неопр. ф. (3 бежать to plan to escape)

ЗАНАВЕШИВАТЬ (несов.) **ЗАНАВЕСИТЬ** (сов.) **to cover** 3 что чем (3 окно занавеской to cover a window with a curtain)

ЗАНЕСТИ see **ЗАНОСИТЬ**

ЗАНИМАТЬ I (несов.) **ЗАНЯТЬ** (сов.) A. **to cover, fill** 3 что чем (3 стол книгами to cover a table with books; 3 полку посудой to fill a shelf with dishes) B. **to busy, occupy** 3 кого/ что чем (3 время чтением to occupy one's time reading; 3 сотрудника срочной работой to keep an employee busy with top-priority work; 3 день развлечениями to spend a day having fun) C. **to amuse** 3 кого чем (3 ребёнка игрой to amuse a child with a game) D. *misc.* занять храм под фабрику to convert a temple into a factory

ЗАНИМАТЬ II (несов.) **ЗАНЯТЬ** (сов.) A. **to borrow** 3 что/чего у кого (3 деньги/денег у товарища to borrow money from a friend) B. (only imperf.) (used in the infinitive form with **не**) **to be abundant** не занимать кому чего (нахальства ему не занимать he is very insolent)

ЗАНИМАТЬСЯ (несов.) **ЗАНЯТЬСЯ** (сов.) A. **to go in for, devote oneself to** 1. 3 чем (3 спортом to go in for sports) 2. 3 тем, что с придат. (они занимались тем, что помогали беженцам из разных стран they devoted themselves to helping refugees from various countries) B. (only imperf.) **to study** 1. 3 чем (3 музыкой to study music; 3 английским языком to study English) 2. *misc.* 3 серьёзно/с увлечением to study seriously C. **to help** (with schoolwork) 3 с кем по чему (3 с детьми по математике to help children with mathematics) D. *misc.* заниматься в университете to study at a university *or* to be a university student; они занимались в библиотеке they were studying at the library

ЗАНОСИТЬ (несов.) **ЗАНЕСТИ** (сов.) A. **to drop off; to take** 3 кого/что куда/в что (3 книгу в библиотеку to drop a book off at the library; 3 ребёнка к родителям to drop a child off at its parents; 3 посылку на почту to drop a package off at the post office) B. (fig.) **to bring, take** 3 кого/что куда (обстоятельства занесли нас в Москву circumstances brought us to Moscow; судьба занесла её на юг she ended up in the south) C. (impers.) **to cover** 3 что чем (дорогу занесло снегом the road is covered with snow) D. (can be impers.) **to carry, drag** 3 кого/что куда (наводнение занесло сюда брёвна the flood carried logs to this spot; занесло его в самую гущу толпы he was dragged right into the middle of the crowd; обломки занесло к берегу the debris was carried ashore) E. **to enter** 3 что во что (3 фамилию в список to enter a name in a list; 3 данные в память компьютер to enter data in a computer)

ЗАНЯТЬ see **ЗАНИМАТЬ** I, II
ЗАНЯТЬСЯ see **ЗАНИМАТЬСЯ**
ЗАПАДАТЬ (несов.) **ЗАПАСТЬ** (сов.) A. (colloq.) **to fall into** 3 во что (3 в дыру to fall into a hole) B. **to become ingrained** 3 во что (слова запали мне в душу the words became ingrained in my mind)
ЗАПАЗДЫВАТЬ (несов.) **ЗАПОЗДАТЬ** (сов.) **to be late** 1. 3 куда (3 в театр to be late for the theater) 2. 3 с чем (3 с обедом to be late with lunch) 3. 3 + неопр. ф. (3 ответить to be late answering/in answering)
ЗАПАКОВЫВАТЬ (несов.) **ЗАПАКОВАТЬ** (сов.) **to pack, wrap** 3 что во что (3 книги в ящик to pack books in a crate) (see also **ПАКОВАТЬ**)
ЗАПАСАТЬСЯ (несов.) **ЗАПАСТИСЬ** (сов.) A. **to stock up on** 3 чем (3 продуктами to stock up on food) B. *misc.* 3 терпением to be patient

ЗАПАСТЬ see **ЗАПАДАТЬ**
ЗАПАЧКАТЬ see **ПАЧКАТЬ**
ЗАПАЧКАТЬСЯ see **ПАЧКАТЬСЯ**
ЗАПЕЛЕНАТЬ see **ПЕЛЕНАТЬ**
ЗАПЕРЕТЬ see **ЗАПИРАТЬ**
ЗАПЕЧАТЫВАТЬ (несов.) **ЗАПЕЧАТАТЬ** (сов.) **to seal** 3 что чем (3 пакет сургучом to seal a package with wax)
ЗАПИВАТЬ (несов.) **ЗАПИТЬ** (сов.) A. **to take with, wash down** 3 что чем (3 лекарство водой to take medicine with water) B. *misc.* он запил от горя in his grief he took to drink
ЗАПИРАТЬ (несов.) **ЗАПЕРЕТЬ** (сов.) A. **to lock** 3 что чем/на что (3 дверь ключом/на ключ to lock a door) B. **to lock up** 3 кого/что куда/где (3 документы в стол/в столе to lock up documents in a desk)
ЗАПИСЫВАТЬ (несов.) **ЗАПИСАТЬ** (сов.) A. **to write down** 3 что куда/где (3 адрес в блокнот/в блокноте to write down an address in a notebook) B. **to record, tape** 3 что куда/где (3 музыку на плёнку/на плёнке to tape music) C. **to enroll, register; to sign up** 1. 3 кого куда (3 студентов в семинар to register students for a seminar; 3 ребёнка в школу to enroll a child in school; 3 больного на приём к врачу to sign up a patient for an appointment with a doctor) 2. 3 кого кем (его записали добровольцем they signed him up as a volunteer; меня записали 20-м I was twentieth on the waiting list)
ЗАПИСЫВАТЬСЯ (несов.) **ЗАПИСАТЬСЯ** (сов.) A. see **ЗАПИСЫВАТЬ** B. **to enroll, register; to join, sign up** 1. 3 куда (3 в школу to enroll in school; 3 на курсы to register for courses; 3 к врачу/на приём к врачу to sign up for an appointment with a doctor; 3 в библиотеку to become a member of a library) 2. 3 у кого (3 у секретаря to sign up with a secretary) 3. 3 кем (3 добровольцем в армию to join the army as a volunteer) 4. *misc.* 3 на очередь to get on a waiting list; 3 на холодильник to get on a waiting list for a refrigerator
ЗАПИХИВАТЬ (несов.) **ЗАПИХАТЬ, ЗАПИХНУТЬ** (сов.) (colloq.) **to cram, shove** 3 кого/что куда (3 бумаги в стол to cram paper into a desk)
ЗАПЛАНИРОВАТЬ see **ПЛАНИРОВАТЬ**
ЗАПЛАТИТЬ see **ПЛАТИТЬ**
ЗАПЛЫВАТЬ I (несов.) **ЗАПЛЫТЬ** (сов.) **to**

swim З куда (З на середину реки to swim out to the middle of a river; З под мост to swim under a bridge; З за буёк to swim beyond a buoy; З на глубокое место to swim out to a deep spot)

ЗАПЛЫВАТЬ II (несов.) **ЗАПЛЫТЬ** (сов.) **to become clogged** З чем (пруд заплыл тиной the pond became clogged with mud)

ЗАПОДАЗРИВАТЬ (несов.) **ЗАПОДОЗ-РИТЬ** (сов.) **to suspect** 1. З кого в чём (З кого в кражи to suspect smb. of stealing) 2. З кого в том, что с придат. (мы их заподозрили в том, что сотрудничали с врагом we suspected them of collaborating with the enemy)

ЗАПОЗДАТЬ see **ЗАПАЗДЫВАТЬ**

ЗАПОЛЗАТЬ (несов.) **ЗАПОЛЗТИ** (сов.) **to crawl** З куда (З в нору to crawl into a hole; З под диван to crawl under a sofa; З за кусты to crawl into the bushes)

ЗАПОЛНЯТЬ (несов.) **ЗАПОЛНИТЬ** (сов.) A. **to fill** З что чем (З корзинку грибами to fill a basket with mushrooms) B. **to occupy** З что чем (З время чтением to occupy one's time by reading)

ЗАПОМИНАТЬ (несов.) **ЗАПОМНИТЬ** (сов.) **to recall, remember** 1. З, что с придат. (она запомнила, что он обещал позвонить she remembered that he had promised to telephone) 2. *misc.* З что на всю жизнь to remember smt. for the rest of one's life; таких морозов старожилы не запомнят even the old-timers cannot recall such cold weather

ЗАПОМИНАТЬСЯ (несов.) **ЗАПОМНИТЬ-СЯ** (сов.) **to be fixed in one's memory** З кому (мне навсегда запомнился этот день that day is fixed in my memory)

ЗАПРАВЛЯТЬ (несов.) **ЗАПРАВИТЬ** (сов.) A. **to insert, tuck in** З что куда (З брюки в сапоги to tuck one's pants into one's boots) B. **to fill** З что чем (З машину бензином to fill a car with gas AE/petrol BE) C. **to flavor, garnish, season** З что чем (З соус томатами to garnish a sauce with tomatoes) D. (colloq.) (only imperf.) **to manage, run** З чем (заправлять делами to run things) E. *misc.* З аккумулятор от обычной электросети to recharge a battery from an ordinary receptacle

ЗАПРАШИВАТЬ (несов.) **ЗАПРОСИТЬ** (сов.) A. **to ask, inquire** З кого/что о ком/чём (об этом придётся запросить посольство we'll have to inquire at the embassy about this) B. **to ask, charge** З что за что (они запросили тысячу рублей за свои услуги

they charged 1000 roubles for their services)

ЗАПРЕЩАТЬ (несов.) **ЗАПРЕТИТЬ** (сов.) **to forbid, prohibit** 1. З что кому (врач запретил ей курение the doctor has forbidden her to smoke) 2. З (кому) + неопр. ф. (ему запрещено пить he is not allowed to drink; ходить по газонам запрещается! keep off the grass! врач запретил мне курить the doctor has forbidden me to smoke)

ЗАПРОСИТЬ see **ЗАПРАШИВАТЬ**

ЗАПРУЖИВАТЬ (несов.) **ЗАПРУДИТЬ** (сов.) **to dam** (up) З что чем (З реку плотиной to dam a river *or* to build a dam across a river; З ручей брёвнами to dam a stream with logs)

ЗАПРЯГАТЬ (несов.) **ЗАПРЯЧЬ** (сов.) **to hitch** З кого/что во что (З лошадь в телегу to hitch a horse to a cart)

ЗАПРЯТЫВАТЬ (несов.) **ЗАПРЯТАТЬ** (сов.) A. **to conceal, hide** З что куда (З деньги в шкаф to hide money in a dresser) B. **to put, stick** З что куда (З голову под подушку to bury one's head under a pillow; З руки в карманы to put/stick one's hands into one's pockets)

ЗАПУГИВАТЬ (несов.) **ЗАПУГАТЬ** (сов.) **to frighten, intimidate** З кого чем (З кого угрозами to intimidate smb. with threats)

ЗАПУСКАТЬ (несов.) **ЗАПУСТИТЬ** (сов.) A. **to throw** З чем/что куда (З камнем/камень в окно to throw a stone at a window) B. **to launch** 1. З что куда (З ракету в космос to launch a rocket into space) 2. З что откуда (З ракету с борта корабля to launch a rocket from a ship) C. **to put, thrust** З что куда (З руку в карман to put/thrust a hand into one's pocket) D. **to put** З что во что (З что в оборот to put smt. into circulation/operation; З что в производство to put smt. into production; З сценарий в производство to start making a film)

ЗАПУТЫВАТЬ (несов.) **ЗАПУТАТЬ** (сов.) A. **to confuse** З кого/что чем (К кого ложными сведениями to confuse smb. with false information) (see also **ПУТАТЬ** A) B. **to involve** З кого во что (З кого в дело to involve smb. in an affair) (see also **ПУТАТЬ** C)

ЗАПУТАТЬСЯ see **ПУТАТЬСЯ** A, B
ЗАПЯТНАТЬ see **ПЯТНАТЬ**

ЗАРАБАТЫВАТЬ (несов.) **ЗАРАБОТАТЬ** (сов.) **to earn** 1. З на что (З себе на жизнь to earn a living) 2. З на что чем (З на жизнь трудом to earn a living by working) 3. З что/чего (З деньги/денег to earn money/some money)

ЗАРАЖАТЬ (несов.) **ЗАРАЗИТЬ** (сов.) **to infect, pollute** 1. З кого/что чем (З воздух вредными испарениями to pollute the atmosphere with toxic fumes) 2. *misc.* З кого своим примером to set an inspiring example for smb.

ЗАРАЖАТЬСЯ (несов.) **ЗАРАЗИТЬСЯ** (сов.) **to be infected, catch** 1. З чем (З ангиной to get a sore throat) 2. З чем от кого (З гриппом от брата to catch the flu from one's brother) 3. *misc.* она заразилась любовью к математике all she can think about is mathematics

ЗАРАСТАТЬ (несов.) **ЗАРАСТИ** (сов.) **to become overgrown** З чем (З бурьяном to become overgrown with weeds)

ЗАРВАТЬСЯ see **ЗАРЫВАТЬСЯ** II

ЗАРЕГИСТРИРОВАТЬСЯ see **РЕГИСТРИРОВАТЬСЯ**

ЗАРЕЗАТЬ (сов.) A. **to kill** (by stabbing) З кого чем (З кого ножом to stab smb. to death) B. (colloq.) **to cancel, cut out** З кого что (начальник нам зарезал три проекта the director canceled three of our projects) C. (slang) **to fail** (on an examination) З кого на чём (её зарезали на теории they failed her on theory)

ЗАРЕЗЕРВИРОВТЬ see **РЕЗЕРВИРОВАТЬ**

ЗАРЕКАТЬСЯ (несов.) **ЗАРЕЧЬСЯ** (сов.) **to swear off** З + неопр. ф. (З пить вино to swear off drinking wine)

ЗАРЕКОМЕНДОВАТЬ (сов.) **to prove to be** З себя кем/каким (он зарекомендовал себя храбрым воином he proved to be a brave soldier)

ЗАРИТЬСЯ (несов.) **ПОЗАРИТЬСЯ** (сов.) (colloq.) **to covet, have designs on** З на что (З на чужое добро to have designs on smb. else's property)

ЗАРУБАТЬ (несов.) **ЗАРУБИТЬ** (сов.) A. **to kill** (by cutting, slashing) З кого чем (З кого топором to kill/murder smb. with an axe) B. *misc.* *заруби себе на лбу/на носу, что нельзя опаздывать на урок get it through your head that you must not be late to class

ЗАРУЧАТЬСЯ (несов.) **ЗАРУЧИТЬСЯ** (сов.) **to assure oneself of** З чем (З поддержкой избирателей to assure oneself of the voters' support)

ЗАРЫВАТЬ (несов.) **ЗАРЫТЬ** (сов.) **to bury** З кого/что куда/где (З ящик в землю/в земле to bury a box in the ground)

ЗАРЫВАТЬСЯ I (несов.) **ЗАРЫТЬСЯ** (сов.) **to bury oneself** З во что/где (З в песок to bury oneself in the sand; З лицом в подушку to bury one's face in a pillow; З в книги to bury oneself in one's books; З с головой в делах to get tied up in one's work)

ЗАРЫВАТЬСЯ II (несов.) **ЗАРВАТЬСЯ** (сов.) **to go too far** З в чём (З в своих требованиях to go too far in one's demands)

ЗАРЯДИТЬ I see **ЗАРЯЖАТЬ**

ЗАРЯДИТЬ II (сов.) (colloq.) **to start doing** (repeatedly) З + неопр. ф. (зарядил ходить в гости к соседке he started making repeated visits to his neighbor)

ЗАРЯЖАТЬ (несов.) **ЗАРЯДИТЬ** (сов.) **to load** З что чем (З ружьё дробью to load a rifle with buckshot)

ЗАСАЖИВАТЬ (несов.) **ЗАСАДИТЬ** (сов.) A. **to plant** З что чем (З сад яблонями to plant an orchard with apple trees) B. (colloq.) **to confine** З кого/что куда (З птицу в клетку to keep a bird in a cage) C. **to put to work** 1. З кого за что (З учеников за чтение to put school children to work reading) 2. З кого + неопр. ф. (она его засадила читать she put him to work reading)

ЗАСАЖИВАТЬСЯ (несов.) see **ЗАСЕСТЬ** В

ЗАСВИДЕТЕЛЬСТВОВАТЬ see **СВИДЕТЕЛЬСТВОВАТЬ**

ЗАСЕВАТЬ, ЗАСЕИВАТЬ (несов.) **ЗАСЕЯТЬ** (сов.) **to plant** З что чем (З поле пшеницей to plant a field with wheat)

ЗАСЕКАТЬ (несов.) **ЗАСЕЧЬ** (сов.) **to flog to death** З кого/что чем (З человека розгами to flog a man to death)

ЗАСЕЛЯТЬ (несов.) **ЗАСЕЛИТЬ** (сов.) **to settle** З что кем (З новый дом жильцами to move tenants into a new house)

ЗАСЕСТЬ (сов.) A. **to take up a position** З куда/где (З в засаду/в засаде to set an ambush; З в кусты/в кустах to wait in the bushes) B. **ЗАСАЖИВАТЬСЯ** (несов.) **to begin, get down to** 1. Р за что (З за работу to get down to work) 2. З + неопр. ф. (З читать to begin reading) C. **to lodge** 1. З где (пуля засела в боку the bullet lodged in his side) 2. *misc.* мелодия засела у меня в голове I can't get that tune out of my head

ЗАСЕЯТЬ see **ЗАСЕВАТЬ**

ЗАСИЖИВАТЬСЯ (несов.) **ЗАСИДЕТЬСЯ** (сов.) **to sit/stay too long** З где (З за работой to work too long; З на старте to be left at the starting blocks; они засиделись в гостях they overstayed their welcome)

ЗАСИЯТЬ (сов.) **to light up; to (begin to) beam** З чем/от чего (З восторгом/от восторга to beam with delight)

ЗАСКАКИВАТЬ (несов.) **ЗАСКОЧИТЬ** (сов.) (colloq.) **to drop in, stop off** З к кому/куда (З к приятелю to drop in on a friend; З в аптеку to stop off at a pharmacy)

ЗАСЛАТЬ see **ЗАСЫЛАТЬ**

ЗАСЛОНЯТЬ (несов.) **ЗАСЛОНИТЬ** (сов.) **to shield** 1. З кого/что чем (З ребёнка своим телом to shield a child with one's body) 2. З кого/что от чего (З ребёнка от ветра to shield a child from the wind)

ЗАСЛУЖИВАТЬ (несов.) **ЗАСЛУЖИТЬ** (сов.) A. **to be worthy of, deserve** 1. (only imperf.) З чего (З похвалы to be praiseworthy; З рассмотрения to deserve consideration; он не заслуживает её любви he is not worthy of her love) 2. З, чтобы с придат. (он не заслужил, чтобы они с ним так обращались he didn't deserve to be treated like that by them) B. **to earn** 1. З чем (З уважение трудом to earn respect through one's work) 2. З что от кого (она заслужила от нас искреннюю благодарность she earned our deep gratitude)

ЗАСЛУШИВАТЬСЯ (несов.) **ЗАСЛУШАТЬСЯ** (сов.) **to listen to** (raptly) З чем (З рассказами to listen to stories in rapt attention)

ЗАСМАТРИВАТЬСЯ (несов.) **ЗАСМОТРЕТЬСЯ** (сов.) **to look at, watch** (with great delight) З на кого/что (они засмотрелись на детей they got a kick out of watching the children)

ЗАСОВЫВАТЬ (несов.) **ЗАСУНУТЬ** (сов.) **to put, thrust** З что куда (он засунул руку в карман he put his hand into his pocket; З письмо в стол to put a letter into a desk)

ЗАСОРЯТЬ (несов.) **ЗАСОРИТЬ** (сов.) A. **to litter** З что чем (З пол окурками to litter a floor with cigarette butts) B. **to clog, clutter** З что чем (З голову глупостями to clutter one's head with nonsense)

ЗАСТАВАТЬ (несов.) **ЗАСТАТЬ** (сов.) **to find, discover** 1. З кого где/за чем (я застал товарища на работе/за работой I found my friend working/at work; она застала меня за чтением she found me reading) 2. З кого каким (мы застали его мёртвым we found him dead; они застали её сидящей в кресле they found her sitting in an armchair) 3. *misc.* З кого врасплох to surprise smb. *or* to catch smb. off guard

ЗАСТАВЛЯТЬ I (несов.) **ЗАСТАВИТЬ** (сов.) A. **to clutter, cram** З что чем (З комнату мебелью to clutter a room with furniture; З полку книгами to cram a shelf with books) B. **to block, obstruct** З что чем (З дверь шкафом to block a door with a dresser)

ЗАСТАВЛЯТЬ II (несов.) **ЗАСТАВИТЬ** (сов.) **to compel, force** З (кого) + неопр. ф. (она заставила его учиться she made him study; он заставил нас ждать два часа he kept us waiting for two hours; выставка заставляет думать о современных проблемах the exhibit forces us to think about contemporary problems)

ЗАСТАТЬ see **ЗАСТАВАТЬ**

ЗАСТЁГИВАТЬ (несов.) **ЗАСТЕГНУТЬ** (сов.) **to fasten, button, do up** З что чем/на что (З воротник кнопкой/на кнопку to button a collar; З пальто на все пуговицы to button up a coat; ворот застёгивается на крючок the collar has a hook)

ЗАСТИГАТЬ (несов.) **ЗАСТИГНУТЬ, ЗАСТИЧЬ** (сов.) *misc.* З кого врасплох to surprise smb. *or* to catch smb. off guard

ЗАСТИЛАТЬ (несов.) **ЗАСТЛАТЬ, ЗАСТЕЛИТЬ** (сов.) A. **to cover; to spread** З что чем (З пол ковром to spread a rug on the floor; З стол скатертью to cover a table with a tablecloth) B. (impers.) **to cloud, cover, obscure** З что чем (небо застлало/застлалось дымом the sky was covered with smoke; глаза застилает слезами дымом my eyes are tearing from the smoke)

ЗАСТИРЫВАТЬ (несов.) **ЗАСТИРАТЬ** (сов.) **to scrub, wash** 1. З что чем (З пятно мылом и тёплой водой to wash out a stain with soap and warm water) 2. *misc.* З платье до дыр to launder a dress so many times that it falls apart

ЗАСТЛАТЬ see **ЗАСТИЛАТЬ**

ЗАСТРАИВАТЬ (несов.) **ЗАСТРОИТЬ** (сов.) **to build** (on) З что чем (З улицу домами to build houses on a street; З пустырь гаражами to build garages on an empty lot)

ЗАСТРАХОВАТЬ see **СТРАХОВАТЬ**

ЗАСТРАХОВАТЬСЯ see **СТРАХОВАТЬСЯ**

ЗАСТРЕЛИТЬ (сов.) **to kill** (by shooting) 1. З кого/что из чего (З волка из ружья to kill a wolf with a rifle) 2. З кого/что чем (З животное одной пулей to kill an animal with one bullet)

ЗАСТРОИТЬ see **ЗАСТРАИВАТЬ**

ЗАСТУПАТЬ (несов.) **ЗАСТУПИТЬ** (сов.) (colloq.) A. (often mil.) **to come** (on duty), **report** (for duty) З куда (З на пост to take up one's post; З на дежурство to report for one's tour of duty; З в наряд to report for a detail) B. *misc.* он заступал место отца сироте he was like a father to the orphaned child

ЗАСТУПАТЬСЯ (несов.) **ЗАСТУПИТЬСЯ** (сов.) **to stand up for** З за кого/что (З за товарища to stand up for one's friend; З за правое дело to stand up for a just cause)

ЗАСТЫВАТЬ (несов.) **ЗАСТЫТЬ** (сов.) **to freeze** З от чего (руки застывают от холода my hands are freezing from the cold)

ЗАСУНУТЬ see **ЗАСОВЫВАТЬ**

ЗАСЧИТЫВАТЬ (несов.) **ЗАСЧИТАТЬ** (сов.) A. **to charge, credit** З что кому/чему (засчитали команде поражение за неявку since the team did not show up, it forfeited the match) B. see **НАЧИСЛЯТЬ**

ЗАСЫЛАТЬ (несов.) **ЗАСЛАТЬ** (сов.) **to send** (secretly, very far, to the wrong place) З кого/что куда (З кого на дальний север to send smb. to the far north; З что не по адресу to send smt. to the wrong address; З в страну свою агентуру to send agents into a country)

ЗАСЫПАТЬ I (несов.) **ЗАСНУТЬ** (сов.) **to fall asleep** *misc.* З под музыку to fall asleep to music

ЗАСЫПАТЬ II (несов.) **ЗАСЫПАТЬ** (сов.) A. **to cover; to fill** З что чем (З дорогу песком to cover a road with sand; З яму землёй to fill a hole with dirt) B. **to bombard, shower** З кого/что чем (З лектора вопросами to bombard a lecturer with questions; З друга подарками to shower a friend with gifts) C. **to pour; to shovel** З что/чего куда/кому (З зерно в элеваторы to pour grain into elevators; З корм/корма лошади to dish out oats to a horse; З уголь/угля в топку to shovel coal into a furnace) D. **to fill** (by pouring, shoveling) З что чем (З чайник чаем to fill a teapot with tea; З топку углём to fill a furnace with coal)

ЗАТАЛКИВАТЬ (несов.) **ЗАТОЛКНУТЬ** (сов.) **to push, shove** З кого куда (его схватили и затолкнули в машину they grabbed him and forced him into a car)

ЗАТАПЛИВАТЬ (несов.) **ЗАТОПИТЬ** (сов.) **to kindle, light** З что чем (З печь дровами to build/kindle a fire in a stove with firewood)

ЗАТАПТЫВАТЬ (несов.) **ЗАТОПТАТЬ** (сов.) **to stamp out, trample** З что чем (З огонь ногами to stamp a fire out)

ЗАТАСКИВАТЬ (несов.) **ЗАТАЩИТЬ** (сов.) **to drag** З кого/что куда (З мебель в квартиру to drag furniture into an apartment AE/flat BE; З мешки на склад to drag sacks to a warehouse; З товарища в театр to drag a friend to a theater)

ЗАТЕВАТЬ (несов.) **ЗАТЕЯТЬ** (сов.) (colloq.) **to decide** З + неопр. ф. (они затеяли убрать комнату they took it into their heads to clean up their room)

ЗАТЕКАТЬ (несов.) **ЗАТЕЧЬ** (сов.) **to flow, pour** З куда (вода затекла в подвал water poured into the basement)

ЗАТИРАТЬ (несов.) **ЗАТЕРЕТЬ** (сов.) (often impers.) **to block, jam** З что чем (судно затёрло льдами the ship was icebound)

ЗАТКНУТЬ see **ЗАТЫКАТЬ**

ЗАТОЛКНУТЬ see **ЗАТАЛКИВАТЬ**

ЗАТОПИТЬ I see **ЗАТОПЛЯТЬ**

ЗАТОПИТЬ II see **ЗАТАПЛИВАТЬ**

ЗАТОПЛЯТЬ (несов.) **ЗАТОПИТЬ** (сов.) (can be impers.) **to flood** З что чем (З подвал водой to flood a basement; водой затопило берега the banks were flooded)

ЗАТОПТАТЬ see **ЗАТАПТЫВАТЬ**

ЗАТРАЧИВАТЬ (несов.) **ЗАТРАТИТЬ** (сов.) **to allocate, devote, invest, spend** З что на кого/что (З средства на строительство to allocate funds to construction; З капитал на оборудование to invest capital in equipment; З много усилий на что to devote a great effort to smt.)

ЗАТРУДНЯТЬ (несов.) **ЗАТРУДНИТЬ** (сов.) **to trouble** З кого чем (не буду затруднять вас подробностями I will not trouble you with details)

ЗАТРУДНЯТЬСЯ (несов.) **ЗАТРУДНИТЬСЯ** (сов.) **to find difficult** 1. З чем (З ответом to find it difficult to respond) 2. З + неопр. ф. (она затруднилась выполнить поручение she found it difficult to get the job done)

ЗАТУШИТЬ see **ТУШИТЬ**

ЗАТЫКАТЬ (несов.) **ЗАТКНУТЬ** (сов.) A. **to block up, plug** З что чем (З уши ватой to plug one's ears with cotton; З бутылку пробкой to cork a bottle; З кому рот to gag smb.) B. (colloq.) **to hang, stick** З что куда (З пистолет за пояс to hang a pistol on one's belt C. *misc.* *заткнуть кого за пояс to put smb. to shame

ЗАТЯГИВАТЬ (несов.) **ЗАТЯНУТЬ** (сов.) A. **to tighten** З что чем (З болт гаечным ключом to tighten a bolt with a lug wrench) B. **to**

draw in З кого/что куда (З кого в спор to draw smb. into a quarrel) C. (can be impers.) **to cover** З что чем (З грузовик брезентом to cover a truck with a tarpaulin; небо затянуло тучами it clouded over) D. **to drag out, delay** З с чем/что (З с работой/работу to drag out one's work) E. *misc.* он затянулся папиросой he took a puff on his cigarette

ЗАФАРШИРОВАТЬ see **ФАРШИРОВАТЬ**
ЗАФИКСИРОВАТЬ see **ФИКСИРОВАТЬ**
ЗАХВАТЫВАТЬ (несов.) **ЗАХВАТИТЬ** (сов.) A. **to pick up, scoop up** З что/чего чем (З песок/песку лопатой to scoop up sand with a shovel) B. **to captivate** З кого чем (З слушателей рассказом to captivate an audience with a story) C. **to seize** З кого/что каким (пехота захватила мосты неповреждёнными the infantry seized the bridges intact) D. *misc.* З в плен солдата to take a soldier prisoner; она захватила с собой сумку she took along a purse; З инициативу в свои руки to take the initiative; машиной захватило край одежды её the car grazed her

ЗАХЛЁБЫВАТЬСЯ (несов.) **ЗАХЛЕБНУТЬСЯ** (сов.) **to be overcome, choke** З чем/от чего (З дымом to be overcome by smoke; З от смеха to die laughing; З слезами/от слёз to choke on one's tears; З от восторга to be overcome with joy)

ЗАХОДИТЬ I (несов.) **ЗАЙТИ** (сов.) A. **to drop in, stop off** 1. З куда/к кому (З на почту to stop off at the post office; З к знакомым to drop in on friends; З в порт to stop off at a port) 2. З + неопр. ф. (З к соседям поговорить to drop in on neighbors for a chat) B. **to call for, collect (BE), come for, pick up** З (к кому/куда) за кем/чем (она зашла за детьми she came to pick up the children; З к соседу за книгой to stop off at a neighbor's to pick up a book; З в магазин за продуктами to pick up some food at a store) C. **to get, go; to enter** З куда (З за угол to turn a corner; З в тыл врага *or* З врагу в тыл to get to the enemy's rear; З за черту to cross a boundary; З в болото to wander into a swamp; переговоры зашли в тупик negotiations are deadlocked; З на чужую территорию to trespass; З в территориальные воды страны to enter a country's territorial waters) D. **to go behind/beyond** З за что (солнце зашло за тучу the sun went behind a cloud; заседание зашло далеко за полночь the meeting lasted until well after midnight) E. *misc.* самолёт заходит на по-

садку the plane is coming in for a landing; З на цель to make a run over a target; разговор зашёл о погоде the conversation turned to the weather

ЗАХОДИТЬ II (сов.) **to begin to pace** З по чему (она заходила в раздумье по комнате deep in thought, she began to pace the room)

ЗАХОДИТЬ III (сов.) **to drop in** (for a while and leave; used in the past tense) З куда/к кому (товарищи заходили ко мне my friends dropped in for a while)

ЗАХОДИТЬСЯ (несов.) **ЗАЙТИСЬ** (сов.) (colloq.) A. **to freeze, grow numb** З от чего (руки зашлись от холода her hands grew numb with cold) B. *misc.* сердце зашлось от страха I was terrified; ребёнок зашёлся от плача the child was sobbing convulsively

ЗАХОТЕТЬСЯ see **ХОТЕТЬСЯ**
ЗАЦЕПЛЯТЬ (несов.) **ЗАЦЕПИТЬ** (сов.) A. **to catch, grab, hook** З кого/что чем (З лодку багром to tie up a boat; З кого рукой to grab smb.'s hand) B. **to catch, snag** З чем за что (З ногой за камень to trip on a stone)

ЗАЦЕПЛЯТЬСЯ (несов.) **ЗАЦЕПИТЬСЯ** (сов.) **to catch, snag** З чем за что (она зацепилась рукавом за гвоздь her sleeve caught on a nail)

ЗАЧАСТИТЬ (сов.) **to begin to visit** (frequently) З к кому/куда (соседи зачастили к нам our neighbors have begun to drop in frequently; З в гости to begin to visit frequently)

ЗАЧЁРКИВАТЬ (несов.) **ЗАЧЕРКНУТЬ** (сов.) **to cross out** Зчто чем (З слово карандашом to cross out a word with a pencil)

ЗАЧЕРПЫВАТЬ (несов.) **ЗАЧЕРПНУТЬ** (сов.) **to scoop** З (из чего) что/чего чем (З воду/воды кружкой из ведра to scoop water out of a pail with a glass)

ЗАЧИСЛЯТЬ (несов.) **ЗАЧИСЛИТЬ** (сов.) **to assign; to enlist, enroll, register; to hire** 1. З кого куда (З кого в вуз to register smb. at a university; З кого на службу *or* З кого в штат to hire smb. *or* to put smb. on the payroll; З кого в армию to enlist smb. in the army; З кого в роту to assign smb. to a company) 2. З кого кем/кого (З кого студентом to register smb. as a student; З кого инженером to hire smb. as an engineer; З кого в секретари to hire smb. as a secretary) B. **to deposit** З что куда (З деньги на текущий счёт to deposit money in a checking AE/current BE account)

ЗАЧИТЫВАТЬ (несов.) **ЗАЧИТАТЬ** (сов.) **to read** (aloud) З что кому (он зачитал резолюцию присутствующим he read the resolution to those who were present)

ЗАЧИТЫВАТЬСЯ (несов.) **ЗАЧИТАТЬСЯ** (сов.) **to become engrossed** (in reading) З чем (она зачиталась новым романом she became engrossed in a new novel)

ЗАШИВАТЬ (несов.) **ЗАШИТЬ** (сов.) A. **to mend, sew up** З что чем (З дыру иголкой to mend a hole) B. **to sew into** (as a method of packing) З что во что (З посылку в холст to sew up a package inside fabric)

ЗАЩИЩАТЬ (несов.) **ЗАЩИТИТЬ** (сов.) **to defend; to protect, shield** З кого/что от кого/ чего (З родину от врага to defend one's country from an enemy; З глаза от солнца to shield one's eyes from the sun)

ЗАЯВИТЬСЯ (сов.) (colloq.) **to appear, show up** З к кому (он заявился к нам поздно вечером he showed up at our place late at night)

ЗАЯВЛЯТЬ (несов.) **ЗАЯВИТЬ** (сов.) A. **to announce, declare, report** 1. З (кому) что/о чём (З о решении to announce a decision) 2. З о чём куда/кому (З о происшествии в милицию to report an incident to the police; З о краже следователю to report a theft to a police investigator) 3. *misc.* З о себе to announce one's presence *or* to make one's presence felt B. **to announce, inform** З (кому), что с придат. (он нам заявил, что книга выйдет в срок he informed us that the book would appear/come out on schedule)

ЗВАТЬ (несов.) **ПОЗВАТЬ** (сов.) A. **to invite** 1. З кого куда (З кого на свадьбу to invite smb. to a wedding; З кого в театр to invite smb. to the theater) 2. З кого к кому/чему (З кого к директору to invite smb. to meet the director) 3. З кого + неопр. ф. (З кого обедать to invite smb. to lunch; З кого гулять to invite smb. to go for a walk) B. (only imperf.) **to be called/ named** З кого кем/кто (девушку звали Ольгой/Ольга the girl's name was Olga; её зовут Вера her name is Vera) (*Note*: In colloquial Russian, the nominative is usu. used) C. *misc.* З народ к единству to call on a nation to unite

ЗВАТЬСЯ (несов.) **to be called** З кем/чем (её сестра зовётся Верой her sister's name is Vera)

ЗВЕНЕТЬ (несов.) **ПРОЗВЕНЕТЬ** (сов.) A. **to clink, jingle** З чем (З монетами to jingle coins; З ключами to jingle one's keys) B. *misc.* у меня в ушах звенит my ears are ringing

ЗВОНИТЬ (несов.) **ПОЗВОНИТЬ** (сов.) A. **to ring** 1. З во что (З в колокол to ring a bell; З в звонок to ring a doorbell) 2. *misc.* звонят к обедне the church bells are ringing for Mass; *звонить во все колокола to spread the news B. **to telephone, call**, and, — esp. BE: **ring** 1. З (по телефону) кому (З врачу to telephone a doctor) 2. З куда (З в аптеку to telephone a pharmacy) 3. З откуда (З с работы to call from work; З от товарища to telephone from a friend's place; нам позвонили из редакции they telephoned us from the editor's office)

ЗВУЧАТЬ (несов.) **to resound, sound** З чем (степь звучала пением жаворонков the steppe resounded with the singing of larks)

ЗДОРОВАТЬСЯ (несов.) **ПОЗДОРОВАТЬ-СЯ** (сов.) A. **to greet** З с кем (З с учителем to greet one's teacher) B. *misc.* З с соседом за руку to shake a neighbor's hand (as a greeting); они не здороваются друг с другом they are not on speaking terms

ЗЛИТЬСЯ (несов.) **ОБОЗЛИТЬСЯ, РАЗОЗ-ЛИТЬСЯ** (сов.) **to be angry/ upset** З на кого/что (З на товарища to be angry at a friend; З на чью неосторожность to be upset at smb.'s carelessness)

ЗЛОРАДСТВОВАТЬ (несов.) **to gloat** З над кем/чем *and* З по поводу чего (З над неудачей соперника *or* З по поводу неудачи соперника to gloat over a competitor's failure)

ЗЛОУПОТРЕБЛЯТЬ (несов.) **ЗЛОУПОТ-РЕБИТЬ** (сов.) **to abuse; to take advangage of** З чем (З властью to abuse power; З своим положением to take advantage of one's position)

ЗНАКОМИТЬ (несов.) **ПОЗНАКОМИТЬ** (сов.) A. **to introduce, familiarize** З кого с кем (З родителей с своим товарищем to introduce a friend to one's parents) B. (сов. тж.) **ОЗНАКОМИТЬ to acquaint, familiar-ize; to explain** З кого с чем (З студентов с русской историей to acquaint/familiarize students with Russian history; З собрание с проектом to explain a project to an audience)

ЗНАКОМИТЬСЯ (несов.) **ПОЗНАКО-МИТЬСЯ** (сов.) A. **to meet, make the ac-quaintance of** З с кем (З с новым сотрудни-ком to meet a new colleague; З с девушкой to make a girl's acquaintance *or* to meet a girl) B. (сов. тж.) **ОЗНАКОМИТЬСЯ to acquaint oneself, familiarize oneself** З с чем (З с ролью to familiarize oneself with a role; З с обстановкой to familiarize oneself with a situation)

ЗНАТЬ (несов.) **to know** 1. З о ком/чём *and* про кого/что (З о чьей семье/про чью семью to know about smb.'s family) 2. З кого как кого (его знали как способного лётчика he was known to be a good pilot) 3. З из чего (мы знаем об этой аварии из газет we know about this accident from reading the newspapers) 4. З от кого (они знают от друзей, что будет новый закон о пенсиях they know from their friends that there will be a new law governing pensions) 5. З (о том), где/как/что с придат. (я знаю, что они не довольны I know that they are not satisfied; мы не знаем, где она работает we don't know where she works) 6. *misc.* З из верных рук to have learned from reliable sources; *З что вдоль и поперёк to know smt. inside out

ЗНАЧИТЬ (несов.) **to mean, signify** З, что с придат. (это значит, что они не приедут this means that they will not come)

ЗНАЧИТЬСЯ (несов.) **to be listed** 1. З как кто *and* З в качестве кого (он у нас значится как инструктор/в качестве инструктора he is employed here as an instructor) 2. З где (З в отпуску to be on leave) 3. *misc.* этот пункт значится пятым в повестке дня this is the fifth item on the agenda

ЗНОБИТЬ (несов.) (impers.) **to shiver, have a chill** З кого от чего (её знобит от холода she is shivering from the cold)

И

ИГРАТЬ (несов.) A. **to play** 1. И в кого/что
(И в карты to play cards; И в пиратов to play
pirates; И в футбол to play football; И в
теннис to play tennis; И в прятки to play hide-
and-seek; И в шахматы to play chess; И в
жмурки to play blindman's buff; И в лото to
play lotto) 2. **СЫГРАТЬ** (сов.) (*Note*: The
perf. is usu. used as a transitive verb) И (что)
на чём (И на скрипке to play the violin; И на
трубе to play the trumpet; она сыграла вальс
на пианино she played a waltz on the piano; И
на бильярде to play pool) 3. И чем (И игрушками to play with toys; И кубиками to
play with blocks; И новой колодой карт to
play with a new deck of cards; в крокет играют молотками и шарами croquet is played
with mallets and balls) 4. И с кем/чем (И с
кошкой to play with a cat; И с братом в
шахматы to play chess with one's brother; И
с огнём to play with fire — also fig.) 5. И против кого/чего *and* И с кем/чем (И против
сильной команды/с сильной командой to
play against a strong team) 6. *misc.* И на бис to
play an encore; И на деньги to play for money;
И ради удовольствия to play for pleasure; И
на слух to play by ear; И с листа to read
music; И словами to play on words *or* to pun;
И на бирже to play the stock market; И в
великодушие to pretend to be generous; И
глазами to ogle; *И на руку кому to play into
smb.'s hands; *И с судьбой to tempt fate; *И
в кошки-мышки с кем to attempt to deceive
smb. B. **to fiddle with, fool with, play with** И
чем (она сидела и играла цепочкой she sat
and fiddled with her chain; И кистями платка
to play with the fringes of a kerchief; И ключами to play with one's keys) C. **to play around,
act irresponsibly, trifle** И кем/чем (И людьми to play around with the lives of people; И
чьими чувствами to trifle with smb's affec-
tions; И своей жизнью to risk one's life needlessly) D. **to play on, exploit** И на чём (И на
чьих слабостях to play on smb.'s weaknesses;
оратор играл на инстинктах толпы the
speaker pandered to the instincts of the crowd)
E. **to move** (in chess) И чем (И ферзём to
move one's queen) F. *misc.* И на повышение
курса (своих) акций to count on a rise in stock
prices *or* to be bullish; он играет у меня на

нервах he gets on my nerves; *сыграть в
ящик to die

ИДЕНТИФИЦИРОВАТЬ (сов. и несов.) **to
identify** (with), **put oneself in smb.'s place** И
себя с кем (И себя с врагом to identify with
the enemy *or* to put oneself in the place of the
enemy)

ИДТИ (несов.) (*Note*: The perf. **ПОЙТИ** is
used to denote the beginning of an action) A. **to
go; to come; to walk** (of people) 1. И к кому/
куда (И в театр to go to the theater; И на
работу to go/walk to work; И к врачу to go to
a doctor; И на прогулку to go for a walk; И на
охоту to go hunting; иди сюда! come here!) 2.
И от кого/откуда (И из театра to come from
the theater; И с завода to come from a factory;
И из школы домой to come/go home from
school; И от врача to come from the doctor; И
с прогулки to come back/return from a walk) 3.
И чем/по чему (И дорогой/по дороге to go/
walk along a road; И узкой улицей/по узкой
улице to go/walk along a narrow street) 4. И
через что (И через лес to go/walk through a
forest; И через улицу to cross a street *or* to go
across a street) 5. И (куда) за чем (И за хлебом в магазин to go into a shop/store for
bread) 6. И какой (он шёл пьяный he moved
along in a drunken stupor) 7. И + неопр. ф. (И
гулять to go for a walk) 8. *misc.* И быстро to
walk fast; И вразвалку to waddle; И медленно to walk slow; *И в огонь и в воду to go
through fire and water B. **to come, move, progress** 1. И к чему (И к светлому будущему
to move/progress towards a bright future; дело
идёт к развязке the matter is coming to a head;
И к намеченной цели to move towards a set
goal) 2. И по чему (она хорошо идёт по
математике she is making good progress in
mathematics) 3. *misc.* *И в гору to advance/get
ahead C. **to take time** (of mail, vehicles) 1. И
куда (письма идут в Лондон пять дней it
takes five days for letters to get to London) 2. И
откуда (посылка идёт оттуда целых шесть
суток from there it takes a good six days for a
package to get here; от вокзала до стадиона
такси идёт 20 минут it takes a taxi 20 minutes
to get from the station to the stadium) D. **to be
intended/used for, go for/into** И во что/на
что/подо что (костюм идёт в чистку the suit

is going to the cleaners; бумага идёт в переработку the paper is to be recycled; И в лом to go for scrap; И в продажу to be for sale; тряпьё идёт на бумагу rags are used in the manufacture of paper; И на корм to be used for fodder; этот участок идёт под клевер this patch is being planted with clover) E. **to go; to come; to move, proceed** (of things) 1. И куда/по чему (автобус идёт до стадиона the bus goes to the stadium; развитие событий идёт в положительном направлении events are moving in a positive direction; облака идут по небу the clouds are moving across the sky) 2. И откуда (поезд идёт из Киева a train is coming from Kiev; из трубы идёт дым smoke is coming out of the chimney; из раны идёт кровь the wound is bleeding; кровь пошла у него из носа his nose began to bleed) 3. И чем (дорога идёт полем the road goes across a field; учёба шла плановым порядком instruction proceeded in accordance with the curriculum) 4. *misc.* И полным ходом to proceed at full speed F. **to attack** И на кого (И на врага to attack an enemy) G. **to go in, go on** И во что (гвоздь не идёт в стену the nail will not go into the wall) H. **to move, play** (in games) 1. И чем (И пешкой to move a pawn; И козырем to play a trump) 2. И с чего (И с червей to lead with a heart; И с туза to lead with/play an ace) I. **to become, go with, suit** 1. И кому (платье идёт ей the dress looks nice on her; ей очень идёт красный цвет red is very becoming to her) 2. И к чему (эта брошь не идёт к твоему платью this brooch does not go with your dress; усы не шли к его лицу he did not look good with a moustache) 3. И кому + неопр. ф. (ей не идёт кокетничать she should not be flirting) J. **to be spent, go for, take** И на что (на стол шло около ста долларов в месяц about a hundred dollars a month went for food; на эту рубашку пойдёт два метра ситца it will take two meters of cotton cloth to make this shirt; средства пойдут на покрытие дефицита the funds will be used to cover the deficit) K. **to agree to; to resort to** 1. И на что (И на компромисс to agree to a compromise; она идёт на все наши условия she agrees to all of our conditions; И на обман to resort to deceit; И на риск to take a risk) 2. И на то, чтобы + неопр. ф. (он пошёл даже на то, чтобы отказаться от части денег he even agreed to give up part of the money) L. **to act, go** И против кого/чего

(И против совести to act against one's conscience; И против воли большинства to go against/oppose the will of the majority) M. **to take** (bait) И на что (окунь хорошо идёт на червяка the perch are biting well; *И на удочку to take the bait) N. **to become** И в кого (И в актёры to become an actor; И в учителя to become a teacher) O. **to follow** 1. И за кем (И за учителем to follow one's teacher) 2. И чем (И курсом to follow a course) 3. *misc.* И чьим стопам to follow in smb.'s footsteps P. *misc.* она идёт на вечернее отделение she is going to evening school *or* she is applying to evening school; И на авантюру to have an adventure; И в счёт to be taken into consideration; И на снижение to come in for a landing (of an airplane); И в атаку to go over to the attack; И на войну to go to war; куда ни шло no matter what happens; И навстречу кому to meet smb. halfway; И вразрез с чем to run contrary to smt.; эта книга плохо идёт this book is selling poorly; что идёт в опере? what's being performed at the opera? часы идут правильно the watch is right; дни пошли на убыль the days are getting shorter; младший сын у нас пошёл по другой части our younger son went into a different field; девочка пошла в дедушку the girl takes after her grandfather; ей идёт восьмой год she is going on eight; И на смену кому to replace smb.; И в ногу to march in step; *о чём речь идёт? what's the matter? *речь идёт о жизни и смерти it's a question of life and death; *И на поклон к кому to go begging to smb.; *они пошли на поводу у руководителя they knuckled under to the director; *И кому впрок to be of use to smb.; *И войной на кого to wage war against smb.; *И напролом to go all-out; *голова идёт кругом my head is spinning; *И на попятный to go back on one's word; *И по линии наименьшего сопротивления to take the line of least resistance; *всё идёт по маслу everything is going smoothly; *И в ногу со временем to keep up with the times; *И против течения to buck the tide; *пошла писать губерния they are off and running; *И ко дну *and *И на дно *and *И насмарку *and *И под гору *and *И прахом to fail *or* to end in failure; *И к делу to be relevant; *И в гору to be successful; *И по миру (с сумой) to be a beggar

ИЗБАВЛЯТЬ (несов.) **ИЗБАВИТЬ** (сов.) **to rescue, save, free** И кого от кого/чего (И кого от верной смерти to rescue smb. from certain death; И народы от угнетателей to liberate peoples from their oppressors; И хозяина от хлопот to relieve a boss of petty details)

ИЗБЕГАТЬ (несов.) **ИЗБЕЖАТЬ, ИЗБЕГНУТЬ** (сов.) **to avoid, evade** 1. И чего (И встречи to avoid a meeting; он избежал наказания he escaped/avoided punishment; И смерти to escape death; И неприятности to avoid unpleasantness) 2. (only imperf.) И кого (И друзей to avoid/shun one's friends) 3. (only imperf.) И + неопр. ф. (я избегаю ездить в часы пик I avoid driving during rush hour; она избегала смотреть в глаза she avoided eye contact)

ИЗБИВАТЬ (несов.) **ИЗБИТЬ** (сов.) A. **to beat, flog** И кого/что чем (И кого ремнём to beat smb. with a strap; И лошадь кнутом to whip a horse; И собаку палкой to strike a dog with a stick) B. (colloq.) **to wear down, wear out** И что чем (И дорогу колёсами to wear a road down with heavy traffic)

ИЗБИРАТЬ (несов.) **ИЗБРАТЬ** (сов.) **to chose, select; to elect** 1. И кого/что из кого/чего (он избрал одного из друзей he chose one of his friends) 2. И кого/что кем/чем *and* в кого (И музыку своей профессией to choose music as one's profession; И кого председателем to select smb. to be chairperson; он избран в члены комитета he was chosen to be a member of the committee) 3. И кого куда (И кого в президиум to elect smb. to a presidium; И делегата на конференцию to choose a delegate to attend a conference)

ИЗБОРОЗДИТЬ (сов.) **to furrow** И что чем (И дорогу колеями to cover a road with ruts)

ИЗБРАТЬ see **ИЗБИРАТЬ**

ИЗВЕРГАТЬ (несов.) **ИЗВЕРГНУТЬ** (сов.) (formal) **to eject, expel, spew** И кого/что из чего (извергли его из своей среды they ejected him from their circle; вулкан извергает лаву из кратера a volcano spews lava from its crater; лава извергалась из вулкана lava spewed from the volcano)

ИЗВЕРИВАТЬСЯ (несов.) **ИЗВЕРИТЬСЯ** (сов.) (obsol.) **to lose faith in** И в ком/чём *and* в кого/что (И в друзьях to lose faith in one's friends; И в силу логической мысли to lose faith in the power of logical thought)

ИЗВЕСТИ see **ИЗВОДИТЬ**

ИЗВЕЩАТЬ (несов.) **ИЗВЕСТИТЬ** (сов.) **to inform, notify** 1. И кого (чем) о чём (И

родителей о приезде телеграммой to wire one's parents about one's arrival) 2. И кого (о том), что с придат. (она нас известила, что приедет завтра she informed us that she would arrive tomorrow) 3. *misc.* И кого по телефону to inform smb. by telephone

ИЗВИВАТЬ (несов.) **ИЗВИТЬ** (сов.) *misc.* змея извила хвост кольцом the snake coiled up; *извиваться ужом to be obsequious

ИЗВИНЯТЬ (несов.) **ИЗВИНИТЬ** (сов.) **to excuse, pardon** 1. И что кому (И ошибку ученику to excuse a pupil's mistake) 2. И кого за что (И товарища за опоздание to excuse a friend for being late) 3. И, что с придат. (извините, что я опоздал excuse me for being late)

ИЗВИНЯТЬСЯ (несов.) **ИЗВИНИТЬСЯ** (сов.) **to apologize** И (за что) перед кем (И перед товарищами за опоздание to apologize to one's friends for being late)

ИЗВЛЕКАТЬ (несов.) **ИЗВЛЕЧЬ** (сов.) A. **to draw, extract, take out** И что из чего (И письмо из конверта to take a letter out of an envelope; И занозу из пальца to remove a splinter from a finger; И корень из числа to extract a root from a number; И меч из ножен to draw a sword from a scabbard; И данные из документов to extract information from documents) B. **to derive** И что из чего (И доход из предприятия to derive income from a business; И пользу из поездки to derive benefit from a trip) C. *misc.* И урок из прошлого to learn a lesson from the past

ИЗВОДИТЬ (несов.) **ИЗВЕСТИ** (сов.) **to exasperate, torment** И кого чем (И кого капризами to exasperate smb. with one's outlandish behavior)

ИЗВОЛИТЬ (несов.) (obsol.; often ironic or sarcastic) A. **please** И + неопр. ф. (извольте молчать please be silent; изволь сидеть мирно please sit quietly) B. *misc.* куда изволите ехать? *or* куда изволите? where do you want to go? барин изволит спать the master is asleep

ИЗВРАЩАТЬ (несов.) **ИЗВРАТИТЬ** (сов.) **to distort** И что чем (И теорию ложным истолкованием to distort a theory with an erroneous interpretation)

ИЗГЛАЖИВАТЬ (несов.) **ИЗГЛАДИТЬ** (сов.) **to erase, expunge** И что из чего (И что из памяти to erase smt. from one's memory)

ИЗГОЛОДАТЬСЯ (сов.) **to be starved for, yearn for** И по кому/чему (она изголодалась по хорошим книгам she was just starving for good books)

ИЗГОНЯТЬ (несов.) **ИЗГНАТЬ** (сов.) **to expel, drive out** И кого/что откуда (И врага с занятой территории to expel an enemy from occupied territory; И кого из страны to expel smb. from a country)

ИЗГОТОВЛЯТЬ (несов.) **ИЗГОТОВИТЬ** (сов.) **to make, manufacture** И что из чего (И макет из дерева to make a model out of wood)

ИЗГОТОВЛЯТЬСЯ (несов.) **ИЗГОТОВИТЬСЯ** (сов.) **to get ready, prepare** И к чему (И к прыжку to get ready to jump)

ИЗДЕВАТЬСЯ (несов.) **to mock, make fun of** И над кем/чем (он издевался надо мной he was making fun of me)

ИЗЖАРИТЬ see **ЖАРИТЬ**

ИЗЛАГАТЬ (несов.) **ИЗЛОЖИТЬ** (сов.) **to present, state** 1. И что кому (И проект собравшимся to present a project to an audience) 2. *misc.* И мысли простым языком to present one's thoughts in simple language

ИЗЛИВАТЬ (несов.) **ИЗЛИТЬ** (сов.) **to pour out, give vent to** 1. И что на кого (И досаду на друзей to pour out one's disappointment to one's friends) 2. И что кому/перед кем (И огорчение брату/перед братом to pour out one's feeling of frustration to one's brother)

ИЗМАЗАТЬ see **МАЗАТЬ В**

ИЗМАТЫВАТЬ (несов.) **ИЗМОТАТЬ** (сов.) **to wear out** И кого чем/в чём (И бойцов непрерывными боями to wear out troops in constant fighting)

ИЗМЕНЯТЬ (несов.) **ИЗМЕНИТЬ** (сов.) А. **to betray, be unfaithful to** И кому/чему (И родине to betray one's country; И жене to be unfaithful to one's wife; И своему слову to go back on one's word) В. **to fail** И кому (глаза ему изменяют his eyes are giving out; счастье мне изменило my luck ran out; силы ей изменили her strength failed; память мне изменила my memory failed)

ИЗМЕНЯТЬСЯ (несов.) **ИЗМЕНИТЬСЯ** (сов.) А. **to change** И к кому/чему (И к лучшему to change for the better; он изменился к друзьям his attitude towards his friends changed) В. (grammar) **to be declined** И по чему (существительные изменяются по падежам nouns are declined for case) С. *misc.* она изменилась в лице the expression on her face changed; он изменился в лице от испуга his face was distorted with fear

ИЗМЕРЯТЬ (несов.) **ИЗМЕРИТЬ** (сов.) А. **to measure** 1. И что в чём (И расстояние в метрах to measure a distance in meters) 2. И что чем (И чей рост рулеткой to measure smb.'s height with a tape measure) 3. *misc.* И кого взглядом to look smb. up and down В. **to take** И что кому (И температуру кому to take smb.'s temperature; она мне измерила давление she took my blood pressure) С. *misc.* запасы угля измеряются сотнями тонн our reserves of coal amount to several hundred tons

ИЗМОТАТЬ see **ИЗМАТЫВАТЬ**

ИЗМУЧИТЬ see **МУЧИТЬ**

ИЗМУЧИТЬСЯ see **ИЗМУЧИТЬСЯ**

ИЗМЫВАТЬСЯ (несов.) (colloq.) see **ИЗДЕВАТЬСЯ**

ИЗМЯТЬ see **МЯТЬ**

ИЗНУРЯТЬ (несов.) **ИЗНУРИТЬ** (сов.) **to wear out** И кого/что чем (И людей непосильным трудом to wear people out by making them work too hard)

ИЗОБИЛОВАТЬ (несов.) **to abound in, be rich in** И чем (И лесом to be rich in lumber; озеро изобилует рыбой the lake is full of fish)

ИЗОБЛИЧАТЬ (несов.) **ИЗОБЛИЧИТЬ** (сов.) А. (only imperf.) **to show to be, reveal, give away** И кого/что в ком/чём (произношение изобличало в нём иностранца his pronunciation gave him away/marked him as a foreigner; походка изобличает в нём воина his bearing shows that he is a military man) В. **to catch** И кого в чём (И кого во лжи to catch smb. in a lie)

ИЗОБРАЖАТЬ (несов.) **ИЗОБРАЗИТЬ** (сов.) А. **to depict, picture, portray** 1. И кого/что кем/чем (И кого героем to portray smb. as a hero) 2. И кого/что как кого/что (И кого как героя to portray smb. as a hero) В. **to present oneself** И (из себя) кого/что (перед кем) (она изображает из себя жертву перед друзьями to her friends she presents herself as a victim)

ИЗОЙТИ see **ИСХОДИТЬ** II

ИЗОЛИРОВАТЬ (сов. и несов.) **to isolate, separate** И кого/что от кого/чего (И больного от здоровых to isolate a patient; И детей от взрослых to separate children from adults)

ИЗОРВАТЬ see **ИЗРЫВАТЬ** I

ИЗОЩРЯТЬСЯ (несов.) **ИЗОЩРИТЬСЯ** (сов.) **to excel, be expert** И в чём (И в комплиментах to excel at handing out compliments; И в придумывании каламбуров to be expert at punning)

ИЗРЕЗЫВАТЬ (несов.) **ИЗРЕЗАТЬ** (сов.) A. **to cut up** (into small pieces) 1. И что чем (И ткань ножницами to cut up cloth with scissors) 2. И что на что (И бумагу на клочки to cut paper into shreds) B. **to crisscross** 1. И что чем (И область дорогами to crisscross an area with roads) 2. *misc.* морщины изрезали старухе весь лоб the old woman's forehead was all wrinkled

ИЗРЕШЕЧИВАТЬ (несов.) **ИЗРЕШЕТИТЬ** (сов.) **to riddle** И кого/что чем (И кого пулями to riddle smb. with bullets)

ИЗРЫВАТЬ I (несов.) **ИЗОРВАТЬ** (сов.) **to tear** (up) 1. И что обо что (он изорвал брюки о гвозди he tore his pants on some nails) 2. *misc.* И что в клочья to tear smt. into shreds

ИЗРЫВАТЬ II (несов.) **ИЗРЫТЬ** (сов.) **to dig up** И что чем (И землю снарядами to dig up the ground with shell fire)

ИЗРЫГАТЬ (несов.) **ИЗРЫГНУТЬ** (сов.) **to belch forth, spew** И что откуда (И потоки лавы из глубины to spew streams of lava from the depths of the earth)

ИЗУМЛЯТЬ (несов.) **ИЗУМИТЬ** (сов.) **to amaze, astound** И кого/что чем (они изумили весь мир полётами в космос they amazed the whole world with their space flights)

ИЗУМЛЯТЬСЯ (несов.) **ИЗУМИТЬСЯ** (сов.) **to be amazed** И чему (я изумляюсь её терпению I am amazed at her patience)

ИЗУРОДЫВАТЬ see **УРОДЫВАТЬ**

ИЗУЧАТЬ (несов.) **ИЗУЧИТЬ** (сов.) **to study** И, как с придат. (специалисты изучают, как это могло произойти experts are studying how it could have happened)

ИЗЪЕЗДИТЬ (сов.) **to wear down** (a road) И что чем (танки изъездили дорогу гусеницами the tanks wore down the road with their treads)

ИЗЪЯВЛЯТЬ (несов.) **ИЗЪЯВИТЬ** (сов.) (formal) **to inform, tell** И кому (И нам изъявила своё согласие на предложение she informed us of her consent to the proposal)

ИЗЫМАТЬ (несов.) **ИЗЪЯТЬ** (сов.) A. **to remove, withdraw** И что из чего (И денежные знаки из обращения to remove currency from circulation) B. **to confiscate** И что у кого (И оружие у арестованного to confiscate a prisoner's firearms)

ИЛЛЮСТРИРОВАТЬ (сов. и несов.) A. **to illustrate** И что чем (И книгу гравюрами to illustrate a book with engravings) B. (сов. тж.) **ПРОИЛЛЮСТРИРОВАТЬ to back up, document** И что чем (И доклад цифрами to document a report with statistics)

ИМЕНОВАТЬ (несов.) **НАИМЕНОВАТЬ** (сов.) **to name** И кого/что кем/чем (И кого Галиной to name smb. Galina)

ИМЕНОВАТЬСЯ (несов.) **НАИМЕНОВАТЬСЯ** (сов.) (formal) **to be called** И кто/что *and* кем/чем (город сейчас именуется Санкт-Петербург/Санкт-Петербургом the city is now called St. Petersburg)

ИМЕТЬ (несов.) **to have** 1. И кого/что кем/чем (И кого своим помощником to have smb. as one's helper; И что своей целью to have smt. as one's goal; партизаны имели целью перерезать железную дорогу the partisans' goal was to cut the rail line) (*Note*: One can also say иметь цель to have a goal) 2. *misc.* И что в продаже to have smt. for sale; И что в виду to keep smt. in mind

ИММИГРИРОВАТЬ (сов. и несов.) **to immigrate** И куда (И в Канаду to immigrate to Canada)

ИММУНИЗИРОВАТЬ (сов. и несов.) **to immunize, vaccinate** И кого против чего (И кого против оспы to vaccinate smb. against smallpox)

ИМПОНИРОВАТЬ (несов.) **to impress** И (чем) кому (она всем импонировала своей эрудицией she impressed everyone with her erudition)

ИМПОРТИРОВАТЬ (сов. и несов.) **to import** 1. И что во что (И товары в страну to import goods into a country) 2. И что откуда (И автомобили из-за границы to import cars from abroad)

ИНВЕСТИРОВАТЬ (сов. и несов.) **to invest** (abroad) see **ВКЛАДЫВАТЬ** B

ИНКРИМИНИРОВАТЬ (сов. и несов.) (formal) **to accuse, charge** И что кому (И кому убийство to charge smb. with murder)

ИНТЕРЕСОВАТЬ (несов.) **to interest** И кого чем (И кого проектом to interest smb. in a project) (see also **ЗАИНТЕРЕСОВЫВАТЬ**)

ИНТЕРЕСОВАТЬСЯ (несов.) **to be interested in** 1. И кем/чем (И политикой to be interested in politics) 2. *misc.* И глубоко to be deeply interested; И живо to be keenly interested; И серьёзно to be seriously interested (see also **ЗАИНТЕРЕСОВЫВАТЬСЯ**)

ИНТРИГОВАТЬ (несов.) **ЗАИНТРИГО-**

ВАТЬ (сов.) A. (only imperf.) **to conspire, intrigue, plot, scheme** И против кого/чего (И против соперников to scheme against one's competititors) B. **to fascinate, intrigue** И кого чем (она всех заинтриговала своими поступками she fascinated everyone with her activities)

ИНФОРМИРОВАТЬ (сов. и несов.) — (сов. тж.) **ПРОИНФОРМИРОВАТЬ to inform, report** 1. И (кого/что) о ком/чём (И командование о ходе операций to inform headquarters/to report to headquarters about the progress of operations) 2. И (кого) (о том), где/как/что с придат. (мы их информировали, что опоздаем we informed them that we would be late; пилот информировал о том, что самолёт снизился до пяти тысяч метров the pilot reported that the plane had come down to five thousand meters)

ИРОНИЗИРОВАТЬ (несов.) **to speak ironically** И над кем/чем (И над чьими поступками to speak with irony about smb.'s activities)

ИСКАЖАТЬСЯ (несов.) **ИСКАЗИТЬСЯ** (сов.) **to be distorted** И от чего (лицо исказилось от боли his face was distorted in pain)

ИСКАЛЫВАТЬ (несов.) **ИСКОЛОТЬ** (сов.) **to pierce, prick** И кого/что чем (И кого штыком to bayonet smb.; И палец иголкой to prick one's finger with a needle)

ИСКАТЬ (несов.) **to look for, seek** И кого/что/чего (see section A8c of the Introduction) (И место/места to be looking for a job; И возможность/возможности to seek an opportunity; И истину to seek the truth; И причину to be looking for a reason; И свои очки to be looking for one's glasses; И покоя to seek peace and quiet)

ИСКЛЮЧАТЬ (несов.) **ИСКЛЮЧИТЬ** (сов.) A. **to exclude, eliminate** 1. И кого/что из чего (И главу из романа to eliminate a chapter from a novel) 2. И (то), что с придат. (я не исключаю, что она лжёт I do not exclude the possibility that she is lying; не исключено, что они придут the possibility of their coming is not excluded) B. **to dismiss, expel** 1. И кого из чего (И студента из университета to expel a student from a university) 2. И кого за что (И игрока команды за нарушение дисциплины to remove a player from a team for an infraction of the rules)

ИСКОЛОТЬ see **ИСКАЛЫВАТЬ**

ИСКРИТЬСЯ (несов.) **to sparkle** И чем (И весельем to sparkle with joy)

ИСКРОШИТЬ see **КРОШИТЬ** A

ИСКУПАТЬ (несов.) **ИСКУПИТЬ** (сов.) **to atone for** И что чем (И вину раскаянием to atone for one's sin by repenting)

ИСКУШАТЬ (несов.) **ИСКУСИТЬ** (сов.) **to tempt** И кого чем (И кого деньгами to tempt smb. with money)

ИСПАЧКАТЬ see **ПАЧКАТЬ**

ИСПАЧКАТЬСЯ see **ПАЧКАТЬСЯ**

ИСПЕЧЬ see **ПЕЧЬ**

ИСПЕЩРЯТЬ (несов.) **ИСПЕЩРИТЬ** (сов.) **to mark up** И что чем (И текст поправками to mark up a text with corrections)

ИСПИСЫВАТЬ (несов.) **ИСПИСАТЬ** (сов.) 1. **to cover, mark up** И что чем (И листок цифрами to cover a sheet with figures) 2. *misc.* И тетрадь до конца to fill a notebook completely

ИСПОВЕДЫВАТЬ (несов.) **to confess, reveal** И что кому (И другу свои задушевные мысли to reveal one's innermost thoughts to a friend)

ИСПОВЕДЫВАТЬСЯ (сов. и несов.) A. **to confess, reveal** И кому/перед кем в чём (И кому в своих сомнениях to reveal one's doubts to smb.) B. (religious) **to confess** И кому/у кого (И священнику to confess to a priest)

ИСПОЛНЯТЬ I (несов.) **ИСПОЛНИТЬ** (сов.) **to perform** И что перед кем/чем (И танец перед аудиторией to perform a dance before an audience)

ИСПОЛНЯТЬ II (несов.) **ИСПОЛНИТЬ** (сов.) (obsol.) **to fill** И кого чем (И кого радостью to make smb. happy)

ИСПОЛНЯТЬСЯ (несов.) **ИСПОЛНИТЬСЯ** (сов.) *misc.* исполнилось ей 20 лет she turned 20

ИСПОЛЬЗОВАТЬ (сов. и несов.) **to use, utilize** 1. И что как что (И словарь как пресс to use a dictionary as a paperweight) 2. И что для чего (И атомную энергию для мирных целей to use atomic energy for peaceful purposes) 3. *misc.* И широко to utilize widely

ИСПОРТИТЬ see **ПОРТИТЬ**

ИСПРАВЛЯТЬ (несов.) **ИСПРАВИТЬ** (сов.) A. **to reform, straighten out** И кого/что чем (И бойца строгостью to straighten out a soldier through discipline) B. **to correct** И что кому (И произношение студенту to correct a student's pronunciation)

ИСПЫТЫВАТЬ (несов.) **ИСПЫТАТЬ** (сов.) А. **to test** И что на что (И материал на прочность to test material for durability) B. **to feel** И что перед кем/чем (И волнение перед путешествием to feel nervous before a trip)

ИСПУГАТЬ see **ПУГАТЬ**

ИСПУГАТЬСЯ see **ПУГАТЬСЯ**

ИСРАСХОДОВАТЬ see **РАСХОДОВАТЬ**

ИССЛЕДОВАТЬ (сов. и несов.) **to examine, test** И что на что (И кровь на сахар to examine blood for sugar; *or*, — colloq.: to do a blood sugar)

ИССТЁГИВАТЬ (несов.) **ИССТЕГАТЬ** (сов.) **to flog, whip** И кого чем (И лошадь кнутом to whip a horse)

ИСТАПТЫВАТЬ (несов.) **ИСТОПТАТЬ** (сов.) **to trample** И что чем (лошади истоптали траву копытами the horses trampled the grass with their hooves)

ИСТЕКАТЬ (несов.) **ИСТЕЧЬ** (сов.) А. **to flow** И чем (И кровью to bleed profusely) B. **to expire** И когда (срок истёк вчера the time limit expired yesterday)

ИСТОЛКОВЫВАТЬ (несов.) **ИСТОЛКОВАТЬ** (сов.) **to construe, take** И что как что (я истолковал его высказывание как намёк I took his remark as a hint)

ИСТОЛОЧЬ see **ТОЛОЧЬ**

ИСТОМИТЬ see **ТОМИТЬ**

ИСТОМИТЬСЯ see **ТОМИТЬСЯ**

ИСТОПТАТЬ see **ИСТАПТЫВАТЬ**

ИСТОСКОВАТЬСЯ (сов.) **to miss** (very much) И по кому/чему (И по родному краю to miss one's home very much)

ИСТОЩАТЬ (несов.) **ИСТОЩИТЬ** (сов.) **to wear** (away, out) И что чем (И почву плохим уходом to wear away the soil through poor care)

ИСТРАТИТЬ see **ТРАТИТЬ**

ИСТРАТИТЬСЯ see **ТРАТИТЬСЯ**

ИСТРЕБЛЯТЬ (несов.) **ИСТРЕБИТЬ** (сов.) **to exterminate** И кого/что чем (И грызунов химикалиями to exterminate rodents with chemicals)

ИСТЯЗАТЬ (несов.) **to torture** И кого чем (И людей пытками to subject people to torture)

ИСХОДИТЬ I (несов.) А. (official) **to come from, originate** 1. И из чего (сведения исходят из верных источников the information comes from reliable sources) 2. И от кого/чего (постановление исходит от дирекции the directive comes from management) B. **to proceed** (on the basis of) 1. И из чего (они исходили из опыта they proceeded on the basis of experience) 2. И из того, что с придат. (мы исходим из того, что необходимо повысить зарплату we are proceeding on the assumption that it is essential to raise salaries)

ИСХОДИТЬ II (несов.) **ИЗОЙТИ** (сов.) *misc.* И кровью to bleed to death; И слезами to cry one's eyes out; И злобой to be furious

ИСЧЕЗАТЬ (несов.) **ИСЧЕЗНУТЬ** (сов.) **to disappear, vanish** 1. И откуда (И из вида to vanish from sight; И из магазинов to disappear from store shelves) 2. *misc.* И бесследно/полностью/совсем to vanish without a trace; И из памяти to be forgotten; И из употребления to go out of use

ИСЧИСЛЯТЬ (несов.) **ИСЧИСЛИТЬ** (сов.) **to calculate** И что чем/ в чём (И стоимость рублями/в рублях to calculate the cost in roubles)

ИСЧИСЛЯТЬСЯ (несов.) **to amount to, number** И чем (потери в боях исчисляются тысячами the battle losses number in the thousands)

К

КАЗАТЬСЯ (несов.) **ПОКАЗАТЬСЯ** (сов.) **to appear, seem** 1. К (кому) кем/чем *and* каким (небо нам казалось прозрачным the sky seemed transparent to us; он кажется ребёнком he acts like a child; этот жест показался ей предостережением she perceived the gesture as a warning) 2. (impers.) К (кому), как будто/что с придат. (мне кажется, что я вас уже видел I think that I have seen you before)

КАЗНИТЬ A. (сов. и несов.) **to execute** 1. К кого за что (К кого за измену to execute smb. for treason) 2. *misc.* К кого на электрическом стуле to put smb. to death in the electric chair B. (obsol., formal) (несов.) **to punish** К кого чем (К кого презрением to ostracize smb.)

КАНУТЬ (сов.) (obsol.) **to drop, sink; to disappear, vanish** 1. К во что (К в вечность/ в прошлое to sink into oblivion) 2. *misc.* *как в воду канула she vanished into thin air; *К в Лету to disappear without a trace

КАНИТЕЛИТЬСЯ (несов.) (colloq.) **to dawdle, fuss** К с кем/чем (К с хозяйством to fuss with housework)

КАНОНИЗОВАТЬ, КАНОНИЗИРОВАТЬ (сов. и несов.) **to canonize** *misc.* К кого в святых to canonize smb.

КАПАТЬ (несов.) A. (may be impers.) **КАПНУТЬ** (сов.) **to drip, drop, trickle** 1. К куда (К на пол to drip on the floor) 2. К откуда (с потолка капало there was a drip from the ceiling; из глаз у неё капали слёзы tears were streaming from her eyes; пот у него со лба капал his forehead was dripping with perspiration) B. **КАПНУТЬ, НАКАПАТЬ** (сов.) **to pour, spill; to put** К (что) куда (К капли в глаза to put drops into smb.'s eyes; не капай на пол don't get the floor wet; К лекарство в рюмку to pour medicine into a glass) C. **НАКАПАТЬ** (сов.) **to draw** К что из чего (медсестра накапала лекарство из пузырька the nurse drew up some medication from a vial) D. **КАПНУТЬ** (сов.) **to drip, spill** К чем на что (К вином на скатерть to spill wine on a tablecloth) E. (slang) **НАКАПАТЬ** (сов.) **to inform on** К на кого (К на товарища to inform on a friend) F. *misc.* *над нами не каплет we are not in any rush; *он мне

капает на мозги he keeps nagging me

КАПИТУЛИРОВАТЬ (сов. и несов.) **to capitulate, give up** К перед чем (К перед трудностями to give up in the face of difficulties; враг капитулировал перед войсками 6-й армии the enemy surrendered to troops of the Sixth Army)

КАРАТЬ (несов.) **ПОКАРАТЬ** (сов.) **to punish** К кого за что (чем) (покарали его за преступление смертной казнью he was executed for his crime)

КАСАТЬСЯ (несов.) **КОСНУТЬСЯ** (сов.) A. **to touch** К кого/чего чем (К воды рукой to touch the water with one's hand; он коснулся соседа плечом he brushed against a neighbor with his shoulder) B. **to touch on, mention** К чего (К темы to touch on a theme) C. **to concern, regard** К кого/чего (это касается будущего this concerns the future; что касается экономики... in regard to the economy...)

КАТАПУЛЬТИРОВАТЬСЯ (сов. и несов.) **to eject** К из чего (лётчик катапультировался из самолёта the pilot ejected from the plane)

КАТАТЬ (несов.) A. **to drive, take for a ride** К кого в/на чём (К ребенка в коляске to push a baby in a carriage AE/pram BE; К кого на лодке to take smb. for a boat ride; К гостей на автомобиле по городу to drive guests around a city in a car) (see also **ПРОКАТИТЬ**) B. **СКАТАТЬ** (сов.) **to make, roll** К что из чего (К шарики из теста to make/roll balls out of dough) C. **to roll** see **КАТИТЬ**

КАТАТЬСЯ (несов.) A. **to ride** К в/на чём (К в машине/на машине to ride in a car; К в такси по городу to ride around a city in a taxi; К на велосипеде to ride a bicycle; К на лодке to go sailing; К на санках to go sledding; К на лыжах to go skiing; дети катались на качелях the children were swinging on the swings) (see also **ПРОКАТИТЬСЯ**) B. *misc.* К от боли to writhe in pain; *как сыр в масле кататься to live the life of Riley

КАТИТЬ (несов.) **ПОКАТИТЬ** (сов.) **to roll** К что по чему (К бочку по земле to roll a barrel along the ground)

КАТИТЬСЯ (несов.) **ПОКАТИТЬСЯ** (сов.) **to roll** 1. К куда (К к стене to roll up to a wall; К под гору to roll downhill) 2. К откуда (слёзы катятся у неё из глаз tears well up in her eyes; пот с него катился градом beads of perspiration rolled down his body; камни катятся с горы rocks are rolling down the mountain) 3. К по чему (автомобиль катится по дороге the car rolls down the road; слёзы катятся у неё по щекам tears pour down her cheeks; волна демонстраций катится по стране a wave of demonstrations is rolling across the country) 4. *misc.* (slang) катись отсюда! get out of here!; *катиться по наклонной плоскости to go to seed; *покатиться со смеху to die laughing

КАЧАТЬ (несов.) A. **to shake, wave** К чем (К рукой to wave one's arm; К головой to shake one's head) B. **to rock, swing** К кого в чём/на чём (К ребенка в колыбели to rock a baby in a cradle; К дочку на качелях to give one's daughter a ride on the swings; дети качались на качелях the children were swinging on the swings; К внучку на коленях to dandle one's granddaughter on one's knees) C. **to pump** К что (чем) откуда (К воду из подвала насосом to pump water out of a basement)

КАШЛЯТЬ (несов.) **to cough** 1. К чем (К сухим кашлем to have a dry cough; К кровью to cough blood) 2. *misc.* она кашляла от холода she felt cold and was coughing

КАЯТЬСЯ (несов.) **ПОКАЯТЬСЯ** A. (only imperf.) **to repent** К в чём (К в грехах to repent of one's sins) B. **to confess** К (в чём) кому/перед кем (К другу/перед другом to confess to a friend)

КВАЛИФИЦИРОВАТЬ (сов. и несов.) **to characterize, describe** 1. К что как каким (К резолюцию как недостаточной to describe a resolution as inadequate) 2. К кого/что как кого/что (её действия квалифицируются как преступление her actions are considered criminal)

КИВАТЬ (несов.) **КИВНУТЬ** (сов.) A. **to nod** 1. К кому (К соседу to nod to a neighbor) 2. К чем (К головой to nod one's head) B. **to motion, nod** К на кого/что (К на дверь to motion towards the door) C. *misc.* К на свои прежние заслуги to point to one's earlier accomplishments; *К на кого to pass the buck; *Иван кивает на Петра they keep passing the buck

КИДАТЬ (несов.) **КИНУТЬ** (сов.) A. see **БРОСАТЬ** B. *misc.* не кидайте меня одного don't abandon me; он кидал мне горькие упрёки he rebuked me sharply; самолёт кину-

ло в сторону the plane jerked to the side

КИДАТЬСЯ (несов.) **КИНУТЬСЯ** (сов.) see **БРОСАТЬСЯ**

КИПЕТЬ (несов.) **ВСКИПЕТЬ** (сов.) **to boil, seethe** 1. К чем/от чего (К гневом/от гнева to seethe with rage) 2. *misc.* вода кипит при ста градусах по Цельзию; see **ЗАКИПАТЬ** 1

КИЧИТЬСЯ (несов.) **to boast, brag** К (перед кем) чем (К своими успехами перед товарищами to boast of one's success to friends)

КИШЕТЬ (несов.) **to swarm, teem** К чем (К насекомыми to swarm with insects)

КЛАНЯТЬСЯ (несов.) **ПОКЛОНИТЬСЯ** (сов.) A. (old-fashioned) **to bow** (to); **to greet, say hello** К кому (К знакомым to greet acquaintances; он поклонился полковнику he bowed to the colonel) 2. (usu. imperf.) К с кем (К с товарищем to say hello to a friend) 3. *misc.* кланяйтесь ей от меня give her my regards; К в пояс to bow to the waist B. **to ingratiate oneself** К кому/перед кем (К начальству/перед начальством to ingratiate oneself with one's superiors)

КЛАССИФИЦИРОВАТЬ (сов. и несов.) — (сов. тж.) **РАСКЛАССИФИЦИРОВАТЬ** **to break down, classify** К кого/что на что (К учеников на группы to break down pupils into groups)

КЛАСТЬ (несов.) **ПОЛОЖИТЬ** (сов.) A. **to lay, place, put** К кого/что куда (К ковёр на пол to lay a carpet; К книгу на стол to put a book on a table; К ребёнка в кроватку to put a child to bed; К вещи в чемодан to put one's things into a suitcase; К тетрадь в портфель to put a notebook into a briefcase; К деньги в банк to put money into the bank *or* to deposit money in a bank; К кого в больницу to put smb. into hospital BE/into the hospital AE) B. **to add, put** К что во что (К соль в суп to add salt to soup; она положила сахару в чай she put some sugar into her tea; К масло в кашу to add butter to porridge/cereal) C. **to apply** К что на что (К грим на лицо to apply makeup to one's face; К краску на холст to apply paint to canvas; К повязку на руку to bandage an arm) D. *misc.* К на музыку to set to music; К начало чему to start smt.; К конец чему to put an end to smt.; К факты в основу гипотезы to base a hypothesis on facts; *К дело под сукно to pigeonhole smt.; *палец/пальца ему в рот не клади watch out for him, he's dangerous; *К зубы на полку to be down and out; *К на бочку деньги to pay in hard cash; *К на обе лопатки кого to defeat smb. *or* to pin smb. to the ground; *положа руку на сердце frankly

КЛЕВАТЬ (несов.) **КЛЮНУТЬ** (сов.) **to bite** (of fish and fig.) 1. К на что (К на приманку to take the bait) 2. *misc.* рыба хорошо клюёт the fish are biting well; *К на предложение to jump at an offer; *К носом to be drowsy; *у неё куры денег не клюют she has money to burn

КЛЕВЕТАТЬ (несов.) **НАКЛЕВЕТАТЬ** (сов.) **to libel, slander** К на кого (К на честного человека to slander an honest person) (*Note:* The perf. verb **ОКЛЕВЕТАТЬ** is transitive — *оклеветать кого*)

КЛЕИТЬ (несов.) **СКЛЕИТЬ** (сов.) **to paste together, make** К что из чего (К игрушечный самолёт из картона to paste together a toy airplane from cardboard)

КЛЕЙМИТЬ (несов.) **ЗАКЛЕЙМИТЬ** (сов.) (lit.) **to brand, condemn, stigmatize** 1. К кого/что чем (К предателя позором to brand smb. a traitor; К кого презрением to despise smb.; К позором репрессии to condemn repressions) 2. *misc.* решительно К to censure bitterly/strongly

КЛИКАТЬ (несов.) (obsol.) see **НАЗЫВАТЬ В**

КЛОНИТЬ (несов.) A. (usu. impers.) **to incline** К что куда (лодку клонило на бок the boat was listing; её клонит ко сну she is drowsy; меня клонит к мечтам I like to daydream) B. **to guide, steer** К кого/что к чему (К разговор к определённой цели to guide a conversation towards a specific goal) C. **to drive at, get at** К к чему (чему ты клонишь? what are you driving at/getting at?)

КЛОНИТЬСЯ (несов.) A. **to bend, lean** К куда (дерево клонится к земле a tree is bending towards the ground; К на бок to lean to one side) (see also **СКЛОНЯТЬСЯ** A) B. **to approach, lead to** К к чему (день клонился к вечеру the day was drawing to a close; дело клониться к развязке the matter is coming to a head; к чему всё это клонится? what is this all leading to?) C. *misc.* солнце клонилось к западу the sun was setting in the west

КЛЯСТЬСЯ (несов.) **ПОКЛЯСТЬСЯ** (сов.) **to swear, vow** 1. К кому в чём (К товарищам в верности to swear loyalty to one's friends) 2. К + неопр. ф. (К исполнить обещание to swear to keep a promise) 3. К, что с

придат. (она поклялась, что исполнит обещание she swore that she would keep her promise)

КОВЫРЯТЬ (несов.) **КОВЫРНУТЬ** (сов.) A. **to dig into** К что чем (К землю лопатой to dig into the ground with a shovel) B. **to pick at** К чем в чём (К зубочисткой в зубах to pick at one's teeth with a toothpick)

КОЗЫРЯТЬ (несов.) (colloq.) **to display ostentatiously, flaunt** 3 чем (3 знаниями to flaunt one's knowledge)

КОКЕТНИЧАТЬ (несов.) A. **to flirt** К с кем (К с мужчинами to flirt with men) B. **to flaunt** К (перед кем) чем (К знаниями to flaunt one's knowledge)

КОЛДОВАТЬ (несов.) **to fuss** К над чем (К над старым приёмником to fuss over an old radio)

КОЛЕБАТЬСЯ (несов.) **ПОКОЛЕБАТЬСЯ** (сов.) A. **to shake, sway, vibrate** К от чего (деревья колеблются от ветра the trees are swaying in the wind) B. (only imperf.) **to vacillate, waver** 1. К в чём (К в выборе to waver in one's choice) 2. К между кем/чем (К между добром и злом to waver between good and evil) C. **to range** К от чего до чего (глубина реки колеблется от трёх до десяти метров the depth of the river ranges from 3 to 10 meters)

КОЛЕСИТЬ (несов.) (colloq.) **to drive** (around) К по всей области to drive through an entire region)

КОЛОТИТЬ (несов.) **ПОКОЛОТИТЬ** (сов.) A. (only imperf.) **to bang, hammer, pound, strike** К (чем) по чему/во что (К молотком по гвоздю to hammer a nail; К кулаком по столу to pound a table with one's fist; К в дверь to bang on a door; К ногой в дверь to kick a door) B. **strike, whip** К кого/что (по чему/во что) чем (К собаку по голове палкой to hit/strike a dog on the head with a stick; К лошадь кнутом по спине/в спину to flog a horse across the back)

КОЛОТИТЬСЯ (несов.) **to beat, hit, strike** К (чем) во что/обо что (К головой об стену to beat one's head against a wall — also fig.; К в дверь to bang on a door)

КОЛОТЬ (несов.) A. **РАСКОЛОТЬ** (сов.) **to chop, split** К что чем (К дрова топором to chop wood with an axe; К орехи щипцами to crack nuts with a nutcracker) B. **КОЛЬНУТЬ** (сов.) **to pierce, prick, stick** 1. К кого/что чем (К палец иглой to prick one's finger with a needle) 2. К кому что чем (она кольнула мне палец булавкой she stuck my finger with a pin) 3. К кого во что (чем) (она кольнула меня в палец булавкой she stuck my finger with a pin) C. **ЗАКОЛОТЬ** (сов.) **to slaughter** К кого/что чем (К свинью ножом to slaughter a pig with a knife; боец его заколол штыком the soldier bayoneted him) D. **to reproach, taunt** К кого чем (он постоянно колол меня замечаниями he kept taunting me; она колола его тем, что он не выполнил своего обещания she kept reproaching him for not keeping his promise) E. **to nip** К кому что (мороз больно колет мне щёки the frost is nipping my cheeks) F. *misc.* *у меня колет в боку I have a stitch in my side; *К глаза кому to irritate smb.

КОМАНДИРОВАТЬ (сов. и несов.) **to assign, send** (to a conference, on business, to study, to do research) 1. К кого/что куда (К делегата на конференцию to send a delegate to a conference; его часто командировали за границу he was often sent abroad on business; К студентов в западные страны для исследовательской работы в библиотеках to send students to western countries to do research in libraries) 2. К кого (к кому) откуда (он к нам командирован из Вашингтона he's been assigned to us from Washington) 3. К кого + неопр. ф. (её командировали учиться в Москву she was sent to study in Moscow)

КОМАНДОВАТЬ (несов.) A. **to command** К кем/чем (К войсками to command troops) B. **to order around, boss** К кем/над кем (К подчинёнными/над подчинёнными to order employees around) C. **to dominate, overlook** К над чем (высота командует над городом a cliff overlooks the city)

КОМПЕНСИРОВАТЬ (сов. и несов.) **to compensate** К (кому) что чем (ей компенсировали убыток деньгами they compensated her for the loss with cash)

КОМПЛЕКТОВАТЬ (несов.) **УКОМПЛЕКТОВАТЬ** (сов.) A. **to build up, reinforce** К что кем/чем (К библиотеку новыми книгами to build up a library's holdings with new acquisitions; К полк новобранцами to reinforce a regiment with recruits) B. **to equip, outfit** К что чем (К автомобиль дополнительным оборудованием to equip a car with options)

КОМПРОМЕТИРОВАТЬ (несов.) **СКОМПРОМЕТИРОВАТЬ** (сов.) **to compromise**

К кого чем (он скомпрометировал себя своим поведением he compromised himself by his inappropriate behavior)

КОНКУРИРОВАТЬ (несов.) **to compete** К с кем/чем (К с иностранными фирмами to compete with foreign firms)

КОНСТАТИРОВАТЬ (сов. и несов.) **to assert, point out, state; to ascertain** К, что с придат. (газета констатировала, что стратегический резерв врага не понёс существенных потерь the newspaper asserted that the enemy's strategic reserve had not suffered significant losses)

КОНСУЛЬТИРОВАТЬ (несов.) **ПРОКОНСУЛЬТИРОВАТЬ** (сов.) A. (only imperf.) **to consult** К с кем (К с адвокатом to consult a lawyer) B. **to tutor, advise** К кого по чему (К студентов по математике to tutor students in mathematics)

КОНСУЛЬТИРОВАТЬСЯ (несов.) **ПРОКОНСУЛЬТИРОВАТЬСЯ** (сов.) **to consult** 1. К с кем/у кого (К с врачом/у врача to consult a physician) 2. К по чему (К у профессора по диссертации to consult a professor about one's dissertation)

КОНТРАСТИРОВАТЬ (несов.) **to contrast** К с кем/чем (К с окружающим to contrast with the surroundings)

КОНТУЗИТЬ (сов.) **to bruise, injure** К кого во что *and* К кому что (К кого в голову/К кому голову to injure smb. in/on the head)

КОНФИСКОВАТЬ (сов. и несов.) **to confiscate** К что у кого (К имущество у помещика to confiscate property from a landowner)

КОНЦЕНТРИРОВАТЬ (несов.) **СКОНЦЕНТРИРОВАТЬ** (сов.) **to concentrate** К что на ком/чём (К внимание на одном вопросе to concentrate one's attention on a single question)

КОНЧАТЬ (несов.) **КОНЧИТЬ** (сов.) A. **to complete, finish** 1. К что чем (она кончила речь призывом к сопротивлению she finished her speech with a call for resistance; К жизнь самоубийством to commit suicide; К обед мороженым to finish off lunch with ice cream) 2. К с чем (К с постройкой дома to complete the construction of a house; К с завтраком to finish breakfast) 3. К + неопр. ф. (К писать to finish writing) B. **to graduate from, complete a course in** 1. К что кем (она кончила Кембриджский университет отличницей she graduated from Cambridge with honors) 2. *misc.* К университет с специальностью лингвиста to graduate from college with a degree in linguistics C. **to get rid of, put an end to** К с кем/чем (К с лодырями to get rid of loafers)

КОНЧАТЬСЯ (несов.) **КОНЧИТЬСЯ** (сов.) **to end, finish** К чем (разговор кончился ссорой the conversation ended in a quarrel; улица кончается тупиком the street ends in a dead end)

КООРДИНИРОВАТЬ (сов. и несов.) — (сов. тж.) **СКООРДИНИРОВАТЬ to coordinate, balance** К что с чем (К работу с отдыхом to strike a balance between work and play)

КОПАТЬСЯ (несов.) A. **to dig around, rummage through** К в чём (К в мусоре to dig around in the garbage AE/rubbish BE; К в сундуке to rummage through a trunk) B. (fig.) **to lose oneself** К в чём (К в воспоминаниях to lose oneself in memories of the past) C. (colloq.) **to dawdle, be slow** К с чем (К с работой to dawdle over one's work)

КОРЁЖИТЬСЯ (несов.) **СКОРЁЖИТЬСЯ** (сов.) see **КОРЧИТЬСЯ**

КОРЕНИТЬСЯ (несов.) (lit.) **to be rooted in** К в чём (суеверия коренятся в невежестве superstitions are rooted in ignorance)

КОРИТЬ (несов.) (colloq.) A. **to scold** К кого за что (К кого за грубость to scold smb. for being rude) B. *misc.* он её корил каждым куском хлеба he begrudged her every bite of food

КОРМИТЬ (несов.) **НАКОРМИТЬ, ПОКОРМИТЬ** (сов.) **to feed** 1. К кого/что чем (К скот зерном to feed grain to cattle; К детей кашей to feed cereal/porridge to children) 2. *misc.* К ребёнка грудью to breastfeed/nurse a child; мама кормит ребёнка с ложки the mother feeds her child with a spoon; К кого досыта to give smb. plenty to eat; *хлебом меня не корми, а только дай с удочкой посидеть all I want is to go fishing; *кормить завтраками to make empty promises

КОРОБИТЬ (несов.) **ПОКОРОБИТЬ** (сов.) (impers.) A. **to irk, irritate, hurt, upset** 1. К кого от кого/чего (меня коробит от её слов her words irk/irritate me; её коробит от неприятного запаха she is upset by the unpleasant odor) 2. К кого (от того), как/что с придат. (меня коробило от того, как они говорили о войне I was irritated by the way they spoke about the war) B. **to bend, warp** К

что от чего (переплёт коробит от сырости the binding is getting warped by moisture)

КОРПЕТЬ (несов.) (colloq.) **to pore** (over), **study** К над чем (К над документами to pore over/study documents)

КОРЧИТЬ (несов.) A. **СКОРЧИТЬ** (сов.) (impers.) **to contort** К кого от чего (её корчит от боли she is contorted with pain *or* she is writhing in pain) B. *misc.* он корчит из себя знатока живописи he poses as an expert on painting

КОРЧИТЬСЯ (несов.) **СКОРЧИТЬСЯ** (сов.) **to twist, writhe** К от чего (К от боли to writhe in pain)

КОСИТЬ I (несов.) **ПОКОСИТЬ** (сов.) **to turn, tilt** К чем/что куда (К взглядом/взгляд на дверь to turn one's gaze towards the door; К глазами/глаза в сторону to turn one's eyes to the side)

КОСИТЬ II (несов.) **СКОСИТЬ** (сов.) **to cut, mow, reap** К что чем (К траву косой to cut grass with a scythe)

КОСИТЬСЯ (несов.) **ПОКОСИТЬСЯ** (сов.) A. (only imperf.) **to look askance, look at with distrust** К на кого/что (К на пришельца to regard a newcomer with distrust) B. **to look sideways** К на кого/что (К на вошедшего to look sideways at a person who has just entered)

КОСНУТЬСЯ see **КАСАТЬСЯ**

КОЧЕВАТЬ (несов.) **to roam, wander** 1. К куда/откуда (К из места в место to wander from place to place) 2. К по чему (К по лесу to wander through a forest) (see also **ПЕРЕКОЧЁВЫВАТЬ**)

КРАСИТЬ (несов.) **ВЫКРАСИТЬ, ОКРАСИТЬ, ПОКРАСИТЬ** (сов.) **to paint; to dye** 1. К что во что (К лодку в белое to paint a boat white; К дверь в голубой цвет to paint a door blue) 2. К что чем (К стену зеленой краской to paint a wall green; К забор кистью to paint a fence with a brush; К ресницы карандашом to put on eyeliner)

КРАСНЕТЬ (несов.) **ПОКРАСНЕТЬ** (сов.) A. **to blush, redden** 1. К от чего (К от стыда to blush with shame) 2. *misc.* покраснеть от солнца to get sunburned; К густо/сильно/до корней волос/до ушей to blush deeply B. (fig.) **to feel shame** К (перед кем) за кого/что (он покраснел за свои поступки перед товарищами he was ashamed to face his friends after what he had done; краснеть не за что there is nothing to be ashamed of)

КРАСТЬ (несов.) **УКРАСТЬ** (сов.) **to steal** 1.

К что у кого (он украл у меня часы he stole my watch *or* he stole a watch from me) 2. К что откуда (К деньги из сейфа to steal money from a safe)

КРАСТЬСЯ (несов.) **to sneak, steal** 1. К куда (К в комнату to sneak/steal into a room) 2. *misc.* К незаметно/неслышно to sneak (by, in, past) unnoticed

КРЕПИТЬ (несов.) **to to attach, fasten** К что к чему (К балку к стене to attach a beam to a wall)

КРИВИТЬ (несов.) *misc.* *К душой to lie

КРИКНУТЬ see **КРИЧАТЬ**

КРИТИКОВАТЬ (несов.) **to criticize** 1. К кого/что за что (К рабочего за небрежность to criticize a worker for being careless) 2. *misc.* К грубо/резко to criticize harshly/severely/sharply

КРИЧАТЬ (несов.) **КРИКНУТЬ** (сов.) A. **to scream** 1. К от чего (К от боли to scream in pain) 2. К на кого (К на непослушного ребёнка to scream at a disobedient child) 3. К (о том), что с придат. (они кричали, что дом горит they were screaming that the house was on fire) 4. К, чтобы с придат. (она крикнула, чтобы мы перестали работать she screamed at us to stop work/working) 5. *misc.* К петухом to imitate a rooster; К во весь рот/во всё горло to scream loudly; *хоть караул кричи things are hopeless B. (only imperf.) **to make a fuss about** 1. К о ком/чём (газеты кричали о падении курса акций the newspapers were featuring the drop in stock prices) 2. *misc.* *кричать о чём на всех перекрёстках to make a big fuss over smt.

КРОИТЬ (несов.) **ВЫКРОИТЬ, СКРОИТЬ** (сов.) **to cut, cut out** К что из чего (К платье из шестяной ткани to make a dress out of a woolen fabric)

КРОШИТЬ (несов.) A. **ИСКРОШИТЬ, ПОКРОШИТЬ, РАСКРОШИТЬ** (сов.) **to crush; to cut, hack** К что чем (К хлеб пальцами to crush bread between one's fingers; К мясо ножом to cut meat with a knife) B. **НАКРОШИТЬ** (сов.) **to break up, crumble up** 1. К что кому/куда (К курам хлеб to crumble up bread to feed chickens; К огурцы в окрошку to break up pieces of cucumber for kvas soup) 2. К что/чего (крошить крошки/

накрошить крошек цыплятам to feed crumbs to chicks) C. **to sprinkle, strew** К чем куда/где (К крошками на пол to sprinkle crumbs on the floor; К табаком на столе to strew tobacco on a table)

КРУЖИТЬ (несов.) **ЗАКРУЖИТЬ** (сов.) *misc.* *К кому голову to turn smb.'s head

КРУЖИТЬСЯ (несов.) (*Note:* The perf. **ЗАКРУЖИТЬСЯ** is used to denote the beginning of an action) **to spin** К у кого (у меня кружилась голова my head was spinning *or* I was dizzy)

КРУТИТЬ (несов.) A. **ПОКРУТИТЬ** (сов.) **to shake** К чем (К головой to shake one's head; К хвостом to wag a tail) B. (colloq.) **to boss** К кем (она крутит им, как хочет she bosses him around) C. *misc.* *крутить/закрутить кому голову to turn smb.'s head; (colloq.) *К с кем to have an affair with smb.; (colloq.) *К носом to balk/refuse

КРУШИТЬ (несов.) **to demolish, smash** К что чем (К памятник стальными дубинками to smash a statue into pieces with steel bars)

КРЫТЬ (несов.) A. **to cover** К что чем (К крышу черепицей to tile a roof; К избу соломой to cover a hut with straw) B. *misc.* К короля тузом to trump a king with an ace; *К кого матом to cuss smb. out; *мне крыть нечем I have no response

КРЯКАТЬ (несов.) **КРЯКНУТЬ** (сов.) (colloq.) **to cluck** К от чего (К от удовольствия to cluck contentedly)

КУПИТЬ see **ПОКУПАТЬ**

КУРИТЬ (несов.) **to burn, smoke** К чем (К ладаном to burn incense)

КУРСИРОВАТЬ (несов.) **to go, run, travel** 1. К между чем (автобусы курсируют между этими городами there is bus service between these cities) 2. К по чему (комфортабельные поезда курсируют по маршруту Москва-Сочи luxury trains run between Moscow and Sochi)

КУТАТЬ (несов.) **ЗАКУТАТЬ** (сов.) **to bundle, wrap** К кого/что чем/во что (К ребёнка одеялом/в одеяло to bundle/wrap a child in a blanket; К голову платком/в платок to wrap one's head in a kerchief)

КУТАТЬСЯ (несов.) **ЗАКУТАТЬСЯ** (сов.) **to wrap oneself** К во что (К в одеяло to wrap oneself in a blanket)

Л

ЛАВИРОВАТЬ (несов.) **СЛАВИРОВАТЬ** (сов.) **to make one's way, maneuver** Л между кем/среди кого (Л между прохожими/ среди прохожих to make one's way through a crowd; Л между партиями to keep changing political parties)

ЛАДИТЬ (несов.) А. **to get along, be on good terms** Л с кем (Л с родителями to get along with one's parents) В. *misc.* Л с истиной to conform to the facts

ЛАЗИТЬ see **ЛЕЗТЬ**

ЛАКАТЬ (несов.) **ВЫЛАКАТЬ** (сов.) **to lap** Л что чем (Л молоко языком to lap up milk with one's tongue)

ЛАКОМИТЬСЯ (несов.) **ПОЛАКОМИТЬ- СЯ** (сов.) **to feast on, treat oneself to** Л чем (Л конфетами to treat oneself to candy AE/ sweets BE)

ЛАСКАТЬ (несов.) **to caress, fondle, pet; to soothe** Л кого/что чем (Л собаку прикосно- вением to pet a dog; Л слух мелодичными звуками to soothe the ear with melodic sounds)

ЛАСКАТЬСЯ (несов.) **ПРИЛАСКАТЬСЯ** (сов.) **to cuddle up to, snuggle up to** Л к кому (дети лакаются к матери the children cuddle up to their mother)

ЛАЯТЬ (несов.) **to bark** Д на кого/что (соба- ка лаяла на прохожих the dog was barking at passersby)

ЛГАТЬ (несов.) А. **СОЛГАТЬ** (сов.) **to lie** 1. Л кому (Л родителям to lie to one's parents) 2. Л о чём (Л товарищам о своих успехах to lie to one's friends about one's success) В. see **НАЛГАТЬ**

ЛЕБЕЗИТЬ (несов.) **to fawn over, play up to** Л перед кем (Л перед начальством to play up to one's superiors)

ЛЕЖАТЬ (несов.) А. **to lie** 1. Л где (Л на диване to lie on a sofa) 2. Л какой (он лежал мёртвый he lay there dead) 3. Л как (Л на спине to lie motionless on one's back) 4. *misc.* Л в больнице to be in hospital BE/in the hospital AE; Л в постели to be in bed (sick); Л на постели to be lying on a bed (to rest); Л с гриппом to be in bed with the flu; Л в разва- линах to lie in ruins; ребёнку не лежится в постели the child will not stay in bed; *Л пластом to lie motionless В. **to be** Л где/у кого (ковёр лежит на полу there's a rug on

the floor; деньги лежат в банке the money is in the bank; снег лежит на полях the fields are covered with snow; мой паспорт лежит у администратора my passport is at the desk AE/at reception BE) С. *misc.* на ней лежала вся ответственность she bore complete re- sponsibility; это преступление чёрной тенью лежит на них this crime casts a dark shadow over them; юбка лежит складками the skirt is pleated; *Л на печи to loaf; *её сердце не лежит к этому занятию she is not cut out for this job

ЛЕЗТЬ (несов.) (*Note*: The perf. **ПОЛЕЗТЬ** is used to denote the beginning of an action) А. **to climb** 1. Л куда (Л на дерево to climb a tree; Л на крышу to climb onto a roof; Л на гору to climb up a hill; Л в яму to climb down into a pit; Л в погреб to go down into a cellar) 2. Л по чему (Л по крутизне to climb up a steep slope; Л по лестнице to go up/climb a ladder; Л по верёвке to climb a rope) В. **to climb, get** 1. Л куда (Л в ванну to climb/get into a bath- tub; Л в воду to get into the water; Л в нору to climb/get into a hole) 2. Л откуда (Л из норы to climb/get out of a hole; Л из-под стола to get up from under a table) 3. Л через что (Л через окно to climb/get through a window; Л через препятствие to climb/get over an obsta- cle) С. **to reach** 1. Л куда (Л в карман to reach into one's pocket; Л в ящик to reach into a drawer) 2. Л за чем (Л в карман за папи- росами to reach into one's pocket for ciga- rettes; Л в шкаф за книгой to reach into a bookcase for a book) D. **to intrude; to sneak, steal** Л во что (Л в чужую жизнь to intrude on smb.'s privacy; воры лезут в квартиру thieves steal into an apartment AE/flat BE; дети лезут за яблоками в соседский сад the children sneak into the neighbor's orchard to get apples) Е. **to try to get (in)** Л в кого/что (он упорно лезет в генералы he's been trying his best to get promoted to general; *or* — colloq., AE: he's been bucking for general; Л в свет- ское общество to try to get into high society) F. (colloq.) **to bother** Л (с чем) к кому (Л к кому с пустяками to bother smb. with trifles) G. **to fit** Л во что/на что (чемодан не лезет в машину the suitcase does not fit into the car; сапог не лезет на ногу the boot doesn't fit on my foot) Н. *misc.* Л в драку to pick a fight *or* to get into a fight; в голову ей лезли неприятные мысли she had unpleasant thoughts; *Л в карман to pick a pocket; *Л не в своё дело to butt into smb.'s business; *она не лезет в карман за словом she is never at a loss for words; *Л на стену to fly off the handle; *Л в петлю to risk one's neck; *Л из кожи вон to make a maximum effort *or* to go all out; *Л на глаза кому to try to attract smb.'s attention; *Л (без мыла) в душу кому to worm one's way into smb.'s confidence; *Л в бутылку to get upset over trifles; *Л на рожон to stick one's neck out *or* to take a risk

ЛЕНИТЬСЯ (несов.) **to be too lazy** (to) Л + неопр. ф. (она ленилась им писать she was too lazy to write to them)

ЛЕПИТЬ (несов.) А. **ВЫЛЕПИТЬ, СЛЕПИТЬ** (сов.) **to carve, model** Л что из чего (Л фигурку из воска to model a figure out of wax) В. **НАЛЕПИТЬ** (сов.) **to put, stick** Н что на что (Л марку на конверт to put a stamp on an envelope)

ЛЕТАТЬ А. see **ЛЕТЕТЬ**; летать самолётами Аэрофлота to fly by Aeroflot В. **to fly somewhere** (and return; used in the past tense) Л куда (в прошлом месеце она летала в Италию she was in Italy last month)

ЛЕТЕТЬ (несов.) (*Note:* The perf. **ПОЛЕТЕТЬ** is used to denote the beginning of an action) **to fly** 1. Л куда (Л в столицу to fly to the capital; Л на север to fly north) 2. Л откуда (Л из столицы to fly from the capital; Л с полюса to fly from the pole) 3. Л на чём (Л на самолёте to fly in a plane; Л на вертолёте to fly in a helicopter) 4. Л по чему (Л по воздуху to fly through the air) 5. Л над кем/чем (Л над морем to fly over the sea) 6. *misc.* Л высоко to fly high; Л низко to fly low; *Л кубарем/ кувырком *and* *Л вверх тормашками to fly head over heels

ЛЕЧИТЬ (несов.) **to treat** 1. Л кого чем (Л кого лекарствами to treat smb. with medication) 2. Л кого от чего (Л кого от гриппа to treat smb. for flu) 3. Л кому что (Л кому зубы to work on smb.'s teeth) (see also **ВЫЛЕЧИВАТЬ**)

ЛЕЧИТЬСЯ (несов.) **to be treated** 1. Л от чего (Л от насморка to be treated for a cold) 2. Л у кого (Л у врача to be treated by a doctor) 3. Л чем (Л травами to be treated with herbs)

ЛЕЧЬ see **ЛОЖИТЬСЯ**

ЛИБЕРАЛЬНИЧАТЬ (несов.) **СЛИБЕРАЛЬНИЧАТЬ** (сов.) **to be lenient, go easy** Л с кем (Л с лентяями to be lenient with lazy workers)

ЛИДИРОВАТЬ (несов.) **to lead** Л в чём (Л в соревновании to lead the competition)

ЛИЗАТЬ (несов.) **to lick** *misc.* *Л ноги/пятки/ руки кому to lick smb.'s boots

ЛИПНУТЬ (несов.) **to cling, stick** (to) Л к кому/чему (Л к одежде to cling to one's clothing)

ЛИТЬ I (несов.) А. **to pour; to spill** 1. Л что куда (Л кофе в чашку to pour coffee into a cup; Л воду на пол to spill water on the floor) 2. Л что из чего (Л чай из чайника to pour tea out of a teapot) 3. *misc.* Л что через край to spill smt.; Л слёзы о ком to shed tears for smb.; *Л воду на чью мельницу to play into smb.'s hands В. **to pour, run** 1. Л откуда (вода льёт из крана water is running from a tap; льёт у него с лица пот perspiration is pouring down his face) 2. *misc.* *дождь льёт как из ведра it's pouring

ЛИТЬ II (несов.) **СЛИТЬ** (сов.) **to cast** Л что из чего (Л медаль из бронзы to cast a medal of bronze)

ЛИТЬСЯ (несов.) **to flow, pour, run; to spill** 1. Л куда (жидкость лилась в ведро the liquid flowed into the pail; вода лилась на пол water was spilling onto the floor) 2. Л откуда (вода льётся из крана water is running from a tap; кровь лилась из раны blood poured from the wound) 3. Л чем (льётся рекой кровь the blood is gushing out; вода лилась ручьями water was pouring out)

ЛИХОРАДИТЬ (несов.) (impers.) **to have a fever** Л кого от чего (её лихорадит от гриппа he has the flu and is running a high fever)

ЛИЦЕМЕРИТЬ (несов.) **to be deceitful** Л перед кем (Л перед людьми to deceive people)

ЛИШАТЬ (несов.) **ЛИШИТЬ** (сов.) **to deprive of, rob** 1. Л кого чего (Л кого свободы to deprive smb. of freedom; Л кого наследства to cheat smb. out of an inheritance; Л студента стипендии to withdraw a student's stipend) 2. *misc.* Л себя жизни to commit suicide

ЛИШАТЬСЯ (несов.) **ЛИШИТЬСЯ** (сов.) **to lose, be deprived of** Л кого/чего (Л родителей to lose one's parents; Л имущества to be deprived of one's property; Л ума to lose one's mind)

ЛОВИТЬ (несов.) **ПОЙМАТЬ** (сов.) **to catch** 1. Л кого/что чем (Л рыбу неводом to catch fish in a net) 2. Л кого на чём (Л кого на лжи to catch smb. in a lie) 3. *misc.* *дети ловили на лету каждое её слово the children took in every word that she said; *ловить на лету объяснение to catch on to an explanation; *Л кого на слове to take smb. at her/his word; *ловить рыбу в мутной воде to fish in troubled waters; *поймать кого на удочку to take smb. in

ЛОЖИТЬСЯ (несов.) **ЛЕЧЬ** (сов.) **A. to lie down** 1. Л куда/где (Л на диван/на диване to lie down on a sofa; Л на землю/на земле to lie down on the ground; Л в постель to lie down in bed; Л на кровать/на кровати to lie down on a bed) 2. Л какой (она легла спать довольная собой she went to bed satisfied with herself) 3. Л + неопр. ф. (Л отдохнуть to lie down for a rest; Л спать to go to bed) 4. *misc.* Л ничком to lie face down **B. to fall** 1. Л на кого/что (подозрение легло на него suspicion fell on him; на её лицо легла тень a shadow fell across her face; ответетвенность ложиться на меня responsibility falls on me; дополнительное бремя легло на её плечи an additional burden fell on her shoulders) 2. Л (на кого/что) чем (снег лёг плотной пеленой snow blanketed the earth; Л тенью на чью репутацию to tarnish smb.'s reputation; эти программы ложатся тяжёлым бременем на трудящихся these programs are a great strain on working people) 3. *misc.* *лечь (костьми) за родину to die/fall for one's country **C. (nautical and fig.) to take** (a course) 1. Л на что (Л на новый курс to embark on a new course) 2. *misc.* лечь на якорь to cast anchor; Л в дрейф to heave to **D.** *misc.* Л в больницу на обследование to enter a hospital for a checkup; пятно легло на весь коллектив the reputation of the whole group was tarnished; ложиться орлом to come up heads; ложиться решкой to come up tails; юбка ложится ровными складками the skirt is evenly pleated; лечь в основу чего to form the basis for smt.

ЛОМАТЬ (несов.) **СЛОМАТЬ** (сов.) **to break, break off/up** 1. Л что на что (Л каравай хлеба на три части to break a loaf of bread into three parts) 2. Л что чем (Л сахар пальцами to break up sugar with one's fingers) 3. *misc.* *ломать голову над чем to rack

one's brain over smt.; *ломать копья из-за чего to argue furiously about smt.; *ломать шапку перед кем to ingratiate oneself with smb.; *сломать рога кому to humiliate smb.

ЛОМИТЬСЯ (несов.) **A. to groan, be weighed down** Л от чего (сучья ломятся от фруктов the branches are weighed down with fruit; прилавки ломятся от изобилья the counters are full of merchandise) **B. to be full** Л от чего (театр ломится от публики the theater is packed) **C. to crowd; to force one's way** 1. Л куда (Л на стадион to crowd into a stadium; Л в окно to force one's way through a window) 2. *misc.* *Л в открытую дверь to belabor the obvious

ЛОПАТЬСЯ (несов.) **ЛОПНУТЬ** (сов.) **A. to crack, split** Л от чего (посуда лопается от жары the dishes are cracking from the heat) **B.** *misc.* *можно лопнуть от смеха/со смеху you can die laughing

ЛУКАВИТЬ (несов.) **СЛУКАВИТЬ** (сов.) **to mislead** Л с кем (Л с друзьями to mislead one's friends)

ЛЬНУТЬ (несов.) **A. ПРИЛЬНУТЬ** (сов.) **to cling to, stick to** Л к кому (девочка всем телом льнула к матери the little girl clung to her mother; лоза льнёт к стволу the vine clings to the tree trunk) **B. to be attracted to** Л к кому (Л к интеллигентам to be attracted to intellectuals) **C. (colloq.) to flatter, toady up to** Л к кому (Л к начальству to toady up to one's superiors) **D.** *misc.* жижины льнут к скалам the huts are nestled in the rocks

ЛЬСТИТЬ (несов.) **ПОЛЬСТИТЬ** (сов.) **A. to flatter** Л кому/чему (Л хозяину to flatter one's boss; это льстит его самолюбию that flatters his ego) **B.** *misc.* льстить себя надеждой to cherish a hope; командовать людьми льстит её самолюбию it boosts her ego to order people around

ЛЬСТИТЬСЯ (несов.) **ПОЛЬСТИТЬСЯ** (сов.) **(colloq.) to be tempted** Л на что (Л на деньги to be tempted by money)

ЛЮБЕЗНИЧАТЬ (несов.) **to pay compliments** Л с кем (Л с девушками to pay compliments to the girls; *and* — BE, colloq.: to chat up the girls)

ЛЮБИТЬ (несов.) **to like, love** 1. Л кого/что за что (Л кого за откровенность to like smb. for being frank) 2. Л + неопр. ф. (она любит читать she likes/loves to read) 3. Л, когда с придат. (я люблю, когда она поёт I like it when she sings) 4. *misc.* Л горячо/очень/

сильно to love very much; Л всей душой/ всем сердцем to love with all one's heart; *Л кого до безумия to be head over heels in love with smb.

ЛЮБОВАТЬСЯ (несов.) **ПОЛЮБОВАТЬ-СЯ** (сов.) **to admire** Л кем/чем *and* на кого/ на что (Л восходом солнца/на восход солнца to admire a sunrise; Л собой в зеркало/Л на себя в зеркало to admire oneself in the mirror)

ЛЯГАТЬ (несов.) **ЛЯГНУТЬ** (сов.) **to kick** Л кого/что чем (лошадь лягнула его копытами the horse kicked him)

ЛЯЗГАТЬ (несов.) **ЛЯЗГНУТЬ** (сов.) A. **to clang, rattle** Л чем (Л цепью to rattle a chain) B. *misc.* она лязгала зубами her teeth were chattering

М

МАЗАТЬ (несов.) A. **НАМАЗАТЬ, ПОМА-ЗАТЬ** (сов.) **to apply; to smear, spread** 1. М что чем (М хлеб маслом to spread butter on bread; М стены краской to paint the walls; М губы помадой to put on lipstick; М рану мазью to apply ointment to a wound) 2. М что на что (М варенье на хлеб to spread jam on bread) B. **ЗАМАЗАТЬ, ИЗМАЗАТЬ** (сов.) **to dirty, smear, soil** 1. М что чем (М грязными руками скатерть to soil a tablecloth with dirty hands; М лицо грязью to get one's face dirty; она измазала пальто краской she got her coat smeared with paint) 2. М обо что (она измазала платье об стену she brushed her dress against a wall and got it dirty) C. (colloq.) **ПРОМАЗАТЬ** (сов.) **to miss** 1. М из чего (он часто мазал из нового ружья he would often miss when he fired his new rifle) 2. *misc.* *такой стрелок даже по слону промажет such a lousy shot couldn't hit the side of a barn D. *misc.* *по губам мазать to promise the moon

МАЗАТЬСЯ (несов.) see **МАЗАТЬ**; мазаться вазелином to apply vaseline; измазаться грязью to get dirty

МАКАТЬ (несов.) **МАКНУТЬ** (сов.) **to dip** М что во что (М мясо в соус to dip meat into gravy)

МАНЕВРИРОВАТЬ (несов.) **to manipulate, make the best use of** М кем/чем (М резервами to make the best use of one's reserves; М техникой to use one's equipment to best advantage; М средствами to make the best possible use of one's resources)

МАНИПУЛИРОВАТЬ (несов.) **to handle** (skillfully), **manipulate** М чем (М рычагами машины to manipulate the levers of a machine)

МАНИТЬ (несов.) A. **ПОМАНИТЬ** (сов.) **to beckon, motion** 1. М кого/что к себе (он поманил к себе щенка he motioned the puppy to come closer) 2. М кого чем (М кого рукой to beckon to smb.) B. **ВЗМАНИТЬ** (сов.) **to attract, lure** 1. М кого откуда (М кого из дома to lure smb. out of a house) 2. М кого куда (М кого в лес to lure smb. into a forest) 3. М кого откуда + неопр. ф. (М кого из дома погулять to lure smb. out of the house for a walk) 4. М кого/что чем (М взгляд своей красочностью to attract attention with

bright colors)

МАНКИРОВАТЬ (сов. и несов.) (obsol.) **to neglect** М чем (М обязанностями to neglect one's duties)

МАСКИРОВАТЬ (несов.) **ЗАМАСКИРО-ВАТЬ** (сов.) **to camouflage, conceal** 1. М кого/что чем (М орудие ветками to camouflage a gun with branches) 2. М что от чего (М военные объекты от вражеской авиации to conceal military objectives from enemy aircraft) 3. М что подо что (М бомбу под почтовое отправление to conceal a bomb in a parcel)

МАСКИРОВАТЬСЯ (несов.) **ЗАМАСКИ-РОВАТЬСЯ** (сов.) **to dress up** (like) 1. М под кого/что (дети маскируются под зверей the children are dressing up like animals) 2. М кем/чем (дети маскируются разными зверями the children get dressed up in all sorts of animal costumes)

МАССИРОВАТЬ (сов. и несов.) **to massage** М кому что (М больному руку to massage a patient's arm)

МАСТЕРИТЬ (несов.) **СМАСТЕРИТЬ** (сов.) **to build, make** 1. М что из чего (М игрушки из бумаги to make toys out of paper) 2. М что чем (М что руками to make smt. with one's own hands)

МАХАТЬ (несов.) **МАХНУТЬ** (сов.) A. **to wave** 1. М чем (полицейский махнул рукой the police officer waved his arm) 2. М (чем) кому (она махнула рукой товарищу she waved to her friend; М кому на прощание to wave goodbye to smb.; они махали платками уезжающим they were waving farewell with their handkerchiefs) B. **to flap** М чем (птицы машут крыльями birds flap their wings) C. **to wag** М чем (собака машет хвостом the dog wags its tail) D. *misc.* *махнуть рукой на кого to give up on smb.; *махнуть рукой на формальности to disregard formalities

МАЯЧИТЬ (несов.) *misc.* не маячь перед моими глазами! stop bobbing up and down in front of me!

МЕДЛИТЬ (несов.) **to be slow, delay** 1. М с чем (М с ответом to be slow in responding; М с отъездом to delay one's departure) 2. М + неопр. ф. (он медлил сходить вниз к гостям he was slow in going down to meet his

guests)
МЕНЯТЬ (несов.) **ОБМЕНЯТЬ, ПОМЕ-
НЯТЬ** (сов.) А. **to exchange** М что на что
(М городскую квартиру на дачу to exchange an apartment AE/a flat BE in the city for
a cottage in the country) В. **to change, exchange** М что на что (М долары на фунты
to change/exchange dollars for pounds) С. *misc.*
*менять кукушку на ястреба to miscalculate
МЕНЯТЬСЯ (несов.) **ОБМЕНЯТЬСЯ,
ПОМЕНЯТЬСЯ** (сов.) А. **to exchange,
trade** М (с кем) чем (М приветствиями с
кем to exchange greetings with smb.; М местами to trade places; М книгами с товарищем
to exchange books with a friend) В. **to change**
1. М от чего (человек меняется от горя
grief transforms a person) 2. *misc.* М в лучшую сторону to change for the better; *меняться в лице to blush
МЁРЗНУТЬ (несов.) see **ЗАМЕРЗАТЬ**
МЕРИТЬ (неосв.) **СМЕРИТЬ** (сов.) **to measure** 1. М что чем (М ткань рулеткой to
measure a piece of fabric with a tape measure;
М длину улицы шагами to pace off the
length of a street) 2. М что на что (у нас
мерят материю на метры we measure cloth
by the meter) 3. *misc.* *смерить кого взгля-
дом/глазами to look smb. up and down *or* to
size smb. up; *мерить на свой аршин/своим
аршином to measure by one's own yardstick;
*мерить на один аршин to measure by the
same standard
МЕРИТЬСЯ (несов.) **ПОМЕРИТЬСЯ** (сов.)
to match, pit; to measure 1. М (с кем) чем
(М силами с кем to match one's strength with
smb. else's *or* to see who is stronger; М мет-
костью в стрельбе to determine who the
better sharpshooter is) 2. *misc.* он померился
ростом с товарищем he and his friend stood
back to back to see who was taller
МЕРКНУТЬ (несов.) **ПОМЕРКНУТЬ**
(сов.) **to fade into insignificance** М перед
кем/чем (М перед грандиозным событием
to fade into insignificance in the face of an
earthshaking event)
МЕРТВЕТЬ (несов.) А. **ОМЕРТВЕТЬ** (сов.)
to turn numb М от чего (пальцы у неё
мертвеют от холода her fingers are turning
numb with cold) В. **ПОМЕРТВЕТЬ** (сов.) **to
be paralyzed** М от чего (М от страха to be
paralyzed with fear)
МЕРЦАТЬ (несов.) **to flicker, glimmer** М чем
(М слабым светом to flicker dimly)

МЕРЯТЬСЯ (несов.) (colloq.) see **МЕРИТЬ-
СЯ**
МЕСИТЬ (несов.) **to knead** М что чем (М
тесто руками to knead dough with one's
hands)
МЕСТИ (несов.) **to sweep** 1. М что чем (М
пол метлой to sweep a floor with a broom) 2.
М что куда (М мусор в угол to sweep refuse
into a corner) 3. М что откуда (М сор из
комнаты to sweep refuse out of a room)
МЕТАТЬ (несов.) **МЕТНУТЬ** (сов.) **to
throw, hurl** 1. М что куда (М копьё в цель
to hurl/throw a javelin at a target) 2. М чем
куда (они начали метать в меня камнями
they began to throw stones at me) 3. *misc.* *М
бисер перед свиньями to cast pearls before
swine
МЕТАТЬСЯ (несов.) **to pace, rush around** М
где (М по комнате to pace a room)
МЕТИТЬ I (несов.) **to aim** 1. М куда (М в
цель to aim at a target; она метит на твоё
место she has her eye on your position) 2. *misc.*
М в профессора to aim for a professorship
МЕТИТЬ II see **НАМЕЧАТЬ** II
МЕЧТАТЬ (несов.) **to dream; to daydream** 1.
М о ком/чём (М о счастье to dream of happiness) 2. М + неопр. ф. (она мечтала путешествовать she dreamt of traveling) 3. М о
том, чтобы с неопр. ф. (она мечтала о том,
чтобы поехать во Францию she dreamt of
going to France) 4. М (о том), что с придат.
(она мечтала о том, что будет путешествовать she dreamt of traveling)
МЕШАТЬ I (несов.) **ПОМЕШАТЬ** (сов.) **to
interfere with, obstruct** 1. М (в чём) кому/
чему (М учёному в работе to interfere with a
scientist's work; М движению транспорта to
obstruct traffic) 2. М (кому) + неопр. ф. (М
ученикам делать уроки to keep pupils from
doing their homework; вам не мешало бы
сходить к врачу it would not hurt you to see a
doctor; комары мешали мне спать the mosquitoes would not let me sleep; самолюбие
мешало ему признаться в своей вине his
pride would not let him admit his mistake)
МЕШАТЬ II А. **ПОМЕШАТЬ** (сов.) **to stir** М
что чем (М чай ложкой to stir tea with a
spoon; М угли кочергой to stir coals with a
poker) В. **СМЕШАТЬ** (сов.) **to mix** М что с
чем (М глину с песком to mix clay with sand)
МЕШАТЬСЯ (несов.) **to interfere, meddle,
mix in** 1. М во что (М в чью жизнь to meddle in smb.'s life) 2. *misc.* котёнок мешается

под её ногами the kitten keeps rolling around under her feet

МЕШКАТЬ (несов.) **to dawdle, act slowly** М с чем (М с работой to dawdle over one's work)

МИГАТЬ (несов.) **МИГНУТЬ** (сов.) A. **to blink** М чем (она мигнула глазами she blinked) B. **to wink** 1. М кому (он мигнул брату he winked at his brother) 2. М на кого (она мигнула на меня she winked at me)

МИНДАЛЬНИЧАТЬ (несов.) (colloq.) **to be lenient, go easy** М с кем (М с лентяями to go easy on lazy workers)

МИНОВАТЬ (сов. и несов.) A. **to avoid, escape** не миновать кому (не миновать ему тюрьмы he cannot avoid being sent to jail) B. see **МИНУТЬ** C. misc. *чему быть, того не миновать what will be, will be

МИНУТЬ (сов.) **to pass** (in regard to age) М кому (ей минуло тридцать лет she has turned thirty)

МИРИТЬ (несов.) **ПОМИРИТЬ, ПРИМИРИТЬ** (сов.) **to reconcile** М кого с кем/чем (М брата с сестрой to reconcile a brother and sister; его ум мирил всех с его дурным характером because of his intellect, everyone tolerated his nasty disposition)

МИРИТЬСЯ (несов.) **ПРИМИРИТЬСЯ** (сов.) A. (сов. тж.) **ПОМИРИТЬСЯ to come to an agreement, make up** М с кем (М с соперником to come to an agreement with a competitor) B. **to accept, become reconciled to, put up with** 1. М с чем (М с недостатками to put up with shortages; она примирилась с жизнью she has accepted her lot in life) 2. М с тем, что с придат. (она мирится с тем, что дочь не хочет учиться she is reconciled to the fact that her daughter does not wish to go to college) (see also **СМИРЯТЬСЯ** B)

МЛЕТЬ (несов.) **to be affected/moved/overcome** М от чего (М от восторга to be delighted)

МНОЖИТЬ (несов.) A. **ПОМНОЖИТЬ, УМНОЖИТЬ** (сов.) **to multiply** М что на что (М одно число на другое to multiply one number by another; М пять на семь to multiply five by seven) B. **УМНОЖИТЬ** (сов.) **to augment, increase** М что чем (М состояние работой to augment one's net worth by working)

МОБИЛИЗОВАТЬ (сов. и несов.) **to call up, mobilize** 1. М кого/что куда (М добровольцев в армию to call up volunteers for the army; М мужчин на фронт to send men up to the front) 2. М кого/что для чего/на что (М врачей для борьбы/на борьбу с эпидемией to mobilize physicians in the fight against an epidemic) 3. М кого + неопр. ф. (студентов мобилизовали убирать урожай the students were mobilized to bring in the harvest)

МОЗОЛИТЬ (несов.) **НАМОЗОЛИТЬ** (сов.) misc. *М глаза кому to annoy smb.

МОКНУТЬ (несов.) see **ПРОМОКАТЬ**

МОЛИТЬ (formal) (несов.) **to beg, plead** 1. М кого о чём (М кого о пощаде to beg smb. for mercy) 2. М кого о том, чтобы с придат. (она молила Бога о том, чтобы он послал удачу she pleaded with God for everything to turn out well)

МОЛИТЬСЯ (несов.) **ПОМОЛИТЬСЯ** (сов.) A. **to pray** 1. М кому (М Богу to pray to God) 2. М за кого/что and о ком/чём (М за удачу/об удаче to pray for success) 3. М, чтобы с придат. (мы молимся, чтобы Господь нам помог we pray for the Lord's help) 4. misc. М на коленях to pray while kneeling; М стоя to pray while standing; М у иконы to pray before an icon B. (only imperf.) **to idolize** М на кого (М на отца to idolize one's father)

МОЛОТИТЬ (несов.) A. **to thresh** М что чем/на чём (М хлеб молотилкой/на молотилке to thresh grain with a thresher) B. **beat, pound** 1. М кого чем (М кого палкой to beat smb. with a stick) 2. М (чем) кого по чему (М кого по спине to beat smb. on the back) 3. М (чем) во что (они молотили в дверь кулаками they pounded on the door with their fists)

МОЛЧАТЬ (несов.) **to not mention** М о ком/чём (они молчали о недостатках they did not mention the shortages)

МОРГАТЬ (несов.) **МОРГНУТЬ** (сов.) **to wink** 1. М кому (М друг другу to wink at each other) 2. М чем (М одним глазом to wink an eye) 3. misc. *не моргнув глазом without batting an eye; *глазом не моргнет he will stop at nothing

МОРИТЬ (несов.) **ПОМОРИТЬ** (сов.) A. **to exterminate** М кого/что чем (М мышей отравой to exterminate mice with poison) B. (сов. тж.) **УМОРИТЬ to wear out, exhaust** М кого чем (М людей непосильным трудом to wear people out with hard labor) C. misc. М кого голодом to starve smb.

МОРЩИТЬ (несов.) **СМОРЩИТЬ** (сов.) **to**

wrinkle М что от чего (М лицо от боли to grimace in pain)

МОРЩИТЬСЯ (несов.) **ПОМОРЩИТЬСЯ, СМОРЩИТЬСЯ** (сов.) **to grimace** М от чего (М от боли to grimace in pain)

МОСТИТЬ (несов.) **ВЫМОСТИТЬ, ЗАМОСТИТЬ** (сов.) **to pave** М что чем (М улицу булыжником to pave a street with cobblestones)

МОТАТЬ (несов.) А. **НАМОТАТЬ** (сов.) **to wind** М что на что (М нитки на шпульку to wind thread onto a spool) (see also **НАМАТЫВАТЬ**) В. **МОТНУТЬ, ЗАМОТАТЬ** (сов.) **to shake** М чем (М головой to shake one's head) С. *misc.* *на ус мотать to note

МОТАТЬСЯ (несов.) (colloq.) **to flit, rush, shuttle** 1. М куда/откуда (М из одного конца города в другой to shuttle from one end of the city to the other) 2. *misc.* целый день мотается по городу he rushes around town all day

МОТИВИРОВАТЬ (сов. и несов.) **to base, justify** 1. М что чем (М заявление фактами to base a statement on facts) 2. М что тем, что с придат. (он мотивирует свой отказ служить тем, что армия подавляет демократию he justifies his refusal to serve by claiming that the army crushes democracy)

МОТНУТЬ see **МОТАТЬ** В

МОЧИТЬ (несов.) **ЗАМОЧИТЬ, НАМОЧИТЬ** (сов.) **to moisten, wet** М что чем (М лицо водой to wet one's face with water)

МОЧЬ (несов.) **СМОЧЬ** (сов.) **to be able** 1. М + неопр. ф. (я не могу понять, почему они не пришли I cannot understand why they didn't come) 2. *misc.* может быть maybe

МСТИТЬ (несов.) **ОТОМСТИТЬ** (сов.) **to avenge; to take revenge on** 1. М кому (М сопернику to take revenge on a competitor) 2. М за что (она ему отомстила за оскорбление she got back at him for insulting her)

МУДРИТЬ (несов.) **to make fun of, mock** М над кем (они мудрили надо мной they were making fun of me)

МУТИТЬ (несов.) А. **ВЗМУТИТЬ, ЗАМУТИТЬ** (сов.) **to agitate, stir, trouble** 1. М что чем (М воду палкой to stir water with a stick) 2. *misc.* *воды не замутит she would not hurt a fly В. (impers.) **to cause nausea** М кого от кого/чего (её мутит от этого запаха this smell makes her nauseous; его мутит от этих людей he is fed up with these people)

МУЧИТЬ (несов.) **ЗАМУЧИТЬ, ИЗМУ-** **ЧИТЬ** (сов.) **to harass, torment** М кого чем (М подчинённых придирками to harass employees with petty criticism; М пассажиров ожиданием to keep passengers waiting; он мучил жену подозрениями he kept tormenting his wife with his suspicions)

МУЧИТЬСЯ (несов.) А. **to suffer** М чем/от чего (М жаждой/от жажды to suffer from thirst; М голодом/от голода to starve) В. **ЗАМУЧИТЬСЯ, ИЗМУЧИТЬСЯ** (сов.) **to struggle, wrestle** М с кем/чем *and* над чем (М с задачей/над задачей to wrestle with a problem)

МЧАТЬ (несов.) **to rush, whisk** М кого/что куда (М пассажиров на вокзал to rush passengers to a station)

МЧАТЬСЯ (несов.) **to race, rush, speed** 1. М куда (М в город to rush to town; М к морю to race to the sea; куда ты мчишься? where are you rushing?) 2. М откуда (М из школы to rush from school) 3. М на чём (М на машине to speed along in a car) 4. М чем/по чему (М дорогой/по дороге to race along a road) 5. *misc.* М во весь опор to tear along at full speed

МЫЛИТЬ (несов.) **НАМЫЛИТЬ** (сов.) **to soap up, lather** 1. М что чем (М руки мылом to soap up one's hands; М голову шампунем to lather one's scalp) 2. *misc.* *намылить голову/шею кому to scold smb.

МЫСЛИТЬ (formal) (несов.) **to think** 1. М о ком/чём (М о будущем to think of the future) 2. *misc.* М образами to think in images; мыслилось, что этот план повысит уровень воспитания it was thought that this plan would raise the level of education; М логически to think logically

МЫТЬ (несов.) **ВЫМЫТЬ, ПОМЫТЬ** (сов.) **to wash, scrub** 1. М кого/что чем/в чём (М посуду горячей водой/в горячей воде to wash dishes in hot water; М руки водой с мылом to wash one's hands with soap and water; М посуду в мойке to wash dishes in a basin; М ребёнка в ванне to bathe a child in a tub) 2. М кого/что с чем (М руки с мылом to wash one's hands with soap; М шкаф с порошком to scour/scrub a cupboard with powder) (see also **НАМЫВАТЬ** С, **УМЫВАТЬ**)

МЯТЬ (несов.) А. **РАЗМЯТЬ** (сов.) **to knead, press; to mash** М что чем (М глину руками to knead clay with one's hands; М картофель вилкой to mash potatoes with a fork) В. **ИЗ-**

МЯТЬ, СМЯТЬ (сов.) **to crease, crumple, wrinkle** М что чем/в чём (М бумагу руками/в руках to crumple paper in one's hands)

Н

(*Note*: Many verbs with the prefix **на-** can take both the accusative and genitive; it must be kept in mind that **the genitive is used only with perfective forms**; see sections A8a and A8b of the Introduction)

НАБАВЛЯТЬ (несов.) **НАБАВИТЬ** (сов.) **to add, increase** 1. Н что/чего (она набавила денег на дорогу she added some money for the trip) 2. Н что на что (купец набавил по рублю на килограмм the shopkeeper added a rouble for each kilogram; Н цену на доставку товаров to charge for delivering merchandise) 3. Н (кому) что за что (Н зарплату станочнику за хорошую работу to increase a lathe operator's salary for excellent work)

НАБАЛТЫВАТЬ I (несов.) **НАБОЛТАТЬ** (сов.) **to add, mix** (in) Н что/чего (наболтать яиц в тесто to add eggs to a mixture)

НАБАЛТЫВАТЬ II (несов.) **НАБОЛТАТЬ** (сов.) **to chatter, tell** Н что/чего (он наболтал глупостей he was talking a lot of nonsense)

НАБЕГАТЬ (несов.) **НАБЕЖАТЬ** (сов.) **A. to run into** Н на кого/что (Н на препятствие to run into an obstacle) **B. to cover, fill** Н на что (слёзы набежали у неё на глаза tears filled her eyes; туча набежала на солнце a cloud covered the sun; волна набежала на берег a wave rolled up on the shore) **C.** (colloq.) **to come** (running) Н куда (Н в дом to come running into a house)

НАБИВАТЬ (несов.) **НАБИТЬ** (сов.) **A. to fill, pack** 1. Н что чем (Н трубку табаком to fill one's pipe with tobacco; Н чемодан вещами to pack a suitcase with one's things; Н подушку пухом to fill a pillow with down) 2. Н что/чего куда (Н табак/табаку в трубку to fill one's pipe; Н снег/снегу в яму to fill a hole with snow) **B. to cram, jam** 1. Н что чем (Н голову чепухой to cram one's head with nonsense; Н помещение людьми to jam people into a building) 2. *misc.* автобус набит битком the bus is jammed **C. to attach; to drive; to hammer** Н что/чего куда (Н гвозди/гвоздей в стену to drive nails into a wall; Н дощечку на дверь to put up a plaque on a door) **D. to give** (forcibly) Н что кому (Н кому синяк to give smb. a black eye; Н себе

шишку to give oneself a bump/lump on the head) E. *misc.* (colloq.) набить морду кому to punch smb. in the jaw; *набить руку на чём to become proficient at smt.

НАБИВАТЬСЯ (несов.) **НАБИТЬСЯ** (сов.) **A. to crowd into, jam into** Н куда (мы набились к нему в кабинет we crowded into his office; Н в лифт to crowd into an elevator AE/a lift BE) **B.** (colloq.) **to impose one's presence** Н куда (Н к кому в гости to invite oneself over to smb.'s place; Н в помощники to offer to help; Н в советники to offer one's advice) **C. to get into, penetrate** Н во что (снег набивается в щели the snow gets into the cracks)

НАБИРАТЬ (несов.) **НАБРАТЬ** (сов.) **A. to gather, pick** Н что/чего (Н цветы/цветов to pick flowers) **B. to draw in, collect, gather** 1. Н что/чего куда (Н воздух/воздуха в лёгкие to inhale air into one's lungs; Н воду/воды в ведро to collect water in a pail) 2. Н что/чего откуда (она набрала примеров из журнальных статей she gathered examples from journal articles) **C. to recruit** 1. Н кого куда (Н студентов на факультет to recruit students for a university) 2. Н кого откуда (Н участников из разных городов to recruit participants from various cities) **D. to set** (in type) Н что чем (сообщение набрали жирным штрифтом the announcement was set in boldface) **E.** *misc.* *он молчит, как будто воды в рот набрал he won't let on what he knows

НАБИРАТЬСЯ (несов.) **НАБРАТЬСЯ** (сов.) **A. to gather** 1. Н куда/где (Н в помешение/в помещении to gather in a building) 2. (impers.) Н кого/чего (набралось много народу a big crowd gathered) **B. to collect, gain, muster** Н чего (Н храбрости to muster courage; Н терпения to display patience; Н сил to find strength; Н предрассудков to acquire prejudices; Н духа/духу to muster courage; Н опыта to gain experience

НАБЛЮДАТЬ (несов.) **A. to observe, watch** 1. Н кого/что *and* Н за кем/чем (Н полёт/за полётом to observe a flight) 2. Н, как/что с придат. (она наблюдала, что делают she watched what they were doing; я наблюдал, как играют дети I watched the children play) **B. to supervise, monitor, keep an eye on** Н за кем/чем (Н за детьми to keep an eye on/ watch the children; милиционер наблюдает за уличным движением a police officer is directing traffic)

НАБОЛТАТЬ I see **НАБАЛТЫВАТЬ** I

НАБОЛТАТЬ II see **НАБАЛТЫВАТЬ** II

НАБРАСЫВАТЬ I (несов.) **НАБРОСАТЬ** (сов.) **to throw, toss** (repeatedly in quantity) Н что/чего куда/где (Н бумагу/бумаги на пол/на полу to throw paper on the floor; Н ветки/веток на землю/на земле to throw branches on the ground)

НАБРАСЫВАТЬ II (несов.) **НАБРОСИТЬ** (сов.) **to throw on, throw over** Н что на кого/что (Н одеяло на ребёнка to throw a blanket over a child; Н пальто на плечи to throw a coat over one's shoulders; Н лассо на лошадь to lasso a horse)

НАБРАСЫВАТЬСЯ (несов.) **НАБРОСИТЬСЯ** (сов.) **to attack, throw oneself on, turn on** 1. Н на кого/что (Н на врага to attack an enemy) 2. Н с чем (Н на преследователя с ножом to turn on one's pursuer with a knife) 3. *misc.* Н на еду to dig into one's food; Н на учёбу to throw oneself into one's studies

НАБРАТЬ see **НАБИРАТЬ**

НАБРАТЬСЯ see **НАБИРАТЬСЯ**

НАБРЕСТИ (сов.) A. **to come across, run across** 1. Н на кого/что (Н на знакомого в толпе to come across a friend in a crowd) 2. *misc.* Н наугад/случайно to come across by chance B. **to hit on, think of** Н на что (Н на удачную мысль to hit on/think of a good idea)

НАБРОСАТЬ see **НАБРАСЫВАТЬ** I

НАБРОСИТЬ see **НАБРАСЫВАТЬ** II

НАБРОСИТЬСЯ see **НАБРАСЫВАТЬСЯ**

НАБРЫЗГАТЬ (сов.) **to splash, spray** 1. Н что/чего *and* чем (Н воды/водой to splash water) 2. Н что/чего *and* чем куда/где (Н краску/краской на пол to splash paint on the floor; Н масло/маслом на стол/на столе to splash cooking oil all over a table)

НАВАЛИВАТЬ (несов.) **НАВАЛИТЬ** (сов.) **to heap, load, pile** 1. Н что/чего куда/где (Н кирпичи/кирпичей в угол/в углу to pile bricks in a corner) 2. Н что на кого/что (Н ящики на машину to load crates into a car; Н один мешок на другой to pile one sack on top of another) 3. *misc.* Н чёрную работу на кого to assign the dirty jobs to smb.

НАВАЛИВАТЬСЯ (несов.) **НАВАЛИТЬСЯ** (сов.) A. **to lean on, put one's weight on** 1. Н

на кого/что (Н на дверь to lean on a door) 2. Н чем (Н всем телом на дверь to lean with one's whole weight against/on a door) B. (colloq.) **to attack** Н на кого/что (Н на врага to attack an enemy) C. *misc.* на сестру навалились заботы my sister was saddled with responsibilities

НАВАРИВАТЬ (несов.) **НАВАРИТЬ** (сов.) **to boil, cook** (in quantity) Н что/чего (наварили мяса на 20 человек they cooked meat for 20 people)

НАВЕВАТЬ (несов.) **НАВЕЯТЬ** (сов.) **to bring on, induce** Н что на кого (журчанье ручья навеяло на меня дремоту the burbling of the brook made me drowsy)

НАВЕДЫВАТЬСЯ (несов.) **НАВЕДАТЬСЯ** (сов.) **to call on, visit** Н к кому/куда (Н к другу to visit a friend; Н в тюрьму to visit a prison)

НАВЕЗТИ see **НАВОЗИТЬ**

НАВЁРТЫВАТЬ (несов.) **НАВЕРНУТЬ, НАВЕРТЕТЬ** (сов.) **to screw; to wind** Н что на что (Н шарф на шею to wind a scarf around one's neck; Н гайку на болт to screw a nut onto a bolt)

НАВЁРТЫВАТЬСЯ (несов.) **НАВЕРНУТЬСЯ** (сов.) **to well up** Н на что (слёзы навернулись у неё на глаза tears welled up in her eyes)

НАВЕСТИ see **НАВОДИТЬ**

НАВЕШИВАТЬ (несов.) A. **НАВЕСИТЬ, НАВЕШАТЬ** (сов.) **to hang** (in quantity) Н что/чего на что (навесить фотографий на стену to hang photographs on a wall) B. **НАВЕШАТЬ** (сов.) **to weigh out** Н что/чего (Н конфеты/конфет to weigh out candy) C. *misc.* навесить замок на дверь to install a lock on a door

НАВЕЯТЬ see **НАВЕВАТЬ**

НАВИНЧИВАТЬ (несов.) **НАВИНТИТЬ** (сов.) **to screw** Н что на что (Н крышку на банку to screw a top onto a jar)

НАВИСАТЬ (несов.) **НАВИСНУТЬ** (сов.) A. **to hang down over** Н на что (волосы нависли на лоб his hair hung down over his forehead) B. **to hang over, hover over** Н над кем/чем (тучи нависли над городом clouds hung over the city; опасность нависла над всеми нами danger hovered over all of us)

НАВЛЕКАТЬ (несов.) **НАВЛЕЧЬ** (сов.) **to bring, cause, incur** Н что на кого/что (Н на кого подозрение to point the finger of suspicion at smb.; Н на себя гнев to incur anger)

НАВОДИТЬ (несов.) **НАВЕСТИ** (сов.) A. **to direct, guide, lead** Н кого/что на что (Н охотника на след to guide a hunter to a trail; Н отряд на деревню to direct/guide a squad to a village; Н разговор на международные события to steer a conversation around to international events) B. **to aim, fix, focus, train** 1. Н что на кого/что (Н бинокль на кого to train binoculars on smb.; Н автомат на цель to aim a submachine gun at a target; Н прожектор на самолёт to shine a floodlight on an airplane) 2. *misc.* наводиться на цель to home in on a target C. **to apply** Н что на что (Н лоск на мебель to polish furniture) D. **to cause, inspire** 1. Н что на кого *and* Н кого на что (Н ужас на противника to terrify an enemy; Н грусть на кого to make smb. sad; Н кого на подозрение to arouse smb.'s suspicion; Н товарища на мысль to suggest a thought to a friend) 2. *misc.* *навести кого на разум to bring smb. to her/his senses E. (colloq.) **to bring** Н кого куда (Н друзей к себе to bring one's friends home) F. *misc.* Н переправу через реку to prepare a river crossing; *Н кого на след to put smb. on the right track

НАВОДНЯТЬ (несов.) **НАВОДНИТЬ** (сов.) **to flood, inundate** Н что кем/чем (Н рынок товарами to flood a market with goods; Н город туристами to inundate a city with tourists)

НАВОЗИТЬ I (несов.) **НАВЕЗТИ** (сов.) **to bring** (in quantity) Н что/чего куда/кому (она навезла подарков детям she brought many gifts for the children; навезти товаров на рынок to bring merchandise to a market; Н друзей в дом to bring one's friends to one's house)

НАВОЗИТЬ II (сов.) **to bring, haul** (in quantity) Н что/чего (Н льда to haul ice)

НАВРЕДИТЬ (сов.) **to harm** Н (чем) кому/чему (Н делу болтовнёй to harm/undermine a cause by gossip)

НАВЬЮЧИВАТЬ (несов.) **НАВЬЮЧИТЬ** (сов.) **to load** 1. Н кого/что чем (Н телегу мешками to load a cart with sacks; Н носильщика чемоданами to weigh a porter down with suitcases) 2. Н что на кого/что (Н мешки на телегу to load sacks onto a cart)

НАВЯЗЫВАТЬ (несов.) **НАВЯЗАТЬ** (сов.) A. **to attach, tie** Н что на что (Н леску на удочку to attach a line to a fishing rod) B. **to foist off, force, impose** Н кого/что кому/чему (Н свою волю кому to impose one's will on smb.; Н ненужные вещи покупателям to pressure customers into buying unneeded items *or* to use high-pressure sales tactics) C. **to knit** Н что/чего кому (они навязали всем шапки/шапок they knitted caps for everyone)

НАГАДИТЬ see **ГАДИТЬ**

НАГИБАТЬ (несов.) **НАГНУТЬ** (сов.) **to bend** Н кого/что куда (Н ветку к земле to bend a branch to the ground; Н голову в сторону to bend one's head to the side)

НАГИБАТЬСЯ (несов.) **НАГНУТЬСЯ** (сов.) **to bend down, bend over, lean over** 1. Н к кому/чему (Н к земле to bend down to the ground; Н к ребёнку to bend over a child) 2. Н над кем/чем (Н над раненым мальчиком to lean over an injured boy; Н над койкой to lean over a bed)

НАГЛОТАТЬСЯ (сов.) **to swallow** (in quantity) Н чего (Н воды to take a big swallow of water)

НАГЛЯДЕТЬСЯ (сов.) see **НАСМОТРЕТЬСЯ**

НАГНАТЬ see **НАГОНЯТЬ**

НАГНЕТАТЬ (несов.) **НАГНЕСТИ** (сов.) **to pump** Н что куда (Н воду в резервуар to pump water into a tank)

НАГНУТЬ see **НАГИБАТЬ**

НАГНУТЬСЯ see **НАГИБАТЬСЯ**

НАГОВАРИВАТЬ (несов.) **НАГОВОРИТЬ** (сов.) A. **to say a lot, tell a lot** Н что/чего кому (она наговорила разной чепухи подруге she told her friend a lot of nonsense; Н кучу новостей кому to give/tell smb. all the news) B. **to slander; to inform on** Н (кому) на кого (Н на соперника to slander a competitor; Н на товарища учителю to snitch on a friend to a teacher) C. **to record, tape** Н что на что (Н песню на плёнку to record a song; Н речь на ленту to tape a speech)

НАГОНЯТЬ (несов.) **НАГНАТЬ** (сов.) A. (obsol.) **to overtake** Н кого/что по чему (Н товарища по всем предметам to overtake a friend in all subjects) B. **to drive** Н что/кого куда (на базар нагнали много скота they drove a lot of cattle to market; Н рабочих на строительство to assemble workers at a construction site) C. **to call forth, evoke** Н что/чего на кого (Н страх/страху на кого to frighten smb.)

НАГОРАЖИВАТЬ (несов.) **НАГОРОДИТЬ** (сов.) A. **to build** (in quantity) Н что/чего (Н дома/домов to build a large number of houses) B. *misc.* *нагородить чепухи to talk nonsense

НАГРАБИТЬ (сов.) **to loot, steal** (in quantity) Н что/чего (они награбили денег they stole a lot of money)

НАГРАЖДАТЬ (несов.) **НАГРАДИТЬ** (сов.) A. **to decorate, reward** 1. Н кого/что чем (Н бойца медалью to decorate a soldier or to award a medal to a soldier) 2. Н кого/что за что (Н институт за ценное изобретение to reward an institute for a valuable invention; Н бойца медалью за отвагу to decorate a soldier for bravery) 3. *misc.* Н кого по заслугам to reward smb. on the basis of merit; Н кого щедро to reward smb. generously B. **to express appreciation to, thank** Н кого/что чем (Н актёра дружными аплодисментами to give an actor a big round of applause; Н кого улыбкой to thank smb. with a smile) C. **to endow** Н кого чем (природа наградила её талантом nature endowed her with talent)

НАГРЕБАТЬ (несов.) **НАГРЕСТИ** (сов.) **to rake together, rake up** (in quantity) Н что/чего (они награбили сена they raked up some hay)

НАГРЕВАТЬ (несов.) **НАГРЕТЬ** (сов.) (slang) **to cheat, swindle** Н кого на что (Н кого на двести рублей to cheat smb. out of 200 roubles)

НАГРОМОЖДАТЬ (несов.) **НАГРОМОЗ-ДИТЬ** (сов.) **to heap, pile** (in quantity) Н что/чего (Н кирпичи/кирпичей to pile up bricks; Н мебель/мебели to throw furniture into a heap/pile)

НАГРУБИТЬ see **ГРУБИТЬ**

НАГРУЖАТЬ (несов.) **НАГРУЗИТЬ** (сов.) A. **to load** (see **ГРУЗИТЬ** 1) B. **to load down, burden** Н кого/что чем (Н товарища поручениями to load down a friend with errands; Н сотрудника новыми обязанностями to load down a worker with additional duties)

НАГРУЗИТЬ see **ГРУЗИТЬ**

НАГРЯНУТЬ (сов.) **to come unexpectedly, descend on** 1. Н куда (полиция нагрянула на фабрику the police descended on the factory) 2. Н к кому (к ним нагрянул нежданный гость they had an unexpected guest)

НАГУЛИВАТЬ (несов.) **НАГУЛЯТЬ** (сов.) **to put on** (weight) Н что/чего (нагулять лишнего весу to put on extra weight)

НАДАВАТЬ (сов.) (colloq.) **to give** (in quantity) Н что/чего кому (Н детям подарков to give children many gifts)

НАДАВЛИВАТЬ (несов.) **НАДАВИТЬ** (сов.) **to press, push** Н что/на что (Н кнопку/на кнопку to press a button; Н звонок/на звонок to ring a doorbell)

НАДАИВАТЬ (несов.) **НАДОИТЬ** (сов.) **to produce milk** (in quantity) Н что/чего (надоить молока to produce a large quantity of milk)

НАДВИГАТЬ (несов.) **НАДВИНУТЬ** (сов.) **to pull down** Н что на что (Н шапку на уши to pull a hat down over one's ears)

НАДВИГАТЬСЯ (несов.) **НАДВИНУТЬСЯ** (сов.) **to approach, move towards** Н на что (гигантский оползень надвинулся на деревню an enormous landslide moved towards the village; полицейские надвигались на демонстрантов the police moved towards the demonstrators)

НАДЕВАТЬ (несов.) **НАДЕТЬ** (сов.) **to put on** 1. Н что на кого/что (Н пальто на ребёнка to put a coat on a child; Н кольцо на палец to put a ring on one's finger) 2. Н кому что (всем надели наручники they put handcuffs on everyone)

НАДЕЛАТЬ (сов.) **to do, make** (in quantity); **to cause** 1. Н что/чего (Н ошибок to make mistakes; Н беду/беды to cause trouble) 2. *misc.* его доклад наделал шуму his report caused a stir

НАДЕЛЯТЬ (несов.) **НАДЕЛИТЬ** (сов.) A. **to provide with** Н кого/что чем (Н крестьян землёй to provide peasants with land) B. **to endow** Н кого чем (природа наделила её умом nature endowed her with intelligence)

НАДЁРГИВАТЬ (несов.) **НАДЁРГАТЬ** (сов.) A. **to pull** (up), **pluck** Н что/чего (Н горсть травы to pull up a handful of grass; надёргать травы to pull up some grass) B. (colloq.) **to slap together, assemble haphazardly** Н что/чего откуда (Н цитаты/цитат из разних книг to slap together quotes from various books)

НАДЕРЗИТЬ see **ДЕРЗИТЬ**

НАДЕТЬ see **НАДЕВАТЬ**

НАДЕЯТЬСЯ (несов.) — (colloq.) **ПОНА-ДЕЯТЬСЯ** (сов.) A. **to hope** 1. Н на что (Н на поддержку to hope for support) 2. Н + неопр. ф. (она надеется закончить работу досрочно she hopes to finish the work on time) 3. Н (на что), что с придат. (мы надеемся, что поезд придёт без опоздания we hope that the train will not be late) 4. *misc.* Н зря/напрасно to hope in vain B. **to count on, rely on** 1. Н на кого/что (Н на товарищей to count on/rely on one's friends; Н на помощь to count on help; Н на память to rely on one's memory) 2. *misc.* *Н как на каменную гору to place one's full faith in smt.

НАДЗИРАТЬ (несов.) **to keep an eye on, monitor, supervise** Н за кем/чем (Н за школьниками to supervise pupils; Н за порядком to make sure that things are working well)

НАДЛЕЖАТЬ (несов.) (impers.) (official) **to be required** Н (кому) + неопр. ф. (мне надлежит явиться в указанный срок I must appear at the time indicated)

НАДОЕДАТЬ (несов.) **НАДОЕСТЬ** (сов.) **A. to pester, bore, get on the nerves of** 1. Н кому (он мне надоел he got on my nerves) 2. Н (кому) чем (ученик надоел учителю вопросами the pupil got on the teacher's nerves with his questions; мальчик надоедал отцу просьбами the boy kept pestering his father with requests) 3. *misc.* Н до смерти to be dreadfully boring B. (impers.) **to get tired of** Н кому + неопр. ф. (ей надоело читать she got tired of reading)

НАДОИТЬ see **НАДАИВАТЬ**

НАДОРВАТЬ see **НАДРЫВАТЬ**

НАДРЕЗАТЬ, НАДРЕЗЫВАТЬ (несов.) **НАДРЕЗАТЬ** (сов.) **to cut into** (from the top) Н что чем (Н арбуз ножом to cut into a watermelon with a knife)

НАДРУГАТЬСЯ (сов.) **to desecrate; to humiliate, offend** Н над кем/чем (Н над монументом to desecrate a monument; Н над чьими чуствами to hurt smb.'s feelings)

НАДРЫВАТЬ (несов.) **НАДОРВАТЬ** (сов.) **to strain, overtax** Н что чем (Н голос криком to strain one's voice by screaming; Н здоровье переутомлением to endanger one's health by overexertion)

НАДРЫВАТЬСЯ (несов.) **НАДОРВАТЬСЯ** (сов.) see **НАДРЫВАТЬ**; *misc.* газета надрывается от телефонных звонков the newspaper is being swamped with telephone calls; надрываться на работе to work too hard

НАДСМАТРИВАТЬ (несов.) **to keep an eye on, monitor, supervise** Н за кем/чем *and* над кем/чем (Н за рабочими to supervise workers)

НАДСТАВЛЯТЬ (несов.) **НАДСТАВИТЬ** (сов.) **to lengthen** (a garment) Н что чем (Н юбку оборкой to lengthen a skirt with a flounce)

НАДУВАТЬ (несов.) **НАДУТЬ** (сов.) **to inflate, pump up** Н что чем (Н резиновую лодку воздухом to inflate a rubber boat) B. **to blow** (of the wind) Н что/чего куда (ветер надул пыли в окно the wind blew dust through the window) C. (impers.) **to blow in** (of the wind) Н куда (в комнату надуло a cold wind blew into the room) D. (impers.) **to be affected** (by a draft of cold air) Н (кому) куда (мне надуло в шею I got a stiff neck from sitting in a draft) E. (impers.) **to be blown in** Н чего (ветром надуло пыли the wind blew in dust) F. *misc.* *надуть губы to pout

НАДЫШАТЬСЯ (сов.) A. **to breathe, inhale** (in quantity) Н чем (Н вредными испарениями to inhale toxic vapors) B. *misc.* *мать на сына не надышится the mother simply dotes on her son

НАЕДАТЬСЯ (несов.) **НАЕСТЬСЯ** (сов.) A. **to fill up on** 1. Н чем (Н хлебом to fill up on bread) 2. *misc.* Н досыта to gorge oneself B. **to eat** (a lot of) Н чего (она наелась хлеба she ate a lot of bread)

НАЕЗЖАТЬ (несов.) **НАЕХАТЬ** (сов.) A. **to drive** (into, onto), **hit** Н на что (Н на тротуар to drive up onto the pavement BE/sidewalk AE; Н на столб to hit a pole) B. **to come, drop in** (in large numbers) 1. Н куда/к кому (Н к другу to pile in on a friend; Н в столицу to assemble in the capital) 2. Н откуда (Н из разных мест to come from various places)

НАЖАРИВАТЬ (несов.) **НАЖАРИТЬ** (сов.) **to fry, roast** (in quantity) Н что/чего (нажарить рыбы to fry some fish)

НАЖИВАТЬ (несов.) **НАЖИТЬ** (сов.) A. **to acquire, gain** Н что чем (Н имущество трудом to acquire a fortune by working hard) B. **to make** (for oneself) Н что/чего (Н беду/беды to make trouble for oneself)

НАЖИВАТЬСЯ (несов.) **НАЖИТЬСЯ** (сов.) **to profit, get rich, make a fortune** Н на ком/чём (Н на спекуляции to get rich by speculating; Н на военных поставках to make a fortune by shipping arms; Н на чужом горе to profit from smb.'s misfortune)

НАЖИМАТЬ (несов.) **НАЖАТЬ** (сов.) A. **to press, push** 1. Н что/на что (Н дверь/на дверь to push a door) 2. *misc.* Н на спусковой крючок to press/pull/squeeze the trigger; *Н на все кнопки/педали to go all out B. **to exert pressure on** Н на кого/что (Н на снабженцев to exert pressure on one's suppliers) C. **to squeeze** (juice) Н что/чего (она нажала соку she squeezed some juice)

НАЗВАТЬ see **НАЗЫВАТЬ**

НАЗВАТЬСЯ I see **НАЗЫВАТЬСЯ**

НАЗВАТЬСЯ II (сов.) (slang) A. **to offer** Н + неопр. ф. (он назвался всех угостить he offered to treat everyone) B. *misc.* Н в гости to wrangle an invitation

НАЗНАЧАТЬ (несов.) **НАЗНАЧИТЬ** (сов.) A. **to assign** 1. Н кого/что куда (Н учителя в школу to assign a teacher to a school; Н кого на новую должность to assign smb. to a new job) 2. Н что кому (Н задание учащимся to assign homework to pupils) B. **to designate, set aside** 1. Н что к чему/на что (Н участок к вырубке to set aside a parcel of land for clearing; Н дом на слом to condemn a house *or* to set aside a house for demolition) 2. Н что для чего (Н класс для занятий to set aside a classroom for drill sessions) C. **to appoint** 1. Н кого куда (её назначили в комиссию she was appointed to a commission; Н офицера в штаб to appoint/assign an officer to headquarters) 2. Н кого кем (её назначили руководителем she was appointed manager) 3. Н кого + неопр. ф. (Н кого руководить работой to appoint smb. to manage operations) D. **to prescribe** Н что кому (Н лекарство больному to prescribe medication for a patient) E. *misc.* она мне назначила свидание в парке she made a date to meet me in the park; профессор назначил студентам консультацию the professor arranged a meeting with the students; Н собрание на 11 часов to schedule a meeting for 11 o'clock

НАЗЫВАТЬ (несов.) **НАЗВАТЬ** (сов.) A. **to give a name to, name** 1. Н кого/что кем/чем *and* Н кого/что кто/что (назвали дочь Ольгой/Ольга they named their daughter Olga) 2. Н кого по кому (своего ребёнка назвали по дедушке they named their child after its grandfather) 3. *misc.* сына они назвали в честь своего друга they named their son after their friend B. **to call, label, name** 1. Н кого/что кем/чем (Н дочь именем бабушки to name a daughter for her grandmother; никто бы не мог её красавицей назвать no one could call her a beauty; назвали книгу романом the book was labeled as a novel; я ошибся и назвал его Володей I made a mistake and called him Volodja; он назвал себя Иваном he gave his name as Ivan) 2. Н кого/что каким (она назвала поездку удачной she called the trip a success) 3. *misc.* её называли по имени-отчеству they called her by her name and patronymic C. **to name, appoint** Н кого куда (Н делегатов на конференцию to name delegates to a conference) D. (colloq.) **to invite** Н кого куда (Н гостей к себе to invite guests to one's home) E. *misc.* *Н вещи своими именами to call a spade a spade

НАЗЫВАТЬСЯ (несов.) **НАЗВАТЬСЯ** (сов.) A. **to call oneself, introduce oneself as** Н кем/чем (Н инженером to introduce oneself as an engineer; Н чужим именем to use an assumed name) B. (only imperf.) **to be called/named** Н кем/чем *and* каким *and* кто/что (*Note*: Geographical names are usually in the nominative) (это называется словарём/словарь this is called a dictionary; материя называться фланелью this fabric is called flannel; эта станция метро называется Красная площадь this subway AE/underground BE station is called 'Red Square'; почему чемпионат страны назывался открытым? why were the national championships called open?)

НАИМЕНОВАТЬ see **ИМЕНОВАТЬ**

НАЙТИ I see **НАХОДИТЬ I**

НАЙТИ II see **НАХОДИТЬ II**

НАКАЗЫВАТЬ (несов.) **НАКАЗАТЬ** (сов.) **to punish** 1. Н кого/что за что (Н кого за преступление to punish smb. for a crime) 2. Н кого/что по чему (преступность у них наказывают по заслугам they hand down sentences that fit the crime) 3. *misc.* Н кого молчанием to ostracize smb.

НАКАЛЫВАТЬ (несов.) **НАКОЛОТЬ** (сов.) A. **to pin, put, stick** 1. Н что/чего куда (Н объявления/объявлений на доску to put up notices on a board; Н значок на пальто to pin a badge on one's coat; Н кусок мяса на вилку to put a piece of meat on a fork) 2. Н что чем (Н рисунок булавкой to pin up a drawing; Н мясо вилкой to put a piece of meat on a fork) B. **to prick, stick** Н что чем (Н палец иглой to prick one's finger on a needle)

НАКАПАТЬ see **КАПАТЬ**

НАКАПЫВАТЬ (несов.) **НАКОПАТЬ** (сов.) A. **to dig up** Н что/чего (накопать картофеля to dig up some potatoes; накопать земли to dig up some soil) B. **to dig** (in quantity) Н что/чего (накопать окопов to dig a lot of trenches)

НАКАПЛИВАТЬ, НАКОПЛЯТЬ (несов.) **НАКОПИТЬ** (сов.) **to accumulate, acquire, gain, save up** Н что/чего (Н опыт/опыта to gain experience; Н деньги/денег to accumulate wealth; Н знания/знаний to acquire knowledge)

НАКАТЫВАТЬ (несов.) **НАКАТИТЬ** (сов.) A. (rare) **to push, roll** Н что на что (Н бочку на телегу to push a barrel onto a cart) B. **to come, roll** 1. Н на что (волна накатила на берег the wave rolled up on the shore) 2. Н откуда (с реки накатывают тучи storm clouds are rolling in from the river) C. *misc.* *вдруг на него накатило suddenly smt. came over him

НАКАЧИВАТЬ (несов.) **НАКАЧАТЬ** (сов.) A. **to pump up** Н что чем (Н мяч насосом to pump up a ball) B. **to pump** 1. Н что/чего куда (Н нефть/нефти в резервуар to pump oil into a tank) 2. Н что откуда (Н керосин из цистерны to pump kerosene from a tank) C. **to fill** Н что чем (Н резервуар нефтью to fill a tank with oil)

НАКИДЫВАТЬ I **НАКИДАТЬ** see **НАБРА-СЫВАТЬ** I

НАКИДЫВАТЬ II **НАКИНУТЬ** see **НА-БРАСЫВАТЬ** II; Н лассо на лошадь to lasso a horse

НАКИДЫВАТЬСЯ see **НАБРАСЫВАТЬ-СЯ**

НАКЛАДЫВАТЬ (несов.) **НАЛОЖИТЬ** (сов.) A. **to cover; to put** 1. Н что на что (Н заплату на дыру to cover a hole with a patch *or* to mend a hole; Н грим на лицо to put on make-up; Н позолоту на рамку to gild a frame) 2. Н кому что (Н кому повязку на руку to bandage smb.'s arm; Н кому гипс to put a plaster cast on smb.) B. **to place, imprint** Н что на что (Н визу на заявление to stamp an application) C. **to fill, stuff** Н что/чего куда (наложить белья в чемодан to stuff a suit-case with laundry) D. **to put; to serve up** Н что/чего куда (Н еду/еды на тарелку to put/serve up food on a plate; Н книги/книг на стол to put books on a table; Н сахар/сахару в чай to put sugar into tea) E. **to impose, levy** Н что на кого/что (Н налоги на население to levy taxes on a population; Н жёсткие ограничения на что to impose severe restric-tions on smt.; Н арест на имущество to sequester property) F. *misc.* Н отпечаток грусти на кого to make smb. sad; *наложить на себя руки to commit suicide

НАКЛЕВЕТАТЬ see **КЛЕВЕТАТЬ**

НАКЛЕИВАТЬ (несов.) **НАКЛЕИТЬ** (сов.) A. **to put on, paste on** Н что на что (Н марку на конверт to put a stamp on an envelope; Н афишу на стену to put up a poster on a wall) B. **to make** (many of smt. by gluing, pasting) Н чего (наклеить игрушек to make many toys; наклеить коробочек to make many boxes)

НАКЛИКАТЬ (несов.) **НАКЛИКАТЬ** (сов.) **to bring on, court** *misc.* Н беду на свою голову to court disaster

НАКЛОНЯТЬ (несов.) **НАКЛОНИТЬ** (сов.) **to bend** Н что куда (Н ветку к земле to bend a branch to the ground; Н голову на бок to bend one's head to the side)

НАКЛОНЯТЬСЯ (несов.) **НАКЛОНИТЬ-СЯ** (сов.) **to bend, lean** 1. Н над кем/чем (Н над больным to lean over a patient; Н над умывальником to bend over a washbasin) 2. Н к кому/чему (Н к ребёнку to bend over a child) 3. Н куда (Н вперёд to lean forward; Н в сторону to lean to a side)

НАКОЛОТЬ see **НАКАЛЫВАТЬ**

НАКОПАТЬ see **НАКАПЫВАТЬ**

НАКОПИТЬ see **НАКАПЛИВАТЬ**

НАКОПЛЯТЬ see **НАКАПЛИВАТЬ**

НАКОРМИТЬ see **КОРМИТЬ**

НАКРИЧАТЬ (сов.) **to scream** Н на кого (Н на ученика to scream at a pupil)

НАКРОШИТЬ see **КРОШИТЬ** В

НАКРУЧИВАТЬ (несов.) **НАКРУТИТЬ** (сов.) **to wind** Н что на что (Н канат на барабан to wind a rope onto a drum)

НАКРЫВАТЬ (несов.) **НАКРЫТЬ** (сов.) A. **to cover** Н кого/что чем (Н ребёнка одея-лом to cover a child with a blanket; Н стол скатертью to put a tablecloth on a table; Н грузовик брезентом to cover a truck with a tarpaulin) B. *misc.* Н стол на сто to lay BE/ set a table; Н у ужину to set the table for dinner

НАКУПАТЬ (несов.) **НАКУПИТЬ** (сов.) **to buy, buy up** (in quantity) Н что/чего (Н продукты/продуктов to stock up on food; Н книги/книг to buy up a lot of books)

НАКУРИВАТЬ (несов.) **НАКУРИТЬ** (сов.) A. **to fill** (with smoke) Н что чем (Н комнату табаком to fill a room with tobacco smoke) B. **to make** (by distillation) Н что/чего (Н смо-лы to make tar)

НАЛАВЛИВАТЬ (несов.) **НАЛОВИТЬ** (сов.) **to catch** (in quantity) Н что/чего (нало-вить рыбы to catch a lot of fish)

НАЛАГАТЬ (несов.) **НАЛОЖИТЬ** (сов.) **to impose, place** 1. Н что на что (Н бремя на кого to impose/place a burden on smb.; Н штраф на кого to impose a fine on smb.; Н арест на чьё имущество to seize smb.'s property; Н запрет на что to ban smt.; Н вето на что to veto smt.) 2. *misc.* *наложить на себя руки to commit suicide

НАЛАМЫВАТЬ (несов.) **НАЛОМАТЬ** (сов.) A. **to break** (off) Н что/чего (Н ветки/веток to break off branches/some branches) B. *misc.* *наломать кому бока to beat smb. up; *наломать дров to blunder

НАЛГАТЬ (сов.) **to slander** Н на кого (Н на соседа to slander a neighbor)

НАЛЕГАТЬ (несов.) **НАЛЕЧЬ** (сов.) A. **to press against** Н (чем) на кого/что (Н на дверь плечом to press against a door with one's shoulder) B. **to exert pressure on** Н на кого/что (Н на подчинённых to exert pressure on one's employees) C. **to bear down** Н на что (Н на вёсла to row furiously; Н на занятия to put a greater effort into one's studies)

НАЛЕПИТЬ see **ЛЕПИТЬ** B

НАЛЕТАТЬ (несов.) **НАЛЕТЕТЬ** (сов.) A. **to fly into, run into** Н на кого/что (она налетела на столб she ran into a pole) B. **to attack; to swoop down on** 1. Н на кого/что (ястреб налетел на кур the hawk swooped down on the chickens) 2. Н откуда (конница налетела на пехоту с фланга the cavalry attacked the infantry from the flank) C. **to come across, meet, run into** Н на кого/что (Н на полицейского to run into a police officer) D. *misc.* с моря на побережье то и дело налетает резкий ветер every once in a while a biting wind blows in from the sea

НАЛИВАТЬ (несов.) **НАЛИТЬ** (сов.) A. **to fill** Н что чего/чем (Н стакан воды/водой to fill a glass with water; Н тарелку супа/супом to fill a bowl with soup) B. **to pour; to serve** 1. Н что/чего во что (Н воду/воды в стакан to pour water into a glass; Н молоко/молока в блюдечко to pour milk into a saucer) 2. Н что/чего чем (Н суп/супа разливательной ложкой to serve soup with a ladle) 3. Н что/чего из чего (Н вино/вина из бутылки to pour wine out of a bottle) 4. Н что/чего кому (Н чай/чаю гостью to serve tea to a guest) C. **to spill** Н что/чего куда/где (Н воду/воды на стол/на столе to spill water on a table)

НАЛОВИТЬ see **НАЛАВЛИВАТЬ**

НАЛОЖИТЬ see **НАКЛАДЫВАТЬ, НАЛАГАТЬ**

НАЛОМАТЬ see **НАЛАМЫВАТЬ**

НАЛЮБОВАТЬСЯ (сов.) **to admire intensely** Н кем/чем *and* на кого/что (не могу налюбоваться этой картиной/на эту картину I never get tired of looking at this painting)

НАМАЗЫВАТЬ (несов.) **НАМАЗАТЬ** (сов.) **to spread** 1. Н что/чего чем (Н булочку вареньем to spread jam on a roll; Н бутерброды/бутербродов маслом to butter sandwiches) 2. Н что/чего на что (Н масло/масла на хлеб to butter bread) (see also **МАЗАТЬ** A)

НАМАРИНОВЫВАТЬ (несов.) **НАМАРИНОВАТЬ** (сов.) **to pickle, marinate** (in quantity) Н что/чего (Н огурцы/огурцов to pickle cucumbers; Н фрукты/фруктов to pickle fruit; Н грибы/грибов to marinate mushrooms)

НАМАТЫВАТЬ (несов.) **НАМОТАТЬ** (сов.) **to wind** 1. Н что/чего на что (Н нитки/ниток на шпульку to wind thread onto a spool) 2. Н что вокруг чего (Н шарф вокруг шеи to wind/wrap a scarf around one's neck) (see also **МОТАТЬ**)

НАМАЧИВАТЬ (несов.) **НАМОЧИТЬ** (сов.) **to soak, steep** (in quantity) Н что/чего (Н яблоки/яблок to soak apples)

НАМЕКАТЬ (несов.) **НАМЕКНУТЬ** (сов.) **to hint, drop a hint** 1. Н (кому) на кого/что (Н на денежные затруднения to hint at financial difficulties; на что ты намекаешь? what are you hinting at?) 2. Н (кому) о чём (я намекнул ему о долге I dropped him a hint about the money he owed) 3. Н (кому) (на то), что с придат. (он ей намекнул, что им пора идти he hinted to her that they should leave) 4. *misc.* Н осторожно to hint gently

НАМЕРЕВАТЬСЯ (несов.) **to intend, mean, plan** Н + неопр. ф. (я намеревался поговорить с тобой до моего отъезда I meant to speak with you before I left; она намеревается вернуться завтра she intends to return tomorrow)

НАМЕТАТЬ I (несов.) **НАМЕСТИ** (сов.) A. **to sweep** Н что/чего куда (Н снег/снега на тротуар to sweep snow onto the pavement BE/sidewalk AE) B. (impers.) **to accumulate, drift, pile up** Н чего (намело много снегу a lot of snow has accumulated)

НАМЕТАТЬ II see **НАМЁТЫВАТЬ**

НАМЕТИТЬ I see **НАМЕЧАТЬ** I

НАМЕТИТЬ II see **НАМЕЧАТЬ** II

НАМЁТЫВАТЬ (несов.) **НАМЕТАТЬ** (сов.) A. **to pile, stack** (in quantity) Н что/чего на что (наметать на воз сена to pile hay onto a cart) B. **to train** (the eye, the hand) Н что на чём (Н руку на чём to become proficient at smt.) C. **to spawn** Н что/чего (наметать икры to spawn roe)

НАМЕЧАТЬ I (несов.) **НАМЕТИТЬ** (сов.) **to trace; to mark** Н что чем (Н линию карандашом to trace a line with a pencil; Н дорогу вехами to mark a road with signposts; Н место колышками to mark a spot with pegs; Н контур штрихами to outline)

НАМЕЧАТЬ II (несов.) **НАМЕТИТЬ** (сов.) A. **to name, select** 1. Н кого кем (Н кого секретарём to name smb. secretary) 2. Н кого в кого (Н кого в секретари to name smb. secretary) 3. Н кого во что (Н кого в состав комиссии to name smb. to serve on a commission) B. **to designate, mark** Н что к чему (Н здание к разрушению to mark a building for demolition) C. **to plan** Н + неопр. ф. (Н встретиться to plan to meet; она наметила поехать в Крым she planned to go to the Crimea; намечается изменить закон plans are being made to change the law) D. **to schedule** Н что на что (Н собрание на среду to schedule a meeting for Wednesday)

НАМЕШИВАТЬ (несов.) **НАМЕШАТЬ** (сов.) **to add, mix** (in) Н что/чего куда (Н изюм/изюму в тесто to add raisins to dough)

НАМИНАТЬ (несов.) **НАМЯТЬ** (сов.) A. **to knead, model** (a quantity of) Н что/чего (намять глины to model some clay) B. *misc.* *намять бока кому to beat smb. up

НАМОЗОЛИТЬ see **МОЗОЛИТЬ**

НАМОТАТЬ see **МОТАТЬ, НАМАТЫВАТЬ**

НАМОЧИТЬ see **МОЧИТЬ, НАМАЧИВАТЬ**

НАМЫВАТЬ (несов.) **НАМЫТЬ** (сов.) A. **to deposit** Н что/чего (Н песок/песку to deposit sand) B. **to pan, extract by panning** Н что/чего (Н золото/золота to pan for gold) C. **to wash** (in quantity) Н что/чего (намыть посуды to wash the dishes AE/to do the washing up BE)

НАМЫЛИТЬ see **МЫЛИТЬ**

НАМЯТЬ see **НАМИНАТЬ**

НАНИЗЫВАТЬ (несов.) **НАНИЗАТЬ** (сов.) **to string** (in quantity) Н что/чего на что (она нанизывает бусы на нитку she is stringing beads on a thread) (see also **НИЗАТЬ**)

НАНИМАТЬ (несов.) **НАНЯТЬ** (сов.) **to hire** 1. Н кого как кого/в кого (Н кого как няньку/в няньки to hire as a baby-sitter) 2. Н кого + неопр. ф. (Н женщину убирать квартиру to hire a woman to clean an apartment AE/a flat BE)

НАНОСИТЬ I (сов.) **to bring** (in quantity, on several occasions) Н что/чего (Н дров to bring firewood)

НАНОСИТЬ II (несов.) **НАНЕСТИ** (сов.) A. **to bring** (in quantity) Н что/чего куда/кому (нанести подарков детям to bring children gifts; нанести товаров на рынок to bring merchandise to the market) B. **to apply, put on** Н что на что (Н краску на поверхность to apply paint to a surface) C. **to draw in, enter, plot** Н что на что (Н маршрут на карту to plot a route on a map; Н здание на план to draw in a building on a blueprint; Н рисунок на ткань to print a design on a fabric) D. **to inflict, cause** 1. Н (чем) что кому/чему (Н рану бойцу to wound a soldier; Н поражение противнику to inflict a defeat on an enemy; Н оскорбление кому to insult smb.; Н ущерб кому/чему to cause smb./smt. damage; Н удар кому to deal smb. a blow; Н кому твёрдым предметом удар по голове to strike smb. in the head with a hard object) 2. Н что по чему (Н ракетный удар по позициям врага to launch a missile attack against enemy positions) 3. *misc.* *нанести удар из-за угла to stab smb. in the back E. (impers.) **to strike, run into** 1. Н что на что (лодку нанесло на мель the boat struck a rock) F. **to drift, pile up** 1. (impers.) Н (чем) чего (течением нанесло песку the current piled up a lot of sand) 2. *misc.* с улицы ветром нанесло пыль the wind blew in dirt from the street G. *misc.* Н визит кому to pay smb. a visit

НАНЮХИВАТЬСЯ (несов.) **НАНЮХАТЬСЯ** (сов.) (colloq.) **to sniff** Н чего (он нанюхался кокаина he snorted cocaine)

НАПАДАТЬ (несов.) **НАПАСТЬ** (сов.) A. **to attack, come at** 1. Н (с чем) на кого/что (Н на кого с ножом to attack smb. with a knife; Н на соседнюю стану to attack a neighboring country; Н на укрепление с большим отрядом to attack a fortified position with a large detachment; он напал на меня с разными обвинениями he came at me with various accusations) 2. Н откуда (Н из засады to attack from ambush) 3. *misc.* Н неожиданно to attack without warning B. **to come across, run across** Н на что (Н на интересную книгу to come across an interesting book; она напала на счастливую мысль she had an inspiring thought; Н на золотоносную жилу to discover a vein of gold) C. **to affect, come over** Н на кого (напал страх на него he was frightened; на неё напала грусть she was overcome by a feeling of sadness)

НАПАКОСТИТЬ see **ПАКОСТИТЬ**

НАПАРЫВАТЬ (несов.) **НАПОРОТЬ** (сов.) (slang) **to cut, gash** Н что на что (Н руку на гвоздь to gash one's hand on a nail)

НАПАРЫВАТЬСЯ (несов.) **НАПОРОТЬ-СЯ** (сов.) (slang) A. **to run into, come across** Н на что (Н на засаду to fall into an ambush) B. **to cut/gash oneself** Н на что (Н на гвоздь to gash oneself on a nail)

НАПАСТЬ see **НАПАДАТЬ**

НАПЕВАТЬ (несов.) **НАПЕТЬ** (сов.) a. **to record, tape** Н что на что (Н песню на плёнку to record a song) B. **to sing** Н что кому (Н песню ребёнку to sing a song to a child)

НАПЕКАТЬ (несов.) **НАПЕЧЬ** (сов.) A. **to bake** (in quantity) Н что/чего (напечь булок to bake a lot of rolls) B. (impers.) **to burn** (of the sun) Н что кому (мальчику напекло руки the boy's arms got sunburned)

НАПЕЧАТАТЬ see **ПЕЧАТАТЬ**

НАПИВАТЬСЯ (несов.) **НАПИТЬСЯ** (сов.) **to drink** (in quantity) 1. Н чего/чем (Н воды/ водой to fill up on water) 2. *misc.* Н из чайника to drink one's fill of tea; *Н до чёртиков to get roaring drunk

НАПИЛИВАТЬ (несов.) **НАПИЛИТЬ** (сов.) **to cut, saw** Н что/чего (напилить дров на зиму to cut up firewood for the winter)

НАПИСАТЬ see **ПИСАТЬ**

НАПИЧКАТЬ see **ПИЧКАТЬ**

НАПЛАКАТЬ (сов.) *misc.* П себе глаза to cry one's eyes out; *денег у меня кот наплакал I'm flat broke

НАПЛЕВАТЬ see **ПЛЕВАТЬ**

НАПЛЁСКИВАТЬ (несов.) **НАПЛЕСКАТЬ** (сов.) **to splash** (in quantity) Н что/чего куда (дети наплескали воды на пол the children splashed a lot of water on the floor)

НАПЛЫВАТЬ (несов.) **НАПЛЫТЬ** (сов.) A. **to hit, sail into** Н на что (лодка наплыла на мель the boat hit a shoal) B. **to cover** Н на что (туча наплыла на солнце a cloud covered the sun)

НАПОИТЬ (сов.) A. see **ПОИТЬ** B. **to permeate, saturate** Н что чем (Н землю влагой to saturate the ground with moisture)

НАПОЛЗАТЬ (несов.) **НАПОЛЗТИ** (сов.) A. **to crawl into, hit** (while crawling) Н на что (Н на канаву to crawl into a ditch; разведчик наполз на труп the scout crawled right across a dead body) B. **to crawl** (in large numbers) Н куда (в комнату наползли муравьи a lot of ants crawled into the room) C. **to cover** Н на что (туча наползла на солнце a cloud covered the sun)

НАПОЛИРОВАТЬ see **ПОЛИРОВАТЬ**

НАПОЛНЯТЬ (несов.) **НАПОЛНИТЬ** (сов.) A. **to fill** Н кого/что чем (Н корзинку грибами to fill a basket with mushrooms; Н кастрюлю водой to fill a pot with water) B. *misc.* эта новость наполнила меня радостью the news made me very happy

НАПОМИНАТЬ (несов.) **НАПОМНИТЬ** (сов.) A. **to remind** 1. Н (кому) кого/что *and* о ком/чём (фотография напомнила мне прошлое/о прошлом the photograph reminded me of the past; Н о себе to attract attention to oneself) 2. Н (кому) (о том), что с придат. (она мне напомнила о том, что собрание будет в десять часов she reminded me that the meeting would be at ten o'clock) 3. Н, чтобы с придат. (он напомнил, чтобы я вернул ему книгу he reminded me to return the book) B. **to look like, remind** Н кому (чем) кого/что (он мне очень напоминает брата лицом he reminds me a lot of my brother; она напомнила мне мою бабушку she reminded me of my grandmother)

НАПОРОТЬ I see **НАПАРЫВАТЬ**

НАПОРОТЬ II (сов.) (colloq.) *misc.* Н вздору/чепухи to talk nonsense

НАПОРОТЬСЯ see **НАПАРЫВАТЬСЯ**

НАПРАВЛЯТЬ (несов.) **НАПРАВИТЬ** (сов.) A. **to direct; to focus** 1. Н что на кого/что (Н разговор на главную тему to direct a conversation to the topic under discussion; Н усилия на решение проблемы to make every effort to solve a problem) 2. Н что против чего (Н критику против бюрократов to criticize the bureaucrats) B. **to aim, point** Н что на кого/что (Н автомат на врага to aim a submachine gun at an enemy; Н удар на слабое место to aim a blow at a weak spot) C. **to send; to refer** 1. Н кого/что куда/к кому (Н заявление в бюро жалоб to refer an incident to the complaint department; Н студента на практику to send a student out to do fieldwork; Н больного к специалисту to refer/send a patient to a specialist; Н офицера в полк to send an officer to a regiment; он направлен на работу в деревню he was sent to work in the country; они вас не туда направили they did not refer you to the right place) 2. Н кого кем (Н кого инженером на завод to assign smb. to a factory as an engineer) D. **to send** (a letter, telegram) 1. Н что кому/чему (Н министерству телеграмму to send a telegram to a ministry) 2. Н что (кому) по чему (Н что по почте to send smt. by mail; Н кому документ по телефаксу to fax smb. a document)

НАПРАВЛЯТЬСЯ (несов.) A. see **НАПРАВЛЯТЬ** B. **to go** Н куда (Н в город to go to town; Н на охоту to go hunting; корабль направился своим ходом в гавань the ship proceeded to port under its own power)

НАПРАКТИКОВАТЬСЯ see **ПРАКТИКОВАТЬСЯ**

НАПРАШИВАТЬСЯ (несов.) **НАПРОСИТЬСЯ** (сов.) (colloq.) A. **to wrangle** (an invitation) 1. Н (к кому) куда (я напросился к нему на занятия I wrangled an invitation to visit his classes; Н в гости to wrangle an invitation; Н на обед to wrangle an invitation to lunch) B. *misc.* Н на комплимент to fish for a compliment; Н дежурить всю ночь to volunteer to work all night

НАПРОРОЧИТЬ see **ПРОРОЧИТЬ**
НАПРЫСКАТЬ see **ПРЫСКАТЬ**
НАПУГАТЬ see **ПУГАТЬ**
НАПУГАТЬСЯ see **ПУГАТЬСЯ**
НАПУДРИТЬ see **ПУДРИТЬ**
НАПУСКАТЬ (несов.) **НАПУСТИТЬ** (сов.) A. **to let in, admit** 1. Н что/чего куда (Н холод/холоду в комнату to let cold air into a room; Н рыбу/рыбы в пруд to stock a pond with fish; Н воду/воды в ванну to fill a bathtub with water) 2. *misc.* *напустить туману to becloud the issue B. **to set, sic, incite** Н кого/что на кого/что (Н собак на зайца to set dogs on a hare) C. *misc.* Н на себя строгость to assume the air of a stern taskmaster

НАПУСКАТЬСЯ (несов.) **НАПУСТИТЬСЯ** (сов.) **to attack** (verbally) Н на кого с чем (Н на кого с упрёками to reprimand smb.; Н на кого с жалобами to complain about smb.)

НАПУТСТВОВАТЬ (сов. и несов.) (lit.) **to say** (when parting) Н кого чем (Н друга добрыми пожеланиями to send a friend off with best wishes)

НАПУТЫВАТЬ (несов.) **НАПУТАТЬ** (сов.) **to get mixed up** Н (что) в чём (Н в подсчётах to get mixed up in one's calculations)

НАПЯЛИВАТЬ (несов.) **НАПЯЛИТЬ** (сов.) (colloq.) **to pull on** П что на что (Н сапоги на ноги to pull one's boots on)

НАРАБАТЫВАТЬ (несов.) **НАРАБОТАТЬ**

(сов.) (colloq.) **to earn** (in quantity); **to make, produce** (in quantity) Н что/чего (она наработала денег she earned a lot of money; наработать запасных частей to produce a large number of spare parts)

НАРАДОВАТЬСЯ (сов.) **to rejoice** Н на кого/что *and* кому/чему (они не нарадуются внукам/на внуков they derive infinite pleasure from their grandchildren)

НАРАСТАТЬ (несов.) **НАРАСТИ** (сов.) **to grow** *misc.* Н как снежный ком to snowball

НАРВАТЬСЯ see **НАРЫВАТЬСЯ**

НАРЕЗАТЬ (несов.) **НАРЕЗАТЬ** (сов.) A. **to cut, slice** (in quantity) Н (чем) что/чего (Н хлеб/хлеба ножом to slice a lot of bread; она нарезала огурцы тонкими кружочками she cut cucumbers into thin slices) B. **to cut into, lacerate** Н что кому (верёвка мне нарезала руку the cord cut into my hand)

НАРЕКАТЬ (несов.) **НАРЕЧЬ** (сов.) (obsol.) **to name** Н кого/что кем/чем *and* к кому/чему (Н кого Борисом to name smb. Boris; Н младенцу имя Иван to name an infant Ivan)

НАРИСОВАТЬ see **РИСОВАТЬ**

НАРУБАТЬ (несов.) **НАРУБИТЬ** (сов.) **to chop** (in quantity) Н (чем) что/чего (Н дрова/дров топором to chop a lot of firewood with an axe)

НАРУШАТЬ (несов.) **НАРУШИТЬ** (сов.) A. **to break, violate** Н что чем (Н тишину криком to break the silence with a scream) B. *misc.* Н планы кому to interfere with smb.'s plans

НАРЫВАТЬ I (несов.) **НАРВАТЬ** (сов.) A. **to pick** (in quantity) Н что/чего (Н цветы/цветов to pick flowers) B. **to tear up** (in quantity) Н что/чего (Н бумагу/бумаги to tear up a lot of paper)

НАРЫВАТЬ II (несов.) **НАРЫТЬ** (сов.) **to dig** (a quantity of) Н что/чего (нарыть ям to dig some holes)

НАРЫВАТЬСЯ (несов.) **НАРВАТЬСЯ** (сов.) **to meet with, run into** Н на кого/что (Н на засаду to run into an ambush; Н на неприятность to run into trouble/an unpleasant situation)

НАРЯЖАТЬ I (несов.) **НАРЯДИТЬ** (сов.) **to dress, dress up** 1. Н кого во что (Н школьников в маскарадные костюмы to dress up school children in party costumes; Н девочку в красивое платье to dress a girl in a pretty dress) 2. Н кого кем (Н мальчика клоуном to dress a boy up as a clown)

НАРЯЖАТЬ II (несов.) **НАРЯДИТЬ** (сов.) **to assign, detail** Н кого/что куда/за чем (Н бойца в караул to assign a soldier to guard duty; Н рабочих на погрузку to assign workers to load cargo; Н подводы за лесом to assign carts to haul lumber)

НАРЯЖАТЬСЯ (несов.) **НАРЯДИТЬСЯ** (сов.) **to dress up, get dressed up** 1. Н во что (Н в маскарадный костюм to get dressed up in a party costume) 2. Н кем (Н снегурочкой to dress up as Snow White)

НАСАЖАТЬ (сов.) see **НАСАЖИВАТЬ** I

НАСАЖДАТЬ (несов.) **НАСАДИТЬ** (сов.) **to impose, propagate** Н что чем (Н новый мировой порядок огнём и мечом to impose a new world order with fire and sword)

НАСАЖИВАТЬ I (несов.) **НАСАДИТЬ** (сов.) A. **to seat, put** (a quantity of) Н кого/что куда (Н людей в автобус to seat passengers in a bus; Н кроликов в клетку to put rabbits into a cage) B. **to plant** Н что/чего (Н цветы/цветов to plant flowers)

НАСАЖИВАТЬ II (несов.) **НАСАДИТЬ** (сов.) **to attach, put, stick** Н что/чего на что (Н мясо/мяса на вертел to put meat on a spit; Н червяка на крючок to put bait on a hook *or* to bait a hook)

НАСАЖИВАТЬСЯ (несов.) **НАСЕСТЬ** (сов.) A. **to sit down, take a seat** (in large numbers) Н куда (в автобус насело много народу a lot of people got into the bus and took their seats)

НАСАЛИВАТЬ (несов.) **НАСОЛИТЬ** (сов.) A. **to salt, pickle, marinate** (a quantity of) Н что/чего (Н огурцы/огурцов to pickle cucumbers; Н грибы/грибов to marinate mushrooms) B. (only perf.) (colloq.) **to get back at, annoy, spite** Н кому (она пытается насолить работодателю за низкую плату she's trying to get back at her employer for having been paid low wages; всем в доме насолил he's annoyed everyone in the house)

НАСЕДАТЬ (несов.) **НАСЕСТЬ** (сов.) A. **to collect, settle** Н на что (пыль населá на мебель dust settled on the furniture) B. (colloq.) **to press, put pressure on** 1. Н (с чем) на кого/что (неприятель насел на фланги the enemy was exerting pressure on the flanks; Н на кого с вопросами to pepper smb. with questions) 2. Н на кого, чтобы с придат. (она насела на меня, чтобы я скорее закончил работу she put pressure on me to finish the

job as soon as possible)

НАСЕЛЯТЬ (несов.) **НАСЕЛИТЬ** (сов.) see **ЗАСЕЛЯТЬ**

НАСЕСТЬ I see **НАСАЖИВАТЬСЯ**

НАСЕСТЬ II see **НАСЕДАТЬ**

НАСКАКИВАТЬ (несов.) **НАСКОЧИТЬ** (сов.) A. **to jump on, pounce on** Н на кого/что (собака наскочила на прохожего a dog pounced on a passerby) B. **to hit, run into; to encounter, meet** Н на что (судно наскочило на мину the ship hit a mine; Н на столб to run into a pole; Н на сопротивление to meet with resistance; Н на препятствие to encounter an obstacle; Н на неприятную сцену to come upon an unpleasant scene) C. (colloq.) **to confront** Н на кого с чем (Н на кого с обвинением to confront smb. with an accusation)

НАСКРЕБАТЬ (несов.) **НАСКРЕСТИ** (сов.) **to scrape together** Н что/чего (Н соли to scrape together some salt; Н денег на поездку to scrape together some money for a trip)

НАСКУЧИТЬ (сов.) (colloq.) see **НАДОЕДАТЬ** A 1, 2

НАСЛАЖДАТЬСЯ (несов.) **НАСЛАДИТЬСЯ** (сов.) **to enjoy, take pleasure in** Н чем (Н музыкой to enjoy music)

НАСЛАТЬ see **НАСЫЛАТЬ**

НАСЛЕДИТЬ see **СЛЕДИТЬ** II

НАСЛЕДОВАТЬ (сов. и несов.) A. (сов. тж.) **УНАСЛЕДОВАТЬ to inherit** Н что от кого (Н имущество от родителей to inherit property from one's parents) B. **to succeed, be an heir to** Н кому (сын наследует отцу a son is heir to his father)

НАСЛУШИВАТЬСЯ (несов.) **НАСЛУШАТЬСЯ** (сов.) A. **to hear a lot of** Н кого/чего (она наслушалась ораторов she has heard a lot of speakers; Н новостей to hear a lot of news) B. **to hear enough of** Н чего (я не наслушаюсь этих стихов I cannot get my fill of this poetry *or* I cannot hear enough of this poetry)

НАСЛЫШАТЬСЯ (сов.) (colloq.) **to hear a great deal** Н о ком/чём (мы наслышались о её успехах we have heard a great deal about her successes)

НАСМЕХАТЬСЯ (несов.) **to laugh at, mock, ridicule** Н над кем/чем (Н над хвастуном to laugh at a braggart; Н над чьими глупыми словами to ridicule smb.'s foolish remarks)

НАСМЕШИТЬ see **СМЕШИТЬ**

НАСМЕШНИЧАТЬ (несов.) (colloq.) see **НАСМЕХАТЬСЯ**

НАСМЕЯТЬСЯ (сов.) **to laugh at, make fun of** Н над кем/чем (Н над другом to laugh at a friend; Н над чьими чувствами to make fun of smb.'s feelings) (see also **СМЕЯТЬСЯ**)

НАСМОТРЕТЬСЯ (сов.) A. **to see a lot of** Н кого/чего (он насмотрелся всяких людей he has seen all sorts of people; они насмотрелись стран they have seen many countries) B. **to see enough of** Н на кого/что (бабушка не может насмотреться на внучек the grandmother cannot take her eyes off her granddaughters)

НАСОЛИТЬ see **НАСАЛИВАТЬ**

НАСОРИТЬ see **СОРИТЬ**

НАСПЛЕТНИЧАТЬ see **СПЛЕТНИЧАТЬ**

НАСТАВЛЯТЬ I (несов.) **НАСТАВИТЬ** (сов.) A. **to place** (a quantity of) Н что/чего (наставить стульев в комнате to place a number of chairs in a room; наставить сторожей to post many guards) B. **to add** 1. Н что к чему (Н кусок ткани к рукаву to add a piece of fabric to a sleeve) 2. *misc.* *Н рога кому to cuckold smb. C. **to aim** Н что на кого/что (Н револьвер на кого to aim a revolver at smb.)

НАСТАВЛЯТЬ II (несов.) **НАСТАВИТЬ** (сов.) (obsol.) **to edify, teach** Н кого/что на что (Н молодёжь на путь истины to set young people on the right path)

НАСТАИВАТЬ I (несов.) **НАСТОЯТЬ** (сов.) **to insist** 1. Н на чём (Н на отъезде to insist on leaving) 2. Н на том, чтобы + неопр. ф. (она настояла на том, чтобы пойти самой she insisted on going herself) 3. Н на том, что/чтобы с придат. (они настаивают на том, чтобы квота была заморожена they insist that the quota be/should be frozen) 4. *misc.* Н на своём to insist on having one's own way

НАСТАИВАТЬ II (несов.) **НАСТОЯТЬ** (сов.) **to prepare** (a liqueur) Н что на чём (Н водку на вишне to prepare a liqueur from cherries)

НАСТИЛАТЬ (несов.) **НАСТЛАТЬ** (сов.) **to lay, spread** Н что/чего (Н солому/соломы to spread straw)

НАСТОЯТЬ I see **НАСТАИВАТЬ** I

НАСТОЯТЬ II see **НАСТАИВАТЬ** II

НАСТРАИВАТЬ I (несов.) **НАСТРОИТЬ** (сов.) **to build** (a quantity of) Н что/чего (Н дома/домов to build a number of houses)

НАСТРАИВАТЬ II (несов.) **НАСТРОИТЬ** (сов.) A. **to tune** Н что на что (Н приёмник на среднюю волну to tune a radio to a medium wave; Н телевизор на первый канал to turn on channel one) B. **to dispose, incline** 1. Н (кого) на что (Н кого на весёлый лад to put smb. into a good mood *or* to cheer smb. up; Н гостя на интересный разговор to put a guest into the mood for an interesting conversation; эта история настраивает на грустные размышления this story evokes somber thoughts) 2. Н кого против кого/чего (Н сына против отца to turn a son against a father) 3. *misc.* Н кого в пользу кандидата to bring smb. over to a candidate's side; Н себя на худшее to get ready for the worst

НАСТРАИВАТЬСЯ (несов.) **НАСТРОИТЬСЯ** (сов.) A. **to get into a mood** Н на что (Н на весёлый лад to get into a good mood) B. **to home in** Н на что (Н на маяк to home in on a beacon)

НАСТРЕЛИВАТЬ (несов.) **НАСТРЕЛЯТЬ** (сов.) A. **to shoot** (a quantity of) Н кого/чего (настрелять белок to shoot a number of squirrels) B. (colloq.) **to borrow** Н что/чего у кого (она настреляла денег у приятелей she borrowed money from friends)

НАСТРОИТЬ I see **НАСТРАИВАТЬ** I

НАСТРОИТЬ II see **НАСТРАИВАТЬ** II

НАСТУПАТЬ (несов.). A. **to attack** 1. Н на кого/что (Н на врага to attack an enemy) 2. *misc.* Н широким фронтом to attack on a broad front B. **to tackle, undertake** Н на что (Н на пустыню to undertake the reclamation of a desert) C. **to bother, nag, pester** Н на кого с чем (Н на кого с просьбами to annoy smb. with requests) D. **НАСТУПИТЬ** (сов.) **to step on, tread on** 1. Н (кому) на что (Н на мину to step on a mine; Н кому на ногу to step on smb.'s toes — also fig.) 2. *misc.* *Н кому на любимую мозоль to get smb.'s goat

НАСЫЛАТЬ (несов.) **НАСЛАТЬ** (сов.) A. **to send** (a quantity of) Н что/чего (наслать подарков to send a lot of gifts) B. (obsol.) **to inflict, send down, wreak** (of a divine power) Н что на кого/что (Н бедствие на страну to wreak havoc with a country)

НАСЫПАТЬ (несов.) **НАСЫПАТЬ** (сов.) A. **to pour** Н что/чего во что (Н зерно/зерна в мешок to pour grain into a sack) B. **to fill** Н что чем (Н мешок зерном to fill a sack with grain) C. **to spread, sprinkle** Н что/чего куда/кому (Н песок/песку на дорожку to spread sand on a road; Н соль/соли на стол to sprinkle salt on a table; Н корм/корму скоту to spread fodder for cattle)

НАСЫЩАТЬ (несов.) **НАСЫТИТЬ** (сов.) A.

to satiate Н кого/что чем (Н кого вкусной пищей to satiate smb.'s appetite with tasty food) B. **to flood, saturate** Н что чем (Н землю влагой to saturate the earth with moisture; Н рынок товарами to flood a market with goods)

НАТАЛКИВАТЬ (несов.) **НАТОЛКНУТЬ** (сов.) A. **to push, shove** Н кого/что на кого/что (Н лодку на мель to push a boat onto a shoal; Н кого на стол to shove smb. against a table) B. **to lead; to suggest** Н кого/что на что (она меня натолкнула на мысль she suggested the idea to me; Н кого на правильное решение to suggest the correct solution to smb.)

НАТАЛКИВАТЬСЯ (несов.) **НАТОЛКНУТЬСЯ** (сов.) **to hit, run into, strike; to encounter, meet** 1. Н на кого/что (лодка натолкнулась на камень the boat struck a rock; Н на сопротивление to meet with resistance; Н на препятствие to encounter/run into an obstacle; Н на правильное решение to come up with the correct solution; Н на спящего to stumble over a sleeping person) 2. *misc.* Н неожиданно to meet unexpectedly; Н случайно to meet by chance

НАТАСКИВАТЬ (несов.) A. **НАТАСКАТЬ** (сов.) **to bring, drag** (on several occasions) Н (куда) что/чего (Н песок/песку to bring sand; натаскать мешков в подвал to drag sacks into a basement) B. **НАТАСКАТЬ** (сов.) **to dig up** (from various sources), **track down** Н (из чего) что/чего (натаскать цитат to track down citations; натаскать примеров из устаревших учебников to dig up examples from obsolete textbooks) C. (colloq.) **НАТАСКАТЬ** (сов.) **to cram, tutor** (superficially) 1. Н кого к чему/перед чем (Н учеников к экзамену/перед экзаменом to cram pupils for an examination) 2. Н кого по чему (Н кого по математике to cram smb. in mathematics) D. **НАТАСКАТЬ** (сов.) **to train** (an animal) Н кого/что на что (Н собаку на дичь to train a dog to hunt game; Н собаку на след to train a dog to track) E. **НАТАЩИТЬ** (сов.) **to pull on** (to cover oneself) Н что на себя (Н на себя одеяло to cover oneself with a blanket) F. **НАТАЩИТЬ** (сов.) **to bring, drag** (a quantity of) 1. Н что/чего куда (натащить дров на кухню to drag firewood into a kitchen; натащить веток в сарай to drag branches into a barn) 2. *misc.* натащить грязи в дом to track up a house

НАТЕКАТЬ (несов.) **НАТЕЧЬ** (сов.) **to accumulate** (of liquids) Н куда (в подвал натекла вода water accumulated in the basement)

НАТЕШИТЬСЯ (сов.) (colloq.) A. **to have fun** Н чем (ребята натешились игрой the kids had fun playing a game) B. **to make fun of, mock** Н над кем (Н над жертвой to mock one's victim)

НАТИРАТЬ (несов.) **НАТЕРЕТЬ** (сов.) A. **to rub** 1. Н кого/что чем (Н кожу вазелином to rub vaseline into one's skin) 2. *misc.* Н ногу новой обувью to get a blister on one's foot from new shoes B. **to polish, scrub** Н что чем (Н пол щёткой to scrub a floor with a brush) C. **to grate** Н (на чём) что/чего (Н сыр/сыру на тёрке to grate cheese on a grater)

НАТИСКИВАТЬ (несов.) **НАТИСКАТЬ** (сов.) (colloq.) **to cram, push, shove** Н что куда (Н вещи в рюкзак to cram one's things into a knapsack)

НАТКНУТЬ see **НАТЫКАТЬ**

НАТКНУТЬСЯ see **НАТЫКАТЬСЯ**

НАТОЛКНУТЬ see **НАТАЛКИВАТЬ**

НАТОЛКНУТЬСЯ see **НАТАЛКИВАТЬСЯ**

НАТОЛОЧЬ (сов.) **to grind, crush** (a quantity of) Н что/чего (Н соли to crush salt)

НАТОРЕТЬ (сов.) (slang) **to become proficient/skilled** Н в чём (Н в своём деле to become skilled at one's trade)

НАТРАВЛИВАТЬ (несов.) **НАТРАВИТЬ** (сов.) A. **to set, sic, incite** Н кого/что на кого/что (Н собак на зайца to set dogs on a hare; Н соседа на соседа to incite neighbor against neighbor) B. **to exterminate** (a quantity of) Н кого/чего (натравить тараканов to exterminate cockroaches) C. (несов. тж.) **НАТРАВЛЯТЬ to etch** (a quantity of) Н что/чего (натравить узоров to etch patterns on fabric)

НАТРЕНИРОВАТЬ see **ТРЕНИРОВАТЬ**

НАТЫКАТЬ (несов.) **НАТКНУТЬ** (сов.) **to affix, stick** Н что на что (Н бабочку на булавку to stick a pin into a butterfly)

НАТЫКАТЬСЯ (несов.) **НАТКНУТЬСЯ** (сов.) A. **to impale oneself; to run into** (smt. sharp) Н на что (Н на штык to impale oneself on a bayonet) B. **to hit, run into; to encounter, meet** 1. Н на кого/что (Н на столб to run into a pole; Н на упорное сопротивление to meet with stubborn resistance; Н на интересную мысль to come across an interesting idea) 2. *misc.* Н случайно to meet by chance

НАТЯГИВАТЬ (несов.) **НАТЯНУТЬ** (сов.) **to pull on** Н что на что/себя (Н на себя одеяло to pull a blanket over oneself; Н наволочку на подушку to put a pillow case on a pillow)

НАУСЬКИВАТЬ (несов.) **НАУСЬКАТЬ** (сов.) **to incite, sic** Н кого на кого (Н собаку на кого to sic a dog on smb.)

НАУЧИТЬ see **УЧИТЬ**

НАУЧИТЬСЯ see **УЧИТЬСЯ**

НАФАБРИКОВАТЬ (сов.) **to produce, turn out** (in quantity) Н что/чего (Н статеек to publish many articles; Н слухов to start many rumors)

НАФАРШИРОВЫВАТЬ (несов.) **НАФАРШИРОВАТЬ** (сов.) **to make** (by stuffing) 1. Н что/чего (нафаршировать колбас to make some sausages) 2. Н что чем see **ФАРШИРОВАТЬ**

НАХВАЛИВАТЬСЯ (несов.) **НАХВАЛИТЬСЯ** (сов.) **to praise highly** Н кем/чем (мать сыночком не нахвалится that mother cannot stop talking about her darling son)

НАХЛЫНУТЬ (сов.) A. **to crowd, surge** Н куда (туристы нахлынули в город tourists crowded into the city; волны нахлынули на берег waves surged onto the beach) B. **to crowd** Н на кого (воспоминания нахлынули на неё memories crowded everything out of her mind)

НАХОДИТЬ I (несов.) **НАЙТИ** (сов.) A. **to find** 1. Н кого/что в ком/чём (Н утешение в книгах to find consolation in books; Н друга в ком to find a friend in smb.) 2. Н (кого/что) каким (она нашла нужным возразить she found it necessary to respond; его нашли неподходящим для этой работы they found him unsuitable for the work; врач нашёл её вполне здоровой the doctor found her to be in perfect health) 3. *misc.* Н кому партнёра to find a partner for smb. B. **to determine, find (out)** 1. Н, как + неопр. ф. (они нашли, как выйти из положения they found a way to get out of their predicament) 2. Н, где/как/что с придат. (нашли, что ты права they determined that you were right; врач нашёл, что у ребёнка бронхит the doctor found that the child had bronchitis) C. *misc.* нашёл чем хвастаться! what does he have to brag about! нашла куда ходить! why in heaven's name is she going there!

НАХОДИТЬ II (несов.) **НАЙТИ** (сов.) A. **to hit, run into** 1. Н на кого/что (Н на столб to run into a pole) 2. *misc.* *нашла коса на камень he met his match B. **to cover** Н на что (туча нашла на солнце a cloud covered the sun) C. **to come over** Н на кого (грусть нашла на неё she became sad; что это на него нашло? what came over him?) D. **to collect, gather** Н куда (в комнату нашло много дыму a lot of smoke got into the room)

НАХОДИТЬСЯ (несов.) A. **to be; to be located, find oneself** 1. Н где (Н в городе to be in town; Н на работе to be at work; Н возле леса to be near a forest) 2. Н под чем (Н под впечатлением to be under an impression; Н под арестом to be under arrest; Н под влиянием кого to be under smb.'s influence) B. *misc.* он сразу нашёлся, что ответить he had a ready answer

НАЦЕЖИВАТЬ (несов.) **НАЦЕДИТЬ** (сов.) **to strain, separate** (a quantity of) Н что/чего (нацедить квасу to strain some kvas)

НАЦЕЛИВАТЬ (несов.) **НАЦЕЛИТЬ** (сов.) A. **to aim** Н что на кого/что (Н ружьё на зверя to aim a rifle at an animal) B. **to guide, lead, point** Н кого/что на что (Н коллектив на решение задачи to guide a group to the solution of a problem)

НАЦЕЛИТЬСЯ see **ЦЕЛИТЬСЯ**

НАЧЕРТИТЬ see **ЧЕРТИТЬ**

НАЧИНАТЬ (несов.) **НАЧАТЬ** (сов.) **to begin, start** 1. Н (что) чем *and* с кого/чего (Н речь приветствием/с приветствия to begin a speech with a greeting; Н с нуля to start from scratch) 2. (can be impers.) Н + неопр. ф. (она начала читать статью she began to read an article; начинало темнеть it began to get dark) 3. *misc.* Н с нуля to start from scratch

НАЧИНАТЬСЯ (несов.) **НАЧАТЬСЯ** (сов.) **to begin, start** 1. Н с кого/чего (список начинается с ударников the list begins with the names of the best workers) 2. Н чем (письмо начинается упрёками the letter begins with criticism) 3. Н с того, что с придат. (инцидент начался с того, что студенты напали на шофёра такси the incident began when students attacked a cab driver)

НАЧИНИВАТЬ I (несов.) **НАЧИНИТЬ** (сов.) **to sharpen** (a quantity of) Н что/чего (начинить карандашей to sharpen a number of pencils)

НАЧИНИВАТЬ II (несов.) **НАЧИНИТЬ** (сов.) to mend (in quantity) Н что/чего (начинить белья to mend underwear)

НАЧИНЯТЬ (несов.) **НАЧИНИТЬ** (сов.) **to**

fill, stuff Н что чем (Н пирожки мясом to make meat patties; Н голову цитатами to fill smb.'s head with quotations; Н взрывчаткой автомобиль to cram a car full of explosives)

НАЧИСЛЯТЬ (несов.) **НАЧИСЛИТЬ** (сов.) **to add** Н что на что (Н проценты на капитал to add interest to one's investment)

НАЧИТЫВАТЬ (несов.) **НАЧИТАТЬ** (сов.) A. **to read** (a quantity of) Н что/чего (в час она начитает страниц десять in an hour she'll read about ten pages) B. **to record, tape** (by reading) Н что на что (Н речь на плёнку to tape a speech)

НАЧИТАТЬСЯ (сов.) **to read** (a quantity of) Н чего (Н романов to read many novels)

НАЧИЩАТЬ (несов.) **НАЧИСТИТЬ** (сов.) **to clean; to peel** (a quantity of) 1. Н что/чего (Н рыбу/рыбы to clean fish; Н картошку/ картошки to peel potatoes) 2. Н что чем (Н сапоги щёткой to clean boots with a brush)

НАШЁПТЫВАТЬ (несов.) **НАШЕПТАТЬ** (сов.) A. **to gossip, whisper** Н что/чего (они нашептали всякого вздора they talked a lot of nonsense) B. *misc.* (folklore) *Н на воду to cast a spell on water

НАШИВАТЬ (несов.) **НАШИТЬ** (сов.) A. **to sew** (a quantity of) Н что/чего (нашить платьев to sew a few dresses) B. **to sew on** Н что на что (Н карман на платье to sew a pocket onto a dress)

НАШПИЛИВАТЬ (несов.) **НАШПИЛИТЬ** (сов.) **to attach, pin** Н что на что (Н ленту на шляпу to pin a ribbon to a hat)

НЕГОДОВАТЬ (несов.) **to be furious/ indignant/upset** 1. Н на что/против чего (Н на несправедливость/против несправедливости to be upset over injustice) 2. *misc.* Н по поводу неправильного решения суда to be furious about an unjust court decision

НЕДОГЛЯДЕТЬ see **НЕДОСМОТРЕТЬ**

НЕДООЦЕНИВАТЬ (несов.) **НЕДООЦЕ-НИТЬ** (сов.) **to underestimate** Н что/чего (он недооценил способностей своего противника he underestimated the capabilities of his opponent; Н значения события to underestimate the significance of an event)

НЕДОСЛЫШАТЬ (сов.) **to fail to hear completely** 1. Н что/чего (Н слова/слов to fail to hear all the words) 2. Н, что с придат. (она недослышала, что ей сказали she failed to hear everything that they said to her)

НЕДОСМОТРЕТЬ (сов.) **to fail to supervise properly** Н за кем/чем (Н за детьми to fail to supervise children properly)

НЕДОСТАВАТЬ (несов.) **НЕДОСТАТЬ** (сов.) (impers.) A. (only imperf.) **to be missed** Н кого/чего кому (ему недостаёт друзей he misses his friends; мне вас очень недостаёт I miss you very much) B. **to lack** Н (кому) чего (ему недостаёт опыта he lacks experience; им недоставало самого необходимого they lacked the bare necessities of life; для этих целей недостаёт двух миллионов долларов two million dollars are still needed to reach these goals) C. **to be missing** 1. Н кого/ чего (недоставало только двоих рабочих only two workers were missing) 2. *misc.* *этого ещё недоставало! that's all we needed!

НЕДОСТАВЛЯТЬ (несов.) **НЕДОСТА-ВИТЬ** (сов.) **to deliver less** (than agreed on) Н кому/чему что (заводу недоставлено десять тонн угля coal deliveries to the factory were ten tons short)

НЕДОСЧИТЫВАТЬСЯ (несов.) **НЕДО-СЧИТАТЬСЯ** (сов.) **to find missing** Н кого/ чего (после боя недосчитались многих бойцов after the battle there were many soldiers missing; она недосчиталась пяти рублей she was five roubles short)

НЕЗДОРОВИТЬСЯ (несов.) (impers.) **to be unwell** Н кому (ему недоровиться he doesn't feel well)

НЕЙТРАЛИЗОВАТЬ (сов. и несов.) **to neutralize** Н что чем (Н раствор щёлочью to neutralize a solution with an alkali)

НЕНАВИДЕТЬ (несов.) **to hate** 1. Н кого/ что за что (Н врага за жестокость to hate an enemy for his cruelty) 2. *misc.* Н всем сердцем/люто/страшно to hate deeply

НЕРВИРОВАТЬ (несов.) **to irritate, upset** Н кого чем (он нервировал родителей своим поведением he upset his parents by his behavior)

НЕРВНИЧАТЬ (несов.) **to be/get upset** Н по чему (Н по пустякам to get upset over trifles)

НЕСДОБРОВАТЬ (сов.) Н ему he's in for it

НЕСТИ (несов.) (*Note:* The perf. **ПОНЕСТИ** is used to denote the beginning of an action) A. **to carry, take, bring** (on foot) 1. Н кого/что куда (Н ребёнка в ясли to carry a child to a nursery school; Н пострадавшего в больницу to carry an injured person to a hospital; Н книгу в библиотеку to take a book to a library) 2. Н кого/что откуда (Н книгу из библиотеки to take a book out of a library) 3. Н кого/что в чём/на чём (Н ребёнка на руках/в руках to carry a child in one's arms) 4. Н что кому (Н подарок матери to bring/take a gift to one's mother) 5. *misc.* Н культуру в массы to bring culture to the masses; Н радость людям to bring joy to people B. (impers.) **to reek, smell** Н от кого/чего чем (от него несёт водкой he reeks/smells of vodka) C. (impers.) **to exude, radiate** Н от кого/чего чем (от него несёт здоровьем he is the picture of good health; от печки несёт жаром the stove sends out heat) D. (impers.) **to blow** Н чем откуда (от окна несёт холодом there's a draft from the window; с моря несло сырым воздухом there was moist air blowing in from the sea) E. (impers.) **to carry** 1. Н кого/что чем/по чему (несло пловца течением/по течению the swimmer was carried along by the current) 2. *misc.* судно понесло на стоявшую рядом лодку the ship struck a boat that was alongside

НЕСТИСЬ (несов.) (*Note:* The perf. **ПОНЕСТИ** is used to denote the beginning of an action) A. **to race, rush** 1. Н (на чём) куда (Н в лес на лошади to race to a forest on horseback) 2. Н (на чём) откуда (Н из города на машине to race from a city by car) 3. Н по чему (дети неслись по улице the children raced down the street) 4. *misc.* Н во весь опор to race at full speed B. **to drift, float** Н по чему (тучи неслись по небу the clouds drifted across the sky; Н по волнам to float with the waves)

НИЗАТЬ (несов.) **НАНИЗАТЬ** (сов.) **to string** Н что из чего (Н ожерелье из жемчуга to string a necklace out of pearls) (see also **НАНИЗЫВАТЬ**)

НИЗВЕРГАТЬ (несов.) **НИЗВЕРГНУТЬ** (сов.) (lit., obsol.) **to cast, hurl** Н кого/что с чего (Н что с большой высоты to hurl smt. from a great height)

НИЗВЕРГАТЬСЯ (несов.) **НИЗВЕРГНУТЬСЯ** (сов.) (lit., obsol.) **to descend, fall** Н с чего (Н с неба to fall from the sky)

НИЗВОДИТЬ (несов.) **НИЗВЕСТИ** (сов.) (obsol.) **to reduce** Н кого/что до чего (Н народ до уровня дешёвой рабочей силы to reduce a population to the level of a cheap, unskilled labor source)

НОРОВИТЬ (несов.) (colloq.) **to strive, try** 1. Н + неопр. ф. (Н прыгнуть to try to jump) 2.

misc. она норовит в писатели she wants to become a writer

НОСИТЬ A. see **НЕСТИ**; *носить решетом воду to do smt. useless *or* to waste one's time; *носить кого на руках to make a fuss over smb. B. **to carry, take** (and bring back; used in the past tense) Н куда (она носила часы в ремонт she took her watch in to be repaired)

НОСИТЬСЯ (несов.) A. see **НЕСТИСЬ** B. (colloq.) **to fuss with, make a fuss over** Н с кем/чем (Н с молодым поэтом to make a fuss over a young poet; Н с новым проектом to fuss with a new project; Н с мыслью to be obsessed with an idea) C. *misc.* в воздухе носится тревога there's a feeling of apprehension in the air

НРАВИТЬСЯ (несов.) **ПОНРАВИТЬСЯ** (сов.) **to please** 1. Н (чем) кому (мне нравится вид I like the view; пьеса мне не понравилась I did not like/enjoy the play; танцовщики понравились зрителям исполнением the dancers' performance made a hit with the audience) 2. Н кому + неопр. ф. (ей нравится ездить верхом she likes to ride horseback) 3. Н, как/когда/что с придат. (мне нравится, как она поёт I like the way she sings; мне нравится, когда она поёт I like it when she sings; ей нравилось, что из окна открывался такой красивый вид she liked the beautiful view from her window) 4. *misc.* очень Н to please very much; (colloq.) страшно Н to please a great deal; ни капельки/ ничуть не нравится not to please at all

НУЖДАТЬСЯ (несов.) **to need, be in need of** Н в ком/чём (Н в деньгах to need money; Н в друзьях to need friends)

НЫРЯТЬ (несов.) **НЫРНУТЬ** (сов.) A. **to dive** 1. Н куда (Н в воду to dive into the water; Н на дно to dive to the bottom) 2. Н откуда (Н с вышки to dive from a tower) 3. *misc.* Н глубоко to dive deep; Н в окно to jump out of a window B. (colloq.) **to dart, slip** Н куда (Н в толпу to slip into the crowd) C. **to bob** (up and down) Н где (лодка ныряла в волнах the boat bobbed up and down in the waves)

НЯНЧИТЬСЯ (несов.) **to fuss over, make a fuss over** Н с кем/чем (Н с внуками to make a fuss over one's grandchildren; Н со своими болезнями to fuss over one's ailments; не Н с лодырями to crack down on loafers)

О

ОБАГРЯТЬ (несов.) **ОБАГРИТЬ** (сов.) **to stain** (red) О что чем (О руки кровью to stain one's hands with blood *or* — fig.: to become a murderer)

ОБВАЛИВАТЬ (несов.) **ОБВАЛЯТЬ** (сов.) **to roll** О кого/что в чём (О котлеты в сухарях to bread cutlets)

ОБВАРИВАТЬ (несов.) **ОБВАРИТЬ** (сов.) A. **to pour boiling water over** О что чем (О яйцо кипятком to pour boiling water over an egg) B. **to scald** О кого/что чем (О кого кипятком to scald smb. with boiling water; О себе рот горячим чаем to scald one's tongue with hot tea)

ОБВЕНЧАТЬСЯ see **ВЕНЧАТЬСЯ**

ОБВЁРТЫВАТЬ, ОБВЕРНУТЬ see **ОБЁРТЫВАТЬ**

ОБВЕСТИ see **ОБВОДИТЬ**

ОБВЕШИВАТЬ (несов.) **ОБВЕШАТЬ** (сов.) **to cover, decorate** (by hanging objects) О кого/что чем (О ёлку игрушками to decorate a Christmas tree with toys)

ОБВИВАТЬ (несов.) **ОБВИТЬ** (сов.) **to wrap, wind, tie** 1. О что чем (О шею шарфом to wrap a scarf around one's neck) 2. О что вокруг чего (О ожерелье вокруг шеи to put a necklace on; О косу вокруг головы to wind a braid around one's head)

ОБВИВАТЬСЯ (несов.) **ОБВИТЬСЯ** (сов.) **to wrap oneself** О вокруг кого/чего (змея обвилась вокруг ветки the snake wrapped itself around a branch)

ОБВИНЯТЬ (несов.) **ОБВИНИТЬ** (сов.) **to accuse, charge** 1. О кого в чём (О кого во лжи to accuse smb. of lying; О автора в плагиате to accuse an author of plagiarism; О кого в краже to charge smb. with larceny) 2. О кого перед кем/чем (О кого перед всем коллективом to accuse smb. in front of the whole group) 3. О кого (в том), что с придат. (я обвинил его в том, что он не выполнил своего обещания I accused him of not keeping his promise) 3. *misc.* О кого публично to accuse smb. publicly

ОБВИТЬ see **ОБВИВАТЬ**

ОБВОДИТЬ (несов.) **ОБВЕСТИ** (сов.) A. **to lead** 1. О кого вокруг чего (О туристов вокруг горы to lead tourists around a mountain; О гостя вокруг сада to show a guest

around a garden) 2. *misc.* *О кого вокруг пальца to twist smb. around one's little finger B. **to circle, enclose** О что чем (О огород забором to enclose a garden with a fence; О название статьи карандашом to circle the title of an article with a pencil; О слово кружком to circle a word) C. *misc.* О слушателей взглядом to look over an audience; О комнату глазами to look over a room

ОБВОЛАКИВАТЬ (несов.) **ОБВОЛОЧЬ** (сов.) (impers.) **to cover, envelop** О что чем (небо обволокло тучами the sky was clouded over)

ОБВОЛАКИВАТЬСЯ (несов.) **ОБВОЛОЧЬСЯ** (сов.) **to be covered/ enveloped** О чем (небо обволоклось тучами the sky was clouded over)

ОБВОРАЖИВАТЬ (несов.) **ОБВОРОЖИТЬ** (сов.) **to charm, captivate** О кого чем (она всех обворожила своей красотой everyone was captivated by her beauty)

ОБВЯЗЫВАТЬ (несов.) **ОБВЯЗАТЬ** (сов.) A. **to tie, tie up** О кого/что чем (О посылку верёвкой to tie a package with a cord) B. **to tie, wrap** 1. Н что чем (О пакет шпагатом to wrap a package with twine; О голову платком to tie/wrap a kerchief around one's head; О палец бинтом to bandage a finger) 2. О что вокруг чего (О шарф вокруг шеи to tie/wrap a scarf around one's neck) C. **to edge, hem** О что чем (О платок кружевом to edge a kerchief with lace; О ворот шерстью to edge a collar with wool)

ОБГОНЯТЬ (несов.) **ОБОГНАТЬ** (сов.) **to overtake, pass; to outdistance** 1. О кого/что на чём (О кого на машине to overtake smb. by car) 2. О кого/что в чём (О страну в темпах строительства to overtake a country in the rate of construction)

ОБДАВАТЬ (несов.) **ОБДАТЬ** (сов.) (can be impers.) A. **to splatter, spray, douse** О кого/что чем (О пешехода грязью to splatter a pedestrian with mud; его обдало волной a wave washed over him) B. *misc.* меня обдало холодом I suddenly felt very cold; О кого презрением to look at smb. with scorn

ОБДЕЛЫВАТЬ (несов.) **ОБДЕЛАТЬ** (сов.) see **ОБКЛАДЫВАТЬ** B

ОБДЕЛЯТЬ (несов.) **ОБДЕЛИТЬ** (сов.) **to**

cheat, do out of О кого чего (О кого наследства to cheat smb. out of an inheritance)

ОБДИРАТЬ (несов.) **ОБОБРАТЬ** (сов.) **to
peel** (off) О что с чего (О кору с дерева to
peel bark from a tree)

ОБДУМЫВАТЬ (несов.) **ОБДУМАТЬ**
(сов.) **to consider, think about** О, что + неопр. ф. (О, что делать дальше to consider
what to do next)

ОБЕГАТЬ (несов.) **ОБЕЖАТЬ** (сов.) **to run
around** О что/вокруг чего (О дом/вокруг
дома to run around a house)

ОБЕДАТЬ (несов.) **ПООБЕДАТЬ** (сов.) **to
eat lunch; to eat dinner** 1. О чем (О супом to
have soup for lunch/dinner) 2. *misc.* О плотно/
сытно to have a good lunch

ОБЕЖАТЬ see **ОБЕГАТЬ**

ОБЕЗУМЕТЬ (сов.) **to lose one's mind** О от
чего (О от испуга to become panic-stricken)

ОБЕЗОБРАЖИВАТЬ (несов.) **ОБЕЗОБРА-
ЗИТЬ** (сов.) **to butcher, disfigure, mutilate** О
что чем (О статью сокращениями to distort
the meaning of an article in the process of
abridging it)

ОБЕЗОПАСИТЬ (сов.) **to guard, protect,
secure** 1. О кого/что от чего (О границы от
набегов to secure borders against attack) 2.
misc. они сумели обезопасить себя специ-
альными оговорками на этот счёт they
protected themselves by inserting special stipu-
lations (into the contract)

ОБЕЗОРУЖИВАТЬ (несов.) **ОБЕЗОРУ-
ЖИТЬ** (сов.) **to disarm** О кого чем (О кого
ласковыми словами to disarm smb. with kind
words)

ОБЕРЕГАТЬ (несов.) **ОБЕРЕЧЬ** (сов.) **to
protect, shield** О кого/что от чего (О глаза
от солнца to shield one's eyes from the sun)

ОБЁРТЫВАТЬ, ОБОРАЧИВАТЬ (несов.)
ОБЕРНУТЬ (сов.) A. **to wind** О что вокруг
чего (О косу вокруг головы to wind a braid
around one's head) B. **to wrap** О кого/что
чем/во что (О ребёнка в одеяло to wrap a
child in a blanket; О книгу бумагой/в бумагу
to wrap a book in paper) C. **to turn** О что куда
(О лицо к соседу to face a neighbor) D. *misc.*
*О кого вокруг пальца to twist smb. around
one's finger

ОБЁРТЫВАТЬСЯ, ОБОРАЧИВАТЬСЯ
(несов.) **ОБЕРНУТЬСЯ** (сов.) A. **to turn,
face** О (чем) куда (О в сторону to turn to the
side; О к слушателям to face an audience; О
лицом к окну to face a window) B. **to revolve,**

rotate, turn О вокруг чего (Земля оборачивается вокруг Солнца the earth revolves
around the sun; Земля оборачивается вокруг
своей оси the earth rotates on its axis) (see also
ВРАЩАТЬСЯ A) C. **to turn into, become** О
кем/чем (О вампиром to turn into a vampire;
самоуверенность обернулась грубостью
her self-confidence turned into rudeness) D. **to
lead to, result in** О чем (кризис обернулся
банкротством the crisis led to bankruptcy) E.
misc. за сутки не обернуться до станции
you can't get to the station and back in one day;
с одним трактором не обернуться you can't
get along with only one tractor

ОБЕСПЕЧИВАТЬ (несов.) **ОБЕСПЕЧИТЬ**
(сов.) A. **to provide, supply** 1. О кого/что
чем (О завод сырьём to provide a factory
with raw materials; О детей одеждой to provide clothing for children *or* to provide children
with clothing) 2. О что кому/чему (О уход
больному to provide care for a sick person; О
средства семье to provide a family with funds)
B. **to defend, ensure, protect** 1. О что кому
(О права кому to defend smb.'s rights) 2. О,
чтобы с придат. (мы должны обеспечить,
чтобы наша техника оставалась современной we must make sure that our technology
remains up-to-date)

ОБЕССМЕРТИТЬ (сов.) **to immortalize** О
кого/что чем (О своё имя подвигом to
immortalize one's name through an outstanding
accomplishment)

ОБЕСЧЕСТИТЬ (сов.) **besmirch, dishonor** О
кого/что чем (О своё имя преступлением to
dishonor one's name by committing a crime)

ОБЕЩАТЬ (сов. и несов.) — (сов. тж., colloq.) **ПООБЕЩАТЬ to promise** 1. О что
кому (мне обещали путёвку I was promised
a holiday BE/vacation AE; он обещал премию рабочим he promised the workers a
bonus) 2. О (кому) + неопр. ф. (она обещала
матери подумать об этом she promised her
mother that she would think about it; он обещал прийти he promised to come; день обе-
щает быть ясным the day promises to be
clear) 3. О (кому), что с придат. (она мне
обещала, что не опоздает she promised me
that she would not be late) 4. *misc.* клятвенно/
торжественно О to promise solemnly

ОБЕЩАТЬСЯ, ПООБЕЩАТЬСЯ see **ОБЕ-
ЩАТЬ**

ОБЖАЛОВАТЬ (сов.) **to appeal** О что куда
(О приговор в высшую инстанцию to

appeal a verdict to a higher court)

ОБЖАРИВАТЬ (несов.) **ОБЖАРИТЬ** (сов.) **to fry, roast** О что в/на чём (О кабачки в/на масле to fry squash in butter; О яйца на сковороде to fry eggs in/on a frying pan)

ОБЖИГАТЬ (несов.) **ОБЖЕЧЬ** (сов.) **burn; to sting** О кого/что чем (О руку утюгом to burn one's hand on an iron; он обжёг ногу крапивой his leg is burning/itching from nettles)

ОБЖИГАТЬСЯ (несов.) **ОБЖЕЧЬСЯ** (сов.) **to get burned** 1. О чем (он обжёгся чаем he burned himself drinking some hot tea) 2. *misc.* (proverb) обжёгся на молоке, будешь дуть и на воду once burned, twice shy; *О на чём to get one's fingers burnt

ОБЗАВОДИТЬСЯ (несов.) **ОБЗАВЕСТИСЬ** (сов.) **to provide oneself with** О чем (О хозяйством to set up a household; О мебелью to buy furniture; О семьёй to settle down to married life; О друзьями to find/make friends; О квартирой to get an apartment AE/a flat BE)

ОБЗЫВАТЬ (несов.) **ОБОЗВАТЬ** (сов.) **to call** О кого/что кем/чем (О кого дураком to call smb. a fool)

ОБИВАТЬ (несов.) **ОБИТЬ** (сов.) A. **to cover; to upholster** О что чем (О диван кожей to upholster a sofa in leather; О шины гвоздями to stud tires) B. (colloq.) **to knock down** О что с чего (О яблоки с яблони to knock down apples from an apple tree) C. *misc.* *обивать пороги у кого to camp at smb.'s door (with constant requests)

ОБИЖАТЬ (несов.) **ОБИДЕТЬ** (сов.) **to insult, offend** 1. О кого чем (О товарища недоверием to offend a friend by being suspicious) 2. *misc.* *природа не обидела её талантом she has plenty of natural ability; *его природа разумом обидела he doesn't have any brains

ОБИЖАТЬСЯ (несов.) **ОБИДЕТЬСЯ** (сов.) **to get angry, take offense** 1. О на кого (за что) (с придат.) (он обиделся на меня за замечание he took offense at my remark; она обиделась на меня за то, что я не позвонил she got angry at me for not calling) 2. О на что (с придат.) (О на замечание to take offense at a remark; он обиделся на то, что я не пришёл he was angry that I didn't show up)

ОБИТЬ see **ОБИВАТЬ**

ОБКЛАДЫВАТЬ (несов.) **ОБЛОЖИТЬ** (сов.) A. **to place around** О кого/что чем (О больного подушками to prop up a patient

with pillows; она обложила голову ему льдом she packed ice around his head) B. (can be impers.) **to cover; to line** О что чем (стену обложили мрамором they lined the wall with marble; небо обложило облаками clouds covered the sky; О стол книгами to pile books on a table)

ОБЛАГАТЬ (несов.) **ОБЛОЖИТЬ** (сов.) **to assess, impose** О кого/что чем (О население налогом to impose a tax on the population; О кого штрафом to fine smb.)

ОБЛАДАТЬ (несов.) **to have, possess** О кем/чем (О талантом to possess talent; О хорошим здоровьем to enjoy good health; О опытом to have experience)

ОБЛАЧАТЬ (несов.) **ОБЛАЧИТЬ** (сов.) **to dress** (smb. in an article of clothing) О кого во что (О мальчика в отцовское пальто to dress a boy in his father's coat *or* to put a father's coat on a boy)

ОБЛАЧАТЬСЯ (несов.) **ОБЛАЧИТЬСЯ** (сов.) **to put on** О во что (О в военную форму to put on a military uniform)

ОБЛЕГЧАТЬ (несов.) **ОБЛЕГЧИТЬ** (сов.) A. **to make easier; to alleviate** 1. О кому что (О кому работу to make work easier for smb.; признание облегчило ему сердце the confession eased his conscience) 2. О (кому) что чем (О кому грусть ласковыми словами to comfort smb. with words of condolence) B. **to lighten, make lighter** О что на что (груз облегчили на тысячу килограммов the load was lightened by a thousand kilograms)

ОБЛЕКАТЬ (несов.) **ОБЛЕЧЬ** (сов.) (formal) A. **to clothe, express** О что во что (О мысли в образы to express one's thoughts in images; О что в плоть в кровь to put smt. into concrete terms) B. **to invest, give** О кого/что чем (О кого властью to invest smb. with authority; О командира полномочиями to give a commanding officer full powers; О кого доверием to express confidence in smb.) C. *misc.* О что тайной to shroud smt. in mystery

ОБЛЕКАТЬСЯ (несов.) **ОБЛЕЧЬСЯ** (сов.) (lit.) **to put on** О во что (О в траур to dress in mourning *or* to go into mourning)

ОБЛЕПЛЯТЬ (несов.) **ОБЛЕПИТЬ** (сов.) **to cover, plaster** О что чем (О стену объявлениями to plaster a wall with announcements)

ОБЛЕТАТЬ (несов.) **ОБЛЕТЕТЬ** (сов.) **to circle** (while flying) О что/вокруг чего (на чём) (О Луну/вокруг Луны на ракете to circle the moon in a spaceship)

ОБЛЕЧЬ see **ОБЛЕКАТЬ**

ОБЛИВАТЬ (несов.) **ОБЛИТЬ** (сов.) A. **to douse, drench** О кого/что чем (О овощи кипятком to pour boiling water over vegetables; О кого керосином to drench smb. in kerosene) B. **to stain** (by spilling) О что чем (О скатерть вином to spill wine on a tablecloth) C. **to cover** О что чем (О кувшин глазурью to glaze a jug BE/pitcher AE; О торт глазурью to ice a cake) D. *misc.* О кого презрением to treat smb. with contempt; *О кого грязью to besmirch smb.'s reputation *or* to drag smb.'s name through the mud

ОБЛИВАТЬСЯ (несов.) **ОБЛИТЬСЯ** (сов.) A. **to douse oneself** О чем (О холодной водой to douse oneself with cold water) B. *misc.* О кровью to bleed profusely; О потом to be dripping with perspiration; О слезами to choke on one's tears; *сердце у меня кровью обливается my heart is breaking

ОБЛИЧАТЬ (несов.) **ОБЛИЧИТЬ** (сов.) **to expose, reveal** О кого/что в чём (О сотрудника в нечестности to expose an employee's dishonesty)

ОБЛОЖИТЬ I see **ОБКЛАДЫВАТЬ**

ОБЛОЖИТЬ II see **ОБЛАГАТЬ**

ОБЛОКАЧИВАТЬСЯ (несов.) **ОБЛОКОТИТЬСЯ** (сов.) **to lean against** (on one's elbows) О на кого/что *and* обо что (О на/о подоконник to lean on a windowsill)

ОБМАЗЫВАТЬ (несов.) **ОБМАЗАТЬ** (сов.) A. **to coat, cover** О что чем (О печь глиной to coat a stove with clay) B. **to smear** О что чем (О пальцы краской to smear one's fingers with paint)

ОБМАКИВАТЬ (несов.) **ОБМАКНУТЬ** (сов.) **to dip** О что во что (О хлеб в молоко to dip bread into milk)

ОБМАНИВАТЬ (несов.) **ОБМАНУТЬ** (сов.) **to deceive** О кого чем (О кого безответственными обещаниями to deceive smb. with false promises)

ОБМАТЫВАТЬ (несов.) **ОБМОТАТЬ** (сов.) **to wrap, wind** О кого/что чем *and* О что вокруг кого/чего (О голову полотенцем *or* О полотенце вокруг головы to wrap one's head in a towel *or* to wrap a towel around one's head)

ОБМАТЫВАТЬСЯ (несов.) **ОБМОТАТЬСЯ** (сов.) **to wrap oneself** О чем (О полотенцем to wrap oneself in a towel)

ОБМАХИВАТЬ (несов.) **ОБМАХНУТЬ** (сов.) A. **to fan** О кого/что чем (О лицо веером to fan oneself) B. **to brush; to wipe** 1. О что чем (О коврик веником to brush off a rug; О ботинки платком to wipe one's shoes with a cloth) 2. О что с чего (О пыль с полки to dust a shelf)

ОБМЕНИВАТЬ (несов.) **ОБМЕНЯТЬ** (сов.) **to exchange** О что на что (О доллары на рубли to exchange dollars for roubles) (see also **МЕНЯТЬ**)

ОБМЕНИВАТЬСЯ I (несов.) **ОБМЕНИТЬСЯ** (сов.) (colloq., obsol.) **to switch** (by mistake) О (с кем) чем (О зонтами с кем to switch umbrellas with smb. *or* to pick up smb.'s umbrella by mistake)

ОБМЕНИВАТЬСЯ II (несов.) **ОБМЕНЯТЬСЯ** (сов.) **to exchange; to trade** О (с кем) кем/чем (О послами to exchange ambassadors; О с девушкой адресами to exchange addresses with a girl; давайте обменяемся местами let's switch/trade seats; О впечатлениями to compare notes; О с кем взглядами to exchange glances with smb.)

ОБМЕНИТЬСЯ see **ОБМЕНИВАТЬСЯ** I

ОБМЕНЯТЬ see **ОБМЕНИВАТЬ, МЕНЯТЬ**

ОБМЕНЯТЬСЯ see **МЕНЯТЬСЯ**

ОБМЕТАТЬ (несов.) **ОБМЕСТИ** (сов.) **to dust; to sweep** 1. О что чем (О обувь веником to brush off one's shoes) 2. О что с чего (О пыль с мебели to brush the dust off the furniture)

ОБМОЛВИТЬСЯ (сов.) **to mention, say, utter** 1. О (о том), что с прид. (даже не обмолвилась, что уезжает she didn't even mention that she was leaving) 2. *misc.* *словом не обмолвиться to remain silent

ОБМОТАТЬ see **ОБМАТЫВАТЬ**

ОБМУНДИРОВЫВАТЬ (несов.) **ОБМУНДИРОВАТЬ** (сов.) **to clothe, outfit** О кого во что (О солдат в новые шинели to issue new coats to the troops)

ОБМЫВАТЬ (несов.) **ОБМЫТЬ** (сов.) **to wash** О кого/что чем (О лицо водой to wash one's face with water)

ОБНАДЁЖИВАТЬ (несов.) **ОБНАДЁЖИТЬ** (сов.) **to reassure** О кого, что с придат. (президент обнадёжил их, что помощь будет увеличена the president reassured them that aid would be increased)

ОБНАРУЖИВАТЬ (несов.) **ОБНАРУЖИТЬ** (сов.) **to discover, find out** 1. О кого/что каким (они обнаружены отравленными they were found poisoned) 2. О, где/как/

что с придат. (он обнаружил, что в его статью вкралась ошибка he discovered that there was an error in his article)

ОБНИМАТЬ (несов.) **ОБНЯТЬ** (сов.) A. **to embrace, hug, put one's arms around** 1. О кого за что (О кого за шею to hug smb. around the neck) 2. О что чем (О свою голову руками to put one's arms around one's head) 3. *misc.* О кого горячо/крепко to embrace smb. passionately; О кого ласково/нежно to embrace smb. tenderly B. **to take in** (visually) О что чем (О всё взглядом to take in everything with a glance)

ОБНИМАТЬСЯ (несов.) **ОБНЯТЬСЯ** (сов.) **to embrace, hug** О с кем (они обнялись друг с другом they embraced each other) (see also **ОБНИМАТЬ** A3)

ОБНОВЛЯТЬ (несов.) **ОБНОВИТЬ** (сов.) A. **to replace** О кого/что на кого/что (О комитет на одну треть to replace one third of a committee) B. **to add, replenish** О что чем (О репертуар современными спектаклями to add contemporary plays to one's repertoire)

ОБНОСИТЬ (несов.) **ОБНЕСТИ** (сов.) A. **to enclose, fence** О что чем (О сад изгородью to plant/put a hedge around a garden) B. **to serve** (all) О кого чем (О гостей вином to serve wine to one's guests) C. **to miss, leave out** (as when serving a round of drinks) О кого чем (его обнесли водкой he didn't get his drink)

ОБНЯТЬ see **ОБНИМАТЬ**

ОБНЯТЬСЯ see **ОБНИМАТЬСЯ**

ОБОБРАТЬСЯ (сов.) (colloq.) (used in the negative) **to be very numerous** *misc.* проблем не оберётся he'll have a million problems

ОБОГАЩАТЬ (несов.) **ОБОГАТИТЬ** (сов.) **to enrich** О кого/что чем (О язык неологизмами to enrich a language with neologisms)

ОБОГАЩАТЬСЯ (несов.) **ОБОГАТИТЬСЯ** (сов.) A. see **ОБОГАЩАТЬ** B. **to become rich** О за счёт кого/чего (О за счёт разорившихся торговцев to get rich at the expense of bankrupt merchants)

ОБОГРЕВАТЬ (несов.) **ОБОГРЕТЬ** (сов.) **to heat** О что чем (О комнату печкой to heat a room with a stove)

ОБОДРАТЬ see **ОБДИРАТЬ**

ОБОДРЯТЬ (несов.) **ОБОДРИТЬ** (сов.) **to encourage** О кого чем (О учеников похвалой to encourage improvement in schoolchildren by praising them)

ОБОЗВАТЬ see **ОБЗЫВАТЬ**

ОБОЗЛИТЬСЯ see **ЗЛИТЬСЯ**

ОБОЗНАЧАТЬ (несов.) **ОБОЗНАЧИТЬ** (сов.) 1. **to mark, indicate** 1. О что чем (О маршрут флажками to mark a route with flags) 2. О что как что (О остров на карте как нашу территорию to mark an island on a map as our territory) 3. О, где с придат. (она обозначила на карте, где находится музей she marked the location of the museum on a map)

ОБОЙТИ see **ОБХОДИТЬ**

ОБОЙТИСЬ see **ОБХОДИТЬСЯ**

ОБОРАЧИВАТЬ see **ОБЁРТЫВАТЬ**

ОБОРАЧИВАТЬСЯ see **ОБЁРТЫВАТЬСЯ**

ОБОРВАТЬ see **ОБРЫВАТЬ**

ОБОРВАТЬСЯ see **ОБРЫВАТЬСЯ**

ОБОРОНЯТЬ (несов.) **ОБОРОНИТЬ** (сов.) **to defend** О кого/что от кого/чего (О страну от нападения to defend a country against/from attack)

ОБОРУДОВАТЬ (сов. и несов.) A. **to equip, outfit** 1. О что чем (О завод новейшей техникой to equip a factory with the latest technology) 2. О что для кого/чего (О базар для удовлетворения потребностей купцов to equip a market to satisfy the needs of the customers) B. **to convert** О что подо что (О дом под ясли to convert a house into a nursery school)

ОБОСНОВЫВАТЬ (несов.) **ОБОСНО-ВАТЬ** (сов.) **to base** О что чем (О доводы фактами to base one's conclusions on facts)

ОБРАБАТЫВАТЬ (несов.) **ОБРАБОТАТЬ** (сов.) A. **to work, process** О что чем (О землю собственными руками to work the soil with one's own hands) B. *misc.* О рану йодом to paint a wound with iodine; О деталь напильником to file down a part (of a machine); О коленчатый вал на фрезерном станке to shape a crankcase on a milling machine

ОБРАДОВАТЬ see **РАДОВАТЬ**

ОБРАДОВАТЬСЯ see **РАДОВАТЬСЯ**

ОБРАЗОВАТЬ (сов.) (*Note*: In the present tense, this verb can be imperf.) **ОБРАЗОВЫ-ВАТЬ** (несов.) **to form** О что из/от чего (О государство из провинций to form a country out of provinces)

ОБРАСТАТЬ (несов.) **ОБРАСТИ** (сов.) A. **to become overgrown** О чем (О мхом to become overgrown with moss) B. **to acquire, take on** О чем (это событие обросло многими легендами this event spawned many legends; О вещами to accumulate/acquire

many things)
ОБРАЩАТЬ (несов.) **ОБРАТИТЬ** (сов.) A.
to direct, turn 1. О что куда (О лицо к солнцу to face the sun; О глаза на сцену to look
at the stage; О орудие на неприятеля to aim
a gun at an enemy; О внимание на что to pay
attention to smt.) 2. О кого/что против кого/
чего (О оружие против врага to turn one's
weapons against an enemy) B. **to convert, turn**
1. О кого/что во кого/что (О воду в пар to
convert water to steam; О пустыню в сад to
make a desert bloom; О город в развалины to
reduce a city to rubble; О дело в шутку to turn
smt. into a joke; О царевну в лягушку to turn
a princess into a frog) C. **to convert** (to a religion) О кого во что (О друга в свою веру to
convert a friend to one's own religion) D. *misc.*
О врага в бегство to rout an enemy; О кого в
своих сторонников to win smb. over
ОБРАЩАТЬСЯ (несов.) **ОБРАТИТЬСЯ**
(сов.) A. **to face; to turn** 1. О (чем) к кому/
чему (О лицом к окну to face a window; О к
первоисточникам to turn to original sources;
О мыслями к прошлому to reminisce; О к
слушателям to turn to/address/face an audience; О к фактам to face the facts) 2. О (к
кому) за чем (О к врачу за помощью to turn
to a doctor for help) 3. О к кому с чем (О к
другу с просьбой to turn to a friend with a
request; О с жалобой к кому to complain to
smb.) 4. О к кому по чему (О по важному
делу к директору to consult/turn to the director about an important matter) 5. О против
кого/чего (О против друзей to turn against
one's friends) 6. О куда (О в суд to turn to/
appeal to a court; О в милицию to go to the
police) 7. *misc.* О в бегство to flee; О с речью
к собранию to address a gathering B. **to
change, turn into** О в кого/что (вода обратилась в пар the water turned into steam; он
обратился в скептика he turned into a skep-
tic) C. (only imperf.) **to treat, deal with** О с
кем/чем (хорошо О с подчинёнными to treat
one's employees well; небрежно О с деньгами to deal carelessly with money matters) D.
(only imperf.) **to use, operate** О с чем (он не
умеет обращаться с этим инструментом he
doesn't know how to use this tool) E. (only
imperf.) **to revolve, rotate** О вокруг чего
(обращаться вокруг Земли to revolve around
the earth) F. **to convert** (to) О во что (О в
буддизм to convert to Buddhism) G. *misc.* О к
кому на 'вы' to address smb. with the polite

form; *О не по адресу to go to the wrong place
ОБРЕЗАТЬ (несов.) **ОБРЕЗАТЬ** (сов.) A. **to
clip, cut, trim** 1. О что (кому) чем (О ногти
кому ножницами to clip/cut smb.'s nails with
scissors) 2. О что с чего (О кожуру с апельсина to peel an orange) 3. *misc.* *О крыля
кому to clip smb.'s wings B. **to cut off, interrupt** О кого чем (она обрезала лектора
грубым замечанием she interrupted the
lecturer with a crude remark)
ОБРЕЗАТЬСЯ (несов.) **ОБРЕЗАТЬСЯ** (сов.)
to cut oneself О чем (О осколком стекла to
cut oneself on a sliver of glass)
ОБРЕКАТЬ (несов.) **ОБРЕЧЬ** (сов.) **to
condemn, doom** О кого/что на что (О кого
на одиночество to condemn smb. to solitude)
ОБРЕМЕНЯТЬ (несов.) **ОБРЕМЕНИТЬ**
(сов.) A. **to burden** О кого чем (О кого
поручением to give smb. a job to do) B. *misc.*
соглашение не обременяется никакими
условиями the agreement is not subject to any
conditions
ОБРУБАТЬ (несов.) **ОБРУБИТЬ** (сов.) **to
chop off** О что чем (О ветку топором to
chop off a branch with an axe)
ОБРУГАТЬ see **РУГАТЬ**
ОБРУШИВАТЬ (несов.) **ОБРУШИТЬ** (сов.)
A. **to bring down, drop, send crashing** (to the
ground) О что куда (О камень на землю to
send a rock crashing to the ground; О бомбо-
вый груз на врага to drop a bomb load on an
enemy; О огонь на противника to bring
down fire on an enemy B. (fig.) **to direct,
make** О что на кого/что (О обвинения на
кого to make accusations against smb.; О
угрозы на кого to issue/make threats against
smb.)
ОБРУШИВАТЬСЯ (несов.) **ОБРУШИТЬ-
СЯ** (сов.) A. **to attack** О (чем) на кого/что
(О на врага авиацией to attack an enemy with
aircraft) B. **to assail** (verbally), **wade into** О (с
чем) на кого/что (О на бюрократа to argue
with/wade into a bureaucrat; О с угрозами на
кого to threaten smb.) C. **to batter, pound** О
на что (волны обрушились на остров
waves battered/pounded the island; ливень
обрушился на город a rainstorm pounded/
struck the city) D. **to befall, strike** О на кого/
что (трагедия обрушилась на регион the
area was struck by a tragedy; на неё обрушились все заботы о детях she was saddled with
all the responsibilities for the children) E. **to
collapse, fall** 1. О куда (камень обрушился

на землю a rock fell to the ground) 2. O от чего (стены обрушились от взрыва the walls collapsed after the explosion)

ОБРЫВАТЬ (несов.) **ОБОРВАТЬ** (сов.) **to tear off** O что кому/чему (O крылья бабочке to tear the wings off a butterfly)

ОБРЫВАТЬСЯ (несов.) **ОБОРВАТСЯ** (сов.) **to fall, plunge** O откуда (O со скалы to fall from a cliff)

ОБРЫЗГИВАТЬ (несов.) **ОБРЫЗГАТЬ, ОБРЫЗНУТЬ** (сов.) **to splash** O кого/что чем (O кого водой to splash smb. with water)

ОБРЯЖАТЬ (несов.) **ОБРЯДИТЬ** (сов.) (colloq.) **to clothe** O кого во что (O девочку в новое платье to put a new dress on a girl)

ОБСАЖИВАТЬ (несов.) **ОБСАДИТЬ** (сов.) **to plant** (along, around) O что чем (O площадку кустами to plant bushes around a square; O дорогу деревьями to plant trees along a road)

ОБСТАВЛЯТЬ (несов.) **ОБСТАВИТЬ** (сов.) A. **to place around** O что чем (O стол стульями to place chairs around a table) B. **to furnish, supply** O что чем (O квартиру мебелью to furnish an apartment AE/a flat BE)

ОБСТРЕЛИВАТЬ (несов.) **ОБСТРЕЛЯТЬ** (сов.) **to fire at, shell** 1. O кого/что из чего (O противника из автоматов to fire submachine guns at an enemy) 2. O кого/что чем (O город тяжёлыми снарядами to shell a city with heavy artillery)

ОБСУЖДАТЬ (несов.) **ОБСУДИТЬ** (сов.) **to discuss** 1. O что с кем (O проект с коллегами to discuss a project with one's colleagues) 2. O, как/что + неопр. ф. (мы обсуждали, что делать дальше we were discussing what to do next)

ОБТИРАТЬ (несов.) **ОБТЕРЕТЬ** (сов.) **to dry, wipe** O кого/что чем (O ребёнка полотенцем to dry a child with a towel; O губы салфеткой to wipe one's lips with a napkin)

ОБТЯГИВАТЬ (несов.) **ОБТЯНУТЬ** (сов.) **to cover, upholster** O что чем (O диван кожей to upholster a sofa in leather)

ОБУВАТЬ (несов.) **ОБУТЬ** (сов.) **to put shoes on** O кого во что (O ребёнка в ботинки to put shoes on a child)

ОБУСЛОВЛИВАТЬ, ОБУСЛАВЛИВАТЬ (несов.) **ОБУСЛОВИТЬ** (сов.) **to condition, make dependent on** O что чем (O договор определённым сроком to set a deadline for an agreement; O согласие рядом требований to make an agreement dependent on a series of conditions)

ОБУТЬ see **ОБУВАТЬ**

ОБУЧАТЬ (несов.), **ОБУЧИТЬ** see **УЧИТЬ**

ОБУЧАТЬСЯ, ОБУЧИТЬСЯ see **УЧИТЬСЯ**

ОБХВАТЫВАТЬ (несов.) **ОБХВАТИТЬ** (сов.) **to put one's arms around** O что чем (O столб руками to put one's arms around a pole)

ОБХОДИТЬ (несов.) **ОБОЙТИ** (сов.) A. **to go around, walk around** 1. O что/вокруг чего (O дом/вокруг дома to walk around a house) 2. *misc.* O лошадь со всех сторон to look at a horse from all sides B. **to bypass** 1. O кого/что кем (её обошли местом she did not get the job) 2. O кого/что с чего (O противника с фланга to flank an enemy) 3. *misc.* O кого стороной to leave smb. out; O кого по службе to fail to promote smb.; O что молчанием to let smt. go by without comment; она всех обошла в учёбе she surpassed everyone in her studies

ОБХОДИТЬСЯ (несов.) **ОБОЙТИСЬ** (сов.) A. **to treat** O с кем (плохо O с кем to treat smb. badly) B. (colloq.) **to cost** 1. O (кому) во что (поездка обойдётся мне в сто рублей the trip will cost me a hundred roubles) 2. *misc.* *это тебе обойдётся в копейку that will cost you a pretty penny C. (colloq.) **to get along, manage** 1. O чем (O ста рублями to get along on a hundred roubles) 2. O без кого/чего (O без холодильника to get along without a refrigerator) 3. *misc.* он не умеет обходиться с подчинёнными he doesn't know how to get along with his subordinates D. *misc.* обошлось без жертв nobody was hurt *or* there were no casualties

ОБШИВАТЬ (несов.) **ОБШИТЬ** (сов.) **to edge** O что чем (O платок кружевом to edge a kerchief with lace)

ОБЩАТЬСЯ (несов.) **to associate, have contact** O с кем (O с друзьями to have contact with one's friends; O с разными людьми to associate with various people)

ОБЪЕДАТЬСЯ (несов.) **ОБЪЕСТЬСЯ** (сов.) **to eat too much of** 1. O чего (O сладким to eat too many sweets) 2. *misc.* *белены объелся he is crazy

ОБЪЕДИНЯТЬ (несов.) **ОБЪЕДИНИТЬ** (сов.) **to combine, unite** 1. O кого/что во что (O две главы в одну to combine two chapters into one) 2. O что с чем (O одну партию с другой to unite one political party with another)

ОБЪЕДИНЯТЬСЯ (несов.) **ОБЪЕДИ-НИТЬСЯ** (сов.) **to combine, unite** 1. О во что (О в движение to join a movement; О в бригады to form work crews) 2. О вокруг чего (О вокруг партии to unite in support of a party) 3. О в чём (О в борьбе to unite in a struggle) 4. О с кем/чем (О с профсоюзами to unite with labor unions) 5. О для чего (О для участия в акции протеста to join forces in protesting smt.) 6. О против чего (О против загрязнения воздуха to unite in a fight against air pollution)

ОБЪЕЗЖАТЬ (несов.) **ОБЪЕХАТЬ** (сов.) A. **to drive around** 1. О что/вокруг чего (О остров/вокруг острова to drive around an island) B. **to bypass** *misc.* О город по кольцевой дороге to bypass a city on a beltway AE/ring road BE; О стороной лагеря беженцев to bypass refugee camps

ОБЪЕСТЬСЯ see **ОБЪЕДАТЬСЯ**

ОБЪЕХАТЬ see **ОБЪЕЗЖАТЬ**

ОБЪЯВЛЯТЬ (несов.) **ОБЪЯВИТЬ** (сов.) A. **to announce, inform** О (кому) (откуда) что/о чём (О своё решение/о своём решении отцу to inform one's father of a decision; О результаты/о результатах to announce results) B. **to declare, proclaim** О кого/что кем/чем/каким (О постановление законом to declare a resolution to be law; О собрание открытым to call a meeting to order; О кого персоной нон грата to declare smb. persona non grata) C. **to announce, declare, express** 1. О что кому (О благодарность кому to express one's gratitude to smb.; они объявили бойкот Центральному телевидению they announced that they would boycott the government television station; О выговор кому to reprimand smb.) 2. О (о том), что с придат. (он объявил, что уезжает в Москву he announced that he was leaving for Moscow) D. *misc.* О войну кому to declare war on smb.

ОБЪЯСНЯТЬ (несов.) **ОБЪЯСНИТЬ** (сов.) A. **to explain** 1. О что кому (О правило детям to explain a rule to children) 2. О (кому), как + неопр. ф. (объясните ему, как попасть к вам tell him how to get to your place) 3. О (кому), где/как/что с придат. (она объясняла, что у неё много проблем she was explaining that she had many problems) B. **to attribute, chalk up, explain** О что чем (О успех случайностью to chalk up a success to pure chance; она объяснила своё отсутствие болезнью she explained that she was

absent because of illness)

ОБЪЯСНЯТЬСЯ (несов.) **ОБЪЯСНИТЬСЯ** (сов.) A. **to have a discussion; to explain** О с кем (О с родителями to have a discussion with one's parents; О с учителем по поводу своего опоздания to explain to a teacher why one was late) B. (only imperf.) **to be attributed** 1. О чем (ссора объясняется недоразумением the quarrel can be attributed to a misunderstanding) 2. О тем, что с придат. (её отсутствие объясняется тем, что она заболела she could not attend because of illness) C. (only imperf.) **to get along, make oneself understood** 1. О чем (О жестами to make oneself understood with one's hands) 2. О с кем (О с аборигенами to get along with the natives) 3. *misc.* О по-английски to get along in English; О на всех местных языках to get along in all local languages D. *misc.* *О кому в любви to declare one's love for smb.

ОБЫГРЫВАТЬ (несов.) **ОБЫГРАТЬ** (сов.) **to defeat** О кого во что (О кого в шахматы to defeat smb. at chess)

ОБЯЗЫВАТЬ (несов.) **ОБЯЗАТЬ** (сов.) A. **to oblige** 1. О кого чем (вы очень обязали меня своей внимательностью I greatly appreciate your kindness) 2. О кого к чему (вас это ни к чему не обязывает that doesn't obligate you to do anything) B. **to order** О кого + неопр. ф. (его обязали явиться в срок he was ordered to get there on time)

ОБЯЗЫВАТЬСЯ (несов.) **ОБЯЗАТЬСЯ** (сов.) **to obligate oneself, pledge, promise** О + неопр. ф. (она обязалась приехать she promised to come)

ОВЕВАТЬ, ОВЕИВАТЬ (несов.) **ОВЕЯТЬ** (сов.) A. **to cover** О что чем (наши знамёна овеяны славой our banners are covered with glory) B. *misc.* овеяло холодом there was a blast of cold air

ОВЛАДЕВАТЬ (несов.) **ОВЛАДЕТЬ** (сов.) A. **to acquire, master** О чем (О опытом to acquire experience; О языком to master a language; О грамотой to learn how to read and write) B. **to seize, occupy** О чем (О городом to seize/occupy a city; О инициативой to seize/take the initiative) C. **to come over** О кем (ею овладело беспокойство a feeling of uneasiness came over her; мною овладела радость I felt very happy) D. **to captivate** О кем/чем (О аудиторией to captivate an audience) E. *misc.* овладеть собой to control oneself

ОГЛАШАТЬ (несов.) **ОГЛАСИТЬ** (сов.) **to fill** (with sound) О что чем (О воздух криками to fill the air with screams)

ОГЛАШАТЬСЯ (несов.) **ОГЛАСИТЬСЯ** (сов.) **to be filled** (with sound) О чем (город огласился сиренами sirens were sounding all over the city)

ОГЛУШАТЬ (несов.) **ОГЛУШИТЬ** (сов.) **to deafen; to stun** О кого чем (О кого криком to deafen smb. with a loud scream; О кого новостью to stun smb. with news)

ОГЛЯДЫВАТЬСЯ I (несов.) **ОГЛЯДЕТЬСЯ** (сов.) A. see **ОСМАТРИВАТЬСЯ** B. *misc.* О вокруг to look around

ОГЛЯДЫВАТЬСЯ II (несов.) **ОГЛЯНУТЬСЯ** (сов.) A. **to look back** О на кого/что (О на своё прошлое to look back at one's past) B. **to look** О куда (О в сторону to look to the side; О к окну to look towards a window) C. (only imperf.) (colloq.) **to concur with, conform to** О на кого/что (он всё время оглядывается на начальство he always concurs with his superiors)

ОГОВАРИВАТЬ (несов.) **ОГОВОРИТЬ** (сов.) **to subject** О что чем (О договор разными условиями to make a treaty subject to various conditions)

ОГОВАРИВАТЬСЯ (несов.) **ОГОВОРИТЬСЯ** (сов.) **to be stipulated** О, что с придат. (в контракте оговаривается, что работа должна быть кончена до конца года the contract stipulates that the work must be completed by the end of the year)

ОГОРАЖИВАТЬ (несов.) **ОГОРОДИТЬ** (сов.) **to fence; to screen** О что чем (О сад забором to fence off a garden; О кровать ширмами to screen off a bed)

ОГОРАШИВАТЬ, ОГОРОШИВАТЬ (несов.) **ОГОРОШИТЬ** (сов.) (colloq.) **to disconcert, stump, stun** О кого чем (О кого новостью to stun smb. with the news; О кого вопросом to throw smb. off with a question)

ОГОРЧАТЬ (несов.) **ОГОРЧИТЬ** (сов.) **to upset** О кого чем (О кого неприятной новостью to upset smb. with unpleasant news)

ОГРАЖДАТЬ (несов.) **ОГРАДИТЬ** (сов.) A. **to protect** О кого/что от кого/чего (О кого от нападок to protect smb. from attacks) B. **to fence** О что чем (О сад высоким забором to put up a high fence around a garden)

ОГРАНИЧИВАТЬ (несов.) **ОГРАНИЧИТЬ** (сов.) **to limit** 1. О кого/что в чём (О кого в правах to limit smb.'s rights; О себя в расхо-

дах to cut down on expenses) 2. О кого/что чем (О докладчика временем to limit a speaker's time)

ОГРАНИЧИВАТЬСЯ (несов.) **ОГРАНИЧИТЬСЯ** (сов.) **to be limited, limit oneself** О чем (О кратким выступлением to limit oneself to a brief talk; О самым главным to limit oneself to the essential points)

ОГРЫЗАТЬСЯ (несов.) **ОГРЫЗНУТЬСЯ** (сов.) **to snap at; to bristle** О на кого/что (собака огрызается на прохожих the dog snaps at passers-by; О на чьё замечание to bristle at smb.'s remark)

ОДАЛЖИВАТЬ (несов.) **ОДОЛЖИТЬ** (сов.) **to lend** 1. О что кому (О кому деньги to lend smb. money) 2. О что/чего (одолжить денег to lend some money)

ОДАРИВАТЬ, ОДАРЯТЬ (несов.) **ОДАРИТЬ** (сов.) A. **to give, present** (a quantity of) О кого/что чем (О детей игрушками to give children toys) B. **to endow** О кого чем (природа одарила её умом nature endowed her with intelligence)

ОДЕВАТЬ (несов.) **ОДЕТЬ** (сов.) A. **to dress** 1. О кого во что (О девочку в нарядное платье to dress a girl in a party dress) 2. О кого кем (О мальчика клоуном to dress a boy as a clown) B. **to cover** О кого/что чем (О больного одеялом to cover a patient with a blanket)

ОДЕВАТЬСЯ (несов.) **ОДЕТЬСЯ** (сов.) A. **to have one's clothes made** О у кого (он одевается у лучшего портного he has his clothes made by the best tailor) B. **to be covered** О чем (леса оделись мглой the forests were shrouded in fog) C. **to dress, get dressed; to put on** 1. О во что (О в новый костюм to put on a new suit) 2. О кем (О мальчиком to get dressed like a boy) 3. *misc.* О модно/по последней моде to dress according to the latest fashions; О безвкусно to dress without taste; со вкусом to dress with taste; О элегантно to dress elegantly

ОДОЛЕВАТЬ (несов.) **ОДОЛЕТЬ** (сов.) **to wear out** О кого чем (О кого глупыми вопросами to wear smb. out with stupid questions)

ОДЕЛЯТЬ (несов.) **ОДЕЛИТЬ** (сов.) **to present, treat** О кого чем (О детей шоколадом to treat children to chocolate)

ОДОБРЯТЬ (несов.) **ОДОБРИТЬ** (сов.) **to approve** *misc.* О резолюцию подавляющим большинством голосов to approve a resolution by an overwhelming majority

ОДОЛЖИТЬ see **ОДАЛЖИВАТЬ**

ОДУХОТВОРЯТЬ (несов.) **ОДУХОТВО-РИТЬ** (сов.) **to inspire** О кого чем (О кого идеалами to inspire smb. with ideals)

ОДУШЕВЛЯТЬ (несов.) **ОДУШЕВИТЬ** (сов.) see **ОДУХОТВОРЯТЬ**

ОЖЕСТОЧАТЬСЯ (несов.) **ОЖЕСТО-ЧИТЬСЯ** (сов.) *misc.* О сердцем to become hardhearted

ОЖИДАТЬ (несов.) **to expect; to wait for** 1. О кого/что *and* чего (See section A8c of the Introduction) (О поезд/поезда to be waiting for a train; О письмо/письма to be expecting a letter) 2. О что/чего от кого (никто не ожидал от них столь скорой капитуляции nobody expected them to give up so quickly) 3. О + неопр. ф. (я не ожидал видеть её здесь I did not expect to see her here) 4. О, что с придат. (мы ожидали, что он приедет we were expecting him to come; ожидается, что в августе начнут работать they will begin to work in August) 5. *misc.* О с нетерпением to look forward to

ОЗАБОЧИВАТЬСЯ (несов.) **ОЗАБОТИТЬ-СЯ** (сов.) **to take care of** О чем (О проблемой to take care of a problem; О заготовкой топлива to lay in a supply of fuel)

ОЗАДАЧИВАТЬ (несов.) **ОЗАДАЧИТЬ** (сов.) **to baffle, perplex** О кого чем (О ученика вопросом to baffle a pupil with a question)

ОЗАРЯТЬСЯ (несов.) **ОЗАРИТЬСЯ** (сов.) **to light up** О чем (её лицо озарилось улыбкой her face lit up with a smile)

ОЗНАКОМИТЬ see **ЗНАКОМИТЬ**
ОЗНАКОМИТЬСЯ see **ЗНАКОМИТЬСЯ**
ОЗНАКОМЛЯТЬ see **ЗНАКОМИТЬ**

ОЗНАМЕНОВЫВАТЬ (несов.) **ОЗНАМЕ-НОВАТЬ** (сов.) **to celebrate, mark** О что чем (О юбилей торжественным заседанием to mark an anniversary with a formal meeting)

ОЗНАЧАТЬ (несов.) **to mean, signify** О, что с придат. (это означает, что не будет концерта it means that there will be no concert)

ОКАЗЫВАТЬ (несов.) **ОКАЗАТЬ** (сов.) A. **to give, offer, show** О что кому (О кому помощь to give/render aid to smb.; О кому услугу to do smb. a favor; О сопротивление врагу to offer/put up resistance to an enemy; О кому доверие to trust smb.; О кому внимание to focus one's attention on smb.; О уваже-

ние кому to show smb. respect) B. **to exert** О что на кого/что (О влияние на кого to exert influence on smb.; О давление на кого to exert pressure on smb.) C. *misc.* О предпочтение классической музыке to show a preference for classical music

ОКАЗЫВАТЬСЯ (несов.) **ОКАЗАТЬСЯ** (сов.) A. **to prove, turn out** 1. О кем/чем (он оказался старым знакомым he proved to be/turned out to be an old friend) 2. О каким (обсуждение оказалось долгим the discussion went on for a long time; счёт оказался ничейным the score was tied) 3. О, что с придат. (оказалось, что она права it turned out that she was right) B. **to be, find oneself** 1. О где (О в незнакомом городе to find oneself in a strange city; О в большинстве to be in the majority; О в изоляции to be isolated; О в затруднении to find oneself in a difficult situation; О под чьим влиянием to be under smb.'s influence) 2. *misc.* *оказаться у разбитого корыта to be ruined; *оказаться между двух огней to be between the devil and the deep blue sea; *оказаться между небом и землёй to be down and out

ОКАЙМЛЯТЬ (несов.) **ОКАЙМИТЬ** (сов.) **to frame** О что чем (О рисунок рамкой to frame a picture)

ОКАНЧИВАТЬ see **КОНЧАТЬ**

ОКАНЧИВАТЬСЯ (несов.) **ОКОНЧИТЬ-СЯ** (сов.) **to end** О на что/чем (слово оканчивается на гласный/гласным the word ends in a consonant) (see also **КОНЧАТЬСЯ**)

ОКАЧИВАТЬ (несов.) **ОКАТИТЬ** (сов.) **to douse, drench** 1. О кого/что чем (О кого водой to drench smb. with water) 2. *misc.* О кого с головы до ног to drench smb. from head to foot; *окатить холодной водой чей юношеский задор to dampen smb.'s youthful ardor

ОКИДЫВАТЬ (несов.) **ОКИНУТЬ** (сов.) **to take in** (visually) О кого/что чем (О всё взглядом to take in everything at a glance)

ОКЛЕВЕТАТЬ (сов.) **to libel, slander** О кого/что перед кем (О кого перед людьми to slander smb. publicly)

ОКЛЕИВАТЬ (несов.) **ОКЛЕИТЬ** (сов.) **to cover** (by pasting) О что чем (О стены обоями to paper walls; О забор афишами to put up posters on a fence)

ОКОВЫВАТЬ (несов.) **ОКОВАТЬ** (сов.) **to bind** (with metal) О что чем (О сундук железом to put metal strips around a trunk) 2. *misc.*

мороз оковал реки the rivers were ice-bound
ОКОЛДОВЫВАТЬ (несов.) **ОКОЛДО-
ВАТЬ** (сов.) **to bewitch, cast a spell over** О
кого чем (О кого злыми чарами to cast an
evil spell over smb.; О кого взглядом to give
smb. the evil eye)
ОКОНЧИТЬ see **КОНЧАТЬ**
ОКОНЧИТЬСЯ see **КОНЧАТЬСЯ**
ОКРАСИТЬ see **КРАСИТЬ**
ОКРЕСТИТЬ (сов.) (colloq.) **to call, name** О
кого/что кем/чем (народ окрестил здание
Белым домом the people called the building
the White House)
ОКРУЖАТЬ (несов.) **ОКРУЖИТЬ** (сов.) **to
encircle, surround** 1. О что чем (О крепость
рвами to build a moat around a fortress) 2. О
кого кем (О себя друзьями to surround
oneself with friends) 3. О кого/что откуда
(они окружили вражеский отряд с флангов
they surrounded the enemy detachment from the
flanks; его со всех сторон окружила толпа
журналистов a crowd of journalists surrounded him from all sides) 4. *misc.* О кого внима-
нием/заботой to lavish attention on smb.
ОКРЫЛЯТЬ (несов.) **ОКРЫЛИТЬ** (сов.) **to
inspire** О кого чем (О кого надеждой to
inspire hope in smb.)
ОКУНАТЬ (несов.) **ОКУНУТЬ** (сов.) **to dip,
immerse** О кого/что во что (О ребёнка в
воду to immerse a child in water; О палец в
краску to dip one's finger into paint)
ОКУНАТЬСЯ (несов.) **ОКУНУТЬСЯ** (сов.)
A. **to immerse oneself, take a dip** О где (О в
реке to take a dip in a river) B. **to become
absorbed, immerse oneself** 1. О во что (О в
работу to immerse oneself in one's work) 2.
misc. О с головой to immerse oneself completely
ОКУТЫВАТЬ (несов.) **ОКУТАТЬ** (сов.) A.
to wrap О кого/что чем (О ребёнка одеялом to wrap a child in a blanket) B. **to envelop,
shroud** О что чем (О что тайной to shroud
smt. in mystery)
ОМЕРТВЕТЬ see **МЕРТВЕТЬ**
ОПАЗДЫВАТЬ (несов.) **ОПОЗДАТЬ** (сов.)
to be late 1. О куда (О в театр to be late for
the theater; О на работу to be late for work; О
к обеду to be late for dinner; О к врачу to be
late for a doctor's appointment) 2. О с чем (О
с ответом to be late in answering) 3. О на что
(О на два часа to be two hours late) 4. О +
неопр. ф. (она опоздала передать письмо
she was late in handing over the letter)

ОПАЛИТЬ see **ПАЛИТЬ**
ОПАСАТЬСЯ (несов.) A. **to be afraid, fear** 1.
О кого/чего (О войны to be afraid of war) 2.
О за кого (О за детей to fear for one's children) 3. О, что с придат. (врач опасался,
что больной не перенесёт операции the
doctor was afraid that the patient would not
survive the operation) B. **to avoid** О + неопр.
ф. (она опасается купаться she avoids swimming; я опасаюсь мыться холодной водой
I never wash in cold water)
ОПЕРЕЖАТЬ (несов.) **ОПЕРЕДИТЬ** (сов.)
to leave behind, outstrip О кого/что в чём/по
чему (О другую страну в техническом
развитии/по техническому развитию to
outstrip another country in technological progress)
ОПЕРЕТЬ see **ОПИРАТЬ**
ОПЕРЕТЬСЯ see **ОПИРАТЬСЯ**
ОПЕРИРОВАТЬ I (сов. и несов.) **to operate
on** 1. О кого по поводу чего (О кого по
поводу аппендицита to operate on smb. for
appendicitis *or* to do an appendectomy on smb.;
её оперировали по поводу опухоли she was
operated on for a tumor *or* she had a tumor
removed) 2. О (кому) что (хирург опериро-
вал ему сердце the surgeon performed heart
surgery on him)
ОПЕРИРОВАТЬ II (несов.) A. **to deal** О чем
and О с чем (О акциями/с акциями to deal in
stocks) B. **to handle, operate, use** О чем (О
точными сведениями to make use of precise
data; О цифрами to handle figures)
ОПЕЧАЛИТЬСЯ see **ПЕЧАЛИТЬСЯ**
ОПИВАТЬСЯ (несов.) **ОПИТЬСЯ** (сов.) **to
drink too much** О чем (О пивом to drink too
much beer)
ОПИРАТЬ (несов.) **ОПЕРЕТЬ** (сов.) **to lean,
rest** О что на что/обо что (О руку на стол
to lean one's arm on a desk; О кол о забор to
lean a stake against a fence)
ОПИРАТЬСЯ (несов.) **ОПЕРЕТЬСЯ** (сов.)
A. **to lean, rest** О (чем) на кого/что *and* обо
что (О на трость to lean on a cane; он опи-
рался на сына he leaned on his son; О о стену
to lean against a wall; он оперся локтями о
подоконник he leaned on the windowsill with
his elbows) B. **to count on, depend on, rely on**
О на кого/что (О на чью поддержку to
count on smb.'s support) C. **to be based on; to
resort to** О на что (О на цифры to be based
on figures; О на военную силу to resort to
military force) D. **to be supported by, rest on**

О на что (крыша опирается на столбы the roof is supported by beams)

ОПИСЫВАТЬ (несов.) **ОПИСАТЬ** (сов.) A. **to describe** 1. О кого/что чем/в чём (О что прозой/в прозе to describe smt. in prose) 2. О что кому (она описала нам свой новый дом she described her new house to us) 3. О (кому), где/как с придат. (опиши мне, как она выглядит describe her appearance to me) 4. *misc.* О вкратце/кратко to describe briefly; О детально/подробно to describe in detail; О живо/красочно/ярко *or* О живыми/яркими красками to describe vividly B. **to circumscribe** О (чем) что вокруг чего (О окружность вокруг треугольника циркулем to circumscribe a triangle with a compass) C. *misc.* О имущество за долги to inventory property for the purpose of selling it to pay off debts

ОПЛАЧИВАТЬ (несов.) **ОПЛАТИТЬ** (сов.) **to pay** 1. О что кому (О кому расходы to pay smb.'s expenses) 2. *misc.* она оплатила обед из своего кармана she paid for the lunch out of her own pocket; я оплатил поездку рублями/в рублях I paid for the trip in roubles; *оплатить той же монетой to pay back in kind (see also **ПЛАТИТЬ**)

ОПЛАЧИВАТЬСЯ (несов.) **ОПЛАТИТЬСЯ** (сов.) **to be paid** О чем/в чём (игра оплачивается конвертируемой валютой gamblers must pay in hard currency; О в рублях to be paid in roubles)

ОПЛЕТАТЬ (несов.) **ОПЛЕСТИ** (сов.) **to string** О что чем (О изгородь колючей проволокой to string barbed wire along a fence)

ОПЛОДОТВОРЯТЬ (несов.) **ОПЛОДОТВОРИТЬ** (сов.) **to inspire** О что чем (О умы новыми идеями to inspire minds with new ideas)

ОПОВЕЩАТЬ (несов.) **ОПОВЕСТИТЬ** (сов.) **to inform, notify** 1. О кого/что о чём (О рабочих о собрании to notify workers of a meeting) 2. О кого (о том), что с придат. (нас оповестили, что концерт не состоится they informed us that the concert would not be held)

ОПОЗДАТЬ see **ОПАЗДЫВАТЬ**

ОПОЗОРИТЬ see **ПОЗОРИТЬ**

ОПОЛАСКИВАТЬ (несов.) **ОПОЛОСНУТЬ** (сов.) A. **to rinse** О что чем (О посуду кипятком to rinse dishes in boiling water; О руки водой to rinse one's hands) B. *misc.* О ноги в речке to cool one's feet in a brook

ОПОЛЧАТЬ (несов.) **ОПОЛЧИТЬ** (сов.) **to mobilize** О кого/что на кого/что *and* против кого/чего (О народ на врага/против врага to mobilize a nation against an enemy)

ОПОЛЧАТЬСЯ (несов.) **ОПОЛЧИТЬСЯ** (сов.) **to attack, tear into** О на кого/что *and* против кого/чего (О на врага to attack an enemy; О на критика to tear into a critic; О против несправедливости to attack injustice)

ОПОМНИТЬСЯ (сов.) **to get over, recover** О от чего (он не мог опомниться от страха he could not get over his fear)

ОПОРОЧИТЬ see **ПОРОЧИТЬ**

ОПОЯСЫВАТЬ (несов.) **ОПОЯСАТЬ** (сов.) **to put on** (around the waist) О кого/что чем (О платье ремнём to put on a dress with a belt; О себя саблей to put on a saber)

ОПОЯСЫВАТЬСЯ (несов.) **ОПОЯСАТЬСЯ** (сов.) **to put on** (around the waist) О чем (О ремнём to put on a belt)

ОППОНИРОВАТЬ (несов.) **to serve as a discussant/examiner** О кому (О диссертанту to serve as an examiner at a dissertation defense; О докладчику to serve as a discussant for a paper)

ОПРАВДЫВАТЬ (несов.) **ОПРАВДАТЬ** (сов.) A. **to ascribe, chalk up** О что чем (О промах неопытностью to chalk up a blunder to lack of experience; он оправдал отсутствие болезнью his excuse for being absent was that he was ill) B. **to back up, document** О что чем (О расходы документами to document expenses) C. *misc.* её оправдали перед судом the court found her innocent

ОПРАВДЫВАТЬСЯ (несов.) **ОПРАВДАТЬСЯ** (сов.) **to defend oneself, excuse one's actions** 1. О в чём (О в поведении to defend one's behavior) 2. О чем (она оправдалась неопытностью her excuse was that she lacked experience) 3. О перед кем/чем (О перед комиссией to defend oneself before a commission)

ОПРАВЛЯТЬСЯ (несов.) **ОПРАВИТЬСЯ** (сов.) **to recover** О от чего (О от болезни to recover from an illness)

ОПРЕДЕЛЯТЬ (несов.) **ОПРЕДЕЛИТЬ** (сов.) A. **to measure** О что чем (О угол угломером to measure an angle with a protractor) B. **to determine** О что по чему (О местонахождение по солнцу to determine one's location by the sun) C. **to ascertain** О (чем), как/куда/откуда/что с придат. (нам не удалось определить, откуда донёсся звук we could not ascertain where the sound came from)

ОПРОВЕРГАТЬ (несов.) **ОПРОВЕРГНУТЬ** (сов.) **1. to refute** О что чем (О ложные слухи фактами to refute false rumors with facts) 2. *misc.* О категорически to refute completely

ОПУСКАТЬ (несов.) **ОПУСТИТЬ** (сов.) **to drop, lower, put** (down) 1. О кого/что куда (О письмо в ящик to drop/put a letter into a mailbox AE/postbox BE; О монету в автомат to drop a coin into a vending machine; он опустил руки на колени he put his hands on his knees; О ребёнка на пол to put a child on the floor; О носилки на землю to lower a stretcher to the ground; ведро привязали к концу верёвки и опустили его в колодец they tied a bucket to a rope and lowered it into the well) 2. *misc.* О что на 10 метров to lower smt. by 10 meters; *как в воду опущенный to be discouraged (cf. СПУСКАТЬ)

ОПУСКАТСЯ (несов.) **ОПУСТИТЬСЯ** (сов.) **to go down, sink** О куда (О в кресло to sink into an armchair; О на колени to get down on one's knees *or* to kneel; О на корточки to squat; О в колодец to go down into a well; ребёнок опустился на пол the child climbed down onto the floor; солнце опустилось за горизонт the sun went down; голова у него опустилась на грудь his head sank to his chest; О на дно моря to sink to the bottom of the sea; парашютист опустился на землю the parachutist came down to earth) (cf. СПУСКАТЬСЯ)

ОПУТЫВАТЬ (несов.) **ОПУТАТЬ** (сов.) A. **to tie up, bind** О кого/что чем (О пленника верёвкой to tie up a prisoner) B. **to block** О что чем (О проход проволокой to block a passage with wire) C. **to involve** О кого чем (О кого интригами to involve smb. in intrigue) D. *misc.* О кого своими чарами to cast a spell over smb.

ОПУШИТЬ (сов.) (can be impers.) **to whiten** (with frost, snow) О что чем (бороду у него опушило снегом his beard was covered with snow)

ОРГАНИЗОВАТЬ (сов. и несов.) — (несов. тж.) **ОРГАНИЗОВЫВАТЬ to organize** 1. О что из кого/чего (из крестьян организовали коллектив they organized a farmers' collective) 2. О кого во что (организовали крестьян в коллектив they organized a farmers' collective)

ОРИЕНТИРОВАТЬ (сов. и несов.) — (сов. тж.) **СОРИЕНТИРОВАТЬ to advise, direct, guide, instruct, orient** 1. О кого/что на что (О молодёжь на новые задания to direct young people towards new tasks) 2. О кого в чём/о чём (О кого в вопросах политики to advise smb. on political questions; о дальнейших действиях вас сориентируют на месте you will receive further instructions when you reach your destination)

ОРИЕНТИРОВАТЬСЯ (сов. и несов.) — (сов. тж.) **СОРИЕНТИРОВАТЬСЯ** A. **to take one's bearings on; to aim** 1. О на кого/что (О на маяк to take one's bearings on a lighthouse; О на широкого потребителя to aim at the mass consumer) 2. О по чему (О по звёздам to take one's bearings on the stars) B. **to orient oneself, get oriented** О где (О в новом городе to get oriented to a new city)

ОРОБЕТЬ see **РОБЕТЬ**

ОРУДОВАТЬ (несов.) (colloq.) **to handle, manage** О чем (О пилой to handle a saw)

ОСАЖДАТЬ (несов.) **ОСАДИТЬ** (сов.) **to besiege** О кого чем (О кого вопросами to pepper smb. with questions; О кого просьбами to besiege smb. with requests)

ОСВАИВАТЬСЯ (несов.) **ОСВОИТЬСЯ** (сов.) **to adapt** (oneself), **familiarize oneself** 1. О где (О в незнакомой обстановке to adapt to strange surroundings; О в новой среде to adapt to a new environment) 2. О с чем (О со своими обязанностями to familiarize oneself with one's duties; О с новым местом to adapt to a new job; О с климатом to adapt to a climate)

ОСВЕДОМЛЯТЬ (несов.) **ОСВЕДОМИТЬ** (сов.) **to inform** О кого/что о чём (вас осведомят о решении you will be informed of the decision)

ОСВЕЩАТЬ (несов.) **ОСВЕТИТЬ** (сов.) **to light up, illuminate** О что чем (О улицу фонарями to turn on the streetlights; лес осветился молнией the forest was lit up by lightning)

ОСВОБОЖДАТЬ (несов.) **ОСВОБОДИТЬ** (сов.) A. **to free, liberate, release** 1. О кого/что от кого/чего *and* из чего *and* из--под чего (О страну от колонизаторов to free a country of its colonizers; О от врага родную землю to liberate one's homeland from an enemy; О кого из тюрьмы to release smb. from prison; О кого из--под стражи to release smb. from custody) 2. О кому что (О арестованному руки to free a prisoner's hands) B. **to exempt, excuse** О кого от чего (О кого от военной службы to exempt smb. from military service; О кого от дежурства to excuse smb. from duty; О кого от налогов to exempt smb. from taxes) C. **to dismiss, remove** О кого от чего (О сотрудника от занимаемой должности to dismiss an employee from a job) D. **to clean out, clear, empty** 1. О что от кого/чего (О полку от книг to clear a shelf of books; О здание от жильцов to clear a building of tenants) 2. О что для кого/чего (О комнату для больного to clear out a room for a patient)

ОСВОБОЖДАТЬСЯ (несов.) **ОСВОБОДИТЬСЯ** (сов.) see **ОСВОБОЖДАТЬ**; О от предрассудков to free oneself of prejudice; О из тюрьмы to escape from prison

ОСВОИТЬСЯ see **ОСВАИВАТЬСЯ**

ОСЕНИТЬ (сов.) (colloq.) (impers.) *misc.* меня осенило I caught on; его внезапно осенило, что это возможно it suddenly dawned on him that it was possible

ОСКОРБЛЯТЬ (несов.) **ОСКОРБИТЬ** (сов.) **to offend** О кого/что чем (О друга подозрением to offend a friend by being suspicious)

ОСЛАБЕТЬ see **СЛАБЕТЬ**

ОСЛЕПЛЯТЬ (несов.) **ОСЛЕПИТЬ** (сов.) **to blind; to dazzle** О кого чем (О кого ярким светом to blind smb. with a bright light)

ОСЛОЖНЯТЬ (несов.) **ОСЛОЖНИТЬ** (сов.) **to complicate** О что чем (он осложнил положение своим поведением he complicated the situation with his behavior) 2. *misc.* положение партии осложняется тем, что проведение выборов отложено the situation of the party is complicated by the postponement of the elections

ОСЛУШИВАТЬСЯ (несов.) **ОСЛУШАТЬСЯ** (сов.) **to disobey** О кого/чего (О приказа to disobey an order)

ОСМАТРИВАТЬ (несов.) **ОСМОТРЕТЬ** (сов.) **to scan, watch** *misc.* О поверхность моря в перископ to scan the surface of the sea through a periscope

ОСМАТРИВАТЬСЯ (несов.) **ОСМОТРЕТЬСЯ** (сов.) **to get used to** О в чём (О в новом городе to get used to a new city)

ОСМЕЛИВАТЬСЯ (несов.) **ОСМЕЛИТЬСЯ** (сов.) **to dare** 1. О на что (О на сопротивление to dare to resist) 2. О + неопр. ф. (О сопротивляться to dare to resist)

ОСНАЩАТЬ (несов.) **ОСНАСТИТЬ** (сов.) **to equip** О что чем (О завод новейшей техникой to equip a factory with the latest technology; ракеты были оснащены обычными боеголовками the rockets were armed with conventional warheads)

ОСНОВЫВАТЬ (несов.) **ОСНОВАТЬ** (сов.) **to base** О что на чём (О свой вывод на наблюдениях to base one's conclusion on observations)

ОСНОВЫВАТЬСЯ (несов.) **ОСНОВАТЬСЯ** (сов.) A. see **ОСНОВЫВАТЬ** B. **to get settled** О где (О на новом месте to get settled in a new place *or* to get settled in a new job)

ОСОЗНАВАТЬ (несов.) **ОСОЗНАТЬ** (сов.) **to realize, recognize** О, что с придат. (они осознают, что государство не может помочь they realize that the government cannot help)

ОСРАМИТЬ see **СРАМИТЬ**

ОСТАВАТЬСЯ (несов.) **ОСТАТЬСЯ** (сов.) **to remain, stay; to be left** 1. О от чего (от обеда остались котлеты some chops were left over from dinner; от города ничего не осталось the city was completely destroyed) 2. О (на что) где (О на зиму в деревне to stay in the country for the winter; О на второй год в классе to be kept back in school for a year; она осталась при кафедре she was kept in the department) 3. О с кем (О с друзьями to stay with one's friends) 4. О кем (О директором to remain/stay on as director; он остался калекой на всю жизнь he was disabled for the rest of his life) 5. О каким (*Note:* the short form of the adjective may also occur) (ситуация остаётся напряжённой the situation remains tense; он остался верен убеждениям he remained true to his convictions) 6. О на что (О на концерт to stay for the concert) 7. О (от кого) кому (от бабушки ей осталось большое наследство her grandmother left her a large inheritance) 8. О + неопр. ф. (он остался служить в армии he stayed on to serve in the army) 9. (impers.) О (кому) + неопр. ф. (ему осталось только согласиться there was nothing left for him to do but agree; мне ничего не остаётся, как уйти в отставку there is nothing left for me to do but to retire) 10. О (до тех пор), пока не с придат. (персонал посольства останется в столице, пока не вернётся посол the embassy staff will remain in the capital until the ambassador returns) 11. *misc.* О ни с чем to be left with nothing; О ни при чём to receive nothing; О в силе to remain in force; О при прежнем мнении to stick to one's opinion; это должно остаться между нами this should not be discussed with anyone else; дом остался за вдовой the house went to the widow; победа осталась за нами the victory was ours; *остаться в живых to survive; *О с носом to be fooled; *О на бобах to be left out in the cold; *О в дураках to make a fool of oneself; *от города не осталось камня на камне the city was completely destroyed; *не остаться в долгу to pay back in kind; *О у разбитого корыта to be left with nothing

ОСТАВЛЯТЬ (несов.) **ОСТАВИТЬ** (сов.) A. **to leave, set aside** 1. О что кому/для кого (О наследство детям to leave property to one's children; О записку другу/для друга to leave a message for one's friend) 2. О что на что (О продукты на обед to leave food for lunch) B. **to keep back, not promote** (in school) О кого где (О ученика в классе на второй год to keep a pupil back for a year) C. **to leave** 1. О кого/что где (О следы на снегу to leave tracks in the snow; О чемодан в машине to leave a suitcase in a car) 2. О кого/что каким (О дверь открытой to leave a door open; это меня оставило равнодушным that left me cold) 3. О кого/что с кем/у кого (О ребёнка с бабушкой/у бабушки to leave a child with its grandmother) 4. О что на что (О что на обед to leave smt. for lunch) 5. О кого + неопр. ф. (она оставила меня ждать автобус she left me to wait for the bus) D. *misc.* О гостя ночевать to have/let a guest spend the night (at one's place); О что без внимания to disregard smt.; она оставила детей сиротами her children were orphaned; её оставили при кафедре they kept her in the department; О за собой квартиру to reserve an apartment AE/a flat BE; *оставить кого на бобах to leave smb. in the lurch; *не оставить камня на камне от чего to destroy smt. completely; *это оставляет желать многого it leaves much to be desired; *О кого с носом to trick smb.

ОСТАНАВЛИВАТЬ (несов.) **ОСТАНОВИТЬ** (сов.) A. **to concentrate, fix** О что на ком/чём (О внимание на чём to concentrate one's attention on smt.; О взгляд на ком to fix one's gaze on smb.) B. **to stop** О кого/что где (О машину на перекрёстке to stop a car at an intersection)

ОСТАНАВЛИВАТЬСЯ (несов.) **ОСТАНОВИТЬСЯ** (сов.) A. **to concentrate on, dwell on** О на чём (О на подробностях to dwell on details; О на вопросе to dwell on a question) B. **to decide on, settle on** О на ком/чём (О на самом молодом кандидате to settle on the youngest candidate) C. **to stop** 1. О перед чем (она не остановится перед трудностями she will not stop in spite of difficulties) 2. О для чего/на что (О для отдыха/на отдых to stop to rest *or* to stop for a rest) 3. О где (О на перекрёстке to stop at an intersection; О у ворот to stop at a gate; О на полпути to stop halfway — also fig.) 4. *misc.* О на несколько минут to stop for a few minutes D. **to stay** 1. О у кого (О у родных to stay with relatives) 2. О где (О в гостинице to stay in a hotel) E. *misc.* О на подробностях to go into detail; О на третьей главе to read to chapter three

ОСТЕРЕГАТЬ (несов.) **ОСТЕРЕЧЬ** (сов.) **to caution, warn** О кого от чего (О кого от опасности to warn smb. of danger)

ОСТЕРЕГАТЬСЯ (несов.) **to be wary of, watch out for; to avoid, guard against** 1. О кого/чего (О карманных воров to watch out for pickpockets; О простуды to guard against catching a cold) 2. О + неопр. ф. (О пить сырую воду to avoid drinking unboiled water) 3. О (того), что с придат. (она остерегается, что её обманут she is wary of being fooled)

ОСТОЛБЕНЕТЬ see **СТОЛБЕНЕТЬ**

ОСУЖДАТЬ (несов.) **ОСУДИТЬ** (сов.) A. **to condemn, convict, sentence** 1. О кого на что (О обвиняемого на смерть to condemn an accused person to death; О кого на 10 лет тюремного заключения to sentence smb. to ten years in prison) 2. О кого за что (О кого за совершённое преступление to convict smb. of a crime) 3. *misc.* О кого на основании ложных/фабрикованных доказательств to convict smb. on the basis of falsified evidence B. **to censure, criticize; to scold** 1. О кого за что (О ученика за лень to scold a pupil for being lazy) 2. *misc.* решительно О to censure bitterly/strongly

ОСЧАСТЛИВЛИВАТЬ (несов.) **ОСЧАСТЛИВИТЬ** (сов.) **to cheer up, make happy** О кого чем (О кого ласковым взглядом to cheer smb. up with a friendly look)

ОСЫПАТЬ (несов.) **ОСЫПАТЬ** (сов.) A. **to heap, shower** О кого чем (О друга подарками to shower gifts on a friend; О кого бранью to heap abuse on smb.; О кого поцелуями to smother smb. with kisses) B. **to sprinkle** О что чем (О пирог сахаром to sprinkle sugar on a cake)

ОТАПЛИВАТЬ (несов.) **ОТОПИТЬ** (сов.) **to heat** О что чем (О дом дровами to heat a house with firewood)

ОТБАВЛЯТЬ (несов.) **ОТБАВИТЬ** (сов.) **to pour off** О что/чего откуда (О молоко/ молока из стакана to pour milk out of a glass)

ОТБЕГАТЬ (несов.) **ОТБЕЖАТЬ** (сов.) **to run away** О откуда (О от дома to run away from home)

ОТБИВАТЬ (несов.) **ОТБИТЬ** (сов.) A. **to hit back, knock back** О что чем (О мяч рукой to hit a ball back with one's hand) B. **to remove, take away** О кого/что у кого (он отбил у друга его девушку he took his friend's girl away; О у ребёнка вкус к музыке to destroy a child's taste for music) C. **to recapture, retake** О что у кого (О орудие у противника to retake an artillery piece from the enemy) D. *misc.* О такт рукой to beat time to the music

ОТБИВАТЬСЯ (несов.) **ОТБИТЬСЯ** (сов.) A. **to reject, repel, repulse** О от кого/чего (О от нападения to repel an attack; О от товара to reject merchandise; О от обвинения to deny an accusation) B. **to break away** О от кого/ чего (О от стада to break away from a herd) C. *misc.* *отбиться от рук to get out of hand

ОТБИРАТЬ (несов.) **ОТОБРАТЬ** (сов.) A. **to take** (away, back) О кого/что у кого (О ребёнка у матери to take a child away from its mother) B. **to select** 1. О кого/что для чего (О книги для занятий to select books for courses) 2. О кого/что на что (О делегатов на конференцию to select delegates for a conference)

ОТБЛАГОДАРИТЬ (сов.) **to thank, show one's appreciation** О кого за что (она отблагодарила меня за помощь she thanked me for helping)

ОТБОЯРИВАТЬСЯ (несов.) **ОТБОЯРИТЬСЯ** (сов.) (colloq.; humorous) **to get out of, get away from** О от кого/чего (О от приглашения to get out of an invitation; О от посетителя to get rid of a visitor)

ОТБРАСЫВАТЬ (несов.) **ОТБРОСИТЬ** (сов.) A. **to throw, cast** 1. О что куда (О окурок в угол to throw a cigarette butt into a corner) 2. О что откуда (О камень с дороги to throw a rock off a road) B. **to beat back, throw back** куда (О врага на прежнее место

to throw an enemy force back to its former position; О противника на сто километров to throw an enemy back by 100 kilometers)

ОТБУКСИРОВАТЬ see **БУКСИРОВАТЬ**

ОТБЫВАТЬ (несов.) **ОТБЫТЬ** (сов.) (formal) **to leave** О куда/откуда (О из Вашингтона в Москву to leave Washington for Moscow)

ОТВАЖИВАТЬСЯ (несов.) **ОТВАЖИТЬСЯ** (сов.) **to dare** 1. О на что (О на возражение to dare to raise an objection) 2. О + неопр. ф. (О возразить to dare to raise an objection)

ОТВАЛИВАТЬ (несов.) **ОТВАЛИТЬ** (сов.) A. **to push away, roll away** О что от чего (О камень от входа to push a rock away from an entrance) B. (nautical) **to cast off, push off** О от чего (О от берега to cast off from shore)

ОТВАЛИВАТЬСЯ (несов.) **ОТВАЛИТЬСЯ** (сов.) **to fall off** О от чего (крыло отвалилось от самолёта a wing fell off the plane)

ОТВЕДЫВАТЬ (несов.) **ОТВЕДАТЬ** (сов.) (colloq.) **to taste, try** О что/чего (отведать хлеба to taste some bread)

ОТВЕЗТИ see **ОТВОЗИТЬ**

ОТВЁРТЫВАТЬ, ОТВОРАЧИВАТЬ (несов.) **ОТВЕРНУТЬ** (сов.) **to turn** О что куда (О голову в сторону to turn one's head to the side)

ОТВЁРТЫВАТЬСЯ, ОТВОРАЧИВАТЬСЯ (несов.) **ОТВЕРНУТЬСЯ** (сов.) **to turn** 1. О куда (О в сторону to turn to the side; О к стене to turn towards a wall) 2. О от кого/чего (О от двери to turn away from a door; все друзья от него отвернулись all his friends turned away from him *or* all his friends turned their backs on him)

ОТВЕСТИ see **ОТВОДИТЬ**

ОТВЕТИТЬ see **ОТВЕЧАТЬ** C, D, E

ОТВЕЧАТЬ (несов.) **ОТВЕТИТЬ** (сов.) A. (only imperf.) **to answer for, be responsible for** О (перед кем) за что (О за свои поступки перед товарищами to answer for one's actions to one's friends) B. (only imperf.) **to correspond to, meet, satisfy** О чему (О требованиям to meet demands; О потребностям to satisfy needs; О вкусам to correspond to smb.'s tastes) C. **to answer, respond to** 1. О (кому) на что (О учителю на вопрос to answer a teacher's question) 2. О (на что) чем (О согласием на предложение to agree to a proposal; О отказом на просьбу to reject a request; О длинной речью на приветствие to respond to a greeting with a long speech; О ударом на удар to answer blow for blow) 3. О откуда (наша дочь ответила из Филадельфии our daughter answered from Philadelphia) 4. *misc.* О отрицательно to say 'no'; О утвердительно to say 'yes'; О кому факсом to fax smb. a response D. (only perf.) **to bear/take the blame for, pay for** ответить за кого/что (ответить за ошибку to take the blame for an error; ответить за свою вину to pay for one's transgression) E. *misc.* ответить урок учителю to recite a lesson to a teacher; девочка ответила на пять the girl got a grade of 'excellent' for her answer

ОТВЕШИВАТЬ (несов.) **ОТВЕСИТЬ** (сов.) **to weigh out** О что/чего (отвесить мяса to weigh out some meat)

ОТВИНЧИВАТЬ (несов.) **ОТВИНТИТЬ** (сов.) **to unscrew** О что чем (О пробку рукой to remove a cork with one's hand)

ОТВЛЕКАТЬ (несов.) **ОТВЛЕЧЬ** (сов.) A. **to distract** 1. О кого/что от чего (О кого от работы to distract smb. from her/his work; О чьё внимание от чего to distract smb.'s attention from smt.) 2. О кого чем (О кого вопросами to distract smb. with questions) B. **to divert, draw off** 1. О кого/что куда (О противника в сторону to divert an enemy to a flank) 2. О кого/что откуда (О силы с востока to divert forces from the east)

ОТВОДИТЬ I (несов.) **ОТВЕСТИ** (сов.) A. **to take, lead** (on foot) 1. О кого/что куда/к кому (О брата в школу to take one's brother to school; О ребёнка к бабушке to take a child to its grandmother; О войска на новые позиции to lead troops to new positions) 2. О кого/что откуда (О стадо от дороги to drive a herd away from a road; О ребёнка от обрыва to lead a child away from a precipice; О войска с границы to withdraw troops from the border) B. **to deflect, divert** О что от кого/чего (О удар от кого to deflect a blow from smb.; О подозрение от товарища to divert suspicion from a friend) C. **to allot, assign, devote, set aside** 1. О что для чего/на что/подо что (О участок под огород to set aside a plot of land for use as a vegetable garden; О помещение для мастерской to set aside a building for use as a repair shop; много времени отводится на практическое обучение a great deal of time is devoted to drill; много места отводится под рекламу a lot of space is devoted to advertising) 2. О кому/чему что (О время докладчику to allot time to a speaker; О роль

кому to assign a role to smb.) D. **to take away** О что чем (он отвёл её ножом рукой he grabbed her knife away) E. *misc.* О кого от соблазна to lead smb. away from temptation; он не мог отвести глаз от неё he couldn't take his eyes off her; *О глаза кому to mislead smb.

ОТВОДИТЬ II (сов.) **to take** (and bring back; used in the past tense) О кого/что куда (она отводила детей в парк she took the children to a park)

ОТВОЁВЫВАТЬ (несов.) **ОТВОЕВАТЬ** (сов.) **to retake, win back** О что у кого/чего (О свою землю у врага to win back one's land from an enemy)

ОТВОЗИТЬ I (несов.) **ОТВЕЗТИ** (сов.) A. **to drive, take** 1. О кого/что куда/к кому (О пассажира на вокзал to drive a passenger to a station; О посылку на почту to take a package to the post office; О девочку к бабушке to take a girl to her grandmother) 2. О что кому (О подарок другу to take a gift to a friend) B. **to move; to remove** 1. О что куда (О камень в сторону to move a rock to the side) 2. О что откуда (О камень с дороги to remove a rock from a road)

ОТВОЗИТЬ II (сов.) **to drive, take** (and bring back; used in the past tense) О кого/что куда (мы отвозили детей в зоопарк we took the children to the zoo)

ОТВОРАЧИВАТЬ see **ОТВЁРТЫВАТЬ**
ОТВОРАЧИВАТЬСЯ see **ОТВЁРТЫВАТЬСЯ**

ОТВОРЯТЬ (несов.) **ОТВОРИТЬ** (сов.) **to open** О что кому/перед кем (О дверь гостью/перед гостем to open a door for a guest)

ОТВЫКАТЬ (несов.) **ОТВЫКНУТЬ** (сов.) **to break away from; to break** (a habit) 1. О от кого/чего (О от старых друзей to break away from old friends; О от дурных привычек to break bad habits) 2. О + неопр. ф. (О курить to stop smoking)

ОТВЯЗЫВАТЬСЯ (несов.) **ОТВЯЗАТЬСЯ** (сов.) A. **to get rid of** О от кого (О от назойливого посетителя to get rid of an unwelcome visitor) B. *misc.* отвяжись от меня с глупыми вопросами! stop bothering me with your stupid questions!

ОТГАДЫВАТЬ (несов.) **ОТГАДАТЬ** (сов.) **to figure out, guess** О где/кто/что с придат. (мне предложили отгадать, кто из них победитель конкурса they asked me to guess who had won the contest)

ОТГОВАРИВАТЬ (несов.) **ОТГОВОРИТЬ** (сов.) **to dissuade, talk out of** 1. О кого от чего (О брата от поездки to talk one's brother out of a trip) 2. О кого + неопр. ф. (О кого ехать to talk smb. out of going)

ОТГОВАРИВАТЬСЯ (несов.) **ОТГОВОРИТЬСЯ** (сов.) **to get out of** (doing smt.) О от чего чем (она отговорилась от поручения болезнью she got out of doing a job by pleading illness)

ОТГОНЯТЬ (несов.) **ОТОГНАТЬ** (сов.) A. **to chase** О кого/что от чего (О собаку от ворот to chase a dog away from a gate) B. *misc.* О от себя сомнения to resolve one's doubts

ОТГОРАЖИВАТЬ (несов.) **ОТГОРОДИТЬ** (сов.) **to fence off, screen off** 1. О (чем) что от кого/чего (О участок забором от соседей to fence off a parcel of land from the neighbors) 2. *misc.* О себя от сослуживцев to isolate oneself from one's co-workers

ОТГРАНИЧИВАТЬ (несов.) **ОТГРАНИЧИТЬ** (сов.) **to separate, set off** О что от чего (О одно понятие от другого to separate one concept from another)

ОТГРУЖАТЬ (несов.) **ОТГРУЗИТЬ** (сов.) **to ship** О что куда (О уголь в Южную Америку to ship coal to South America)

ОТДАВАТЬ I (несов.) (also impers.) A. **to reek, smell** О (от кого/чего) чем (бочка отдаёт рыбой the barrel smells of fish; от него отдаёт водкой he reeks of vodka) B. **to bring back, evoke, smack of** О чем (О стариной to evoke the past; это отдаёт парадоксом that seems to be a paradox)

ОТДАВАТЬ II (несов.) **ОТДАТЬ** (сов.) A. **to give, hand over, turn over** О кого/что кому (О ребёнка матери to hand over a child to its mother; О книгу владельцу to turn over/return a book to its owner; О деньги жене to hand over money to one's wife) B. **to deliver; to take** О кого/что куда (О книгу в библиотеку to return/take a book to a library; О письмо на почту to take a letter to the post office; О платье в стирку to take a dress to the cleaners; он отдаёт бельё в стирку he has his things washed at a laundry; О часы в ремонт to take a watch in for repair; О ребёнка в детский сад to place a child in a kindergarten; О вещи на хранение to put things into storage) C. **to surrender** О кого/что кому (О город врагу to surrender a city to the enemy) D. **to give, issue** О что кому (О приказ войскам to issue

an order to the troops) E. **to give** О что кому/чему *and* за кого/что (О свой голос кандидату/за кандидата to give one's vote to a candidate; О жизнь родине/за родину to give one's life for one's country; О приоритет детям to give priority to children) F. **to devote** О что чему (О все силы науке to devote all of one's energy to science; она отдаёт свободное время работе в клубе she devotes her free time to work at the club) G. **to radiate, reflect** (often impers.) О где/куда (зуб так болит, что в голову отдаёт my tooth hurts so much that my head is throbbing; боль отдаёт в плечо I feel the pain in my shoulder; куда боль отдаёт? where do you feel the pain?) H. *misc.* ружьё отдало в плечо the rifle recoiled; О кого под суд to take smb. to court; О кому честь to salute smb.; О должное/справедливость кому to give smb. her/his due; О за бесценок to sell cheaply; сколько ты отдал за пальто? how much did you pay for the coat? О себе отчёт в чём to realize smt.; О дом в аренду to let out BE/rent out AE a house; О предпочтение чему to show a preference for smt.

ОТДАВАТЬСЯ (несов.) **ОТДАТЬСЯ** (сов.) A. **to hand oneself over, surrender** 1. О на что (О на милость победителя to hand oneself over to a conqueror's mercy) 2. О чему (О эмоциальным порывам to be subject to impulse) B. **to devote oneself** 1. О кому/чему (О детям to devote oneself to one's children; О работе to devote oneself to one's work) 2. *misc.* О всей душой/полностью to be completely devoted C. *misc.* О течению to be carried along with the current; боль отдалась в плече I felt the pain in my shoulder; О под суд to be put on trial

ОТДЕЛИТЬ see **ОТДЕЛЯТЬ**

ОТДЕЛЫВАТЬ (несов.) **ОТДЕЛАТЬ** (сов.) **to trim** О что чем (О платье кружевами to trim a dress with lace)

ОТДЕЛЫВАТЬСЯ (несов.) **ОТДЕЛАТЬСЯ** (сов.) A. **to finish** О от чего (О от уроков to finish one's homework) B. **to shed, get rid of** О от кого/чего (О от нудного человека to get rid of a bore; О от грустных мыслей to shed one's depressing thoughts) C. **to get off with** О чем (О царапиной to get off with a scratch; О лёгким наказанием to get off with light punishment; О отпиской to give a pro forma reply; О общими фразами to answer in vague generalities)

ОТДЕЛЯТЬ (несов.) **ОТДЕЛИТЬ** (сов.) A. **to separate** О кого/что от кого/чего (О детей от взрослых to separate the children from the adults; О белок от желтка to separate an egg white from the yolk) B. **to fence off, screen off** О что чем (О угол ширмой to screen off a corner) C. **to set aside** 1. О что кому (О дочери часть дома to set aside a part of a house for one's daughter) 2. О что для кого/чего (О место для гаража to set aside a piece of land for a garage)

ОТДЁРГИВАТЬ (несов.) **ОТДЁРНУТЬ** (сов.) **to pull away** О что от чего (О руку от огня to pull one's arm away from a fire)

ОТДИРАТЬ (несов.) **ОТОДРАТЬ** (сов.) **to tear off** О что от чего (О афишу от стены to tear a poster off a wall)

ОТДУМЫВАТЬ (несов.) **ОТДУМАТЬ** (сов.) (colloq.) **to change one's mind** О + неопр. ф. (О уезжать to change one's mind about leaving)

ОТДЫХАТЬ (несов.) **ОТДОХНУТЬ** (сов.) **to rest up** 1. О от чего/после чего (О от работы/после работы to rest up after work) 2. *misc.* О с семьёй на курорте to rest up with one's family at a resort; *О душой to calm down *or* to relax

ОТЖИМАТЬСЯ (несов.) **ОТЖАТЬСЯ** (сов.) *misc.* О от пола to do push-ups

ОТЗЫВАТЬ I (несов.) (colloq.) **to smell of, taste of** О чем (О чесноком to smell of garlic)

ОТЗЫВАТЬ II (несов.) **ОТОЗВАТЬ** (сов.) **to call** (aside, away); **to recall** 1. О кого куда (О посла на родину to recall an ambassador; О кого в сторону to call smb. aside) 2. О кого откуда (О посла из страны to recall an ambassador)

ОТЗЫВАТЬСЯ (несов.) **ОТОЗВАТЬСЯ** (сов.) A. **to respond** О на что (О на просьбу to respond to an appeal) B. **to affect** О на ком/чём (О на здоровье to affect smb.'s health) C. **to give an opinion** 1. О о чём/о книге to give an opinion of a book) 2. *misc.* О лестно to have a flattering opinion; О высоко/положительно to have a positive opinion; события в столице отозвались эхом по всей стране the events in the capital were felt all over the country

ОТКАЗЫВАТЬ (несов.) **ОТКАЗАТЬ** (сов.) A. **to refuse** 1. О (кому) в чём (О товарищу в помощи to refuse to help a friend) 2. *misc.* О категорически/наотрез to refuse categorically/outright B. **to turn down** О кому (О жени-

ху to turn a suitor down) C. **to deny** О кому в чём (О себе в самом необходимом to deny oneself the barest necessities) D. **to refuse to recognize** О кому в чём (О кому в достоинствах to refuse to recognize smb.'s merits)

ОТКАЗЫВАТЬСЯ (несов.) **ОТКАЗАТЬСЯ** (сов.) A. **to decline, turn down** О от кого/чего (О от помощи to turn down help) B. **to refuse** 1. О от чего (О от поездки to refuse to make a trip) 2. О + неопр. ф. (О поехать to refuse to make a trip) 3. *misc.* О категорически/наотрез to refuse categorically/outright C. **to abandon, give up** О от кого/чего (О от родителей to abandon one's parents; О от ребёнка to give up a child; О от борьбы to give up a fight; О от курения to give up smoking; О от теории to give up a theory) D. **to disavow, renounce, repudiate, retract** О от кого/чего (О от своих слов to retract one's words; О от уплаты долга to repudiate a debt; О от сына to disavow one's son; О от войны to renounce war)

ОТКАЛЫВАТЬ (несов.) **ОТКОЛОТЬ** (сов.) **to break off, chop off, cut off** 1. О кого/что от чего (О часть от целого to cut a part off from the whole; О кого от группы to exclude smb. from a group) 2. О что чем (О кусок топором to chop a piece off with an axe)

ОТКАЛЫВАТЬСЯ (несов.) **ОТКОЛОТЬСЯ** (сов.) A. **to break away, cut oneself off** О от кого/чего (О от семьи to cut oneself off from one's family) B. **to break off** О от чего (от чашки откололась ручка the handle broke off the cup)

ОТКАПЫВАТЬ (несов.) **ОТКОПАТЬ** (сов.) **to dig out** О кого/что откуда (О людей из развалин to dig people out of ruins; О растение из--под снега to dig a plant out from under snow)

ОТКАТЫВАТЬ (несов.) **ОТКАТИТЬ** (сов.) A. (colloq.) **to move away** О от чего (волна беженцев откатила подальше от опасной зоны the stream of refugees moved farther away from the danger zone) B. **to push, roll** О что куда (О машину на обочину to push a car onto the shoulder/verge BE of a road)

ОТКАТЫВАТЬСЯ (несов.) **ОТКАТИТЬСЯ** (сов.) A. **to roll** О куда (мяч откатился в сторону the ball rolled to a side) 2. О откуда (волна откатилась от берега the wave rolled back from the shore) B. **to retreat** О куда (враг откатился за реку the enemy retreated across the river)

ОТКИДЫВАТЬ (несов.) **ОТКИНУТЬ** (сов.) A. **to throw** О что куда (О камень в сторону to throw a rock to the side) B. *misc.* О что на дуршлаг to drain smt. in a colander

ОТКИДЫВАТЬСЯ (несов.) **ОТКИНУТЬСЯ** (сов.) **to lean back** О на что (О на спинку кресла to lean back in an armchair)

ОТКЛАДЫВАТЬ (несов.) **ОТЛОЖИТЬ** (сов.) A. **to put** О что куда (О книгу на полку to put a book on a shelf) B. **to set aside** 1. О что на что (О деньги на поездку to set aside money for a trip) 2. О что для кого/чего *and* О что кому (О книги для друга to set aside books for a friend) 3. *misc.* О что на чёрный день to set smt. aside for a rainy day C. **to postpone** 1. О что до чего/на что (О собрание до среды/на среду to postpone a meeting until Wednesday) 2. *misc.* О что на несколько дней to postpone smt. for several days; *О что до греческих календ to keep putting smt. off; *О что в долгий ящик to pigeonhole smt.

ОТКЛИКАТЬСЯ (несов.) **ОТКЛИКНУТЬСЯ** (сов.) **to respond** О на что (О на призыв to respond to a summons)

ОТКЛОНЯТЬ (несов.) **ОТКЛОНИТЬ** (сов.) A. **to turn** (away), **deflect** 1. О что куда (О голову в сторону to turn one's head to the side) 2. О что от чего (О голову от удара to dodge a blow) B. **to talk out of** О кого от чего (О кого от необдуманного поступка to talk smb. out of doing smt. foolish)

ОТКЛОНЯТЬСЯ (несов.) **ОТКЛОНИТЬСЯ** (сов.) A. **to deviate; digress** О от чего (О от курса to deviate from a course; О от темы to digress from a topic) B. **to turn** (off) О куда (О в сторону to turn off to the side)

ОТКЛЮЧАТЬ (несов.) **ОТКЛЮЧИТЬ** (сов.) **to disconnect, shut off** О что от чего (О ток от сети to shut off the current)

ОТКОЛОТЬ see **ОТКАЛЫВАТЬ**

ОТКОЛОТЬСЯ see **ОТКАЛЫВАТЬСЯ**

ОТКОМАНДИРОВЫВАТЬ (несов.) **ОТКОМАНДИРОВАТЬ** (сов.) **to assign, transfer** 1. О кого куда (О офицера в штаб to transfer an officer to headquarters) 2. О кого откуда (О кого из штаба to transfer smb. from headquarters)

ОТКОПАТЬ see **ОТКАПЫВАТЬ**

ОТКРЕЩИВАТЬСЯ (несов.) **ОТКРЕСТИТЬСЯ** (сов.) (colloq.) **to disavow** О от чего (О от своих прежних слов to disavow one's previous statements)

ОТКРЫВАТЬ (несов.) **ОТКРЫТЬ** (сов.) A. **to open** 1. О что чем (О портфель ключом to open a briefcase with a key; О сезон трагедией Шекспира to open a season with one of Shakespeare's tragedies) 2. О что кому (О счёт клиенту to open an account for a client) 3. *misc.* О дверь перед кем to open a door for/to smb. B. **to reveal** 1. О что кому (О тайну кому to reveal a secret to smb.) 2. О, где/как/что с придат. (он не хотел открыть, что случилось he did not want to reveal what had happened) C. **to discover** О, что с придат. (президент открыл, что у него сильный противник the president discovered that he had a strong opponent) D. *misc.* *О кому глаза на что to open smb.'s eyes to smt.; *О карты перед кем to speak frankly with smb.

ОТКУСЫВАТЬ (несов.) **ОТКУСИТЬ** (сов.) **to bite** (off); **to snip** (off) О что чем (О сахар зубами to bite off a piece of sugar; О проволоку клещами to snip wire with pincers)

ОТЛАМЫВАТЬ (несов.) **ОТЛОМАТЬ, ОТЛОМИТЬ** (сов.) **to break** (off) О (чем) от чего (О ветку от дерева to break a branch off a tree)

ОТЛЕТАТЬ (несов.) **ОТЛЕТЕТЬ** (сов.) A. **to fly away** О на что (О на 100 километров to fly a hundred kilometers away) B. **to bounce** 1. О откуда (мяч отлетел от стены the ball bounced off the wall) 2. О куда (О в сторону to bounce to the side)

ОТЛЕЧЬ (сов.) *misc.* у меня отлегло от души/сердца it was a load off my mind

ОТЛИВАТЬ I (несов.) **ОТЛИТЬ** (сов.) **to cast** О что в чём/из чего (О статую из бронзы to cast a statue in bronze)

ОТЛИВАТЬ II (несов.) **ОТЛИТЬ** (сов.) A. **to pour** 1. О что/чего куда (О воду/воды в стакан to pour water into a glass) 2. О что/чего откуда (О молоко/молока из кувшина to pour milk from a jug BE/pitcher AE) B. **to flow, rush** (away) О от чего (кровь отлила от лица the blood rushed from his face)

ОТЛИВАТЬ III (несов.) **to be streaked** О чем (О серебром to be streaked with silver)

ОТЛИВАТЬСЯ (несов.) **ОТЛИТЬСЯ** (сов.) **to assume, take on** О во что (О в новую форму to take on a new form)

ОТЛИЧАТЬ (несов.) **ОТЛИЧИТЬ** (сов.) A. **to distinguish, tell apart, pick out** О (по чему) кого/что от кого/чего (О добра от зла to distinguish good from evil; О соль от сахара по вкусу to distinguish salt from sugar by taste; я отличу её голос от всякого другого I can pick out her voice from all others) B. **to differentiate** О кого/что от кого/чего (от всех прочих её отличает доброта her kindness sets her apart from everyone else)

ОТЛИЧАТЬСЯ (несов.) **to be different, stand out** 1. О чем (О отменной физической закалкой to be in excellent physical condition) 2. О от кого/чего (он отличается внешностью от братьев he does not resemble his brothers; новый ученик отличается от своих сверстников большой начитанностью the new pupil stands out in the group — he is so well read) 3. *misc.* О разительно/ резко/ сильно to be strikingly different; О заметно/ значительно to be noticeably different

ОТЛОЖИТЬ see **ОТКЛАДЫВАТЬ**

ОТЛОМАТЬ, ОТЛОМИТЬ see **ОТЛАМЫ-ВАТЬ**

ОТЛУЧАТЬ (несов.) **ОТЛУЧИТЬ** (сов.) (obsol.) **to expel** О кого от чего (О кого от церкви to excommunicate smb.)

ОТМАХИВАТЬ (несов.) **ОТМАХНУТЬ** (сов.) **to brush** (off) О (чем) что от кого/чего (О мух от спящего ребёнка to brush flies off a sleeping child)

ОТМАХИВАТЬСЯ (несов.) **ОТМАХНУТЬ-СЯ** (сов.) **to brush** (aside, off) О от кого/чего (О от комаров to brush mosquitoes off; О от расспросов to brush questions aside)

ОТМЕЖЁВЫВАТЬСЯ (несов.) **ОТМЕЖЕ-ВАТЬСЯ** (сов.) **to dissociate oneself, distance oneself** О от кого/чего (о от коллег to dissociate oneself from one's colleagues)

ОТМЕРЯТЬ (несов.) **ОТМЕРИТЬ** (сов.) **to measure** О что чем (О расстояние метром to measure a distance with a yardstick)

ОТМЕТАТЬ (несов.) **ОТМЕСТИ** (сов.) **to sweep** (away) 1. О что куда (О сор в угол to sweep refuse into a corner) 2. О что откуда (О снег от крыльца to sweep the snow away from a porch)

ОТМЕЧАТЬ (несов.) **ОТМЕТИТЬ** (сов.) A. **to mark, mark off** О что чем (О фамилию красным карандашом to mark off a name with a red pencil) B. **to decorate** О кого/что чем (О кого орденом to decorate smb. with a medal) C. **to celebrate** 1. О что чем (О годовщину торжественным собранием to celebrate an anniversary with a formal ceremony) 2. *misc.* торжественно О праздник to observe a holiday solemnly D. **to note** О, что с придат. (она отметила, что я опоздал she noted that

I had been late)

ОТМЫВАТЬ (несов.) **ОТМЫТЬ** (сов.) **to wash** (off) 1. О что с чего (О грязь с лица to wash off the dirt from one's face) 2. О что чем (О грязь мылом to wash off dirt with soap)

ОТНЕСТИ see **ОТНОСИТЬ**

ОТНЕСТИСЬ see **ОТНОСИТЬСЯ**

ОТНИМАТЬ (несов.) **ОТНЯТЬ** (сов.) A. **to take away, remove** О что от чего (О лестницу от стены to take a ladder away from a wall) B. **to take away, deprive** О кого/что у кого (О ребёнка у родителей to take a child away from its parents; О свободу у кого to deprive smb. of freedom; О жизнь у кого to kill smb.; О время у кого to take up smb.'s time) C. **to amputate** О кому что (О ногу раненому бойцу to amputate the leg of a wounded soldier) D. **to subtract, deduct** О что от чего (от сорока О три to subtract three from forty) E. *misc.* О ребёнка от груди to wean a child

ОТНОСИТЬ I (несов.) **ОТНЕСТИ** (сов.) A. **to carry, take** 1. О кого/что куда (О ребёнка в ясли to carry/take a child to nursery school; О книгу в библиотеку to take a book to a library) 2. О что/чего кому (О деньги матери to take money to one's mother; отнеси ему хлеба take him some bread) 3. О что к кому (О свои вещи к другу to take one's things to a friend's place) B. **to carry, drag** 1. О что куда (О лодку к берегу to drag a boat to the shore) 2. О что откуда (О камень от дороги to drag a rock from a road) C. **to assign, classify** О кого/что к кому/чему (О животное к хищникам to classify an animal as a predator; О рукопись к пятнадцатому веку to assign a manuscript to the fifteenth century) D. **to attribute, chalk up** О что к чему (О ошибку к небрежности to attribute a mistake to carelessness) E. (impers.) **to carry off** О что (куда) чем (лодку отнесло течением на середину реки the boat was carried off by the current to the middle of the river) F. *misc.* не относите этого на свой счёт! don't take it personally!

ОТНОСИТЬ II (сов.) **to carry, take** (and bring back; used in the past tense) (она относила часы в ремонт she took the watch in to be repaired)

ОТНОСИТЬСЯ (несов.) **ОТНЕСТИСЬ** (сов.) A. **to behave towards, treat** О к кому/ чему (хорошо О к кому to treat smb. well) B. **to consider, have an opinion of, regard** О к кому/чему (О к чему с подозрением to be suspicious about smt.; как вы отнеслись к этой лекции? what did you think of this lecture? О к чему скептически to regard smt. skeptically) C. (only imperf.) **to pertain to, apply to** О к кому/чему (это к делу не относится this is not pertinent/relevant) D. (only imperf.) **to go back to, date from** О к чему (эта рукопись относится к семнадцатому веку this manuscript dates from the seventeenth century) E. **to be meant for** О к кому/чему (его восклицание относилось к девушке his greeting was meant for the girl) F. **to belong to** О к чему (кошка относится к классу млекопитающих the cat is classified as a mammal; эти деньги относятся к числу неконвертируемых валют this is not convertible currency)

ОТОБРАТЬ see **ОТБИРАТЬ**

ОТОГНАТЬ see **ОТГОНЯТЬ**

ОТОГРЕВАТЬ (несов.) **ОТОГРЕТЬ** (сов.) **to warm** О кого/что чем (О руки дыханием to warm one's hands by blowing on them)

ОТОДВИГАТЬ (несов.) **ОТОДВИНУТЬ** (сов.) **to move** (away) 1. О что куда (О стол к стене to move a desk over to a wall) 2. О что откуда (О стулья от входа to move chairs away from an entrance)

ОТОДРАТЬ see **ОТДИРАТЬ**

ОТОЖДЕСТВЛЯТЬ (несов.) **ОТОЖДЕСТВИТЬ** (сов.) **to equate** О что с чем (О одно понятие с другим to equate one concept with another)

ОТОЗВАТЬ see **ОТЗЫВАТЬ** II

ОТОЗВАТЬСЯ see **ОТЗЫВАТЬСЯ**

ОТОЙТИ see **ОТХОДИТЬ**

ОТОМСТИТЬ see **МСТИТЬ**

ОТОПИТЬ see **ОТАПЛИВАТЬ**

ОТОРВАТЬ see **ОТРЫВАТЬ**

ОТОРВАТЬСЯ see **ОТРЫВАТЬСЯ**

ОТОСЛАТЬ see **ОТСЫЛАТЬ**

ОТПЕРЕТЬ see **ОТПИРАТЬ**

ОТПИВАТЬ (несов.) **ОТПИТЬ** (сов.) **to drink** (some) О что/чего из чего (О молоко/молока из стакана to drink some milk out of a glass)

ОТПИРАТЬ (несов.) **ОТПЕРЕТЬ** (сов.) **to unlock** О что чем (О дверь ключом to unlock a door with a key)

ОТПИРАТЬСЯ (несов.) **ОТПЕРЕТЬСЯ** (сов.) **to disavow, retract** О от чего (О от своих слов to retract one's words)

ОТПИСЫВАТЬ (несов.) **ОТПИСАТЬ** (сов.) (obsol.) A. (colloq.) **to bequeath, transfer** (in writing) О что кому (О имущество детям to

bequeath/transfer property to one's children) B. *misc.* имение в казну to confiscate property

ОТПИТЬ see **ОТПИВАТЬ**

ОТПЛАТИТЬ see **ОПЛАЧИВАТЬ, ПЛАТИТЬ** В

ОТПЛАЧИВАТЬ (несов.) **ОТПЛАТИТЬ** (сов.) **to pay back, repay** 1. О кому (чем) за что (О кому за помощь to pay smb. for her/his help) 2. *misc.* О полностью/сполна to pay off completely

ОТПЛЁСКИВАТЬ (несов.) **ОТПЛЕСНУТЬ** (сов.) **to splash** О что/чего откуда (отплеснуть воды из кружки to splash some water out of a mug)

ОТПЛЫВАТЬ (несов.) **ОТПЛЫТЬ** (сов.) **to swim** 1. О куда (О к берегу to swim to shore) 2. О откуда (О от острова to swim away from an island)

ОТПОЛЗАТЬ (несов.) **ОТПОЛЗТИ** (сов.) **to crawl** 1. О куда (О в сторону to crawl to the side) 2. О откуда (О с дороги to crawl off a road)

ОТПОЧКОВЫВАТЬСЯ (несов.) **ОТПОЧКОВАТЬСЯ** (сов.) **to break off** (from), **be formed** (from) О от чего (от Аэрофлота отпочковываются новые авиалинии new airlines are forming as offshoots of Aeroflot)

ОТПОЛИРОВАТЬ see **ПОЛИРОВАТЬ**

ОТПРАВЛЯТЬ (несов.) **ОТПРАВИТЬ** (сов.) **to send** 1. О кого/что куда/к кому (О заявление в институт to send an application to an institute; О детей к бабушке to send children to their grandmother; О войска на фронт to send troops to the front) 2. О кого/что чем/на чём (О товары поездом/на поезде to send/ship merchandise by train) 3. О что чем/по чему (О письмо авиапочтой/по авиапочтой to send a letter by airmail; О журналы бандеролью to send journals as 'printed matter') 4. О что кому (О письмо товарищу to send a letter to a friend) 5. О кого за кем/чем (О кого за врачом to send smb. for a doctor) 6. О что откуда (О письмо из Филадельфии to send a letter from Philadelphia; О телеграмму с борта корабля to send a cable from shipboard) 7. О что с кем (О пакет с посыльным to send a package with a messenger) 8. О кого + неопр. ф. (О ребёнка спать to send a child to bed) 9. *misc.* *О кого на тот свет to send smb. to her/his grave

ОТПРАВЛЯТЬСЯ (несов.) **ОТПРАВИТЬСЯ** (сов.) A. see **ОТПРАВЛЯТЬ** B. **to depart, leave** 1. О куда/к кому (О на юг to leave for the south; О к друзьям to go visit friends; О в путь/в путешествие to leave on a trip; О в турне to leave for a tournament) 2. О чем/на чём (О машиной/на машине to leave by car) 3. О + неопр. ф. (О осматривать город to set out to see the city) 4. *misc.* *О на боковую to take a nap C. **to operate, proceed** О от чего (О от точных данных to operate with precise data)

ОТПРАШИВАТЬСЯ (несов.) **ОТПРО-СИТЬСЯ** (сов.) **to get permission to go** 1. О куда (О домой to get permission to go home; О у начальства к врачу to get permission from one's boss to go to a doctor's office) 2. О откуда (О с работы to get permission to leave work) **ОТПРЫГИВАТЬ** (несов.) **ОТ-ПРЫГНУТЬ** (сов.) **to jump** (away) 1. О от кого/чего (О от змеи to jump away from a snake) 2. О куда (О в сторону to jump to the side)

ОТПУГИВАТЬ (несов.) **ОТПУГНУТЬ** (сов.) **to frighten away, scare off** О кого чем (О кого криком to scare smb. off by screaming)

ОТПУСКАТЬ (несов.) **ОТПУСТИТЬ** (сов.) A. **to let go, release** 1. О кого/что куда (О детей в театр to let children go to the theater; О внучку к бабушке to let a granddaughter visit her grandmother; О птицу на волю to release a bird) 2. О кого/что откуда (О сотрудника с работы to allow a worker to go home; О ученика с урока to excuse a pupil from class; О птицу из клетки to let a bird out of a cage) 3. О кого/что + неопр. ф. (О детей гулять to let children go for a walk) 4. *misc.* О кого под залог to release smb. on bail B. **to allot** 1. О что кому/чему (О средства предприятию to allot funds to a firm) 2. О что для чего/на что (О средства для строительства/на строительство to allot funds for construction) C. **to sell** О что/чего кому (О хлеб/хлеба покупателю to sell bread to a customer) D. *misc.* О кому комплимент to pay smb. a compliment; он отпустил волосы до плеч he let his hair grow down to his shoulders

ОТРАВЛЯТЬ (несов.) **ОТРАВИТЬ** (сов.) **to poison** О кого/что чем (О пищу мышьяком to poison food with arsenic)

ОТРАЖАТЬ (несов.) **ОТРАЗИТЬ** (сов.) **to reflect** 1. О что чем (О солнечные лучи осколком стекла to reflect the rays of the sun with a piece of glass) 2. *misc.* О свет на стену to reflect light on a wall

ОТРАЖАТЬСЯ (несов.) **ОТРАЗИТЬСЯ** (сов.) A. **to affect** О на ком/чём (О на здоровье to affect one's health) B. **to be reflected** 1. О в чём (О в зеркале to be reflected in a mirror) 2. О на ком/чём (О на гладкой поверхности to be reflected on a smooth surface) 3. О от чего (луч света отражался от зеркала the ray of light was reflected in the mirror)

ОТРАПОРТОВАТЬ see **РАПОРТОВАТЬ**
ОТРЕАГИРОВАТЬ see **РЕАГИРОВАТЬ**
ОТРЕЗАТЬ (несов.) **ОТРЕЗАТЬ** (сов.) **to cut, cut off** 1. О (чем) что/чего (О ломоть хлеба ножом to cut off a slice of bread; отрезать сыра to cut off some cheese) 2. О (кому) что/чего (О сыр/сыру to cut off some cheese; она отрезала мне хлеба she cut off some bread for me) 3. О что кому (О ногу раненому бойцу to amputate/cut off the leg of a wounded soldier; противник отрезал нам отступление the enemy cut off our retreat) 4. О кого/что от кого/чего (О ломоть от хлеба to cut off a slice of bread; О отряд от главных сил to cut off a detachment from the main body)

ОТРЕКАТЬСЯ (несов.) **ОТРЕЧЬСЯ** (сов.) **to renounce, retract** О от кого/чего (О от своих слов to retract one's words; О от престола to abdicate)

ОТРЕКОМЕНДОВАТЬСЯ see **РЕКОМЕН-ДОВАТЬСЯ**

ОТРЕШАТЬСЯ (несов.) **ОТРЕШИТЬСЯ** (сов.) **to free oneself** О от чего (О от стереотипа to free oneself of a stereotype)

ОТРИЦАТЬ (несов.) **to deny** 1. О, что с придат. (она отрицает, что приходила сюда вчера she denies that she was here yesterday) 2. *misc.* О решительно to deny outright; О настойчиво/упорно to deny persistently

ОТРУБАТЬ (несов.) **ОТРУБИТЬ** (сов.) **to chop off, cut off** 1. О что чем (О сук топором to chop off a branch with an axe) 2. О что кому (О кому руку to chop off smb.'s hand) 3. О что/чего (отрубить мяса для котлет to cut off some meat for cutlets)

ОТРЫВАТЬ (несов.) **ОТОРВАТЬ** (сов.) A. **to rip** (off), **tear** (off); **to tear away** 1. О что от чего (О пуговицу от платья to tear a button off a dress) 2. О что кому (О руку кукле to tear a hand off a doll) 3. (impers.) О (кому) что чем (оторвало бойцу снарядом ногу a shell tore off the soldier's leg) 4. О кого/что от кого/чего (О детей от матери to tear children away from their mother) B. **to**

distract, tear away 1. О кого от чего (О кого от работы to tear smb. away from her/his work) 2. О что у кого (О несколько минут у кого to steal a few minutes of smb.'s time) **ОТРЫВАТЬСЯ** (несов.) **ОТОРВАТЬСЯ** (сов.) A. **to come off, tear off** 1. О от чего (пуговица оторвалась от платья a button came off the dress) 2. О у чего (у вертолёта оторвался винт the propellor came off the helicopter) B. **to break away** О от кого/чего (О от преследователей to break away from one's pursuers; О от близких to break away from one's family) C. *misc.* самолёт оторвался от взлётной полосы the plane lifted off the runway

ОТРЯХИВАТЬ (несов.) **ОТРЯХНУТЬ** (сов.) **to shake** (off) О что с чего (О снег с воротника to shake snow off one's collar)

ОТСАЛЮТОВАТЬ see **САЛЮТОВАТЬ**

ОТСВЕЧИВАТЬ (несов.) A. **to be reflected** О откуда (в комнате отсвечивал с улицы фонарь a streetlight was reflected in the room) B. **to shimmer** О чем (купола отсвечивают золотом the church domes shimmer in gold)

ОТСКАКИВАТЬ (несов.) **ОТСКОЧИТЬ** (сов.) **to jump** 1. О куда (О в сторону to jump aside/to the side) 2. О откуда (О от стены to jump away from a wall)

ОТСОВЕТОВАТЬ (сов.) **to dissuade, talk out of** О кому + неопр. ф. (О товарищу ехать to talk a friend out of going somewhere)

ОТСРОЧИВАТЬ (несов.) **ОТСРОЧИТЬ** (сов.) **to postpone** О что на что (О свидание на два дня to postpone a meeting by two days)

ОТСТАВАТЬ (несов.) **ОТСТАТЬ** (сов.) A. **to drop behind, fall behind, lag behind, trail behind** 1. О от кого/чего (О от спутников to drop behind/fall behind one's companions; О от передовых стран to lag behind advanced countries) 2. О на что (О на несколько метров to lag behind by several meters) 3. О по чему (О по математике to lag behind in mathematics) 4. О в чём (О в учёбе to lag behind/trail behind in one's studies) B. **to lose touch with** О от кого/чего (О от прежних друзей to lose touch with one's old friends) C. **to come off, peel off** О от чего (обои отстали от стены the wallpaper peeled off) D. *misc.* часы отстали на полчаса the clock is a half hour slow; О от поезда to be left behind by a train (at a station); отстань от меня! leave me alone!

ОТСТАВЛЯТЬ (несов.) **ОТСТАВИТЬ** (сов.)

A. **to move** (aside, away) 1. О что куда (О стул в сторону to move a chair to the side) 2. О что откуда (О кровать от стены to move a bed away from a wall) B. (obsol.) **to dismiss** О кого от чего (О кого от должности to dismiss smb. from a job)

ОТСТАИВАТЬ (несов.) **ОТСТОЯТЬ** (сов.) **to defend** О кого/что от чего (О город от врага to defend a city from an enemy)

ОТСТОЯТЬ I (несов.) **to be located** О от кого/чего на что (О от города на два километра to be located two kilometers from a city)

ОТСТОЯТЬ II see **ОТСТАИВАТЬ**

ОТСТРАНЯТЬ (несов.) **ОТСТРАНИТЬ** (сов.) **to dismiss, remove** О кого от чего (О кого от должности to dismiss smb. from a job)

ОТСТРАНЯТЬСЯ (несов.) **ОТСТРАНИТЬСЯ** (сов.) A. **to dodge** О от чего (О от удара to dodge a blow) B. **to give up, relinquish** О от чего (О от должности to relinquish a post)

ОТСТРЕЛИВАТЬСЯ (несов.) **ОТСТРЕЛИТЬСЯ** (сов.) **to defend oneself** (by shooting) О от кого/чего (О от волков to defend oneself from wolves with a rifle)

ОТСТУПАТЬ (несов.) **ОТСТУПИТЬ** (сов.) A. **to retreat, pull back** 1. О куда (О на юг to retreat to the south; О в тыл to pull back to the rear; О за реку to pull back across a river; О на другой берег to pull back to the other shore) 2. О перед кем/чем (О перед превосходящими силами противника to retreat in the face of superior enemy forces; О перед опасностью to pull back in the face of danger) 3. О от кого/чего (О от стены to step back from a wall) 4. О по чему (О по лесным тропинкам to retreat along forest trails) 5. *misc.* О беспорядочно/панически to retreat in panic; О организованно to retreat in an orderly fashion B. **to abandon, give up** О от чего (О от своей цели to give up one's goal; О от принципа to abandon a principle) C. **to digress** О от чего (О от темы to digress from a topic)

ОТСТУПАТЬСЯ (несов.) **ОТСТУПИТЬСЯ** (сов.) A. **to renounce, waive** О от чего (О от своего права to waive one's right) B. **to turn away** О от кого (друзья отступили от него his friends turned away from him)

ОТСЫЛАТЬ (несов.) **ОТОСЛАТЬ** (сов.) A. **to send** 1. О что кому (О деньги матери to send money to one's mother) 2. О кого/что куда (С вещи на вокзал to send one's things to the station; О ребёнка к бабушке to send a child to its grandmother; О заявление в институт to send an application to an institute) 3. О что с кем (О документы в министерство с посыльным to send documents to a ministry with a messenger) B. **to direct, refer** О кого к кому/чему (он отослал меня к директору he referred me to the manager; О студента к справочнику to direct a student to a reference work)

ОТСЫПАТЬ (несов.) **ОТСЫПАТЬ** (сов.) **to pour** 1. О что/чего куда (О муку/муки в мешок to pour flour into a sack) 2. О что/чего откуда (О ягоды/ягод из корзины to unload berries from a basket)

ОТТАЛКИВАТЬ (несов.) **ОТТОЛКНУТЬ** (сов.) A. **to push** (aside, away) О (чем) кого/что от кого/чего (О лодку от берега шестом to push a boat from the shore with a pole) B. **to alienate, antagonize, repel** О кого (от кого) чем (она оттолкнула друзей от себя холодностью her unfriendly attitude alienated her friends)

ОТТАЛКИВАТЬСЯ (несов.) **ОТТОЛКНУТЬСЯ** (сов.) to push off О от чего чем (О от берега веслом to push off from shore with an oar)

ОТТАСКИВАТЬ (несов.) **ОТТАЩИТЬ** (сов.) **to drag** (aside), **pull** (aside) 1. О кого/что куда (О доски к забору to drag boards over to a fence; О бревно в сторону to drag a log to the side) 2. О кого/что откуда (О мешки от ворот to drag sacks away from a gate)

ОТТЕРЕТЬ see **ОТТИРАТЬ**

ОТТЕСНЯТЬ (несов.) **ОТТЕСНИТЬ** (сов.) **to drive** (back, out) 1. О кого/что куда (О противника к реке to drive an enemy back to a river) 2. О кого/что откуда (О противника из города to drive the enemy out of a city)

ОТТИРАТЬ (несов.) **ОТТЕРЕТЬ** (сов.) **to rub, wipe** 1. О что чем (О замёрзшие щёки снегом to rub frostbitten cheeks with snow) 2. О что с чего (О грязь с ботинка to wipe dirt off a shoe)

ОТТОЛКНУТЬ see **ОТТАЛКИВАТЬ**

ОТТОЛКНУТЬСЯ see **ОТТАЛКИВАТЬСЯ**

ОТТОРГАТЬ (несов.) **ОТТОРГНУТЬ** (сов.) (lit.) **to seize, tear away** О что от кого/чего (О провинцию от страны to seize a province from a country)

ОТТЯГИВАТЬ (несов.) **ОТТЯНУТЬ** (сов.) **to draw** (away) О кого/что куда (О главные силы в сторону to draw the main forces to the

side)

ОТУЧАТЬ, ОТУЧИВАТЬ (несов.) **ОТУЧИТЬ** (сов.) **to break** (of a habit), **dissuade** 1. О кого от чего (О кого от курения to help smb. stop smoking) 2. О кого + неопр. ф. (О кого курить to help smb. stop smoking)

ОТХОДИТЬ I (несов.) **ОТОЙТИ** (сов.) A. **to move** (away), **walk** (away) 1. О от кого/чего (О от стола to move away/walk away from a table; О от больного to move away from a patient) 2. О куда (О в сторону to move to the side; О к окну to move over/walk over to a window; полк отошёл на новые позиции the regiment withdrew to new positions) 3. *misc.* О на три километра to move back (by) three kilometers B. **to digress, deviate** О от чего (О от темы to digress from a topic; О от оригинала to deviate from an original) C. **to drift away** О от кого (О от старых друзей to drift away from one's old friends) D. **to change, give up, move away from** О от чего (О от прежних взглядов to give up/move away from one's former views) E. **to come off, peel off** О от чего (обои отошли от стены the wallpaper peeled off) F. **to go to** О (от кого) кому/к кому/к чему (дом отошёл к внучке the house went to the granddaughter; дача отошла сестре the summer cottage went to a sister; острова отошли к Советскому Союзу the islands went to the Soviet Union) G. **to fade, recede** О куда (О на задний план to fade into the background; О в прошлое to fade into the past) H. **to retire, retreat** О куда (полк отошёл на прежние позиции the regiment retired to its previous positions)

ОТХОДИТЬ II (сов.) **to go/walk away** (and come back; used in the past tense) 1. О куда (я отходил к окну I went over to the window for a while) 2. О откуда (медсестра отходила от больного the nurse walked away from the patient for a while)

ОТЦЕПЛЯТЬ (несов.) **ОТЦЕПИТЬ** (сов.) A. **to uncouple, unhook** 1. О что от чего (О вагон от поезда to uncouple a car AE/carriage BE from a train) B. *misc.* отцепись ты от меня! leave me alone!

ОТЧАИВАТЬСЯ (несов.) **ОТЧАЯТЬСЯ** (сов.) **to despair, give up hope** 1. О в чём (О в спасении to give up hope of being rescued) 2. О + неопр. ф. (О спастись to give up hope of being rescued) 3. О в том, что с придат. (он уже стал отчаиваться в том, что когда-нибудь увидит своих близких he began to give up hope of ever seeing his family again)

ОТЧИСЛЯТЬ (несов.) **ОТЧИСЛИТЬ** (сов.) A. **to dismiss** О кого (за что) откуда (О студента из института за неуспеваемость to dismiss a student from an institute for poor academic performance) B. **to deduct** 1. О что из чего (О десять рублей из заработной платы to deduct ten roubles from smb.'s salary) 2. О что куда (О часть зарплаты в уплату подоходного налога to deduct part of one's salary for the income tax) 3. *misc.* О доходы на строительство школ to appropriate revenue for school construction

ОТЧИТЫВАТЬ (несов.) **ОТЧИТАТЬ** (сов.) (colloq.) **to reprimand, scold** О кого за что (О ребёнка за шалость to reprimand a child for being naughty)

ОТЧИТЫВАТЬСЯ (несов.) **ОТЧИТАТЬСЯ** (сов.) **to give an accounting; to report** 1. О перед кем/чем (О перед избирателями to report to one's constituents) 2. О кому (О заведующему to report to the manager) 3. О в чём/о чём (О перед избирателями в/о проделанной работе to report to the voters on one's record; О перед администрацией в расходах to give an accounting of one's expenses to the front office)

ОТЧУЖДАТЬ (несов.) **to alienate** О кого от кого (эгоизм отчуждал от него друзей his selfishness alienated his friends)

ОТШАТЫВАТЬСЯ (несов.) **ОТШАТНУТЬ-СЯ** (сов.) A. **to jump back** О от кого/чего (О от обрыва to jump back from a precipice) B. **to break** (with) О от кого (О от друга to break with a friend)

ОТЪЕЗЖАТЬ (несов.) **ОТЪЕХАТЬ** (сов.) **to drive** (off, away) 1. О куда (О в сторону to drive off to the side) 2. О от кого/чего (О от станции to drive away from a station)

ОТЫГРЫВАТЬСЯ (несов.) **ОТЫГРАТЬСЯ** (сов.) **to get out of** (a difficult situation) 1. О чем (О шуткой to joke/wisecrack one's way out of a difficult situation) 2. О на ком/чём (О на чьей неосведомленности to get out of a difficult situation by taking advantage of smb.'s ignorance)

ОФОРМЛЯТЬ (несов.) **ОФОРМИТЬ** (сов.) A. **to hire** 1. О кого куда (О кого на работу to give smb. a job) 2. О кого кем (О кого преподавателем to hire smb. as a teacher) B. **to process, validate** 1. О кому что (О кому визу to validate smb.'s visa) 2. *misc.* О официально to process officially

ОФОРМЛЯТЬСЯ (несов.) **ОФОРМИТЬСЯ** (сов.) A. **to get a job** 1. О куда (О на новую работу to get a new job) 2. О кем (О инженером to get a job as an engineer) B. *misc.* О для поездки за рубеж to get one's documents in order for a trip abroad

ОХАРАКТЕРИЗОВАТЬ see **ХАРАКТЕРИ-ЗОВАТЬ**

ОХВАТЫВАТЬ (несов.) **ОХВАТИТЬ** (сов.) A. **to put one's arms around, embrace** О кого/что чем (О ствол дерева руками to put one's arms around a tree trunk) B. **to draw** (in), **involve** (in) О кого/что чем (О молодёжь общественной работой to involve young people in public service) C. (mil.) **to envelop, surround** О кого/что откуда (О полк с флангов to envelop a regiment from the flanks)

ОХЛАДЕВАТЬ (несов.) **ОХЛАДЕТЬ** (сов.) **to grow cold; to lose interest, turn away** О к кому/чему (О к прежним друзьям to turn away from old friends; О к работе to lose interest in one's work)

ОХЛАЖДАТЬСЯ (несов.) **ОХЛАДИТЬСЯ** (сов.) **to cool off** 1. О чем (О мороженым to cool off with ice cream) 2. *misc.* О под душем to cool off in the shower)

ОХОТИТЬСЯ (несов.) **to hunt** О на кого/что *and* за кем/чем (О на волков to hunt wolves/for wolves; О за редкими книгами to hunt for rare books)

ОХРАНЯТЬ (несов.) **ОХРАНИТЬ** (сов.) **to guard, protect** О кого/что от кого/чего (О город от нападения to protect a city against attack)

ОХРАНЯТЬСЯ (несов.) **ОХРАНИТЬСЯ** (сов.) A. see **ОХРАНЯТЬ** B. **to be protected** О чем (О законом to be protected by the law)

ОЦЕНИВАТЬ (несов.) **ОЦЕНИТЬ** (сов.) A. **to assess, consider, evaluate** 1. О что как что/какой (она оценила визит как акт доверия she considered the visit to be an expression of confidence; О ситуацию как опасную to consider a situation to be dangerous) 2. О кого/что по чему (О кого по достоинству to evaluate smb. on the basis of merit) B. **to calculate** О что в чём (О перевозки в долларах to calculate transportation costs in dollars)

ОЦЕНИВАТЬСЯ (несов.) **ОЦЕНИТЬСЯ** (сов.) **to be calculated/estimated** 1. О во что (сумма оценивается в несколько миллионов долларов the total is estimated to be several million dollars) 2. О в чём (перевозки оцениваются в долларах transportation costs are calculated in dollars)

ОЦЕПЛЯТЬ (несов.) **ОЦЕПИТЬ** (сов.) **to seal off, surround** О кого/что кем/чем (О вокзал войсками to seal off a station with troops)

ОЧИНИТЬ see **ЧИНИТЬ** II

ОЧИСТИТЬ A. see **ЧИСТИТЬ** B. see **ОЧИЩАТЬ**

ОЧИЩАТЬ (несов.) **ОЧИСТИТЬ** (сов.) A. **to clean, clear** 1. О что от чего (О поле от сорняков to clear a field of weeds) 2. О что чем (дно озера очищают драгами they are dragging the bottom of the lake) B. **to peel** 1. О что от чего (О яблоко от кожицы to peel an apple) 2. О что чем (О апельсин ножом to peel an orange with a knife)

ОЧИЩАТЬСЯ (несов.) **ОЧИСТИТЬСЯ** (сов.) see **ОЧИЩАТЬ** A; небо очистилось от туч the sky cleared; О от бюрократов to get rid of bureaucrats; *О от грехов to atone for one's sins

ОЧНУТЬСЯ (сов.) A. **to come to, regain consciousness** О от чего/после чего (О от/после обморока to come to after fainting; О от сна/после сна to wake up) B. **to recover** О от чего (О от болезни to recover from an illness)

ОШАЛЕТЬ see **ШАЛЕТЬ**

ОШАРАШИВАТЬ (несов.) **ОШАРАШИТЬ** (сов.) A. (slang) **to beat, strike** О кого чем (О кого палкой to strike smb. with a stick) B. (colloq.) **to dumbfound, flabbergast** О кого чем (О кого вопросом to stump smb. with a question)

ОШВАРТОВАТЬ see **ШВАРТОВАТЬ**

ОШЕЛОМЛЯТЬ (несов.) **ОШЕЛОМИТЬ** (сов.) **to daze, stun** О кого чем (О друга неожиданной новостью to stun a friend with unexpected news)

ОШИБАТЬСЯ (несов.) **ОШИБИТЬСЯ** (сов.) **to be mistaken** 1. О в ком/чём (О в вычислениях to be mistaken in one's calculations; О в друзьях to be mistaken about one's friends) 2. О чем (О адресом to have the wrong address; О дверью to try the wrong door; О этажом to get off on the wrong floor *or* to go to the wrong floor) 3. *misc.* О глубоко/серьёзно to be seriously mistaken; О на чей счёт to be mistaken about smb.

ОШТРАФОВАТЬ see **ШТРАФОВАТЬ**

ОЩЕТИНИВАТЬСЯ (несов.) **ОЩЕТИНИТЬСЯ** (сов.) **to bristle** О на кого (О на сотрудника to bristle at one's colleague)

ОЩИПАТЬ see **ЩИПАТЬ**

ОЩУПЫВАТЬ (несов.) **ОЩУПАТЬ** (сов.) **to feel; to grope** О кого/что чем (О дно бочки руками to grope around on the bottom of a barrel with one's hands)

П

ПАДАТЬ (несов.) **УПАСТЬ** (сов.) A. **to fall** 1. П куда (П в воду to fall into the water; П на пол to fall to the floor; П под стол to fall under a table; П за диван to fall behind a sofa; снег падает на землю snow is falling; ударение падает на первый слог the stress falls on the first syllable; вертолёт упал на землю the helicopter fell to earth) 2. П откуда (П с неба to fall from heaven) 3. П на кого (вся ответственность падает на неё the entire responsibility falls on her; подозрение падает на него suspicion falls on him) 4. П каким (боец упал мёртвым the soldier fell dead) 5. *misc.* П в цене to fall in price; птица упала камнем the bird plummeted to earth; П вниз to fall down; снег падал мокрыми хлопьями a wet snow was falling B. **to come** (due), **fall** (due) П на что (в этом году отпуска падают на весну our holidays BE/vacations AE come in the spring this year) C. **to come down** (to) П до чего (его волосы падают до плеч his hair comes down to his shoulders) D. *misc.* удары падали со всех сторон blows rained down from all sides; от дерева падала густая тень the tree cast a large shadow; П кому в объятия to fall into smb.'s arms; *П в обморок to faint; *П духом to become discouraged; *П от смеха/со смеху to die laughing; *яблоку упасть негде/некуда we are packed in like sardines; *упасть с неба на землю to come down to earth

ПАКОВАТЬ (несов.) **ЗАПАКОВАТЬ, УПАКОВАТЬ** (сов.) **to pack** П что во что (П книги в ящики to pack books in boxes)

ПАКОСТИТЬ (colloq.) (несов.) **НАПАКОСТИТЬ** (сов.) **to be nasty** П кому (П соседу to be nasty to one's neighbor)

ПАЛИТЬ (несов.) **ВЫПАЛИТЬ, ОПАЛИТЬ** (сов.) (colloq.) **to fire, shoot** 1. П из чего (П из автомата to fire a submachine gun) 2. П по кому/чему (П по врагу to fire at the enemy)

ПАРАЗИТИРОВАТЬ (несов.) (lit.) **to exploit, live from** П на чём (П на кризисе to exploit a crisis; П на теле животного to live as a parasite on the body of an animal)

ПАСОВАТЬ (несов.) **СПАСОВАТЬ** (сов.) **to give up** П перед чем (П перед трудностями to give up in the face of difficulties)

ПАСТЬ (сов.) (obsol.) **to fall** (in battle), **be killed** 1. П где (П в бою с врагом to be killed fighting the enemy) 2. П кем/чем (П смертью героев to die as a hero; она пала жертвой фашизма she died as a victim of fascism)

ПАХАТЬ (несов.) **ВСПАХАТЬ** (сов.) **to plow, till** П что чем (П землю трактором to plow the soil with a tractor)

ПАХНУТЬ I (несов.) A. **to reek, smell** 1. П чем (П луком to smell of onion) 2. (impers.) П (от кого/чего) чем (от них пахнет духами they smell of perfume; от одежды пахнет нафталином the clothing smells of camphor/mothballs) 3. *misc.* П сладко to smell sweet; П дурно/плохо to smell bad B. **to be imminent** 1. П чем (пахнет бедой there will be trouble; пахнет ссорой there will be a fight) 2. *misc.* *пахнет порохом there will be war

ПАХНУТЬ II (сов.) (colloq.) (usu. impers.) **to blow** П чем (пахнуло холодом there was a cold blast of air)

ПАЧКАТЬ (несов.) **ВЫПАЧКАТЬ, ЗАПАЧКАТЬ, ИСПАЧКАТЬ** (сов.) **to dirty, soil, smear** 1. П кого/что чем/в чём (П лицо грязью/в грязи to dirty one's face; П пол сапогами to track up a floor with one's boots) 2. П что обо что (он выпачкал костюм о стену he brushed up against a wall and got his suit dirty)

ПАЧКАТЬСЯ (несов.) **ВЫПАЧКАТЬСЯ, ЗАПАЧКАТЬСЯ, ИСПАЧКАТЬСЯ** (сов.) **to get oneself dirty/smeared** 1. П чем/в чём (П глиной/в глине to get oneself smeared with clay) 2. П обо что (он выпачкался о стену he brushed up against a wall and got himself dirty)

ПЕЛЕНАТЬ (несов.) **ЗАПЕЛЕНАТЬ, СПЕЛЕНАТЬ** (сов.) A. **to swaddle** П кого чем (П младенца простынёй to swaddle an infant in a sheet) B. **to wrap** П кого во что (П ребёнка в одеяло to wrap a child in a blanket)

ПЕНЯТЬ (несов.) **ПОПЕНЯТЬ** (сов.) (colloq.) 1. **to blame, rebuke** П кому/на кого (П на себя to blame oneself) 2. П кому за что (она пеняла ему за то, что он оставил её одну she rebuked him for leaving her alone)

ПЕРВЕНСТВОВАТЬ (несов.) A. **to be first, place first** П в чём (П в соревновании to place first in a contest) B. **to stand out** П над кем/чем *and* среди кого/чего (П над товарищам/среди товарищей to stand out among one's classmates)

ПЕРЕБАЗИРОВАТЬ (сов. и несов.) **to move, transfer** П что куда (П завод в Сибирь to move a plant to Siberia)

ПЕРЕБЕГАТЬ (несов.) **ПЕРЕБЕЖАТЬ** (сов.) A. **to run** П что/через что (П улицу/через улицу to run across a street) 2. П куда (П к соседнему дому to run over to the next house; П в угол to run into a corner) 3. П откуда (П из комнаты в комнату to run from room to room) B. **to defect, desert** П к кому/куда (П к врагу/на сторону врага to desert to the enemy)

ПЕРЕБИВАТЬ I (несов.) **ПЕРЕБИТЬ** (сов.) **to reupholster** П что чем (П мебель новой тканью to reupholster furniture with a new fabric)

ПЕРЕБИВАТЬ II (несов.) **ПЕРЕБИТЬ** (сов.) A. **to interrupt** П кого чем (П учителя вопросом to interrupt a teacher with a question) B. **to grab away, take away** П кого/что у кого (она перебила жениха у своей подруги she stole her girlfriend's fiance; она перебила у меня покупку she grabbed the article before I could get it)

ПЕРЕБИВАТЬСЯ (несов.) **ПЕРЕБИТЬСЯ** (сов.) **to manage to get along** 1. П (от чего) до чего (П от зарплаты до зарплаты to scrape along from paycheck to paycheck) 2. *misc.* *с хлеба на квас перебиваться to barely eke out a living

ПЕРЕБИРАТЬ (несов.) **ПЕРЕБРАТЬ** (сов.) A. **to run** (one's fingers) П (кому) что чем (П кому волосы пальцами to run one's fingers through smb.'s hair) B. *misc.* П события в уме to review events in one's mind; они перебрали товаров сверх нормы they bought up too much merchandise

ПЕРЕБИРАТЬСЯ (несов.) **ПЕРЕБРАТЬСЯ** (сов.) A. **to move** 1. П куда (П на новую квартиру to move to a new apartment AE/flat BE; П в город to move to the city; П к родителям to move in with one's parents) 2. П откуда (П из кровати в кресло to move from the bed to a chair) B. **to cross** 1. П через что (П через овраг to cross a ravine) 2. П куда (П на другой берег to cross to the other shore) 3. П откуда (пребравшись с другого балкона, воры проникли в квартиру crossing over from another balcony, the thieves broke into an apartment AE/flat BE)

ПЕРЕБОЛЕТЬ (сов.) **to have** (a disease) П чем (дети переболели корью the children have had the measles)

ПЕРЕБРАСЫВАТЬ (несов.) **ПЕРЕБРОСИТЬ** (сов.) A. **to throw** П кого/что куда/кому (П вёсла на берег to throw one's oars onto the shore; П мешок через забор to throw a sack over a fence; П сумку товарищу to throw a bag to a friend) B. **to build, throw** П что через что (сапёры перебросили мост через реку the engineers AE/sappers BE built/threw a bridge across the river) C. **to move, transfer** 1. П кого/что куда (П войска на фронт to move troops to the front) 2. П кого/что откуда/куда (П грузы с места на место to move cargo from place to place; П подразделение из Москвы to transfer a unit from Moscow)

ПЕРЕБРАСЫВАТЬСЯ (несов.) **ПЕРЕБРОСИТЬСЯ** (сов.) A. **to spread** П куда (огонь перебросился на соседние дома the fire spread to adjoining houses) B. **to exchange** П чем с кем (П словами с кем to exchange a few words with smb.) C. *misc.* П снежками с ребятами to have a snowball fight with the children; П мячом с кем to play ball with smb.

ПЕРЕБРАТЬ see **ПЕРЕБИРАТЬ**

ПЕРЕБРАТЬСЯ see **ПЕРЕБИРАТЬСЯ**

ПЕРЕВАЛИВАТЬ (несов.) **ПЕРЕВАЛИТЬ** (сов.) A. (colloq) **to move, shift** П что откуда/куда (П мешки с машины на воз to move sacks from a car to a wagon) B. **to cross** П через что (П через хребет to cross a mountain range) C. *misc.* перевалило за полночь it's past midnight; ей перевалило за сорок лет she's turned forty; число безработных перевалило за двухмиллионную отметку the number of unemployed has passed the two million mark

ПЕРЕВАЛИВАТЬСЯ (несов.) **ПЕРЕВАЛИТЬСЯ** (сов.) A. **to climb** (over) П через что (П через перила to climb over a banister) B. (colloq.) **to turn** (over), **roll** (over) П куда (она перевалилась на другой бок she rolled over onto her other side; П со спины на живот to roll over from one's back to one's stomach)

ПЕРЕВЕЗТИ see **ПЕРЕВОЗИТЬ**

ПЕРЕВЁРТЫВАТЬ, ПЕРЕВОРАЧИВАТЬ (несов.) **ПЕРЕВЕРНУТЬ** (сов.) **to turn** 1. П кого/что куда (П больного на спину to turn a patient over onto his back) 2. *misc.* П что вверх дном to turn smt. upside down

ПЕРЕВЕСТИ see **ПЕРЕВОДИТЬ**

ПЕРЕВЕШИВАТЬ (несов.) **ПЕРЕВЕСИТЬ** (сов.) **to rehang** 1. П что куда (П портрет на другую стену to hang a portrait on another wall) 2. П что откуда (П картину с одной стены на другую to move a picture from one wall to another)

ПЕРЕВОДИТЬ (несов.) **ПЕРЕВЕСТИ** (сов.) A. **to lead, take** П кого/что через что (П детей через улицу to take children across a street) B. **to move, shift, switch, transfer** 1. П кого/что на кого/что (П поезд на запасной путь to move/shunt a train to a siding; П взгляд на кого to shift one's glance to smb.; П разговор на другую тему to switch a conversation to another topic; П деньги на чей счёт to transfer money to smb.'s account; П сотрудника на другую должность to transfer a worker to a different job; П дом на чьё имя to transfer ownership of a house to smb.) 2. П кого/что откуда/куда (П ученика из класса в класс to transfer a pupil from one class to another; П больного из одной палаты в другую to transfer a patient from one ward to another) C. **to send, transfer, transmit** 1. П что на что (П деньги на счёт to send money to an account) 2. П что (по чему) кому (П деньги родителям по телеграфу to wire money to one's parents) D. **to convert** П что во что (П футы в метры to convert feet to meters) E. **to translate** 1. П кого/что (с чего) на что (П книгу с одного языка на другой to translate a book from one language to another; П писателя на русский язык to translate an author into Russian; как перевести на английский язык *метро*? how do you translate *metro* into English?) 2. П с чего (она переводит со всех славянских языков she translates from all Slavic languages) 3. П на что (П на английский язык to translate into English) 4. П что чем (П выражение другим оборотом to translate an expression with a different construction) F. *misc.* П ученика в следующий класс to promote a pupil; П карту на кальку to trace a map; П стрелки часов вперёд на один час to set the clocks ahead (by) an hour; П кого на диету to put smb. on a diet

ПЕРЕВОЗИТЬ (несов.) **ПЕРЕВЕЗТИ** (сов.) **to move, transport** 1. П кого/что куда (П жителей в новый дом to move tenants to a new house; П пассажиров на другой берег to transfer passengers to the other shore) 2. П кого/что откуда (П кого из деревни в город to move smb. from the country to the city) 3. П кого/что через что (П путников через реку to take/transport travellers across a river) 4. П кого/что чем/на чём (П мебель машиной/на машине to haul furniture by car) 5. *misc.* доллары перевозили мешками they were hauling dollars around in sacks

ПЕРЕВОРАЧИВАТЬ see **ПЕРЕВЁРТЫВАТЬ**

ПЕРЕВЯЗЫВАТЬ (несов.) **ПЕРЕВЯЗАТЬ** (сов.) **to bandage; to tie up** 1. П кого/что чем (П рану бинтом to bandage a wound; П письма ленточкой to tie up letters with a ribbon) 2. П что кому (П голову пациенту to bandage a patient's head)

ПЕРЕГИБАТЬСЯ (несов.) **ПЕРЕГНУТЬСЯ** (сов.) **to bend over, lean over** П к кому/через что (П к ребёнку to bend over a child; П через перила to lean over a banister)

ПЕРЕГЛЯДЫВАТЬСЯ (несов.) **ПЕРЕГЛЯНУТЬСЯ** (сов.) **to exchange glances** П с кем/между собой (П с товарищем to exchange glances with a friend; они переглянулись между собой they exchanged glances)

ПЕРЕГНАТЬ see **ПЕРЕГОНЯТЬ**

ПЕРЕГНУТЬСЯ see **ПЕРЕГИБАТЬСЯ**

ПЕРЕГОВАРИВАТЬСЯ (несов.) **to chat, converse** 1. П с кем/между собой (П с соседом to chat with a neighbor) 2. П о чём (П с товарищем о новостях to chat with a friend about the news)

ПЕРЕГОВОРИТЬ (сов.) **to speak, talk** 1. П (с кем) о чём (П с преподавателем о зачёте to speak with an instructor about a grade) 2. *misc.* П по телефону to speak by telephone

ПЕРЕГОНЯТЬ (несов.) **ПЕРЕГНАТЬ** (сов.) A. **to drive** 1. П кого/что куда (П скот на другое пастбище to drive cattle to a different pasture) 2. П кого/что откуда/куда (П стадо с места на место to drive a herd from place to place) B. **to leave behind, outstrip, surpass** П кого/что в чём/по чему (П товарищей в математике to outstrip one's friends in mathematics; П соперника по всем показателям to surpass a competitor in all respects)

ПЕРЕГОРАЖИВАТЬ (несов.) **ПЕРЕГОРОДИТЬ** (сов.) **to block off, partition off** П что чем (П комнату ширмой to partition off a room with a screen; П дорогу шлагбаумом to block a road with a barrier)

ПЕРЕГРУЖАТЬ (несов.) **ПЕРЕГРУЗИТЬ** (сов.) A. **to load, reload** 1. П что куда (П груз на пароход to load a cargo onto a ship) 2.

П что откуда/куда (П груз с баржи на платформу to reload a cargo from a barge onto a platform) В. **to overload** П кого/что чем (П лошадь кладью to overload a horse; П учащихся занятиями to give pupils too much homework)

ПЕРЕГРЫЗАТЬ (несов.) **ПЕРЕГРЫЗТЬ** (сов.) **to bite through** П что чем (П кость зубами to bite through a bone)

ПЕРЕДАВАТЬ (несов.) **ПЕРЕДАТЬ** (сов.) А. **to give, hand, pass** П кого/что кому/куда (П книгу товарищу to give a book to a friend; П заснувшего ребёнка матери to hand a sleeping child over to its mother; П соль кому to pass smb. the salt; передай ей письмо pass her the letter; П что из рук в руки to pass smt. from hand to hand) В. **to convey, hand down, hand over, report, send, transfer, transmit** 1. П (от кого) что кому/чему (П опыт молодежи to hand down one's experience to the younger generation; П детям любовь к труду to hand down the work ethic to one's children; П дочери дом по наследству to hand down a house to one's daughter; я передал привет друзьям от неё I conveyed her greetings to our friends) 2. П (кому) что через кого (П письмо кому через знакомого to send a letter to smb. with a friend) 3. П кому что с кем (я передам ему рукопись с курьером I'll send him the manuscript by messenger) 4. П (что) откуда (П новости из Парижа to report the news from Paris; П из Вашингтона to report from Washington) 5. П что куда (П все права на собственность под чью юрисдикцию to transfer all property rights to smb.) 6. *misc.* П что от поколения к поколению to hand smt. down from generation to generation С. **to issue** П что кому (П команду бойцам to issue an order to soldiers; П указание помощникам to issue a directive to one's subordinates) D. **to say, tell** П (кому), что с придат. (мне передавали, что вы недовольны I was told that you were not satisfied) E. (sports) **to pass** 1. П что кому (П мяч кому to pass the ball to smb.) 2. П что куда (П мяч на правый край to pass the ball to the right) F. **to transmit** 1. П что по чему (П концерт по радио to broadcast a concert; П фильм по телевидению to telecast a film) 2. П (что) откуда (П программу из Москвы to broadcast/transmit a program from Moscow) G. *misc.* П дело в суд to take a matter to court; П что кому в дар to make a gift of smt. to smb.

ПЕРЕДАВАТЬСЯ (несов.) **ПЕРЕДАТЬСЯ** (сов.) А. see **ПЕРЕДАВАТЬ** В. **to be transmitted** П кому (болезнь передалась ребёнку the disease was transmitted to a child) С. *misc.* дом передаётся ей по наследству she is inheriting a house

ПЕРЕДВИГАТЬ (несов.) **ПЕРЕДВИНУТЬ** (сов.) **to move, shift** 1. П что к чему (П стол к окну to move a table to a window; П войска к границе to move troops up to a border) 2. П что откуда (П кресло с места на место to move an armchair from place to place) 3. П что куда (П стол в центр комнаты to move a table into the center of the room) 4. *misc.* П пешку по полю to move a pawn (in chess)

ПЕРЕДЕЛЫВАТЬ (несов.) **ПЕРЕДЕЛАТЬ** (сов.) А. **to make** П что из чего (П платье из костюма to make a dress out of a suit) В. **to convert, make** П что во что (П роман в пьесу to make a novel into a play)

ПЕРЕДЁРГИВАТЬ (несов.) **ПЕРЕДЁРНУТЬ** (сов.) (impers.) **to convulse** П кого от чего (её передёрнуло от боли she was convulsed in/with pain; меня передёрнуло от этих слов I winced when I heard these words)

ПЕРЕДИСЛОЦИРОВАТЬ (сов.) (usu. mil.) **to transfer** 1. П кого/что куда (П штаб на юг to transfer a headquarters south) 2. П кого/что откуда (П подразделение из страны to transfer a unit out of a country)

ПЕРЕДОВЕРЯТЬ (несов.) **ПЕРЕДОВЕРИТЬ** (сов.) **to transfer, turn over** 1. П что кому (П дело другому адвокату to turn over a case to a different lawyer) 2. П что на кого (П доверенность другому лицу/на другое лицо to give a power of attorney to a different person)

ПЕРЕДУМЫВАТЬ (несов.) **ПЕРЕДУМАТЬ** (сов.) **to change one's mind** 1. П что/о чём (П многое/о многом to change one's mind about many things) 2. П + неопр. ф. (П уходить to change one's mind about leaving)

ПЕРЕЕЗЖАТЬ (несов.) **ПЕРЕЕХАТЬ** (сов.) А. **to cross** П (на чём) что/через что (П через реку на лодке to cross a river by boat) В. **to move** 1. П куда/к кому (П в новый дом to move to a new house; П в Киев to move to Kiev; П к родителям to move in with one's parents) 2. П (на чём) откуда/куда (П из города в деревню to move from the city to the country; П из Москвы to move from Moscow; П с места на место на машине to move from place to place by car) С. **to run over**

П кого/что чем (он перехал собаку левым колесом he ran over a dog with his left wheel)
ПЕРЕЖЁВЫВАТЬ (несов.) **ПЕРЕЖЕВАТЬ** (сов.) **to chew** П что чем (П пищу зубами to chew one's food)

ПЕРЕЖИВАТЬ (несов.) **to worry** П за кого/что (П за ребёнка to worry about one's child)

ПЕРЕЗВОНИТЬ (сов.) **to telephone** (many people) П кому (она всем перезвонила she telephoned everyone)

ПЕРЕИЗБИРАТЬ (несов.) **ПЕРЕИЗБРАТЬ** (сов.) **to re-elect** П кого кем (П кого президентом to re-elect smb. president)

ПЕРЕИМЕНОВЫВАТЬ (несов.) **ПЕРЕИМЕНОВАТЬ** (сов.) **to rename** П что во что (П Петербург в Петроград to change the name of Petersburg to Petrograd)

ПЕРЕЙТИ see **ПЕРЕХОДИТЬ**

ПЕРЕКАЛЫВАТЬ (несов.) **ПЕРЕКОЛОТЬ** (сов.) **to pin** (elsewhere) П что куда (П брошь на другое место to pin a brooch on a different spot)

ПЕРЕКАПЫВАТЬ (несов.) **ПЕРЕКОПАТЬ** (сов.) **to dig** (up) П что чем (П землю лопатой to dig up soil with a shovel)

ПЕРЕКАТЫВАТЬ (несов.) **ПЕРЕКАТИТЬ** (сов.) **to push, roll** (elsewhere) 1. П что куда (П бочку в подвал to roll a barrel into a basement; П коляску через порог to push a carriage AE/pram BE across a threshold; П бревно к забору to roll a log up against a fence) 2. П что откуда/куда (П бочку с места на место to roll a barrel from place to place) 3. П что по чему (П бочку по земле to roll a barrel along the ground)

ПЕРЕКАТЫВАТЬСЯ (несов.) **ПЕРЕКАТИТЬСЯ** (сов.) **to roll** 1. П куда (мяч перекатился за черту a ball rolled over the line; П на спину to roll over onto one's back) 2. П откуда/куда (П с боку на бок to roll from side to side) 3. П по чему (П по земле to roll along the ground)

ПЕРЕКАЧИВАТЬ (несов.) **ПЕРЕКАЧАТЬ** (сов.) **to pump** 1. П что куда (П нефть в танкер to pump oil into a tanker) 2. П что откуда/куда (П воду из цистерны в бассейн to pump water from a tank into a pool)

ПЕРЕКИДЫВАТЬ, ПЕРЕКИНУТЬ see **ПЕРЕБРАСЫВАТЬ**

ПЕРЕКИДЫВАТЬСЯ, ПЕРЕКИНУТЬСЯ see **ПЕРЕБРАСЫВАТЬСЯ**

ПЕРЕКЛАДЫВАТЬ (несов.) **ПЕРЕЛОЖИТЬ** (сов.) A. **to move, put, shift** 1. П

кого/что куда (П ребёнка в кроватку to put a child to bed; П книги в шкаф to put books into a bookcase) 2. П что откуда/куда (П книги с места на место to move books from place to place) B. **to pack** П что чем (П стекло соломой to pack glass in straw) C. (несов. тж.) **ПЕРЕЛАГАТЬ to shift** П что на кого (П ответственность на другого to shift responsibility to smb. else)

ПЕРЕКЛИКАТЬСЯ (несов.) A. **to call** (to each other) П с кем (П с друзьями to call to one's friends) B. **to echo, have smt. in common** (with) П с кем/чем (П с известной теорией to have smt. in common with a certain theory; П с кем to echo smb.'s thoughts)

ПЕРЕКЛЮЧАТЬ (несов.) **ПЕРЕКЛЮЧИТЬ** (сов.) **to shift, switch** П кого/что на что (П кого на другую работу to shift smb. to a different job; П завод на серийное производство to switch a factory to mass production; П радиоприёмник на короткие волны to tune a radio to shortwave; П разговор на другую тему to shift/switch a conversation to a different topic)

ПЕРЕКЛЮЧАТЬСЯ (несов.) **ПЕРЕКЛЮЧИТЬСЯ** (сов.) **to shift, switch** 1. П на что (П на другую тему to shift/switch to another topic) 2. П с чего на что (П с теории на практику to shift/switch from theory to practice)

ПЕРЕКОВЫВАТЬ (несов.) **ПЕРЕКОВАТЬ** (сов.) **to melt down** (again) *misc.* *перековать мечи на орала to beat swords into plowshares

ПЕРЕКОЛОТЬ see **ПЕРЕКАЛЫВАТЬ**

ПЕРЕКОПАТЬ see **ПЕРЕКАПЫВАТЬ**

ПЕРЕКОЧЁВЫВАТЬ (несов.) **ПЕРЕКОЧЕВАТЬ** (сов.) **to migrate, wander** П откуда/куда (П с гор в долину to migrate from the mountains to a valley; П с места на место to wander from place to place) (see also **КОЧЕВАТЬ**)

ПЕРЕКРАШИВАТЬ (несов.) **ПЕРЕКРАСИТЬ** (сов.) **to repaint** П что во что/чем (П дом в другой цвет to paint the house a different color; П что розовой краской to paint smt. pink)

ПЕРЕКРЕЩИВАТЬ (несов.) **ПЕРЕКРЕСТИТЬ** (сов.) (colloq.) **to rename** П кого/что в кого/что (П город в Волгоград to rename the city Volgograd)

ПЕРЕКРЫВАТЬ (несов.) **ПЕРЕКРЫТЬ** (сов.) A. **to cover** П что чем (П яму досками to cover a hole with boards) B. **to dam, block** 1.

П что чем (П реку плотиной to dam a river) 2. П кому что (П врагу выход в открытое море to block the enemy's access to the open sea) C. (cards) **to beat, trump** П что чем (П короля тузом to beat a king with an ace)

ПЕРЕКУПАТЬ (несов.) **ПЕРЕКУПИТЬ** (сов.) **to buy back** П что у кого (П велосипед у приятеля to buy a bicycle back from a friend)

ПЕРЕКУСЫВАТЬ (несов.) **ПЕРЕКУСИТЬ** (сов.) **to bite through; to snip through** П что чем (П проволоку клещами to snip through wire with wire cutters)

ПЕРЕЛАГАТЬ (несов.) **ПЕРЕЛОЖИТЬ** (сов.) A. see **ПЕРЕКЛАДЫВАТЬ** C B. **to set, transpose** П что во что/на что (П прозу в стихи to rewrite prose as verse; П стихи на музыку to set poetry to music)

ПЕРЕЛЕЗАТЬ (несов.) **ПЕРЕЛЕЗТЬ** (сов.) **to climb** (over) 1. П что/через что (П ограду/через ограду to climb over a fence) 2. П откуда/куда (П с одного места на другое to climb from one place to another)

ПЕРЕЛЕТАТЬ (несов.) **ПЕРЕЛЕТЕТЬ** (сов.) A. **to fly** (across) 1. П что/через что (П океан/через океан to fly across an ocean) 2. П откуда/куда (П из Европы в Америку to fly from Europe to America; П с аэродрома на аэродром to fly from airport to airport) B. **to flit** П откуда/куда (П с цветка на цветок to flit from flower to flower)

ПЕРЕЛЕЧЬ (сов.) **to lie down** (somewhere else) 1. П куда (П на другое место to lie down in a different place) 2. П откуда/куда (П с дивана на кровать to move from a sofa to a bed)

ПЕРЕЛИВАТЬ I (несов.) **ПЕРЕЛИТЬ** (сов.) **to pour** 1. П что куда (П молоко в стакан to pour milk into a glass) 2. П что откуда/куда (П молоко из бутылки в кастрюлю to pour milk from a bottle into a pot) 3. *misc.* П кровь кому to give smb. a blood transfusion; П через край to fill to overflowing; *переливать из пустого в порожнее to fritter away one's time

ПЕРЕЛИВАТЬ II (несов.) **ПЕРЕЛИТЬ** (сов.) **to melt down** П что во что (П колокола в пушки to melt down church bells for guns)

ПЕРЕЛИВАТЬ III **to gleam, radiate** П чем (П всеми цветами радуги to radiate all the colors of the rainbow)

ПЕРЕЛИВАТЬСЯ I (несов.) **ПЕРЕЛИТЬСЯ** (сов.) **to flow; to spill** 1. П куда (П на пол to spill onto the floor) 2. П откуда/куда (П из сосуда в сосуд to flow from one vessel to another)

ПЕРЕЛИВАТЬСЯ II (несов.) **to gleam, radiate** П чем (П всеми цветами радуги to radiate all the colors of the rainbow) (see also **ПЕРЕЛИВАТЬ** III)

ПЕРЕЛОЖИТЬ see **ПЕРЕКЛАДЫВАТЬ, ПЕРЕЛАГАТЬ**

ПЕРЕМАЗЫВАТЬ (несов.) **ПЕРЕМАЗАТЬ** (сов.) **to soil, stain** П что чем (руки перемазаны чернилами my hands are stained with ink)

ПЕРЕМАНИВАТЬ (несов.) **ПЕРЕМАНИТЬ** (сов.) **to entice, win over** П кого куда/откуда (П противника на свою сторону to win over an opponent to one's side; П кого с другой стороны to entice smb. to come over from the other side)

ПЕРЕМАТЫВАТЬ (несов.) **ПЕРЕМОТАТЬ** (сов.) **to rewind** П что откуда/куда (П плёнку с кассеты на кассету to rewind a tape from one cassette to another)

ПЕРЕМЕЖАТЬ (несов.) **to alternate** П что чем/с чем (П работу отдыхом/с отдыхом to alternate work and rest)

ПЕРЕМЕШИВАТЬ (несов.) **ПЕРЕМЕШАТЬ** (сов.) A. **to mix, stir** П что с чем (П кашу с маслом to mix butter into oatmeal/porridge) B. **to mix up, confuse** П что с чем (П свои книги с чужими to mix up one's own books with smb. else's) B. **to stir, stoke** П что чем (П угли кочергой to stir coals with a poker)

ПЕРЕМЕЩАТЬ (несов.) **ПЕРЕМЕСТИТЬ** (сов.) A. **to move, transfer** 1. П кого/что куда (П библиотеку в новое здание to move a library to a new building; П кого на другую работу to transfer smb. to a different job) 2. П кого/что откуда (П поезд с одного места на другое to move a train from one spot to another) B. **to ship, transport** П что через что (П товары через границу to ship goods across a border)

ПЕРЕМЕЩАТЬСЯ (несов.) **ПЕРЕМЕСТИТЬСЯ** (сов.) **to move** 1. П куда (П в сторону to move aside/to the side) 2. П откуда/куда (П с севера на юг to move from north to south)

ПЕРЕМИГИВАТЬСЯ (несов.) **ПЕРЕМИГНУТЬСЯ** (сов.) **to wink** П с кем (П с соседом to wink at one's neighbor)

ПЕРЕМИНАТЬСЯ (несов.) *misc.* П с ноги на ногу to shift from one foot to the other

ПЕРЕМОТАТЬ see **ПЕРЕМАТЫВАТЬ**

ПЕРЕМЫВАТЬ (несов.) **ПЕРЕМЫТЬ** (сов.) A. **to wash** (a quantity of) П что в чём/чем (П всю посуду в горячей воде/горячей водой to wash all the dishes in hot water) B. *misc.* *перемывать косточки кому to slander smb.

ПЕРЕНЕСТИ see **ПЕРЕНОСИТЬ**

ПЕРЕНИМАТЬ (несов.) **ПЕРЕНЯТЬ** (сов.) **to adopt, copy, take on** П что у кого (П обычаи у соседей to adopt the customs of neighboring peoples)

ПЕРЕНОСИТЬ (несов.) **ПЕРЕНЕСТИ** (сов.) A. **to carry** П кого/что куда/откуда (П ребёнка на руках через ручей to carry a child across a stream; П сундук из комнаты в коридор to carry a trunk from a room into a corridor) B. **to move** 1. П кого/что куда/откуда (П вещи в другую комнату to move things into/to another room; П диван из квартиры во двор to move a sofa from an apartment AE/flat BE into a courtyard) C. **to postpone, put off, reschedule, shift** П что (с чего) на что (П отпуск на весну to put off one's holiday BE/vacation AE until spring; П собрание с среды на пятницу to postpone a meeting from Wednesday to Friday; П лекцию на другой день to shift a lecture to another day *or* to reschedule a lecture) D. **to transfer, shift** П что куда (П столицу в другой город to transfer a capital to another city) E. **to carry down** (part of a separated word in a text) П что на что (П слово на новую строку to carry down part of a word to a new line) F. **to bear, endure** *misc.* П мужественно to bear bravely; П стойко to bear stoically G. *misc.* П чертёж на кальку to trace a drawing; П дело в суд to take a case to court

ПЕРЕНОСИТЬСЯ (несов.) **ПЕРЕНЕСТИСЬ** (сов.) A. see **ПЕРЕНОСИТЬ** B. **to go** 1. П (на чём) куда/откуда (П на самолёте из Москвы на Кавказ to fly from Moscow to the Caucasus) 2. *misc.* мысленно П в детские годы to reminisce about one's childhood

ПЕРЕНЯТЬ see **ПЕРЕНИМАТЬ**

ПЕРЕОБОРУДОВАТЬ (сов. и несов.) A. **to convert** П что во что/подо что (П пароход в гостиницу to convert a ship into a hotel; П помещение под магазин to convert a building into a store) B. **to equip** П что чем (П завод новой техникой to equip a plant with new machinery)

ПЕРЕОБУВАТЬ (несов.) **ПЕРЕОБУТЬ** (сов.) **to change shoes** П кого во что (П ребёнка в валенки to put felt boots on a child)

ПЕРЕОДЕВАТЬ (несов.) **ПЕРЕОДЕТЬ** (сов.) A. **to dress in** П кого во что (П девочку в новое платье to dress a girl in a new dress) B. **to dress as, disguise as** П кого кем/в кого (П девочку мальчком/в мальчика to dress a girl as a boy; студенты переоделись матросами the students got dressed as sailors)

ПЕРЕОРИЕНТИРОВАТЬ (сов. и несов.) **to convert, redirect** П что во/на что (П потенциал оборонных отраслей промышленности на производство гражданской продукции to convert the various branches of a defense industry to the production of civilian goods)

ПЕРЕПАДАТЬ (несов.) **ПЕРЕПАСТЬ** (сов.) (colloq.) **to come to, fall to one's lot** П кому (ей мало перепало she got very little out of life)

ПЕРЕПАЧКАТЬ (сов.) **to get dirty** П что чем/в чём (П руки грязью/в грязи to get one's hands dirty)

ПЕРЕПИСЫВАТЬ (несов.) **ПЕРЕПИСАТЬ** (сов.) **to copy** 1. П что куда/откуда (П стихи в тетрадь to copy poetry into a notebook; П что из книги в тетрадь to copy smt. from a book into a notebook) 2. П что чем (П текст карандашом to copy a text with a pencil)

ПЕРЕПИСЫВАТЬСЯ (несов.) **to correspond** П с кем (П с друзьями to correspond with friends)

ПЕРЕПЛАНИРОВЫВАТЬ (несов.) **ПЕРЕПЛАНИРОВАТЬ** (сов.) **to redesign** П что подо что (П дом под ясли to redesign a house as a nursery school)

ПЕРЕПЛАЧИВАТЬ (несов.) **ПЕРЕПЛАТИТЬ** (сов.) **to overpay** 1. П за что (П за покупку to overpay for a purchase) 2. П кому (П торговцу to overpay a merchant)

ПЕРЕПЛЕТАТЬ (несов.) **ПЕРЕПЛЕСТИ** (сов.) A. **to bind** П что чем/во что (П книгу кожей/в кожу to bind a book in leather) B. **to intertwine** П что с чем (П ветки с цветами to intertwine branches and flowers) C. **to tie** П что чем (П косу лентой to tie a ribbon around a braid)

ПЕРЕПЛЫВАТЬ (несов.) **ПЕРЕПЛЫТЬ** (сов.) A. **to swim** 1. П что/через что (П реку/через реку to swim across a river) 2. П куда (П на другой берег to swim to the other shore) 3. П откуда/куда (П с берега на берег to swim from shore to shore) B. **to cross** (on a boat, ship) П что/через что (на чём) (П озеро/через озеро на лодке to cross a lake on a boat)

ПЕРЕПОЛЗАТЬ (несов.) **ПЕРЕПОЛЗТИ** (сов.) **to crawl** 1. П что/через что (П поле/через поле to crawl across a field) 2. П куда (П на другое место to crawl to a different place) 3. П откуда/куда (П с места на место to crawl from place to place)

ПЕРЕПОЛНЯТЬ (несов.) **ПЕРЕПОЛНИТЬ** (сов.) **to fill** (to overflowing) 1. П что чем (П ванну водой to fill a tub to overflowing; П желудок тяжёлой пищей to gorge oneself on heavy food; П сердце радостью to fill one's heart with joy) 2. *misc.* * это переполнило чашу терпения that was the last straw

ПЕРЕПРАВЛЯТЬ (несов.) **ПЕРЕПРАВИТЬ** (сов.) **to send, ship** 1. П что куда/кому *and* П кого куда/к кому (П вещи на вокзал to ship one's things to the station; П книги другу to send/ship books to a friend) 2. П кого/что откуда/куда (П вещи с места на место to ship one's things from place to place) 3. П кого/что чем/на чём (П грузы за границу поездом/на поезде to ship cargo abroad by train) 4. *misc.* переправляться на лодке через реку to cross a river by boat

ПЕРЕПРЫГИВАТЬ (несов.) **ПЕРЕПРЫГНУТЬ** (сов.) **to jump** (across, over) П что/через что (П канаву/через канаву to jump over a ditch)

ПЕРЕПУГАТЬ (сов.) **to frighten** П кого/что чем (П ребёнка криком to frighten a child with a scream) (see also **ПУГАТЬ**)

ПЕРЕПУГАТЬСЯ (сов.) **to be frightened** П кого/чего *and* от кого/чего (П от выстрелов to be frightened by gunfire) (see also **ПУГАТЬСЯ**)

ПЕРЕПУТАТЬ see **ПУТАТЬ** В

ПЕРЕРАБАТЫВАТЬ (несов.) **ПЕРЕРАБОТАТЬ** (сов.) **to convert** (into), **make** (into) П что во что/на что (П хлопок в пряжу to convert cotton into yarn; П роман в пьесу to make a novel into a play; П молоко на масло to make butter out of milk)

ПЕРЕРАСПРЕДЕЛЯТЬ (несов.) **ПЕРЕРАСПРЕДЕЛИТЬ** (сов.) **to redistribute** 1. П кого/что между кем/чем (П учеников между учителями to redistribute pupils among teachers) 2. П кого/что по чему (П рабочих по бригадам to redistribute workers among work crews)

ПЕРЕРАСТАТЬ (несов.) **ПЕРЕРАСТИ** (сов.) **to grow into, turn into** П во что (со-

мнение переросло в недоверие doubt turned into distrust)

ПЕРЕРЕЗАТЬ, ПЕРЕРЕЗЫВАТЬ (несов.) **ПЕРЕРЕЗАТЬ** (сов.) A. **to cut off** П что кому/чему (П дорогу врагу to cut off an enemy's escape route) B. **to cut up** П кого/что (П что на две части to cut smt. up into two parts) C. *misc.* дорога перерезала долину с севера на юг the road cut the valley into two parts from north to south

ПЕРЕРЫВАТЬ (несов.) **ПЕРЕРЫТЬ** (сов.) **to dig up** П что чем (П землю лопатой to dig up the soil with a shovel)

ПЕРЕСАЖИВАТЬ (несов.) **ПЕРЕСАДИТЬ** (сов.) A. **to seat** (elsewhere) П кого куда (П гостя в другое кресло to seat a guest in another chair) B. **to move, shift** 1. П кого куда (П ученика на другую парту to move a pupil to another desk) 2. П кого откуда/куда (П ученика с места на место to move a pupil from place to place) C. **to transplant** 1. П что куда (П дерево в сад to transplant a tree to a garden) 2. П что откуда/куда (П цветы из цветника в горшки to transplant flowers from a garden to flowerpots) 3. П что кому (П печень девочке to do a liver transplant on a little girl) 4. П что от кого (П почку от живого донора to transplant a kidney from a live donor)

ПЕРЕСАЖИВАТЬСЯ (несов.) **ПЕРЕСЕСТЬ** (сов.) A. **to move, change seats** 1. П куда (П на другой стул to move to another chair) 2. П откуда/куда (П с стула на стул to move from chair to chair) B. **to change** (airplanes, horses, trains) 1. П куда (П на скорый поезд to change to an express) 2. П откуда/куда (П с поезда на поезд to change trains)·

ПЕРЕСДАВАТЬ (несов.) **ПЕРЕСДАТЬ** (сов.) **to let out BE/rent out AE** (again) П что кому (П кому дачу to let out/rent out a summer cottage to smb. again)

ПЕРЕСЕКАТЬ (несов.) **ПЕРЕСЕЧЬ** (сов.) **to cut off** П что кому (П путь противнику to cut off an enemy's retreat)

ПЕРЕСЕЛЯТЬ (несов.) **ПЕРЕСЕЛИТЬ** (сов.) **to move** 1. П кого/что куда (П семью в новый дом to move a family to a new house) 2. П кого/что откуда/куда (П кого из старого дома в новый to move smb. from an old house to a new one)

ПЕРЕСЕЛЯТЬСЯ (несов.) **ПЕРЕСЕЛИТЬСЯ** (сов.) **to move** 1. П куда (П к родителям to move in with one's parents; П в новый район to move to a new area) 2. П откуда/ куда (П из центра на окраину to move from downtown to the outskirts of a city)

ПЕРЕСЕСТЬ see **ПЕРЕСАЖИВАТЬСЯ**

ПЕРЕСЕЧЬ see **ПЕРЕСЕКАТЬ**

ПЕРЕСКАЗЫВАТЬ (несов.) **ПЕРЕСКА-ЗАТЬ** (сов.) **to retell** П что кому (П новость товарищам to retell the news to one's friends)

ПЕРЕСКАКИВАТЬ (несов.) **ПЕРЕСКО-ЧИТЬ** (сов.) **to jump, hop** (across, over) 1. П что/через что (П лужу/через лужу to jump over a puddle; П забор/через забор to jump over a fence) 2. П куда (П в лодку to jump/ hop into a boat) 3. П откуда/куда (П с камня на камень to jump/hop from rock to rock) 4. *misc.* П на новую тему to switch to a different topic

ПЕРЕСЛАТЬ see **ПЕРЕСЫЛАТЬ**

ПЕРЕСТАВАТЬ (несов.) **ПЕРЕСТАТЬ** (сов.) **to stop** П + неопр. ф. (П работать to stop working)

ПЕРЕСТАВЛЯТЬ (несов.) **ПЕРЕСТАВИТЬ** (сов.) **to move** 1. П кого/что куда (П стол к окну to move a table to a window; П шкаф в коридор to move a dresser out into a corridor) 2. П кого/что откуда/куда (П мебель с террасы в комнату to move furniture from a terrace into a room)

ПЕРЕСТАТЬ see **ПЕРЕСТАВАТЬ**

ПЕРЕСТРАИВАТЬ (несов.) **ПЕРЕСТРО-ИТЬ** (сов.) **to rebuild, redesign, restructure** П что подо что (П здание под клуб to redesign a building as a clubhouse)

ПЕРЕСТРЕЛИВАТЬСЯ (несов.) **to exchange fire/shots** П с кем/между кем (П с противником to exchange fire with an enemy; П между собой to exchange fire/shots)

ПЕРЕСТРОИТЬ see **ПЕРЕСТРАИВАТЬ**

ПЕРЕСТУПАТЬ (несов.) **ПЕРЕСТУПИТЬ** (сов.) **to step** (across, over) 1. П что/через что (П лужу/через лужу to step over a puddle; П порог/через порог to cross a threshold; П черту/через черту to step across a line) 2. П куда (П на другое место to step over to a different place) 3. П откуда/куда (П со ступеньки на ступеньку to step from rung to rung) 4. *misc.* П через свои принципы to violate one's principles

ПЕРЕСЧИТЫВАТЬ (несов.) **ПЕРЕСЧИ-ТАТЬ** (сов.) A. **to convert, express different-ly** 1. П что в/на что (П динары на рубли to convert dinars to roubles) 2. *misc.* П стоимость продукции в старых ценах to express

production costs in old prices B. *misc.* *П кости кому to beat smb. up

ПЕРЕСЫЛАТЬ (несов.) **ПЕРЕСЛАТЬ** (сов.) A. **to send** 1. П кого/что куда/кому (П деньги родителям to send money to one's parents; П пленных в штаб to send prisoners of war back to headquarters) 2. П что по чему/ чем (П письмо по почте/почтой to send a letter by mail) 3. П что с кем (П письмо с курьером to send a letter by courier) B. **to forward** П кому что (П кому почту to forward mail to smb.)

ПЕРЕСЫПАТЬ (несов.) **ПЕРЕСЫПАТЬ** (сов.) A. **to pour** 1. П что куда (П муку в банку to pour flour into a jar) 2. П что откуда/куда (П муку из мешка в банку to pour flour from a sack into a jar) B. **to sprinkle** П что чем (П вещи нафталином to sprinkle one's things with mothflakes) C. *misc.* П речь шутками to pepper a speech with jokes

ПЕРЕТАСКИВАТЬ (несов.) **ПЕРЕТА-ЩИТЬ** (сов.) **to drag, pull** 1. П кого/что куда (П сундук в коридор to drag a trunk into a corridor) 2. П кого/что откуда/куда (П вещи из комнаты в комнату to drag things from room to room)

ПЕРЕТЯГИВАТЬ (несов.) **ПЕРЕТЯНУТЬ** (сов.) A. **to drag, pull** П что куда (П баржу к мосту to drag a barge over to a bridge) B. (colloq.) **to win over** П кого куда (П кого на свою сторону to win smb. over to one's side) C. **to tie** (around) П что чем (П талию поясом to tie a belt around one's waist)

ПЕРЕУБЕЖДАТЬ (несов.) **ПЕРЕУБЕ-ДИТЬ** (сов.) **to make smb. change his mind** П кого (чем) в чём (П кого в его взглядах фактами to make smb. change his views by citing facts)

ПЕРЕУТОМЛЯТЬ (несов.) **ПЕРЕУТО-МИТЬ** (сов.) **to tire out, strain** П кого/что чем (П глаза чтением to strain one's eyes by reading too much)

ПЕРЕУЧИВАТЬ (несов.) **ПЕРЕУЧИТЬ** (сов.) **to teach** (smt. new) П кого чему (П рабочих новым приёмам to teach workers new methods)

ПЕРЕХВАТЫВАТЬ (несов.) **ПЕРЕХВА-ТИТЬ** (сов.) A. **to grab, seize** П что чем (П палку рукой to grab a stick with one's hand) B. **to tie** П что чем (П волосы лентой to tie up one's hair with a ribbon; П талию поясом to tie a belt around one's waist; П ногу жгутом to tie a tourniquet around one's leg) C.

(colloq.) **to go too far** П в чём (П в шутках to go too far in one's jokes)

ПЕРЕХОДИТЬ (несов.) **ПЕРЕЙТИ** (сов.) A. **to cross** П что/через что (П улицу/через улицу to cross a street) B. **to go, move** 1. П куда (П в другую комнату to go/move into a different room; П на балкон to go out/move out onto a balcony; П к двери to move towards a door) 2. П с чего на что (П с места на место to go/move from place to place; П с курса на курс to transfer from one course to another course) C. **to desert, go over** П куда/к кому (П во вражеский лагерь to go over to the enemy camp; П к противнику to desert to the enemy) D. **to adopt** П во что (П в другую веру to adopt a different faith) E. **to pass** 1. П к кому/во что (власть перешла к трудя-щимся/в руки трудящихся power passed to the workers; П к другому владельцу to pass to a different owner) 2. П откуда/куда (П из рук в руки to pass from hand to hand) 3. *misc.* дом перешёл по наследству от отца к сыну the house passed from father to son F. **to come** П подо что (П под чей контроль to come under smb.'s control; П под чью юрисдик-цию to come under smb.'s jurisdiction) G. **to go** (over), **move, turn** 1. П к чему (П к другому вопросу to move/turn to a different question; П к рынку to go over/move to a market economy) 2. П от чего к чему (П от надежды к отчая-нию to go from hope to despair; П от слов к делу to move from word to deed; П от оборо-ны к наступлению to go from defense to offense) 3. П к чему/на что (П к поточному производству/на поточное производство to go over to assembly-line production) 4. П на что (П на английский язык to turn to Eng-lish; П на летнее время to go over to daylight saving AE/summer BE time; П на диету to go on a diet; П на чью сторону to go over to smb.'s side; П на *ты* to begin to use the infor-mal pronoun of address; П на новое место to move to a new job) 5. П к чему/во что (П к наступлению/в наступление to go over to the attack) H. **to become, turn into** П во что (дорога перешла в тропу the road turned into a path; дружба перешла в любовь friendship blossomed into love)

ПЕРЕЧЁРКИВАТЬ (несов.) **ПЕРЕЧЕР-КНУТЬ** (сов.) **to cross out** П что чем (П абзац карандашом to cross out a paragraph with a pencil)

ПЕРЕЧИСЛЯТЬ (несов.) **ПЕРЕЧИСЛИТЬ**

(сов.) A. **to transfer** 1. П кого куда (П военно-служащего в запас to transfer a soldier to the reserves) 2. П что откуда (П сумму с нашего счёта to transfer an amount from our account) 3. П что кому (П 800 рублей брату to transfer 800 roubles to one's brother) B. **to deposit, transfer** П что куда (П деньги в банк to deposit money in a bank; П сто руб-лей на лицевой счёт to deposit a hundred roubles in a personal account *or* to transfer a hundred roubles to a personal account) C. *misc.* П всех присутствующих поимённо/по порядку to call the roll

ПЕРЕЧИТЬ (несов.) (colloq.) **to talk back to** П кому (П старшим to talk back to one's elders)

ПЕРЕШАГИВАТЬ (несов.) **ПЕРЕШАГ-НУТЬ** (сов.) A. **to step** (across) П что/через что (П порог/через порог to step across a threshold; П через спящего to step across a sleeping person) B. **to get around; to get over** П через что (П через закон to get around a law; П через препятствие to get around an obstacle; П через страх to get over one's fear) C. **to cross** П за что (П за черту to cross a line; П за предел to cross a boundary) D. *misc.* П через свои принципы to violate one's principles

ПЕРЕШЁПТЫВАТЬСЯ to whisper 1. П с кем/между кем (П с соседом to whisper to one's neighbor; П между собой/друг с дру-гом to whisper to each other) 2. П о чём (о чём они перешёптываются? what are they whispering about?)

ПЕСТРЕТЬ (несов.) **to be ablaze** (with) П чем (луга пестреют цветами the fields are a sea of colorful flowers)

ПЕСТРИТЬ (несов.) A. **to abound in, be full of** П чем (письмо пестрит ошибками the letter is full of mistakes) B. *misc.* в глазах у меня пестрит от разноцветных огней I see colored spots before my eyes

ПЕТЛЯТЬ (несов.) (colloq.) **to twist, wind** П среди чего (дорога петляет среди холмов the road winds between the hills)

ПЕТЬ (несов.) **ПРОПЕТЬ, СПЕТЬ** (сов.) **to sing** 1. П что кому (П колыбельную ребён-ку to sing a lullaby to a child) 2. (only imperf.) П о ком/чём (П о любви to sing of love) 3. (only imperf.) П чем (П басом to sing bass; П хором to sing in chorus) 4. *misc.* петь в хоре to sing in a choir/chorus; петь верно to sing in tune; петь фальшиво to sing out of tune; петь вполголоса to hum; П от радости to sing for/ with joy; *П с чужого голоса to parrot the opinions of others; *петь другую песню to sing a different tune

ПЕЧАЛИТЬСЯ (несов.) **ОПЕЧАЛИТЬСЯ** (сов.) **to grieve, be sad** П о ком/чём (П о смерти друга to grieve over a friend's death)

ПЕЧАТАТЬ (несов.) **НАПЕЧАТАТЬ** (сов.) **to print; to type** 1. П что на чём (П книгу на типографской машине to print a book on a typesetting machine; П письмо на пишущей машине to type a letter on a typewriter) 2. П что чем (П одним пальцем to type with one finger) 3. *misc.* П статью в журнале to have an article published in a journal; печатается газета тиражом 200 тысяч the newspaper has a circulation of 200,000

ПЕЧЬ (несов.) **ИСПЕЧЬ** (сов.) **to bake, cook** 1. П (кому) что/чего (где) (П хлеб в духовке to bake bread in an oven; к ужину она испекла мужу ватрушек for dinner she baked some pastries for her husband) 2. П что/чего из чего (П хлеб из теста to bake bread from dough)

ПЕЧЬСЯ (несов.) **to worry** П о ком/чём (П о будущем to worry about the future)

ПИКИРОВАТЬ (сов. и несов.) — (сов. тж.) **СПИКИРОВАТЬ to dive; to dive-bomb** П на что (П на госпиталь to dive-bomb a hospital)

ПИКИРОВАТЬСЯ (несов.) **to clash verbally** П с кем (П с коллегой to have words with a colleague)

ПИЛИТЬ (несов.) (colloq.) **to nag** П кого за что (пилит сына мать за лень the mother keeps nagging her son for being lazy)

ПИСАТЬ (несов.) **НАПИСАТЬ** (сов.) (*Note:* The perf. of this verb is usu. used only in transitive constructions) A. **to write** 1. П (что) куда/кому (П письмо на родину to write a letter home; П записку матери to drop a note to one's mother; П заявление в дирекцию to send an application to the director's office; П по другому адресу to write to a different address; она написала письмо/написала в министерство she wrote a letter/wrote to a ministry) 2. П (что) чем (П письмо ручкой to write a letter with a pen; писать прозой to write prose; П что печатными буквами to print smt.) 3. П (что) о ком/чём (она написала книгу о войне she wrote a book about the war; писали об этом в газетах it was written about in the newspapers) 4. П что для кого/

чего (П книгу для детей to write a book for children; П статью для журнала to write an article for a journal) 5. П откуда (П из Москвы to write from Moscow) 6. П в чём (П в разных газетах to write for various newspapers) 7. П на чём (П на английском языке/ по-английски to write in English *or* to write English) 8. П (о том), как/что с придат. (она писала о том, как страдали беженцы she wrote about how the refugees suffered; он написал о том, что нужно повысить цены he wrote that it was necessary to raise prices) 8. *misc.* разборчиво писать to write clearly/ legibly; неразборчиво писать to write illegibly; П от руки to write by hand; писать на разные темы to write about various topics; *писать как курица лапой to write illegibly; *на лбу написано it's written all over his face; *чёрным по белому написано written in black and white; *ей на роду написано быть поэтессой she was destined to be a poetess; *пошла писать губерния they are off and running B. **to paint** П что чем (П портрет маслом to paint a portrait in oil)

ПИТАТЬ (несов.) A. **to feed, nourish** П что чем (П почву удобрениями to fertilize soil) B. **to provide, supply** П что чем (П город электроэнергией to supply a city with electric power) C. *misc.* П ненависть к врагу to feel hatred for an enemy

ПИТАТЬСЯ (несов.) A. **to consume, eat** 1. П чем (П овощами to eat vegetables) 2. *misc.* мы питаемся с фермы we raise our own food B. **to live** (on) П чем (П надеждами to live on hope) C. **to consume, use** 1. П чем (завод питается солнечной энергией the plant is powered by solar energy) 2. *misc.* мотор питается от аккумулятора the engine runs on electricity

ПИТЬ (несов.) **ВЫПИТЬ** (сов.) **to drink** 1. П что из чего (П молоко из стакана to drink milk from a glass) 2. П за кого/что (П за чьё здоровье to drink to smb.'s health) 3. П что/ чего (он выпил воды he drank some water) 4. *misc.* он пил от отчаяния in his desperation he took to drink; *как пить дать without a doubt

ПИХАТЬ (несов.) **ПИХНУТЬ** (сов.) **to push, shove** 1. П кого чем (П кого локтями to elbow smb.) 2. П что куда (П вещи в чемодан to shove one's things into a suitcase)

ПИЧКАТЬ (несов.) **НАПИЧКАТЬ** (сов.) (colloq.) **to cram, stuff** П кого/что чем (П ребёнка сластями to stuff a child with candy AE/sweets BE)

ПЛАВАТЬ A. see **ПЛЫТЬ**; он три года плавал на пароходе матросом he served as a sailor for three years; П под парусами to go sailing B. **to sail** (somewhere and return; used in the past tense) П куда (на прошлой неделе мы плавали в Одессу last week we made a trip to Odessa by ship) C. **to swim** П где (П в озере to swim in a lake; П в бассейне to swim in a pool) D. **to hang, hover** П по чему (запах рыбы плавал по всему городу the smell of fish hung over the whole city)

ПЛАВИТЬ (несов.) **to smelt** П что из чего (чугун плавят из руды cast iron is smelted from ore)

ПЛАВИТЬСЯ (несов.) **РАСПЛАВИТЬСЯ** (сов.) **to melt** П от чего (воск расплавился от жары the wax melted from the heat)

ПЛАКАТЬ (несов.) **to cry, weep; to mourn** 1. П от чего (П от горя to weep in sorrow) 2. П о ком/чём and по кому/чему (П о муже/по мужу to mourn one's husband) 3. П над кем/чем (П над сыном to mourn one's son; П над своей судьбой to bemoan one's fate) 4. misc. П безутешно/горько/неутешно to weep bitterly; П горькими слезами to weep bitter tears; П над романом to weep while reading a novel; *плакаться в жилетку to cry on smb.'s shoulder

ПЛАНИРОВАТЬ (несов.) **ЗАПЛАНИРОВАТЬ** (сов.) **to plan** 1. П + неопр. ф. (планирую поехать на курорт I am planning to go to a resort) 2. misc. встреча планируется на 20. мая a meeting is planned for May 20

ПЛАТИТЬ (несов.) A. **ЗАПЛАТИТЬ** (сов.) **to pay** 1. П за кого/что (П за покупку to pay for a purchase; П за друга to pay for a friend; П за себя to pay for oneself) 2. (сов. тж.) **УПЛАТИТЬ** П что кому (платить зарплату рабочим to pay a salary to one's workers; П долг товарищу to pay off a debt to a friend) 3. (сов. тж.) **УПЛАТИТЬ** П что кому/куда за кого/что (П пять копеек кондуктору за проезд to pay a five-kopeck fare to a conductor; П деньги в кассу за покупку to pay the cashier for a purchase) 4. П чем за что (П валютой за товары to pay in hard currency for merchandise; П наличными за услуги to pay in cash for services) 5. П в чём (П в твёрдой валюте to pay in hard currency) 6. П по чему (П по счёту to pay a bill; П по чеку to pay the amount on a sales slip; П по счётчику

to pay what the meter shows) 7. misc. платите в кассу! pay the cashier! П за что вперёд to pay for smt. in advance; П за что в рассрочку to pay for smt. in installments; П из собственного кармана to pay out of one's own pocket B. **ОТПЛАТИТЬ** (сов.) **to pay back, reciprocate** 1. П (кому) чем (П родителям любовью to reciprocate parents' love; П услугой за услугу to return a favor) 2. misc. *П добром за добро and *П той же монетой to pay back in kind; *П злом за добро to repay good with evil

ПЛАТИТЬСЯ (несов.) **ПОПЛАТИТЬСЯ** (сов.) **to pay for** П (за что) чем (он поплатился жизнью за небрежность he paid with his life for being careless)

ПЛЕВАТЬ (несов.) **НАПЛЕВАТЬ, ПЛЮНУТЬ** (сов.) **to spit** 1. П в кого/куда (плевали в него they spat at him; П на пол to spit on the floor) 2. П чем (П кровью to spit up blood) 3. misc. *ему плевать на это he doesn't give a damn about it; *плевать в потолок to fritter away one's time

ПЛЕНЯТЬ (несов.) **ПЛЕНИТЬ** (сов.) **to captivate** П кого чем (горы пленили нас своей красотой the mountains captivated us with their beauty)

ПЛЕСКАТЬ (несов.) **ПЛЕСНУТЬ** (сов.) **to splash** 1. П что/чем куда (П воду/водой в лицо кому to splash water in smb.'s face; П воду/водой на пол to splash water on the floor; П водой друг на друга to splash water on each other) 2. П на что/обо что (волны плещут на берег/о берег the waves break/splash against the shore) 3. П чем по чему (рыба плещет хвостом по воде the fish whips its tail in the water)

ПЛЕСКАТЬСЯ (несов.) 1. **to splash** П обо что (вода плещется о берег the water splashes against the shore) 2. misc. П в бассейне to splash around in a swimming pool

ПЛЕСТИ (несов.) **СПЛЕСТИ** (сов.) A. **to make** (by weaving), **weave** П что из чего (П венок из цветов to make/weave a wreath from flowers; П циновку из камыша to make/weave a mat from reeds) B. misc. события сплелись в сложный узел things got mixed up

ПЛЫТЬ (несов.) (Note: The perf. **ПОПЛЫТЬ** is used to denote the beginning of an action) A. **to swim** 1. П куда (П на другой берег to swim to the other shore) 2. П откуда/куда (П от парохода к пристани to swim from a ship to the dock) 3. П в чём/по чему (П в волнах/

по волнам to swim through the waves; П в море to swim in the sea) 4. П каким образом (П баттерфляем to swim the butterfly stroke; П брассом to swim the breast stroke; П вольным стилем to swim free style; П кролем to swim the crawl; П на спине to swim the backstroke) 5. *misc.* П под водой to swim under water B. **to sail** 1. П куда (П на юг to sail south; П в открытое море to sail out into the open sea) 2. П откуда/куда (П из гавани в открытое море to sail from a harbor out into the open sea; П с севера на юг to sail from north to south) 3. П по чему (П по реке to sail down a river) 4. П на чём (П на лодке to sail on a boat; П на плоту to float on a raft) C. *misc.* П по течению to go downstream; П против течению to go upstream; П в небе/по небу to soar through the sky; куда плывут эти плоты? where are these rafts floating to? всё плывёт перед глазами everything is swimming in front of my eyes; над городом плыл колокольный звон the sound of bells hung over the city; *деньги сами плывут ему в руки everything he touches turns to gold

ПЛЮНУТЬ see **ПЛЕВАТЬ**

ПЛЮХАТЬ, ПЛЮХАТЬСЯ (несов.) **ПЛЮХНУТЬ, ПЛЮХНУТЬСЯ** (сов.) (slang) **to drop, fall, flop** П куда (П на диван to flop down onto a sofa; П в грязь to fall down into the mud)

ПЛЯСАТЬ (несов.) **to dance** *misc.* *П под чью дудку to dance to smb.'s tune

ПОБАГРОВЕТЬ see **БАГРОВЕТЬ**

ПОБАИВАТЬСЯ (несов.) (colloq.) **to be afraid** П + неопр. ф. (П ходить по лесу ночью to be afraid to walk through the woods at night)

ПОБАЛОВАТЬ (сов.) (colloq.) **to treat oneself** (to) П себя чем (П себя яблочным пирожком to treat oneself to a piece of apple pie)

ПОБЕГАТЬ (сов.) see **БЕГАТЬ** B; **to run around** (for a while) П где (П в парке/по парку to run around in a park for a while)

ПОБЕЖАТЬ see **БЕЖАТЬ**

ПОБЕЖДАТЬ (несов.) **ПОБЕДИТЬ** (сов.) **to defeat; to win, be victorious** 1. П кого/что чем (П врага оружием to defeat an enemy on the battlefield; П зрителей талантом to win over an audience with one's talent) 2. П в чём (П в войне to be victorious in war; П в турнире to win a tournament) 3. П на чём (П на чемпионате to win a championship; П на

Олимпийских играх to win at the Olympic games; П на выборах to win an election) 4. *misc.* П по очкам to win on points (as of a boxer); наша команда победила со счётом 4:3 our team won with a score of 4-3

ПОБЕРЕЧЬ see **БЕРЕЧЬ**

ПОБЕСЕДОВАТЬ see **БЕСЕДОВАТЬ**

ПОБЕСПОКОИТЬ see **БЕСПОКОИТЬ**

ПОБЕСПОКОИТЬСЯ see **БЕСПОКОИТЬСЯ**

ПОБИТЬ (сов.) A. **to beat, defeat** П кого/что в чём (П кого в соревновании to defeat smb. in a contest) B. (usu. impers.) **to flatten, knock down; shatter** П что чем (ветром побило все яблони в саду the wind flattened/knocked down all the apple trees in the orchard; градом побило все стёкла в окнах the hail shattered all the windowpanes)

ПОБЛАГОДАРИТЬ see **БЛАГОДАРИТЬ**

ПОБЛЕДНЕТЬ see **БЛЕДНЕТЬ**

ПОБОЯТЬСЯ (сов.) **to be afraid** П + неопр. ф. (П сказать правду to be afraid of telling the truth) (see also **БОЯТЬСЯ**)

ПОБРАТАТЬСЯ see **БРАТАТЬСЯ**

ПОБРЕЗГАТЬ see **БРЕЗГАТЬ**

ПОБРЕСТИ (сов.) see **БРЕСТИ**

ПОБРОДИТЬ (сов.) see **БРЕСТИ**; **to wander, stroll** (for a while) П по чему (П по парку to stroll through a park)

ПОБРЫЗГАТЬ (сов.) **to splash** П кого/что чем *and* П на кого/что чем (П кого/на кого водой to splash smb. with water)

ПОБУЖДАТЬ (несов.) **ПОБУДИТЬ** (сов.) **to induce, persuade, prompt** 1. П (кого/что) к чему (П кого к уступкам to induce smb. to make concessions) 2. П кого/что + неопр. ф. (П кого сопротивляться to persuade smb. to put up resistance; что побудило тебя уйти? what made you leave?)

ПОБЫВАТЬ (сов.) A. see **БЫВАТЬ** B. *misc.* в Москве с официальным визитом побывал президент США the American President paid an offical visit to Moscow; *П в чьей шкуре to be in smb.'s shoes

ПОВАДИТЬСЯ (сов.) (colloq.) **to begin to do smt.** (annoying) П + неопр. ф. (повадился к нам ходить he began to hang around our place all the time)

ПОВАЛИТЬ I see **ВАЛИТЬ** II

ПОВАЛИТЬ II see **ВАЛИТЬ** III

ПОВАЛИТЬСЯ see **ВАЛИТЬСЯ**

ПОВЕДАТЬ (сов.) (obsol., lit.) **to relate, tell** 1. П (кому) что/о чём (П свою тайну кому to tell smb. of one's secret) 2. П (кому) (о том), что с придат. (они поведали всё, что слышали they related everything they had heard)

ПОВЕЗТИ see **ВЕЗТИ** I, **ВЕЗТИ** II

ПОВЕЛЕВАТЬ (несов.) (obsol., lit.) A. **to rule** П кем/чем (П подданными to rule one's subjects) B. **to call on, enjoin, order** П кому + неопр. ф. (мой долг повелевает мне сделать это it is my duty to do this)

ПОВЕРГАТЬ (несов.) **ПОВЕРГНУТЬ** (сов.) (lit.) **to plunge** П кого во что (П кого в отчаяние to plunge smb. into despair)

ПОВЕРИТЬ see **ВЕРИТЬ**

ПОВЁРТЫВАТЬ, ПОВОРАЧИВАТЬ (несов.) **ПОВЕРНУТЬ** (сов.) **to turn** 1. П кого/что куда (П разговор на другую тему to change the topic; П машину налево to turn a car to the left; П больного на правый бок to turn a patient over onto his right side) 2. П куда (дорога повернула на юг the road turned south) 3. *misc.* она повернула спиной ко мне she turned her back to me; П руль на 90 градусов to turn a rudder by 90 degrees; П круто/резко to turn sharply; *П колесо/ход истории вспять to turn back the course of history

ПОВЁРТЫВАТЬСЯ, ПОВОРАЧИВАТЬСЯ (несов.) **ПОВЕРНУТЬСЯ** (сов.) **to turn** 1. П куда (П направо to turn right; П к зеркалу to turn towards a mirror *or* to face a mirror) 2. П чем к кому/чему (она повернулась спиной ко мне she turned her back to me; он повернулся лицом к ветру he turned to face the wind) 3. *misc.* П на 90 градусов to turn by 90 degrees; П круто/резко to turn sharply

ПОВЕРЯТЬ (несов.) **ПОВЕРИТЬ** (сов.) **to reveal** П что кому (П тайну кому to reveal a secret to smb.)

ПОВЕСИТЬ see **ВЕШАТЬ**

ПОВЕСТИ see **ВЕСТИ**

ПОВЕЯТЬ see **ВЕЯТЬ**

ПОВИНОВАТЬСЯ (несов.) **to obey** П кому/чему (П родителям to obey one's parents; П приказу to obey an order)

ПОВИСАТЬ (несов.) **ПОВИСНУТЬ** (сов.) A. **to hang, be suspended** П на чём (П на верёвке to hang from a rope) B. **to hover, hang** П где (П над землёй to hover over the earth; П в воздухе to remain suspended in midair)

ПОВЛЕЧЬ (сов.) see **ВЛЕЧЬ** B

ПОВЛИЯТЬ see **ВЛИЯТЬ**

ПОВОДИТЬ (сов.) see **ВЕСТИ**

ПОВОЗИТЬ (сов.) see **ВЕЗТИ**

ПОВОЗИТЬСЯ see **ВОЗИТЬСЯ**

ПОВОРАЧИВАТЬ see **ПОВЁРТЫВАТЬ**

ПОВОРАЧИВАТЬСЯ see **ПОВЁРТЫВАТЬСЯ**

ПОВРЕДИТЬ see **ВРЕДИТЬ**

ПОВРЕМЕНИТЬ (сов.) (colloq.) **to take one's time** П с чем (мы повременим с выводами we will not rush into drawing conclusions)

ПОВТОРЯТЬ (несов.) **ПОВТОРИТЬ** (сов.) A. **to repeat** 1. П что кому (П вопрос студенту to repeat a question to a student) 2. П что за кем (П слова за учителем to repeat a teacher's words) 3. П, что с придат. (она повторила, что не опоздает she repeated that she would not be late) B. **to review** AE/**revise** BE П что к чему/перед чем (П материал к экзамену/перед экзаменом to review/revise material for an examination)

ПОВЫШАТЬ (несов.) **ПОВЫСИТЬ** (сов.) A. **to promote** 1. П кого в чём (П военнослужащего в звании to promote a soldier in rank; П кого в должности to promote smb. at work) 2. П кого по чему (П кого по службе to promote smb. at work) B. **to increase, raise** 1. П кому что (П зарплату учителю to raise a teacher's salary) 2. П что на что (они повысили цены на 20 процентов they raised prices by 20 percent) 3. П что до чего (П температуру до тридцати градусов to raise the temperature to 30 degrees) 4. П что с чего (П цену с 10 до 15 долларов to raise the price from 10 to 15 dollars) 5. *misc.* П что в цене to increase the price of smt.; П резко to increase greatly

ПОВЯЗЫВАТЬ (несов.) **ПОВЯЗАТЬ** (сов.) **to tie, wrap** 1. П кого/что чем (П ребёнка платком to wrap a scarf around a child) 2. П что на что (П ленту на рукав to tie a ribbon on one's sleeve)

ПОГАДАТЬ see **ГАДАТЬ**

ПОГАСИТЬ see **ГАСИТЬ**

ПОГИБАТЬ (несов.) **ПОГИБНУТЬ** (сов.) **to die** 1. П за кого/что (П за родину to die for one's country) 2. П от чего (П от жары to die of the heat; П от мороза to freeze to death) 3. *misc.* П на войне to die as a soldier; П на фронте to die at the front; П при землетрясении to die during an earthquake; П в аварии to die in an accident

ПОГЛАДИТЬ see **ГЛАДИТЬ**

ПОГЛОЩАТЬ (несов.) **ПОГЛОТИТЬ** (сов.) **to absorb** П кого/что чем (студент поглощён занятиями the student is absorbed in his studies)

ПОГЛЯДЕТЬ see **ГЛЯДЕТЬ**

ПОГЛЯДЕТЬСЯ see **ГЛЯДЕТЬСЯ**

ПОГНАТЬ see **ГНАТЬ**

ПОГНАТЬСЯ see **ГНАТЬСЯ**

ПОГНУШАТЬСЯ see **ГНУШАТЬСЯ**

ПОГОВАРИВАТЬ (несов.) (colloq.) **to speak of** (from time to time) 1. П о чём (поговаривают о его женитьбе they speak about his wedding from time to time) 2. П, что с придат. (поговаривают, что она выходит на пенсию they sometimes talk about her plans to retire)

ПОГОВОРИТЬ see **ГОВОРИТЬ** А, С

ПОГРЕШИТЬ see **ГРЕШИТЬ**

ПОГРОЗИТЬ see **ГРОЗИТЬ**

ПОГРУЖАТЬ (несов.) **ПОГРУЗИТЬ** (сов.) А. **to dip, immerse** П кого/что во что (П тело в воду to immerse one's body in water; П руку в таз to dip one's hand into a basin) В. **to plunge** П кого во что (П кого в уныние to plunge smb. into depression; погружённый в раздумья lost in thought)

ПОГРУЖАТЬСЯ (несов.) **ПОГРУЗИТЬСЯ** (сов.) А. **to immerse oneself** П во что (П в воду to immerse oneself in water) В. **to become absorbed** (in) 1. П во что (П в работу to become absorbed in one's work) 2. *misc.* П глубоко to become deeply absorbed; П полностью to become completely absorbed C. **to be plunged into** П во что (П в темноту to be plunged into darkness)

ПОГРУЗИТЬ А. see **ГРУЗИТЬ** 2 В. see **ПОГРУЖАТЬ**

ПОГРУЗИТЬСЯ see **ПОГРУЖАТЬСЯ**

ПОГРЯЗАТЬ (несов.) **ПОГРЯЗНУТЬ** (сов.) **to get bogged down, get stuck** П в чём (П в болоте to get bogged down in a swamp; П в долгах to get bogged down in debt)

ПОГУЛЯТЬ see **ГУЛЯТЬ**

ПОДАВАТЬ (несов.) **ПОДАТЬ** (сов.) А. **to hand, give** П кого/что кому (П ребёнка матери to hand a child to its mother; продавщица подала покупку покупателю the sales clerk handed the purchase to a customer; П больному питьё to give a patient something to drink) В. **to bring, deliver** 1. П что куда (П автомашину к подъезду to bring a car around to an entrance; П поезд к платформе to bring a train up to a platform; П лес на стройку to deliver lumber to a construction site) 2. П что откуда (П лес из гор to bring down logs from the mountains) C. **to file, hand in, submit** П что куда/кому (П заявление директору to submit an application to the director; П жалобу в деканат to file a complaint at the dean's office) D. **to offer, give** П что кому (П совет товарищу to offer advice to a friend; П пример молодым to set an example for the young; П команду бойцам to give an order to soldiers) E. **to serve** 1. П (куда, кому) что/чего (П соль/соли to serve salt; она подала ягоды к столу she served berries *or* she brought berries to the table; П мяч кому to serve the ball to smb.; П кофе гостям в кабинет to serve coffee to guests in one's office) 2. П что чем (П мяч ракеткой to serve the ball with a racket) 3. П + неопр. ф. (П обедать to serve lunch; П кому ужинать в номер to serve smb. dinner in her/his hotel room) 4. *misc.* П чай в стакане to serve tea in a glass F. *misc.* П в отставку to submit one's resignation; подайте ей пальто help her with her coat; П на развод to file for divorce; П в суд на кого to bring charges against smb.; П нищему to give smt. to a beggar; П знак кому to signal smb.; П голос за кого to vote for smb.; П пример кому to set an example for smb.; *рукой подать до чего to be a stone's throw away

ПОДАВАТЬСЯ (несов.) **ПОДАТЬСЯ** (сов.) А. **to give way, move** 1. П куда (толпа подалась в сторону the crowd moved to the side) 2. *misc.* ворота подались от напора the gate gave way under pressure В. (colloq.) **to turn** П куда (податься некуда there's nowhere to turn; куда мне податься? where am I to turn?; П в родные места to go back home)

ПОДАВИТЬСЯ see **ДАВИТЬСЯ**

ПОДАВЛЯТЬ (несов.) **ПОДАВИТЬ** (сов.) **to crush, destroy** П что чем (П артиллерийским огнём батарею противника to destroy an enemy battery with artillery fire)

ПОДАРИТЬ see **ДАРИТЬ**

ПОДАТЬ see **ПОДАВАТЬ**

ПОДБАВЛЯТЬ (несов.) **ПОДБАВИТЬ** (сов.) **to add** (a little) П что/чего куда (П сахар/сахару в чай to add a little sugar to the tea; подбавить дров в камин to add wood to a fire)

ПОДБЕГАТЬ (несов.) **ПОДБЕЖАТЬ** (сов.) **to run up** (to) П к кому/чему (П к дому to run up to a house)

ПОДБИВАТЬ (несов.) **ПОДБИТЬ** (сов.) **to goad, incite, put up to** 1. П кого на что (П товарища на шалость to goad a friend into playing a prank) 2. П кого + неопр. ф. (П кого подраться to goad smb. into a fight)

ПОДБИРАТЬ (несов.) **ПОДОБРАТЬ** (сов.) A. **to match** (up) 1. П что к чему (П галстук к рубашке to match up a tie and/with a shirt; П ключ к замку to match a key and a lock) 2. П что подо что (П галстук под костюм to match up a tie and/with a suit) B. **to gather up** 1. П что куда (она подобрала волосы под платок she gathered her hair up under her kerchief) 2. П что откуда (П бумаги с пола to gather up pieces of paper from the floor) C. **to find; to gather** 1. П кого/что кому (П кому покупателя to find a buyer for smb.) 2. П кого/что для кого/чего (П книгу для товарища to find a book for a friend; П материал для доклада to gather material for a report)

ПОДБИРАТЬСЯ (несов.) **ПОДОБРАТЬСЯ** (сов.) **to approach** (stealthily), **creep up** (to) П к кому/чему (П к зверю to creep up to an animal)

ПОДБИТЬ see **ПОДБИВАТЬ**

ПОДБОДРЯТЬ (несов.) **ПОДБОДРИТЬ** (сов.) **to cheer up** П кого чем (П кого улыбкой to cheer smb. up with a smile)

ПОДБРАСЫВАТЬ (несов.) **ПОДБРОСИТЬ** (сов.) A. **to throw, toss** П кого/что куда *and* П кого/что кому (П мяч под диван to throw a ball under a sofa; П мяч партнёру to throw the ball to one's teammate) B. **to throw in** (more of) П что/чего куда (П дрова/дров в костёр to throw more wood into/onto a fire) C. *misc.* П кого на вокзал to drop smb. off at a station; П резервы на фронт to rush reserves to the front; П врагу ложные сведения to feed an enemy false information

ПОДВЕЗТИ see **ПОДВОЗИТЬ**

ПОДВЕРГАТЬ (несов.) **ПОДВЕРГНУТЬ** (сов.) A. **to expose, subject** П кого/что чему (П кого наказанию to subject smb. to punishment; П кого опасности to expose smb. to danger; П город обстрелу to subject a city to shelling) B. *misc.* П кого допросу to interrogate smb.; П сомнению чьё заявлению to challenge smb.'s statement; П чью работу критике to criticize smb.'s work; подвергаться критике to be criticized *or* to be subjected to criticism; П станок испытанию to test a lathe; П школьников медосмотру to have schoolchildren undergo a physical examination

ПОДВЁРТЫВАТЬ (несов.) **ПОДВЕРНУТЬ** (сов.) A. **to tuck** П что куда (П простыню под матрас to tuck a sheet under a mattress) B.

to tighten П что чем (П гайку ключём to tighten a nut with a spanner BE/wrench AE)

ПОДВЕСТИ see **ПОДВОДИТЬ**

ПОДВЕШИВАТЬ (несов.) **ПОДВЕСИТЬ** (сов.) **to hang** П что куда/где (П лампу под потолок/под потолком to hang a light fixture from a ceiling)

ПОДВИГАТЬ (несов.) **ПОДВИНУТЬ** (сов.) **to move, push** П кого/что кому/куда (П кровать в угол to push a bed into a corner; П чемодан под кровать to push a suitcase under a bed; П стол к окну to move/push a table over to a window; П стул гостю to move/push a chair over to a guest; П войска к границе to move troops up to a border)

ПОДВИГАТЬСЯ (несов.) **ПОДВИНУТЬСЯ** (сов.) **to move** П куда (П к выходу to move towards an exit)

ПОДВИГНУТЬ (сов.) (obsol., bookish) **to mobilize, rally** П кого/что на что (П народ на борьбу to mobilize a nation for a battle)

ПОДВИНЧИВАТЬ (несов.) **ПОДВИНТИТЬ** (сов.) **to screw on, strap on** П что к чему (П коньки к ботинкам to strap skates onto one's shoes)

ПОДВОДИТЬ (несов.) **ПОДВЕСТИ** (сов.) A. **to bring** П кого/что к кому/чему (П кого к врачу to bring smb. to a doctor; П ребёнка к столу to bring a child to the table) B. **to extend** П что к чему (П дорогу к стройке to extend a road to a construction site) C. **to lead** П кого к чему (П кого к выводу to lead smb. to a conclusion) D. **to place** (under) П что подо что (П мину под мост to mine a bridge; П дом под крышу to put a roof on a house; под дом подвели платформу и перевезли его на другое место they jacked up the house onto a platform and moved it to a different location; П прочную базу под свои доводы to base one's conclusions on established facts) E. **to consider, place** (into a certain category) П что подо что (П чьи слова под оскорбление to consider smb.'s words to be an insult) F. **to betray, let down** П кого чем (она подвёла друга своим поведением she let her friend down by behaving that way) G. *misc.* П итог чему to sum smt. up; П глаза тушью to apply eyeliner; П кого под неприятность to cause smb. difficulty; *П черту под чем to finish smt.; *у меня живот подвело I am starving; *П кого под монастырь to place smb. in an awkward position *or* to throw smb. into prison

ПОДВОЗИТЬ (несов.) **ПОДВЕЗТИ** (сов.) A.

to give a lift П кого/что куда (П кого в город to give smb. a lift to town; П кого до вокзала to give smb. a lift to the station) B. **to bring, haul, transport** П что/чего куда/кому (П продукты/продуктов в магазины to haul food to stores; П боеприпасы/боеприпасов бойцам to haul ammunition to troops)

ПОДГЛЯДЕТЬ see **ПОДСМАТРИВАТЬ**

ПОДГОВАРИВАТЬ (несов.) **ПОДГОВО-РИТЬ** (сов.) **to talk** (into, out of) 1. П кого к чему/на что (П приятеля к поездке/на поездку to talk a friend into a trip) 2. П кого + неопр. ф. (П кого подписать соглашение to talk smb. into signing a contract) 3. П кого, чтобы с придат. (П кого, чтобы не участвовал в выборах to talk smb. out of voting)

ПОДГОНЯТЬ (несов.) **ПОДОГНАТЬ** (сов.) A. **to drive** П кого/что куда (П стадо к реке to drive a herd to a river) B. **to match** П что к чему (П ключ к замку to match a key and a lock; П свадьбу к празднику to schedule a wedding on a holiday) C. **to alter, fit** П что до чего/по чему/подо что (П платье по фигуре to alter a dress to fit smb.; П стальные листы до нужных размеров to alter steel plates to the necessary specifications)

ПОДГОТАВЛИВАТЬ, ПОДГОТОВЛЯТЬ see **ГОТОВИТЬ**

ПОДГОТАВЛИВАТЬСЯ, ПОДГОТОВ-ЛЯТЬСЯ (несов.) see **ГОТОВИТЬСЯ**

ПОДГОТОВИТЬ see **ГОТОВИТЬ**

ПОДГОТОВИТЬСЯ see **ГОТОВИТЬСЯ**

ПОДДАВАТЬ (несов.) **ПОДДАТЬ** (сов.) A. **to serve** 1. П что чем (П мяч ракеткой to serve a ball with a racket) B. (only perf.) **to add, increase** П чего (поддать дров в камин to put more wood on a fire; поддать пару to increase the steam — as in a Turkish bath) C. *misc.* П ребёнку to spank a child; *П жару кому to get smb. to act

ПОДДАВАТЬСЯ (несов.) **ПОДДАТЬСЯ** (сов.) A. **to give in, yield** П кому/чему (П угрозам to give in to threats; П искушению to yield to temptation) B. **to be susceptible to, give in, react** 1. П на что (П на лесть to be susceptible to flattery; П на провокацию to react to a provocation; П на уговоры to give in to persuasion) 2. П чему (эта болезнь не поддаётся лечению there is no cure for this disease; это не поддаётся описанию it defies description; расхождения поддаются согласованию the differences can be reconciled; П обману to be deceived; П влиянию to be influenced)

ПОДДЕЛЫВАТЬСЯ (несов.) **ПОДДЕ-ЛАТЬСЯ** (сов.) A. **to pose as; to imitate** П под кого/что (П под знаменитого писателя to pose as a well-known author) B. (colloq.) **to ingratiate oneself** П к кому (П к начальству to ingratiate oneself with one's superiors) C. *misc.* П под чей тон to conform to smb.'s way of doing things

ПОДДЕРЖИВАТЬ (несов.) **ПОДДЕР-ЖАТЬ** (сов.) **to support** 1. П кого/что чем (П бастующих деньгами to support strikers with money) 2. *misc.* медсестра поддержала её под руку the nurse held her by the arm; П больного обеими руками to support a patient with both arms

ПОДЕВАТЬ (сов.) (colloq.) see **ДЕТЬ**

ПОДЕВАТЬСЯ (сов.) (colloq.) see **ДЕТЬСЯ**

ПОДЕЙСТВОВАТЬ see **ДЕЙСТВОВАТЬ**

ПОДЕЛИТЬ see **ДЕЛИТЬ В**

ПОДЕЛИТЬСЯ see **ДЕЛИТЬСЯ**

ПОДЁРГИВАТЬ (несов.) see **ДЁРГАТЬ**

ПОДЁРГИВАТЬСЯ (несов.) **ПОДЁР-НУТЬСЯ** (сов.) **to be covered** П чем (река подёрнулась льдом the river was covered with ice)

ПОДЖАРИВАТЬ (несов.) **ПОДЖАРИТЬ** (сов.) see **ЖАРИТЬ**

ПОДЖИГАТЬ (несов.) **ПОДЖЕЧЬ** (сов.) **to light** (a fire) П что чем (П костёр спичками to light a fire with matches)

ПОДЖИМАТЬ (несов.) **ПОДЖАТЬ** (сов.) A. **to draw up** (one's legs) П что куда (П ноги к груди to draw one's legs up to one's chest; П под себя по-турецки ноги to sit cross-legged) B. *misc.* П губы от обиды to smart at an insult

ПОДЗАДОРИВАТЬ (несов.) **ПОДЗАДО-РИТЬ** (сов.) (colloq.) **to goad** (into) П кого к чему/на что (П кого к ссоре to goad smb. into a quarrel)

ПОДЗАРАБОТАТЬ (сов.) (colloq.) A. **to earn** (smt. extra) П чего (П денег to earn some extra money) B. *misc.* П на чём to profit from smt.

ПОДЗЫВАТЬ (несов.) **ПОДОЗВАТЬ** (сов.) **to call** (over) П кого (чем) куда (П кого к себе жестом to call smb. over with a gesture)

ПОДИВИТЬСЯ see **ДИВИТЬСЯ**

ПОДКАЛЫВАТЬ (несов.) **ПОДКОЛОТЬ** (сов.) A. **to pin up** П что чем (П косу шпилькой to pin up one's hair with a hairpin) B. **to attach, clip** (to) П что (чем) к чему (П документы к делу скрепкой to clip documents to a file)

ПОДКАПЫВАТЬСЯ (несов.) **ПОДКО-ПАТЬСЯ** (сов.) **to dig** (under) П подо что (П под стену to dig under a wall)

ПОДКАТЫВАТЬ (несов.) **ПОДКАТИТЬ** (сов.) A. **to roll** П что куда (П бочку к гаражу to roll a barrel up to a garage) B. **to pull up** П куда (машина подкатила к подъезду a car pulled up at/up to the entrance) C. *misc.* *у меня ком подкатил к горлу I felt a lump in my throat

ПОДКИДЫВАТЬ (несов.) **ПОДКИНУТЬ** (сов.) A. see **ПОДБРАСЫВАТЬ** B. (colloq.) **to give, suggest** П что кому (она мне подкинула идею she gave me an idea)

ПОДКЛАДЫВАТЬ (несов.) **ПОДЛО-ЖИТЬ** (сов.) A. **to place** (under), **put** (under) П что подо что (П подушку под голову to put a pillow under smb.'s head) B. **to put** П куда (П бумаги в папку to put papers into a folder; П документы в дело to file documents; П грелку к ногам to put a hot-water bottle on one's feet) C. **to add, put** (more) П что/чего куда/кому (П дрова/дров в печку to put some more wood in the stove; П кушанье/кушанья гостю to give a guest more food) D. (colloq.) **to line** П что подо что (П шёлк под пальто to line a coat with silk) E. **to plant** 1. П кому что (ему подложили пистолет they planted a pistol on him; ему подложено взрывное устройство they tried to kill him with a bomb) 2. П что куда (П бомбу в дом to plant a bomb in a house) F. *misc.* *подложить свинью кому to play a dirty trick on smb.

ПОДКЛЮЧАТЬ (несов.) **ПОДКЛЮЧИТЬ** (сов.) A. **to connect, hook up** П что к чему (П дом к теплоцентрали to connect a house to a central heating plant) B. **to assign, attach** П кого к чему (П опытных рабочих к бригаде to assign experienced workers to a work crew)

ПОДКЛЮЧАТЬСЯ (несов.) **ПОДКЛЮ-ЧИТЬСЯ** (сов.) A. **to join** П во что/к чему (П к расследованию to join an investigation) B. **to hook up** П к чему (П к телефонной линии to hook up to a telephone line)

ПОДКОЛОТЬ see **ПОДКАЛЫВАТЬ**

ПОДКОПАТЬСЯ see **ПОДКАПЫВАТЬСЯ**

ПОДКРАДЫВАТЬСЯ (несов.) **ПОД-КРАСТЬСЯ** (сов.) **to steal up** (on, to) П к кому/чему (П к часовому to steal up to a sentry)

ПОДКРЕПЛЯТЬ (несов.) **ПОДКРЕПИТЬ** (сов.) A. **to back up, support** П что чем (П предложение цифрами to back up a proposal with figures) B. **to build up, fortify** П кого/что чем (П больного усиленным питанием to build up a patient with a special diet)

ПОДКУПАТЬ (несов.) **ПОДКУПИТЬ** (сов.) A. **to bribe** П кого чем (П сторожа деньгами to bribe a guard with money) B. **to win over** П кого чем (П всех улыбкой to win everyone over with a smile) C. **to buy** (some more) П что/чего (П продукты/продуктов to buy some more food)

ПОДЛАЖИВАТЬСЯ (несов.) **ПОДЛА-ДИТЬСЯ** (сов.) A. **to adapt** (to) П к кому/чему *and* под что (П к новым условиям to adapt to new conditions) B. **to play up to** П к кому (П к заведующему to play up to the director)

ПОДЛЕЖАТЬ (несов.) **to be liable** (to), **be subject** (to) П чему (П обложению пошлиной to be subject to duty; это не подлежит оглашению this is not for publication; приговор не подлежит обжалованию the sentence cannot be appealed)

ПОДЛЕЗАТЬ (несов.) **ПОДЛЕЗТЬ** (сов.) **to crawl** (under) П подо что (П под автомобиль to crawl under a car)

ПОДЛЕТАТЬ (несов.) **ПОДЛЕТЕТЬ** (сов.) A. **to fly** 1. П подо что (птица подлетела под мост a bird flew under the bridge) 2. П к чему (самолёт подлетел к горе a plane flew close to the mountain) B. (colloq.) **to run** П к кому/чему (она подлетела ко мне с новостью she came running up to me with the news)

ПОДЛИВАТЬ (несов.) **ПОДЛИТЬ** (сов.) A. **to pour** (some more) 1. П что/чего куда (П молоко/молока в стакан to pour some more milk into a glass) 2. *misc.* *подлить масла в огонь to pour oil on troubled waters B. **to pour, slip** (secretly) П что куда (он подлил в коньяк силно действующее снадобье he slipped a powerful drug into the cognac)

ПОДЛИЗЫВАТЬСЯ (несов.) **ПОДЛИ-ЗАТЬСЯ** (сов.) (colloq.) **to ingratiate oneself, play up to** П к кому (П к учителю to play up to a teacher)

ПОДЛОЖИТЬ see **ПОДКЛАДЫВАТЬ**

ПОДМАЗЫВАТЬСЯ (несов.) **ПОДМА-ЗАТЬСЯ** (сов.) (colloq.) **to play up to, toady up to** П к кому (П к начальнику to toady up to one's boss)

ПОДМЕНИВАТЬ, ПОДМЕНЯТЬ (несов.)

ПОДМЕНИТЬ (сов.) A. **to replace** П что чем (П настоящую работу заседательской суетнёй to hold endless meetings instead of doing productive work) B. **to take** (by mistake) П что кому (в театре ему подменили шляпу smb. took his hat by mistake in the theater)

ПОДМЕТАТЬ (несов.) **ПОДМЕСТИ** (сов.) **to sweep** 1. see **МЕСТИ** 2. П что куда (П листья в кучу to sweep leaves into a pile)

ПОДМЕЧИВАТЬ (несов.) **ПОДМЕТИТЬ** (сов.) **to notice** П, что с придат. (она подметила, что он угнетён she noticed that he was depressed)

ПОДМЕШИВАТЬ (несов.) **ПОДМЕШАТЬ** (сов.) **to add, mix in** (some) П что/чего к чему (П воду/воды к молоку to add some water to milk)

ПОДМИГИВАТЬ (несов.) **ПОДМИГНУТЬ** (сов.) **to wink** П кому (П товарищу to wink at a friend)

ПОДНАТОРЕТЬ (сов.) see **НАТОРЕТЬ**

ПОДНИМАТЬ (несов.) **ПОДНЯТЬ** (сов.) A. **to lift, pick up, raise** 1. П кого/что откуда (П чемодан с пола to lift a suitcase off the floor) 2. П кого/что куда (П что на полку to lift smt. onto a shelf; она подняла ребёнка на руки she picked the child up in her arms) 3. П кого/что чем (П груз лебёдкой to raise cargo with a winch; П что рукой to lift smt. with one's hand) 4. *misc.* П знамя на флагштоке to raise a flag; П что на 10 метров to raise smt. by 10 meters; П свои вещи на лифте to take one's things up in an elevator AE/a lift BE B. **to increase, raise** 1. П что на что (П цены на 20 процентов to increase prices by 20 percent) 2. П что с чего до чего (П цену с 15 до 20 долларов to raise a price from 15 to 20 dollars) C. **to rouse, stir** 1. П кого/что куда *and* против кого/чего (П народ против угнетателей to rouse a people against their oppressors; П бойцов в атаку to lead soldiers into an attack) 2. П кого откуда (П кого с постели to rouse smb. from bed) 3. *misc.* полк был поднят по тревоге the regiment was put on alert D. *misc.* П что на воздух to blow smt. up; *П кого на смех to hold smb. up to ridicule; *П кого на щит to praise smb. to the skies; *П руку на кого to assault smb. *or* to attack smb. verbally

ПОДНИМАТЬСЯ (несов.) **ПОДНЯТЬСЯ** (сов.) A. **to ascend, climb** П куда (П на крышу to climb up onto a roof; П на вершину to ascend/climb a peak; П на трибуну to mount a rostrum) B. **to get up; to rise** 1. П куда (П к потолку to rise to the ceiling; П на поверхность to rise to the surface; П в воздух to rise into the air) 2. П откуда (П со стула to get up from/rise from a chair; П с постели to get out of/get up out of bed; П со дна to rise from the bottom; П с земли to rise from the ground; пар поднялся от воды steam rose from the water; самолёт поднялся с военно-воздушной базы the plane took off from a military base) 3. П над чем (П над горизонтом to rise above the horizon; П над сплетнями to rise above gossip) 4. П подо что (П под облака to rise to the clouds) 5. *misc.* П в цене to go up in price; П на ноги to get to one's feet; П во весь рост to rise to one's full height; конь поднялся на задние ноги the horse reared C. **to go up** 1. П на чём (П на самолёте to go up in a plane; П на лифте to go up in an elevator AE/a lift BE) 2. П по чему (П по лестнице to go upstairs) 3. П до чего (температура поднялась до тридцати градусов the temperature went up to 30 degrees) 4. *misc.* П по служебной лестнице to advance on one's job D. **to rise up** 1. П на кого/что *and* против кого/чего *and* во что (П на захватчиков to rise up against invaders; П на борьбу против угнетателей to rise up against oppressors; П против шайки заговорщиков to rise up against a group of plotters; П в атаку to launch an attack) 2. П за что (П за защиту своих прав to rise up in defense of one's rights)

ПОДНОСИТЬ (несов.) **ПОДНЕСТИ** (сов.) A. **to bring** П кого/что куда *and* к кому/чему (П ребёнка к матери to bring a child to its mother; П книгу к глазам to hold a book up to one's eyes; П ложку ко рту to bring a spoon up to one's mouth; П вещи на вокзал to bring one's things to a station) B. **to offer, present** П что/чего кому (П цветы актрисе to present flowers to an actress; поднести вина гостю to offer some wine to a guest; П подарок жене to present a gift to one's wife)

ПОДОБАТЬ (несов.) **to be appropriate/befitting** 1. П кому (ей не подобает такое поведение she should not behave that way) 2. П (кому) + неопр. ф. (ему не подобает заниматься такими делами he should not be involved in such things)

ПОДОБРАТЬ see **ПОДБИРАТЬ**
ПОДОБРАТЬСЯ see **ПОДБИРАТЬСЯ**
ПОДОГНАТЬ see **ПОДГОНЯТЬ**

ПОДОГРЕВАТЬ (несов.) **ПОДОГРЕТЬ** (сов.) **to heat up** 1. П что/чего (П воду/воды to heat up water) 2. П что в чём (П обед в духовке to heat up dinner in an oven) 3. П что на чём (П мясо на огне to heat up meat over a fire)

ПОДОДВИГАТЬ (несов.) **ПОДОДВИНУТЬ** (сов.) **to move** 1. П что кому/чему (П стул гостю to move a chair over to a guest) 2. П что к чему (П стул к столу to move a chair over to a table)

ПОДОЖДАТЬ (сов.) A. **to wait** 1. see **ЖДАТЬ** 2. П, пока/пока не с придат. (*Note*: The variant *пока не* is preferred, especially when future time is referred to (она подождала пока не/пока ушёл поезд she waited until the train left; мы подождём, пока они не отобедают we will wait until they finish their lunch) B. **to delay, be slow** 1. П с чем (П с решением to take one's time in deciding) 2. П + неопр. ф. (П уезжать to delay one's departure)

ПОДОЗРЕВАТЬ (несов.) A. **to suspect** 1. П кого в чём (П кого в преступлении to suspect smb. of a crime) 2. П где/как/что с придат. (я подозреваю, что она и не собирается уезжать I suspect that she has no intention of leaving) B. **to be suspicious** П о чём (П о чьих намерениях to be suspicious of smb.'s intentions)

ПОДОЙТИ see **ПОДХОДИТЬ**

ПОДОЛЬЩАТЬСЯ (несов.) **ПОДОЛЬСТИТЬСЯ** (сов.) (colloq.) **to ingratiate oneself** П к кому (П к начальству to ingratiate oneself with one's superiors)

ПОДОРВАТЬ see **ПОДРЫВАТЬ**
ПОДОРВАТЬСЯ see **ПОДРЫВАТЬСЯ**
ПОДОРОЖАТЬ see **ДОРОЖАТЬ**
ПОДОСЛАТЬ see **ПОДСЫЛАТЬ**
ПОДОСТЛАТЬ see **ПОДСТИЛАТЬ**

ПОДПАДАТЬ (несов.) **ПОДПАСТЬ** (сов.) **to fall** (under) П подо что (П под чьё влияние to fall under smb.'s influence)

ПОДПЕВАТЬ (несов.) **to join in** (with), **sing along** (with), **sing in harmony** (with) П кому/чему (П певцу to sing in harmony with a vocalist; П песне to join in the singing)

ПОДПИРАТЬ (несов.) **ПОДПЕРЕТЬ** (сов.) **to prop up** П что чем (П забор кольями to prop up a fence with stakes)

ПОДПИСЫВАТЬ (несов.) **ПОДПИСАТЬ** (сов.) A. **to get/take out a subscription for** П кого на что (они подписали меня на этот журнал they got me a subscription to this journal) B. **to sign** П что чем (она подписала письмо именем дочери she signed the letter with her daughter's name)

ПОДПИСЫВАТЬСЯ (несов.) **ПОДПИСАТЬСЯ** (сов.) A. **to sign, sign one's name** 1. П под чем (П под воззванием to sign an appeal) 2. П чем (П полным именем to sign one's full name) B. **to subscribe to** П на что (П на журнал to subscribe to a journal) C. *misc.* сегодняшний номер газеты подписывается к печати today's edition of the newspaper is going to press; *подписываться под чем обеими руками to support smt. wholeheartedly

ПОДПЛЫВАТЬ (несов.) **ПОДПЛЫТЬ** (сов.) **to swim** 1. П куда (П под мост to swim under a bridge) 2. П к кому/чему (П к берегу to swim to shore; П к утопающему to swim up to a drowning person)

ПОДПОЛЗАТЬ (несов.) **ПОДПОЛЗТИ** (сов.) **to crawl, creep** П куда (П к забору to crawl to a fence; П под проволочное заграждение to crawl under barbed wire)

ПОДПОЯСЫВАТЬ (несов.) **ПОДПОЯСАТЬ** (сов.) **to put a belt** (around, on) П кого/что чем (П кого ремнём to put a belt on smb.)

ПОДПРАВЛЯТЬ (несов.) **ПОДПРАВИТЬ** (сов.) **to touch up** П что чем (П рисунок карандашом to touch up a drawing with a pencil)

ПОДПУСКАТЬ (несов.) **ПОДПУСТИТЬ** (сов.) A. **to allow to approach** П кого/что куда (П зверя к себе to allow an animal to get close; П танк на расстояние выстрела to allow a tank to get within range) B. (colloq.) **to add, mix** (some) П что/чего во что (П белила/белил в краску to mix in some white paint)

ПОДРАБАТЫВАТЬ (несов.) **ПОДРАБОТАТЬ** (сов.) **to earn** 1. П что/чего (она подработала денег she earned some money) 2. *misc.* подрабатывать на жизнь to earn a living; она подрабатывала шитьём she earned some money by taking in sewing

ПОДРАВНИВАТЬ (несов.) **ПОДРОВНЯТЬ** (сов.) A. **to level** П что чем (П дорогу бульдозером to level a road with a bulldozer) B. **to trim** П что (кому) чем (П кому волосы ножницами to trim smb.'s hair with scissors)

ПОДРАЖАТЬ (несов.) **to imitate** П (в чём) кому/чему (П учителю to imitate one's teacher; П чьему голосу to imitate smb.'s voice; он подражает другу во всём he imitates his friend in everything)

ПОДРАЗДЕЛЯТЬ (несов.) **ПОДРАЗДЕЛИТЬ** (сов.) **to break up, divide** П кого/что на что (П учеников на группы to break up/divide pupils into groups; П главу на параграфы to break up/divide a chapter into numbered paragraphs)

ПОДРАТЬСЯ see **ДРАТЬСЯ**

ПОДРЕЗАТЬ, ПОДРЕЗЫВАТЬ (несов.) **ПОДРЕЗАТЬ** (сов.) **to trim** 1. П что (кому) чем (П волосы кому ножницами to trim smb.'s hair with scissors) 2. *misc.* *подрезать крылья кому to clip smb.'s wings

ПОДРОВНЯТЬ see **ПОДРАВНИВАТЬ**

ПОДРУБАТЬ (несов.) **ПОДРУБИТЬ** (сов.) **to chop** 1. П что чем (П дерево топором to chop down a tree with an axe) 2. П что/чего (подрубить дров для печки to chop some wood for the stove)

ПОДРУЖИТЬСЯ (сов.) **to become friendly** П с кем (мы с ними очень подружились we became great friends)

ПОДРУЛИВАТЬ (несов.) **ПОДРУЛИТЬ** (сов.) **to drive** (up to), **taxi** (up to) 1. П что к чему (П самолёт к ангару to taxi a plane up to a hangar) 2. П к чему (П к грузовику to drive up to a lorry BE/truck AE; П к ангару to taxi up to a hangar)

ПОДРЫВАТЬ (несов.) **ПОДОРВАТЬ** (сов.) A. **to blow up** П что чем (П мост динамитом to blow up a bridge with dynamite) B. **to undermine** П что чем (П авторитет критикой to undermine smb.'s authority with criticism)

ПОДРЫВАТЬСЯ (несов.) **ПОДОРВАТЬСЯ** (сов.) **to blow up, hit** П на чём (корабль подорвался на мине the ship hit a mine)

ПОДРЯЖАТЬСЯ (несов.) **ПОДРЯДИТЬСЯ** (colloq., obsol.) **to contract, hire oneself out** 1. П кем (П каменщиком to hire oneself out as a stone mason) 2. П + неопр. ф. (П возить дрова to hire oneself out to haul firewood; П выступать с лекциями to contract to give lectures)

ПОДСАЖИВАТЬ (несов.) **ПОДСАДИТЬ** (сов.) A. **to help take a seat** П кого куда (П старика в автобус to help an old man get on a bus; П ребёнка на лошадь to help a child mount a horse) B. **to seat** (next to) П кого к кому (меня подсадили к незнакомому человеку they seated me next to a stranger) C. **to plant** (more of) П что/чего (П цветы/

цветов to plant more flowers) D. *misc.* подсадили к нему в камеру доносчика they planted an informer in his cell

ПОДСАЖИВАТЬСЯ (несов.) **ПОДСЕСТЬ** (сов.) **to sit down** (near, next to, with) П к кому/чему (П к товарищами to sit down with one's friends; П к огню to sit down next to the fire)

ПОДСЕЛЯТЬ (несов.) **ПОДСЕЛИТЬ** (сов.) **to move in** П кого куда/к кому (подселили ещё двух человек в квартиру they moved two more people into the apartment AE/flat BE; к одной супружеской паре подселили фронтовика they moved in a veteran on a married couple)

ПОДСКАЗЫВАТЬ (несов.) **ПОДСКАЗАТЬ** (сов.) A. **to prompt** П что кому (П ответ ученику to prompt a pupil *or* to whisper an answer to a pupil) B. **to suggest** П что кому (П правильное решение кому to suggest a correct solution to smb.)

ПОДСКАКИВАТЬ (несов.) **ПОДСКОЧИТЬ** (сов.) A. **to run, rush** 1. П к кому/чему (П к телефону to rush to the telephone) B. **to jump** 1. П на что (цены подскочили на 10 процентов prices jumped 10/by 10 percent) 2. *misc.* П от радости to jump with joy

ПОДСЛАЩИВАТЬ (несов.) **ПОДСЛАСТИТЬ** (сов.) **to sweeten** *misc.* *П кому горькую пилюлю to sweeten a bitter pill for smb.

ПОДСМАТРИВАТЬ (несов.) **ПОДСМОТРЕТЬ** (сов.) A. **to peep, watch** 1. П во что (П в замочную скважину to peep through a peephole) 2. П откуда (П из-под одеяла to peep out from under a blanket) B. **to spy** (on) П за кем/чем (П за другом to spy on a friend)

ПОДСМЕИВАТЬСЯ (несов.) **to laugh at, make fun of** П над кем/чем (П над своей оплошностью to laugh at one's own mistake)

ПОДСМОТРЕТЬ see **ПОДСМАТРИВАТЬ**

ПОДСОВЫВАТЬ (несов.) **ПОДСУНУТЬ** (сов.) A. **to put** (under), **shove** (under) П что кому/подо что (П подушку больному to put a pillow under a patient; П вещи под скамейку to shove things under a bench) B. (colloq.) **to palm off** П что кому (П плохой товар покупателю to palm off inferior merchandise on a customer)

ПОДСТАВЛЯТЬ (несов.) **ПОДСТАВИТЬ** (сов.) A. **to place** (under), **put** (under) П что подо что (П голову под кран to put one's head under a tap) B. **to place** (next to); **to make available** (to) П что кому (П пепельницу курящему to place an ashtray next to a smoker; П стул гостю to give a chair to a guest) C. **to turn** (towards) П что чему (П лицо солнцу to turn one's face towards the sun) D. **to lean, place** П что к чему (П лестницу к стене to lean a ladder against a wall) E. **to substitute** П что взамен чего/вместо чего (П одно число взамен другого to substitute one number for another) F. **to expose** 1. П что кому/чему (П фланг противнику to expose one's flank to the enemy) 2. П кого/что подо что (П пешку под удар to expose a pawn — in chess) G. *misc.* *П ножку кому to trip smb.

ПОДСТЁГИВАТЬ (несов.) **ПОДСТЕГ-НУТЬ** (сов.) (colloq.) **to goad, push, urge** П кого/что на что (П правительство на агрессию to push a government into committing aggression)

ПОДСТИЛАТЬ (несов.) **ПОДОСТЛАТЬ** (сов.) **to put** (under), **spread** (under) П что кому *and* под кого/что (П простыню больному to spread a sheet under a patient; П брезент под машину to spread a tarpaulin under a car)

ПОДСТРАИВАТЬ (несов.) **ПОДСТРОИТЬ** (сов.) A. **to add** (by building), **build** (onto) П что к чему (П флигель к дому to add a wing onto a house) B. *misc.* П кому подлость to play a dirty trick on smb.

ПОДСТРАИВАТЬСЯ (несов.) **ПОДСТРО-ИТЬСЯ** (сов.) A. **to build next to** П к чему (П к дому соседа to build next to a neighbor's house) B. **to adapt, adjust** П подо что (П под преобразования, происшедшие в мире to adapt to the changes that have taken place in the world)

ПОДСТРЕКАТЬ (несов.) **ПОДСТРЕК-НУТЬ** (сов.) **to goad** (into), **induce** 1. П кого к чему/на что (П кого на покупку to induce smb. to buy smt.; П кого к ссоре to goad smb. into a quarrel) 2. П кого + неопр. ф. (П кого сопротивляться to goad smb. into fighting back)

ПОДСТРИГАТЬ (несов.) **ПОДСТРИЧЬ** (сов.) **to trim, cut** 1. П кого/что чем (П волосы ножницами to trim smb.'s hair with scissors; П мальчика ножницами to cut a boy's hair) 2. *misc.* П кому волосы to cut smb.'s hair

ПОДСТРОИТЬ see **ПОДСТРАИВАТЬ**

ПОДСТРОИТЬСЯ see **ПОДСТРАИВАТЬ-СЯ**

ПОДСТУПАТЬ (несов.) **ПОДСТУПИТЬ** (сов.) **to approach, come near** 1. П к кому/чему (П к раненому зверю to approach a wounded animal; лес подступил к реке the forest came right down to the river) 2. *misc.* слёзы подступили к её глазам tears came to her eyes; сегодня к нему и подступить нельзя don't even try to talk to him today

ПОДСУЖИВАТЬ (несов.) **ПОДСУДИТЬ** (сов.) (colloq.; usu. in sports) **to favor** П (в чём) кому (судья подсуживает хозяевам поля the referee is favoring the home team)

ПОДСУНУТЬ see **ПОДСОВЫВАТЬ**

ПОДСЧИТЫВАТЬ (несов.) **ПОДСЧИ-ТАТЬ** (сов.) **to calculate, figure out** П, сколько/что с придат. (она подсчитала, сколько потерь мы поднесли she calculated what our losses were; мы подсчитали, что на все расходы нам надо 40 тысяч рублей в месяц we calculated/figured out that we would need 40 thousand roubles a month to cover all expenses)

ПОДСЫЛАТЬ (несов.) **ПОДОСЛАТЬ** (сов.) A. **to send** (secretly) П кого/что куда (П шпиона в отряд to send a spy to penetrate a unit) B. (colloq.) **to send** (for) П что за кем (П машину за кем to send a car for smb.)

ПОДСЫПАТЬ (несов.) **ПОДСЫПАТЬ** (сов.) **to pour** П что/чего куда (П соль/соли в суп to pour salt into soup)

ПОДТАЛКИВАТЬ (несов.) **ПОДТОЛ-КНУТЬ** (сов.) A. **to push; to nudge** П кого чем (П кого локтем to nudge smb. with an elbow) 2. П кого/что куда (П коляску к выходу to push a carriage AE/pram/BE towards an exit) B. (colloq.) **to egg, goad, urge** 1. П кого к чему/на что (П кого к бегству to goad smb. into running away; П мальчика на шалость to goad a boy into playing a prank) 2. П кого + неопр. ф. (её подтолкнули купить новую машину they egged her into buying a new car)

ПОДТАСКИВАТЬ (несов.) **ПОДТАЩИТЬ** (сов.) **to drag** П что к кому/чему (П стул к двери to drag a chair over to a door)

ПОДТВЕРЖДАТЬ (несов.) **ПОДТВЕР-ДИТЬ** (сов.) **to back up, confirm, corroborate** 1. П что чем (П фактами правильность выводов to back up one's conclusions by citing facts) 2. П (кому), что с придат. (президент подтвердил, что состоится конференция в верхах the president confirmed that a summit conference would take place)

ПОДТОЛКНУТЬ see **ПОДТАЛКИВАТЬ**

ПОДТЯГИВАТЬ (несов.) **ПОДТЯНУТЬ** (сов.) A. **to tighten** П что чем (П болт ключом to tighten a bolt with a spanner BE/wrench AE) B. **to haul up, pull up** П что куда (П лодку к берегу to pull a boat up to the shore) C. (often mil.) **to bring** (closer), **move** (closer) П кого/что куда (П резервы к фронту/на фронт to move reserves up to the front; П полк поближе к противнику to move a regiment a little closer to the enemy) D. **to join in** (with), **sing along** (with) П кому (П тенору to join in with the tenor)

ПОДТЯГИВАТЬСЯ (несов.) **ПОДТЯ- НУТЬСЯ** (сов.) see **ПОДТЯГИВАТЬ**; бригада подтянудась ближе к фронту the brigade moved closer to the front

ПОДУМАТЬ see **ДУМАТЬ**

ПОДУМЫВАТЬ (несов.) **to consider, think of** 1. П о чём (они подумывают о поездке во Флориду they are considering a trip to Florida) 2. П о том, чтобы + неопр. ф. (я подумываю о том, чтобы рассказать ей об этом I am thinking of telling her about it)

ПОДУТЬ see **ДУТЬ**

ПОДХВАТЫВАТЬ (несов.) **ПОДХВАТИТЬ** (сов.) (impers.) **to carry off** П кого/что чем (пловца подхватило течением a swimmer was carried off by the current)

ПОДХЛЁСТЫВАТЬ (несов.) **ПОДХЛЕС- НУТЬ** (сов.) **to whip** П кого/что чем (П лошадь кнутом to whip a horse)

ПОДХОДИТЬ I (несов.) **ПОДОЙТИ** (сов.) A. **to approach, come near** 1. П к кому/чему (лодка подошла к берегу the boat approached the shore; П к другу с просьбой to approach a friend with a request; П к концу to come to an end) 2. *misc.* критически П к чему to take a critical approach to smt. B. **to come up to, go up to** 1. П к чему (лес подошёл к домам the forest came right up to the houses) 2. *misc.* вплотную П к чему to come right up to smt. C. **to suit, be suitable** 1. П к кому/чему (обивка подошла к мебели the upholstery suited the furniture; они прекрасно подойдут друг к другу they will get along fine) 2. П кому (условия ей подошли she found the conditions suitable; этот пиджак мне подойдёт this jacket will be suitable for me) 3. П на что (П на должность to be suitable for a job) 4. П для кого/чего (это предложение подходит для наших государтсв this proposal suits our governments) 5.

misc. П по темпераменту to be compatible by/in temperament

ПОДХОДИТЬ II (сов.) **to come up to** (and go away; used in the past tense) П к кому/чему (кто это подходил к ней сейчас? who was that who just walked up to her?)

ПОДЦЕПЛЯТЬ (несов.) **ПОДЦЕПИТЬ** (сов.) A. **to catch** П кого/что чем (П рыбу сачком to catch a fish in a net) B. **to hook on, couple** П что к чему (П вагон к поезду to couple a car AE/carriage BE to a train)

ПОДЧЁРКИВАТЬ (несов.) **ПОДЧЕР- КНУТЬ** (сов.) A. **to underline** П что чем (П слово карандашом to underline a word with a pencil) B. **to emphasize** П, что с придат. (она подчеркнула, что мы должны присутствовать she emphasized that we had to be present)

ПОДЧИНЯТЬ (несов.) **ПОДЧИНИТЬ** (сов.) **to subordinate, subject** П кого/что кому/чему (П все действия главной задаче to subordinate all activities to the main mission)

ПОДЧИНЯТЬСЯ (несов.) **ПОДЧИНИТЬ- СЯ** (сов.) **to be subordinate** (to), **submit** (to); **to obey** П кому/чему (П победителю to submit to a conqueror; П приказу to obey an order; П воле большинства to submit to the will of the majority)

ПОДШИВАТЬ (несов.) **ПОДШИТЬ** (сов.) A. **to sew** П что к чему (П подкладку к пальто to sew a lining into a coat) B. **to line** П что чем (П валенки кожей to line boots with leather) C. **to attach** (to a file) П что куда (П протокол к делу to file a report)

ПОДШУЧИВАТЬ (несов.) **ПОДШУТИТЬ** (сов.) **to make fun of, poke fun at** П над кем/ чем (П над товарищем to poke fun at a friend)

ПОДЪЕЗЖАТЬ (несов.) **ПОДЪЕХАТЬ** (сов.) **to drive** (up), **approach** 1. П к кому/ чему (П к театру to drive up to a theater) 2. П откуда (П из восточного сектора города to approach from the eastern half of the city) 3. П на чём (П на машине to drive up in a car)

ПОДЫГРИВАТЬ (несов.) **ПОДЫГРАТЬ** (сов.) A. **to accompany** П кому (П певцу на гитаре to accompany a vocalist on a guitar) B. **to help, support** (in sports, on the stage) П кому (П партнёру to help one's partner)

ПОДЫГРИВАТЬСЯ (несов.) **ПОДЫГ- РАТЬСЯ** (сов.) **to flatter, play up to** П к кому (П к начальству to play up to one's superiors)

ПОДЫСКИВАТЬ (несов.) **ПОДЫСКАТЬ** (сов.) **to look for; to find** П кому кого/что (она подыскала мне помощника she found smb. to help me; П кому работу to find work for smb.)

ПОЕСТЬ (сов.) A. see **ЕСТЬ** I B. **to eat** (some) П чего (П хлеба to eat some bread)

ПОЕХАТЬ see **ЕХАТЬ**

ПОЖАЛЕТЬ see **ЖАЛЕТЬ**

ПОЖАЛОВАТЬ see **ЖАЛОВАТЬ**

ПОЖАЛОВАТЬСЯ see **ЖАЛОВАТЬСЯ**

ПОЖАТЬ (сов.) see **ЖАТЬ** I, **ПОЖИМАТЬ**

ПОЖЕЛАТЬ see **ЖЕЛАТЬ**

ПОЖЕРТВОВАТЬ see **ЖЕРТВОВАТЬ**

ПОЖИВИТЬСЯ (сов.) (colloq.) **to profit** (from), **make use of** 1. П чем (П чужим добром to make use of smb. else's property) 2. *misc.* П за счёт другого to profit at smb.'s expense

ПОЖИМАТЬ (несов.) **ПОЖАТЬ** (сов.) *misc.* П кому руку to shake smb.'s hand; *П плечами to shrug one's shoulders

ПОЗАБАВИТЬ (сов.) see **ЗАБАВЛЯТЬ**

ПОЗАБОТИТЬСЯ (сов.) see **ЗАБОТИТЬСЯ**

ПОЗАВИДОВАТЬ (сов.) see **ЗАВИДОВАТЬ**

ПОЗАВТРАКАТЬ see **ЗАВТРАКАТЬ**

ПОЗАИМСТВОВАТЬ see **ЗАИМСТВОВАТЬ**

ПОЗВАТЬ see **ЗВАТЬ**

ПОЗВОЛЯТЬ (несов.) **ПОЗВОЛИТЬ** (сов.) A. **to allow, permit** 1. П кому что (П ребёнку прогулку to allow a child to take a walk) 2. П (кому) + неопр. ф. (П кому закурить to permit smb. to smoke) 3. не П, чтобы с придат. (я не позволю, чтобы дети шумели I will not permit the children to make noise) 4. *misc.* слишком много себе позволить to take unwarranted liberties B. **to (be able to) afford** 1. П себе что (П себе поездку на юг to be able to afford a trip south; не могу себе этого позволить I cannot afford this) 2. П себе + неопр. ф. (мы не можем позволить себе поехать на юг we cannot afford to make a trip south)

ПОЗВОНИТЬ see **ЗВОНИТЬ**

ПОЗДОРОВАТЬСЯ see **ЗДОРОВАТЬСЯ**

ПОЗДРАВЛЯТЬ (несов.) **ПОЗДРАВИТЬ** (сов.) A. **to congratulate** П кого с чем (поздравляю тебя с победой на конкурсе! congratulations on winning the contest!) B. **to wish well** 1. П кого с чем (П кого с днём рождения to wish smb. a happy birthday; П кого с Новым годом to wish smb. a Happy

New Year) 2. *misc.* П кого телеграммой to wire smb. best wishes

ПОЗИРОВАТЬ (несов.) **to pose** 1. П кому (П фотографу to pose for a photographer) 2. *misc.* П перед зеркалом to stand in front of a mirror

ПОЗНАКОМИТЬ see **ЗНАКОМИТЬ**

ПОЗНАКОМИТЬСЯ see **ЗНАКОМИТЬСЯ**

ПОЗОРИТЬ (несов.) **ОПОЗОРИТЬ** (сов.) **to bring shame on** П кого/что чем (П себя своими поступками to bring shame on oneself through one's actions)

ПОИНТЕРЕСОВАТЬСЯ (сов.) see **ИНТЕРЕСОВАТЬСЯ**

ПОИСКАТЬ (сов.) see **ИСКАТЬ**

ПОИТЬ (несов.) **НАПОИТЬ** (сов.) **to give to drink** П кого чем (П гостя чаем to serve tea to a guest)

ПОЙМАТЬ see **ЛОВИТЬ**

ПОЙТЙ see **ИДТИ**

ПОКАЗАТЬСЯ A. see **КАЗАТЬСЯ** B. see **ПОКАЗЫВАТЬСЯ**

ПОКАЗЫВАТЬ (несов.) **ПОКАЗАТЬ** (сов.) A. **to show** П кого/что кому (П картинки ребёнку to show pictures to a child; П фокус друзьям to show a trick to one's friends; П кинофильм студентам to show a film to students; П передачу по телевидению to televise a program) B. **to point out, point to** П (чем) (кому) на кого/что (П рукой на картину to point to a picture; П на звезду to point to a star; П туристу на здание to point out a building to a tourist) C. **to demonstrate, indicate, show** 1. П (кому), где/как/куда + неопр. ф. (продавщица показала мне, как пользоваться телевизором a saleswoman showed me how to use the television set; покажи, куда поставить компьютер show me where to put the computer) 2. П, где/как/что с придат. (война показала, что наше дело правое the war demonstrated that our cause was just) 3. П (чем), чтобы с придат. (она знаком показала, чтобы мы последовали за ней she motioned us to follow her) 4. *misc.* П на практике to demonstrate; П пальцем на кого to point smb. out; *П себя с лучшей стороны to put one's best foot forward D. **to prove to be** П себя кем (она показала себя хорошим врачом she proved to be a good doctor) E. *misc.* мы показали ребёнка врачу we took the child to a doctor; П кому пример to set an example for smb.; *показать кому на дверь to show smb. the door; *П товар лицом to put one's best foot forward; *П кому пятки to take to one's heels; *П кому спину to snub smb.; *показывать пальцем на кого to condemn smb. publicly

ПОКАЗЫВАТЬСЯ (несов.) **ПОКАЗАТЬСЯ** (сов.) A. **to appear, come into sight** П откуда (П из-за занавески to appear from behind a curtain; П из темноты to appear from out of the darkness) B. **to see, visit** П кому (П врачу to see a doctor)

ПОКАРАТЬ see **КАРАТЬ**

ПОКАТИТЬ (сов.) see **КАТИТЬ**; *misc.* *хоть шаром покати there isn't anything at all

ПОКАТИТЬСЯ see **КАТИТЬСЯ**

ПОКАЧИВАТЬ (несов.) **ПОКАЧАТЬ** (сов.) **to shake** П чем (П головой to shake one's head)

ПОКАЯТЬСЯ see **КАЯТЬСЯ**

ПОКЛОНИТЬСЯ see **КЛАНЯТЬСЯ**

ПОКЛОНЯТЬСЯ (несов.) **to respect; to worship** 1. П кому/чему (П божеству to worship a deity) 2. *misc.* П слепо to worship blindly

ПОКЛЯСТЬСЯ see **КЛЯСТЬСЯ**

ПОКОИТЬСЯ (несов.) **to rest (on), stand (on)** П на чём (П на пьедестале to stand on a pedestal; — also fig.; это сооружение покоится на каменном фундаменте this structure rests on a stone foundation)

ПОКОЛЕБАТЬСЯ see **КОЛЕБАТЬСЯ**

ПОКОЛОТИТЬ (сов.) see **КОЛОТИТЬ**

ПОКОНЧИТЬ (сов.) **to finish, put an end to** 1. П с чем (П с работой to finish one's work; П с нищетой to put an end to poverty) 2. *misc.* П с собой *or* П жизнь самоубийством to commit suicide

ПОКОРИТЬ see **ПОКОРЯТЬ**

ПОКОРИТЬСЯ see **ПОКОРЯТЬСЯ**

ПОКОРМИТЬ see **КОРМИТЬ**

ПОКОРОБИТЬ see **КОРОБИТЬ**

ПОКОРСТВОВАТЬ (несов.) (obsol.) **to accept, be subservient to** П кому/чему (П своей судьбе to accept one's fate)

ПОКОРЯТЬ (несов.) **ПОКОРИТЬ** (сов.) **to win over** П кого/что чем (П зрителей талантом to win over an audience with one's talent)

ПОКОРЯТЬСЯ (несов.) **ПОКОРИТЬСЯ** (сов.) **to submit to** П кому/чему (П силе to submit to force; П своей участи to resign oneself to one's fate)

ПОКОСИТЬ see **КОСИТЬ**

ПОКОСИТЬСЯ see **КОСИТЬСЯ**

ПОКРАСИТЬ see **КРАСИТЬ**

ПОКРАСНЕТЬ see **КРАСНЕТЬ**

ПОКРОВИТЕЛЬСТВОВАТЬ (несов.) **to sponsor, serve as a patron** (of) П кому/чему (П искусству to serve as a patron of the arts)

ПОКРОШИТЬ see **КРОШИТЬ** A

ПОКРУТИТЬ see **КРУТИТЬ** A

ПОКРЫВАТЬ (несов.) **ПОКРЫТЬ** (сов.) A. **to cover** П кого/что чем (П ребёнка одеялом to cover a child with a blanket; П стол скатертью to put a tablecloth on a table; П себя славой to cover oneself in glory) B. **to drown out** П что чем (П речь аплодисментами to drown out a speech with applause)

ПОКУПАТЬ (несов.) **КУПИТЬ** (сов.) **to buy, purchase** 1. П что/чего (П хлеб/хлеба to buy bread/some bread; П овощи/овощей to buy vegetables/some vegetables) 2. П что кому/для кого (П велосипед сыну/для сына to buy a bicycle for one's son) 3. П что у кого (П машину у знакомого to buy a car from an acquaintance) 4. П что/чего за сколько/на сколько чего (он купил костюм за 200 долларов he bought a suit for 200 dollars; мы купили продуктов на 80 долларов we bought 80 dollars worth of food) 5. *misc.* П в кредит to buy on credit; П в рассрочку to buy on the installment plan; П оптом to buy wholesale; П в розницу to buy retail; П что на валюту to buy smt. for hard currency; *П за бесценок to buy for a song; *П кота в мешке П to buy a pig in a poke

ПОКУШАТЬСЯ (несов.) **ПОКУСИТЬСЯ** (сов.) A. **to make an attempt, try** 1. П на кого/что (П на чью жизнь to make an attempt on smb.'s life; П на самоубийство to attempt suicide) 2. П + неопр. ф. (П убить кого to try to kill smb. *or* to make an attempt on smb.'s life) B. **to encroach (on), invade** П на что (П на чьи права to encroach on smb.'s rights; П на соседнюю территорию to invade a neighbor's territory; П на чужое добро to encroach on smb. else's property)

ПОЛАГАТЬ (несов.) **to believe, consider** 1. П чем/каким + неопр. ф. (я полагаю своей обязанностью вам это сказать I consider it my duty to tell you this; полагаю целесообразным сделать это I believe that it is advisable to do this) 2. П, что с придат. (полагаем, что она права we believe that she is right)

ПОЛАГАТЬСЯ (несов.) **ПОЛОЖИТЬСЯ** (сов.) A. **to count on, rely on** П на кого/что (П на друзей to count on one's friends; П на чьё обещание to rely on smb.'s promise) B.

(only imperf.) (impers.) **to be appropriate** П + неопр. ф. (полагается спрашивать разрешения it is appropriate to ask for permission) С. *misc.* ему полагается жалованье на три месяца he has three months salary coming to him

ПОЛАДИТЬ (сов.) **to get along** 1. see **ЛАДИТЬ** 2. П между кем (П между собой to get along with each other)

ПОЛАКОМИТЬСЯ see **ЛАКОМИТЬСЯ**

ПОЛЕЗТЬ see **ЛЕЗТЬ**

ПОЛЕМИЗИРОВАТЬ (несов.) **to argue, disagree** 1. П с кем/чем (П с докладчиком to argue with a speaker; П с теорией to disagree with a theory) 2. П о чём (П о политике to argue about politics) 3. П по чему (П по вопросу о происхождении Земли to argue about the origin of the earth)

ПОЛЕТЕТЬ see **ЛЕТЕТЬ**

ПОЛЗАТЬ A. see **ПОЛЗТИ** B. *misc.* П перед начальством to play up to one's superiors; *П в ногах у кого to grovel at smb.'s feet; *мурашки ползают по спине/по телу I have goose pimples

ПОЛЗТИ (несов.) (*Note*: The perf. **ПОПОЛЗТИ** is used to denote the beginning of an action) A. **to crawl, creep** 1. П куда/откуда (П на другое место to crawl to a different spot; П в нору to crawl into a hole; П из угла в угол to crawl from corner to corner) 2. П по чему (П по земле to crawl along the ground) 3. П на чём (П на животе to crawl on one's stomach) 4. *misc.* П по-пластунски to crawl using one's elbows B. **to ooze; to trickle** 1. П откуда (тесто ползёт из горшка dough is oozing out of the pot) 2. П по чему (по её щекам ползли крупные капли пота large beads of perspiration trickled down her cheeks) C. *misc.* шапка ползёт на затылок my cap keeps sliding down onto the back of my neck

ПОЛИВАТЬ (несов.) **ПОЛИТЬ** (сов.) A. **to pour** 1. П что чем (П жаркое соусом to pour gravy on a roast) 2. П что из чего (П воду из ведра to pour water from a pail) 3. *misc.* П цветы водой to water flowers B. **to gush, flow; to spill** 1. П из чего (кровь полила из раны blood gushed from the wound) 2. П куда (вода полила на пол the water spilled on the ground) C. **to water** 1. П что из чего (П цветы из шланга to water flowers with a hose) 2. П что чем (П водой улицы to hose the streets down with water (see also **ЛИТЬ**)

ПОЛИРОВАТЬ (несов.) **НАПОЛИРО-**

ВАТЬ, ОТПОЛИРОВАТЬ (сов.) **to polish, smooth** 1. П что чем (П поверхность наждаком to smooth a surface with sand paper) 2. *misc.* наполировать шкатулок to polish some boxes

ПОЛИТЬСЯ (сов.) see **ЛИТЬСЯ**

ПОЛНИТЬСЯ (несов.) **to be filled** 1. (rare) П чем (газетные страницы полнились ложью the newspapers were full of lies) 2. *misc.* *слухом земля полнится the rumor is spreading like wildfire

ПОЛОЖИТЬ see **КЛАСТЬ**

ПОЛОЖИТЬСЯ see **ПОЛАГАТЬСЯ**

ПОЛОСКАТЬ (несов.) **ПРОПОЛОСКАТЬ** (сов.) A. **to gargle, rinse** П что чем (П горло водой to gargle one's throat with water) B. **to rinse** П что в чём (П бельё в холодной воде to rinse laundry in cold water)

ПОЛОТЬ (несов.) **ВЫПОЛОТЬ** (сов.) **to weed** П что откуда (П сорняк с поля to weed a field)

ПОЛУЧАТЬ (несов.) **ПОЛУЧИТЬ** (сов.) A. **to get, receive** 1. П что откуда/от кого/чего (мы получили капусту из колхоза we received cabbage from a kolkhoz; П письмо от кого to get/receive a letter from smb.; П удовольствие от чего to get/derive pleasure from smt.) 2. П что у кого (П поддержку у коллеги to get/receive support from a colleague) 3. П что за что (П премию за хорошую работу to receive a prize for excellent work) 4. *misc.* что в дар to receive smt. as a gift; (colloq.) отстань, а то в рожу получишь! beat it or you'll get a punch in the jaw! B. **to derive, make** П что из чего (П бензин из нефти to derive gasoline AE/petrol BE from oil) C. *misc.* он шумел и получил за это замечание he was noisy and was reprimanded for it; что у вас можно получить на завтрак? what do you serve here for breakfast?

ПОЛУЧАТЬСЯ (несов.) **ПОЛУЧИТЬСЯ** (сов.) A. **to become** П из кого/чего (из ребёнка получился хороший музыкант the child became a fine musician) B. **to come out, turn out** 1. П каким/какой (она получилась красивой на фотографии she looked beautiful on the photograph; пирог у меня получился очень вкусным/вкусный my pirog turned out very tasty) 2. П, что с придат. (получается, что будет только один кандидат it turns out that there will be only one candidate) 3. *misc.* что из этого получилось? what came of it?

ПОЛЬЗОВАТЬСЯ (несов.) **ВОСПОЛЬЗО-
ВАТЬСЯ** (сов.) A. **to avail oneself of, make
use of, use** 1. П чем (П библиотекой to make
use of a library; П словарём to use a dictionary; П городским транспортом to use
public transport BE/public transportation AE;
она воспользовалась случаем she availed
herself of/took advantage of the opportunity) 2.
П чем для чего (П мясорубкой для разма-
лывания мяса to use a meat grinder to grind
up meat) B. (only imperf.) **to enjoy, have** П
чем (он пользуется всеобщим доверием he
enjoys everyone's confidence; эта пьеса пользуется большим успехом this play is a big
hit; П здоровьем to enjoy good health; П
авторитетом to enjoy prestige)

ПОЛЬСТИТЬ see **ЛЬСТИТЬ**
ПОЛЬСТИТЬСЯ see **ЛЬСТИТЬСЯ**
ПОЛЮБИТЬ (сов.) see **ЛЮБИТЬ**
ПОЛЮБОВАТЬСЯ see **ЛЮБОВАТЬСЯ**
ПОМАЗАТЬ see **МАЗАТЬ** A
ПОМАНИТЬ see **МАНИТЬ** A
ПОМЕНЯТЬ see **МЕНЯТЬ**
ПОМЕНЯТЬСЯ see **МЕНЯТЬСЯ**
ПОМЕРИТЬСЯ see **МЕРИТЬСЯ**
ПОМЕРКНУТЬ see **МЕРКНУТЬ**
ПОМЕРТВЕТЬ see **МЕРТВЕТЬ**
ПОМЕРЯТЬСЯ (сов.) (colloq.) see **МЕ-
РИТЬСЯ**
ПОМЕСТИТЬ see **ПОМЕЩАТЬ**
ПОМЕЧАТЬ (несов.) **ПОМЕТИТЬ** (сов.) A.
to mark П что чем (П страницы каранда-
шом to mark pages with a pencil) B. **to date** 1.
П что чем (он пометил письмо первым
марта he dated the letter March first; он поме-
тил чек задним числом he antedated the
check AE/cheque BE)
ПОМЕШАТЬ I see **МЕШАТЬ** I
ПОМЕШАТЬ II see **МЕШАТЬ** II
ПОМЕШАТЬСЯ (сов.) (colloq.) **to go wild**
(over) П на чём (они помешались на бей-
сболе they went wild over baseball)
ПОМЕШИВАТЬ (несов.) **to stir** (from time to
time) П что чем (П суп лопаточкой to stir
soup with a ladle) (see also **МЕШАТЬ** II)
ПОМЕЩАТЬ (несов.) **ПОМЕСТИТЬ** (сов.)
A. **to accommodate, put up** П кого/что куда/
где (П приезжего в свободный номер/в
свободном номере to put up a guest in a
vacant room; П туристов в гостиницу/в
гостинице to put up tourists in a hotel) B. **to
place** П кого/что куда/где (П книги на
полку/на полке to place books on a shelf; П

хор в глубине сцены to place a chorus at the
rear of the stage) C. **to place, put; to deposit** П
кого/что куда (П ребёнка в детский сад to
put a child into a kindergarten; П деньги в
сберкассу to deposit money in a savings bank)
D. **to place, publish** П что где (П объявление в газете to place/publish an advertisement
in a newspaper; П статью в журнале to
publish an article in a journal)
ПОМЕЩАТЬСЯ (несов.) **to fit** П где (в
машине помещается только пять человек
only five people can fit into the car; в стадионе
помещается пятьдесят тысяч человек the
stadium holds fifty thousand spectators)
ПОМИНАТЬ (несов.) **ПОМЯНУТЬ** (сов.)
to mention, remember; to speak well of *misc.*
не тем будь помянут that's not what he
should be remembered for; П кого добром to
speak well of smb.; не поминай меня лихом
don't think ill of me; *а её поминай, как
звали she disappeared without a trace
ПОМИРИТЬ see **МИРИТЬ**
ПОМИРИТЬСЯ see **МИРИТЬСЯ**
ПОМНИТЬ (несов.) **to remember** 1. П кого/
что *and* о ком/чём (П друзей/о друзьях to
remember one's friends) 2. П кого/что кем/
чем/каким (П себя ребёнком to remember
oneself as a child; я помню его молодым I
remember him as a youngster; я его помню
спешащим в школу I remember him rushing
to school) 3. П кого/что как кого/что (мы
его помним как чемпиона страны we remember him as the national champion) 4. П,
где/как/что с придат. (я помню, где она
живёт I remember where she lives) 5. *misc.* П
себя с пяти лет to remember oneself as a five-
year old child; помнится мне, как она уехала
I remember how she left; *не П себя от гнева
to be furious; *не П себя от радости to be
delirious with joy (see also **ВСПОМИНАТЬ**)
ПОМНОЖИТЬ see **МОЖИТЬ**
ПОМОГАТЬ (несов.) **ПОМОЧЬ** (сов.) **to
assist, help** 1. П кому/чему (П ученику to
help a pupil; П делу to help a cause) 2. П кому
в чём (П ребёнку в работе to help a child
with its work) 3. П кому по чему (П кому по
хозяйству to help smb. with the housework) 4.
П (кому) чем (П деньгами и продуктами to
help with money and food *or* to contribute
money and food; П студенту советом to
advise a student) 5. П (кому) + неопр. ф. (П
старухе перейти улицу to assist an old woman to cross a street)

ПОМОЛИТЬСЯ see **МОЛИТЬСЯ**
ПОМОРИТЬ see **МОРИТЬ**
ПОМОРЩИТЬСЯ see **МОРЩИТЬСЯ**
ПОМОЧЬ see **ПОМОГАТЬ**
ПОМЧАТЬ (сов.) see **МЧАТЬ**
ПОМЧАТЬСЯ (сов.) see **МЧАТЬСЯ**
ПОМЫСЛИТЬ see **ПОМЫШЛЯТЬ**
ПОМЫТЬ see **МЫТЬ**
ПОМЫШЛЯТЬ (несов.) **ПОМЫСЛИТЬ**
(сов.) **to think** (of), **contemplate** П о ком/чём
(П о будущем to contemplate the future)
ПОМЯНУТЬ see **ПОМИНАТЬ**
ПОНАДЕЯТЬСЯ see **НАДЕЯТЬСЯ**
ПОНАДОБИТЬСЯ (сов.) **to be necessary** 1.
П кому/чему (ей понадобится помощь she
will need help) 2. П кому + неопр. ф. (мне
понадобилось съездить в Лондон I had to
go to London)
ПОНЕСТИ see **НЕСТИ**
ПОНЕСТИСЬ see **НЕСТИСЬ**
ПОНИЖАТЬ (несов.) **ПОНИЗИТЬ** (сов.) **to
lower, reduce** 1. П кого в чём (П кого в
звании to reduce smb. in rank) 2. П что на
что (П скорость на сорок километров в
час to reduce speed by forty kilometers an hour)
3. П что до чего (П скорость до сорока
километров в час to reduce speed to forty
kilometers an hour; П голоса до шёпота to
drop one's voice to a whisper)
ПОНИМАТЬ (несов.) **ПОНЯТЬ** (сов.) A. **to
understand** П, как/почему/что с придат. (не
понимаю, почему он ушёл I do not understand why he left) B. (only imperf.) **to knowledgeable about, understand** 1. П кого/что
and П в ком/чём (П музыку/в музыке to be
knowledgeable about music) 2. *misc.* П по-
английски to understand English
ПОНРАВИТЬСЯ see **НРАВИТЬСЯ**
ПОНЯТЬ see **ПОНИМАТЬ**
ПООБЕДАТЬ see **ОБЕДАТЬ**
ПООБЕЩАТЬ see **ОБЕЩАТЬ**
ПООБЕЩАТЬСЯ see **ОБЕЩАТЬСЯ**
ПООЩРЯТЬ (несов.) **ПООЩРИТЬ** (сов.) **to
encourage, motivate, prod** 1. П кого чем (П
работников премиями to motivate workers
by paying bonuses) 2. П кого в чём (П ребёнка в учёбе to encourage a child to study) 3. П
кого на что (П кого на новые преступления to prod smb. into committing more crimes)
4. П кого + неопр. ф. (П кого участвовать
to encourage smb. to participate)
ПОПАДАТЬ (несов.) **ПОПАСТЬ** (сов.) A. **to
get** (to) П куда (П в театр to get to the theater;

П в город to get to town; П к врачу to get to
see a doctor; П в столицу to get to the capital)
B. **to get** (into) 1. П во что (П в беду to get
into trouble; П в плохую компанию to get
into bad company; В в аварию to get into an
accident; П в армию to get into the army; П в
университет to get into college; рукопись
попала в руки известного учёного the
manuscript got into the hands of a well-known
scientist) 2. П откуда (П в армию из школы
to enter the army right out of school) C. **to get**
(smt. into a small opening) П чем во что (П
ключом в скважину to get a key into a keyhole; П ногой в стремя to get one's foot into
a stirrup; П ниткой в игольное ушко to
thread a needle) D. **to come; to get, fall** 1. П
подо что (П под чьё влияние to come/fall
under smb.'s influence; П под обстрел to
come under fire) 2. П во что (П в ловушку to
fall into a trap; П в засаду to run into an ambush; в реку попало 10 тонн нефти ten tons
of oil were dumped into the river) E. **to hit,
strike** (чем) в кого/что (П выстрелом в
цель to hit a target; П мячом в ворота to send
the ball between the goalposts; пуля попала в
бойца a bullet struck a soldier) F. **to catch** П
на что (П на поезд to catch a train) G. **to be
caught** 1. П во что (П в метель to be caught
in a snowstorm) 2. П подо что (П под дождь
to be caught in the rain; П под огонь to be
exposed to fire) 3. *misc.* *попасть как кур во
щи to get caught in a messy situation H. **to find,
come across** П на что (П на хорошую дорогу to come across a good road; П на работу to
find a job; П на след to come across a trail) I.
(colloq.) (impers.) **to be scolded, catch it** 1. П
кому от кого (ему попало от отца he caught
it from his father) 2. П кому за что (ей попало за опоздание she caught it for being late) J.
misc. П в плен к неприятелю to be taken
prisoner by the enemy; П в тюрьму to go to
prison; П под машину to get hit by a car; П
под суд *and* П на скамью подсудимых to be
brought to trial; где/куда попало any old
place/anywhere; как попало hit or miss; как
она попала в переводчики? how did she
become an interpreter/translator? он попал под
сокращение he was laid off because of a cut-
back in personnel; *П пальцем в небо to be
wide of the mark; *П впросак to put one's foot
into it *or* to be left holding the bag; *П в (самую) точку *or* *П не в бровь, а в глаз to hit
the nail on the head; *П на зубок кому to

draw smb.'s ire; *как попало any old way; *П в переплёт/переделку to get into trouble

ПОПАДАТЬСЯ (несов.) **ПОПАСТЬСЯ** (сов.) А. **to fall** (into) П куда (П в капкан to fall into a trap) В. **to be found by** 1. П кому (это письмо мне попалось случайно I came across/found this letter by chance) 2. *misc.* *П под руку to be found by chance С. **to be caught** П в чём/на чём (он попался в краже he was caught stealing; П на браконьерстве to be caught poaching) D. **to** (turn out to) **be** П какой (водитель такси попался словоохотливый our cab driver was very talkative) Е. *misc.* *П кому на глаза to attract smb.'s attention; *П на удочку to swallow the bait; *П в руки кому to fall into smb.'s clutches; *П на язык кому to become the object of smb.'s ire

ПОПЕНЯТЬ see **ПЕНЯТЬ**

ПОПЕРХНУТЬСЯ (сов.) **to choke** (on) П чем/от чего (П дымом/от дыма to choke on smoke)

ПОПЛАТИТЬСЯ see **ПЛАТИТЬСЯ**

ПОПЛЫТЬ see **ПЛЫТЬ**

ПОПОЛЗТИ see **ПОЛЗТИ**

ПОПОЛНЯТЬ (несов.) **ПОПОЛНИТЬ** (сов.) А. **to build up, reinforce** П что кем/чем (П армию свежими силами to reinforce an army with fresh troops; П библиотеку новыми книгами to build up a library with new acquisitions) В. **to fill in, supplement** П что чем (П рассказ подробностями to flesh out a story with details)

ПОПОТЧЕВАТЬ see **ПОТЧЕВАТЬ**

ПОПРАВЛЯТЬСЯ (несов.) **ПОПРАВИТЬ-СЯ** (сов.) А. **to recover** (one's health) П после чего (П после болезни to recover after/from an illness) В. **to gain weight** 1. П на чём (П на каком питании to gain weight from a certain diet) 2. П от чего (П от мучного to gain weight from eating starchy foods) 3. П на что (П на три килограмма to gain three kilograms)

ПОПРАКТИКОВАТЬСЯ (сов.) see **ПРАКТИКОВАТЬСЯ**

ПОПРОБОВАТЬ see **ПРОБОВАТЬ**

ПОПРОСИТЬ see **ПОПРОСИТЬ**

ПОПРОСИТЬСЯ see **ПРОСИТЬСЯ**

ПОПРОЩАТЬСЯ (сов.) see **ПРОЩАТЬСЯ**

ПОПРЫСКАТЬСЯ see **ПРЫСКАТЬСЯ**

ПОПУСТИТЕЛЬСТВОВАТЬ (несов.) **to tolerate** П кому/чему (П бездельничанью to tolerate idleness

ПОПЫТАТЬСЯ see **ПЫТАТЬСЯ**

ПОРАВНЯТЬСЯ (сов.) **to draw even** (with), **pull alongside** (of) П с кем/чем (мы поравнялись с колонной демонстрантов we pulled even with a column of demonstrators; П с пристанью to pull alongside of a pier)

ПОРАДОВАТЬ see **РАДОВАТЬ**

ПОРАДОВАТЬСЯ see **РАДОВАТЬСЯ**

ПОРАЖАТЬ (несов.) **ПОРАЗИТЬ** (сов.) А. **to hit, stab, strike** П кого чем (П кого кинжалом to stab smb. with a dagger) В. **to amaze, stagger, stun** П кого чем (П научный мир своим открытием to stagger the scientific world with one's invention; П кого неожиданным известием to stun smb. with unexpected news)

ПОРАЖАТЬСЯ (несов.) **ПОРАЗИТЬСЯ** (сов.) А. **to be amazed/ stunned** П чему (П известию to be stunned by news) В. **to be struck** П чем (он поразился её красотой he was struck by her beauty)

ПОРАСТАТЬ (несов.) **ПОРАСТИ** (сов.) **to become overgrown** (with) П чем (П мхом to become overgrown with moss)

ПОРВАТЬ see **ПОРЫВАТЬ**

ПОРЕЗАТЬ А. see **РЕЗАТЬ** В. (сов.) **to cut, hurt** П (чем) кому что (он порезал себе ногу пилой he cut his foot on a saw)

ПОРЕКОМЕНДОВАТЬ see **РЕКОМЕНДОВАТЬ**

ПОРИЦАТЬ (несов.) (lit.) **to censure, reprimand** П кого/что за что (П кого за неправильное поведение to reprimand smb. for inappropriate behavior)

ПОРОДНИТЬСЯ see **РОДНИТЬСЯ**

ПОРОТЬ I (несов.) **РАСПОРОТЬ** (сов.) **to cut open, undo** П что чем (П шов ножницами to cut open a seam with scissors)

ПОРОТЬ II (несов.) **ВЫПОРОТЬ** (сов.) **to flog, whip** П кого чем (преступника выпороли нагайкой the criminal was flogged)

ПОРОЧИТЬ (несов.) **ОПОРОЧИТЬ** (сов.) **to defame, smear** П кого/что чем (П кого сплетнями to slander smb.)

ПОРТИТЬ (несов.) **ИСПОРТИТЬ** (сов.) **to ruin, spoil** 1. П кого/что чем (П оборудование неправильной эксплуатацией to ruin equipment by improper handling) 2. *misc.* П кому удовольствие to mar smb.'s pleasure; *П кому кровь to irritate smb.

ПОРУГАТЬСЯ see **РУГАТЬСЯ**

ПОРУЧАТЬ (несов.) **ПОРУЧИТЬ** (сов.) А. **to entrust** П кого/что кому (П кому ответственное дело to entrust smb. with a responsible job) B. **to ask, charge, instruct** 1. П что кому (П воспитание ребёнка тёте to ask an aunt to bring up a child; ей поручено руководство этим учреждением it's her job to manage this office) 2. П (кому) + неопр. ф. (мне поручили передать эту посылку I was asked/instructed to deliver this package) 3. П кому, чтобы с придат. (ему поручили, чтобы он сделал эту работу he was asked to do this work)

ПОРУЧИТЬСЯ see **РУЧАТЬСЯ**

ПОРХАТЬ (несов.) **ПОРХНУТЬ** (сов.) **to flit** 1. П с чего на что (П с листка на листок to flit from leaf to leaf) 2. П по чему (птица порхает по веткам the bird flits from branch to branch) 3. *misc.* П по пивным to go barhopping AE/to go on a pub-crawl BE

ПОРЫВАТЬ (несов.) **ПОРВАТЬ** (сов.) **to break, break off** 1. П что с кем/чем (П дипломатические отношения с соседней страной to break off diplomatic relations with a neighboring country) 2. П с кем/чем (П с друзьям to break with one's friends; П с традицией to break with tradition)

ПОРЫВАТЬСЯ (несов.) **to try** П + неопр. ф. (П встать to try to get up)

ПОРЯДИТЬСЯ see **РЯДИТЬСЯ** II

ПОСАДИТЬ see **САЖАТЬ**

ПОСВАТАТЬ see **СВАТАТЬ**

ПОСВАТАТЬСЯ see **СВАТАТЬСЯ**

ПОСВЕТИТЬ see **СВЕТИТЬ**

ПОСВЯЩАТЬ I (несов.) **ПОСВЯТИТЬ** (сов.) A. **to let in** (on) П кого во что (П кого в тайну to let smb. in on a secret *or* to reveal a secret to smb.) B. **to devote; to dedicate** П кого/что кому/чему (П жизнь науке to devote one's life to science; П свою книгу мужу to dedicate a book to one's husband)

ПОСВЯЩАТЬ II (несов.) **ПОСВЯТИТЬ** (сов.) **to consecrate, ordain** П кого в кого (П кого в епископы to consecrate smb. bishop; П кого в рыцари to knight smb.)

ПОСЕЛИТЬ see **СЕЛИТЬ, ПОСЕЛЯТЬ**

ПОСЕЛИТЬСЯ see **СЕЛИТЬСЯ**

ПОСЕТОВАТЬ see **СЕТОВАТЬ**

ПОСЕЛЯТЬ (несов.) **ПОСЕЛИТЬ** (сов.) A. **to move, settle** П кого/что куда/где (П семью в новый дом/в новом доме to move a family to a new house) B. **to accommodate, put up** П кого у кого/с кем (П приезжего у друзей/с друзьями to put up a visitor with friends) (see also **СЕЛИТЬ**) C. **to arouse,**

inspire 1. П что в ком (П страх в ком to inspire fear in smb.) 2. П что между кем (П вражду между народами to arouse hatred among peoples)

ПОСЕЩАТЬ (несов.) **ПОСЕТИТЬ** (сов.) *misc.* президент посетил Вашингтон с официальным визитом the president paid an official visit to Washington

ПОСЕЯТЬ see **СЕЯТЬ**

ПОСКАКАТЬ (сов.) see **СКАКАТЬ**

ПОСКОЛЬЗНУТЬСЯ (сов.) **to slip** П на чём (П на льду to slip on the ice)

ПОСКУПИТЬСЯ see **СКУПИТЬСЯ**

ПОСЛАТЬ see **ПОСЫЛАТЬ, СЛАТЬ**

ПОСЛЕДИТЬ (сов.) see **СЛЕДИТЬ** I

ПОСЛЕДОВАТЬ see **СЛЕДОВАТЬ**

ПОСЛУЖИТЬ see **СЛУЖИТЬ**

ПОСЛУШАТЬСЯ see **СЛУШАТЬСЯ**

ПОСЛЫШАТЬСЯ see **СЛЫШАТЬСЯ**

ПОСМЕИВАТЬСЯ (несов.) *misc.* *П в бороду to laugh up one's sleeve

ПОСМЕТЬ see **СМЕТЬ**

ПОСМОТРЕТЬ see **СМОТРЕТЬ**

ПОСМОТРЕТЬСЯ see **СМОТРЕТЬСЯ**

ПОСОВЕСТИТЬСЯ see **СОВЕСТИТЬСЯ**

ПОСОВЕТОВАТЬ see **СОВЕТОВАТЬ**

ПОСОВЕТОВАТЬСЯ see **СОВЕТОВАТЬСЯ**

ПОСОДЕЙСТВОВАТЬ see **СОДЕЙСТВОВАТЬ**

ПОСОЛИТЬ (сов.) **to marinate; to pickle** П что/чего (П грибы/грибов to marinate mushrooms)

ПОСОЧУВСТВОВАТЬ (сов.) see **СОЧУВСТВОВАТЬ**

ПОСПЕШИТЬ see **СПЕШИТЬ**

ПОСПОРИТЬ see **СПОРИТЬ**

ПОСПОСОБСТВОВАТЬ see **СПОСОБСТВОВАТЬ**

ПОСРЕДНИЧАТЬ (несов.) **to mediate** П (в чём) между кем (П в споре между сторонами to mediate a dispute between opposing parties)

ПОССОРИТЬСЯ see **ССОРИТЬСЯ**

ПОСТАВИТЬ I see **СТАВИТЬ**

ПОСТАВИТЬ II see **ПОСТАВЛЯТЬ**

ПОСТАВЛЯТЬ (несов.) **ПОСТАВИТЬ** (сов.) (usu. used in the imperf.) **to supply** 1. П что кому/чему/куда (П продовольствие армии/в армию to supply an army with food) 2. П что откуда (иностранная фирма поставляла лес из Финляндии a foreign firm supplied lumber from Finland)

ПОСТАНОВЛЯТЬ (несов.) **ПОСТАНО-**
ВИТЬ (сов.) **to decide, decree** 1. П + неопр.
ф. (постановили на собрании построить
новую школу it was decided at the meeting to
build a new school) 2. П, что с придат. (совет
постановил, что в селе должна быть своя
школа the council decided that there would be
a school in the village) 3. П, чтобы с придат.
(комитет постановил, чтобы каждому
рабочему была выдана новая спецодежда
the committee decreed that each worker would
receive new working clothes)
ПОСТАРАТЬСЯ see **СТАРАТЬСЯ**
ПОСТЕЛИТЬ see **СТЕЛИТЬ**
ПОСТЕСНЯТЬСЯ see **СТЕНЯТЬСЯ**
ПОСТЛАТЬ see **СТЛАТЬ**
ПОСТОЯТЬ see **СТОЯТЬ** E
ПОСТРАДАТЬ see **СТРАДАТЬ** C
ПОСТРИЧЬ (сов.) **to trim** П кого/что чем
(П бороду ножницами to trim a beard with
scissors)
ПОСТРОИТЬ see **СТРОИТЬ** I
ПОСТРОИТЬСЯ (сов.) see **ВЫСТРАИ-**
ВАТЬСЯ
ПОСТУПАТЬ (несов.) **ПОСТУПИТЬ** (сов.)
A. **to enter** (in order to study or work) 1. П
куда (П в университет to begin one's university studies *or* to get into a university; П на
курсы to enroll in courses; П на работу to
take a job; П в театр to begin working in a
theater) 2. П + неопр. ф. (П учиться to begin
one's studies) 3. П (куда) кем (П инженером
to take up one's duties as an engineer; П в
школу учителем to begin working in a school
as a teacher) B. **to arrive, come, enter; to be**
received 1. П куда (раненые поступили в
госпиталь casualties were brought into the
hospital; в комиссию поступило заявление
an application has been received by the commission; книга поступила в продажу the book
has gone on sale; П в обращение to go into
circulation; два письма поступили в редак-
цию the editorial office received two letters) 2.
П от кого/чего (информация поступила от
посла the information came from the ambassador; жалоба поступила от соседей the neighbors sent in a complaint) 3. П откуда (с юга
поступают потоки тёплого воздуха warm
air is coming from the south; поступают
новые сообщения из Лондона new reports
are coming in from London) 4. П к кому
(газета не поступает к подписчикам the
newspaper is not being delivered to its subscrib-

ers) C. **to deal with, handle, treat** П с кем
(они нехорошо поступили со мной they
treated me badly) D. **to act** П из чего/по чему
(П из убеждения/по убеждению to act out of
conviction)
ПОСТУПАТЬСЯ (несов.) **ПОСТУПИТЬ-**
СЯ (сов.) **to forgo, give up, waive** П чем (П
правами to waive one's rights; П своими
принципами to betray one's principles; П
личными удобствами to give up one's personal comforts)
ПОСТУЧАТЬ see **СТУЧАТЬ**
ПОСТУЧАТЬСЯ see **СТУЧАТЬСЯ**
ПОСТЫДИТЬСЯ see **СТЫДИТЬСЯ**
ПОСУЛИТЬ see **СУЛИТЬ**
ПОСЧАСТЛИВИТЬСЯ (сов.) (impers.) **to be**
lucky 1. П кому (туристам посчастливилось: погода стояла прекрасная the tourists
were lucky — the weather was beautiful) 2. П
кому + неопр. ф. (ей посчастливилось
побыть на юге she had the good fortune to
spend some time in the south)
ПОСЧИТАТЬ see **СЧИТАТЬ**
ПОСЧИТАТЬСЯ see **СЧИТАТЬСЯ**
ПОСЫЛАТЬ (несов.) **ПОСЛАТЬ** (сов.) **to**
send 1. П что кому/куда (П телеграмму
родителям to send a telegram to one's parents;
П письмо в газету to send a letter to a newspaper; П кому воздушный поцелуй to throw
smb. a kiss) 2. П кого куда (П дочь в аптеку
to send one's daughter to the pharmacy; П
детей на прогулку to send children for a walk)
3. П что откуда (П телеграмму из Парижа
to send a telegram from Paris) 4. П что чем/по
чему (П письмо почтой/по почте to mail
AE/post BE a letter; П рукопись заказным
письмом to send a manuscript by registered
mail AE/registered post BE; П документ
факсом/по факсу to fax a document) 5. П
кого + неопр. ф. (П учеников гулять to send
pupils for a walk) 6. П кого за кем/чем (П
кого за врачом to send smb. for a doctor; П
кого за хлебом to send smb. for bread) 7. П
что с кем (П письмо с другом to send a letter
with a friend) 8. П кому что от кого (пошли-
те ему от меня поклон give him my regards
9. *misc.* П мяч в ворота to send the ball between the goalposts
ПОСЫПАТЬ (несов.) **ПОСЫПАТЬ** (сов.) **to**
sprinkle, strew 1. П что/чего куда/кому (П
соль/соли на хлеб to sprinkle salt on bread; П
крошки/крошек воробьям to put out some
crumbs for the sparrows) 2. П что чем (П

дорожку песком to sprinkle sand on a road) (see also **СЫПАТЬ**)

ПОСЫПАТЬСЯ see **СЫПАТЬСЯ**

ПОСЯГАТЬ (несов.) **ПОСЯГНУТЬ** (сов.) **to encroach** (on), **infringe** (on) П на что (П на чью собственность to encroach on smb.'s property)

ПОТАКАТЬ (несов.) (colloq.) **to be lenient** (towards), **tolerate** П кому в чём *and* П чему (П мальчику в шалостях *and* П шалостям мальчика to tolerate a boy's pranks)

ПОТАЩИТЬ see **ТАЩИТЬ**

ПОТАЩИТЬСЯ see **ТАЩИТЬСЯ**

ПОТВОРСТВОВАТЬ (несов.) **to be lenient** (towards), **tolerate** П кому/чему (П шалостям to tolerate pranks; П лентяю to be lenient towards a lazy worker)

ПОТЕРЕТЬ (сов.) see **ТЕРЕТЬ**

ПОТЕРЕТЬСЯ (сов.) see **ТЕРЕТЬСЯ**

ПОТЕРЯТЬ see **ТЕРЯТЬ**

ПОТЕРЯТЬСЯ see **ТЕРЯТЬСЯ**

ПОТЕЧЬ see **ТЕЧЬ**

ПОТЕШАТЬ (несов.) (colloq.) **to amuse** П кого чем (П слушателей весёлыми историями to amuse an audience with funny stories) (see also **ТЕШИТЬ** A)

ПОТЕШАТЬСЯ (несов.) see **ТЕШИТЬСЯ**

ПОТЕШИТЬ see **ТЕШИТЬ**

ПОТЕШИТЬСЯ see **ТЕШИТЬСЯ**

ПОТИРАТЬ (несов.) **to rub** 1. П что чем (П лоб платком to rub one's forehead with a handkerchief) 2. *misc.* П руки от радости to rub one's hands in glee

ПОТОЛКОВАТЬ see **ТОЛКОВАТЬ**

ПОТОПТАТЬ see **ТОПТАТЬ**

ПОТОРОПИТЬ see **ТОРОПИТЬ**

ПОТОРОПИТЬСЯ see **ТОРОПИТЬСЯ**

ПОТРАТИТЬ see **ТРАТИТЬ**

ПОТРАТИТЬСЯ see **ПОТРАТИТЬСЯ**

ПОТРАФЛЯТЬ (несов.) **ПОТРАФИТЬ** (сов.) (colloq.) see **УГОЖДАТЬ**

ПОТРЕБОВАТЬ see **ТРЕБОВАТЬ**

ПОТРЕБОВАТЬСЯ see **ТРЕБОВАТЬСЯ**

ПОТРЕВОЖИТЬ see **ТРЕВОЖИТЬ** B

ПОТРЕПАТЬ see **ТРЕПАТЬ**

ПОТРУДИТЬСЯ (сов.) **to bother** 1. П + неопр. ф. (даже не потрудилась позвонить по телефону she didn't even bother to telephone) 2. *misc.* потрудитесь следовать за мной! please follow me!

ПОТРЯСАТЬ (несов.) **ПОТРЯСТИ** (сов.) A. **to brandish** П чем (П мечом to brandish a sword) B. **to shake** П чем (П головой to

shake one's head) C. **to shock, surprise** П кого чем (П кого новостью to shock smb. with the news) (see also **ТРЯСТИ** B)

ПОТУСКНЕТЬ see **ТУСКНЕТЬ**

ПОТУШИТЬ see **ТУШИТЬ**

ПОТЧЕВАТЬ (несов.) **ПОПОТЧЕВАТЬ** (сов.) see **УГОЩАТЬ** 1

ПОТЯГАТЬСЯ see **ТЯГАТЬСЯ**

ПОТЯНУТЬ see **ТЯНУТЬ** B, D, E

ПОТЯНУТЬСЯ see **ТЯНУТЬСЯ**

ПОУЖИНАТЬ see **УЖИНАТЬ**

ПОХВАЛИТЬ see **ХВАЛИТЬ**

ПОХВАЛИТЬСЯ (сов.) see **ХВАСТАТЬСЯ**

ПОХВАЛЯТЬСЯ (несов.) see **ХВАСТАТЬСЯ**

ПОХВАСТАТЬСЯ see **ХВАСТАТЬСЯ**

ПОХИЩАТЬ (несов.) **ПОХИТИТЬ** (сов.) **to steal** 1. П что откуда (П документы из сейфа to steal documents from a safe) 2. П что у кого (П у старухи 200 рублей to steal 200 roubles from an old woman)

ПОХЛОПАТЬ see **ХЛОПАТЬ**

ПОХЛОПОТАТЬ see **ХЛОПОТАТЬ**

ПОХОДАТАЙСТВОВАТЬ see **ХОДАТАЙСТВОВАТЬ**

ПОХОДИТЬ I (несов.) **to resemble** П (чем/по чему) на кого/что (она манерами походит на мать she resembles her mother)

ПОХОДИТЬ II (сов.) see **ХОДИТЬ** C; **to walk for a while** П где (П в парке/по парку to take a walk in a park)

ПОХОЛОДЕТЬ see **ХОЛОДЕТЬ**

ПОЦЕЛОВАТЬ see **ЦЕЛОВАТЬ**

ПОЦЕЛОВАТЬСЯ see **ЦЕЛОВАТЬСЯ**

ПОЦЕРЕМОНИТЬСЯ see **ЦЕРЕМОНИТЬСЯ**

ПОЧЕРПНУТЬ see **ЧЕРПАТЬ**

ПОЧЕСАТЬ see **ЧЕСАТЬ**

ПОЧИВАТЬ (несов.) (obsol.) **to rest** *misc.* *П на лаврах to rest on one's laurels (see **ПОЧИТЬ**)

ПОЧИСТИТЬ see **ЧИСТИТЬ**

ПОЧИТАТЬ (несов.) **ПОЧЕСТЬ** (сов.) A. (only imperf.) **to honor, revere; to consider** П кого/что как кого/что/какой (его почитают как покровителя мореходов he is revered as the protector of sailors; П место как священное to revere a place as holy) B. *misc.* (obsol.) почту своим долгом явиться I consider it my duty to appear; (obsol.) почту за честь I consider it an honor

ПОЧИТЬ (сов.) (obsol.) *misc.* *П на лаврах to rest on one's laurels; *П вечным сном to die

(*Note*: This verb may be considered the perf. form of **ПОЧИВАТЬ**)

ПОЧТИТЬ (сов.) **to honor** П что чем (П чью память вставанием to rise in honor of smb.'s memory)

ПОЧУВСТВОВАТЬ see **ЧУВСТВОВАТЬ**

ПОЧУДИТЬСЯ see **ЧУДИТЬСЯ**

ПОШЕВЕЛИТЬ see **ШЕВЕЛИТЬ**

ПОШЕВЕЛЬНУТЬ see **ШЕВЕЛИТЬ**

ПОШУТИТЬ see **ШУТИТЬ**

ПОЩУПАТЬ see **ЩУПАТЬ**

ПОЯВЛЯТЬСЯ (несов.) **ПОЯВИТЬСЯ** (сов.) **to appear** 1. П откуда (П из темноты to appear out of the darkness; П из-за занавески to appear from behind a curtain) 2. П где (П на сцене to appear on the stage) 3. *misc.* П внезапно to appear suddenly; П неожиданно to appear unexpectedly; *появиться на свет to be born

ПОЯСНЯТЬ (несов.) **ПОЯСНИТЬ** (сов.) **to explain** 1. П что кому (П правило ученику to explain a rule to a pupil) 2. П что чем/на чём (П правило примерами/на примерах to explain a rule by citing examples) 3. П (кому), что с придат. (он пояснял нам, что выходит в отставку he explained to us that he was about to retire)

ПРАВИТЬ (несов.) A. **to govern** П кем/чем (П государством to govern a country) B. **to drive; to steer** П чем (П машиной to drive a car; П лодкой to steer a boat; П вожжами to handle the reins)

ПРАКТИКОВАТЬСЯ (несов.) **НАПРАКТИКОВАТЬСЯ** (сов.) **to practice** (*Note*: in the perf. this verbs means **to become proficient**) П в чём (они хотят напрактиковаться в английском языке they want to become proficient in English)

ПРЕВОСХОДИТЬ (несов.) **ПРЕВЗОЙТИ** (сов.) **to surpass** 1. П кого/что чем/в чём (П кого умением/в умении to surpass smb. in skill) 2. П кого/что по чему (П другие страны по жизненному уровню to surpass other countries in the standard of living)

ПРЕВРАЩАТЬ (несов.) **ПРЕВРАТИТЬ** (сов.) **to convert, turn** П кого/что в кого/что (П воду в пар to convert water into steam; П город в груду развалин to reduce a city to rubble; П дело в шутку to turn smt. into a joke; болезнь превратила его в старика the disease turned him into an old man)

ПРЕВРАЩАТЬСЯ (несов.) **ПРЕВРАТИТЬСЯ** (сов.) **to change into, turn into** 1. П в кого/что (вода превратилась в лёд the water turned into ice; П в пепел to turn to ashes) 2. П из кого/чего в кого/что (он превратился из ребёнка в юношу from a child he grew into a young man)

ПРЕГРАЖДАТЬ (несов.) **ПРЕГРАДИТЬ** (сов.) **to bar, block** П что кому/чему (П путь кому to bar smb.'s way)

ПРЕДАВАТЬ (несов.) **ПРЕДАТЬ** (сов.) A. **to hand over** П кого кому/чему (П преступника суду to put a criminal on trial) B. **to commit** П кого/что чему (П что забвению to commit smt. to oblivion; П огню запрещённые книги to burn prohibited books; П кого анафеме to anathematize smb.; П что гласности to make smt. public) C. **to betray** П кого/что кому (П партизана врагу to betray a partisan to the enemy) D. *misc.* П кого казни to execute smb.; *предать кого земле to bury smb.; *предать что огню и мечу to destroy smt. by fire and sword

ПРЕДАВАТЬСЯ (несов.) **ПРЕДАТЬСЯ** (сов.) **to become engrossed** (in); **to fall prey** (to) П чему (П воспоминаниям to become engrossed in one's memories; П тоске to fall prey to depression; П пьянству to take to drink)

ПРЕДВАРЯТЬ (несов.) **ПРЕДВАРИТЬ** (сов.) (obsol.) **to inform** П кого о чём (П кого о приезде to inform smb. of one's arrival)

ПРЕДВЕЩАТЬ (несов.) **to portend, point to** П что кому (всё предвещало ей успех everything pointed to her success)

ПРЕДВИДЕТЬ (несов.) **to foresee** П, что с придат. (она могла предвидеть, что он никогда не вернётся she could foresee that he would never return)

ПРЕДВОДИТЕЛЬСТВОВАТЬ (несов.) (lit.) **to lead** П кем/чем (П войсками to lead troops)

ПРЕДЛАГАТЬ (несов.) **ПРЕДЛОЖИТЬ** (сов.) A. **to offer** 1. П что/чего кому (П вкусное блюдо гостю to offer a tasty dish to a guest; П кому помощь to offer help to smb.; П чай/чаю кому to offer smb. tea) 2. П + неопр. ф. (она предложила помочь мальчику she offered to help the boy) 3. *misc.* П товары за рубли to offer merchandise for roubles B. **to propose, suggest; to nominate** 1. П кому (П проект кому to propose a project to smb.) 2. П кого/что куда (П кого в комиссию to nominate smb. to serve on a commission; П кого в председатели to nominate smb. for the presidency) 3. П кого кем (П кого председателем to nominate smb. for the presidency) 4. П (кому) + неопр. ф. (мы предложили ей обратиться к врачу we suggested that she see/should see a doctor; президент предложил восстановить конституцию the president proposed that the constitution be/should be restored) 5. П (кому), чтобы с придат. (мы предложили, чтобы она обратилась к врачу we suggested that she see/should see a doctor) C. **to assign, set** (BE); **to pose** П что кому (П задачу ученикам to assign a problem to the pupils; *or,* — BE: to set the pupils a problem; П вопрос лектору to pose a question to a lecturer) D. **to ask, order, tell** П кому + неопр. ф. (ему предложили немедленно дать отчёт he was asked/ordered to give an accounting immediately; мне предложили закончить работу I was told to finish the job) E. **to invite** П кому + неопр. ф. (П гостю выпить чаю to invite a guest to have some tea; он предложил ей сесть he invited her to take a seat)

ПРЕДНАЗНАЧАТЬ (несов.) **ПРЕДНАЗНА-ЧИТЬ** (сов.) A. **to have in mind** (for) П кого для чего (П специалиста для руководящей работы to have a specialist in mind for a managerial post) B. **to design; to earmark, intend, set aside** 1. П что для чего/на что (П деньги для покупки/на покупку to set aside money for a purchase) 2. П что для кого (П учебник для англоговорящих to design a textbook for English speakers) 3. П что подо что (П здание под детский сад to design a building as a kindergarten) 4. П что для чего/к чему (П статью для печати/к печати to schedule an article for publication)

ПРЕДОСТАВЛЯТЬ (несов.) **ПРЕДОСТА-ВИТЬ** (сов.) A. **to give, present** 1. П что кому/чему (П права всем гражданам to give rights to all citizens; П кредит кому to give smb. a loan; П кому слово to give smb. the floor; подсудимому будет предоставлено последнее слово the defendant will have the last word; П кому политическое убежище to grant smb. political asylum) 2. *misc.* П что в чьё распоряжение to place smt. at smb.'s disposal B. **to leave, let** 1. П что кому (П председателю вопрос to leave a decision to the chair) 2. П кому + неопр. ф. (нам предоставили самим решить дело the decision was left to us) 3. *misc.* П кого самому себе to leave smb. alone C. *misc.* П бойца

к награде to recommend a soldier for a decoration

ПРЕДОСТЕРЕГАТЬ (несов.) **ПРЕДОСТЕ-РЕЧЬ** (сов.) **to caution, warn** П (кого) от/против чего (П кого от опасности to warn smb. of danger)

ПРЕДОХРАНЯТЬ (несов.) **ПРЕДОХРА-НИТЬ** (сов.) **to guard, protect** П кого/что от кого/чего (П растение от заморозков to protect a plant from frost)

ПРЕДПИСЫВАТЬ (несов.) **ПРЕДПИ-САТЬ** (сов.) A. **to order** 1. П что кому (П кому выезд to order smb. to leave) 2. П кому + неопр. ф. (П кому выехать to order smb. to leave) B. **to prescribe** 1. П кому что (П кому диету to prescribe a diet for smb.) 2. П кому + неопр. ф. (П кому отдохнуть to prescribe rest for smb.)

ПРЕДПОЛАГАТЬ (несов.) **ПРЕДПОЛО-ЖИТЬ** (сов.) A. (only imperf.) **to intend** П + неопр. ф. (предполагаю завтра выехать I intend to leave tomorrow) B. **to assume** П, что с придат. (предположим, что он прав let's assume that he is right)

ПРЕДПОСЫЛАТЬ (несов.) **ПРЕДПО-СЛАТЬ** (сов.) **to preface** 1. П что чему (П исследованию общие соображения to preface a research paper with some general observations) 2. П что к чему (П несколько слов к лекции to make a few introductory remarks at the beginning of a lecture)

ПРЕДПОЧИТАТЬ (несов.) **ПРЕДПО-ЧЕСТЬ** (сов.) **to prefer** 1. П кого/что кому/чему (П поэзию прозе to prefer poetry to prose) 2. П + неопр. ф. (она предпочитает работать she prefers to work) 3. П, чтобы с придат. (она предпочитает, чтобы мы остались she prefers that we remain)

ПРЕДСЕДАТЕЛЬСТВОВАТЬ (несов.) **to preside** П где (П на собрании to preside at/over a meeting)

ПРЕДСКАЗЫВАТЬ (несов.) **ПРЕДСКА-ЗАТЬ** (сов.) **to predict** 1. П что кому (П своему ученику блестящее будущее to predict a brilliant future for one's pupil) 2. П (кому), где/когда/что с придат. (они предсказали, что будет засуха they predicted that there would be a drought)

ПРЕДСТАВАТЬ (несов.) **ПРЕДСТАТЬ** (сов.) **to appear** 1. П перед кем/чем (преступники предстали перед судом the criminals were brought to trial) 2. П (перед кем/чем *and* в чьих глазах) кем/чем/каким *and* как кто/какой (они предстали перед лицом общественного мнения жертвами расизма in the eyes of the public they appeared to be victims of racism; в глазах всего мира наши две страны предстали сверхдержавами our two countries appear to be superpowers in the eyes of the whole world)

ПРЕДСТАВЛЯТЬ (несов.) **ПРЕДСТА-ВИТЬ** (сов.) A. **to present; to provide** 1. П когр/что кому/чему (П гостя собравшимся to present a guest to one's friends) 2. П что куда/кому (П доказательства суду to present evidence to a court; П документы судье to present documents to a judge; П справку в отдел кадров to present a reference to a personnel department) 3. П (кому) что подо что (П территорию под базы to provide territory for bases) B. **to propose, recommend** П кого/что к чему/на что (П бойца к ордену to recommend a soldier for a decoration; П книгу на премию to recommend a book for a prize; П законопроект на рассмотрение парламенту to propose a bill to a parliament) C. (only imperf.) **to amount to, represent** П (собой, из себя) что (его речь представляла собой угрозу his speech amounted to a threat; это представляет собой опасность для нас it represents a danger to us) D. **to depict, picture, portray** П (кому) кого кем/как кого (его представили жертвой/как жертву he was portrayed as a victim) E. **to believe, consider; to imagine** 1. П (себе) кого/что кем/чем (я представлял его себе жестоким человеком I considered him to be a cruel person) 2. П (себе), как/что/чтобы с придат. (не могу себе представить, как она сумела это сделать I cannot imagine how she was able to do that; я себе не представляю, чтобы это могло быть иначе I cannot imagine that it could be otherwise) 2. *misc.* представь себе, я ни разу не был в Москве just think, I've never been in Moscow

ПРЕДСТАВЛЯТЬСЯ (несов.) **ПРЕДСТА-ВИТЬСЯ** (сов.) A. **to present itself/oneself** 1. П кому/чему (П собаравшимся to present oneself to the guests; мне представился случай an opportunity presented itself to me; взгляду представился странный вид a strange sight presented itself) 2. П кем/как кто (он представился сотрудником музея/как сотрудник музея he presented himself as an employee of a museum) B. **to appear, seem** 1. П (кому) кем/чем/каким (П спящим to seem

to be asleep; П чистым вымыслом to appear to be pure fiction; мне представляется важным отметить роль наших союзников I feel that it is important to note our allies' role) 2. П (кому), что с придат. (мне представлялось, что нахожусь в пустыне I thought that I was in a desert) C. **to pretend** (to be) П кем/каким (П больным to feign illness) D. *misc.* это тебе только представилось you only imagined it

ПРЕДСТАТЬ see **ПРЕДСТАВАТЬ**

ПРЕДСТОЯТЬ (несов.) **to be imminent** 1. П кому (мне предстоит поездка I have a trip coming up; нам предстоит холодная зима we are in for a cold winter) 2. П кому + неопр. ф. (ей предстоит поехать туда she'll have to go there)

ПРЕДУВЕДОМЛЯТЬ (несов.) **ПРЕДУВЕ-ДОМИТЬ** (сов.) (official, obsol.) **to inform** П кого о чём (П кого о своём приезде to inform smb. of one's arrival)

ПРЕДУПРЕЖДАТЬ (несов.) **ПРЕДУПРЕ-ДИТЬ** (сов.) **to notify, warn** 1. П (кого/что) о чём (П население об опасности to warn a population of danger; они предупредили родителей о приезде they notified their parents of their arrival) 2. П (кого), что с придат. (она нас предупредила, что опоздает she notified us that she would be late) 3. П (кого), чтобы с придат. (она предупредила, чтобы я не опоздал she warned me not to be late) 4. *misc.* П служащего о его увольнении to give notice to an employee

ПРЕДУСМАТРИВАТЬ (несов.) **ПРЕДУС-МОТРЕТЬ** (сов.) **to provide for, make provision for** П, что с придат. (мы предусматривали, что возникнут трудности we made provisions for any difficulties that might arise)

ПРЕДЧУВСТВОВАТЬ (несов.) **to have a premonition, feel** П, что с придат. (я предчувствовал, что они появятся I had a feeling that they would show up)

ПРЕДШЕСТВОВАТЬ (несов.) **to precede** П чему (фильму предшествовала лекция a lecture preceded the film)

ПРЕДЪЯВЛЯТЬ (несов.) **ПРЕДЪЯВИТЬ** (сов.) A. **to present; to show** П что кому/чему/куда (П пропуск дежурному to show one's pass to a guard; П документы в милицию to present one's documents to the police; П суду доказательства to present evidence to a court; П облигации к оплате to present bonds for payment; П кому ультиматум to present an ultimatum to smb.; П иск администрации to file a claim with the head office; П кому счёт to present a bill to smb.) B. **to bring, make** П кому что (ему предъявили обвинение в краже charges of larceny were brought against him *or* he was charged with larceny; П высокие требования студентам to demand a great deal from students)

ПРЕЗИРАТЬ (несов.) **to despise** П кого за что (П кого за трусость to despise smb. for cowardice)

ПРЕИСПОЛНЯТЬ (несов.) **ПРЕИСПОЛНИТЬ** (сов.) (lit.) **to fill** П кого чего/чем (преисполнен решимости absolutely determined; П кого чувством гордости to fill smb. with a feeling of pride)

ПРЕКЛОНЯТЬ (несов.) **ПРЕКЛОНИТЬ** (сов.) **to bow, dip** П что перед кем (П голову перед кем to bow one's head to smb.)

ПРЕКЛОНЯТЬСЯ (несов.) **ПРЕКЛОНИТЬСЯ** (сов.) (lit.) **to admire, revere, worship** П перед кем/чем (П перед талантом великого артиста to admire a great performer's talent)

ПРЕКОСЛОВИТЬ (несов.) (lit.) **to contradict, talk back to** П кому (П старшим to talk back to one's elders)

ПРЕКРАЩАТЬ (несов.) **ПРЕКРАТИТЬ** (сов.) **to stop** П + неопр. ф. (П курить to stop smoking)

ПРЕЛЬЩАТЬ (несов.) **ПРЕЛЬСТИТЬ** (сов.) **to entice, lure** П кого чем (П кого обещаниями to lure smb. with promises)

ПРЕЛЬЩАТЬСЯ (несов.) **ПРЕЛЬСТИТЬСЯ** (сов.) **to be attracted to, to fall for** П чем (они прельстились его обещаниями they fell for his promises)

ПРЕМИНУТЬ (сов.) (obsol.) (used with the negative) **to fail** П + неопр. ф. (не преминул прийти he didn't fail to show up)

ПРЕМИРОВАТЬ (сов. и несов.) **to give a bonus to, reward** П кого/что (за что) чем (П кого деньгами за хорошую работу to reward smb. financially for good work)

ПРЕНЕБРЕГАТЬ (несов.) **ПРЕНЕБРЕЧЬ** (сов.) A. **to neglect** П кем/чем (П друзьями to neglect one's friends; П занятиями to neglect one's studies) B. **to disregard, scorn** П чем (П опасностью to scorn danger; П правилами дорожного движения to disregard traffic regulations)

ПРЕОБЛАДАТЬ (несов.) **to prevail** П над кем/чем (разум преобладает над чувством reason prevails over emotion)

ПРЕОБРАЖАТЬ (несов.) **ПРЕОБРАЗИТЬ** (сов.) **to transform** 1. П что во что (П центр города в оазис культуры to transform the center of a city into a cultural oasis) 2. *misc.* её лицо преобразилось от радости her face expressed sheer delight

ПРЕОБРАЗОВЫВАТЬ (несов.) **ПРЕОБРАЗОВАТЬ** (сов.) **to transform** П что во что (П переменный ток в постоянный to transform alternating current into direct current; П дипломатическую миссию в посольство to upgrade a mission to an embassy)

ПРЕОДОЛЕВАТЬ (несов.) **ПРЕОДОЛЕТЬ** (сов.) **to overcome** П что чем (П трудности усилием воли to overcome hardships by making a great effort)

ПРЕПИРАТЬСЯ (несов.) **to bicker, squabble** П (из-за чего) с кем (П с соседом из-за пустяков to bicker with a neighbor over trifles)

ПРЕПОДАВАТЬ (несов.) **ПРЕПОДАТЬ** (сов.) A. (only imperf.) **to teach** П что кому (П математику школьникам to teach mathematics to schoolchildren) B. **to give** П что кому (П кому совет to give smb. advice; П хороший урок кому to teach smb. a lesson)

ПРЕПОДНОСИТЬ (несов.) **ПРЕПОДНЕСТИ** (сов.) **to give, present** П что кому (П цветы девушке to present flowers to a girl)

ПРЕПОРУЧАТЬ (несов.) **ПРЕПОРУЧИТЬ** (сов.) **to entrust, hand over** П кого/что кому (П кому воспитание ребёнка to entrust the upbringing of a child to smb.)

ПРЕПРОВОЖДАТЬ (несов.) **ПРЕПРОВОДИТЬ** (сов.) **to deliver; to escort** П кого/что куда (П документы в канцелярию to deliver documents to an office; П пленных в лагерь to escort prisoners of war to a camp)

ПРЕПЯТСТВОВАТЬ (несов.) **ВОСПРЕПЯТСТВОВАТЬ** (сов.) A. **to block** П чему (П доступу to block access; П передаче оружия to block the delivery of arms) B. **to impede, keep from** 1. П кому в чём (П кому в работе to impede smb. in her/his work) 2. П кому + неопр. ф. (П кому войти to keep smb. from entering)

ПРЕРЕКАТЬСЯ (несов.) (colloq.) see **ПРЕПИРАТЬСЯ**

ПРЕРЫВАТЬ (несов.) **ПРЕРВАТЬ** (сов.) **to interrupt** П кого/что чем (П докладчика вопросом to interrupt a speaker with a question)

ПРЕСЕЧЬ (сов.) **to put a stop to** *misc.* *П в зародыше to nip in the bud

ПРЕСЛЕДОВАТЬ (несов.) А. **to persecute** П кого/что за что (П членов партии за их взгляды to persecute members of a party for their views) В. **to harass** П кого чем (П кого телефонными звонками to harass smb. with telephone calls; П кого едкими замечаниями to harass smb. with nasty remarks)

ПРЕСМЫКАТЬСЯ (несов.) **to grovel, fawn** П перед кем/чем (П перед начальством to fawn over one's superiors)

ПРЕСЫЩАТЬСЯ (несов.) **ПРЕСЫТИТЬ-СЯ** (сов.) **to eat one's fill** (of); **to get one's fill** (of) П чем (П хлебом to stuff oneself with bread; П развлечениями to become bored with a life of pleasure)

ПРЕТВОРЯТЬ (несов.) **ПРЕТВОРИТЬ** (сов.) **to change, transform** П что во что (П мечту в действительность to transform a dream into reality)

ПРЕТЕНДОВАТЬ (несов.) **to aspire** (to), **hope** (for), **lay claim** (to) 1. П на что (П на учёную степень to aspire to an academic degree; П на наследство to lay claim to an inheritance) 2. П на то, чтобы + неопр. ф. (она претендует на то, чтобы стать начальником отдела her goal is to become department head)

ПРЕТИТЬ (несов.) (usu. impers.) **to disgust, sicken** П кому (от чего, + неопр. ф.) (ей претит от этого she is sick of it; мне претит быть на побегушках I hate running errands)

ПРЕУСПЕВАТЬ (несов.) **ПРЕУСПЕТЬ** (сов.) **to get ahead, be successful** П в чём (П в науке to be successful as a scientist)

ПРИБАВЛЯТЬ (несов.) **ПРИБАВИТЬ** (сов.) **to add** 1. П что/чего куда (П сахар/сахару в чай to add sugar to tea) 2. П что к чему (П пять к десяти to add five to ten; П проценты к общей сумме to add interest to capital; П примечание к тексту to add a comment to a text) 3. П что кому (ей прибавили гонорар they increased her honorarium) 4. П, что с придат. (он прибавил, что привезёт несколько друзей he added that he would bring several friends) 5. *misc.* П в весе to gain weight; П зарплату рабочим to increase workers' wages

ПРИБЕГАТЬ I (несов.) **ПРИБЕЖАТЬ** (сов.) **to run, come running** 1. П к кому (ребёнок прибежал к матери the child ran up to its mother *or* the child came running up to its

mother) 2. П куда (П в дом to come running into a house) 3. П откуда (П из школы to come running from school; П с работы to come running from work; П от друга to come running from a friend's house) 4. П каким (он прибежал первым к финишу he reached the finish line first)

ПРИБЕГАТЬ II (несов.) **ПРИБЕГНУТЬ** (сов.) **to resort** (to), **turn** (to) П к кому/чему (П к силе to resort to force; П к посреднику to turn to a mediator)

ПРИБЕРЕГАТЬ (несов.) **ПРИБЕРЕЧЬ** (сов.) **to save** (up) П что для кого/чего *and* на что (П деньги для детей to save up money for one's children; П деньги для покупки/на покупку to save up money for a purchase)

ПРИБИВАТЬ (несов.) **ПРИБИТЬ** (сов.) А. **to attach, put up** П (чем) что к чему/где/куда (П объявление к двери/на двери/на дверь to attach a notice to a door) В. (usu. impers.) **to carry** П что куда (волной прибило к берегу лодку a wave carried a boat up onto the shore)

ПРИБИРАТЬ (несов.) **ПРИБРАТЬ** (сов.) А. **to put** (away) П что куда (П книги в шкаф to put books into a bookcase) В. *misc.* *П что к рукам to take possession of smt.

ПРИБЛИЖАТЬ (несов.) **ПРИБЛИЗИТЬ** (сов.) **to bring nearer, move closer** П кого/что к чему (П книгу к глазам to bring a book up to one's eyes; П теорию к практике to bring theory closer to practice)

ПРИБЛИЖАТЬСЯ (несов.) **ПРИБЛИЗИТЬСЯ** (сов.) **to approach** 1. П к кому/чему (П к финишу to approach the finish line) 2. *misc.* П к чему вплотную to get right up close to smt.

ПРИБЫВАТЬ (несов.) **ПРИБЫТЬ** (сов.) **to arrive, come; to get to, reach** 1. П куда (П в Москву to arrive in Moscow; П к командиру to reach the commanding officer) 2. П откуда (П из Киева to arrive from Kiev) 3. П за чем (П за пакетом to come to pick up a package) 4. П какой/каким (он прибыл плохо подготовленный/подготовленным when he arrived, he was poorly prepared; первыми прибудут англичане the English will be the first to arrive) 5. *misc.* П на помощь to come to help; она прибыла в Париж рейсом Аэрофлота she arrived in Paris on an Aeroflot flight; П с официальным визитом to arrive on an official visit; *нашего полку прибыло our numbers have increased

ПРИВАЛИВАТЬ (несов.) **ПРИВАЛИТЬ** (сов.) A. **to lean** (against) П что к чему (П бревно к стене to lean a log against a wall; П камень к двери to lean a rock against a door) B. (nautical) **to come alongside** П к чему (П к пристани to come alongside a pier) C. *misc.* на матч привалило много народу a large crowd flocked to the game; *счастье ей привалило fortune smiled on her

ПРИВАРИВАТЬ (несов.) **ПРИВАРИТЬ** (сов.) **to weld** (to) П что к чему (П трубку к котлу to weld a pipe to a boiler)

ПРИВЕЗТИ see **ПРИВОЗИТЬ**
ПРИВЕСИТЬ see **ПРИВЕШИВАТЬ**
ПРИВЕСТИ see **ПРИВОДИТЬ**

ПРИВЕТСТВОВАТЬ (несов.) (*Note*: In the past tense this verb can be perf.) **to greet, welcome** 1. П кого/что чем (П делегацию аплодисментами to greet a delegation with applause) 2. П кого/что как кого/что (П кого как приятеля to welcome smb. as a friend) 3. *misc.* П горячо/сердечно/тепло to greet warmly

ПРИВЕШИВАТЬ (несов.) **ПРИВЕСИТЬ** (сов.) **to hang, attach** П что к чему (П лампу к потолку to hang a lamp from a ceiling; П зеркало к стене to attach a mirror to a wall)

ПРИВИВАТЬ (несов.) **ПРИВИТЬ** (сов.) A. **to graft, implant; to splice** П что к чему/на что (П ветку груши к яблоне to graft the branch of a pear tree onto an apple tree; П одну верёвку к другой to splice one rope to another) B. **to vaccinate** П что кому (прививали оспу детям they used to vaccinate children against smallpox) C. **to inculcate, instill** П что кому (П детям вкус к музыке to inculcate in children a taste for music)

ПРИВИДЕТЬСЯ see **ВИДЕТЬСЯ**

ПРИВИНЧИВАТЬ (несов.) **ПРИВИНТИТЬ** (сов.) **to install, mount** П что к чему (П выключатель к стене to mount a receptacle on a wall)

ПРИВЛЕКАТЬ (несов.) **ПРИВЛЕЧЬ** (сов.) A. **to attract** 1. П кого/что к кому/чему (П внимание к картине to attract attention to a picture; П школьников к общественной работе to attract schoolchildren to public-service projects) 2. П кого чем (П кого своим обаянием to charm smb.) 3. П кого куда (П туристов в новые места to attract tourists to new places; П кого на свою сторону to win smb. over to one's side) B. **to hire, recruit** П кого куда (П специалистов на строи-

тельство to recruit specialists for a construction project; П бухгалтера на неполный рабочий день to hire an accountant for part time work; её привлекли к работе в администрации they recruited her to work in the admininstration) C. **to** (pick up and) **pull** (to oneself) 1. П кого/что к себе/к чему (она привлекла девочку к себе и поцеловала её she picked up the little girl and kissed her; мать привлекла ребёнка к груди the mother hugged her child) 2. П кого чем (П ребёнка свободной рукой to pick up a child with a free hand) D. **to bring, call** (to account) 1. П кого к чему (П виновных к ответу to bring those guilty to account; П кого к ответственности to call smb. to account; П кого к суду to bring smb. to trial) 2. П кого за то, что с придат. (он привлечён за то, что угнал машину he is charged with car theft) 3. *misc.* все граждане привлекаются к оплате налога all citizens are obligated to pay the tax

ПРИВНОСИТЬ (несов.) **ПРИВНЕСТИ** (сов.) **to introduce** П что во что (П в рассказ элементы лиризма to introduce lyrical elements into a story)

ПРИВОДИТЬ I (несов.) **ПРИВЕСТИ** (сов.) A. **to bring, put** 1. П кого/что к кому/куда (П больного к врачу to bring a patient to a doctor; П туристов в гостиницу to bring tourists to a hotel; П пароход в порт to bring a steamship into port; П лодку к пристани to bring a boat alongside a pier; П машину в гараж to put a car into a garage) 2. П кого/что откуда (П дочь из детского сада to bring one's daughter from kindergarten) 3. П кого + неопр. ф. (гид привёл туристов осмотреть раскопки the guide brought the tourists to see the excavations) 4. *misc.* П кого в себя to bring smb. to (also fig.) B. **to cause** 1. П кого/что во что (П в восхищение зрителей to thrill spectators; П кого в возмущение to upset smb.; П кого в отчаяние to drive smb. to despair; П кого в ужас to horrify smb.; П кого в ярость to infuriate smb.; П экономику в тупик to ruin an economy; П комнату в порядок to straighten up a room) (see also D) 2. *misc.* всё это привело к тому, что доходы ниже минимума all of this caused our income to drop below the poverty level C. **to lead** 1. П куда (лестница приводит на чердак the stairs lead to the attic; П к кризису to lead to a crisis; не приведёт к добру this will lead to no good) 2. П кого/что к чему (П кого к выводу to lead smb. to a conclusion; П учёного к важному открытию to lead a scientist to an important discovery; П страну к победе to lead a country to victory) D. **to put** П что во что (П квартиру в порядок to put one's apartment AE/flat BE in order; П что в движение to put smt. into motion; П что в действие to put smt. into operation; П войска в повышенную боевую готовность to put troops on a high state of alert) (see also B1) E. *misc.* П дроби к общему знаменателю to reduce fractions to a common denominator; П что в систему to reduce smt. to a system; П приговор в исполнение to execute a sentence; П кого к повиновению to make smb. obey; П кого в чувство to revive smb.; П кого к присяге to administer an oath to smb.

ПРИВОДИТЬ II (сов.) **to bring** (and take away/back; used in the past tense) 1. П кого/что куда (П друга домой to bring a friend home for a while) 2. П кого/что откуда (она приводила подругу домой из школы she brought her friend home from school)

ПРИВОЗИТЬ I (несов.) **ПРИВЕЗТИ** (сов.) **to bring, deliver, drive** 1. П кого/что куда/кому (П туристов в гостиницу to bring/drive tourists to a hotel; П товары на рынок to deliver merchandise to a market; П подарок матери to bring a gift to one's mother) 2. П кого/что к кому (П внука к бабушке to drive a grandchild over to its grandmother) 3. П кого/что откуда (П товары с фабрики to deliver merchandise from a factory) 4. П кого/что чем/на чём (П туристов автобусом/на автобусе to bring tourists by bus) 5. П кого + неопр. ф. (привезли детей осмотреть раскопки they brought the children to see the excavations)

ПРИВОЗИТЬ II (сов.) **to bring** (and take away/back; used in the past tense) 1. П кого/что куда (сегодня в клуб привозили детей they brought children to visit the club today) 2. П кого/что откуда (вчера привозили туристов из Одессы yesterday they brought tourists from Odessa)

ПРИВЫКАТЬ (несов.) **ПРИВЫКНУТЬ** (сов.) **to become/get accustomed to** 1. П к кому/чему (П к новым товарищам to get accustomed to new friends; П к незнакомой обстановке to get accustomed to unfamiliar surroundings) 2. П + неопр. ф. (П рано вставать to become accustomed to getting up early) 3. П (к тому), что с придат. (мы уже при-

выкли к тому, что она всегда опаздывала we were already accustomed to her always arriving late)

ПРИВЯЗЫВАТЬ (несов.) **ПРИВЯЗАТЬ** (сов.) A. **to attach, tie** П кого/что к чему (П вьюк к седлу to tie a load to a saddle; П верёвку к столбу to tie a rope to a pole) B. **to win over** (to oneself) П кого (чем) к себе (П ребёнка к себе лаской to win over a child with kindness)

ПРИВЯЗЫВАТЬСЯ (несов.) **ПРИВЯЗАТЬСЯ** (сов.) **to become attached** П к кому/чему (П к учителям to become attached to one's teachers)

ПРИГВОЖДАТЬ (несов.) **ПРИГВОЗДИТЬ** (сов.) A. **to fix** П кого чем (П кого гневным взглядом to glare at smb. in anger) B. *misc.* П кого к позорному столбу to pillory smb.; П кого штыком to bayonet smb.

ПРИГИБАТЬ (несов.) **ПРИГНУТЬ** (сов.) **to bend** П что к чему (П ветку к земле to bend a branch to the ground)

ПРИГЛАШАТЬ (несов.) **ПРИГЛАСИТЬ** (сов.) **to invite** 1. П кого куда/к кому (П девушку в театр to invite a girl to the theater; П кого к ужину/на ужин to invite smb. for supper; П кого за стол to invite smb. to the table; П товарища к себе/в гости to invite a friend for a visit; П кого на работу to invite smb. to join a firm) 2. П кого + неопр. ф. (П кого гулять to invite smb. for a walk)

ПРИГЛЯДЫВАТЬ (несов.) **ПРИГЛЯДЕТЬ** (сов.) see **ПРИСМАТРИВАТЬ**

ПРИГЛЯДЫВАТЬСЯ (несов.) **ПРИГЛЯДЕТЬСЯ** (сов.) see **ПРИСМАТРИВАТЬСЯ**

ПРИГЛЯНУТЬСЯ (сов.) (colloq.) **to attract** П кому (она сразу приглянулась ему she caught his eye immediately; вещь покупателю приглянулась the item made a big hit with the customer)

ПРИГНАТЬ see **ПРИГОНЯТЬ** I, II
ПРИГНУТЬ see **ПРИГИБАТЬ**

ПРИГОВАРИВАТЬ (несов.) **ПРИГОВОРИТЬ** (сов.) **to sentence** 1. П кого к чему (П кого к десяти годам лишения свободы в исправительно-трудовой колонии to sentence smb. to ten years in a penal colony; П преступника к тюремному заключению to send a criminal to prison; П убийцу к смертной казни to sentence a murderer to death; П кого к тюремному заключению на срок/сроком от трёх до пяти лет to give smb. a three to five year sentence; П кого к штрафу to fine smb.) 2. П кого за что (суд приговорил его к лишению свободы на два года за угон машины he was sentenced to two years in prison for car theft)

ПРИГОДИТЬСЯ (сов.) **to be suitable** 1. П кому/чему (этот игрок пригодится нашей команде this player will be suitable for our team) 2. П для чего (материал не пригодится для диссертации the material will not be suitable for a dissertation) (see also **ГОДИТЬ-СЯ**)

ПРИГОНЯТЬ I (несов.) **ПРИГНАТЬ** (сов.) **to drive** П кого/что куда (П скот на продажу to drive cattle to market)

ПРИГОНЯТЬ II (несов.) **ПРИГНАТЬ** (сов.) **to adjust, fit, tailor** 1. П что к чему (П оконную раму к коробке to fit a window to its frame) 2. П что по чему (П платье по фигуре to tailor a dress to fit smb.'s figure)

ПРИГОТАВЛИВАТЬ, ПРИГОТОВЛЯТЬ see **ГОТОВИТЬ**

ПРИГОТАВЛИВАТЬСЯ, ПРИГОТОВ-ЛЯТЬСЯ (несов.) see **ГОТОВИТЬСЯ**

ПРИГОТОВИТЬ see **ГОТОВИТЬ**

ПРИГОТОВИТЬСЯ see **ГОТОВИТЬСЯ**

ПРИГРОЗИТЬ see **ГРОЗИТЬ** B

ПРИДАВАТЬ (несов.) **ПРИДАТЬ** (сов.) A. **to assign, attach** П кого/что чему (П полк дивизии to attach a regiment to a division) B. **to attach, attribute** П что чему (П важность поступку to attach importance to an act; П значение чьим словам to attach significance to smb.'s words) C. **to give, impart, instill** П что/чего кому/чему (П законную форму документу to draft a legal document; П уверенность/уверенности девочке to instill confidence in a girl; успех придал мне бодрости success cheered me up; П острый вкус кушанью to make a dish spicier; П чему широкую огласку to give smt. wide publicity)

ПРИДАВЛИВАТЬ (несов.) **ПРИДАВИТЬ** (сов.) (can be impers.) **to crush, jam** П что чем (дверью придавило палец his finger got jammed in the door)

ПРИДВИГАТЬ (несов.) **ПРИДВИНУТЬ** (сов.) **to move; to push** П кого/что к чему (П шкаф к стене to move/push a dresser to a wall; П войска к границе to move troops up to a border)

ПРИДВИГАТЬСЯ (несов.) **ПРИДВИНУТЬСЯ** (сов.) **to move** П куда (П к окну to move over to a window)

ПРИДЕЛЫВАТЬ (несов.) **ПРИДЕЛАТЬ** (сов.) **to attach, put on** П что к чему (П крышку к ящику to put a cover on a crate)

ПРИДЕРЖИВАТЬ (несов.) **ПРИДЕР-ЖАТЬ** (сов.) **to hold** 1. П что чем (П дверь рукой to hold a door with one's hand) 2. *misc.* П лошадь за узду to hold a horse by its bridle

ПРИДЕРЖИВАТЬСЯ (несов.) A. **to hold on** П (чем) за что (П за перила рукой to hold onto a railing with one's hand) B. **to follow, keep to** П чего (П тропы to follow a path; П правой стороны to keep to the right) C. **to follow, obey; to adhere to; to have, hold** П чего (П инструкций to follow instructions; П правил to obey the rules; П принципа to adhere to a principle; П традиций to maintain traditions; П нейтралитета to pursue a policy of neutrality; П мнения to have/hold an opinion)

ПРИДИРАТЬСЯ (несов.) **ПРИДРАТЬСЯ** (сов.) A. **to nag** П к кому (П к ребёнку to nag a child) B. **to make a fuss over** П к чему (П к пустякам to make a fuss over trifles)

ПРИДУМЫВАТЬ (несов.) **ПРИДУМАТЬ** (сов.) **to think** П, как/что + неопр. ф. (она не могла придумать, что сказать she couldn't think of what to say; они придумали, как можно помочь старшим they figured out a way to help the elderly)

ПРИЕЗЖАТЬ I (несов.) **ПРИЕХАТЬ** (сов.) **to arrive, come** 1. П (чем/на чём) куда (П на работу поездом to come to work by train; П к родителям на автобусе to come to visit one's parents by bus) 2. П откуда (П из города to come from town) 3. П + неопр. ф. (мы приехали работать we came to work)

ПРИЕЗЖАТЬ II (сов.) **to come** (and leave; used in the past tense) П куда/к кому (ко мне приезжал друг my friend was here for a visit)

ПРИЖИГАТЬ (несов.) **ПРИЖЕЧЬ** (сов.) **to paint** (a wound) П что чем (П ранку йодом to paint a wound with iodine)

ПРИЖИМАТЬ (несов.) **ПРИЖАТЬ** (сов.) **to press, squeeze; to pin** 1. П кого/что к кому/чему (П ребёнка к груди to press a child to one's bosom; П кого к земле to pin smb. to the ground; противник прижат к реке the enemy has been pinned down along a river) 2. *misc.* *П кого к стене to drive smb. into a corner

ПРИЖИМАТЬСЯ (несов.) **ПРИЖАТЬСЯ** (сов.) A. **to cuddle up** (to), **snuggle up** (to) П к кому/чему (ребёнок прижимается к матери the child cuddles up to its mother) B. **to press** (into) П чем к чему (П головой к подушке to press one's head into a pillow)

ПРИЗВАТЬ see **ПРИЗЫВАТЬ**

ПРИЗЕМЛЯТЬСЯ (несов.) **ПРИЗЕМ-ЛИТЬСЯ** (сов.) **to land** П где/куда (П в аэропорту/в аэропорт/на аэродроме to land at an airport; П на советской земле to land on Soviet soil)

ПРИЗНАВАТЬ (несов.) **ПРИЗНАТЬ** (сов.) A. **to admit, acknowledge, confess** 1. П себя каким (П себя виновным to admit one's guilt; П себя побеждённым to admit defeat) 2. П, что с придат. (он признал, что он совершил преступление he confessed that he had committed the crime) 3. *misc.* П за собой ошибку to admit making a mistake B. **to consider, find, recognize** П кого/что кем/чем *and* за кого/что *and* каким (П кого вожаком/за вожака to consider smb. to be the leader; П чьи доводы основательными to consider/find smb.'s arguments to be convincing; суд его признал невиновным the court found him innocent)

ПРИЗНАВАТЬСЯ (несов.) **ПРИЗНАТЬСЯ** (сов.) **to admit, confess** 1. П кому в чём (П учителю в своей ошибке to admit one's mistake to a teacher) 2. П (в том), что с придат. (она призналась в том, что украла деньги she admitted/confessed that she had stolen the money)

ПРИЗЫВАТЬ (несов.) **ПРИЗВАТЬ** (сов.) A. **to call** (for, on), **summon** 1. П (кого/что) на что/к чему/куда (П товарищей на помощь to call on one's friends for help; П население к порядку to call on the public to maintain law and order; П к прекращению огня to call for a cease-fire; он призвал сына наверх he called his son upstairs) 2. П (кого) + неопр. ф. (П товарищей помочь to call on one's friends to help; они призывают прекратить кровопролитие they are calling for an end to the bloodshed) 3. П (к тому), чтобы с придат. (она призывала к тому, чтобы все голосовали за меня she called on everyone to vote for me) 4. *misc.* П проклятие на чью голову to put a curse on smb.'s head; она призвана быть писателем she is cut out to be a writer B. **to conscript** П кого куда (П кого в армию to conscript smb. into the army; П кого на военную службу to conscript smb. for military service; П кого под знамёна/под ружьё to call smb. to the colors)

ПРИЙТИ see **ПРИХОДИТЬ**

ПРИЙТИСЯ see **ПРИХОДИТЬСЯ**

ПРИКАЗЫВАТЬ (несов.) **ПРИКАЗАТЬ** (сов.) **to command, order** 1. П (кому) + неопр. ф. (он приказал водителю остановиться he ordered the driver to stop) 2. П, чтобы с придат. (она приказала, чтобы водитель остановился she ordered the driver to stop) 3. *misc.* *приказал долго жить he died

ПРИКАЛЫВАТЬ (несов.) **ПРИКОЛОТЬ** (сов.) A. **to pin, pierce, tack** 1. П что (чем) к чему (П фотографию к стене кнопкой to tack a photograph to a wall; П брошь к платью to pin a brooch to a dress) 2. *misc.* русским гостям прикалывают на грудь специальные пропуска special ID cards are pinned on the Russian guests; П кого штыком to bayonet smb.

ПРИКАНЧИВАТЬ (несов.) **ПРИКОНЧИТЬ** (сов.) **to finish off** П кого/что чем (П раненого зверя выстрелом to finish off a wounded animal *or* to put a wounded animal out of its misery)

ПРИКАСАТЬСЯ (несов.) **ПРИКОСНУТЬСЯ** (сов.) **to touch** П (чем) к кому/чему (П к стене плечом to brush against/touch a wall with one's shoulder; она не прикоснулась к еде she didn't even touch her food)

ПРИКАТЫВАТЬ (несов.) **ПРИКАТИТЬ** (сов.) A. **to roll** П что куда (П бочку на склад to roll a barrel into a storeroom) B. *misc.* она прикатила на велосипеде she came riding up on a bicycle

ПРИКИДЫВАТЬ (несов.) **ПРИКИНУТЬ** (сов.) (colloq.) A. **to estimate** 1. П, что с придат. (я прикинул, что картина стоит 500 долларов I estimated that the painting cost five hundred dollars) 2. *misc.* П в уме to calculate B. **to add** (by throwing) П что/чего куда (прикинуть дров в печку to put more wood in/into the stove) C. *misc.* П на весах to weigh

ПРИКИДЫВАТЬСЯ (несов.) **ПРИКИНУТЬСЯ** (сов.) (colloq.) **to feign, pretend** 1. П кем/каким (П дураком to play the fool; П больным to pretend to be sick) 2. П, что с придат. (она прикидывается, что она больна she's pretending to be sick)

ПРИКИПАТЬ (несов.) **ПРИКИПЕТЬ** (сов.) A. **to boil out** (and stick) П к чему (молоко прикипело к кастрюле the milk boiled out and stuck to the pot) B. *misc.* он прикипел душой к морю he is just wild about the sea

ПРИКЛАДЫВАТЬ (несов.) ПРИЛОЖИТЬ (сов.) **to apply, put** 1. П что к чему (П компресс к больному месту to apply a compress to a sore spot; П трубку к уху to put the receiver to one's ear) 2. *misc.* (fig.) она приложила руку к созданию проекта she had a hand in creating the project

ПРИКЛЕИВАТЬ (несов.) ПРИКЛЕИТЬ (сов.) **to put, stick** П что к чему/на что (П марку к конверту/на конверт to put a stamp on an envelope; П объявление к стене to put up a notice on a wall)

ПРИКЛОНЯТЬ (несов.) ПРИКЛОНИТЬ (сов.) **to bend** П что куда (П ветку к земле to bend a branch to the ground)

ПРИКОВЫВАТЬ (несов.) ПРИКОВАТЬ (сов.) **to attach; to chain** 1. П кого/что к чему (П койку к полу to bolt a hospital bed to the floor; П заключённого к стене to chain a prisoner to a wall; П больного к постели to put restraints on a bedridden patient) 2. *misc.* внимание приковано к Вашингтону all eyes are on Washington; болезнь его приковала к постели he was bedridden

ПРИКОЛАЧИВАТЬ (несов.) ПРИКОЛОТИТЬ (сов.) **to nail** П (чем) что к чему/где/куда (П объявление к двери/на двери/на дверь гвоздями to nail a notice to a door)

ПРИКОЛОТЬ see ПРИКАЛЫВАТЬ

ПРИКОМАНДИРОВЫВАТЬ (несов.) ПРИКОМАНДИРОВАТЬ (сов.) **to assign, attach** П кого к кому/чему (П офицера к штабу to assign an officer to headquarters)

ПРИКОНЧИТЬ see ПРИКАНЧИВАТЬ

ПРИКОСНУТЬСЯ see ПРИКАСАТЬСЯ

ПРИКРЕПЛЯТЬ (несов.) ПРИКРЕПИТЬ (сов.) A. **to attach** П (чем) что к чему (П зеркало к стене to attach a mirror to a wall; П справку к заявлению скрепкой to attach/clip a supporting document to an application) B. **to assign** П кого к кому/чему (П диссертанта к профессору to assign a dissertation student to a supervisor; реабилитированные прикрепляются к этой поликлинике rehabilitated political prisoners are assigned to this clinic for treatment)

ПРИКРИКИВАТЬ (несов.) ПРИКРИКНУТЬ (сов.) **to shout** П на кого/что (П на детей to shout at children)

ПРИКРУЧИВАТЬ (нецов.) ПРИКРУТИТЬ (сов.) **to attach, tie** П что к чему (П руки к спине to tie smb.'s hands behind his back)

ПРИКРЫВАТЬ (несов.) ПРИКРЫТЬ (сов.) **to cover** 1. П кого/что чем (П ребёнка одеялом to cover a child with a blanket; П наступление артиллерийским огнём to cover an attack with artillery fire) 2. *misc.* П глаза от солнца to shield one's eyes from the sun; прикрываться детьми to use children as a human shield

ПРИКУПАТЬ (несов.) ПРИКУПИТЬ (сов.) **to buy** (more of) П что/чего (П землю/земли to buy more land)

ПРИКУРИВАТЬ (несов.) ПРИКУРИТЬ (сов.) **to get a light** П у кого (П у товарища to get a light from a friend)

ПРИЛАГАТЬ (несов.) ПРИЛОЖИТЬ (сов.) A. **to enclose** П что к чему (П справку к заявлению to enclose a supporting document with one's application) B. **to apply** П что к чему (П энергию к выполняемой работе to apply one's energy to a job) C. *misc.* П печать к документу to affix a seal to a document

ПРИЛАЖИВАТЬ (несов.) ПРИЛАДИТЬ (сов.) **to adjust, fit** П что к чему (П замок к двери to fit a lock to a door)

ПРИЛАСКАТЬСЯ see ЛАСКАТЬСЯ

ПРИЛЕГАТЬ (несов.) ПРИЛЕЧЬ (сов.) A. (only imperf.) **to adjoin, be next to** П к чему (поле прилегает к саду a field is right next to the garden) B. **to fit snugly** П к чему (платье хорошо прилегает к талии the dress hugs the waist nicely)

ПРИЛЕПЛЯТЬ (несов.) ПРИЛЕПИТЬ (сов.) **to paste, put** (by pasting) П что к чему/куда/где (П объявление к стене/на стену/на стене to put up a notice on a wall; П марку к конверту/на конверт to put a stamp on an envelope)

ПРИЛЕТАТЬ I (несов.) ПРИЛЕТЕТЬ (сов.) **to fly** 1. П куда (П к гнезду to fly to a nest; П на юг to fly south; П на аэродром to fly to an airport) 2. П откуда (П с юга to fly from the south; П из Сибири to fly from Siberia) 3. П на чём (П на вертолёте to fly in a helicopter) 4. *misc.* П рейсом Аэрофлота to arrive on an Aeroflot flight

ПРИЛЕТАТЬ II (сов.) **to come by plane** (and leave; used in the past tense) 1. П куда (к нам на полярную станцию прилетал хирург a surgeon flew in to visit us for while at the polar station) 2. П откуда (П из Чикаго to fly in from Chicago)

ПРИЛЕЧЬ (сов.) A. see ПРИЛЕГАТЬ B. **to lie down** (for a short time) 1. П куда (П на диван to lie down on a sofa) 2. П где (П под деревом to lie down under a tree; П на траве to lie down on the grass) 3. П + неопр. ф. (П отдохнуть to lie down for a rest)

ПРИЛИВАТЬ (несов.) **ПРИЛИТЬ** (сов.) **to rush** П к чему (кровь прилила к голове blood rushed to the head)

ПРИЛИПАТЬ (несов.) **ПРИЛИПНУТЬ** (сов.) A. see **ПРИСТАВАТЬ** D B. **to get on, stick to** (smt. sticky) 1. П к чему (муха прилипла к варенью a fly got into the jam) 2. *misc.* *у него язык прилип к гортани he is speechless

ПРИЛОЖИТЬ see **ПРИКЛАДЫВАТЬ, ПРИЛАГАТЬ**

ПРИЛЬНУТЬ (сов.) A. see **ЛЬНУТЬ** B. **to put** П чем к чему (П ухом к двери to put one's ear to a door)

ПРИМАЗЫВАТЬСЯ (несов.) **ПРИМА-ЗАТЬСЯ** (сов.) (colloq.) **to insinuate oneself, worm one's way into** П к чему (П к группе to worm one's way into a group)

ПРИМЕНЯТЬ (несов.) **ПРИМЕНИТЬ** (сов.) A. **to apply, make use of, use** 1. П что к чему (П знания к делу to apply one's knowledge to getting a job done) 2. П что где (П новые приёмы на практике to put new methods into practice) 3. *misc.* П широко to use widely B. **to resort to, make use of** П что к кому (П строгие меры к детям to resort to strict discipline in dealing with children; П поощрение к ученикам to motivate schoolchildren with praise; П к кому высшую меру наказания to sentence smb. to death)

ПРИМЕРИВАТЬ (несов.) **ПРИМЕРИТЬ** (сов.) **to fit, take measurements for** П что кому (П пиджак кому to fit smb. for a jacket)

ПРИМЁТЫВАТЬ (несов.) **ПРИМЕТАТЬ** (сов.) **to baste, stitch** П что к чему (П подкладку к пальто to baste a lining onto a coat)

ПРИМЕШИВАТЬ (несов.) **ПРИМЕШАТЬ** (сов.) **to add** (by mixing) П что/чего куда (П муку/муки в тесто to add flour to dough)

ПРИМИРИТЬ see **МИРИТЬ**

ПРИМИРИТЬСЯ see **МИРИТЬСЯ**

ПРИМИРЯТЬ (несов.) see **МИРИТЬ**

ПРИМИРЯТЬСЯ (несов.) see **МИРИТЬСЯ**

ПРИМКНУТЬ see **ПРИМЫКАТЬ**

ПРИМЧАТЬСЯ (сов.) **to rush, come rushing** 1. П куда (П в аптеку to rush to a pharmacy; П к врачу to rush to a doctor) 2. П откуда (П домой с работы to rush home from work)

ПРИМЫКАТЬ (несов.) **ПРИМКНУТЬ** (сов.) A. (only imperf.) **to adjoin, border on** П

к чему (П к полю to border on a field) B. **to join, go over to** П к кому/чему (П к бастующим to join/go over to the strikers; П к восстанию to join an uprising)

ПРИНАДЛЕЖАТЬ (несов.) A. **to belong to, be the property of** П кому/чему (машина принадлежит брату the car belongs to my brother; книга принадлежит библиотеке the book is the property of the library) B. **to be a member of, belong to** П кому/чему (П к оппозиции to be a member of the opposition; П к числу лучших to be one of the best; П к учёным to be a scientist; П к профсоюзу to belong to a labor union)

ПРИНАЛЕЧЬ (сов.) **to apply oneself to** П на что (П на учёбу to study very hard; П на вёсла to row hard)

ПРИНЕСТИ see **ПРИНОСИТЬ**

ПРИНИКАТЬ (несов.) **ПРИНИКНУТЬ** (сов.) **to press, put** П чем к кому/чему (П ухом к замочной скважине to put one's ear to a keyhole)

ПРИНИМАТЬ (несов.) **ПРИНЯТЬ** (сов.) A. **to receive** 1. П что от кого (П подарок от друга to receive a gift from a friend) 2. П что откуда (П радиопередачу с берега to receive a radiogram from shore) 3. П что у кого (П посылку у почтальона to receive a package from the mail carrier AE/postman BE) 4. *misc.* П информацию к сведению to receive information B. **to accept, admit, take in; to employ** 1. П кого/что куда (П студентов в университет to admit students to a university; П кого на завод to employ smb. at a plant; П кого в организацию to admit smb. into an organization) 2. П кого кем (его приняли кандидатом he was accepted as a candidate) 3. П кого откуда (П беженцев из лагерей to take in refugees from the camps) C. **to mistake for, take for** П кого/что за кого/что (я принял его за русского I took him for a Russian) D. **to take** (in various constructions) П что во внимание/в расчёт/к сведению to take smt. into account; П что (близко) к сердцу to take smt. to heart; П что на веру to take smt. on faith; П что на свой счёт to take smt. personally E. **to bear, turn** П куда (П вправо to bear right) F. *misc.* П радушно to greet warmly; П на себя обязательство to assume an obligation; П что под расписку to sign for smt; П что как аксиому to accept smt. as axiomatic; *П кого в дубьё/в штыки to give smb. a chilly reception; *П что за чистую монету to accept smt.

as the truth

ПРИНИМАТЬСЯ (несов.) **ПРИНЯТЬСЯ** (сов.) A. **to begin, get down to, start** 1. П за что (П за работу to get down to work; П за изучение русского языка to begin the study of Russian) 2. П + неопр. ф. (П читать to begin to read) B. (colloq.) **to crack down on** П за кого/что (П за прогульщиков to crack down on those who miss work)

ПРИНОРАВЛИВАТЬ (несов.) **ПРИНОРО- ВИТЬ** (сов.) (colloq.) **to coordinate** П что к чему (П свой отпуск к отпуску жены to go on leave at the same time as one's wife; П новые изделия к потребностям населения to meet the needs of the public with new products)

ПРИНОРАВЛИВАТЬСЯ (несов.) **ПРИНО- РОВИТЬСЯ** (сов.) **to adapt, adjust** П к кому/чему (П к новым условиям to adapt to new conditions)

ПРИНОСИТЬ I (несов.) **ПРИНЕСТИ** (сов.) A. **to bring** 1. П кого/что/чего кому/к кому/куда (П ребёнка к матери to bring a child to its mother; П словарь на урок to bring a dictionary to class; П игрушки/игрушек детям to bring toys to children; П счастье кому to bring happiness to smb.; П фрукты/фруктов гостям to serve fruit to one's guests) 2. П кого/что/чего откуда (П книгу из библиотеки to bring a book from a library) B. **to cause** П что кому/чему (П беду кому to cause smb. trouble; П вред кому to cause smb. harm) C. *misc.* П пользу кому to be of use to smb.; П благодарность кому to express one's gratitude to smb.; П что в жертву to sacrifice smt.; П извинение кому to apologize to smb.

ПРИНОСИТЬ II (сов.) **to bring** (and take back; used in the past tense) 1. П что куда (она приносила книги домой she brought the books home for a while) 2. П что откуда (я приносил словарь из библиотеки I took a dictionary out of the library for a while)

ПРИНУЖДАТЬ (несов.) **ПРИНУДИТЬ** (сов.) **to coerce, force** 1. П кого/что к чему (П противника к сдаче to force an opponent to give up) 2. П кого/что + неопр. ф. (П врага сдаться to force an enemy to surrender)

ПРИНЮХИВАТЬСЯ (несов.) **ПРИНЮ- ХАТЬСЯ** (сов.) **to get used to** (a smell) П к чему (П к табачному дыму to get used to tobacco smoke)

ПРИНЯТЬ see **ПРИНИМАТЬ**
ПРИНЯТЬСЯ see **ПРИНИМАТЬСЯ**

ПРИОБРЕТАТЬ (несов.) **ПРИОБРЕСТИ** (сов.) **to acquire** 1. П что за что (П картину за сто долларов to acquire a painting for a hundred dollars) 2. *misc.* П что на валюту to acquire smt. for hard currency

ПРИОБЩАТЬ (несов.) **ПРИОБЩИТЬ** (сов.) A. **to acquaint** (with), **introduce** (to) П кого/что к чему (П кого к искусству to introduce smb. to art) B. **to attach** П что к чему (П документы к делу to file documents)

ПРИОБЩАТЬСЯ (несов.) **ПРИОБЩИТЬ- СЯ** (сов.) **to become part of, join** П к чему (П к общественной жизни to become active in public affairs)

ПРИПАДАТЬ I (несов.) **ПРИПАСТЬ** (сов.) (colloq.) **to snuggle against** П к кому/чему (ребёнок припал к материнской груди the child snuggled against its mother)

ПРИПАДАТЬ II (несов.) **to limp** (slightly) *misc.* она припадает на левую ногу her left leg is a little lame

ПРИПАИВАТЬ (несов.) **ПРИПАЯТЬ** (сов.) **to solder** П что к чему (П ручку к кастрюле to solder a handle onto a pot)

ПРИПАСАТЬ (несов.) **ПРИПАСТИ** (сов.) (colloq.) **to lay in a supply of** П что/чего (П топливо/топлива to lay in a supply of fuel)

ПРИПАСТЬ see **ПРИПАДАТЬ**
ПРИПАЯТЬ see **ПРИПАИВАТЬ**

ПРИПИРАТЬ (несов.) **ПРИПЕРЕТЬ** (сов.) A. **to press, push** П кого/что к чему (П кого к стенке to push smb. against a wall; and, — fig.: to exert extreme pressure on smb.) B. **to prop, secure** П что чем (П дверь стулом to prop a door open with a chair)

ПРИПИСЫВАТЬ (несов.) **ПРИПИСАТЬ** (сов.) A. **to add** (in writing) П что к чему/где (П строчку к письму/в письме to add a line to a letter) B. **to assign, register** П кого/что к чему (П призывника к участку to register a conscript at a local board; военнослужащие были приписаны к 1-й пехотной дивизии the soldiers were assigned to the First Infantry Division) C. **to attribute** П что кому/чему (П стихотворение Пушкину to attribute a poem to Pushkin) D. **to chalk up, attribute** П что чему (П неудачу случайности to chalk up a failure to bad luck)

ПРИПЛЕТАТЬ (несов.) **ПРИПЛЕСТИ** (сов.) **to weave in** П что во что/к чему (П ленту в венок/к венку to weave a ribbon into a wreath)

ПРИПЛЫВАТЬ (несов.) **ПРИПЛЫТЬ**

(сов.) A. **to swim** 1. П куда (П к берегу to swim to shore) 2. П откуда (П с острова to swim from an island) B. **to sail** 1. П куда (П в порт to sail into a harbor) 2. П откуда (П из порта to sail out of a harbor) 3. П на чём (П на лодке to sail a boat; П на плоту to float on a raft)

ПРИПЛЮСОВЫВАТЬ (несов.) **ПРИПЛЮСОВАТЬ** (сов.) **to add** П что к чему (П страховой взнос к цене to add the insurance premium to a price)

ПРИПОЛЗАТЬ (несов.) **ПРИПОЛЗТИ** (сов.) **to crawl, creep** 1. П куда (П под дерево to crawl under a tree) 2. *misc.* П на животе to crawl on one's stomach

ПРИПОМИНАТЬ (несов.) **ПРИПОМНИТЬ** (сов.) A. **to remind** П (кому), как/что с придат. (я им припомнил, что я уже уплатил по счёту I reminded them that I had already paid the bill) B. *misc.* смутно П to remember vaguely; я это тебе припомню! I'll get even with you for that!

ПРИПРАВЛЯТЬ (несов.) **ПРИПРАВИТЬ** (сов.) **to flavor** П что чем (П суп луком to cut onion into a soup)

ПРИПУСКАТЬ (несов.) **ПРИПУСТИТЬ** (сов.) *misc.* П телёнка к корове to bring a calf to its mother

ПРИРАБАТЫВАТЬ (несов.) **ПРИРАБОТАТЬ** (сов.) **to earn** (smt. extra) П что/чего (П деньги/денег to earn some extra money)

ПРИРАВНИВАТЬ (несов.) **ПРИРАВНЯТЬ** (сов.) **to equate** П кого/что к кому/чему (П трусость к измене to equate cowardice with treason)

ПРИРАСТАТЬ (несов.) **ПРИРАСТИ** (сов.) **to become rooted** (to) П к чему (она приросла к стулу she was rooted to the chair; точно к земле прирос he stood rooted to the spot)

ПРИРЕЗАТЬ, ПРИРЕЗЫВАТЬ(несов.) **ПРИРЕЗАТЬ** (сов.) **to add** П что/чего к чему (П землю/земли к колхозу to add land to a kolkhoz)

ПРИРУЧАТЬ (несов.) **ПРИРУЧИТЬ** (сов.) **to domesticate, tame** П кого/что к кому (П зверей к людям to domesticate animals)

ПРИСАЖИВАТЬСЯ (несов.) **ПРИСЕСТЬ** (сов.) **to sit down** 1. П куда (П на диван to sit down on a sofa; П в кресло to sit down in an armchair; П к столу to sit down at a table; П за стол to take one's place at a table) 2. *misc.* П на колени to kneel; П на корточки to crouch; П рядом с гостем to sit down next to

a guest

ПРИСВАИВАТЬ (несов.) **ПРИСВОИТЬ** (сов.) A. **to award, confer** 1. П кому/чему что (П кому учёную степень to confer an academic degree on smb.; П певцу звание народного артиста to confer the title of People's Artist on a singer) 2. *misc.* П чьё имя театру to name a theater after smb.; за форсирование Днепра ему присвоено звание Героя Советского Союза for crossing the Dnieper under fire he was made a Hero of the Soviet Union B. **to appropriate, take** П что чем (П что силой to take smt. by force) C. *misc.* П себе право to assume a right

ПРИСЕДАТЬ (несов.) **ПРИСЕСТЬ** (сов.) **to crouch, squat** П на что (П на корточки to crouch; П на колени to kneel)

ПРИСЕСТЬ see **ПРИСАЖИВАТЬСЯ, ПРИСЕДАТЬ**

ПРИСКАКИВАТЬ (несов.) **ПРИСКАКАТЬ** (сов.) **to come riding** (at a gallop) 1. П (на чём) куда (он прискакал в город на лошади he rode into town at a gallop) 2. *misc.* П во весь опор to gallop at full speed

ПРИСЛАТЬ see **ПРИСЫЛАТЬ**

ПРИСЛОНЯТЬ (несов.) **ПРИСЛОНИТЬ** (сов.) **to lean, rest** П кого/что к чему (П лестницу к стене to lean a ladder against a wall)

ПРИСЛОНЯТЬСЯ (несов.) **ПРИСЛОНИТЬСЯ** (сов.) **to lean** П (чем) к кому/чему (она прислонилась плечом к двери she leaned her shoulder against a door; П к стене to lean against a wall)

ПРИСЛУШИВАТЬСЯ (несов.) **ПРИСЛУШАТЬСЯ** (сов.) A. **to listen to** П к чему (П к песне to listen to a song) B. **to heed, listen to** 1. П к чему (П к чьему совету to heed smb.'s advice) 2. П к тому, что с придат. (нужно всегда прислушиваться к тому, что говорят друзья one should always listen to what friends say) C. (colloq.) **to get accustomed to** (a sound) П к чему (П к уличному шуму to get accustomed to the sounds of the street)

ПРИСМАТРИВАТЬ (несов.) **ПРИСМОТРЕТЬ** (сов.) A. **to keep an eye on, supervise, watch** П за кем/чем (П за детьми to keep an eye on the children; П за уборкой to supervise a clean-up) B. **to pick out** П что кому/для кого (П подарок родителям/для родителей to pick out a gift for one's parents; П себе пальто to pick out a coat for oneself)

ПРИСМАТРИВАТЬСЯ (несов.) **ПРИ-**

СМОТРЕТЬСЯ (сов.) А. **to look closely at** П к кому/чему (к этому человеку нужно хорошенько присмотреться we have to size this fellow up carefully) В. **to get accustomed to** П к кому/чему (П к обстановке to get accustomed to one's surroundings)

ПРИСНИТЬСЯ see СНИТЬСЯ

ПРИСОВОКУПЛЯТЬ (несов.) **ПРИСОВО-КУПИТЬ** (сов.) **to add** П что к чему (П документ к делу to file a document)

ПРИСОЕДИНЯТЬ (несов.) **ПРИСОЕДИ-НИТЬ** (сов.) А. **to add** П что к чему (П чьи деньги к своим to add smb.'s money to one's own) В. **to connect** П что к чему (П провод к сети to connect a wire to a circuit)

ПРИСОЕДИНЯТЬСЯ (несов.) **ПРИСОЕ-ДИНИТЬСЯ** (сов.) **to join** 1. П к кому/чему (П к остальным to join the others; П к общему мнению to accept the prevailing opinion) 2. П к тому, что с придат. (я присоединяюсь к тому, что она сказала I agree with what she said)

ПРИСОХНУТЬ see ПРИСЫХАТЬ

ПРИСПОСАБЛИВАТЬ, ПРИСПОСОБ-ЛЯТЬ (несов.) **ПРИСПОСОБИТЬ** (сов.) **to adapt, convert** П что для чего/подо что (П здание под клуб to convert a building into a clubhouse)

ПРИСПОСАБЛИВАТЬСЯ, ПРИСПО-СОБЛЯТЬСЯ (несов.) **ПРИСПОСО-БИТЬСЯ** (сов.) **to adapt, adjust** П к кому/чему (П к новым условиям to adapt to new conditions)

ПРИСТАВАТЬ (несов.) **ПРИСТАТЬ** (сов.) А. **to stick** (to) П к чему (колючки пристали к платью thorns stuck to the dress; к одежде пристала грязь I got mud on my clothing) В. (nautical) **to put in** П к чему (П к берегу to put in to shore) С. **to join** П к кому/чему (П к экскурсии to join an excursion) D. **to accost, come up to; to bother, nag** П к кому (он пристал к ней на улице he accosted her/came up to her on the street; он пристаёт ко мне со всякими расспросами he keeps bothering me with all sorts of questions) Е. (only perf.; impers.; usu. negative) **to be proper** П кому + неопр. ф. (не пристало ей так говорить she should not speak like that) F. *misc.* *пристать с ножом к горлу to threaten

ПРИСТАВЛЯТЬ (несов.) **ПРИСТАВИТЬ** (сов.) А. **to lean** (against), **place** (next to) П что к чему (П лестницу к стене to lean a ladder against a wall; П стол к окну to place a table next to a window) В. (colloq.) **to appoint, assign** (to look after) П кого к кому/чему (П сторожа к складу to assign a guard to keep watch over a warehouse)

ПРИСТАТЬ see ПРИСТАВАТЬ

ПРИСТЁГИВАТЬ (несов.) **ПРИСТЕГ-НУТЬ** (несов.) **to attach, pin** 1. П что (чем) к чему (П значок к пиджаку булавкой to pin a badge on a jacket) 2. *misc.* П себя к сиденью to put on a seat belt; пристёгиваться ремнями to put on seat belts

ПРИСТРАИВАТЬ (несов.) **ПРИСТРОИТЬ** (сов.) А. **to add** (to a structure) П что к чему (П балкон к дому to add a balcony to a house) В. (colloq.) **to place** П кого куда (П кого на работу to find a job for smb.; П кого на квартиру to find an apartment AE/flat BE for smb.)

ПРИСТРАИВАТЬСЯ (несов.) **ПРИСТРО-ИТЬСЯ** (сов.) А. **to find work** П куда (П в канцелярию to find work in an office) В. *misc.* она пристроилась писать на кухне she found a spot in the kitchen where she could write

ПРИСТРАСТИТЬСЯ (сов.) **to develop a passion for** П к чему (П к чтению to develop a passion for reading)

ПРИСТРОИТЬ see ПРИСТРАИВАТЬ

ПРИСТУПАТЬ (несов.) **ПРИСТУПИТЬ** (сов.) А. **to begin** П к чему (П к работе to begin work; П к строительству to begin construction) В. **to get down to** П к чему (П к решению проблемы to get down to solving a problem; П к теме доклада to get to the heart of a paper)

ПРИСТЫДИТЬ see СТЫДИТЬ

ПРИСУЖДАТЬ (несов.) **ПРИСУДИТЬ** (сов.) А. **to sentence; to fine** 1. П кого/что к чему (П преступника к тюремному заключению to sentence a criminal to jail; П кого к штрафу to fine smb.) 2. П кому + неопр. ф. (ей присудили выплатить штраф she was fined) В. **to award, confer** 1. П что кому/чему (П кому учёную степень to confer an academic degree on smb.; П кому премию to award a prize to smb.) 2. П (кому) что за что (П премию за лучшую кинокартину to award a prize for the best film)

ПРИСУТСТВОВАТЬ (несов.) **to attend; to be present** П где (П на лекции to attend a lecture; П на/при встрече to be present at a meeting)

ПРИСЧИТЫВАТЬ (несов.) **ПЕРЕСЧИ-**

ТАТЬ (сов.) **to add** П что к чему (П к счёту стоимость перевозки to add shipping costs to a bill)

ПРИСЫЛАТЬ (несов.) **ПРИСЛАТЬ** (сов.) **to send** 1. П что/чего кому/куда (П деньги/ денег родителям to send money to one's parents; П письмо в Лондон to send a letter to London) 2. П что/чего кому откуда (П посылку сестре из-за границы to send a package from abroad to one's sister) 3. П кого куда (П курьера к начальнику to send a messenger to the director; П студента на практику to send a student out to do fieldwork) 4. П кого/что за кем/чем (П кого за врачом to send smb. for a doctor) 5. П что чем/по чему (П письмо почтой/по почте to mail AE/post BE a letter; отец прислал ему банде- ролью журналы his father sent him magazines as 'printed matter')

ПРИСЫПАТЬ (несов.) **ПРИСЫПАТЬ** (сов.) A. **to spread, sprinkle** 1. П что чем (П дорогу песком to spread sand on a road) 2. *misc.* П опрелость ребёнку to put powder on a child's rash B. **to pour** П что/чего куда (П сахар/сахару в сахарницу to pour sugar into a sugar bowl)

ПРИСЫХАТЬ (несов.) **ПРИСОХНУТЬ** (сов.) **to** (dry and) **stick** П к чему (П к бумаге to stick to paper; П к одежде to stick to cloth- ing)

ПРИСЯГАТЬ (несов.) **ПРИСЯГНУТЬ** (сов.) **to swear allegiance** (to) 1. П кому/чему (П правительству to swear allegiance to a government) 2. *misc.* П на верность кому to swear allegiance to smb.; П на Библии to swear on the Bible

ПРИТАСКИВАТЬ (несов.) **ПРИТАЩИТЬ** (сов.) A. **to drag, haul** 1. П что/чего куда (П бревно к сараю to drag a log over to a barn) 2. П что/чего откуда (П воду/воды из колод- ца to drag water from a well) B. **to force to come, drag** П кого куда (зачем ты меня притащила на эту свадьбу? why did you drag me to this wedding?)

ПРИТВОРЯТЬСЯ (несов.) **ПРИТВОРИТЬ- СЯ** (сов.) **to pretend, feign** 1. П кем/каким (П спящим to pretend to be asleep; П безраз- личным to feign indifference) 2. П, как буд- то/что с придат. (она притворяется как будто/что ничего не знает she pretends not to know anything)

ПРИТЕРПЕТЬСЯ (сов.) **to get used to** П к чему (П к боли to get used to pain)

ПРИТИРАТЬСЯ (несов.) **ПРИТЕРЕТЬСЯ** (сов.) (slang) **to join** П к кому/чему (он притёрся к нашей компании he became one of the gang)

ПРИТИСКИВАТЬ (несов.) **ПРИТИСНУТЬ** (сов.) (colloq.) A. **to jam** П что чем (П палец дверью to get a finger jammed in a door) B. *misc.* П кого к стене to press smb. up against a wall

ПРИТРАГИВАТЬСЯ (несов.) **ПРИТРО- НУТЬСЯ** (сов.) **to touch** П (чем) к кому/ чему (П к картине пальцем to touch a picture with one's finger; она не притронулась к обеду she didn't touch her lunch)

ПРИТУПЛЯТЬ (несов.) **ПРИТУПИТЬ** (сов.) **to blunt, dull** П что чем (П нож час- тым употреблением to make a knife blunt by frequent use)

ПРИТЯГИВАТЬ (несов.) **ПРИТЯНУТЬ** (сов.) A. **to draw, pull** 1. П (чем) кого/что куда (П лодку к берегу багром to pull a boat up onto the shore with a boat hook) 2. *misc.* П кого за волосы to pull smb. by the hair B. **to attract** 1. П (к себе) кого/что чем (П внима- ние к себе внешностью to attract attention to oneself by one's bizarre appearance) 2. П кого откуда (П гостей из разных стран to attract visitors from various countries)

ПРИТЯЗАТЬ (несов.) (lit.) **to claim** П на что (П на право to claim a right)

ПРИУКРАШИВАТЬ (несов.) **ПРИУКРА- СИТЬ** (сов.) **to embellish, spruce up** П кого/ что чем (П рассказ выдумками to embellish a story with one's imagination)

ПРИУРОЧИВАТЬ (несов.) **ПРИУРО- ЧИТЬ** (сов.) **to time** (so as to coincide with) П что к чему (П окончание стройки к праз- днику to time the completion of a construction project to coincide with a holiday)

ПРИУЧАТЬ (несов.) **ПРИУЧИТЬ** (сов.) **to teach, train** 1. П кого к чему (П кого к послушанию to teach/train smb. to obey) 2. П кого + неопр. ф. (П кого слушаться to teach/ train smb. to obey) 3. П кого, чтобы с при- дат. (она приучает детей, чтобы её слуша- лись she's teaching the children to obey her) 4. *misc.* П медвежонка к людям to domesticate a bear cub

ПРИХВАТЫВАТЬ (несов.) **ПРИХВАТИТЬ** (сов.) (colloq.) A. **to take** 1. П что откуда (он прихватил солидную сумму из государ- ственной казны he took a considerable amount from the state treasury) 2. П что куда

(П зонтик на работу to take an umbrella to work) 3. П что/чего (прихватить денег to take some money) B. *misc.* она прихватила денег в долг she borrowed some money; цветы прихватило морозом the flowers were damaged by frost

ПРИХОДИТЬ I (несов.) **ПРИЙТИ** (несов.) A. **to come, arrive** 1. П куда/к кому (П в школу to come to school; П на работу to come to work; они пришли ко мне they came to my place; она пришла в библиотеку в десять часов she arrived at the library at ten o'clock) 2. П откуда/от кого (П из дому to come from home; письмо пришло от друга a letter came from my friend) 3. П какой/каким/кем (он пришёл домой трезвый he came home sober; она пришла первой she arrived first; они пришли освободителями they came as liberators) 4. *misc.* *П к шапочному разбору to show up at the very end of an affair B. **to come; to reach** 1. П за кем/чем (П за ребёнком to come for a child *and* to come to pick up a child; П за советом to come for advice *or* to come to seek advice) 2. П + неопр. ф. (П попрощаться to come to say goodbye) 3. П к чему (П к выводу to come to/reach a conclusion; П к соглашению to come to/reach an agreement; П к власти to come to power) 4. *misc.* П кому на помощь to come to smb.'s aid; П кому на смену to relieve smb.; успех пришёл к ней рано success came to her early; бегун пришёл к финишу the runner reached the finish line; *П на ум кому to come to mind; C. **to be, become** П во что (П в восторг to become ecstatic; П в восхищение to be delighted; П в негодность to become useless; П в негодование to become indignant; П в недоумение to become confused; П в норму to become the norm; П в отчаяние to become desperate; П в смущение to become embarrassed) D. **to reach** П кому (важное письмо пришло соседу our neighbor got an important letter) E. *misc.* П в действие to go into action; П в ветхость to fall into disrepair; П в движение to begin to move; П в ярость to fly into a rage; П в чувство/в сознание to come to (after being unconscious); интересная мысль пришла ей в голову an interesting idea occurred to her; П в себя to come to *or* to calm down

ПРИХОДИТЬ II (сов.) **to come, arrive** (and leave; used in the past tense) П куда/к кому (ко мне приходил врач the doctor was here)

ПРИХОДИТЬСЯ (несов.) **ПРИЙТИСЬ** (сов.) A. **to fit, suit** П (кому) по чему (туфли пришлись мне по ноге the shoes fit AE/fitted BE me; ковёр пришёлся по размерам спальни the rug fit AE/fitted BE the bedroom floor; это мне пришлось по вкусу that suited my taste; этот клуб пришёлся по душе многим спортсменам this club made a big hit with many athletes) B. **to fall** (of dates, holidays) П на что (Пасха пришлась на первое апреля Easter fell on April first) C. (impers.; no imperf. future) **to have to** П кому + неопр. ф. (мне пришлось подождать I had to wait) D. (impers.) **to happen to** П кому + неопр. ф. (ей пришлось быть рядом в тот момент she just happened to be there at that moment) E. (only imperf.) **to be related** (to) П кому кем (он приходится ей деверем he is her brother-in-law/her husband's brother; она мне приходится свояченицей she is my sister-in-law/my wife's sister) F. **to fall to, go to** П на кого/что (львиная доля контрактов приходится на Калифорнию the lion's share of the contracts go to California; П на чью долю to fall to one's lot) G. **to hit, strike** П по кому/чему (следующий удар пришёлся по социалистам the next blow struck the Socialists) H. *misc.* нам пришлось тяжело we had a rough time; на каждую женщину приходится по двое мужчин for every woman there are two men; с них пришлось десять долларов they had to pay ten dollars; собака ела, что придётся the dog ate anything it could find; ночует где придётся he sleeps anywhere; слелать что как придётся to slap smt. together any old way; *прийтись не ко двору to be in the wrong place at the wrong time

ПРИЦЕЛИВАТЬСЯ (несов.) **ПРИЦЕЛИТЬСЯ** (сов.) **to aim** П (из чего) в кого/что (П в цель из винтовки to aim a rifle at a target)

ПРИЦЕНИВАТЬСЯ, ПРИЦЕНЯТЬСЯ (несов.) **ПРИЦЕНИТЬСЯ** (сов.) **to ask about the cost/price** П к кому/чему (П к машине to ask about the price of a car)

ПРИЦЕПЛЯТЬ (несов.) **ПРИЦЕПИТЬ** (сов.) **to couple, hook** П что к чему (П вагон к поезду to couple a car AE/carriage BE to a train)

ПРИЧАЛИВАТЬ (несов.) **ПРИЧАЛИТЬ** (сов.) (nautical) **to moor, put in, tie up** 1. П к чему (лодка причалила к берегу the boat put in to shore; пароход причалил к пристани the steamship tied up at a pier) 2. П что к чему (П пароход к пристани to moor a steamship at a pier)

ПРИЧЁСЫВАТЬСЯ (несов.) **ПРИЧЕ-САТЬСЯ** (сов.) **to comb one's hair; to have one's hair set** 1. П у кого (П у мастера to have one's hair set by a hairdresser) 2. *misc.* П на пробор to part one's hair

ПРИЧИНЯТЬ (несов.) **ПРИЧИНИТЬ** (сов.) **to cause** 1. П (чем) что кому/чему (П вред посевам своими поступками to damage crops by one's actions) 2. *misc.* П боль кому словами to say smt. offensive to smb.

ПРИЧИСЛЯТЬ (несов.) **ПРИЧИСЛИТЬ** (сов.) A. **to add, charge** П что к чему (к сумме расходов причислить ещё десять долларов to charge ten more dollars to one's expense account) B. **to assign** П кого/что к чему (П офицера к штабу to assign an officer to headquarters) C. **to classify, declare, rank** 1. П кого/что к кому/чему (П кого к выдающимся учёным to rank smb. as an outstanding scientist) 2. *misc.* П кого к лику святых to canonize smb.

ПРИЧИТАТЬСЯ (несов.) (colloq.) **to be due** П с кого (сколько с нас причитается? how much do we owe?)

ПРИЧУДИТЬСЯ see **ЧУДИТЬСЯ**

ПРИШВАРТОВАТЬ see **ШВАРТОВАТЬ**

ПРИШИВАТЬ (несов.) **ПРИШИТЬ** (сов.) **to sew** (on) П что к чему (П пуговицу к платью to sew a button on a dress)

ПРИШПИЛИВАТЬ (несов.) **ПРИШПИЛИТЬ** (сов.) **to pin** П что к чему/где (П значок к груди/на груди to pin a badge on one's chest)

ПРИЩЁЛКИВАТЬ (несов.) **ПРИЩЁЛКНУТЬ** (сов.) **to click, crack, snap** П чем (П кнутом to crack a whip; П пальцами to snap one's fingers; П языком to click one's tongue; П каблуками to click one's heels)

ПРИЩЕМЛЯТЬ (несов.) **ПРИЩЕМИТЬ** (сов.) **to jam, pinch** П (себе) что чем (он прищемил себе палец дверью he jammed his finger in a door)

ПРИЩУРИВАТЬСЯ (несов.) **ПРИЩУРИТЬСЯ** (сов.) **to blink** П от чего (П от яркого солнца to blink in the bright sun)

ПРОБЕГАТЬ (несов.) **ПРОБЕЖАТЬ** (сов.) **to run** 1. П куда (П к реке to run to a river; П через улицу to run across a street; П на стадион to run to a stadium) 2. П мимо кого/чего (П мимо дома to run past a house) 3. П по

чему (П по улице to run along a street; слеза пробежала по её щеке a tear ran down her cheek) 4. *misc.* П пальцами по клавишам to run one's fingers over the keys (of a piano); П страницу быстрым взглядом to run down a page quickly; она пробежала дистанцию за пять минут she ran the distance in five minutes; *у меня мороз по спине пробежал chills ran up and down my spine

ПРОБЕЖАТЬСЯ (сов.) **to run** 1. П по чему (П по снегу to run through snow; П по дорожке to run along a path) 2. П чем по чему (П пальцами по струнам гитары to run one's fingers over the strings of a guitar)

ПРОБИВАТЬ (несов.) **ПРОБИТЬ** (сов.) A. **to build** П что сквозь что/через что (П дорогу сквозь густой лес to build a road through a dense forest) B. **to make** П что где (П отверстие в стене to make an opening in a wall)

ПРОБИВАТЬСЯ (несов.) **ПРОБИТЬСЯ** (сов.) **to fight/force one's way; to get** (into, to) 1. П куда (П в дом to force one's way into a house; П в финал to get into the finals) 2. П сквозь что/через что (П сквозь толпу/через толпу to force one's way through a crowd)

ПРОБИРАТЬСЯ (несов.) **ПРОБРАТЬСЯ** (сов.) see **ПРОБИВАТЬСЯ**

ПРОБОВАТЬ (несов.) A. **ПОПРОБОВАТЬ** (сов.) **to taste** П что/чего (П сыр/сыру to taste the cheese/some cheese) B. **ПОПРОБОВАТЬ** (сов.) **to try** П + неопр. ф. (П читать to try to read; я попробовал заснуть I tried to fall asleep) C. **ИСПРОБОВАТЬ** (сов.) **to test, try out** П кого/что на что (П актёра на роль to try out an actor for a role; П материал на прочность to test material for durability)

ПРОБРОСАТЬСЯ (сов.) (colloq.) **to lose, throw away** П кем/чем (П хорошими работниками to lose good workers)

ПРОБУЖДАТЬСЯ (несов.) **ПРОБУДИТЬСЯ** (сов.) (lit.) **to awaken, wake up** П от чего (П ото сна to awaken from one's sleep)

ПРОВАЛИВАТЬСЯ (несов.) **ПРОВАЛИТЬСЯ** (сов.) A. **to fall** 1. П куда (П в воду to fall into the water) 2. П сквозь что (П сквозь крышу to fall through a roof) B. *misc.* П на экзамене to fail an examination; *как сквозь землю провалился he disappeared without a trace; *готов сквозь землю провалиться he wishes that the ground would swallow him up; *провалиться с треском to fall flat on one's face

ПРОВЕДЫВАТЬ (несов.) **ПРОВЕДАТЬ** (сов.) (colloq.) **to hear about** П что *and* о ком/чём (П о приезде знакомого to hear about a friend's arrival)

ПРОВЕЗТИ see **ПРОВОЗИТЬ**

ПРОВЕРЯТЬ (несов.) **ПРОВЕРИТЬ** (сов.) **to test** 1. П что на что (П материалы на прочность to test materials for durability) 2. *misc.* П тщательно to test thoroughly

ПРОВЕСТИ see **ПРОВОДИТЬ**

ПРОВЕЩАТЬ see **ВЕЩАТЬ** I

ПРОВИНИТЬСЯ (сов.) **to be guilty** (of); **to do smt. wrong** 1. П в чём (в чём я опять провинился? what have I done wrong this time? 2. П перед кем (он перед ними сильно провинился he did them a bad turn) 3. П в том, что с придат. (она провинилась в том, что опять не выполнила обещание once again, she did not keep her promise)

ПРОВОДИТЬ I (несов.) **ПРОВЕСТИ** (сов.) A. **to guide, lead, steer, take** 1. П кого/что через что (П лодку через пороги to steer a boat through rapids; П отряд через болото to lead a detachment through a swamp; П законопроект через парламент to steer a bill through a parliament) 2. П кого куда (П дочь в школу to take one's daughter to school; П гостей на террасу to take guests out onto a terrace) 3. П кого/что по чему (П гостей по коридору to lead guests along a corridor) B. **to draw** П что чем (П линию карандашом to draw a line with a pencil) C. **to pass, run** П чем по чему (она провела рукой по лбу she ran her hand across her forehead; П смычком по стрункам to pass a bow over the strings; П тряпкой по стеклу to run a rag across a window pane) D. *misc.* П идею в жизнь to implement an idea; П время хорошо to have a good time; во все дома провели газ they installed natural gas in all the houses; *его на мякине не проведёшь you can't fool him

ПРОВОДИТЬ II see **ПРОВОЖАТЬ**

ПРОВОЖАТЬ (несов.) **ПРОВОДИТЬ** (сов.) **to accompany, see off, send off** 1. П кого/что куда (П друга на вокзал to see a friend off at the station; П сына в армию to send one's son off to the army; П посетителя до двери to walk a guest to the door) 2. *misc.* он её провожал глазами he didn't take his eyes off her; П актёра бурными аплодисментами to give an actor a thunderous send-off; П работника на пенсию to have a retirement party for a worker

ПРОВОЗГЛАШАТЬ (несов.) **ПРОВОЗГЛАСИТЬ** (сов.) **to declare, proclaim** 1. П кого/что кем/чем (П кого победителем соревнования to declare smb. the winner of a contest) 2. *misc.* П во всеуслышание to proclaim for all to hear

ПРОВОЗИТЬ (несов.) **ПРОВЕЗТИ** (сов.) **to drive, haul, transport** 1. П кого/что через что *and* по чему (П туристов через горы to drive tourists through mountains; П продукты по пустыне to transport food across a desert) 2. *misc.* П что в страну контрабандой to smuggle smt. into a country

ПРОВОЦИРОВАТЬ (сов. и несов.) — (сов. тж.) **СПРОВОЦИРОВАТЬ** **to goad, provoke** 1. П кого/что на что (П рабочих на забастовку to goad workers into a strike) 2. П кого на то, чтобы с придат. (её спровоцировали на то, чтобы она уехала they goaded her into leaving)

ПРОГЛАЖИВАТЬ (несов.) **ПРОГЛАДИТЬ** (сов.) **to iron** П что чем (П платье утюгом to iron a dress)

ПРОГЛЯДЫВАТЬ (несов.) **ПРОГЛЯНУТЬ** (сов.) **to appear, show** 1. П сквозь что (солнце проглядывало сквозь облака the sun showed through the clouds) 2. П из-за чего (солнце проглянуло из-за облаков the sun appeared from behind the clouds)

ПРОГНАТЬ see **ПРОГОНЯТЬ**

ПРОГНОЗИРОВАТЬ (сов. и несов.) (lit.) **to predict** П, что с придат. (министерство прогнозировало, что доходы снизятся the ministry predicted that revenues would decrease)

ПРОГОВАРИВАТЬСЯ (несов.) **ПРОГОВОРИТЬСЯ** (сов.) **to blab, reveal** П (кому) о чём (П о тайне другу to reveal a secret to a friend)

ПРОГОЛОСОВАТЬ see **ГОЛОСОВАТЬ**

ПРОГОНЯТЬ (несов.) **ПРОГНАТЬ** (сов.) **to drive** (out), **expel** П кого/что откуда (П захватчиков из страны to drive invaders out of a country)

ПРОГРОХОТАТЬ (сов.) **to rumble** *misc.* колонна танков прогрохотала по улицам города a column of tanks rumbled through the streets of the city

ПРОДАВАТЬ (несов.) **ПРОДАТЬ** (сов.) **to sell** 1. П что кому/чему/куда (П сырьё другим странам/в другие страны to sell raw materials to other countries; П сувениры туристам to sell souvenirs to tourists) 2. П что где (П овощи на рынке to sell vegetables at a market) 3. П что за что (она продала рояль за сто долларов she sold the piano for a hundred dollars) 4. П что на что (они продали нефть на несколько миллионов долларов they sold several million dollars worth of oil; П что на валюту to sell smt. for hard currency) 5. *misc.* П что с аукциона/с торгов to put smt. up for auction; П дёшево to sell cheaply; П дорого to sell at high prices; П что со скидкой to sell smt. at a discount

ПРОДВИГАТЬ (несов.) **ПРОДВИНУТЬ** (сов.) A. **to move** П кого/что куда (П стол к окну to move a table over to a window; П шкаф через дверь to move a cabinet through a door) B. **to promote** 1. П кого куда (П кого на новую должность to promote smb. to a new position) 2. *misc.* П кого по службе to promote smb. (at work)

ПРОДВИГАТЬСЯ (несов.) **ПРОДВИНУТЬСЯ** (сов.) A. **to move** 1. П куда (П к выходу to move towards an exit; П на запад to move to the west) 2. П по чему (П по дороге to move along a road) B. **to advance** 1. П в чём (П в своей области to advance in one's field) 2. П по чему (П по службе to advance at/in one's job *or* to be promoted) 3. *misc.* войска продвинулись на двух направлениях the troops advanced on two sectors; П на сто километров to advance by 100 kilometers

ПРОДЕВАТЬ (несов.) **ПРОДЕТЬ** (сов.) **to put, stick** 1. П что во что (П ногу в стремя to put one's foot into a stirrup; П нитку в иголку to thread a needle) 2. П что через что (П шнур через кольцо to put a cord through a ring)

ПРОДЕЛЫВАТЬ (несов.) **ПРОЛЕЛАТЬ** (сов.) **to make** (by cutting through smt.) П что в чём (П ход в заборе to cut/make an opening in a fence)

ПРОДЕМОНСТРИРОВАТЬ see **ДЕМОНСТРИРОВАТЬ**

ПРОДЕТЬ see **ПРОДЕВАТЬ**

ПРОДИКТОВАТЬ see **ДИКТОВАТЬ**

ПРОДЛЕВАТЬ (несов.) **ПРОДЛИТЬ** (сов.) **to extend** 1. П что кому (П отпуск рабочему to extend a worker's leave) 2. П что на что (П визу на пять дней to extend a visa for five days) 3. П что куда (П линию в сторону Москвы to extend a line in the direction of Moscow) 4. П что до чего (П визит до конца месяца to extend a visit to the end of the month)

ПРОДОЛЖАТЬ (несов.) **ПРОДОЛЖИТЬ** (сов.) A. **to continue** 1. П + неопр. ф. (ученики продолжали писать the pupils continued writing/to write) 2. *misc.* разговор продолжался до вечера the conversation continued until the evening B. **to extend** 1. П что до чего (П автобусную линию до посёлка to extend a bus line to the village) 2. П что на что (П отпуск на один месяц to extend a holiday BE/vacation AE by one month)

ПРОДУВАТЬ (несов.) **ПРОДУТЬ** (сов.) (impers.) **to chill** (and cause a cold) П кого чем (ребёнка продуло сквозняком the child was sitting in a draft AE/draught BE and caught a cold)

ПРОЕЗЖАТЬ (несов.) **ПРОЕХАТЬ** (сов.) A. **to drive, go, ride** 1. П куда (П в город to drive/ride to town; П на рынок to drive to a market; П через площадь to drive across a square *or* to cross a square) 2. П чем/по чему (П дорогой/по дороге to drive/ride along a road; П по городу to drive through a city; П переулками to drive through side streets; П окольным путём to go by a roundabout route) 3. П чем/на чём (П автобусом/на автобусе to go by bus) 4. П откуда (из Москвы только что проехал поезд a train from Moscow just went by) 5. *misc.* как проехать на Красную площадь? how can we get to Red Square? B. **to pass, drive past** 1. П мимо кого/чего (П мимо музея to pass a museum *or* to drive past a museum) 2. П каким (она проехала незамеченной she passed by unnoticed) 3. *misc.* П перекрёсток на красный свет светофора to go through a red light

ПРОЖАРИТЬ see **ЖАРИТЬ**

ПРОЖИГАТЬ (несов.) **ПРОЖЕЧЬ** (сов.) **to burn** (through) П что чем (П одежду кислотой to burn a hole through one's clothing with acid)

ПРОЗВЕНЕТЬ see **ЗВЕНЕТЬ**

ПРОЗЫВАТЬ (несов.) **ПРОЗВАТЬ** (сов.) **to call, nickname** П кого/что (за что) кем/чем *and* каким (за маленький рост его прозвали куцым because of his height they called him 'shorty')

ПРОИГРЫВАТЬ (несов.) **ПРОИГРАТЬ** (сов.) A. **to lose** 1. П (что) кому/чему (П кому шахматную партию to lose a chess game to smb.) 2. П во что (П в хоккей to lose at hockey) 3. П в/на чём (П в турнире to lose a tournament; П на чемпионате to lose a championship) B. **to lose, suffer** (artistically) П от чего (пьеса проиграла от плохой режиссуры the play fell short of its potential because of poor direction) C. *misc.* П в чьём мнении to drop in smb.'s estimation

ПРОИГРЫВАТЬСЯ (несов.) **ПРОИГРАТЬСЯ** (сов.) **to lose** П во что (П в карты to lose at cards)

ПРОИЗВОДИТЬ (несов.) **ПРОИЗВЕСТИ** (сов.) **to advance, promote** (in rank) П кого во что/в кого (П кого в следующее звание to promote smb. to the next higher rank; её произвели в майоры she was promoted to major)

ПРОИЗОЙТИ see **ПРОИСХОДИТЬ**

ПРОИЛЛЮСТРИРОВАТЬ see **ИЛЛЮСТРИРОВАТЬ**

ПРОИНФОРМИРОВАТЬ see **ИНФОРМИРОВАТЬ**

ПРОИСТЕКАТЬ (несов.) **ПРОИСТЕЧЬ** (сов.) (lit.) **to arise** (from), **result** (from) П из/от чего (опасность проистекает из загрязнения воды the danger results from water pollution)

ПРОИСХОДИТЬ (несов.) **ПРОИЗОЙТИ** (сов.) A. **to result** (from) П из-за/от чего (авария произошла из-за/от небрежности the accident was a result of carelessness) B. **to be descended** (from), **come** (from) 1. П от кого/чего (от него произошло большое потомство he has many descendants; это слово происходит от латинского this word comes from Latin) 2. П из кого/чего (она происходит из рабочей семьи she comes from a workers' family; они происходят из крестьян they are of peasant stock)

ПРОЙТИ see **ПРОХОДИТЬ**

ПРОЙТИСЬ (сов.) A. see **ПРОХАЖИВАТЬСЯ** B. **to pass, run** П (чем) по чему (П кистью по полотну to pass a brush across a canvas; П по клавишам рояля to run one's fingers over the keys of a piano) C. *misc.* П на чей счёт/по адресу кого to make nasty remarks about smb. *or* to have a good laugh at smb.'s expense

ПРОКАЛЫВАТЬ (несов.) **ПРОКОЛОТЬ** (сов.) **to pierce, puncture; to make** (a hole) 1. П что чем (П шину ножом to pierce a tire AE/tyre BE with a knife; П дыру иголкой to make a hole with a needle) 2. *misc.* ей прокололи уши she had her ears pierced

ПРОКАПЫВАТЬ (несов.) **ПРОКОПАТЬ** (сов.) **to dig** П что чем (П траншею бульдозером to dig a trench with a bulldozer)

ПРОКАТИТЬ (сов.) A. **to take for a drive** П кого на чём (П детей на машине to take children for a drive in a car) (see also **КАТАТЬ** A) B. *misc.* П мяч по полу to roll a ball along the floor; кто-то прокатил на велосипеде мимо дома somebody rode past the house on a bike

ПРОКАТИТЬСЯ (сов.) A. **to go for a drive; to drive, ride** 1. П куда (П в город to drive to town; П за город to drive out to the country) 2. П по чему (П по дороге to drive along a road) 3. П на чём (П на велосипеде to go for a bicycle ride; П на самолёте to go up for a flight) (see also **КАТАТЬСЯ**) B. *misc.* волна беспорядков прокатилась по многим городам a wave of disorders hit many cities (see also **КАТИТЬСЯ** 3)

ПРОКЛАДЫВАТЬ (несов.) **ПРОЛОЖИТЬ** (сов.) A. (несов. тж.) **ПРОЛАГАТЬ to build, construct** П что куда (П дорогу в город to build a road to a city; П путь через пустыню to build a road across a desert) B. **to insert, pack** 1. П что чем (П стеклянную посуду стружками to pack glassware in excelsior/wood shavings) 2. П что между чем (П солому между тарелками to pack straw between plates)

ПРОКЛИНАТЬ (несов.) **ПРОКЛЯСТЬ** (сов.) **to curse** П кого/что за что (П кого за измену to curse smb. for treachery)

ПРОКОНСУЛЬТИРОВАТЬ see **КОНСУЛЬТИРОВАТЬ**

ПРОКОНСУЛЬТИРОВАТЬСЯ see **КОНСУЛЬТИРОВАТЬСЯ**

ПРОКОПАТЬ see **ПРОКАПЫВАТЬ**

ПРОКРАДЫВАТЬСЯ (несов.) **ПРОКРАСТЬСЯ** (сов.) **to sneak, steal** 1. П куда (П в комнату to sneak/steal into a room) 2. П через что (П через окно to sneak in through a window) (see also **КРАСТЬСЯ**)

ПРОЛАГАТЬ see **ПРОКЛАДЫВАТЬ** A

ПРОЛАМЫВАТЬ (несов.) **ПРОЛОМАТЬ, ПРОЛОМИТЬ** (сов.) **to break** П что чем (П стену ломом to break down a wall with a crowbar)

ПРОЛЕГАТЬ (несов.) **ПРОЛЕЧЬ** (сов.) **to lie, run** П чем (дорога пролегает лесом a road runs along the edge of the forest)

ПРОЛЕЗАТЬ (несов.) **ПРОЛЕЗТЬ** (сов.) A. **to climb, get; to crawl** 1. П куда (П в комнату to get into a room; П в щель to get through a narrow opening; П в нору to climb into a hole) 2. П через что (П через окно to climb through a window) 3. П между чем (П между кустами to crawl between bushes) B. (colloq.) **to worm one's way in** П куда (П в члены правления to worm one's way into a board of directors *or* to get oneself appointed to a board of directors)

ПРОЛЕТАТЬ (несов.) **ПРОЛЕТЕТЬ** (сов.) **to fly** 1. П куда (П в столицу to fly to a capital; П на север to fly north) 2. П через что (П через океан to fly across an ocean) 3. П над кем/чем (П над морем to fly over a sea)

ПРОЛИВАТЬ (несов.) **ПРОЛИТЬ** (сов.) A. **to spill** П что на что (П вино на скатерть to spill wine on a tablecloth) B. **to shed** 1. П что за что *and* П что из-за кого/чего (П свою кровь за родину to shed one's blood for one's country; не мало слёз она пролила из-за них she had shed many tears because of them) 2. *misc.* П свет на что to shed light on smt.)

ПРОЛОЖИТЬ see **ПРОКЛАДЫВАТЬ**

ПРОЛОМАТЬ, ПРОЛОМИТЬ see **ПРОЛАМЫВАТЬ**

ПРОМАЗЫВАТЬ (несов.) **ПРОМАЗАТЬ** (сов.) **to apply putty to** П что чем (П окна замазкой to putty windows)

ПРОМЕНИВАТЬ (несов.) **ПРОМЕНЯТЬ** (сов.) **to change, exchange** П кого/что на кого/что (П одну вещь на другую to exchange one thing for another)

ПРОМОКАТЬ (несов.) **ПРОМОКНУТЬ** (сов.) **to get soaked** 1. П от чего (рубашка промокла от пота his shirt was dripping with perspiration) 2. *misc.* П под дождём to get soaked in the rain

ПРОМЧАТЬСЯ (сов.) **to race, rush** 1. П куда (П на стадион to rush to a stadium; П через площадь to race across a square) 2. П по чему (П по дороге to race along a road; ураган промчался по стране a hurricane struck the country) 3. *misc.* П стремительно to race at breakneck speed

ПРОМЫВАТЬ (несов.) **ПРОМЫТЬ** (сов.) **to cleanse, wash out** П что чем (П рану тёплой водой to cleanse a wound with warm water)

ПРОМЫШЛЯТЬ (несов.) A. **to earn one's living** (by) П чем (П рыболовством to earn one's living by fishing) B. (obsol.) **ПРОМЫСЛИТЬ** (сов.) **to acquire, come by, get** П что/чего (промыслить денег to acquire some money)

ПРОНЕСТИ see **ПРОНОСИТЬ**

ПРОНЕСТИСЬ see **ПРОНОСИТЬСЯ**

ПРОНЗАТЬ (несов.) **ПРОНЗИТЬ** (сов.) **to impale, pierce, run through** П кого/что чем (П кого штыком to run smb. through with a bayonet; он пронзил себя мечом he impaled himself on his sword)

ПРОНИЗЫВАТЬ (несов.) **ПРОНИЗАТЬ** (сов.) **to fill, permeate** П что чем (П темноту прожекторами to light up the darkness with floodlights)

ПРОНИКАТЬ (несов.) **ПРОНИКНУТЬ** (сов.) A. **to get into, penetrate** 1. П куда (П в дом to get into a house; П во вражеский тыл to penetrate the enemy's rear) 2. П через что/сквозь что (П через окно to get in through a window) 3. П откуда (вор проник с улицы the burglar got in from the street) B. *misc.* П в суть дела to get to the bottom of smt.; П в чьи замыслы to figure out smb.'s intentions; П в печать to be written about in the press

ПРОНИКАТЬСЯ (несов.) **ПРОНИКНУТЬСЯ** (сов.) **to be full of/imbued with** П чем (П состраданием to be full of compassion)

ПРОНОСИТЬ (несов.) **ПРОНЕСТИ** (сов.) **to carry** П кого/что куда (П вещи на верхний этаж to carry things to an upper floor; П чемодан до вокзала to carry a suitcase to the station; П рояль через дверь to carry a piano through a door)

ПРОНОСИТЬСЯ (несов.) **ПРОНЕСТИСЬ** (сов.) **to race** (by), **rush** (by) 1. П куда (П в город to race/rush to town; П на площадь to rush to a square; П мимо собравшихся to race/rush past an assembled crowd) 2. П по чему (П по улице to race along a street)

ПРОПАДАТЬ (несов.) **ПРОПАСТЬ** (сов.) **to disappear** 1. П откуда (бумажник пропал у меня из кармана my wallet disappeared *or* my wallet fell out of my pocket) 2. *misc.* П без вести/неведомо/неизвестно to disappear without a trace; *пропасть даром to be wasted; *пиши пропало there's no hope

ПРОПАХНУТЬ (сов.) **to reek of** П чем (шуба пропахла нафталином the fur coat reeked of camphor/mothballs)

ПРОПЕТЬ see **ПЕТЬ**

ПРОПИСЫВАТЬ (несов.) **ПРОПИСАТЬ** (сов.) **to prescribe** П что кому (П лекарство кому to prescribe medication for smb.)

ПРОПИСЫВАТЬСЯ (несов.) **ПРОПИСАТЬСЯ** (сов.) **to get permission** (from the police to reside in a city) П к кому (она прописалась к бабушке she got permission from the police to live with her grandmother)

ПРОПИТЫВАТЬ (несов.) **ПРОПИТАТЬ** (сов.) **to saturate** П что чем (П почву влагой to saturate the soil with moisture)

ПРОПЛАВАТЬ (сов.) **to spend time** (at sea) П сколько лет кем (тридцать лет проплавал матросом he spent thirty years at sea as a sailor)

ПРОПЛЫВАТЬ (несов.) **ПРОПЛЫТЬ** (сов.) A. **to swim** П куда (П до берега to swim to shore) B. **to sail** 1. П куда (П мимо острова to sail past an island; П под мостом to sail under a bridge; П через океан to sail across an ocean) 2. П по чему (П по реке to sail down a river *or* up a river) 3. П на чём (П на пароходе to sail on a steamship)

ПРОПОЛЗАТЬ (несов.) **ПРОПОЛЗТИ** (сов.) **to crawl, creep** П куда (П в нору to crawl into a hole; П мимо сторожа to crawl past a guard)

ПРОПОЛОСКАТЬ see **ПОЛОСКАТЬ**

ПРОПУСКАТЬ (несов.) **ПРОСПУСТИТЬ** (сов.) A. **to pass** (through), **run** (through) П что сквозь что/через что (П мясо через мясорубку to put meat through a grinder *or* to grind up meat; П верёвку через петлю to pass a rope through a loop; П нитку сквозь ушко to thread a needle) B. **to admit, allow, let** (in, through) П кого/что куда (П посетителей на выставку to admit visitors to an exhibition; П зрителей в зал to admit spectators into an auditorium; П родителей к больному to permit parents into a patient's room; П товары через границу to allow goods to cross a border; П мяч в ворота to allow a goal to be scored) C. *misc.* *П мимо ушей to disregard

ПРОРЕАГИРОВАТЬ see **РЕАГИРОВАТЬ**

ПРОРЕЗАТЬ (несов.) **ПРОРЕЗАТЬ** (сов.) **to cut** П что чем (П кожу ножом to cut leather with a knife)

ПРОРОЧИТЬ (несов.) **НАПРОРОЧИТЬ** (сов.) **to predict, prophesy** 1. П что кому (П успех актёру to predict an actor's success) 2. П (кому), что с придат. (ей пророчили, что она будет большой учёной it was predicted that she would become a great scientist)

ПРОРУБАТЬ (несов.) **ПРОРУБИТЬ** (сов.) **to chop** (through), **hack** (through) П что чем (они прорубили дверь топором they hacked their way through the door with an axe)

ПРОРЫВАТЬ (несов.) **ПРОРЫТЬ** (сов.) **to dig** П что чем (П траншею бульдозером to dig a trench with a bulldozer)

ПРОРЫВАТЬСЯ I (несов.) **ПРОРЫТЬСЯ** (сов.) **to dig through** П сквозь что (П сквозь снежные завалы to dig through snow drifts)

ПРОРЫВАТЬСЯ II (несов.) **ПРОРВАТЬСЯ** (сов.) A. **to break through** П куда (П к реке to break through to a river) B. **to break out** П откуда (П из кольца окружения to break out of an encirclement)

ПРОСАЧИВАТЬСЯ (несов.) **ПРОСОЧИТЬСЯ** (сов.) A. **to leak, ooze, seep** 1. П куда (вода просочилась в подвал water seeped into the basement) 2. П сквозь что/через что (П сквозь/через повязку to ooze through a bandage) 3. П откуда (просочилась информация с закрытого заседания information leaked/was leaked from the closed meeting; слухи просачиваются из разных источников в печать rumors find their way into the press from various sources) B. **to infiltrate, slip through** П сквозь что/через что (разведчики просачивались через заслоны the scouts slipped through the guard posts)

ПРОСВЕЧИВАТЬ (несов.) **ПРОСВЕТИТЬ** (сов.) A. (only imperf.) **to shine** (through), **show** (through) П сквозь что (свет просвечивает сквозь шторы the light shines through/ shows through the blinds BE/shades AE) B. **to X-ray** П что чем (П лёгкие лучами рентгена to X-ray smb.'s lungs)

ПРОСВИСТЕТЬ (сов.) **to whistle** (by, over) П над кем/чем (над головами бойцов просвистел первый снаряд the first shell whistled over the soldiers' heads)

ПРОСЕИВАТЬ (несов.) **ПРОСЕЯТЬ** (сов.) **to sift** П что сквозь что/через что (П муку сквозь/через сито to sift flour through a sifter)

ПРОСИГНАЛИЗИРОВАТЬ see **СИГНАЛИЗИРОВАТЬ**

ПРОСИГНАЛИТЬ (сов.) see **СИГНАЛИЗИРОВАТЬ**

ПРОСИТЬ (несов.) **ПОПРОСИТЬ** (сов.) A. **to ask** (for), **request** 1. П (у кого) что/чего (see section A8c of the Introduction) (П разрешение/разрешения у матери to ask one's mother for permission; П совета у друга to ask a friend for advice; П отсрочку/отсрочки у библиотекаря to ask a librarian to renew a book; П защиты to ask for protection) 2. П (кого) о чём (П друга о помощи to ask a friend for help *or* to request help from a friend; П кого о разрешении to ask smb. for permission; о чём вы просите? what are you asking for?) 3. П (кого) + неопр. ф. (П кого помочь to ask smb. to help; попросите её войти ask her to come in; П пить to ask for smt. to drink) 4. П, чтобы с придат. (они просят, чтобы мы оплатили счёт they are asking us to pay the bill) B. **to beg** 1. П (у кого) что/чего (П прощения у отца to beg one's father for forgiveness; П милостиню у прохожих to beg in the streets; *or, — AE:* to panhandle) 2. П кого о чём (П кого о прощении to beg smb. for forgiveness) 3. П кого + неопр. ф. (П сестру помочь to beg one's sister to help) C. (rare) (usu. imperf.) **to plead (for)** П (кого) за кого (она очень просила за сына she pleaded very strongly for her son; П учителя за товарища to plead with/intercede with a teacher on behalf of one's friend) D. *misc.* милости просим к нам! welcome to our home! П гостей к столу to call guests to the table; честью вас прошу, уходите! I'm asking you nicely — please leave! П слова to ask for the floor (at a meeting)

ПРОСИТЬСЯ (несов.) **ПОПРОСИТЬСЯ** (сов.) A. **to ask, request** 1. П куда (П в отпуск to ask for leave) 2. П + неопр. ф. (П гулять to request permission to go for a walk) B. *misc.* ребёнок просится на горшок the child is asking to be excused

ПРОСКАКИВАТЬ (несов.) **ПРОСКОЧИТЬ** (сов.) A. **to dart, slip** (in, through) 1. П куда (П в дом to slip into a house; П в дверь/через дверь to dart/slip through a door; П сквозь щель to slip through a narrow opening) 2. П между кем/чем (П между сторожевыми постами to slip between/past guards) B. **to fall, slip** П куда (монета проскочила в щель a coin fell into the crack)

ПРОСКАЛЬЗЫВАТЬ (несов.) **ПРОСКОЛЬЗНУТЬ** (сов.) **to dart, slip** (in, through) 1. П куда (П в зал to slip into an auditorium; П через дверь to dart through a door; П сквозь отверстие to slip through an opening) 2. П между кем/чем (она проскользнула между постами she darted past the guards)

ПРОСКЛОНЯТЬ see **СКЛОНЯТЬ** II

ПРОСЛАВЛЯТЬСЯ (несов.) **ПРОСЛАВИТЬСЯ** (сов.) **to become famous** 1. П чем (П открытиями to become famous through one's discoveries) 2. *misc.* П на весь мир to achieve international fame (see also **СЛАВИТЬСЯ**)

ПРОСЛЕДОВАТЬ (сов.) (formal) **to move on, proceed** 1. П куда (высокий гость проследовал в отведённую ему резиденцию the high ranking guest moved on to his assigned residence; танкер своим ходом проследовал в порт the tanker proceeded to port under its own steam) (see also **СЛЕДОВАТЬ** C) 2. *misc.* поезд проследовал на жёлтый свет семафора the train went through a yellow warning light

ПРОСЛЕЖИВАТЬ (несов.) **ПРОСЛЕДИТЬ** (сов.) (colloq.) **to monitor, keep tabs on** П за чем (я за этим делом сам прослежу I'll keep tabs on this matter myself)

ПРОСЛУШИВАТЬ (несов.) **ПРОСЛУШАТЬ** (сов.) **to hear** П, что с придат. (мы прослушали, что она сказала we heard what she said) (*Note*: The perf. of this verb can also mean 'not to hear': она отвлеклась и прослушала объяснение учителя she got distracted and did not hear the teacher's explanation)

ПРОСЛЫТЬ see **СЛЫТЬ**

ПРОСНУТЬСЯ see **ПРОСЫПАТЬСЯ**

ПРОСОВЫВАТЬ (несов.) **ПРОСУНУТЬ** (сов.) **to push, put, stick** П что куда (П ключ в замок to put a key into a lock; П записку под дверь to push a note under a door)

ПРОСОЧИТЬСЯ see **ПРОСАЧИВАТЬСЯ**

ПРОСТИРАТЬСЯ (несов.) **ПРОСТЕРЕТЬСЯ** (сов.) (lit.) **to extend, reach, stretch** П куда/откуда (лес простирается на сотню километров the forest extends for around a hundred kilometers; тундра простирается от океана до тайги the tundra stretches from the ocean to the taiga; страна простирается с востока на запад the country stretches from east to west)

ПРОСТИТЬ see **ПРОЩАТЬ**

ПРОСТИТЬСЯ see **ПРОЩАТЬСЯ**

ПРОСТРЕЛИВАТЬ (несов.) **ПРОСТРЕЛИТЬ** (сов.) A. (only imperf.) **to fire on, rake** (with gunfire) П что из чего (П местность из автоматов to rake an area with submachine-gun fire) B. **to shoot** (through) П (чем) что кому (П кому руку пулей to shoot right through smb.'s arm)

ПРОСТУЖИВАТЬСЯ (несов.) **ПРОСТУДИТЬСЯ** (сов.) **to catch a cold** *misc.* П сильно to catch a bad cold

ПРОСТУПАТЬ (несов.) **ПРОСТУПИТЬ** (сов.) **to appear, show; to ooze** 1. П где (на стене проступили пятна spots appeared on a wall) 2. П сквозь что (П сквозь повязку to ooze through a bandage)

ПРОСУНУТЬ see **ПРОСОВЫВАТЬ**

ПРОСЫПАТЬСЯ (несов.) **ПРОСНУТЬСЯ** (сов.) **to wake up** 1. П от чего (она проснулась от шума she was awakened by the noise *or* the noise woke her up) 2. *misc.* медведь проснулся от зимней спячки the bear woke up after its hibernation

ПРОТАЛКИВАТЬ (несов.) **ПРОТОЛКНУТЬ** (сов.) **to push** (into, through) П что куда (П пробку в бутылку to push a cork into a bottle; П палку сквозь щель to push a stick through a narrow opening)

ПРОТАПЛИВАТЬ (несов.) **ПРОТОПИТЬ** (сов.) **to heat** П что чем (П помещение углём to heat a building with coal)

ПРОТАПТЫВАТЬ (несов.) **ПРОТОПТАТЬ** (сов.) **to build, make** (by stamping) П что через что (П дорожку через сугробы to beat a path through snowdrifts)

ПРОТАСКИВАТЬ (несов.) **ПРОТАЩИТЬ** (сов.) A. **to drag** (through), **pull** (through) П что куда (П рояль в дверь to drag a piano through a door) B. *misc.* (colloq.) она протащила сына в институт she got her son into the institute by pulling strings

ПРОТЕЖИРОВАТЬ (несов.) (lit.) **to help, protect** П кому (он мне протежировал I was his protege)

ПРОТЕКАТЬ (несов.) **ПРОТЕЧЬ** (сов.) **to ooze, seep** П куда (вода протекла в трюм water seeped into the hold)

ПРОТЕРЕТЬ see **ПРОТИРАТЬ**

ПРОТЕСТОВАТЬ (несов.) **to protest** 1. П против чего (П против решения to protest against a decision) 2. П против того, что с придат. (он всегда протестует против того, что предлагают коллеги he's always protesting against what his colleagues propose)

ПРОТЕЧЬ see **ПРОТЕКАТЬ**

ПРОТИВИТЬСЯ (несов.) **ВОСПРОТИВИТЬСЯ** (сов.) **to oppose** 1. П кому/чему (П насилию to oppose the use of force) 2. П тому, чтобы с придат. (она противится тому, чтобы они уехали she is opposed to their leaving)

ПРОТИВОДЕЙСТВОВАТЬ (несов.) **to oppose** П кому/чему (П врагу to oppose an enemy)

ПРОТИВОПОСТАВЛЯТЬ (несов.) **ПРОТИВОПОСТАВИТЬ** (сов.) A. **to oppose, pit against** П кого/что кому/чему (П силе силу to meet/oppose force with force) B. **to contrast** П что чему (П социализм капитализму to contrast socialism and capitalism)

ПРОТИВОРЕЧИТЬ (несов.) A. **to talk back to, contradict** П (в чём) кому (П руководителю to talk back to one's boss) B. **to contradict, be at odds/variance with** П чему (П фактам to be at variance with the facts) C. *misc.* П здравому смыслу to lack common sense

ПРОТИВОСТОЯТЬ (несов.) A. **to hold out against, resist** П кому/чему (П врагу to hold out against/resist an enemy) B. **to live through; to withstand** П чему (П урагану to live through a hurricane; П напору to withstand pressure)

ПРОТИРАТЬ (несов.) **ПРОТЕРЕТЬ** (сов.) A. **to wipe** П что чем (П стёкла тряпкой to wipe windowpanes with a cloth) B. **to grate; to strain** П что сквозь что (П рыбу сквозь сито to puree fish) C. *misc.* П брюки до дыр to wear holes in one's pants

ПРОТИСКИВАТЬСЯ (несов.) **ПРОТИСНУТЬСЯ, ПРОТИСКАТЬСЯ** (сов.) **to force one's way; to squeeze** П куда (П в комнату to squeeze into a room; П к выходу to force one's way to an exit; П сквозь толпу to force one's way through a crowd)

ПРОТКНУТЬ see **ПРОТЫКАТЬ**
ПРОТОЛКНУТЬ see **ПРОТАЛКИВАТЬ**
ПРОТОПИТЬ see **ПРОТАПЛИВАТЬ**
ПРОТОПТАТЬ see **ПРОТАПТЫВАТЬ**
ПРОТРУБИТЬ see **ТРУБИТЬ**

ПРОТЫКАТЬ (несов.) **ПРОТКНУТЬ** (сов.) **to pierce, prick, stick** П кого/что чем (П палец иглой to prick one's finger with a needle; П мясо вилкой to stick a fork into meat; П бабочку булавкой to mount a butterfly with a pin)

ПРОТЯГИВАТЬ (несов.) **ПРОТЯНУТЬ** (сов.) A. **to extend; to stretch** 1. П что куда (П дорогу до деревни to extend a road to a village; П канат к берегу to stretch a cable to the shore) 2. П что вдоль чего (П трубопровод вдоль реки to extend a pipeline along a river) 3. П что откуда (П кабель от города to extend a cable from the city) 4. П что кому (она протянула к нему руки she extended her arms to him) 5. П что через что (П провод через реку to stretch a wire across a river) B. **to give, hand** П что кому (П книгу учителю to hand a book to the teacher; П руку другу to shake hands with a friend)

ПРОТЯГИВАТЬСЯ (несов.) **ПРОТЯНУТЬСЯ** (сов.) A. (colloq.) **to stretch out** П где (П на диване to stretch out on a sofa) B. **to ex-**

tend, stretch 1. П куда/откуда (дорога протянулась на сотни километров the road extended for hundreds of kilometers; П с востока на запад to go from east to west) 2. П по чему (облако протянулось по небу a cloud covered the sky)

ПРОХАЖИВАТЬСЯ (несов.) **ПРОЙТИСЬ** (сов.) **to stroll, walk** 1. П где (П в парке to stroll in a park) 2. П по чему (П по улицам города to stroll along the streets of a city; П по комнате to pace a room)

ПРОХВАТИТЬ (сов.) (impers.) **to chill** П кого (меня прохватило на сквозняке I was in a draft and caught a chill)

ПРОХОДИТЬ (несов.) **ПРОЙТИ** (сов.) A. **to go, walk** 1. П куда (П в сад to go/walk into a garden; П на балкон to go out onto a balcony; П через мост to go across a bridge *or* to cross a bridge; П к выходу to go to an exit; он прошёл к директору he went to the director's office) 2. П чем/по чему (П улицей/по улице to walk along a street; П по мосту to cross a bridge) 3. *misc.* как пройти на Красную площадь? how can we get to Red Square? B. **to go past, pass, walk past; to cross** 1. П мимо кого/чего (П мимо магазина to pass a store *or* to go past/walk past a store) 2. П через что (нефтепровод прошёл через пустыню the pipeline passed through the desert) 3. П перед кем/чем (П перед трибунами to pass in front of the stands) 4. П по чему (колонны прошли по площади the columns crossed the square) 5. *misc.* поезд прошёл на жёлтый свет семафора the train went through a yellow warning light C. (fig.) **to go by, pass** П каким (заседания этого совета проходят обычно незамеченными the meetings of this committee usually take place without being noticed) D. **to come** (through); **to get** (in) 1. П куда (вода прошла в трюм water got into the hold; громадный ящик с трудом прошёл в дверь the huge crate barely got through the door) 2. П сквозь/через что (вода проходит через щели the water is coming through the cracks; свет прошёл сквозь занавеску light came through the curtain) E. **to be accepted, admitted; to be hired** П куда (П в институт to be admitted to an institute; П в штат to be put on the payroll *or* to be hired; П в члены to become a member; П на должность to get a job) F. **to undergo, be subjected to** П что/через что (П цензуру/через цензуру to be subjected to censorship; П

испытание/через испытание to undergo an ordeal; П проверку/через проверку to be tested; G. *misc.* П мимо проблемы to disregard a problem; через книгу проходит красной нитью мысль о том, что реформа необходима the underlying theme in the book is that there must be reform; П по конкурсу to compete successfully for a job; *более года прошло с тех пор, как они уехали* more than a year has passed since they left; прошло уже 6 лет с тех пор, как она работает на заводе she's been working at the factory for six years; *это даром тебе не пройдёт you will not get away with this; *пройти сквозь огонь и воду to go through fire and water; *пройтись по чьему адресу to rake smb. over the coals; *П как по маслу to go smoothly

ПРОЦЕЖИВАТЬ (несов.) **ПРОЦЕДИТЬ** (сов.) **to filter, strain** 1. П что сквозь что/через что (П бульон скозь/через сито to strain a broth) 2. *misc.* П сквозь зубы to mutter

ПРОЧЕСТЬ, ПРОЧИТАТЬ see **ЧИТАТЬ**

ПРОЧИТЬ (несов.) (colloq.) A. **to have in mind, intend** 1. П кого в кого (П кого в женихи to have smb. in mind as a future husband) 2. П кого/что куда (П сына в военную службу to have a military career in mind for one's son) B. **to predict** П что кому (П успех актёру to predict an actor's success)

ПРОШИВАТЬ (несов.) **ПРОШИТЬ** (сов.) **to rake, riddle** (with gunfire) П кого/что чем (П партизан пулемётной очередью to riddle the partisans with a machine-gun burst)

ПРОЩАТЬ (несов.) **ПРОСТИТЬ** (сов.) **to excuse, forgive** 1. П кого за что (П друга за неосторожность to excuse a friend's carelessness) 2. П что кому/чему (П ошибку ученику to excuse a pupil's mistake; П долг партнёру to forgive a partner's debt) 3. П, что с придат. (простите, что я опоздал excuse me for being late)

ПРОЩАТЬСЯ (несов.) **ПРОСТИТЬСЯ** (сов.) **to say goodbye, bid farewell** П с кем/чем (П с другом to say goodbye to a friend *or* to bid a friend farewell)

ПРОЯВЛЯТЬ (несов.) **ПРОЯВИТЬ** (сов.) **to display, show** 1. П что о ком/чём (П заботу о ком to show concern for smb.) 2. П что к кому/чему (П интерес к искусству to show interest in art; П доверие к кому to place one's trust in smb.) 3. П себя кем/как кто (он проявил себя преданным другом/как преданный друг he showed himself to be a loyal friend)

ПРОЭКЗАМЕНОВАТЬ see **ЭКЗАМЕНОВАТЬ**

ПРЫГАТЬ (несов.) **ПРЫГНУТЬ** (сов.)to jump 1. П куда (П в воду to jump into the water; П в окно to jump out of a window; П через канаву to jump across a ditch) 2. П откуда (П с трамплина to jump from a diving board) 3. *misc.* П от радости to jump with joy; П со скакалкой to jump rope; П в высоту to highjump; П в длинну to broadjump AE/ compete in the long jump BE; П с парашютом to parachute; П с шестом to pole-vault

ПРЫСКАТЬ (несов.) A. **ПРЫСНУТЬ, НАПРЫСКАТЬ** (сов.) to spray П кого/что чем *and* П что на кого/что (П кого одеколоном to spray smb. with cologne) B. **ПРЫСНУТЬ** (сов.) to gush, spurt П откуда (кровь прыснула из раны blood gushed from the wound) C. *misc.* прыснуть со смеху to burst out laughing

ПРЫСКАТЬСЯ (несов.) **ПОПРЫСКАТЬСЯ** (сов.) to spray oneself П чем (П одеколоном to spray oneself with cologne)

ПРЯТАТЬ (несов.) **СПРЯТАТЬ** (сов.) A. to hide, conceal 1. П кого/что где (П клад в земле to hide a treasure in the earth; П партизан в горах to hide partisans in the mountains) 2. П кого/что от кого/чего (П кого от преследователей to conceal smb. from pursuers) B. to keep, store; to put П что где/куда (П деньги в сейфе/в сейф to keep money in a safe; куда она прячет она ножи? where does she keep her knives?; она спрятала фотоаппарат в чехол she put her camera into its case)

ПРЯТАТЬСЯ (несов.) **СПРЯТАТЬСЯ** (сов.) to hide 1. П где/куда (П в укромном месте/ в укромное место to hide in a secluded spot; П за деревом to hide behind a tree) 2. П от кого/чего (П от преследователей to hide from one's pursuers) 3. *misc.* *П в кусты to avoid getting involved

ПУГАТЬ (несов.) **ИСПУГАТЬ, НАПУГАТЬ** (сов.) to frighten, scare 1. П кого чем (не пугайте меня трудностями don't try to scare me by bringing up all the difficulties) 2. *misc.* П кого до смерти to frighten smb. to death

ПУГАТЬСЯ (несов.) **ИСПУГАТЬСЯ, НАПУГАТЬСЯ** (сов.) to be frightened П кого/ чего (П собаки to be frightened by a dog)

ПУДРИТЬ (несов.) **НАПУДРИТЬ** (сов.) to powder П что чем (П лицо пудрой to powder one's face)

ПУСКАТЬ (несов.) **ПУСТИТЬ** (сов.) A. to allow, let 1. П кого/что куда (П детей в театр to let children go to the theater; П птицу на волю to let a bird go free; П пассажиров в автобус to allow passengers to enter a bus; П ребёнка на прогулку to let a child go for a walk) 2. П кого + неопр. ф. (П детей гулять to let children go for a walk) 3. *misc.* *П козла в огород to let a bull into a china shop B. to put (into action, into motion, into operation) П что во что (П деньги в оборот/обращение to put money into circulation; П товар в продажу to put merchandise up for sale; П что в производство to put smt. into production; полиция пустила в ход слезоточивый газ the police used tear gas) C. to shoot; to throw П что/чем куда (П стрелу в кого to shoot an arrow at smb.; П камень/камнем в окно to throw a rock through a window) D. *misc.* П бельё в стирку to start doing the laundry; П корабль ко дну to send a ship to the bottom; П поезд под откос to derail a train; (obsol.) П кровь кому to bleed smb. (for medicinal purposes); П поле под рожь to plant a field with rye; мальчики пускали камни по воде the boys were skimming stones across the water; *П пыль в глаза кому to deceive smb.; *П деньги на ветер to squander one's money; *П себе пулю в лоб to blow one's brains out

ПУСКАТЬСЯ (несов.) **ПУСТИТЬСЯ** (сов.) A. to begin, start 1. П во что (П в путь to start out on a trip; П в воспоминания to begin reminiscing; П в авантюру to embark on an adventure) 2. П + неопр. ф. (П плясать to begin to dance) B. to resort to, stoop to П на что (П на обман to stoop to cheating) C. *misc.* П вдогонку за кем/чем to start chasing smb./ smt.

ПУТАТЬ (несов.) A. **ЗАПУТАТЬ** (сов.) to confuse П кого чем (П докладчика разными вопросами to confuse a speaker with various questions) (see also **ЗАПУТЫВАТЬ** A) B. **ПЕРЕПУТАТЬ, СПУТАТЬ** (сов.) to confuse, mix up П кого/что с кем/чем (я перепутал его адрес с адресом сестры I confused his address with my sister's address; П русскую речь с английской to mix up Russian and English) C. **ВПУТАТЬ** (сов.) to implicate, involve П кого/что во что (П кого в неблаговидное дело to involve smb. in an ugly affair) (see also **ЗАПУТЫВАТЬ** B)

ПУТАТЬСЯ (несов.) А. **ЗАПУТАТЬСЯ** (сов.) **to get entangled/ stuck** П в чём (П в проволоке to get entangled in wire; он запутался в долгах he got bogged down in debt) В. **ЗАПУТАТЬСЯ** (сов.) **to get confused/mixed up** П в чём (П в вычислениях to get mixed up in one's calculations; П в противоречиях to contradict oneself) С. **to get involved/mixed up** 1. **ВПУТАТЬСЯ** (сов.) П во что (П в тёмные делишки to get involved/mixed up in shady business) 2. **СПУТАТЬСЯ** (сов.) П с кем (зачем ты с ними путаешься? why are you getting involved with them?)

ПУТЕШЕСТВОВАТЬ (несов.) **to travel** 1. П по чему (П по Кавказу to travel through the Caucasus) 2. *misc.* П за границей to travel abroad; П на лошадях to travel on horseback

ПЫЛАТЬ (несов.) **to burn, glow** П чем (П страстью to burn with passion)

ПЫТАТЬСЯ (несов.) **ПОПЫТАТЬСЯ** (сов.) **to attempt, try** (in vain) 1. П + неопр. ф. (П оправдаться to try to justify one's actions) 2. *misc.* П безрезультативно/тщетно to try in vain

ПЫХАТЬ (несов.) А. **to blaze** П чем (печь пышет жаром the stove is blazing hot) В. **to radiate** П чем (П счастьем to radiate happiness; она пышет весельем she radiates joy; П здоровьем to be the picture of health)

ПЯТНАТЬ (несов.) **ЗАПЯТНАТЬ** (сов.) **to besmirch** П кого/что чем (П чью репутацию ложью to besmirch smb.'s reputation by spreading lies)

Р

РАБОТАТЬ (несов.) A. **to work** 1. Р кем (Р учителем to work as a teacher) 2. Р для кого/чего *and* на кого/что (Р для семьи/на семью to work to support one's family; Р на потребителя to work for the consumer; завод работает на оборону the factory fills defense orders; Р на ФБР to work for the FBI) 3. Р над чем (Р над новым словарём to work on a new dictionary) 4. Р за что (Р за деньги to work for money) 5. Р по чему (Р по плану to work according to a plan; Р по специальности to work in one's field) 6. Р с кем/чем (мы работаем с многими зарубежными коллегами we work with many foreign colleagues; Р с разными справочниками to use various reference works) 7. *misc.* время работает за нас time is on our side; Р по хозяйству to do housework; Р по совместительству to have a second job; *or,* — colloq.: to moonlight; Р сверхурочно to work overtime; Р сдельно to do piecework; Р посменно to work on a shift; Р под руководством to work under supervision; Р в две смены to work on two shifts; Р неутомимо/упорно/усердно/не покладая рук/засучив рукава to work very hard; Р физически to do physical work; Р умственно to do intellectual work; Р с большим напряжением to work under great pressure; *Р как вол to work like a horse B. **to operate, use** Р чем (Р вёслами to row; Р локтями to elbow *or* to use one's elbows; Р ломом to use a crowbar; Р лопатой to shovel; Р молотом to hammer; Р рычагом to operate a lever; Р педалями to work the pedals) C. **to function, run** Р на чём (Р на нефти to run on oil; Р на сэкономленном материале to run on recycled materials; Р на угле to run on coal)

РАВНЯТЬ (несов.) **to equate** Р кого/что с кем/чем (Р богатство с счастьем to equate wealth with happiness)

РАВНЯТЬСЯ (несов.) A. **to equal** Р чему (два плюс три равняется пяти two plus three equals five) B. **to match** Р с кем/чем в чём (Р с другом в знаниях to match a friend's knowledge) C. **to emulate** Р на кого *and* по кому (Р на передовиков/по передовикам to emulate the best workers) D. (mil.) **to dress** Р по кому/чему (Р по правофланговому to dress right)

РАДЕТЬ (несов.) (obsol.) **to take care of** Р о чём *and* Р кому/чему (Р о деле to take care of a matter)

РАДОВАТЬ (несов.) **ОБРАДОВАТЬ, ПОРАДОВАТЬ** (сов.) **to make happy** Р кого чем (Р детей подарками to make children happy by giving them gifts)

РАДОВАТЬСЯ (несов.) **ОБРАДОВАТЬСЯ, ПОРАДОВАТЬСЯ** (сов.) A. **to be happy, rejoice** 1. Р кому/чему (Р гостям to be happy to see guests; Р хорошему известию to rejoice over good news) 2. (old-fashioned) Р на кого/что (Р на чьё счастье to rejoice at smb.'s good fortune) 3. Р за кого (Р за товарища to be happy for a friend) 4. Р (тому), что с придат. (она радуется тому, что успешно сдала экзамен she is happy that she passed the exam) B. **to look forward to** Р чему (мы уже радуемся весне we are looking forward to spring)

РАЗБАВЛЯТЬ (несов.) **РАЗБАВИТЬ** (сов.) **to dilute, thin** Р что чем (Р молоко водой to dilute milk with water)

РАЗБЕГАТЬСЯ (несов.) **РАЗБЕЖАТЬСЯ** (сов.) A. **to disperse, scatter** 1. Р куда (Р в разные стороны to scatter in all directions) 2. *misc.* у меня глаза разбежались I didn't know where to look first B. **to run** (through) Р по чему (дети разбежались по комнатам the children ran through the rooms)

РАЗБИВАТЬ (несов.) **РАЗБИТЬ** (сов.) A. **to break, smash** 1. Р что чем (Р стекло камнем to break a window with a rock) 2. *misc.* Р тарелку на кусочки to break/smash a plate into small pieces; Р стекло вдребезги to break/smash glass into smithereens B. **to knock, strike** 1. Р что обо что (Р голову о стену to strike one's head against a wall; волны разбили лодку о скалы the waves smashed the boat against the rocks) 2. *misc.* он разбил мне нос кулаком he punched me in the nose C. **to break down, break up, divide** 1. Р что на что (Р отчёт на части to divide a report into sections; Р площадь на участки to break up a piece of land into lots) 2. Р кого/что на что *and* по чему (Р учеников на группы/по группам to divide pupils into groups)

РАЗБИВАТЬСЯ (несов.) **РАЗБИТЬСЯ** (сов.) A. see **РАЗБИВАТЬ** C (Р по группам to be divided into groups) B. **to crash, smash** 1.

Р обо что (лодка разбилась о скалы the boat smashed into the rocks) 2. *misc.* Р на-смерть to be killed in a crash; Р вдребезги/в щепки to be smashed into/to smithereens; *Р в лепёшку to go all out

РАЗБИРАТЬ (несов.) **РАЗОБРАТЬ** (сов.) A. **to disassemble, dismantle, take apart** Р что на что/по чему (Р мотор на части/по час-тям to take an engine apart) B. **to analyze, break down** 1. Р что по чему (Р ситуацию по пунктам to analyze a situation point by point; Р предложение по частям to parse a sentence) 2. *misc.* *Р по косточкам to analyze in detail

РАЗБИРАТЬСЯ (несов.) **РАЗОБРАТЬСЯ** (сов.) A. **to analyze, understand** 1. Р в ком/чём (Р в людях to understand people; Р в обстановке to analyze a situation) 2. Р с кем/чем (с этим делом надо хорошенько раз-обраться we have to get to the bottom of this) B. *misc.* не разбираться в средствах to stop at nothing

РАЗБРАСЫВАТЬ (несов.) **РАЗБРОСАТЬ** (сов.) **to scatter, throw around** Р что куда/по чему (Р бумажки в разные стороны to scatter papers in various directions; Р игрушки по полу to scatter one's toys all over the floor)

РАЗБРЕДАТЬСЯ (несов.) **РАЗБРЕСТИСЬ** (сов.) **to wander** (off) Р куда/по чему (Р в разные стороны to wander off in various directions; Р по лесу to wander through a forest)

РАЗБРОСАТЬ see **РАЗБРАСЫВАТЬ**

РАЗБРЫЗГИВАТЬ (несов.) **РАЗБРЫЗ-ГАТЬ** (сов.) **to splash, spray** Р что где/куда (Р воду в ванной комнате to splash water in a bathroom; Р жидкость во все стороны to splash a liquid in all directions)

РАЗБУДИТЬ see **БУДИТЬ**

РАЗВАЛИВАТЬСЯ (несов.) **РАЗВАЛИТЬ-СЯ** (сов.) A. **to break up, fall apart** Р на что (Р на части to break up into pieces) B. *misc.* Р на стуле to sprawl out all over a chair

РАЗВЕДЫВАТЬ (несов.) **РАЗВЕДАТЬ** (сов.) A. (colloq.) **to find out** 1. Р о чём (Р о чьих намерениях to find out about smb.'s intentions) 2. Р, что придат. (дети разве-да-ли, что готовится сюрприз the children found out that a surprise was in store) B. *misc.* Р участок на нефть to prospect for oil in an area

РАЗВЕЗТИ see **РАЗВОЗИТЬ** I, II
РАЗВЕСТИ see **РАЗВОДИТЬ** I, II

РАЗВЕСТИСЬ see **РАЗВОДИТЬСЯ**

РАЗВИВАТЬ (несов.) **РАЗВИТЬ** (сов.) **to develop** Р что чем (Р силу гимнастикой to develop one's strength by exercising)

РАЗВЛЕКАТЬ (несов.) **РАЗВЛЕЧЬ** (сов.) **to entertain** Р кого чем (Р детей играми to entertain children with games)

РАЗВОДИТЬ I (несов.) **РАЗВЕСТИ** (сов.) A. **to take** (in various directions) Р кого куда (Р детей по домам to take children to their homes; Р дерущихся мальчиков в разные стороны to separate boys who were fighting; Р солдат на постой to billet soldiers) B. *misc.* *Р руками (от недоумения) to throw up one's hands in despair

РАЗВОДИТЬ II (несов.) **РАЗВЕСТИ** (сов.) A. **to dissolve** Р что в чём (Р порошок в воде to dissolve powder in water) B. **to mix** Р что чем (Р спирт водой to mix alcohol and water)

РАЗВОДИТЬСЯ (несов.) **РАЗВЕСТИСЬ** (сов.) **to divorce, get a divorce** Р с кем (она развелась с мужем she divorced her husband)

РАЗВОЗИТЬ I (несов.) **РАЗВЕЗТИ** (сов.) **to deliver, drive** (to various places) Р кого/что по чему/кому (Р детей по домам to drive children to their homes; Р посылки адресатам to deliver packages)

РАЗВОЗИТЬ II (несов.) **РАЗВЕЗТИ** (сов.) (impers.) A. (colloq.) **to exhaust, wear out** Р кого от чего (от жары её развезло she was worn out by the heat) B. **to make impassable, wash out** Р что от чего (дорогу развезло от дождей the road was washed out by the rain)

РАЗВРАЩАТЬ (несов.) **РАЗВРАТИТЬ** (сов.) **to corrupt** Р кого чем (Р молодёжь дурным влиянием to corrupt minors)

РАЗВЯЗЫВАТЬ (несов.) **РАЗВЯЗАТЬ** (сов.) A. **to loosen, untie** Р что кому (Р кому руки to untie smb.'s hands) B. *misc.* Р войну с кем to unleash a war against smb.; Р язык кому to make smb. talk

РАЗВЯЗЫВАТЬСЯ (несов.) **РАЗВЯЗЫ-ВАТЬСЯ** (сов.) **to get rid of** Р с кем/чем (Р с посетителями to get rid of one's visitors)

РАЗГЛАГОЛЬСТВОВАТЬ (несов.) (pejora-tive) **to expatiate, prattle** Р о чём (Р о своих подвигах to prattle on about one's accomplish-ments)

РАЗГЛАЖИВАТЬ (несов.) **РАЗГЛАДИТЬ** (сов.) **to iron, press** Р что чем (Р платье утюгом to iron a dress)

РАЗГЛАШАТЬ (несов.) **РАЗГЛАСИТЬ** (сов.) **to divulge, make known** Р о чём (Р о своих планах to divulge one's plans)

РАЗГОВАРИВАТЬ (несов.) **to converse, discuss, speak** 1. Р с кем/между собой (Р с друзьями to converse with friends) 2. Р о ком/чём (Р о новости to discuss the news) 3. Р о том, как/что с придат. (мы разговаривали о том, как поедем на юг we were discussing how we would go south) 4. *misc.* Р на русском языке/по-русски to converse in Russian

РАЗГОВОРИТЬСЯ (сов.) **to get into a conversation** 1. Р с кем (Р с соседом to get into a conversation with a neighbor) 2. Р (с кем) о ком/чём (Р с кем об общих знакомых to get into a conversation with smb. about mutual acquaintances) 3. *misc.* Р по душам to have a heart-to-heart talk

РАЗГОРАЖИВАТЬ (несов.) **РАЗГОРО-ДИТЬ** (сов.) **to partition** (off), **screen** (off) Р что чем (Р комнату ширмой to partition a room)

РАЗГОРАТЬСЯ (несов.) **РАЗГОРЕТЬСЯ** (сов.) **to burn, become flushed** Р от чего (щёки у неё разгорелись от волнения her cheeks were flushed with excitement)

РАЗГОРЯЧИТЬСЯ (сов.) **to get flushed** Р от чего (Р от вина to get flushed from drinking wine)

РАЗГРЕБАТЬ (несов.) **РАЗГРЕСТИ** (сов.) **to rake; to shovel** Р что чем (Р сено граблями to rake hay with a pitchfork; Р песок лопатой to shovel sand)

РАЗГРУЖАТЬ (несов.) **РАЗГРУЗИТЬ** (сов.) (colloq.) **to free, relieve** Р кого/что от чего (Р работника от мелких заданий to relieve a worker of minor duties)

РАЗГУЛИВАТЬ (несов.) **to stroll, walk** 1. Р по чему (Р по парку to stroll through a park) 2. *misc.* преступник разгуливает на свободе the criminal is walking around scot-free

РАЗДАВАТЬ (несов.) **РАЗДАТЬ** (сов.) **to distribute, hand out** 1. Р что кому/куда/по чему (Р подарки детям to hand out gifts to children; Р работу по бригадам to distribute assignments to work crews; Р заказы на разные предприятия to distribute orders to various companies) 2. *misc.* Р подарки к празднику to hand out gifts at holiday time; (colloq.) она раздалась в бёдрах she got heavier around the hips

РАЗДАВИТЬ see **ДАВИТЬ В**

РАЗДАРИВАТЬ (несов.) **РАЗДАРИТЬ** (сов.) **to hand out** (gifts) Р что кому (Р игрушки детям to hand out gifts to children)

РАЗДВИГАТЬ (несов.) **РАЗДВИНУТЬ** (сов.) **to extend** Р что от чего/до чего (Р границы от гор до моря to extend the borders from the mountains to the sea)

РАЗДЕВАТЬ (несов.) **РАЗДЕТЬ** (сов.) **to strip, undress** Р кого до чего (Р ребёнка до пояса to strip a child to the waist)

РАЗДЕВАТЬСЯ (несов.) **РАЗДЕТЬСЯ** (сов.) **to strip, undress** Р до чего (Р до пояса to strip to the waist; Р догола/донага to strip completely)

РАЗДЕЛАТЬ see **РАЗДЕЛЫВАТЬ**

РАЗДЕЛАТЬСЯ see **РАЗДЕЛЫВАТЬСЯ**

РАЗДЕЛИТЬ see **ДЕЛИТЬ**

РАЗДЕЛИТЬСЯ see **РАЗДЕЛЯТЬСЯ**

РАЗДЕЛЫВАТЬ (несов.) **РАЗДЕЛАТЬ** (сов.) A. **to cut up** (before serving) Р что на что (Р мясо на порции to cut meat up into individual servings) B. **to finish** (a surface) Р что подо что (Р стены под мрамор to finish walls in marble; Р шкаф под дуб to finish a cabinet in oak) C. *misc.* *разделать кого под орех to rake smb. over the coals

РАЗДЕЛЫВАТЬСЯ (несов.) **РАЗДЕЛАТЬ-СЯ** (сов.) A. **to settle accounts** (with) Р с кем/чем (Р с кредиторами to settle accounts with one's creditors) B. **to get back at, get even with** Р с кем (Р с врагом to get back at an enemy)

РАЗДЕЛЯТЬ (несов.) see **ДЕЛИТЬ**

РАЗДЕЛЯТЬСЯ (несов.) **РАЗДЕЛИТЬСЯ** (сов.) **to be divided** 1. Р на что (Р на группы to be divided into groups) 2. Р по чему (Р по убеждениям to have differing opinions)

РАЗДОБЫВАТЬ (несов.) **РАЗДОБЫТЬ** (сов.) **to manage to get/obtain** Р что/чего (им удалось раздобыть денег they managed to get some money)

РАЗДРАЖАТЬ (несов.) **РАЗДРАЖИТЬ** (сов.) **to irritate** Р кого/что чем (Р рану прикосновением to irritate a wound by rubbing it; Р нервы шумом to get on smb.'s nerves by making noise)

РАЗДРАЖАТЬСЯ (несов.) **РАЗДРАЖИТЬ-СЯ** (сов.) **to get irritated** 1. Р на кого/что (Р на соседей to get irritated at one's neighbors) 2. Р чем/из-за чего (Р из-за пустяков to get irritated over trifles; Р неуместными шутками to get irritated over inappropriate jokes)

РАЗДРОБИТЬ see **ДРОБИТЬ**

РАЗДУМЫВАТЬ (несов.) **РАЗДУМАТЬ** (сов.) A. (only perf.) **to change one's mind** Р + неопр. ф. (она раздумала уехать she changed her mind about leaving) B. (only imperf.) **to deliberate, ponder, think about** P над чем/о чём (P над вопросом to ponder a question; P о будущем to think about the future)

РАЗДУМЫВАТЬСЯ (несов.) **РАЗДУ-МАТЬСЯ** (сов.) (colloq.) **to begin to think** P о ком/чём (P о будущем to begin to think about the future)

РАЗЖИВАТЬСЯ (несов.) **РАЗЖИТЬСЯ** (сов.) (colloq.) A. **to acquire** P чем (P день-жатами to acquire money) B. **to profit** P на чём (P на военных поставках to profit from military orders)

РАЗИТЬ I (несов.) (lit.) **to strike** P кого чем (P кого прикладом to strike smb. with a rifle butt)

РАЗИТЬ II (несов.) (slang) **to smell, reek** P чем от кого/чего (от него разит перегаром he reeks of alcohol)

РАЗЛАГАТЬ (несов.) **РАЗЛОЖИТЬ** (сов.) **to break down, divide** P что на что (P вещес-тво на составные части to break down a substance into its components; P слово на корень и суффикс to divide a word into root and suffix)

РАЗЛАМЫВАТЬ (несов.) **РАЗЛОМАТЬ** (сов.) **to break** P что на что (P хлеб на куски to break bread into pieces)

РАЗЛЕТАТЬСЯ (несов.) **РАЗЛЕТЕТЬСЯ** (сов.) **to fly** (apart) 1. P куда (P в разные стороны to fly in different directions) 2. *misc.* P вдребезги to smash into/to smithereens

РАЗЛИВАТЬ (несов.) **РАЗЛИТЬ** (сов.) A. **to pour** P во что/по чему (P вино в бутылки/ по бутылкам to pour wine into bottles) B. **to spill** 1. P что по чему (P воду по столу to spill water on a table) 2. P что на что (P вино на скатерть to spill wine on the tablecloth) C. *misc.* *водой не разольёшь they are as thick as thieves

РАЗЛИВАТЬСЯ (несов.) **РАЗЛИТЬСЯ** (сов.) A. see **РАЗЛИВАТЬ** B. **to spread** P по чему (по её лицу разлилась улыбка a smile spread across her face)

РАЗЛИЧАТЬ (несов.) **РАЗЛИЧИТЬ** (сов.) **to distinguish, tell apart** P кого/что по чему (P ткани по цвету to distinguish fabrics by their color)

РАЗЛИЧАТЬСЯ (несов.) **РАЗЛИЧИТЬСЯ** (сов.) **to differ** P чем/по чему (P видом/по виду to differ in appearance)

РАЗЛОЖИТЬ see **РАЗЛАГАТЬ, РАСКЛА-ДЫВАТЬ**

РАЗЛОМАТЬ see **РАЗЛАМЫВАТЬ**

РАЗЛУЧАТЬ (несов.) **РАЗЛУЧИТЬ** (сов.) **to alienate, separate** 1. P кого с кем (P отца с сыном to alienate a father from his son) 2. *misc.* P навеки/навсегда to separate forever

РАЗЛЮБИТЬ (сов.) **to stop liking** P + неопр. ф. (она разлюбила рисовать she doesn't like to draw any more)

РАЗМАЗЫВАТЬ (несов.) **РАЗМАЗАТЬ** (сов.) **to smear** P что по чему (P грязь по лицу to smear mud on one's face; P краску по платью to get paint on one's dress)

РАЗМАХИВАТЬ (несов.) **to swing, wave** P чем (P руками to wave one's arms)

РАЗМЕЖЁВЫВАТЬСЯ (несов.) **РАЗМЕ-ЖЕВАТЬСЯ** (сов.) **to fix a boundary** P с кем (P с соседом to fix a boundary with a neighbor)

РАЗМЕНИВАТЬ (несов.) **РАЗМЕНЯТЬ** (сов.) **to change, exchange** P что на что (P рубль на копейки to change a rouble into kopecks *or* to get kopecks for a rouble; P круп-ные деньги на мелочь to get change) (see also **МЕНЯТЬ, ОБМЕНИВАТЬ**)

РАЗМЕСТИ see **РАЗМЕТАТЬ** I

РАЗМЕСТИТЬ see **РАЗМЕЩАТЬ**

РАЗМЕТАТЬ I (несов.) **РАЗМЕСТИ** (сов.) **to sweep** (off) P что чем (P дорожку метлой to sweep off a path with a broom)

РАЗМЕТАТЬ II see **РАЗМЁТЫВАТЬ**

РАЗМЕТИТЬ see **РАЗМЕЧАТЬ**

РАЗМЁТЫВАТЬ (несов.) **РАЗМЕТАТЬ** (сов.) **to disperse, scatter** P кого/что на чём/ по чему (P бумаги на столе/по столу to scatter one's papers all over a table)

РАЗМЕЧАТЬ (несов.) **РАЗМЕТИТЬ** (сов.) **to mark** (off), **mark** (up) P что чем (P учас-ток колышками to mark off a field with pegs; P рукопись карандашом to mark up a manu-script with a pencil)

РАЗМЕШИВАТЬ (несов.) **РАЗМЕШАТЬ** (сов.) **to stir** P что чем (P сахар ложкой to stir sugar with a spoon)

РАЗМЕЩАТЬ (несов.) **РАЗМЕСТИТЬ** (сов.) **to place, put** P кого/что где/куда/по чему (P книги на полке to place/put books on a shelf; P туристов по свободным комна-там/в свободные комнаты to place/put up tourists in vacant rooms)

РАЗМИНАТЬ (несов.) **РАЗМЯТЬ** (сов.) **to mash** P что чем (P картофель вилкой to mash potatotes with a fork)

РАЗМЫШЛЯТЬ (несов.) **to meditate, ponder,**

think Р о ком/чём *and* над чем (Р о семье to think about one's family; Р о проблеме/над проблемой to ponder over a problem)

РАЗМЯТЬ see **МЯТЬ** A, **РАЗМИНАТЬ**

РАЗНИТЬСЯ (несов.) (lit.) **to differ** 1. Р по чему (Р по вкусам to differ in taste) 2. Р чем (страны разнятся своим социальным строем the countries differ in their social structure)

РАЗНОСИТЬ (несов.) **РАЗНЕСТИ** (сов.) A. **to carry, deliver, take** (to various places) Р кого/что кому/по чему (Р детей по домам to take children to their homes; Р письма по адресам to deliver letters to homes; Р покупки заказчикам to deliver purchases to customers) B. **to enter** Р что куда/по чему (Р слова на карточки to enter words on cards; Р счета по книгам to post entries) C. (impers.) **to swell** Р у кого что (у меня щёку разнесло my cheek is swollen) D. *misc.* Р заразу по городу to spread a communicable disease throughout a city

РАЗОБЛАЧАТЬ (несов.) **РАЗОБЛАЧИТЬ** (сов.) **to expose** 1. Р кого/что перед кем/чем (Р заговор перед общественностью to expose a plot publicly) 2. Р кого как кого (разоблачили его как агента иностранной разведки he was exposed as a foreign agent)

РАЗОБРАТЬ see **РАЗБИРАТЬ**

РАЗОБРАТЬСЯ see **РАЗБИРАТЬСЯ**

РАЗОГРЕВАТЬ (несов.) **РАЗОГРЕТЬ** (сов.) **to heat, warm up** Р что где (Р молоко на плите to warm up milk on a stove)

РАЗОГРЕВАТЬСЯ (несов.) **РАЗОГРЕТЬ-СЯ** (сов.) **to warm oneself up** Р чем (Р спиртным to warm oneself up with a shot of whiskey)

РАЗОЗЛИТЬСЯ see **ЗЛИТЬСЯ**

РАЗОЙТИСЬ see **РАСХОДИТЬСЯ**

РАЗОРВАТЬ see **РАЗРЫВАТЬ**

РАЗОРЯТЬ (несов.) **РАЗОРИТЬ** (сов.) **to devastate, ruin** Р кого/что чем (Р страну набегами to devastate a country with raids)

РАЗОСЛАТЬ see **РАССЫЛАТЬ**

РАЗОСТЛАТЬ see **РАССТИЛАТЬ**

РАЗОЧАРОВЫВАТЬСЯ (несов.) **РАЗОЧА-РОВАТЬСЯ** (сов.) **to be disappointed** 1. Р в ком/чём (Р в друзьях to be disappointed in one's friends; Р в жизни to be disappointed in life) 2. *misc.* Р окончательно to be completely/thoroughly disappointed

РАЗРАВНИВАТЬ (несов.) **РАЗРОВНЯТЬ** (сов.) **to level** Р что чем (Р землю бульдозе-ром to level the ground with a bulldozer)

РАЗРАЖАТЬСЯ (несов.) **РАЗРАЗИТЬСЯ** (сов.) **to burst** (into) Р чем (Р смехом to burst into laughter; Р аплодисментами to burst into applause; напряжение разразилось бурей the tension peaked, and there was a big blow-up; туча разразилась дождём there was a cloud-burst)

РАЗРЕЗАТЬ see **РЕЗАТЬ**

РАЗРЕШАТЬ (несов.) **РАЗРЕШИТЬ** (сов.) A. **to allow, permit** 1. Р что кому (Р ребёнку прогулку to allow a child to take a walk) 2. Р (кому) + неопр. ф. (Р больному вставать to allow a patient to get out of bed; товарищи, разрешите начать голосование friends, let's begin the voting) 3. Р, чтобы с придат. (они не разрешат, чтобы я там работал they will not permit me to work there) 4. *misc.* Р книгу к печати to authorize the printing of a book B. **to resolve, solve** Р что чем (Р кризис мирным путём to resolve a crisis by peaceful means) C. (obsol.) **to release** Р кого от чего (Р кого от обязательства to release smb. from an obliga-tion)

РАЗРЕШАТЬСЯ (несов.) **РАЗРЕШИТЬСЯ** (сов.) A. see **РАЗРЕШАТЬ** B. **to come to a head, culminate** Р чем (болезнь разреши-лась кризисом the illness came to a head) C. (obsol.) **to give birth** Р кем (она разреши-лась девочкой she gave birth to a girl *or* she had a girl)

РАЗРИСОВЫВАТЬ (несов.) **РАЗРИСО-ВАТЬ** (сов.) **to cover** (with drawings) Р что чем (Р памятник надписями to cover a monument with graffiti)

РАЗРОВНЯТЬ see **РАЗРАВНИВАТЬ**

РАЗРУБАТЬ (несов.) **РАЗРУБИТЬ** (сов.) **to chop** (up), **cut** (up) Р (чем) что на что (Р полено на части топором to chop a log up with an axe)

РАЗРУШАТЬ (несов.) **РАЗРУШИТЬ** (сов.) **to destroy** Р что чем (Р мост бомбардиров-кой to destroy/knock out a bridge by bombing)

РАЗРЫВАТЬ I (несов.) **РАЗОРВАТЬ** (сов.) A. **to rip, tear** 1. Р что обо что (Р брюки о гвоздь to rip one's pants on a nail) 2. Р что на что (она разорвала письмо на мелкие клочки she tore up the letter into small pieces) 3. Р что чем (Р конверт зубами to rip open an envelope with one's teeth) 4. *misc.* Р что в клочья/в клочки to tear smt. to shreds B. **to blow up** 1. Р что чем (Р дом бомбой to blow up a house with a bomb) 2. *misc.* котёл разорвало the boiler burst C. **to break** (off) Р что с кем/чем (Р отношения с страной to break off relations with a country)

РАЗРЫВАТЬ II (несов.) **РАЗРЫТЬ** (сов.) **to dig up** Р что чем (Р землю экскаватором to dig up the earth with a steam shovel)

РАЗРЯЖАТЬ (несов.) **РАЗРЯДИТЬ** (сов.) **to empty** (a firearm) Р что в кого/что (Р ружьё в воздух to empty one's rifle into the air)

РАЗУБЕЖДАТЬ (несов.) **РАЗУБЕДИТЬ** (сов.) **to convince** (to the contrary), **talk out of** 1. Р кого о чём (Р друга в его правоте to convince a friend that he is, in fact, wrong) 2. Р кого + неопр. ф. (она разубедила меня покупать новую машину she talked me out of buying a new car)

РАЗУБЕЖДАТЬСЯ (несов.) **РАЗУБЕ-ДИТЬСЯ** (сов.) **to change one's mind** Р в чём (она разубедилась в этом she changed her mind about this)

РАЗУВЕРЯТЬ (несов.) **РАЗУВЕРИТЬ** (сов.) A. **to undermine smb.'s faith** (in) Р кого в ком/чём (Р кого в друзьях to undermine smb.'s faith in friends) B. see **РАЗУБЕЖ-ДАТЬ**

РАЗУВЕРЯТЬСЯ (несов.) **РАЗУВЕРИТЬ-СЯ** (сов.) **to lose faith** (in) Р в ком/чём (Р в коллегах to lose faith in one's colleagues)

РАЗУМЕТЬСЯ (несов.) (used only in the third person) **to be understood** 1. Р, что с придат. (разумеется, что мы придём it is understood that we will come) 2. *misc.* разумеется само собой it goes without saying; что разумеется под этим выражением? what does this expression really mean?

РАЗУЧИВАТЬСЯ (несов.) **РАЗУЧИТЬСЯ** (сов.) **to forget** (how to do) Р + неопр. ф. (Р танцевать to forget how to dance)

РАЗЪЕДАТЬ (несов.) **РАЗЪЕСТЬ** (сов.) (impers.) **to corrode, eat through** Р что чем (железо разъело ржавчиной the iron got rusty; руки у него разъело карболкой his hands were burned by carbolic acid)

РАЗЪЕЗЖАТЬ (несов.) A. **to drive, travel** Р куда/по чему (Р в город to drive to town; Р по стране to travel through a country; Р в гости/по гостям to go visiting; Р по университетам to visit universities) B. **to drive around** Р на чём (Р на новом автомобиле to drive around in a new car)

РАЗЪЕЗЖАТЬСЯ (несов.) **РАЗЪЕХАТЬСЯ** (сов.) A. **to disperse, drive** (in various directions), **split up** Р куда/по чему (Р в разные стороны to disperse in various directions; Р по дальным городам to split up and leave for distant cities) B. **to pass** (going in opposite directions) Р с кем (Р с соседом to pass a neighbor) C. **to separate** Р с чем (Р с семьёй to be separated from one's family)

РАЗЪЯСНЯТЬ (несов.) **РАЗЪЯСНИТЬ** (сов.) **to explain** 1. Р что кому (Р задание студенту to explain a problem to a student) 2. Р как + неопр. ф. (Р ученице как решать задачу to explain to a pupil how to solve a problem) 3. Р (кому), где/как/что с придат. (разъясни, что значат эти знаки explain what these marks mean)

РАНИТЬ (сов. и несов.) **to hurt, injure, wound** 1. Р кого во что (Р кого в плечо to wound smb. in the shoulder) 2. Р кого/что чем (Р кого ножом to wound smb. with a knife; Р кому голову камнем to hit smb. in the head with a rock) 3. (impers.) Р кого (во что) (чем) (его ранило в руку осколком he was wounded in the arm by a shell fragment) 4. *misc.* Р тяжело to wound seriously; Р легко to wound lightly/slightly; Р смертельно to wound fatally/mortally

РАПОРТОВАТЬ (сов. и несов.) — (сов. тж.) **ОТРАПОРТОВАТЬ to report** 1. Р кому/чему о чём (Р собранию о достижениях to make a progress report to those assembled) 2. Р (кому), что с придат. (он рапортовал, что задание выполнено he reported that the mission was accomplished)

РАСКАИВАТЬСЯ (несов.) **РАСКАЯТЬСЯ** (сов.) **to repent** 1. Р в чём (Р в своих проступках to repent of one's misdeeds) 2. *misc.* Р искренне to repent sincerely

РАСКАЛЫВАТЬ (несов.) see **КОЛОТЬ** A

РАСКАЛЫВАТЬСЯ (несов.) **РАСКОЛОТЬСЯ** (сов.) **to break** (into), **split** (into) Р на что (Р на два лагеря to split into two camps)

РАСКАТЫВАТЬСЯ (несов.) **РАСКАТИТЬ-СЯ** (сов.) **to roll** (around) Р куда (Р в разные стороны to roll in various directions)

РАСКАЧИВАТЬ (несов.) **to shake** Р чем (Р головой to shake one's head)

РАСКАЯТЬСЯ see **РАСКАИВАТЬСЯ**

РАСКВИТАТЬСЯ (сов.) A. **to settle accounts** (with) Р с кем (Р с кредиторами to settle accounts with one's creditors) B. **to get back** (at), **get even** (with) Р с кем (Р с врагом to get back at one's enemy)

РАСКЛАДЫВАТЬ (несов.) **РАЗЛОЖИТЬ**

(сов.) A. **to put** (in its place) Р что где/куда/по чему (Р вещи на полки/по полкам to put things on shelves; Р ковер на полу to lay a carpet) B. **to apportion, break down, distribute** 1. Р что на кого/что (Р расходы на всех участников to apportion expenses among all participants; Р прибыль на пайщиков to distribute profits to shareholders) 2. Р что по чему (Р еду по тарелкам to dish out food) C. *misc.* Р что в алфавитном порядке to arrange smt. in alphabetical order *or* to alphabetize smt.; Р число на множители to factor a number; *Р всё по полочкам to go over everything in detail

РАСКЛАНИВАТЬСЯ (несов.) **РАСКЛАНЯТЬСЯ** (сов.) A. **to take leave of** Р с кем (Р со знакомым to take leave of one's friend) B. *misc.* актёр раскланивается перед публикой the actor takes a bow; я с ним не раскланиваюсь we are not on speaking terms

РАСКЛАССИФИЦИРОВАТЬ see **КЛАССИФИЦИРОВАТЬ**

РАСКЛЕИВАТЬ (несов.) **РАСКЛЕИТЬ** (сов.) **to post, put up** Р что где/по чему (Р афиши на стенах to put up posters on walls; Р листовки по городу to post fliers throughout a city)

РАСКОЛОТЬ see **КОЛОТЬ** A

РАСКОЛОТЬСЯ see **РАСКАЛЫВАТЬСЯ**

РАСКРАШИВАТЬ (несов.) **РАСКРАСИТЬ** (сов.) **to color, paint** Р что чем (Р картинку цветными карандашами to color a picture with crayons)

РАСКРОШИТЬ see **КРОШИТЬ** A

РАСКРЫВАТЬ (несов.) **РАСКРЫТЬ** (сов.) **to reveal** 1. Р что кому/перед кем (Р тайну читателям/перед читателями to reveal a secret to one's readers) 2. *misc.* *Р кому глаза на что to open smb.'s eyes to smt.; *Р кому свои карты to reveal one's plans to smb.

РАСПАДАТЬСЯ (несов.) **РАСПАСТЬСЯ** (сов.) **to be broken down/ divided** Р на что (молекулы распались на атомы the molecules were broken down into atoms; этот язык распадается на два наречия this language has two dialects)

РАСПИСЫВАТЬ (несов.) **РАСПИСАТЬ** (сов.) A. **to copy, enter** Р что на что/по чему (Р цитаты на карточки/по карточкам to enter citations on cards) B. **to paint** Р что чем (Р вазу золотом to paint a vase gold)

РАСПИСЫВАТЬСЯ (несов.) **РАСПИСАТЬСЯ** (сов.) A. **to sign** (for) 1. Р в чём (Р

в получении посылки to sign for a package) 2. *misc.* Р собственноручно to sign personally B. *misc.* Р в невежестве to admit one's ignorance; Р с кем to marry smb.; не могу расписаться за своих коллег I cannot be responsible for my colleagues

РАСПЛАВИТЬСЯ see **ПЛАВИТЬСЯ**

РАСПЛАЧИВАТЬСЯ (несов.) **РАСПЛАТИТЬСЯ** (сов.) A. **to pay** 1. Р с кем (Р с кредиторами to pay one's creditors; Р с официантом to pay a waiter) 2. Р за что (Р за покупки to pay for one's purchases; Р за преступление to pay for one's crime) 3. Р чем (Р валютой to pay in hard currency) 4. Р по чему (Р по счёту to pay a bill) B. **to pay** (off), **settle** Р с чем (Р с долгами to pay off one's debts) C. **to get even** Р с кем (Р с врагами to get even with one's enemies)

РАСПЛЫВАТЬСЯ (несов.) **РАСПЛЫТЬСЯ** (сов.) A. **to swim** (in various directions) Р по чему (гуси расплылись по озеру the geese were swimming all over the lake) B. *misc.* лицо расплылось в улыбке/в улыбку *or* улыбка расплылось по лицу her face broke out in a smile

РАСПОЛАГАТЬ I (несов.) **РАСПОЛОЖИТЬ** (сов.) A. **to charm, win over** Р кого к себе (Р к себе новых знакомых to charm new acquaintances) B. *misc.* здешний климат располагает ко сну the local climate makes you sleepy

РАСПОЛАГАТЬ II (несов.) **РАСПОЛОЖИТЬ** (сов.) A. **to place, put** Р что где (Р книги на полках to place books on shelves) B. **to arrange; to assign** Р кого/что по чему (Р каталожные карточки по темам to arrange catalog cards by topic; Р приезжающих по комнатам to assign guests to rooms)

РАСПОЛАГАТЬ III (несов.) A. **to have at one's disposal, have available** Р чем (Р временем to have free time; Р информацией to have information available; вы можете всецело мною располагать I am at your disposal/service at any time) B. **to deal with, handle** Р кем (Р людьми по своему усмотрению to deal with people in an arbitrary manner)

РАСПОЛЗАТЬСЯ (несов.) **РАСПОЛЗТИСЬ** (сов.) **to crawl, creep** (in various directions) Р по чему (тараканы расползлись по полу cockroaches crawled all over the floor)

РАСПОРОТЬ see **ПОРОТЬ** I

РАСПОРЯЖАТЬСЯ (несов.) **РАСПОРЯ-**

ДИТЬСЯ (сов.) A. **to order, see to it, make sure** 1. Р о чём (она распорядилась об уплате долга she saw to it that the debt was paid; Р о проведении решения to make sure that a decision is carried out) 2. Р + неопр. ф. (заведующий распорядился выдать документы the director ordered that the documents be/should be issued) 3. Р (о том), чтобы с придат. (она распорядилась, чтобы им дали поесть she saw to it that they got smt. to eat) B. **to deal with, handle, manage** Р кем/чем (Р своими миллионами to manage one's millions; Р своим временем to manage one's time; Р людьми to deal with people) C. (only imperf.) **to be in charge** (of), **direct, run, supervise** Р чем (работами распоряжаются опытные инженеры the work is supervised by experienced engineers; в семье она всем распоряжается she is in charge of the household)

РАСПРАВЛЯТЬСЯ (несов.) **РАСПРАВИТЬСЯ** (сов.) **to deal with** (summarily) 1. Р с кем/чем (Р с предателем to deal summarily with a traitor *or* to execute a traitor; Р с беспорядками to quell riots) 2. *misc.* (humorous) гости быстро расправились с жареным гусем the guests quickly disposed of the roast goose

РАСПРЕДЕЛЯТЬ (несов.) **РАСПРЕДЕЛИТЬ** (сов.) **to allocate, assign, distribute** 1. Р кого/что между кем/чем *and* среди кого/чего (Р заказы между предприятиями to allocate orders among different firms; Р продукты среди населения to distribute food to the population) 2. Р кого/что по чему (Р рабочих по участкам to assign workers to different sectors) 3. Р кого/что куда (Р студентов на практику to give students their fieldwork assignments)

РАСПРОСТИРАТЬ (несов.) **РАСПРОСТЕРЕТЬ** (сов.) **to extend** Р что на что (Р своё влияние на соседнюю страну to extend one's influence to a neighboring country)

РАСПРОСТИТЬСЯ (сов.) **to bid farewell** Р с кем (Р со старыми друзьями to bid farewell to one's friends)

РАСПРОСТРАНЯТЬ (несов.) **РАСПРОСТРАНИТЬ** (сов.) A. **to apply, extend** Р что на кого/что (Р закон на всех граждан to apply a law to everyone) B. **to disseminate, spread** Р что среди кого/чего (Р слухи среди населения to spread rumors; Р передовой опыт среди рабочих to distribute infor-

mation to workers about the latest methods of raising productivity) C. **to distribute, hand out** Р что среди/у кого (Р листовки среди солдат to distribute/hand out leaflets to soldiers)

РАСПРОСТРАНЯТЬСЯ (несов.) **РАСПРОСТРАНИТЬСЯ** (сов.) A. **to spread** 1. Р по чему (Р по всей стране to spread throughout an entire country) 2. *misc.* Р широко to spread far and wide B. (colloq.) **to dwell on** 1. Р о чём (Р о своих личных делах to dwell on one's personal affairs) 2. *misc.* Р на тему to dwell on/expand on a subject C. **to apply, extend** Р на что (эмбарго распространяется и на экспорт the embargo also applies to exports)

РАСПУСКАТЬ (несов.) **РАСПУСТИТЬ** (сов.) A. **to dismiss, let go** Р кого/что куда/по чему (Р школьников по домам to let schoolchildren go home; Р учеников на каникулы to dismiss pupils for a holiday BE/vacation AE) B. **to let down, let hang down** Р что по чему (она распустила волосы по плечам she let her hair hang down over her shoulders)

РАССАЖИВАТЬ (несов.) **РАССАДИТЬ** (сов.) A. **to place, seat** Р кого/что куда/где/по чему (Р гостей за столы/за столами to place/seat guests at tables; Р зрителей по местам to seat spectators at their places) B. **to transplant** Р что где (Р кусты за домом to transplant bushes behind a house)

РАССАЖИВАТЬСЯ (несов.) **РАССЕСТЬСЯ** (сов.) **to take one's seat** 1. Р по чему (ученики расселись по партам the pupils took their seats) 2. *misc.* Р на диване to sprawl out on a sofa

РАССЕКАТЬ (несов.) **РАССЕЧЬ** (сов.) **to chop, cut up** Р что чем (Р полено топором to chop up a log with an axe)

РАССЕЛЯТЬ (несов.) **РАССЕЛИТЬ** (сов.) **to accommodate, put up; to settle** Р кого куда/по чему (Р делегатов в гостиницы to put up delegates in hotels; Р туристов по комнатам to put up tourists in rooms)

РАССЕРДИТЬ see **СЕРДИТЬ**
РАССЕРДИТЬСЯ see **СЕРДИТЬСЯ**
РАССЕЧЬ see **РАССЕКАТЬ**
РАССКАЗЫВАТЬ (несов.) **РАССКАЗАТЬ** (сов.) **to tell** 1. Р что кому (Р сказку детям to tell children a story) 2. Р (что) о ком/чём (кому) *and* (colloq.) Р (что) про кого/что (кому) (Р школьникам об исторических событиях to tell schoolchildren about historical events; Р всё о событии to tell everything about an event; она рассказала обо всём

виденном she described everything that she saw) 3. Р (кому), как + неопр. ф. (расскажи мне, как найти её дом tell me how to find her house) 4. Р (кому) (о том), как/что с придат. (она рассказала нам, как попала в переводчики she told us how she became an interpreter/ a translator) 5. *misc.* Р что своими словами to tell smt. in one's own words; *Р с пятого на десятое/Р из пятого в десятое to speak in fits and jerks

РАССМАТРИВАТЬ (несов.) **РАССМОТРЕТЬ** (сов.) A. (only imperf.) **to consider, regard** Р что как что/какой *and* Р что чем *and* Р что в качестве чего (мы рассматриваем это как обман we consider this to be fraud; они рассматривают этот регион ареной конфронтации they consider this region to be an area of confrontation; эту работу я рассматриваю в качестве предварительной I regard this work as a preliminary draft) B. *misc.* рассмотреть сцену в бинокль to look at the stage through binoculars

РАССМЕШИТЬ see **СМЕШИТЬ**

РАССОВЫВАТЬ (несов.) **РАССОВАТЬ** (сов.) (colloq.) **to shove, stuff** Р что по чему (Р вещи по чемоданам to stuff one's things into suitcases)

РАССОРТИРОВАТЬ see **СОРТИРОВАТЬ**

РАССПРАШИВАТЬ (несов.) **РАССПРОСИТЬ** (сов.) **to ask, inquire** 1. Р кого о ком/чём (Р кого о дороге to ask smb. the way) 2. Р кого, как с придат. (он расспросил дочь, как проходят занятия he asked his daughter how her studies were coming along)

РАССТАВАТЬСЯ (несов.) **РАССТАТЬСЯ** (сов.) **to part** 1. Р с кем/чем (Р с деньгами to part with one's money; Р с родным городом to leave one's home town) 2. *misc.* расстанемся друзьями let's part as friends; Р с мыслью to put a thought out of one's head; Р с привычкой to break a habit

РАССТАВЛЯТЬ (несов.) **РАССТАВИТЬ** (сов.) **to arrange** Р что по чему (Р каталожные карточки по алфавиту to arrange catalog cards alphabetically)

РАССТИЛАТЬ (несов.) **РАЗОСТЛАТЬ** (сов.) **to spread** Р что на чём/по чему (Р газеты на столе to spread newspapers out on a table; туман расстилался по шоссе the highway AE/motorway BE was shrouded in fog)

РАССТРАИВАТЬ (несов.) **РАССТРОИТЬ** (сов.) **to upset** Р кого чем (она меня расстроила своей болтовнёй she got me upset with her chattering)

РАССТРЕЛИВАТЬ (несов.) **РАССТРЕЛЯТЬ** (сов.) **to execute** (by firing squad) 1. Р кого за что (Р пленного за попытку организовать побег to execute a prisoner for attempting to organize an escape) 2. Р кого из чего (Р кого из автоматов to execute smb. with submachine guns)

РАССУЖДАТЬ (несов.) **to discuss, debate** 1. Р (с кем) о ком/чём (Р о спектакле с товарищем to discuss a play with a friend) 2. Р о том, где/как/что с придат. (мы рассуждали о том, где мы встретимся we were discussing where we would meet) 3. *misc.* Р на всякие темы to discuss all sorts of things

РАССЧИТЫВАТЬ (несов.) A. **to count on, rely on** Р на кого/что (Р на друзей to count on/rely on one's friends; Р на чью помощь to count on smb.'s help) B. **to count on, expect; to intend** 1. Р на что (Р на встречу to expect to meet; Р на возвращение to expect/intend to return) 2. Р + неопр. ф. (Р победить to expect to win) 3. Р (на что), что с придат. (все рассчитывают, что будет война everyone expects war to break out) C. **РАССЧИТАТЬ** (сов.) **to dismiss, fire** Р кого за что (Р рабочего за кражу to dismiss a worker for stealing)

РАССЧИТЫВАТЬСЯ (несов.) **РАССЧИТАТЬСЯ** (сов.) A. **to settle** (with), **pay** (off) 1. Р с кем/чем (Р с официантом to pay a waiter; Р с долгами to pay off one's debts) 2. Р за что (Р за покупку to pay for a purchase) B. **to get even** (with) Р с кем за что (я с ним ещё рассчитаюсь за все его проделки! I'll get even with him for everything he's done!) C. *misc.* (mil.) по порядку номеров, рассчитайсь! count off!

РАССЫЛАТЬ (несов.) **РАЗОСЛАТЬ** (сов.) **to send** (to various places, to various people) Р кого/что куда/кому (Р сотрудников в командировки to send employees on business trips; Р телеграммы всем друзьям to send telegrams to all of one's friends)

РАССЫПАТЬ (несов.) **РАССЫПАТЬ** (сов.) **to pour; to spill** Р что куда/где/по чему (Р муку в мешки/по мешкам to pour flour into sacks; Р крошки по столу/на столе to spill crumbs on a table)

РАССЫПАТЬСЯ (несов.) **РАССЫПАТЬСЯ** (сов.) A. **to spill, be strewn** Р куда (Р в разные стороны to be strewn in various directions) B. **to lavish, shower** Р в чём (Р в похвалах to lavish praise; Р в комплиментах to lavish compliments)

РАСТАПТЫВАТЬ (несов.) **РАСТОПТАТЬ** (сов.) **to crush** Р кого/что чем (Р насекомое сапогами to step on and crush an insect)

РАСТВОРЯТЬ (несов.) **РАСТВОРИТЬ** (сов.) **to dissolve** Р что в чём (Р соль в воде to dissolve salt in water)

РАСТЕКАТЬСЯ (несов.) **РАСТЕЧЬСЯ** (сов.) А. **to flow, run** Р куда/по чему (Р в разные стороны to flow in various directions; Р по оврагу to flow through a ravine) В. **to spread** Р по чему (по её лицу растеклась улыбка a smile spread across her face)

РАСТЕРЕТЬ see **РАСТИРАТЬ**

РАСТЕЧЬСЯ see **РАСТЕКАТЬСЯ**

РАСТИ (несов.) **ВЫРАСТИ** (сов.) А. **to grow** (up) Р кем/каким (Р здоровой девочкой to grow up to be a healthy girl; Р одиноким to grow up lonely) В. *misc.* откуда слухи растут? where do the rumors come from?

РАСТИРАТЬ (несов.) **РАСТЕРЕТЬ** (сов.) А. **to dry, rub** Р кого/что чем (Р ребёнка полотенцем to dry a child with a towel) В. **to grind** (up), **mash** (up) 1. Р что с чем (Р желтки с маслом to blend egg yolks with butter) 2. *misc.* растереться в труху to crumble into powder

РАСТИТЬ (несов.) **ВЫРАСТИТЬ** (сов.) **to bring up** Р кого кем (они вырастили сына настоящим человеком they brought up their son to be a nice person)

РАСТОЛКОВЫВАТЬ (несов.) **РАСТОЛКОВАТЬ** (сов.) **to explain** 1. Р что кому (Р задачу ученику to explain a problem to a pupil) 2. Р как + неопр. ф. (Р ребёнку как вести себя на дороге to explain to a child how to behave when traveling) 3. Р, как/что с придат. (я ей растолковал, что она неправа I explained to her that she was wrong)

РАСТОЛОЧЬ see **ТОЛОЧЬ**

РАСТРАНЖИРИТ see **ТРАНЖИРИТЬ**

РАСТРОГАТЬ (сов.) **to move, touch** 1. Р кого чем (Р слушателей рассказом to move an audience with one's story) 2. *misc.* Р кого до слёз to move smb. to tears

РАСТЯГИВАТЬ (несов.) **РАСТЯНУТЬ** (сов.) **to drag out, stretch out** Р что на что (Р работу на месяц to drag out the work for another month)

РАСТЯГИВАТЬСЯ (несов.) **РАСТЯНУТЬСЯ** (сов.) А. **to drag out, stretch out** 1. Р на что (заседание растянулось на два часа the meeting dragged on for two hours) В. **to line, stretch** 1. Р откуда/куда (машины растянулись от шоссе до стадиона there was a line of cars from the road to the stadium) 2. *misc.* пешеходы растянулись цепочкой по шоссе pedestrians lined the road; очередь растянулась на сорок метров the line/queue stretched for 40 meters; Р на весь рост to stretch out

РАСФАСОВАТЬ see **ФАСОВАТЬ**

РАСХВАСТАТЬСЯ (сов.) (colloq.) **to boast** Р чем (Р своими успехами to boast of one's successes) (see also **ХВАСТАТЬСЯ**)

РАСХОДИТЬСЯ (несов.) **РАЗОЙТИСЬ** (сов.) А. **to disperse, split up** Р куда/по чему (Р в разные стороны to disperse in various directions; Р по домам to split up and go home) В. **to pass** (going in opposite directions) Р с кем/чем (Р с яхтой to pass a yacht) С. **to separate** Р с кем (Р с мужем to separate from one's husband) D. **to disagree, differ** 1. Р (с кем) в чём (Р во взглядах с кем to disagree with smb.'s views) 2. Р с чем (это расходится с нашими старыми представлениями that's a departure from our old ways) Е. *misc.* сахар разошёлся в чае the sugar dissolved in the tea; зарплата разошлась на одежду my salary was spent on clothing; *у неё слова не расходятся с делом she always does what she says she'll do; книги расходятся крупными тиражами books sell out very fast

РАСХОДОВАТЬ (несов.) **ИЗРАСХОДОВАТЬ** (сов.) **to consume, expend, spend** Р что на что (Р на жильё 10 процентов зарплаты to spend 10% of one's salary on housing)

РАСЦЕЛОВАТЬ (сов.) **to kiss** (with gusto) Р кого/что во что (Р ребёнка в щёки to kiss a child on the cheeks)

РАСЦЕЛОВАТЬСЯ (сов.) **to exchange kisses** Р с кем (Р с родителями to exchange kisses with one's parents)

РАСЦЕНИВАТЬ (несов.) **РАСЦЕНИТЬ** (сов.) А. **to consider, regard** Р что как что/какой (мы расцениваем этот акт как нарушение депутатского иммунитета we consider this act to be a violation of parliamentary immunity) В. **to rate, value** *misc.* Р высоко to value highly

РАСЧИЩАТЬ (несов.) **РАСЧИСТИТЬ** (сов.) **to clear** 1. Р что кому (Р путь войскам to clear a path for troops) 2. Р что чем (Р снег лопатой to shovel snow) 3. Р что от чего (Р море от мин to clear a sea of mines)

РАСЧЛЕНЯТЬ (несов.) **РАСЧЛЕНИТЬ**

(сов.) **to break up, divide** Р что на что (Р целое на части to break up a whole into its parts)

РАСШИРЯТЬ (несов.) **РАСШИРИТЬ** (сов.) **to broaden, extend, widen** 1. Р что кому (это соглашение нам расширит доступ к рынкам this agreement will facilitate our access to markets) 2. Р что на что (Р дорогу на два метра to widen a road by two meters) 3. Р что до чего (Р границы до моря to extend borders to the sea)

РАТОВАТЬ (несов.) (lit.) **to fight, struggle; to come out for** Р за что (Р за свободу to fight for freedom; Р за повышение цен to come out for a price increase)

РВАНУТЬ (сов.) А. **to tug** Р кого за что (Р кого за рукав to tug smb. by the sleeve) B. see **РВАНУТЬСЯ**

РВАНУТЬСЯ (сов.) **to rush** Р куда (Р на врага to rush at the enemy)

РВАТЬ I (несов.) А. **to tear** 1. Р что у кого (Р платок у кого to tear a kerchief away from smb. *or* to tear a kerchief out of smb.'s hands) 2. Р что во что/на что (Р бумагу на куски to tear paper into small pieces; Р письмо в клочки to tear a letter into shreds) B. **to blow up** что чем (Р скалу динамитом to blow up a rock with dynamite) (see also **РАЗРЫВАТЬ** IB) С. **to pick** Р что с чего (Р яблоки с дерева to pick apples from a tree) D. **ПОРВАТЬ** (сов.) **to break off** Р (что) с кем (Р с кем все отношения to break off all ties with smb.; ты собираешься рвать с ней? are you planning to break up with her?)

РВАТЬ II (несов.) (impers.) **to throw up, vomit** Р кого (от чего) (его рвёт от качки he's seasick and is throwing up)

РВАТЬСЯ (несов.) **to rush; to crave, thirst** (for) Р куда (Р в драку to be spoiling for a fight; они рвутся на родину they can't wait to get home; Р к власти to crave power; полк рвался вперёд the regiment rushed forward)

РЕАГИРОВАТЬ (несов.) **ОТРЕАГИРО-ВАТЬ, ПРОРЕАГИРОВАТЬ** (сов.) **to react** Р (чем) на что (Р на свет to react to light; Р на чьё замечание to react to smb.'s remark; полиция прореагировала на манифестацию выстрелами по манифестантам the police reacted to the demonstration by firing at the demonstrators)

РЕВЕТЬ (несов.) **to howl** *misc.* *Р белугой to howl at the top of one's voice

РЕВНОВАТЬ (несов.) **to be jealous/resentful**

(of) Р кого к кому/чему (она ревнует мужа к работе she resents the fact that her husband spends so much time at work)

РЕГИСТРИРОВАТЬСЯ (несов.) **ЗАРЕГ-ИСТРИРОВАТЬСЯ** (сов.) **to check in, register** Р на что (П на рейс to check in for a flight)

РЕГУЛИРОВАТЬ (несов.) **УРЕГУЛИРО-ВАТЬ** (сов.) **to settle** *misc.* Р спорные вопросы путём переговоров to settle disputes through negotiations

РЕЗАТЬ (несов.) **ПОРЕЗАТЬ, РАЗРЕЗАТЬ** (сов.) А. **to cut** 1. Р что чем (Р мясо ножом to cut meat with a knife) 2. Р что на что *and* Р что чем (Р хлеб на куски to slice bread; Р хлеб тоненькими ломтями to cut bread into thin slices) B. (only imperf.) **to carve** Р по чему/на чём (Р по металлу to carve in metal; Р на меди to carve in copper) (see also **ВЫРЕ-ЗАТЬ** B) С. **to cancel, take away** Р кому что (учёный совет мне проект режет the Science Council is canceling my project) D. see **СРЕ-ЗАТЬ** D E. *misc.* от яркого солнца резало глаза I was blinded by the sun; (colloq.) *Р правду в глаза to call a spade a spade

РЕЗЕРВИРОВАТЬ (сов. и несов.) — (сов. тж.) **ЗАРЕЗЕРВИРОВАТЬ to reserve, set aside** Р что подо что (Р тысячу гектаров под озеленение to set aside a thousand hectares for the planting of bushes and trees)

РЕКОМЕНДОВАТЬ (сов. и несов.) — (сов. тж.) **ПОРЕКОМЕНДОВАТЬ to recommend** 1. Р кого/что куда/кому (Р специалиста на предприятие to recommend a specialist to a firm; Р работника директору to recommend a worker to the director) 2. Р что кому (Р книгу студентам to recommend a book to students) 3. Р кого для чего (Р кого для поступления в аспирантуру to recommend smb. for admission to graduate AE/postgraduate BE studies) 4. Р кого/что к чему (Р лекарство к наружному употреблению to recommend a medication for external use) 5. Р кого в кого (Р кого в члены организации to recommend smb. for membership in AE/of BE an organization) 6. Р кого кем (Р кого председателем to recommend smb. to be president) 7. Р кого как кого (Р кого как опытного работника to recmommend smb. as an experienced worker) 8. Р (кому) + неопр. ф. (Р кому путешествовать to recommend that smb. travel/should travel; они рекомендуют установить квоту на импортируемые машины they recommend that a quota be/ should be set on imported cars) 9. *misc.* очень Р to recommend highly/strongly

РЕКОМЕНДОВАТЬСЯ (сов. и несов.) — (сов. тж.) **ОТРЕКОМЕНДОВАТЬСЯ to identify oneself** (as), **introduce oneself** (as), **present oneself** (as) 1. Р кем (один из туристов отрекомендовался врачом one of the tourists identified himself as a doctor) 2. *misc.* Р кому to present oneself to smb.

РЕШАТЬ (несов.) **РЕШИТЬ** (сов.) A. **to decide** 1. Р + неопр. ф. (Р уехать to decide to leave) 2. Р, что + неопр. ф. (они не решили, что делать с ним they have not decided what to do with him) 3. Р как/что с придат. (она решила, что останется дома she decided that she would stay at home) 4. Р что чем (Р что голосованием to decide smt. by taking a vote) 5. *misc.* Р бесповоротно/окончательно to make a final decision; *Р с плеча to decide rashly B. **to solve** 1. Р что чем (Р проблемы мирным путём to use peaceful methods to solve problems) 2. *misc.* Р что быстро to solve smt. quickly; Р что верно/правильно to solve smt. correctly; Р что оригинально to solve smt. in an original manner

РЕШАТЬСЯ (несов.) **РЕШИТЬСЯ** (сов.) **to decide** (finally), **make up one's mind** 1. Р на что (Р на операцию to decide to have an operation) 2. Р + неопр. ф. (Р уступить to decide to make concessions)

РИКОШЕТИРОВАТЬ (несов.) **СРИКОШЕ-ТИРОВАТЬ** (сов.) **to bounce off, ricochet** Р от чего (осколок срикошетировал от медали a shell fragment bounced off the medal)

РИНУТЬСЯ (сов.) **to rush** 1. Р куда (Р на помощь to rush in to help; Р в атаку to rush to attack *or* to rush in for an attack) 2. Р + неопр. ф. (Р помогать to rush in to help)

РИСКОВАТЬ (несов.) **РИСКНУТЬ** (сов.) **to risk** 1. Р чем (Р жизнью to risk one's life) 2. Р + неопр. ф. (Р потерять всё to risk losing everything)

РИСОВАТЬ (несов.) **НАРИСОВАТЬ** (сов.) **to draw, paint** 1. Р чем (Р карандашом to draw with a pencil) 2. Р с чего (Р с натуры to draw/paint from nature) 3. Р (что) на чём (Р портрет на холсте to paint a portrait on canvas; Р на песке to draw in the sand)

РИФМОВАТЬСЯ (несов.) **to rhyme** *misc.* эти слова рифмуются между собой these words rhyme (with each other)

РОБЕТЬ (несов.) **ОРОБЕТЬ** (сов.) **to be frightened** Р перед кем/чем (Р перед трудностями to be frightened by difficulties)

РОВНЯТЬ (несов.) **СРОВНЯТЬ** (сов.) **to level** 1. Р что чем (Р дорогу катком to level a road with a roller) 2. Р что с чем (Р холм с землёй to level a hill)

РОДНИТЬ (несов.) **СРОДНИТЬ** (сов.) **to bind, link** Р кого/что с кем/чем (Р людей друг с другом to link people to/with each other)

РОДНИТЬСЯ (несов.) **ПОРОДНИТЬСЯ** (сов.) **to become related** Р с кем (Р с семьёй старого друга to become related to the family of an old friend)

РОЖДАТЬСЯ (несов.) **РОДИТЬСЯ** (сов.) **to be born** 1. Р кем/каким (он родился здоровым ребёнком *or* он родился здоровым he was born healthy) 2. *misc.* у них родилась дочь they had a daughter; *родиться в рубашке/в сорочке/под счастливой звездой to be born with a silver spoon in one's mouth; *героями не рождаются heroes are made — not born

РОНЯТЬ (несов.) **УРОНИТЬ** (сов.) **to drop** 1. Р кого/что куда (Р книгу на пол to drop a book on the floor) 2. Р кого/что откуда (Р посуду со стола to drop dishes from a table; Р вещи из рук to let things drop out of one's hands)

РОПТАТЬ (несов.) **to grumble** Р на кого/что (Р на судьбу to grumble at one's fate)

РУБИТЬ (несов.) **to cut, slash** 1. Р кого/что чем (Р дрова топором to chop firewood with an axe; Р врага шашкой to slash an enemy with a saber) 2. *misc.* Р голову кому to cut smb.'s head off; *Р сплеча to shoot from the hip

РУГАТЬ (несов.) **ВЫРУГАТЬ, ОБРУГАТЬ** (сов.) A. **to scold, swear at** 1. Р кого/что за что (Р ученика за опоздание to scold a pupil for being late) 2. *misc.* *на все корки ругать кого to ream smb. out B. *misc.* Р что как варварство to label smt. as barbaric; *ругать за глаза to gossip behind smb.'s back

РУГАТЬСЯ (несов.) **ПОРУГАТЬСЯ** (сов.) **to argue, fight, quarrel** 1. Р с кем (Р с соседями to argue/quarrel with one's neighbors) 2. Р из-за чего (Р из-за пустяков to fight over trifles) 3. *misc.* Р матом/последними словами to use obscenities

РУКОВОДИТЬ (несов.) **to direct, guide, lead, manage, run** Р кем/чем (Р учреждением to manage an institution; Р комиссией to direct/run a commission; Р студентами to guide students)

РУКОВОДИ́ТЬСЯ, РУКОВО́ДСТВО-ВАТЬСЯ (несов.) **to be guided by** Р чем (Р здравым смыслом to be guided by common sense; Р принципами to be guided by principles)

РУКОПЛЕСКА́ТЬ (несов.) **to applaud, clap** 1. Р кому/чему (Р оркестру to applaud an orchestra) 2. *misc.* Р бурно to applaud loudly

РУКОПОЛАГА́ТЬ (несов.) **РУКОПОЛО-ЖИ́ТЬ** (сов.) **to ordain** Р кого в кого (Р кого в священники to ordain smb. priest)

РУЛИ́ТЬ (несов.) **ВЫ́РУЛИТЬ** (сов.) **to drive; to taxi** 1. Р что куда (Р самолёт к ангару to taxi an airplane to a hanger; он вырулил машину на дорогу he drove his car out onto the road) 2. Р куда (самолёт рулил по аэродрому the airplane was taxiing across the airport; куда рулишь? where are you driving?) (*Note*: In this construction the imperf. form **ВЫРУ́ЛИВАТЬ** is often used when an airplane is referred to: самолёт выру́ливает на взлётную полосу the airplane is taxiing out to the runway)

РУ́ХНУТЬ (сов.) **to crash, fall** Р куда (Р на землю to crash to the ground; Р в пропасть to fall into an abyss)

РУЧА́ТЬСЯ (несов.) **ПОРУЧИ́ТЬСЯ** (сов.) **to guarantee, vouch for** 1. Р (кому) за кого/что (могу вам поручиться за результаты I can guarantee you the results; Р за успех to guarantee success) 2. *misc.* *Р головой за что to stake one's life on smt.

РЫДА́ТЬ (несов.) **to sob, weep** 1. Р от чего (Р от горя to sob in grief) 2. Р над кем/чем (Р над сыном to weep for one's son)

РЫ́СКАТЬ (несов.) **to prowl, roam** 1. Р по чему (волки рыщут по лесу wolves prowl through the forest) 2. *misc.* Р глазами to look around

РЫТЬ (несов.) **to dig** 1. Р что чем (Р яму лопатой to dig a hole with a shovel) 2. *misc.* *Р яму кому to plot smb.'s downfall

РЫ́ТЬСЯ (несов.) **to dig, rummage** Р в чём (Р в мусоре to dig around in the rubbish; Р в памяти to search through one's memory)

РЯДИ́ТЬСЯ I (несов.) (obsol.) **to dress** 1. Р во что (Р в одинаковые костюмы to dress alike) 2. *misc.* *Р в тогу кого to pass oneself off as smb. else

РЯДИ́ТЬСЯ II (несов.) **ПОРЯДИ́ТЬСЯ** (сов.) A. **to bargain** Р с кем (Р с извозчиком to bargain with a cab driver) B. **to contract, hire oneself out** 1. Р в кого (Р в дворники to hire oneself out as a caretaker) 2. Р + неопр. ф. (Р колоть дрова to contract to chop firewood)

С

САГИТИРОВАТЬ see **АГИТИРОВАТЬ** В

САДИТЬСЯ (несов.) **СЕСТЬ** (сов.) A. **to sit down** 1. С куда/где (С на диван/на диване to sit down on a sofa; С на землю/на земле to sit down on the ground; С за стол to sit down at a table; С у окна to sit down near a window) 2. *misc.* С на корточки to squat B. **to get** (in/ on), **mount** С во что/на что (С в автобус/на автобус to get on a bus; С в самолёт/на самолёт to get on a plane; С в машину to get into a car; С на лошадь to get on/mount a horse) C. **to get down** (to); **to begin** 1. С за что (С за работу to get down to work; С за книгу to begin reading a book) 2. С на что (С на телефон to start making telephone calls; С на вёсла to begin rowing) 3. С + неопр. ф. (С работать to get down to work; С шить to begin sewing) D. **to land; to perch** С куда (птица села на ветку a bird perched on a branch; самолёт сел на аэродром the airplane landed at an airport; пароход сел на мель a ship went aground on a sandbank) E. **to set** С где/куда (луна садилась за гору the moon was setting behind a mountain; солнце садится за лесом the sun is setting behind the woods) F. *misc.* С в тюрьму to land in prison; С под арест to be placed under arrest; С на диету to go on a diet; сесть в постели to sit up in bed; С за руль to take the wheel (of a car); С на руль to take over the rudder (of a boat/ship); С на мель to run aground (also fig.); *сотрудники полиции сели ему на хвост the police put a tail on him; *сесть кому на шею to become a burden to smb.; *С не в свои сани to take on the wrong job; *С в калошу/в лужу to make a fool of oneself *or* to get into trouble; *С на своего (любимого) коня to start talking about one's favorite topic; *С на хлеб и воду to go without food

САЖАТЬ (несов.) **ПОСАДИТЬ** (сов.) A. **to plant** С что куда/где (С цветы на клумбы/ на клумбах to plant flower beds; С овощи на огороде to plant vegetables in a garden; С кусты перед домом to plant bushes in front of a house) B. **to place, seat** С кого куда (С гостя на диван to seat a guest on a sofa; С учеников за парты to seat pupils at their desks; С пассажиров в автобус to seat passengers in a bus) C. **to bring down, land** С что

на что/на чём (С самолёт на аэродром/на аэродроме to land an airplane at an airport; С вертолёт на крышу/на крыше to bring a helicopter down on a roof) D. **to have/make** (smb. work), **get/put** (smb. to work) 1. С кого за что (С детей за уроки to get children to do their homework) 2. С кого + неопр. ф. (С девочку читать to have a girl read; С учеников работать to get pupils to do their work) E. *misc.* С кого в тюрьму/за решётку to throw smb. into prison; С кого на диету to put smb. on a diet; С кого на кол to impale smb.; С заплату на штаны/на штанах to patch trousers; С кого под арест to place smb. under arrest; С пятно на платье to get a stain on a dress; С наживку на крючок to bait a hook; *С кого кому на шею to have smb. assume responsibility for another person's care; *С кого в калошу/в лужу to make a fool of smb.; *С кого на мель to put smb. into a difficult situation; *С кого на хлеб и воду to put smb. on bread and water;

САЛЮТОВАТЬ (несов.) **ОТСАЛЮТО-ВАТЬ** (сов.) **to salute** С кому (С генералу to salute a general)

СБАВЛЯТЬ (несов.) **СБАВИТЬ** (сов.) A. **to deduct** С что с чего (С рубль с общей суммы to deduct a rouble from the total) B. **to reduce** С что/чего (С скорость/скорости to reduce speed) C. *misc.* С в весе to lose weight; *С спеси кому to take smb. down a peg or two

СБЕГАТЬ I (несов.) **СБЕЖАТЬ** (сов.) A. **to run** (down) 1. С с чего (С с лестницы to run down the stairs) 2. С по чему (С по склону to run down a slope) B. **to run away; to escape** 1. С откуда (С с работы to run away from work; С из тюрьмы to escape from prison; собака сбежала от хозяина the dog ran away from its owner) 2. С куда/к кому (С в Америку to run away to America) C. **to fade** С с чего (улыбка сбежала с лица the smile faded from her/his face)

СБЕГАТЬ II (сов.) **to run to** (and come back) 1. С куда (она сбегала в аптеку she ran down to the pharmacy) 2. С за чем (я сбегаю за газетой I'll run down for a paper)

СБЕГАТЬСЯ (несов.) **СБЕЖАТЬСЯ** (сов.) **to** (come running and) **gather** 1. С куда (С в одно место to gather in one spot; С на площадь to gather on a square) 2. С откуда (С со свех сторон to come running from all directions)

СБЕРЕГАТЬ (несов.) **СБЕРЕЧЬ** (сов.) **to protect** С что от кого/чего (С одежду от моли to protect clothing from moths)

СБИВАТЬ I (несов.) **СБИТЬ** (сов.) A. **to knock down/off** 1. С (чем) кого/что с кого/чего (С замок с двери to knock a lock off a door; С шапку с головы *or* С шапку с кого to knock a hat off smb.'s head; С яблоко с дерева to knock an apple off a tree; хулиган его сбил с ног одним ударом кулака the hoodlum knocked him off his feet with one punch *or* the hoodlum knocked him down with one punch) 2. С кого/что куда (С кого на землю to knock smb. to the ground) B. **to deflect, divert, distract, throw off** 1. С кого/что с чего (С охотника со следа to throw a hunter off the trail; С самолёт с курса to divert a plane from its course) 2. С кого/что чем (С ученика неожиданным вопросом to throw a pupil off with an unexpected question) 3. *misc.* С с пути to lead astray; *С кого с толку to confuse smb. C. **to shoot down** С что чем (С самолёт зенитным огнём to shoot a plane down with antiaircraft fire) D. **to bring down, reduce** С что чем (она сбила температуру лекарствами she took medication to bring the fever down) E. *misc.* С противника с позиции to drive the enemy from a position; *С с кого спесь to take smb. down a peg

СБИВАТЬ II **СБИТЬ** (сов.) A. **to build, knock together** С что из чего (С ящик из досок to build a crate out of boards) B. *misc.* С всех в кучу to crowd/herd everyone into one spot

СБИВАТЬСЯ (несов.) **СБИТЬСЯ** (сов.) A. **to go** (astray) С с чего (С с курса to be off course; С со следа to lose the trail; С с дороги to wander off a road) B. *misc.* С с ног to be exhausted; С в счёте to miscalculate; шляпа сбилась набок the hat is not on straight; люди сбились в кучу the people crowded together; С с толку to get confused

СБЛИЖАТЬ (несов.) **СБЛИЗИТЬ** (сов.) **to bring closer** (together) С кого/что с кем/чем (С теорию с практикой to bring theory closer to practice)

СБЛИЖАТЬСЯ (несов.) **СБЛИЗИТЬСЯ** (сов.) A. **to come closer** (together) С с кем/чем (С с противником to close with the enemy) B. **to become friendly** (with) С с кем (С с соседями to become friendly with one's neighbors)

СБРАСЫВАТЬ (несов.) **СБРОСИТЬ** (сов.) A. **to drop, dump; to throw** (down) 1. С кого/что с кого/чего (С седока с коня to throw a rider; С снег с крыши to shovel snow from a roof; С пепел с папиросы to knock ashes from a cigarette) 2. С кого/что куда (С десант во вражеский тыл to drop a landing party in the enemy's rear; С сырую нефть в воды залива to dump crude oil into the waters of a bay) 3. С что кому (С партизанам боеприпасы to drop ammunition to partisans) B. **to shed, cast off, take off** С что с кого/чего (С с ребёнка одеяло to take a blanket off a child; С с себя одежду to take off/shed one's clothing; С туфлю с ноги to take off a shoe) C. *misc.* *С что со счетов to disregard smt.

СБЫВАТЬ (несов.) **СБЫТЬ** (сов.) *misc.* *С кого/что с рук to get rid of smb./smt.

СВАЛИВАТЬ (несов.) (colloq.) see **ВАЛИТЬ** I

СВАЛИВАТЬСЯ (несов.) **СВАЛИТЬСЯ** (сов.) (colloq.) **to come crashing down** (on) С на кого/что (свалилось на меня трудное дело I was saddled with a difficult job)

СВАЛИТЬ I see **ВАЛИТЬ** I

СВАЛИТЬ II see **ВАЛИТЬ** II

СВАЛИТЬСЯ see **ВАЛИТЬСЯ, СВАЛИВАТЬСЯ**

СВАРИТЬ see **ВАРИТЬ**

СВАТАТЬ (несов.) **ПОСВАТАТЬ, СОСВАТАТЬ** (сов.) **to arrange a match** (for) 1. С кого кому (С невесту сыну to seek a wife for one's son) 2. С кого за кого (за него сватают вдову they have a widow in mind for him)

СВАТАТЬСЯ (несов.) **ПОСВАТАТЬСЯ** (сов.) **to court, woo** 1. С к кому (С к красивой девушке to court an attractive girl) 2. С за кого (С за дочь соседа to court a neighbor's daughter)

СВЕЗТИ see **СВОЗИТЬ**

СВЕРГАТЬ (несов.) **СВЕРГНУТЬ** (сов.) (lit.) **to overthrow** С кого с чего (С короля с престола to overthrow a king)

СВЕРКАТЬ (несов.) **СВЕРКНУТЬ** (сов.) **to blaze, shine** 1. С чем/от чего (глаза сверкают гневом/от гнева her/his eyes are blazing with fury) 2. *misc.* С глазами на кого to give smb. a withering look

СВЁРТЫВАТЬ, СВОРАЧИВАТЬ (несов.) **СВЕРНУТЬ** (сов.) A. **to fold, roll** С что во что/чем (С бумагу в трубку/трубкой to roll up a piece of paper) B. **to turn** 1. С куда (С на дорогу to turn into/onto a road) 2. С откуда (С с дороги to turn off a road) C. *misc.* свернуться клубком/в клубок/в комок to curl up in a ball

СВЕРЯТЬ (несов.) **СВЕРИТЬ** (сов.) **to check** 1. С что с чем (С копию с подлинником to check a copy against the original; я всегда сверяю свой часы с вокзальными I always check my watch with the station clock) 2. С что по чему (С часы по радио to check one's watch with the radio)

СВЕСИТЬ see **СВЕШИВАТЬ**

СВЕСТИ see **СВОДИТЬ** I

СВЕСТИСЬ see **СВОДИТЬСЯ**

СВЕТИТЬ (несов.) **ПОСВЕТИТЬ** (сов.) A. (only imperf.) **to shine** 1. С куда (солнце светит на землю the sun shines down on the earth; С в глаза to shine into one's eyes) 2. *misc.* С ярко to shine brightly B. **to light the way** (for) С кому чем (С кому фонарём to light the way for smb. with a flashlight AE/torch BE) C. (slang) **to please** С кому (это дело мне не светит I don't like it)

СВЕШИВАТЬ (несов.) **СВЕСИТЬ** (сов.) **to let hang** (down) С что с чего (С ковёр с балкона to hang a rug over a balcony)

СВЕШИВАТЬСЯ (несов.) **СВЕСИТЬСЯ** (сов.) A. **to hang** (over), **lean** (over) С через что (С через перила to lean over a railing) B. **to hang** (down from, out of) С откуда (С с балкона to hang down from a balcony; С из окна to hang out of a window)

СВИДЕТЕЛЬСТВОВАТЬ (несов.) **ЗАСВИ-ДЕТЕЛЬСТВОВАТЬ** (сов.) **to bear witness** (to), **attest** (to), **indicate** 1. С о чём (С о совершённом преступлении to bear witness to a crime; С о таланте to attest to smb.'s talent) 2. С (о том), что с придат. (милицейские сводки свидетельствуют, что преступность растёт police reports indicate that crime is increasing)

СВИСАТЬ (несов.) **СВИСНУТЬ** (сов.) **to hang** (down) С откуда (С с крыши to hang down from a roof; С из окна to hang down from a window)

СВИСТЕТЬ (несов.) **СВИСТНУТЬ** (сов.) **to whistle** *misc.* С в свисток to blow a whistle; *свистеть в кулак to be broke; *свистит у меня в кармане I'm broke; *когда рак свиснет when hell freezes over

СВИТЬ see **ВИТЬ**

СВИХИВАТЬСЯ (несов.) **СВИХНУТЬСЯ** (сов.) (colloq.) A. **to go crazy/mad** 1. С от

чего (С от тоски to go out of one's mind from grief) 2. *misc.* свихнулся на мысли, что его постоянно кто-то преследует he is obsessed with the thought that someone is constantly tailing him B. *misc.* С с пути to go astray

СВИХНУТЬ (сов.) (colloq.) *misc.* С с ума to go crazy/mad

СВОДИТЬ I (несов.) **СВЕСТИ** (сов.) A. **to bring, lead, take** 1. С кого/что куда (С ребёнка в школу to take a child to school) 2. С кого/что с чего (С кого с лестницы to bring smb. downstairs; С лошадь с горы to lead a horse down from a mountain; С статую с пьедестала to remove a statue from its pedestal; он не сводил с неё глаз he didn't take his eyes off her; С кого с престола to dethrone smb.) B. **to limit, reduce** С что до чего/к чему (С расходы до минимума/к минимуму to reduce expenses to a minimum; свести боевую задачу к обороне to limit a mission to defense) C. **to attribute** С что к чему (все действия правительства можно свести к стремлению предотвратить инфляцию all of the government's measures may be attributed to the campaign against inflation) D. (impers.) **to cause a cramp** С у кого что (у меня свело ногу I have a cramp in my leg) E. **to bring together** С кого с кем/чем (судьба меня свела с ним fate brought us together) F. *misc.* С данные в таблицу to tabulate data; С разговор на другую тему to steer a conversation to a different topic; С рисунок на кальку to trace a drawing; *С кого в могилу to send smb. to the grave; *С кого с ума to drive smb. crazy; *С счёты с кем to settle a score with smb.; *С к нулю to destroy; *С концы с концами to make ends meet *or* to find a way out; *С что на нет to eradicate smt.

СВОДИТЬ II (сов.) **to take** (and bring back) С кого/что куда (С детей в зоопарк to take children to the zoo)

СВОДИТЬСЯ (несов.) **СВЕСТИСЬ** (сов.) **to boil down to, come down to** 1. С к чему (дело всё сводиться к следующему it all boils down to this; дело свелось к пустякам the whole matter boiled down to a few trifles) 2. *misc.* *С на нет to come to nothing

СВОЗИТЬ I (несов.) **СВЕЗТИ** (сов.) **to bring, drive, haul, take** 1. С кого/что куда (С материалы на строительство to haul building materials to a construction site; С пострадавших в больницу to take the injured to a hospital) 2. С кого/что откуда (С хлеб с полей to bring in grain from the fields; С материалы из разных мест to haul material from various places)

СВОЗИТЬ II (сов.) **to drive, take** (and bring back) С кого/что куда (С детей в театр to take children to the theater)

СВОРАЧИВАТЬ A. see **СВЁРТЫВАТЬ** B.

СВОРОТИТЬ (сов.) **to move, remove** С что откуда (С мешок с воза to remove a sack from a cart) С. **СВОРОТИТЬ** (сов.) see **СВЁРТЫВАТЬ** B2; своротить с дороги to turn off a road

СВЫКАТЬСЯ (несов.) **СВЫКНУТЬСЯ** (сов.) **to get accustomed** (to) С с кем/чем (С с новыми товарищами to get accustomed to new friends)

СВЯЗАТЬ I see **ВЯЗАТЬ**

СВЯЗАТЬ II see **СВЯЗЫВАТЬ**

СВЯЗЫВАТЬ (несов.) **СВЯЗАТЬ** (сов.) A. **to tie** 1. С что с чем (С один конец с другим to tie one end to the other) 2. С что во что (С вещи в узелок to tie one's things into a bundle) 3. С что чем (С вещи верёвкой to tie one's things up with a rope) 4. *misc.* С руки кому to tie smb.'s hands (also fig.); С кого по рукам и ногам to bind smb. hand and foot B. **to connect, link** С кого/что с кем/чем (С город с деревней to link city and country; свяжите меня с вашим руководством put me in touch with your head office; С теорию с практикой to link theory and practice) C. *misc.* это будет связано с огромныии расходами this will involve huge expenses

СВЯЗЫВАТЬСЯ (несов.) **СВЯЗАТЬСЯ** (сов.) **to get into contact** С с кем/чем (С с кем по телефону to telephone smb.)

СВЯЩЕННОДЕЙСТВОВАТЬ (несов.) (humorous) **to be in charge** С над чем (она священнодействует над кофе she is in charge of the coffee)

СГИБАТЬСЯ (несов.) **СОГНУТЬСЯ** (сов) **to bend** С под чем (он согнулся под тяжестью чемоданов he bent under the weight of the suitcases)

СГОВАРИВАТЬСЯ (несов.) **СГОВОРИТЬ-СЯ** (сов.) **to agree, come to an agreement, arrange** 1. С с кем (С с товарищами to come to an agreement with one's friends) 2. С о чём (С о поездке to arrange a trip) 3. С + неопр. ф. (С встретиться to arrange to meet) 4. *misc.* С тайно to come to a secret agreement; С за спиной у кого to come to an agreement behind smb.'s back

СГОНЯТЬ (несов.) **СОГНАТЬ** (сов.) A. **to drive together, round up** С кого/что куда (С скот в одно место to round up cattle) B. **to chase; to get rid of** С кого/что с чего (С кошку с дивана to chase a cat off a sofa; С веснушки с лица to get rid of freckles)

СГОРАТЬ (несов.) **СГОРЕТЬ** (сов.) **to burn** (up) 1. С каким (он сгорел живым he was burnt alive 2. *misc.* С дотла to burn to the ground; он сгорел на работе he was a compulsive worker; я чуть не сгорела со стыда I nearly died of shame

СГРЕБАТЬ (несов.) **СГРЕСТИ** (сов.) **to rake, shovel** 1. С что куда (С сено в одно место to rake hay into one spot) 2. С что откуда (С снег с крыши to shovel snow off a roof)

СГРУЖАТЬ (несов.) **СГРУЗИТЬ** (сов.) **to unload** 1. С что с чего (С товары с судна to unload cargo from a ship) 2. С что куда (С мешки с грузовика в подвал to unload sacks from a lorry BE/truck AE into a basement)

СДАВАТЬ (несов.) **СДАТЬ** (сов.) A. **to hand over, turn over, deliver, return** С кого/что кому/чему (С дела преемнику to turn over work to one's successor; С хлеб государству to deliver/turn over grain to the government; С сдачу покупателю to hand over/give change to a customer) 2. С что куда (С книги в библиотеку to return books to a library; С документы в архив to file documents; С вещи в багаж to check AE/register BE one's luggage; С бельё в стирку to get one's laundry done; С кровь на анализ to have a blood test) B. (imperf. only) **to take** (an examination) С что кому (сдавать экзамен профессору to be examined by a professor) (*Note:* The perf. construction *сдать экзамен* means 'to pass an examination') C. **to give up, surrender** С что кому (С крепость врагу to surrender a fortress to an enemy) D. **to let** BE/**let out** BE/**rent out** AE 1. С что кому (С дом кому (to let BE/rent out AE a house to smb.) 2. *misc.* С в аренду to let BE/rent out AE E. *misc.* С что в эксплуатацию to put smt. into operation; С квартиру под ключ to complete work on an apartment AE/flat BE; С карты игрокам to deal cards; *С что в архив to consign smt. to oblivion *or* to write smt. off as useless

СДАВАТЬСЯ (несов.) **СДАТЬСЯ** (сов.) A. **to give in, surrender, yield** 1. С кому (С врагу to surrender to an enemy) 2. С на что (С на уговоры to yield to persuasion) 3. *misc.* С в плен to be taken prisoner B. (only imperf.) (colloq.) **to appear, seem** С кому, что с придат. (сдаётся мне, что он прав it seems to me that he is right) C. see **СДАВАТЬ** D; квартиры сдаются внаём the apartments are rented out AE/the flats are let out BE

СДВИГАТЬ (несов.) **СДВИНУТЬ** (сов.) **to move** 1. С что откуда (С машину с места to move a car) 2. С что куда (С шкаф у угол to move a dresser into a corner) 3. *misc.* *С дело с мёртвой точки to get smt. moving

СДЕЛАТЬ see **ДЕЛАТЬ**

СДЕЛАТЬСЯ see **ДЕЛАТЬСЯ**

СДЁРГИВАТЬ (несов.) **СДЁРНУТЬ** (сов.) **to pull off** С что с кого/чего (С скатерть со стола to pull a tablecloth off a table)

СДЕРЖИВАТЬСЯ (несов.) **СДЕРЖАТЬСЯ** (сов.) **to refrain, keep from** С от чего (С от смеха to refrain from laughing)

СДИРАТЬ (несов.) **СОДРАТЬ** (сов.) **to pull off, strip off** С что с кого/чего (С кору с дерева to strip the bark off a tree; С шкуру с медведя to skin a bear)

СДУВАТЬ (несов.) **СДУТЬ** (сов.) **to blow (off)** 1. С что с кого/чего (С пыль с полки to blow dust off a shelf) 2. *misc.* *как ветром сдуло vanished without a trace

СЕКРЕТНИЧАТЬ (несов.) (colloq.) **to speak of secrets** С о чём (о чём это вы там секретничаете? what is the big secret over there?)

СЕЛИТЬ (несов.) **ПОСЕЛИТЬ** (сов.) **to house, put up** С кого куда/где (С студентов в общежитие/в общежитии to house students in a dormitory) (see also **ПОСЕЛЯТЬ B**)

СЕЛИТЬСЯ (несов.) **ПОСЕЛИТЬСЯ** (сов.) **to move in** С у кого (беженцы селились у знакомых the refugees moved in with their friends)

СЕРДИТЬ (несов.) **РАССЕРДИТЬ** (сов.) **to anger, upset** 1. С кого чем (С кого вопросами to upset smb. with questions) 2. *misc.* его сердит, что дети так ленивы he is upset that the children are so lazy

СЕРДИТЬСЯ (несов.) **РАССЕРДИТЬСЯ** (сов.) **to get angry/upset** 1. С на кого/что (он на меня очень сердится he is very angry at/with me; С на неосторожность to be upset by carelessness) 2. С за что (я рассердилась на него за опоздание I was angry at/with him for being late)

СЕСТЬ see **САДИТЬСЯ**

СЕТОВАТЬ (несов.) **ПОСЕТОВАТЬ** (сов.) **to be sorry, complain; to lament, mourn** 1. С

на что (С на невзгоды to complain about one's troubles) 2. С о ком/чём (С о потере to mourn one's loss) 3. С (на то), что с придат. (она сетует, что дети живут так далеко she is sorry that her children live so far away)

СЕЧЬ I (несов.) **ВЫСЕЧЬ** (сов.) A. **to flog, whip** 1. С кого/что чем (С кого розгами to flog smb.) 2. С кого за что (отец высек сына за непослушание the father whipped his son for disobeying) B. *misc.* снег сечёт по лицу it's snowing into my face

СЕЧЬ II (несов.) **to slash** С кого чем (С неприятеля саблей to slash an enemy with a saber)

СЕЯТЬ (несов.) **ПОСЕЯТЬ** (сов.) A. **to sow** С что чем (С пшеницу сеялкой to sow wheat with a seeding machine) B. (as in tennis) **to classify, rate, seed** *misc.* посеянный пятым *or* посеянный под пятым номером seeded fifth

СЖАЛИТЬСЯ (сов.) **to take pity** (on) С над кем/чем (С над старухой to take pity on an old woman)

СЖАТЬ I see **ЖАТЬ** I, **СЖИМАТЬ**

СЖАТЬ II see **ЖАТЬ** II

СЖЕЧЬ see **СЖИГАТЬ**

СЖИВАТЬ (несов.) **СЖИТЬ** (сов.) **to drive out** С кого откуда (С кого с квартиры to drive smb. out of an apartment AE/a flat BE)

СЖИВАТЬСЯ (несов.) **СЖИТЬСЯ** (сов.) **to get accustomed to; to get to know** (well) С с кем/чем (С с новыми товарищами to get to know one's new friends; С с ролью to identify with a role)

СЖИГАТЬ (несов.) **СЖЕЧЬ** (сов.) **to burn** *misc.* С кого заживо to burn smb. alive

СЖИМАТЬ (несов.) **СЖАТЬ** (сов.) **to clench, grip, squeeze** 1. С что чем/в чём (корабль был сжат льдами/во льдах a ship was trapped in the ice) 2. *misc.* С пальцы в кулак to make a fist; сердце сжалось в комок my heart sank

СЗЫВАТЬ see **СОЗЫВАТЬ** A

СИГНАЛИЗИРОВАТЬ (сов. и несов.) A. (сов. тж.) **ПРОСИГНАЛИЗИРОВАТЬ to signal** С кому/чему чем (С кораблю флагами to signal a ship with flags) B. **to report** С кому/куда о чём (С дежурному о пожаре to report a fire to the duty officer; С о злоупотреблениях в дирекцию to report abuses to the head office)

СИГНАЛИТЬ (несов.) **ПРОСИГНАЛИТЬ** (сов.) see **СИГНАЛИЗИРОВАТЬ**

СИДЕТЬ (несов.) A. **to sit** 1. С где (С в кресле to sit in an armchair; С за столом to sit at a table; С на балконе to sit on a balcony) 2. С какой (женщина сидела окружённая детьми the woman sat surrounded by her children) 3. *misc.* С на корточках to squat; С поджав ноги to sit cross-legged B. **to be; to spend time** 1. С где (она сидит целый день дома she spends all her time at home; С в тюрьме *and* С под арестом to be in prison; зверь сидит в клетке the animal is in a cage; С за рулём to be at the wheel) 2. *misc.* С без работы to be out of work C. **to be** (busy/occupied) **working** 1. С за чем (С за работой to be working; С за рукописью to be working on a manuscript; С за компьютером to be working at a computer; С за словарём to be working on a dictionary) 2. С над чем (С над чертежами to be working on blueprints; С над уроками to be doing one's homework; С над книгой to be working on a book *or* to be reading a book) 3. С с кем/чем (С с шитьём to be sewing; С с ребёнком to take care of a child) D. *misc.* С за кражу to serve time for larceny; С без дела to be idle; *С у кого на шее to be a burden to smb.; *С как рак на мели to be in a difficult situation; *С на чемоданах to be ready to leave on a trip; *С на скамье подсудимых to be the defendant in a court case; *С между двух стульев to be on the fence; *С как на иголках to be on pins and needles; *С на бобах to be left out in the cold

СИЛИТЬСЯ (несов.) (colloq.) **to attempt, try** С + неопр. ф. (С улыбнуться to try to smile)

СИМПАТИЗИРОВАТЬ (сов. и несов.) A. **to like** С кому/чему (С новому знакомому to like a new friend) B. **to sympathize** (with) С кому/чему (С народам, перенёсшим войну to sympathize with peoples who have gone through a war)

СИНХРОНИЗИРОВАТЬ (сов. и несов.) **to synchronize** С что с чем (С полёт самолёта с полётом спутника to synchronize the flight of the airplane with the flight of the satellite)

СИЯТЬ (несов.) **to beam, glow** С чем/от чего (С счастьем/от счастья to glow with happiness)

СКАЗАТЬ see **ГОВОРИТЬ** B

СКАЗЫВАТЬСЯ (несов.) **СКАЗАТЬСЯ** (сов.) A. **to claim, pretend** С кем (С больным to claim to be ill) B. **to affect, influence** С на ком/чём (недоедание сказываеться на здоровье poor nutrition affects health) C. **to appear, be shown** С в ком/чём (в её работе

сказалась хорошая подготовка her work showed thorough preparation)

СКАКАТЬ (несов.) **ПОСКАКАТЬ** A. **to jump, hop** 1. С через что (С через канаву to jump across a ditch) (see also **ПЕРЕСКАКИВАТЬ**) 2. *misc.* С на одной ноге to hop on one foot B. **to gallop** 1. С куда (С в город to gallop to town; С через поле to gallop across a field) 2. С по чему (С по дороге to gallop along a road) 3. *misc.* С во весь опор to gallop at full speed

СКАЛЫВАТЬ I (несов.) **СКОЛОТЬ** (сов.) **to chip** (off), **knock** (off) С (чем) что с чего (С лёд с тротуара ломом to chip ice off the pavement BE/the sidewalk AE with a pick)

СКАЛЫВАТЬ II (несов.) **СКОЛОТЬ** (сов.) **to pin; to staple** С что чем (С концы ленты булавкой to pin the ends of a ribbon; С бумаги скрепками to staple sheets of paper)

СКАПЛИВАТЬ (несов.) **СКОПИТЬ** (сов.) **to amass, save** С что/чего (С деньги/денег to save up money)

СКАРМЛИВАТЬ (несов.) **СКОРМИТЬ** (сов.) **to feed** С что кому (С картофель скоту to feed potatoes to cattle)

СКАТЫВАТЬ (несов.) A. **СКАТИТЬ** (сов.) **to roll smt.** (down) 1. С что с чего (С автомобиль с платформы to roll a car down from a platform) 2. С что куда (С бочку в подвал to roll a barrel into a basement) B. **СКАТАТЬ** (сов.) **to roll** 1. С что во что (С бумагу в трубку to roll up a piece of paper) 2. see **КАТАТЬ** B

СКАТЫВАТЬСЯ (несов.) **СКАТИТЬСЯ** (сов.) A. **to roll** (down), **slide** (down) 1. С с чего (С с холма to roll down a hill; слеза скатилась со щеки a tear rolled down her/his cheek; С с горы на санках to come down a mountain on a sled) 2. С по чему (С по склону to roll down a slope) B. **to drop, plunge** 1. С куда (С в пропасть to plunge into an abyss) 2. С на что (индекс Доу-Джонса скатился на сто пунктов the Dow-Jones dropped by 100 points) C. *misc.* (political; obsol.) С в болото оппортунизма to stoop to political opportunism — i.e., to acts hostile to 'socialism'

СКАШИВАТЬ (несов.) see **КОСИТЬ** II

СКВОЗИТЬ (несов.) A. **to come through, show through** С через что (через щель сквозит свет a light is showing through the crack) B. **to be evident** С в чём (в ответе сквозило раздражение there was a hint of irritation in his answer)

СКИДЫВАТЬ, СКИНУТЬ see **СБРАСЫ-ВАТЬ**

СКИТАТЬСЯ (несов.) **to roam, wander** *misc.* С по белу свету *or* С по чужим углам to wander aimlessly

СКЛАДЫВАТЬ (несов.) **СЛОЖИТЬ** (сов.) A. **to add** С что с чем (С три с шестью to add three and six) B. **to take off** С что с чего (С ношу с плеч to take a load off one's shoulders; С с себя полномочия to cast off/shirk a responsibility) C. **to pile, stack; to pack** 1. С что куда/где (С кирпичи в сарай/в сарае to stack bricks in a barn; С вещи в чемодан to pack one's things in a suitcase) 2. *misc.* С что в стопку/стопкой to pile smt. in a heap; С дрова в поленницу to stack firewood; С лист пополам to fold a sheet in half; С аккуратно/старательно to stack carefully

СКЛАДЫВАТЬСЯ (несов.) **СЛОЖИТЬСЯ** (сов.) A. see **СКЛАДЫВАТЬ** B. **to consist** (of) С из чего (бюджет складывается из моего оклада и оклада мужа our income consists of my salary and my husband's salary) C. *misc.* друзья сложились по доллару и купили ей цветы her friends chipped in a dollar each and bought her flowers; ситуация сложилась сложная the situation has become complicated

СКЛЕИТЬ see **КЛЕИТЬ**

СКЛОНЯТЬ I (несов.) **СКЛОНИТЬ** (сов.) A. **to bend, bow** С что куда/над чем (С ветви к воде to bend branches down to the water; С голову над книгой to bow one's head over a book) B. **to bow, dip** (to show respect) С что перед кем/чем (С знамёна перед могилой to dip the colors before a grave; С голову перед памятью о погибших to bow one's head in memory of those who perished) C. **to persuade, win over** 1. С кого/что к чему/на что (С противника к соглашению to persuade an enemy to come to an agreement; С кого на свою сторону to win smb. over to one's side; С подростка к преступлению to lead a youth into a life of crime) 2. С кого + неопр. ф. (она меня склонила принять участие в конференции she persuaded me to participate in the conference)

СКЛОНЯТЬ II (несов.) **ПРОСКЛОНЯТЬ** (сов.) (grammatical) **to decline** С что по чему (С существительное по падежам to decline a noun for case)

СКЛОНЯТЬСЯ (несов.) **СКЛОНИТЬСЯ** (сов.) A. **to bend; to lean** 1. С над кем/чем (С над ребёнком to lean over a child) 2. С к кому/чему (С к земле to bend down to the ground) 3. С на что (С на чьё плечо to lean on smb.'s shoulder) (see also **КЛОНИТЬСЯ** A) B. **to bow** С перед кем/чем (С перед могилой to bow before a grave) C. **to accept, agree** 1. С к чему (С к чьему мнению to agree with smb.'s opinion; С к решению начальника to accept a director's decision) 2. С на что (С на уговоры to yield to persuasion) 3. *misc.* С перед судьбой to accept one's fate D. (only imperf.) **to be inclined** 1. С к чему (С к компромиссу to be inclined to compromise) 2. С + неопр. ф. (мы склоняемся принять её предложение we are now inclined to accept her proposal) E. (only imperf.) (grammatical) **to be declined** С по чему (мужские имена на *-о* склоняются по второму склонению masculine nouns in *-о* are declined according to the second declension)

СКОВЫВАТЬ (несов.) **СКОВАТЬ** (сов.) A. **to chain, fetter, shackle** С кого чем (С узника цепью to shackle a prisoner) B. **to pin down** С кого чем (С противника сильным огнём to pin the enemy down with heavy fire) C. *misc.* морозом сковало землю the ground was frozen solid

СКОЛАЧИВАТЬ (несов.) **СКОЛОТИТЬ** (сов.) **to build, knock together** С что из чего (С плот из брёвен to build a raft out of logs)

СКОЛОТЬ see **СКАЛЫВАТЬ** I, II

СКОЛЬЗИТЬ (несов.) **СКОЛЬЗНУТЬ** (сов.) A. **to slide** С по чему (С по льду to slide across the ice) B. **to glide** 1. С по чему (луч луны скользит по озеру a moonbeam glides across the surface of the lake; усмешка скользнула по её губам a sneer grazed her lips) 2. *misc.* С глазами по тексту to glance through a text C. **to dart; to slip** 1. С куда (С в спальню to dart/slip into a bedroom) 2. С откуда (мокрое мыло скользит из рук the wet soap keeps slipping out of my hands; С из комнаты to dart/slip out of a room) 3. *misc.* ноги скользят на натёртом паркете you can easily slip on this polished floor

СКОМПРОМЕТИРОВАТЬ see **КОМПРО-МЕТИРОВАТЬ**

СКОНЦЕНТРИРОВАТЬ see **КОНЦЕН-ТРИРОВАТЬ**

СКООРДИНИРОВАТЬ see **КООРДИНИ-РОВАТЬ**

СКОПИТЬ see **СКАПЛИВАТЬ**

СКОРБЕТЬ (несов.) (lit.) **to grieve, mourn** С

о ком/чём *and* по кому *and* по ком *and* над кем *and* за кого (С о гибели близких to mourn the loss of loved ones) (see the *Note* at the entry for **СОСКУЧИТЬСЯ**)

СКОРЁЖИТЬСЯ see **КОРЁЖИТЬСЯ**

СКОРМИТЬ see **СКАРМЛИВАТЬ**

СКОРЧИТЬ see **КОРЧИТЬ** А

СКОРЧИТЬСЯ see **КОРЧИТЬСЯ**

СКОСИТЬ see **КОСИТЬ** II

СКРЕЖЕТАТЬ (несов.) **to gnash, grit** С (от чего) чем (С зубами от ярости to gnash one's teeth in anger)

СКРЕПЛЯТЬ (несов.) **СКРЕПИТЬ** (сов.) А. **to clamp, fasten** С что чем (С бумаги скрепками to staple sheets of paper) В. *misc.* С союз договором to formalize an alliance by concluding a treaty; С показания подписью to countersign one's testimony; С подпись печатью to validate one's signature with an official stamp

СКРЕСТИ (сов.) **to scrape, scrub** С что чем (С пол щёткой to scrub a floor with a brush)

СКРИПЕТЬ (несов.) **СКРИПНУТЬ** (сов.) **to grind, grit, squeak** С (от чего) чем (С зубами от боли to grit one's teeth in pain; С дверью to make a door squeak)

СКРОИТЬ see **КРОИТЬ**

СКРЫВАТЬ (несов.) **СКРЫТЬ** (сов.) **to conceal, hide** 1. С кого/что от кого/чего (С беглеца от преследователей to hide a fugitive from pursuers; С свои намерения от кого to conceal one's intentions from smb.) 2. С кого/что чем (С лицо подушкой to bury one's face under a pillow) 3. С кого/что где (С беглеца в укромном месте to hide a fugitive in a secluded spot) 4. С, что с придат. (правительство скрывает, что безработица возрастает the government is concealing the fact that unemployment is rising)

СКРЫВАТЬСЯ (несов.) **СКРЫТЬСЯ** (сов.) А. **to hide** 1. С куда/где (С в укромном месте to hide in a secluded spot; С за границу to hide abroad) 2. С от кого/чего (С от полиции to hide from the police) В. **to disappear** 1. С откуда (С из дому to disappear from home; С из виду to disappear from sight) 2. С где/куда (С под водой to disappear under the water; месяц скрылся за тучу the moon disappeared behind a cloud) 3. *misc.* водитель скрылся с места происшествия the driver left the scene of the accident

СКУПАТЬ (несов.) **СКУПИТЬ** (сов.) **to buy** (up) 1. С что для кого/чего *and* С что кому/

чему (С картины для музея to buy up paintings for a museum) 2. С что у кого (С книги у букиниста to buy up books from a dealer) 3. С что за что *and* на что (С что за валюту to buy up smt. for hard currency; С старые машины на большую сумму to spend a lot of money buying up old cars) 4. *misc.* *она скупила всю коллекцию за бесценок she bought up the whole collection for a song

СКУПИТЬСЯ (несов.) **ПОСКУПИТЬСЯ** (сов.) А. **to skimp** (on) С на что (С на подарки to skimp on gifts; не С на похвалы to be lavish with praise) В. **to hesitate** С + неопр. ф. (они не скупятся тратить деньги на книги they do not hesitate to spend money on books)

СКУЧАТЬ (несов.) А. **to be bored** С от чего (они скучают от безделья they have nothing to do and are bored) В. **to long for, miss** С по кому/чему *and* (now rare) С о ком/чём (С по дому/о доме to be homesick; С по матери to miss one's mother; скучаю по тебе I miss you; С по друзьям to miss one's friends) (see the *Note* at the entry for **СОСКУЧИТЬСЯ**)

СЛАБЕТЬ (несов.) **ОСЛАБЕТЬ** (сов.) **to fail** С чем (она стала слабеть здоровьем her health is failing; он ослабел памятью his memory is gone)

СЛАВИРОВАТЬ see **ЛАВИРОВАТЬ**

СЛАВИТЬСЯ (несов.) **to be famous** С чем (они славятся мудростью they are famous because of their wisdom) (see also **ПРОСЛАВЛЯТЬСЯ**)

СЛАГАТЬ (несов.) **СЛОЖИТЬ** (сов.) **to give up, relinquish** С что с кого (С с себя обязанность to relinquish responsibility)

СЛАДИТЬ (несов.) (colloq.) **to cope** (with), **get along** (with) С с кем/чем (не С с детьми to fail to cope with the children)

СЛАТЬ see **ПОСЫЛАТЬ** 1, 2

СЛЕДИТЬ I (несов.) **ПОСЛЕДИТЬ** (сов.) А. **to observe, track, watch** 1. С (чем) за кем/чем (С глазами за полётом птицы to track the flight of a bird; С за самолётом to observe an airplane) 2. С (за тем), как/что с придат. (она следила, как ребёнок пишет she watched the child write) 3. *misc.* С внимательно/напряжённо/пристально to watch attentively В. **to follow, observe** С за чем (С за событиями to follow events; С за модой to follow the latest fashions; С за политикой to keep abreast of politics) С. **to check, keep an eye on, monitor, watch** 1. С за кем/чем (С за детьми to keep an eye on children; С за чьим произношением to check smb.'s pronunciation; С за порядком to make certain that things are operating smoothly) 2. С (за тем), чтобы с придат. (она следила за тем, чтобы ребёнок не упал she made sure that the child didn't fall) 3. *misc.* она следит за собой her grooming is always immaculate *or* she takes care of her health D. **to keep under surveillance** С за кем/чем (С за квартирой to keep an apartment AE/flat BE under surveillance)

СЛЕДИТЬ II (несов.) **НАСЛЕДИТЬ** (сов.) **to track up** С чем на чём (С сапогами на полу to track up a floor with one's boots)

СЛЕДОВАТЬ (несов.) **ПОСЛЕДОВАТЬ** (сов.) A. **to follow** 1. С за кем/чем (С за проводником to follow a guide; за зимой следует весна spring follows winter; С глазами за чьими движениями to observe smb.'s movements; следуйте за мной! follow me!) 2. С чему (С советам to follow advice; С моде to follow the latest fashions; П политике to pursue a policy; С чьему примеру to follow smb.'s example; С правилам to follow the rules) 3. С по чему (С по маршруту to follow a route; С по графику/расписанию to follow a schedule/stick to a schedule) 4. *misc.* С курсом to follow a course; С неотступно/упорно/по пятам to follow closely; С слепо to follow blindly B. **to emulate** С (в чём) кому (во всём С старшему брату to emulate one's older brother in everything) C. (only imperf.) **to go, proceed** 1. С куда (С до границы to go to the border; С на Кавказ to go to the Caucasus; поезд следует в Москву/до Москвы the train goes to Moscow; колонна следовала через площадь a procession was crossing the square; С к месту назначения to proceed to one's destination) 2. С откуда (С из Москвы to go from Moscow; С с аэродрома to go from an airport) 3. *misc.* С рейсом Москва-Лондон to fly the Moscow-London route; С транзитом через страну to cross a country in transit (see also **ПРОСЛЕДОВАТЬ**) D. (only imperf.) **to be implied, follow, result** 1. С из чего (это следует из её слов this can be implied from her words) 2. С из чего, что с придат. (из этого следует, что они ошиблись from this it is clear that they were mistaken) E. (only imperf.; impers.) **to be called for, be proper** 1. С (кому) + неопр. ф. (не следует так поступать one should not behave like that; куда мне следует обратиться? where should I turn? вам это следовало знать you

should have known that; работу следует закончить the work should be finished) 2. *misc.* как следует properly; кому следует to the proper person; куда следует to the proper place F. (only imperf.; impers.) **to be owed** С с кого (сколько с меня следует? how much do I owe? G. *misc.* С своему долгу to perform one's duty; С традициям to cherish traditions

СЛЕЗАТЬ (несов.) **СЛЕЗТЬ** (сов.) A. **to climb down, come down** С с чего (С с дерева to climb down from a tree) B. **to get off** С с чего (С с поезда to get off a train)

СЛЕПИТЬ see **ЛЕПИТЬ** A, **СЛЕПЛЯТЬ**

СЛЕПЛЯТЬ (несов.) **СЛЕПИТЬ** (сов.) **to glue** С что чем (С листы бумаги клеем to glue sheets of paper together)

СЛЕТАТЬ I (несов.) **СЛЕТЕТЬ** (сов.) A. **to fly down** С с чего (орёл слетел с горы an eagle flew down from the mountain) B. (colloq.) **to fall** 1. С с чего (С с лошади to fall from a horse; шапка слетела с головы my cap fell off) 2. С куда (С на землю to fall to the ground) C. *misc.* улыбка слетела с губ the smile disappeared from her/his lips; неосторожное слово слетело с языка he/she carelessly blurted out smt.

СЛЕТАТЬ II (сов.) **to fly** (somewhere and return) С куда (С в Иркутск to fly to Irkutsk and return *or* to make a trip to Irkutsk)

СЛЕТАТЬСЯ (несов.) **СЛЕТЕТЬСЯ** (сов.) **to fly in, come flying in** (to one spot) 1. С куда (птицы слетелись на поляну the birds all landed in a clearing) 2. С откуда (С из разных мест to come flying in from various places)

СЛИБЕРАЛЬНИЧАТЬ see **ЛИБЕРАЛЬНИЧАТЬ**

СЛИВАТЬ (несов.) **СЛИТЬ** (сов.) A. **to drain, pour** 1. С что с чего (С воду с картофеля to drain the water off the potatoes) 2. С что куда (С молоко в кастрюлю to pour milk into a pot) B. **to combine, merge** С что с чем (первый отдел слили со вторым they combined the first detachment with the second)

СЛИВАТЬСЯ (несов.) **СЛИТЬСЯ** (сов.) **to merge** 1. С во что (два ручья слились в речку the two streams merged and formed a small river; небольшие колхозы слились в один the small collective farms merged into one) 2. С с чем (ручей сливается с речкой the stream merges with the river) 3. *misc.* С с фоном to melt into the background

СЛИТЬ see **ЛИТЬ** II

СЛИЧАТЬ (несов.) **СЛИЧИТЬ** (сов.) **to check** С что с чем (С копию с подлинником to check a copy against the original)

СЛОЖИТЬ see **СКЛАДЫВАТЬ, СЛАГАТЬ**

СЛОМАТЬ see **ЛОМАТЬ**

СЛУЖИТЬ (несов.) **ПОСЛУЖИТЬ** (сов.) **to serve** 1. С (кому) кем/чем (С матросом to serve as a sailor; С доказательством to serve as proof; пусть это послужит предупреждением let this serve as a warning; диван служил мне кроватью the sofa served as my bed; С поводом для нападения to serve as a pretext for an attack) 2. С как кто/что (С как матрос to serve as a sailor) 3. С (кем) кому/чему (С народу to serve one's people; С науке to serve science; С путешественникам проводником to serve travelers as a guide) 4. С (чем) кому/чему *and* для кого/чего (С молодёжи/для молодёжи примером to serve youth as an example; С для блага науки to serve for the benefit of science) 5. С на что (С на благо людей to serve for the benefit of humanity) 6. С где (С в армии to serve in the army; С на корабле to serve on a ship) 7. *misc.* С во вред to be harmful; С на пользу кому to be useful to smb. (see also **СОСЛУЖИТЬ**)

СЛУКАВИТЬ see **ЛУКАВИТЬ**

СЛУЧАТЬСЯ (несов.) **СЛУЧИТЬСЯ** (сов.) **to happen** 1. С с кем/чем (что с ним случилось? what happened to him?) 2. *misc.* мне никогда не случалось бывать в том городе I never had the opportunity to visit that city; пожар случился от неосторожного общения с спичками the fire was caused by careless handling of matches

СЛУШАТЬ (несов.) **to listen** 1. С, как/что с придат. (люблю слушать, как шумит лес I love to listen to the sounds of the forest) 2. *misc.* *С во все уши to be all ears

СЛУШАТЬСЯ (несов.) **ПОСЛУШАТЬСЯ** (сов.) **to obey** С кого/чего (С родителей to obey one's parents; С приказа to obey an order)

СЛЫТЬ (несов.) **ПРОСЛЫТЬ** (сов.) **to have a reputation** С кем/чем *and* за кого/что (С знатоком/за знатока to have the reputation of being an expert; он опасался прослыть трусом he was afraid of being called a coward)

СЛЫШАТЬ (несов.) **УСЛЫШАТЬ** (сов.) **to hear** 1. С о ком/чём (С о новости to hear about the news) 2. С что/о чём от кого/откуда (С новость от друзей to hear the news from one's friends; я это слышал из уст

президента I heard this directly from the president) 3. С (то), что с придат. (я слышал, что вы сказали I heard what you said) 4. С (о том), что с придат. (мы слышали о том, что он женился we heard that he got married) 5. С, как с придат. (я слышал, как он поднимался по лестнице I heard him come/coming upstairs) 6. *misc.* она на слышит на одно ухо she is deaf in one ear; *С краем уха/одним ухом to hear about smt. by chance; *не слышать ног под собой to be in seventh heaven

СЛЫШАТЬСЯ (несов.) **ПОСЛЫШАТЬСЯ** (сов.) **to be heard** 1. С кому (мне слышатся шаги I hear steps) 2. С откуда (из комнаты слышалась музыка music was heard coming from the room) 3. С, как с придат. (слышалось, как они ругались one could hear them arguing)

СМАЗЫВАТЬ (несов.) **СМАЗАТЬ** (сов.) А. **to lubricate, oil; to paint** С что чем (С двигатель маслом to lubricate an engine with oil; С царапину йодом to paint a scratch with iodine) В. **to smear** С что чем (С краску рукавом to get one's sleeve smeared with paint)

СМАСТЕРИТЬ see **МАСТЕРИТЬ**

СМАХИВАТЬ I (несов.) **СМАХНУТЬ** (сов.) **to brush** (off), **wipe** (off) 1. С что чем (С пыль тряпкой to wipe dust off with a cloth) 2. С что куда (С крошки на пол to brush crumbs onto the floor) 3. С что с чего (С крошки со стола to brush crumbs off a table)

СМАХИВАТЬ II (несов.) (colloq.) **to act like, look like** С на кого/что (он смахивает на фарцовщика he acts like a black marketeer)

СМЕНЯТЬ (несов.) **СМЕНИТЬ** (сов.) **to change, replace** 1. С что на что (С нарядное платье на простое to replace a fancy dress with a simple one) 2. *misc.* С кого на дежурстве to relieve smb.

СМЕНЯТЬСЯ (несов.) **СМЕНИТЬСЯ** (сов.) **to change into** С чем (солнечный день может внезапно смениться метелью a sunny day may suddenly change into a storm)

СМЕРИТЬ see **МЕРИТЬ**

СМЕТАТЬ (несов.) **СМЕСТИ** (сов.) **to sweep** 1. С что куда (С сор в угол to sweep dirt into a corner) 2. С что чем (С сор веником to sweep dirt with a broom) 3. С что с чего (С крошки со стола to sweep crumbs off a table) 4. *misc.* С что с лица земли to wipe smt. off the face of the earth

СМЕТЬ (несов.) **ПОСМЕТЬ** (сов.) **to dare** С

+ неопр. ф. (С возражать to dare to protest)
СМЕШИВАТЬ (несов.) **СМЕШАТЬ** (сов.) A.
see **МЕШАТЬ** II B. **to confuse, mix up** С
кого/что с кем/чем (С одно понятие с
другим to confuse one concept with another)
СМЕШИВАТЬСЯ (несов.) **СМЕШАТЬСЯ**
(сов.) **to blend, mix** 1. С с чем (С с водой to
mix with water; С с толпой to mix in with a
crowd) 2. С во что (С в одно целое to blend
into a cohesive whole)
СМЕШИТЬ (несов.) **НАСМЕШИТЬ, РАС-
СМЕШИТЬ** (сов.) **to amuse, entertain; to
make** (smb.) **laugh** С кого чем (С детей
фокусами to entertain children with tricks)
СМЕЩАТЬ (несов.) **СМЕСТИТЬ** (сов.) **to
remove** С кого откуда (С кого с поста to
remove smb. from her/his post)
СМЕЯТЬСЯ (несов.) A. **to laugh** (at) 1. С над
кем/чем (С над товарищем to laugh at a
friend; С над чьим нарядом to laugh at
smb.'s outfit) 2. *misc.* *С в бороду/в кулак to
laugh up one's sleeve B. **to mock, scoff** (at) С
над чем (С над опасностью to scoff at danger)
СМИРЯТЬСЯ (несов.) **СМИРИТЬСЯ** (сов.)
(lit.) A. **to submit** (to) С перед чем (С перед
силой to submit to force) B. **to accept, put up
with** С с чем (С с мыслью о разлуке to
accept the thought of being separated; С с
недостатками to put up with shortcomings)
(see also **МИРИТЬСЯ** B)
СМОРЩИТЬ see **МОРЩИТЬ**
СМОРЩИТЬСЯ see **МОРЩИТЬСЯ**
СМОТРЕТЬ (несов.) **ПОСМОТРЕТЬ** (сов.)
A. **to look** 1. С куда *and* на кого/что (С в
комнату to look into a room; С в окно to look
through a window; С на ребёнка to look at a
child; С на звёзды to look at the stars; С
сквозь стёкла очков to look through the
lenses of one's eyeglasses; С в бинокль to look
through field glasses; С в микроскоп to look
through a microscope; С под стол to look
under a table; С в глаза кому to look into
smb.'s eyes; С в зеркало to look into a mirror)
2. С откуда (С из окна to look out of a window; С из-за занавески to look out/peer out
from behind a curtain; С с балкона to look
down/watch from a balcony) B. **to keep an eye
on, look after, watch** 1. С за кем/чем (С за
детьми to look after/watch children; С за
домом to keep an eye on a house) 2. С (за
тем), чтобы с придат. (смотрите, чтобы вы
не опоздали be sure that you are not late) С.

(only imperf.) (colloq.) **to look like** 1. С кем
(он смотрит молодцом he looks like a nice
fellow) 2. *misc.* *С волком to look sullen; *С
именинником to look very happy D. *misc.*
надо смотреть в глаза фактам you have to
face the facts; С на старших to emulate one's
elders; *С другими глазами на что to see
smt. through smb. else's eyes; *С в оба to be
on one's guard; *С в могилу to be on one's
deathbed; *С в рот кому to listen to smb.
attentively; *С в кусты to look for a way out;
*смотреть сквозь пальцы на что to be
tolerant of smt.; *смотреть сквозь розовые
очки to view through rose-colored glasses;
*смотреть в корень to get to the heart of smt.;
*смотреть сверху вниз to look down on smt.
СМОТРЕТЬСЯ (несов.) **ПОСМОТРЕТЬСЯ**
(сов.) **to look at oneself** С во что (С в зеркало to look at oneself in a mirror)
СМОЧЬ see **МОЧЬ**
СМУЩАТЬ (несов.) **СМУТИТЬ** (сов.) **to
embarrass, upset** 1. С кого чем (С докладчика неожиданным вопросом to embarrass
a speaker with an unexpected question) 2. *misc.*
С кого очень/сильно to embarrass smb.
greatly
СМУЩАТЬСЯ (несов.) **СМУТИТЬСЯ**
(сов.) **to be embarrassed/upset** 1. С от чего
(С от неожиданного вопроса to be upset by
an unexpected question; С от похвалы to be
embarrassed by praise) 2. *misc.* он смущаеться
своего вида he is ashamed of his appearance;
С очень/сильно to be greatly embarrassed
СМЫВАТЬ (несов.) **СМЫТЬ** (сов.) **to wash**
(off) С (чем) что с чего (С грим с лица
мылом to wash off one's make-up with soap)
СМЫКАТЬСЯ (несов.) **СОМКНУТЬСЯ**
(сов.) **to join, merge** С с чем (канал со-
мкнулся с рекой the canal flowed into/merged
with the river)
СМЯТЬ see **МЯТЬ**
СМЯГЧАТЬ (несов.) **СМЯГЧИТЬ** (сов.) **to
alleviate, mitigate, mollify** С кого/что чем (С
приговор признанием to confess in hopes of
receiving a lighter sentence)
СНАБЖАТЬ (несов.) **СНАБДИТЬ** (сов.) A.
to provide, supply С кого/что чем (С население продовольствием to supply a population
with food; С студентов книгами to provide
books for students) B. **to add** С что чем (С
квартиру ванной to add a bathroom to an
apartment AE/a flat BE; С здание пристрой-
кой to add an annex to a building)

СНАРЯЖАТЬ (несов.) **СНАРЯДИТЬ** (сов.) **to equip, outfit** 1. С кого/что куда (С экспедицию на север to get an expedition ready to go north) 2. *misc.* снарядиться в путь to get ready for a trip)

СНЕСТИ see **СНОСИТЬ**

СНЕСТИСЬ see **СНОСИТЬСЯ**

СНИЖАТЬ (несов.) **СНИЗИТЬ** (сов.) **to lower, reduce** 1. С кого в чём (С кого в должности to reduce smb. in rank) 2. С кому что (им снизили налог their taxes were reduced) 3. С что на что (С уровень добычи угля на 10 процентов to reduce the production of coal by ten percent) 4. С что до чего (С скорость до сорока километров в час to reduce the speed to 40 kilometers an hour) 5. С что с чего (С процентную ставку с 5 до 4 процентов to reduce the interest rate from 5 to 4 percent) 6. *misc.* С цены на все товары to reduce prices on all goods

СНИЗОЙТИ see **СНИСХОДИТЬ**

СНИМАТЬ (несов.) **СНЯТЬ** (сов.) A. **to remove; to take off** 1. С кого/что с кого/чего (С книгу с полки to remove a book from a shelf; С дверь с петель to take a door off its hinges; С ребёнка со стула to lift a child off a chair; С шкуру с медведя to skin a bear; С сливки с молока to skim off the cream from milk; С сапоги с ребёнка to remove a child's boots; они сняли обвинение с неё they dropped charges against her; С ответственность с кого to relieve smb. of responsibility; С с себя обязательство to shed an obligation; С что с консервации to take smt. out of mothballs; С часовых с поста to relieve the guard; С полк с границы to remove a regiment from a border; С осаду с города to relieve a city under siege; С рабочего с работы to dismiss a worker; С самолёт с рейса to cancel a flight) 2. С кого за что (С работника за взяточничество to dismiss a worker for bribery) 3. *misc.* С кого с учёта to remove smb. from the rolls; *боль как рукой сняло the pain disappeared as if by magic B. **to make, take** С что с кого/чего (С копию с документа to make a copy of a document; С с кого мерку to take smb.'s measurements; С показания со свидетелей to take statements from witnesses; С показания со счётчика to read a meter) 2. *misc.* С копию документа на ксероксе to Xerox a document C. **to film, photograph** 1. С кого/что чем (С что кинокамерой to film smt.) 2. *misc.* С что на цветную плёнку to film smt. in color; С кого в профиль to photograph smb. in profile; С кого анфас to photograph smb. full-face D. **to rent** С что у кого (С квартиру у кого для себя to rent an apartment AE/flat BE from smb. for oneself)

СНИМАТЬСЯ (несов.) **СНЯТЬСЯ** (сов.) A. see **СНИМАТЬ** B. *misc.* С с якоря to weigh anchor

СНИСКИВАТЬ (несов.) **СНИСКАТЬ** (сов.) (obsol.) **to earn, gain, win** 1. С что кому (отчаянный поступок снискал ему и общее уважение his desperate act earned him everyone's respect) 2. С себе что (она снискала себе славу she achieved fame)

СНИСХОДИТЬ (несов.) **СНИЗОЙТИ** (сов.) (often ironical) A. **to condescend, deign** 1. С до чего (С до объяснения to deign to give an explanation) 2. С до того, что с придат. (он снизошёл до того, что пришёл к нам в дом he deigned to come to our house) B. **to be tolerant** (of) С к чему (С к человеческим слабостям to be tolerant of human frailties)

СНИТЬСЯ (несов.) **ПРИСНИТЬСЯ** (сов.) **to appear in a dream** 1. С кому (ей снится родной город she dreams of her home town; ему снятся страшные сны he has nightmares) 2. С кому, что с придат. (ей приснилось, что вернулся брат she dreamt that her brother returned)

СНОСИТЬ I (несов.) **СНЕСТИ** (сов.) A. **to carry, take** С кого/что куда (С ребёнка к врачу to take a child to a doctor; С посылку на почту to take a package to the post office) B. **to bring down, carry down, take down** 1. С кого/что с чего (С ребёнка с лестницы to carry a child downstairs) 2. С кого/что куда (С чемодан в подвал to carry a suitcase down to the basement) C. (impers.) **to carry off; to blow off** С что чем (судно снесло течением a ship was carried off by the current; бурей снесло крышу a roof was blown off by the storm) D. *misc.* С мужественно лишения to bear misfortune with courage

СНОСИТЬ II (сов.) **to carry, take** (somewhere and bring back) С кого/что куда/к кому (С ребёнка к врачу to take a child to the doctor)

СНОСИТЬСЯ (несов.) **СНЕСТИСЬ** (сов.) **to communicate** (with), **get in touch** (with) 1. С с кем/чем (С с министерством to get in touch with a ministry) 2. С по чему (С по радио to communicate by radio)

СНЯТЬ see **СНИМАТЬ**

СНЯТЬСЯ see **СНИМАТЬСЯ**

СОБИРАТЬ (несов.) **СОБРАТЬ** (сов.) A. **to assemble, gather** 1. С кого/что куда/где (С людей в одно место/в одном месте to assemble people in one spot) 2. С кого/что откуда (С рабочих из разных стран to assemble workers from various countries) 3. С кого/что на что (С рабочих на собрание to assemble workers for a meeting; С деньги на покупку машины to get money together to buy a car) 4. С что для чего (С материал для словаря to gather material for a dictionary) B. **to pack; to put** (together) С что куда (С вещи в ящик to pack things in a crate; С книги в портфель to put books into a brief-case) C. **to gather, pick; to pick up** 1. С что/чего (С грибы/грибов to gather/pick mush-rooms) 2. С что с чего (С ягоды с кустов to pick berries from the bushes; крупье собира-ют со стола жетоны the croupiers pick up chips from the table; С с полу вещи to pick up things from the floor) D. **to prepare** (smb. for a trip) 1. С кого куда (С туристов на экскур-сию to prepare hikers for an outing; С сына в дорогу to get one's son ready for a trip) 2. С кого + неопр. ф. (она собрала детей гулять she got the children ready for a walk) E. **to collect, solicit** С (что) на что (С по два до-ллара на Красный Крест to solicit a contri-bution of two dollars for the Red Cross; С на подарок по три доллара с человека to solicit three dollars from each person for a gift)

СОБИРАТЬСЯ (несов.) **СОБРАТЬСЯ** (сов.) A. **to assemble, gather, get together, meet** 1. где (С в столице to meet in the capital) 2. С откуда (С из разных городов to get together from various cities) 3. С с кем (С с друзьями to meet one's friends) 4. *misc.* запрещено собираться в группы более пяти человек it is prohibited to assemble in groups of larger than five B. **to get ready** (to go somewhere) 1. С куда (С в школу to get ready for school; С на работу to get ready to go to work; С в гости to get ready to visit smb.) (*Note:* Com-pare *С в Москве* 'to meet in Moscow' and *С в Москву* 'to get ready to leave for Moscow') 2. С + неопр. ф. (С гулять to get ready for a walk) C. **to intend** С + неопр. ф. (С жениться to intend to get married) D. **to muster, collect** С с чем (С с мыслями to collect one's thoughts; С с духом to catch one's breath; С с силами to muster one's strength)

СОБЛАЗНЯТЬ (несов.) **СОБЛАЗНИТЬ** (сов.) **to entice, seduce, tempt** 1. С кого чем (С кого выгодным предложением to tempt smb. with an attractive offer) 2. С кого + не-опр. ф. (О кого поехать на юг to tempt smb. to go south)

СОБОЛЕЗНИЧАТЬ (несов.) (lit.) **to offer condolences/sympathy** С (в чём) кому (С вдове в её утрате to offer condolences to a widow on her loss)

СОВАТЬ (несов.) **СУНУТЬ** (сов.) **to put, stick, thrust** 1. С (кому) что куда (С руки в карманы to put one's hands into one's pockets; С монету кому в руку to slip a coin into smb.'s hand; С вещи в чемодан to put one's things into a suitcase) 2. *misc.* *С нос во что to poke/stick one's nose into smt.

СОВАТЬСЯ (несов.) **СУНУТЬСЯ** (сов.) **to butt in, interfere** 1. С куда (С в чужие дела to butt into smb.'s business) 2. *misc.* С со своими советами to offer one's advice

СОВЕРШЕНСТВОВАТЬСЯ (несов.) **УСО-ВЕРШЕНСТВОВАТЬСЯ** (сов.) **to perfect oneself** С в чём (С в своей области to perfect oneself in one's field)

СОВЕСТИТЬСЯ (несов.) **ПОСОВЕСТИТЬ-СЯ** (сов.) (colloq.) **to be ashamed** 1. С кого/чего (С своих лохмотьев to be ashamed of one's shabby clothing) 2. С + неопр. ф. (он совестится просить денег he is ashamed to ask for money)

СОВЕТОВАТЬ (несов.) **ПОСОВЕТОВАТЬ** (сов.) **to advise** 1. С кому что (С кому диету to advise smb. to go on a diet) 2. С кому + неопр. ф. (С кому отдохнуть to advise smb. to rest) 3. С кому, где/куда + неопр. ф. (С кому, куда поехать to advise smb. where to go) 4. С, чтобы с придат. (не советую, чтобы они опоздали I would not advise them to be late)

СОВЕТОВАТЬСЯ (несов.) **ПОСОВЕТО-ВАТЬСЯ** (сов.) **to confer** (with), **consult** 1. С с кем (С с врачом to consult a doctor) 2. С о чём (С с врачом о лечении to consult a doctor about treatment) 3. С с кем (о том), как/куда/что + неопр. ф. (она советовалась с профессором о том, где провести практи-ку she conferred with/consulted her professor about where to do her fieldwork)

СОВЕЩАТЬСЯ (несов.) **to confer** (about, with) 1. С с кем (С со специалистом to confer with an expert) 2. С о чём (С о реше-нии to confer about a decision)

СОВЛАДАТЬ (сов.) (colloq.) **to control, deal with** С с кем/чем (С с собой to exercise self-control; С с озорниками to deal with mischief-makers)

СОВМЕЩАТЬ (несов.) **СОВМЕСТИТЬ** (сов.) to combine С что с чем (С работу с учёбой to combine work and study)

СОВПАДАТЬ (несов.) **СОВПАСТЬ** (сов.) A. to coincide С с чем (С с событием to coincide with an event) B. to agree 1. С с чем (С с показаниями to agree with testimony) 2. С в чём (С в выводах to agree with smb.'s conclusions)

СОВРАТЬ see **ВРАТЬ**

СОГЛАСОВЫВАТЬ (несов.) **СОГЛАСО-ВАТЬ** (сов.) A. to coordinate С что с чем (С расписание поездов с движением рейсовых автобусов to coordinate a train schedule with a bus schedule) B. (grammatical) to make agree С что (в чём) с чем (С прилагательное с существительным в падеже to make an adjective agree with a noun in case)

СОГЛАСОВАТЬСЯ (сов. и несов.) to agree С (в чём) с чем (данные не согласуются с теорией the data do not support the theory; причастия согласуются с существительными в числе participles agree with nouns in number)

СОГЛАШАТЬСЯ (несов.) **СОГЛАСИТЬСЯ** (сов.) to agree 1. С на что (С на уступку to agree to a concession) 2. С с кем/чем (С с докладчиком to agree with a speaker; С с чьими замечаниями to agree with smb.'s remarks) 3. С в/на/о чём (участники совещания согласились в/о следующем the conference participants agreed on/to the following; на чём они согласились? what did they agree to?) 4. С + неопр. ф. (С помочь to agree to help) 5. С, что с придат. (делегаты согласились, что нужно решить эту проблему the delegates agreed that it was necessary to settle this problem) 6. С, чтобы с придат. (она долго не соглашалась, чтобы я ушёл в отпуск for a long time she would not agree to my going on leave)

СОГНАТЬ see **СГОНЯТЬ**

СОГНУТЬСЯ see **СГИБАТЬСЯ**

СОГРЕТЬ see **ГРЕТЬ**

СОГРЕТЬСЯ see **ГРЕТЬСЯ**

СОДЕЙСТВОВАТЬ (несов.) **ПОСОДЕЙ-СТВОВАТЬ** (сов.) A. to assist С (в чём) кому/чему (С комиссии в работе to assist a commission in its work) B. to contribute (to) С чему (С чьему успеху to contribute to smb.'s success)

СОДРАТЬ see **ДРАТЬ** B, **СДИРАТЬ**

СОЕДИНЯТЬ (несов.) **СОЕДИНИТЬ** (сов.) A. to combine, unite С что с чем (С водород с кислородом to combine hydrogen and oxygen; С теорию с практикой to combine theory and practice; С одну группу с другой группой to unite one group with another group) B. to connect, link 1. С что чем (С реки каналом to link rivers by a canal) 2. С что с чем (С город с деревней to link city and country; С озеро с морем to link up a lake and a sea) 3. *misc.* С неразрывно to link inseparably; С прочно to link closely/firmly

СОЕДИНЯТЬСЯ (несов.) **СОЕДИНИТЬ-СЯ** (сов.) A. see **СОЕДИНЯТЬ** B. *misc.* С кем по телефону to get in touch with smb. by telephone

СОЖАЛЕТЬ (несов.) (formal) to regret 1. С о ком/чём (С об ошибке to regret an error) 2. С (о том), что с придат. (он сожалеет о том, что не сможет приехать he regrets that he will not be able to come) 3. *misc.* С глубоко to regret deeply; С искренне to regret sincerely

СОЖИТЕЛЬСТВОВАТЬ (несов.) to live with, cohabit with С с кем (они сожительствуют друг с другом they live together)

СОЗВАНИВАТЬСЯ (несов.) **СОЗВОНИТЬ-СЯ** (сов.) to telephone С с кем (я созвонился с коллегой I telephoned my colleague)

СОЗВАТЬ see **СОЗЫВАТЬ**

СОЗДАВАТЬ (несов.) **СОЗДАТЬ** (сов.) to create 1. С что кому/для кого (С затруднения кому/для кого to create/cause difficulties for smb.) 2. С что чем (С угрозу общественному порядку своими действиями to create a threat to law and order by one's actions)

СОЗНАВАТЬ (несов.) **СОЗНАТЬ** (сов.) to acknowledge, admit, recognize 1. С себя кем (С себя трусом to admit that one is a coward) 2. С, что с придат. (я сознаю, что был неправ I admit that I was wrong)

СОЗНАВАТЬСЯ (несов.) **СОЗНАТЬСЯ** (сов.) to confess 1. С кому *and* перед кем/чем в чём (С руководителю в своей оплошности to confess a blunder to one's boss; С перед судом в преступлении to confess to a crime in open court *or* to plead guilty) 2. С (в том), что с придат. (она созналась, что уже давно знала о случившемся she confessed that she had known about the incident for a long time)

СОЗЫВАТЬ (несов.) **СОЗВАТЬ** (сов.) A. to assemble, invite С кого куда (С друзей на праздник to invite friends for a holiday) B. **to summon** 1. С кого на что (С врачей на консилиум to summon physicians for a consultation) 2. С кого для чего (С членов комиссии для обсуждения ряда вопросов to summon members of a commission for a discussion of various questions)

СОИЗВОЛЯТЬ (несов.) **СОИЗВОЛИТЬ** (сов.) (obsol., ironic) **to deign** С + неопр. ф. (не соизволил прийти he didn't deign to come)

СОЙТИ see **СХОДИТЬ** I, III

СОЙТИСЬ see **СХОДИТЬСЯ**

СОКРАЩАТЬ (несов.) **СОКРАТИТЬ** (сов.) A. **to reduce, shorten** 1. С что на что (С вооружённые силы на пять процентов to reduce the armed forces by five percent) 2. С что до чего (С текст до минимума to reduce a text to the minimum) 3. С что с чего (С текст с 10 до 5 страниц to shorten a text from 10 to 5 pages) 4. С кому что (им сократили рабочий день their working day was shortened) 5. *misc.* С что вдвое to reduce smt. by 50% B. **to dismiss, fire, let go** С кого откуда (его сократили со службы he was let go)

СОКРУШАТЬСЯ (несов.) **to be distressed/ upset** 1. С о ком/чём (С о чьей неудаче to be distressed at smb.'s failure) 2. С, что с придат. (он всё сокрушался, что вход в театр запрещён he was upset that no one was being admitted to the theater)

СОЛГАТЬ see **ЛГАТЬ**

СОЛИДАРИЗИРОВАТЬСЯ (сов. и несов.) (lit.) **to agree, be in agreement** С с кем/чем (С с мнением докладчика to agree with a speaker's opinion)

СОМКНУТЬСЯ see **СМЫКАТЬСЯ**

СОМНЕВАТЬСЯ (несов.) **to doubt, question** 1. С в ком/чём (С в чьей честности to question smb.'s integrity) 2. С (в том), что с придат. (сомневаюсь в том, что они выполнят задание в срок I doubt if they will finish the job on time)

СООБРАЖАТЬ (несов.) **СООБРАЗИТЬ** (сов.) **to grasp, understand** 1. С, что с придат. (она сразу сообразила, что это будет выгодно she grasped immediately that it would be profitable) 2. *misc.* плохо соображать to be slow on the uptake; хорошо соображать to catch on right away; С в чём дело to figure out what is going on

СООБРАЗОВАТЬ (сов. и несов.) (lit.) **to balance, equalize** С что с чем (С расходы с доходами to balance expenditures and revenue)

СООБРАЗОВАТЬСЯ (сов. и несов.) (lit.) **to adapt, adjust** С с чем (С с обстоятельствами to adapt to the circumstances)

СООБЩАТЬ (несов.) **СООБЩИТЬ** (сов.) **to inform; to report** 1. С что *and* о ком/чём (кому) (С новость/о новости другу to report news to a friend; С об экскурсии туристам to inform tourists about an excursion; С решение/ о решении истцу to inform a plaintiff of a decision; С о сыне отцу to inform a father about his son) 2. С что по чему (С по радио последние известия to report the latest news over the radio) 3. С что/о чём куда (С что в штаб to report smt. to headquarters) 4. С что/о чём откуда (об этом сообщили из Парижа this was reported from Paris) 5. С чем (С телеграммой о решении to wire the news about a decision) 6. С кому (С полиции to inform the police) 7. С (кому) (о том), что с придат. (нам сообщили, что вы уезжаете we were informed/told that you were leaving)

СООБЩАТЬСЯ (несов.) **СООБЩИТЬСЯ** (сов.) A. **to be communicated/ conveyed** С кому/чему (веселье сообщилось всем участникам a mood of merriment was conveyed to all participants) B. (obsol.) (only imperf.) **to communicate** С с кем/чем (С с внешней средой to communicate with the outside world) (see **ОБЩАТЬСЯ**) C. **to be reported** 1. С о чём (сообщалось о реформе news about a reform was reported) 2. С, что с придат. (из Парижа сообщается, что начались забастовки it is reported from Paris that strikes have begun)

СООТВЕТСТВОВАТЬ (несов.) **to correspond** (to), **conform** (to) 1. С чему (С действительности to correspond to the facts; С нормам to conform to standards; С требованиям to meet requirements; не С конституции to violate a constitution *or* to be unconstitutional) 2. *misc.* С строго to correspond closely

СООТНОСИТЬ (несов.) **СООТНЕСТИ** (сов.) **to associate** С что с чем (С одно понятие с другим to associate one concept with another)

СОПЕРНИЧАТЬ (несов.) **to compete, vie** 1. С (в чём/по чему) с кем/чем (С с товарищами в работе to compete with one's friends at work) 2. С за что (С за влияние to compete/ vie for influence)

СОПОСТАВЛЯТЬ (несов.) **СОПОСТА-**

ВИТЬ (сов.) **to compare, contrast** С кого/что с кем/чем (С копию с оригиналом to compare a copy with the original; С один факт с другим to compare one fact with another; С вымысел с действительностью to contrast fact with fiction)

СОПРИКАСАТЬСЯ (несов.) **СОПРИКОСНУТЬСЯ** (сов.) A. **to border** (on) С с чем (С с соседним участком to border on a neighbor's lot) B. **to bump, touch** С чем (С лбами to bump/touch foreheads; мы соприкоснулись локтями our elbows touched) C. **to have contact** (with) С с кем/чем (С с различными людьми to have contact with various types of people)

СОПРОВОЖДАТЬ (несов.) **СОПРОВОДИТЬ** (сов.) A. (usu. imperf.) **to take, accompany** С кого/что куда (С детей на прогулку to take children for a walk; С делегацию в театр to take/escort a delegation to the theater; С кого к врачу to take smb. to a doctor) B. **to accompany** С что чем (С доклад диапозитивами to illustrate a lecture with slides; С речь жестами to gesticulate while speaking) C. **to add** С что чем (С заявление справкой to enclose a letter of recommendation with one's application; С текст примечаниями to annotate a text)

СОПРОТИВЛЯТЬСЯ (несов.) **to resist** 1. С кому/чему (С врагу to resist an enemy) 2. *misc.* С упорно to resist stubbornly; С яростно to resist fiercely

СОПУТСТВОВАТЬ (несов.) **to accompany** С кому/чему (болезни сопутствует жар this disease is accompanied by/characterized by a high fever)

СОРАЗМЕРЯТЬ (несов.) **СОРАЗМЕРИТЬ** (сов.) **to balance, make commensurate** (with) С что с чем (С расходы с доходами to balance expenses and income)

СОРВАТЬ see **СРЫВАТЬ**

СОРВАТЬСЯ see **СРЫВАТЬСЯ**

СОРЕВНОВАТЬСЯ (несов.) **to compete** 1. С с кем (С с товарищами to compete with one's friends) 2. С в чём/по чему (С в плавании to swim competitively; С по фигурному катанию to compete in figure skating) 3. С за что (С за медаль to compete for a medal) 4. С на что (С на первенство страны to compete for a national championship) 5. *misc.* С с воодушевлением/с подъёмом to compete with enthusiasm

СОРИТЬ (несов.) **НАСОРИТЬ** (сов.) A. **to litter** С (куда/где) чем (С бумажками на пол/на полу to litter up a floor with scraps of paper) B. (colloq.) (only imperf.) **to squander** С что/чем (С деньгами to squander money)

СОРТИРОВАТЬ (несов.) **РАССОРТИРОВАТЬ** (сов.) **to sort** С что по чему (С что по размеру to sort smt. by size)

СОСВАТАТЬ see **СВАТАТЬ**

СОСЕДИТЬ, СОСЕДСТВОВАТЬ (несов.) **to border** (on) С с чем (С с тремя государствами to border on three countries)

СОСКАБЛИВАТЬ (несов.) **СОСКОБЛИТЬ** (сов.) **to scrape off** С (чем) что с чего (С надпись со стены ножом to scrape graffiti off a wall with a knife)

СОСКАКИВАТЬ (несов.) **СОСКОЧИТЬ** (сов.) A. **to jump** (from, off) 1. С с кого/чего (С с дерева to jump from a tree) 2. С куда (С в воду to jump into the water) B. **to come off, fall off** С с чего (дверь соскочила с петель the door came off its hinges)

СОСКАЛЬЗЫВАТЬ (несов.) **СОСКОЛЬЗНУТЬ** (сов.) A. **to slide** (down) 1. С с чего (С с горы to slide down a mountain) 2. С куда (С на землю to slide down to the ground) 3. С по чему (С по склону to slide down a slope) B. **to slip, fall** 1. С с чего (С с дерева to fall from a tree) 2. С куда (С на пол to fall to the ground)

СОСКОБЛИТЬ see **СОСКАБЛИВАТЬ**

СОСКОЛЬЗНУТЬ see **СОСКАЛЬЗЫВАТЬ**

СОСКОЧИТЬ see **СОКАКИВАТЬ**

СОСКУЧИТЬСЯ (сов.) **to miss** 1. (*Note*: In modern Russian this verb is usu. followed by по кому/чему, that is, by the dative. An older norm also allowed constructions with the prepositional: С о ком/чём *and* по ком/чём. As a result, some textbooks and dictionaries of Russian still give as equivalent constructions: С по отцу/об отце/по отце 'to miss one's father', although the usual construction is now С по отцу. Remnants of the older norm are still encountered, as for example in the use of the prepositional with plural nouns — С о детях, along with the more frequent С по детям, — and also in such variants as я соскучился по вам/по вас. See also **ГРУСТИТЬ, СКОРБЕТЬ, СКУЧАТЬ, ТОСКОВАТЬ, ТУЖИТЬ**) (С по родине to miss one's home; С по книгам to miss one's books; она соскучился по нему she misses/missed him; мы соскучились по родному городу we miss/missed our home town; дети соскучились по родителям the children miss/missed their parents) 2. *misc.* С очень/сильно to miss greatly

СОСЛАТЬ see **ССЫЛАТЬ**

СОСЛАТЬСЯ see **ССЫЛАТЬСЯ**

СОСЛУЖИТЬ (сов.) **to be of service, serve** *misc.* С службу кому to do smb. a favor

СОСРЕДОТОЧИВАТЬ (несов.) **СОСРЕДОТОЧИТЬ** (сов.) **to concentrate** С кого/что где (С внимание на проекте to concentrate one's attention on a project; С войска в южном районе страны to concentrate troops in the southern region of the country)

СОСТАВЛЯТЬ I (несов.) **СОСТАВИТЬ** (сов.) А. **to bring together, collect** С что куда (С стулья в одно место to bring chairs to one spot; С посуду на поднос to collect the silverware on a tray) B. **to make** (for oneself) С себе что (С себе имя to make a name for oneself; С себе карьеру to carve out a career for oneself) C. **to assemble, form, put together** С что из чего (она составила предложение из этих слов she formed a sentence from these words) D. *misc.* С кому компанию to keep smb. company; С кому конкуренцию to compete with smb.; потери врага составляют свыше 2.000 убитыми enemy losses number over 2,000 killed

СОСТАВЛЯТЬ II (несов.) **СОСТАВИТЬ** (сов.) **to take down** (from) С что с чего (С чемодан с полки to take a suitcase down from a shelf)

СОСТОЯТЬ (несов.) А. **to consist** (of) 1. С из кого/чего (семья состоит из несколько человек the family consists of several people; молекула состоит из атомов a molecule consists of atoms) 2. С в чём (его обязанности состоят в подготовке рукописей к набору his duties consist of preparing manuscripts for printing) 3. С в том, чтобы + неопр. ф. (вся жизнь малыша состоит в том, чтобы поесть и поспать all that a baby does is eat and sleep) B. **to amount to, come down to** С в том, что с придат. (вся беда состоит в том, что поезд уже ушёл the whole problem comes down to the fact that the train has already left) C. **to be a member** (of), **belong** (to) С где (С в профсоюзе to belong to a labor union) D. **to serve** 1. С (при ком/чём) кем (С адъютантом при командующем to serve as a commanding officer's adjutant/aide; С секретарём при комитете to serve as a secretary to a committee) 2. *misc.* С при посольстве to serve

in an embassy E. **to be** 1. С в чём (С в браке to be married; С в запасе to be in the reserves) 2. С на чём (С на чьём иждивении to be smb.'s dependent *or* to be supported by smb.; С на учёте to be registered; С на чьём попечении to be in smb.'s care) 3. С под чем (С под следствием to be under investigation; С под наблюдением to be under surveillance) 4. *misc.* С в заговоре to be a member of a conspiracy; С в знакомстве to be acquainted; С в дружеских отношениях to be on friendly terms

СОСТЫКОВАТЬСЯ see **СТЫКОВАТЬСЯ**

СОСТЯЗАТЬСЯ (несов.) **to compete** С (в чём) с кем (С с товарищем в беге to compete with a friend in a race)

СОСУЩЕСТВОВАТЬ (несов.) **to coexist** 1. С с кем/чем (С с другими странами to coexist with other countries) 2. *misc.* С мирно to coexist peacefully

СОСЧИТАТЬ see **СЧИТАТЬ**

СОТКАТЬ see **ТКАТЬ**

СОТРУДНИЧАТЬ (несов.) А. **to collaborate, cooperate** С (в чём) с кем/чем (С с зарубежными специалистами to collaborate with foreign specialists) B. **to write** (for), **work** (in publishing) С в чём (С в газете to write for a newspaper; С в издательстве to work for a publishing house)

СОХРАНЯТЬ (несов.) **СОХРАНИТЬ** (сов.) А. **to protect** С что от чего (С одежду от моли to protect clothing from moths) B. **to reserve** С что за кем (С за собой право to reserve a right for oneself) C. *misc.* С на память to keep as a souvenir; за ним сохранился пост he can go back to his job

СОЧЕТАТЬ (сов. и несов.) **to combine** С что с чем (С теорию с практикой to combine theory and practice)

СОЧЕТАТЬСЯ (сов. и несов.) А. **to collocate, combine** С с чем (какой глагол сочетается с этим существительным? which verb collocates/combines with this noun?) B. *misc.* С браком с кем to marry smb.

СОЧИТЬСЯ (несов.) **to ooze, seep, trickle** 1. С откуда (С из раны to ooze/seep from a wound) 2. С сквозь что/через что (С сквозь повязку to ooze/seep through a bandage) 3. С чем (С кровью to bleed)

СОЧУВСТВОВАТЬ (несов.) **ПОСОЧУВСТВОВАТЬ** (сов.) **to sympathize** (with), **be sympathetic** (to) С кому/чему (С беднякам to sympathize with poor people)

СПАДАТЬ (несов.) **СПАСТЬ** (сов.) **to fall** 1. С с кого/чего (С с плеч to fall from one's shoulders) 2. С куда (С на пол to fall to the floor)

СПАРХИВАТЬ (несов.) **СПОРХНУТЬ** (сов.) **to flutter** 1. С откуда (С с дерева to flutter from a tree) 2. С куда (С на землю to flutter to the ground)

СПАРЫВАТЬ (несов.) **СПОРОТЬ** (сов.) **to cut off** (smt. sewn/ stitched) С что с чего (С пуговицы с пальто to cut buttons off a coat)

СПАСАТЬ (несов.) **СПАСТИ** (сов.) **to protect, save** 1. С кого/что от кого/чего (С город от уничтожения to save a city from destruction; С кого от холода to protect smb. from the cold) 2. С что кому (С кому жизнь to save smb.'s life)

СПАСАТЬСЯ (несов.) **СПАСТИСЬ** (сов.) **to escape, save oneself** 1. С чем (он спасся бегством в соседнюю страну he sought haven in a neighboring country) 2. С от кого/ чего (С от смерти to escape death; С от врага to escape an enemy)

СПАСОВАТЬ see **ПАСОВАТЬ**

СПАСТИ see **СПАСАТЬ**

СПАСТЬ see **СПАДАТЬ**

СПАТЬ (несов.) **to sleep** 1. С в чём (С в постели to sleep in a bed; С в кресле to sleep in an armchair) 2. С на чём (С на кровати to sleep on a bed; С на диване to sleep on a sofa) 3. С с кем (дети все спали друг с другом the children all slept with each other) 4. *misc.* С крепким/мёртвым сном *and* С крепко *and* *С без задних ног to sleep like a log; С безмятежно/сладко/спокойно to sleep peacefully; *С сном праведника to sleep peacefully; *С вечным/могильным/ последним сном to rest in peace

СПЕКУЛИРОВАТЬ (несов.) A. **to profiteer, speculate** С чем/на чём (С мануфактурой/ на мануфактуре to profiteer in textiles; С дефицитными товарами to profiteer from selling goods that are in short supply) B. **to exploit** С на чём (С на чьих затруднениях to exploit smb.'s difficulties)

СПЕЛЕНАТЬ see **ПЕЛЕНАТЬ**

СПЕТЬ see **ПЕТЬ**

СПЕЦИАЛИЗИРОВАТЬСЯ (сов. и несов.) **to specialize** 1. С в чём (С в какой области to specialize in a certain field) 2. С по чему (С по математике to major AE/specialize in mathematics) 3. С на чём (С на экспорте to specialize in the export trade)

СПЕШИТЬ (несов.) **ПОСПЕШИТЬ** (сов.) **to hurry, rush** 1. С куда/к кому (С в школу to hurry to school; С на работу to rush to work; С к больному товарищу to rush to see a sick friend) 2. С с чем (С с решением to rush to make a decision) 3. С + неопр. ф. (С ответить to rush to answer)

СПИКИРОВАТЬ see **ПИКИРОВАТЬ**

СПИСЫВАТЬ (несов.) **СПИСАТЬ** (сов.) A. **to copy** 1. С (что) откуда (С задачу с доски to copy a problem from the blackboard; С слова из учебника to copy words from a textbook; С копию с подлинника to copy an original; она списывала с книги на экзамене she copied from a book during the exam) 2. С что куда (С стихотворение в тетрадь to copy a poem into a notebook) 3. С что у кого (С сочинение у товарища to copy a friend's composition) B. **to dismiss** (in the navy, merchant marine) С кого откуда (С матроса с корабля to dismiss a sailor from a ship) C. *misc.* они свои ошибки списывали на нас they blamed us for their own errors; Рудин Тургенева списан с Бакунина Bakunin was the model for Turgenev's Rudin

СПИСЫВАТЬСЯ (несов.) **СПИСАТЬСЯ** (сов.) **to write** (to) 1. С с кем/чем (С с министерством to write to a ministry) 2. С о чём (С о встрече to write about a meeting)

СПИХАТЬ (несов.) **СПИХНУТЬ** (сов.) **to push, shove** С кого/что куда (С что в яму to push smt. into a hole)

СПЛАВЛЯТЬ I (несов.) **СПЛАВИТЬ** (сов.) **to fuse, mix** С что с чем (С железо с хромом to mix iron and chromium)

СПЛАВЛЯТЬ II (несов.) **СПЛАВИТЬ** (сов.) **to float** С что по чему (С лес по реке to float logs down a river)

СПЛАЧИВАТЬСЯ (несов.) **СПЛОТИТЬСЯ** (сов.) **to rally, unite** 1. С вокруг кого/чего (С вокруг президента to rally around a president) 2. С против кого/чего (С против общего врача to unite against a common enemy)

СПЛЕСТИ, СПЛЕСТИСЬ see **ПЛЕСТИ**

СПЛЕТНИЧАТЬ (несов.) **НАСПЛЕТНИ-ЧАТЬ** (сов.) **to gossip** С на кого (С на соседа to gossip about a neighbor)

СПОЛЗАТЬ (несов.) **СПОЛЗТИ** (сов.) A. **to crawl down, come down** (slowly) С с чего (С с горы to come down slowly from a mountain) B. **to slip down** С откуда/куда (повязка сползла с головы на затылок the bandage slipped down from his head to the back of his neck) C. **to fall into, sink into** С куда/к чему (С в пропасть to fall into an abyss; С к рутине to fall into a routine)

СПОРИТЬ (несов.) **ПОСПОРИТЬ** (сов.) A. **to argue** 1. С с кем (С с братом to argue with one's brother) 2. С о чём (С о литературе to argue about literature) 3. С по чему (С по какому вопросу to argue a question) 4. С о том, где/как/что + неопр. ф. (мы спорили о том, где встретиться we were arguing about where to meet) 5. С (о том), где/как/что с придат. (мы спорили о том, где встретимся we were arguing about where we should meet) 6. *misc.* С горячо/яростно to argue heatedly B. (only imperf. and negative) **to deny** C, что с придат. (не спорю, что она очень способная I don't deny that she is very capable)

СПОРОТЬ see **СПАРЫВАТЬ**

СПОРХНУТЬ see **СПАРХИВАТЬ**

СПОСОБСТВОВАТЬ (несов.) **ПОСПОСОБСТВОВАТЬ** (сов.) A. **to assist, help** С (в чём) кому (С товарищам в работе to help one's friends in their work) B. (only imperf.) **to foster, help, promote** С чему (С развитию to foster development; С росту to promote growth)

СПОТЫКАТЬСЯ (несов.) **СПОТКНУТЬСЯ** (сов.) **to trip** С обо что (С о камень to trip on a stone)

СПРАВЛЯТЬСЯ I (несов.) **СПРАВИТЬСЯ** (сов.) A. **to cope** (with) С с чем (С с трудностями to cope with difficulties; водитель не справился с управлением the driver lost control of the car; С с собой to calm down) B. **to overcome** С с кем/чем (С с противником to overcome an adversary; С с болезнью to overcome an illness)

СПРАВЛЯТЬСЯ II **СПРАВИТЬСЯ** (несов.) A. **to inquire** 1. С о ком/чём (С о здоровье больного to inquire about a patient's health) 2. С (о том), как/когда с придат. (она справилась о том, когда прибудет поезд she inquired about when the train would arrive) 3. *misc.* С по телефону to inquire by telephone; С у секретаря to ask a secretary B. **to look up** С (о чём) в чём (С о этимологии в словаре to look up an etymology in a dictionary)

СПРАШИВАТЬ (несов.) **СПРОСИТЬ** (сов.) A. **to ask, find out, inquire** 1. С кого/у кого о ком/чём (С сестру/у сестры о матери to ask sister about mother; С товарища/у товарища о новостях to ask a friend about the news) 2. С

что у кого (С адрес у секретарши to ask the secretary for an address; С фамилию у новичка to ask a new student what her/his name is) 3. С (о том) (кого), где/как/когда/что с придат. (спроси, когда она будет дома find out when she'll be at home) 4. *misc.* она посмотрела на меня, спрашивая взглядом, нравится ли мне здесь she glanced at me as if to ask whether I liked it here B. **to ask of, request** С (у кого) что/чего (С разрешение/разрешения у учителя to ask a teacher for permission) C. **to demand** С что с кого (эти деньги с меня спросят they will demand this money from me) D. **to hold responsible** С с кого/чего (с тебя спросят, если не будет сделано you will be held responsible if it is not done; за это жёстко спрашивается со школы the school is held strictly responsible for this; спрашивать не с кого no one is responsible) E. *misc.* ученика спрашивали по географии they were asking the pupil questions about geography; тебя спрашивают по телефону you are wanted on the telephone

СПРАШИВАТЬСЯ (несов.) **СПРОСИТЬСЯ** (сов.) A. **to ask** (permission) С у кого (спрошусь у мамы I'll ask mom) B. *misc.* за это с тебя спросится you will have to answer for this

СПРЫГИВАТЬ (несов.) **СПРЫГНУТЬ** (сов.) **to jump** 1. С с кого/чего (С с коня to jump from a horse) 2. С куда (С на землю to jump to the ground)

СПРЯТАТЬ see **ПРЯТАТЬ**

СПРЯТАТЬ see **ПРЯТАТЬСЯ**

СПУСКАТЬ (несов.) **СПУСТИТЬ** (сов.) A. **to let down, lower** 1. С кого/что куда (С рабочих в шахту to lower workers into a mine; С ведро в колодец to lower a pail into a well; С ящики по жёлобу в подвал to slide crates down a chute into a basement) 2. С что откуда (С верёвку с балкона to lower a rope from a balcony; С флаг с мачты to lower a flag from a mast) 3. *misc.* С корабль на воду to launch a ship; он не спускал глаз с неё he didn't take his eyes off her; С поезд под откос to derail a train; *спустить шкуру с кого to flog smb. (cf. **ОПУСКАТЬ**) B. **to let, release** С кого/что откуда (С воду из ванны to let the water out of a bathtub; С собаку с поводка to let a dog off its leash) C. (colloq.) **to excuse, let pass** С что кому (этого я ему не спущу! I will not let him get away with this!

СПУСКАТЬСЯ (несов.) **СПУСТИТЬСЯ**

(сов.) A. **to come down, go down, lower oneself** 1. С с чего (С с горы to come down/go down from a mountain; С с верхнего этажа to come down from an upper story; С с лестницы to come/go downstairs) 2. С куда (С в подвал to come down/go down to a basement; ребёнок спустился со стула на пол the child climbed down from a chair onto the floor) 3. С по чему (С по лестнице to come/go downstairs; С по склону to go down a slope) 4. С на чём (С на лифте to come/go down by elevator AE/lift BE; воры спустились на верёвке с крыши на балкон the thieves lowered themselves by rope from the roof to a balcony; С на парашюте to drop by parachute) 5. *misc.* *С с небес на землю to come down to earth B. **to hang down** 1. С до чего (занавески спускаются до полу the curtains hang down to the floor) 2. С на что (С на глаза to hang down over one's eyes) 3. С с чего (С с потолка to hang down from a ceiling) (cf. **ОПУСКАТЬСЯ**)

СПУТАТЬ see **ПУТАТЬ**

СПУТАТЬСЯ see **ПУТАТЬСЯ** C2

СРАВНИВАТЬ I (несов.) **СРАВНИТЬ** (сов.) A. **to compare, contrast** С кого/что с кем/чем (С себя с товарищем to compare oneself with a friend; С один язык с другим to compare one language with another) 3. С кого/что по чему (С что по величине to compare by size) B. **to equate, liken** С кого/что с кем/чем (С молодость с весной to draw a parallel between youth and spring)

СРАВНИВАТЬ II (несов.) **СРАВНЯТЬ** (сов.) **to balance, equalize** С что с чем (С расход с доходом to balance expenses and income)

СРАВНИВАТЬ III (несов.) see **РОВНЯТЬ**

СРАВНИТЬ see **СРАВНИВАТЬ** I

СРАВНИТЬСЯ (сов.) **to match** С с кем/чем в чём (С с товарищем в умении to match a friend in ability)

СРАВНЯТЬ see **СРАВНИВАТЬ** II

СРАВНЯТЬСЯ (сов.) **to match** С с кем/чем в чём (не могу с ним сравняться в знании he knows a lot more than I do)

СРАЖАТЬСЯ (несов.) **СРАЗИТЬСЯ** (сов.) A. **to fight** 1. С (с кем) против кого/чего (С против общего врага вместе с союзниками to join one's allies in the fight against a common enemy) 2. С с кем/чем (С с врагом to fight an enemy) 3. С за что (С за свободу to fight for freedom) 4. *misc.* С плечом к плечу to fight shoulder to shoulder; *сражаться с

ветряными мельницами to tilt at windmills B. (colloq.) **to gamble, play** С (с кем) во что (С в карты to play cards)

СРАМИТЬ (несов.) **ОСРАМИТЬ** (сов.) **to bring shame on, disgrace** С кого чем (С себя своим поведением to disgrace oneself through one's actions)

СРАСТАТЬСЯ (несов.) **СРАСТИСЬ** (сов.) **to become intertwined, grow together, merge** 1. С с кем/чем (он сросся с восточным миром he immersed himself in Oriental culture) 2. *misc.* две сосны корнями срослись the roots of the two pines became intertwined

СРЕАГИРОВАТЬ (сов.) see **РЕАГИРОВАТЬ**

СРЕЗАТЬ (несов.) **СРЕЗАТЬ** (сов.) A. **to cut, cut off** С что чем (С цветок ножницами to cut off a flower with a knife; С говорящего резким замечанием to cut off a speaker with a curt remark) B. **to slice** (off) С что с чего (С верхушку с перца to slice the top off a pepper) C. (colloq.) **to cut, reduce** С (кому/чему) что на что (срезали бюджет институту на 10 процентов they cut the institute's budget by 10% D. (colloq.) **to fail** (on an examination) 1. С кого на чём (срезали его на теории they failed him on theory) 2. *misc.* С студента на экзамене трудным вопросом to stump a student with a question on an examination

СРИКОШЕТИРОВАТЬ see **РИКОШЕТИРОВАТЬ**

СРИСОВЫВАТЬ (несов.) **СРИСОВАТЬ** (сов.) **to copy** С что откуда (С картинку из журнала to copy a picture from a magazine)

СРОВНЯТЬ see **РОВНЯТЬ**

СРОДНИТЬ see **РОДНИТЬ**

СРОДНИТЬСЯ (сов.) A. **to become close** (to) С с кем/между кем (С друг с другом/между собой to become close to each other) B. **to get accustomed** (to) С с чем (С с работой to get accustomed to one's job)

СРУБАТЬ (несов.) **СРУБИТЬ** (сов.) **to chop** (down, off) С что чем (С дерево топором to chop a tree down with an axe)

СРЫВАТЬ (несов.) **СОРВАТЬ** A. **to tear** (off) 1. С кого/что с чего (С цветок с куста to tear a flower off a bush; С дверь с петель to tear a door off its hinges) 2. *misc.* *С маску с кого to expose smb. B. (colloq.) **to tear** (away) С кого с чего (С кого с работы to tear smb. away from her/his work) C. (colloq.) **to vent** С что на ком (С зло на детях to vent one's anger on one's children)

СРЫВАТЬСЯ (несов.) **СОРВАТЬСЯ** (сов.) A. **to fall, slip** 1. С с чего (С с дерева to fall from a tree) 2. С куда (С в море to fall into the sea) B. **to break loose, break away** С с чего (собака сорвалась с цепи the dog broke loose from its chain) C. *misc.* дверь сорвалась с петель the door came off its hinges; слово у него сорвалось с языка he blurted smt. out; С с места to rush off

ССАЖИВАТЬ (несов.) **ССАДИТЬ** (сов.) **to help down** С кого с чего (С ребёнка со стула to help a child get down from a chair; С пассажира с поезда to help a passenger get off a train)

ССОРИТЬСЯ (несов.) **ПОССОРИТЬСЯ** (сов.) **to quarrel** 1. С с кем/между собой (С с родителями to quarrel with one's parents) 2. С из-за чего (С из-за пустяков to quarrel over trifles)

ССУЖАТЬ (несов.) **ССУДИТЬ** (сов.) **to lend** С кого/что чем (rare) *and* С что кому/чему (С деньги товарищу to lend money to a friend)

ССЫЛАТЬ (несов.) **СОСЛАТЬ** (сов.) **to banish, exile** С кого куда (С кого на вечное поселение to send smb. into permanent exile; С кого в Сибирь to banish/exile smb. to Siberia)

ССЫЛАТЬСЯ (несов.) **СОСЛАТЬСЯ** (сов.) A. **to cite, refer** (to) 1. С на кого/что (С на источники to refer to/cite one's sources; С на авторитетное лицо to cite an authority; С на книгу to refer to a book; С на чьё мнение to cite smb.'s opinion) 2. С на то, что с придат. (они ссылаются на то, что мы не подписывали договор they refer to the fact that we did not sign the treaty) B. **to beg off, claim, plead** (as an excuse) 1. С на что (он сослался на занятость he claimed that he was too busy; она сослалась на головную боль she said that she could not come because of a headache) 2. С на то, что с придат. (она ссылается на то, что у неё нет времени her answer is 'no' — she says that she doesn't have time)

ССЫПАТЬ (несов.) **ССЫПАТЬ** (сов.) **to pour** С что куда (С муку в мешок to pour flour into a sack)

СТАВИТЬ (несов.) **ПОСТАВИТЬ** (сов.) A. **to place, put** 1. С кого/что куда (С цветы в вазу to put flowers into a vase; С слово в скобки to put a word into brackets; С автомобиль в гараж to put a car into a garage; С кого в неловкое положение to place smb. in an awkward position; С книги на полку to put books on a shelf; С резолюцию на голосование to put a resolution to a vote; С часового на пост to post a guard; С рабочего к станку to place a worker at a lathe) 2. С что подо что (С что под контроль to bring smt. under control; С что под запрет to ban smt.; С что под угрозу to threaten smt.) 3. С что где (С памятник на площади to place a monument on a square; С стул возле входа to place a chair next to an entrance; С автомобиль в гараже to put a car into a garage; С существительное в дательном падеже to put a noun into the dative case; С отметку в тетради to enter a grade in a notebook; С подпись на документе to put one's signature on a document; С чемодан перед дверью to put a suitcase in front of a door) 3. *misc.* С ребёнку компресс to put a compress on a child; С кого в пример to hold smb. up as an example; С кого перед смертельной угрозой to put smb. in mortal danger B. **to assign; to set** 1. С что кому/перед кем (С задачу бойцам/перед бойцами to assign a mission to troops; С кому условия to set conditions that must be met by smb.) 2. С чем + неопр. ф. (она поставила своей целью/своей задачей доказать его невиновность her aim was to prove his innocence) 3. *misc.* С цель перед собой to set a goal for oneself C. (colloq.) **to appoint, name** С кого кем *and* на какую должность *and* в кого (С офицера командиром роты to name an officer company commander; его поставили в бригадиры he was appointed chief of a work crew) D. **to give** (a grade in school) С что кому (С ученику отметку to give a grade to a pupil; С кому пять за произношение to give smb. an A for pronunciation) E. **to pose** 1. С что кому (С кому вопрос to pose a question to smb. *or* (more usually) to ask smb. a question) 2. *misc.* перед нами был поставлен трудный вопрос we had to find the answer to a difficult question; *С вопрос ребром to pose a direct question *or* to come right to the point F. **to put, stake** С (что) на кого/что (С на лошадь to bet on a horse; он поставил на туз все свои деньги he risked everything on the ace) G. *misc.* С в известность кого to inform smb.; С что кому в вину to blame smb. for smt.; С кого перед совершившимся фактом to present smb. with an accomplished fact; С упрёк кому to reproach smb.; С кому термометр to take smb.'s temperature; С себе за правило to make it a rule; С в пример to hold up as an example; С что в заслугу кому to give smb. credit for smt.; С на вид что кому to reprimand smb. for smt.; С памятник кому to erect a monument to smb.; С что под вопрос to cast doubt on smt.; С что под сомнение to cast doubt on smt. *or* to threaten the existence of smt.; будущее баз ставится под сомнение the future of the bases is at stake; его признание ставится под сомнение his confession is not believed; С подножку кому to trip smb. (also fig.); *С кого в тупик to drive smb. into a corner; *С кого к стенке to put smb. up against the wall; *С кого к позорному столбу to pillory smb.; *С что на карту to risk smt.; *С кого на ноги to cure smb.; *С кого на колени to subjugate smb. *or* to force smb. to yield; *С точки над и to put the finishing touches on smb.; *С что с ног на голову to put the cart before the horse

СТАЛКИВАТЬ (несов.) **СТОЛКНУТЬ** (сов.) А. **to push** 1. С кого/что куда (С лодку в воду to push a boat into the water) 2. С кого/что с чего (С камень с высоты to push a rock from a height) В. *misc.* С лбами дерущихся мальчиков to pick up two boys who are fighting and knock their heads together

СТАЛКИВАТЬСЯ (несов.) **СТОЛКНУТЬСЯ** (сов.) А. **to collide** (with), **hit, run into** С с кем/чем (С с пешеходом to hit a pedestrian; С со встречной машиной to collide with/hit another car) В. **to encounter, meet, run into** 1. С с кем/чем (С со старым знакомым to run into an old friend; С с затруднениями to encounter difficulties) 2. *misc.* *С нос/носом к носу to meet face to face; *С лбами to meet unexpectedly С. **to clash, disagree** С с кем (С с директором to clash with one's boss)

СТАНОВИТЬСЯ (несов.) **СТАТЬ** (сов.) А. **to become** 1. С кем/чем (С учителем to become a teacher; С угрозой to become a threat) 2. С каким (организации стали активными the organizations became active; *Note*: The short form is sometimes encountered: он стал разговорчив he became talkative) 3. (only perf.) С с кем/чем (что стало с вашим приятелем? what became of your friend?) В. **to get (up) on** С на что (С на ноги to get on one's feet — also fig.; С на цыпочки to get up on one's toes; С на стул to get up on a chair) С. (usu. perf.) **to begin** (working) С куда (С на работу to begin working; С за станок/к станку to begin working at a lathe; *or*, — fig.: to become a worker; С за чертёжную доску to

begin working at a drawing board; С за пульт to begin working at a control panel; С на дежурство to begin one's tour of duty) (see also **ВСТАВАТЬ** D) D. (only perf.; in past tense) **to begin** С + неопр. ф. (она стала работать she began to work) E. (only perf.; in the future serves as an auxiliary verb, synonymous with *буду, будешь*) С + неопр. ф. (что ты станешь делать? what will you do?) F. (colloq.) (only perf.) **to cost** 1. С кому во что (пальто мне стало в сто долларов the coat cost me a hundred dollars) 2. *misc.* *это вам станет в копейку that will cost you a pretty penny G. (colloq.; negative; impers.) **to cease to exist** С кого/чего (отца не стало father died; не стало сил I had no strength left) H. **to take up a position, get, stand** 1. С куда/где (С на ковёр to stand on a rug; С в очередь to get into line AE/to join a queue BE; С к стене/у стены to stand next to a wall; С в угол to stand in a corner; С возле/около/у окна to stand next to a window; С в позу to assume a pose; они становятся в затылок they are lining up in single file) 2. *misc.* (mil.) С во фронт to come/snap to (the position of) 'attention'; С на дыбы to rear (as of a horse) (see also **ВСТАВАТЬ** В) I. *misc.* во что бы то ни стало no matter what happens; С во главе движения to head a movement; С на якорь to drop anchor; С на колени to kneel; С на чью сторону to come over to smb.'s side; С на очередь to get on a waiting list; С на защиту угнетённых to defend the victims of persecution; С на борьбу to join a struggle; С на правильный путь to act properly; С на учёт to be registered; С лагерем to pitch camp; за чем дело стало? what's the hitch? шкаф не станет между окнами the dresser will not fit between the windows; мне стало не по себе I began to feel uneasy *or* I began to feel ill; С в почётный караул to become a member of an honor guard; электростанция стала на капитальный ремонт the power station is undergoing a complete renovation; С в тупик to be perplexed; С на точку зрения to adopt a point of view; стало быть consequently; вы увидите — он опоздает — с него станет you'll see — he'll be late — you can expect that from him; волосы становятся дыбом his hair stood on end; *С поперёк дороги/пути кому to get in smb.'s way; *С поперёк горла кому to get smb.'s goat

СТАРАТЬСЯ (несов.) **ПОСТАРАТЬСЯ**

(сов.) **to try** 1. С + неопр. ф. (С учиться to try to study) 2. *misc.* С изо всех сил to make an all-out effort

СТАРТОВАТЬ (сов. и несов.) **to take off** С куда (С в космос to take off on a voyage to space)

СТАСКИВАТЬ (несов.) **СТАЩИТЬ** (сов.) **to drag, pull** 1. С кого/что с чего (С оратора с трибуны to drag a speaker from the platform; С лодку с мели to drag a boat from a sandbar) 2. С что куда (С лодку в воду to drag/pull a boat into the water)

СТАТЬ see **СТАНОВИТЬСЯ**

СТАЩИТЬ see **СТАСКИВАТЬ, ТАЩИТЬ** 3

СТЕКАТЬ (несов.) **СТЕЧЬ** (сов.) **to flow** 1. С откуда/куда (С из озера в реку to flow from a lake into a river; вода стекает с крыши на землю the water is flowing from the roof onto the ground) 2. С по чему (С по жёлобу to flow along a gutter)

СТЕКАТЬСЯ (несов.) **СТЕЧЬСЯ** (сов.) A. **to flow together, merge** С куда (струи стеклись в один поток the streams merged into one current) B. **to come together, gather** С куда (народ стекается на площадь people are gathering on the square)

СТЕЛЕТЬ (несов.) **ПОСТЕЛИТЬ** (сов.) see **СТЛАТЬ**

СТЕРЕТЬ see **СТИРАТЬ** I

СТЕРЕЧЬ (несов.) **to guard, protect** С кого/что от кого/чего (С имущество от огня to protect one's property from fire)

СТЕРЕЧЬСЯ (несов.) see **ОСТЕРЕГАТЬСЯ**

СТЕСНЯТЬ (несов.) **СТЕСНИТЬ** (сов.) A. **to crowd, cramp, inhibit** С кого/что чем (С кого своим присутствием to inhibit smb. by one's presence) B. **to cut down, restrict** 1. С кого в чём (С кого в правах to restrict smb.'s rights; С себя в расходах to cut down on expenses) 2. *misc.* он не стесняет себя в средствах he will not stop at anything *or* he will go to any extreme

СТЕСНЯТЬСЯ (несов.) **ПОСТЕСНЯТЬСЯ** (сов.) A. **to feel awkward/ inhibited** (with) С кого/чего (С незнакомых to feel awkward with strangers) B. **to be ashamed** С чего (он стеснялся своей одежды he was ashamed of his clothing) C. **to hesitate** С + неопр. ф. (С попросить to hesitate to ask; С применить силу to hesitate to use force)

СТЕЧЬ see **СТЕКАТЬ**

СТЕЧЬСЯ see **СТЕКАТЬСЯ**

СТИРАТЬ I (несов.) **СТЕРЕТЬ** (сов.) A. **to wipe** С (чем) что с чего (С пыль с мебели тряпкой to dust furniture with a cloth; С пот с лица to wipe the perspiration from one's face) B. **to erase, rub out, wipe off** 1. С что чем (С надпись мокрой тряпкой to wipe off an inscription with a wet cloth) 2. С что откуда (С запись с плёнки to erase a recording from a tape; С что из памяти to erase smt. from one's memory) 2. *misc.* С что с лица земли to wipe smt. off the face of the earth C. *misc.* С что в порошок to grind smt. into powder

СТИРАТЬ II (несов.) **ВЫСТИРАТЬ** (сов.) **to launder, wash** 1. С что в чём с чем (С бельё в горячей воде с мылом to wash laundry in hot water and soap) 2. С что чем (С бельё стиральным порошком to do the laundry with detergent)

СТИСКИВАТЬ (несов.) **СТИСНУТЬ** (сов.) **to squeeze** 1. С что чем/в чём (С платок руками/в руках to squeeze a handkerchief in one's hands) 2. *misc.* С зубы от злости to clench one's teeth in anger; его стиснули с обеих сторон he was squeezed on both sides

СТЛАТЬ (несов.) **ПОСТЛАТЬ** (сов.) A. **to spread** С что куда (С скатерть на стол to spread/put a tablecloth on a table; С ковёр на пол to lay a carpet) B. *misc.* С кому постель to make up smb.'s bed

СТОИТЬ (несов.) A. **to cost** 1. С что/чего (С тысячу долларов to cost one thousand dollars; С больших денег to cost a lot of money) 2. С чего кому (это ему стоило жизни it cost him his life) B. **to require, take** С чего кому (этот шаг стоил ему больших усилий it required/took a tremendous effort on his part to do that; мне стоило большого труда добиться его согласия I had to work very hard to get his consent) C. **to be worth** 1. С чего (С больших денег to be worth a lot of money; не стоит труда it's not worth the trouble) 2. С + неопр. ф. (стоит посмотреть этот фильм this film is worth seeing; не стоит об этом говорить it's not worth talking about) 3. *misc.* *игра не стоит свеч *and* *гроша медного не стоит *and* *выеденного яйца не стоит it's not worth a plugged nickel D. **to be worthy of, merit** С кого/чего (он её не стоит he is not worthy of her; не стоит благодарности don't mention it; это стоит внимания this merits attention) E. *misc.* стоит только ей выйти из комнаты, как дети начинают шуметь all she has to do is to step out of the room and the children start making noise *or* the minute she steps out the room the children start to make noise

СТОЛБЕНЕТЬ (несов.) **ОСТОЛБЕНЕТЬ** (сов.) **to become motionless, freeze** С от чего (С от ужаса to freeze in horror)

СТОЛКНУТЬ see **СТАЛКИВАТЬ**

СТОЛКНУТЬСЯ see **СТАЛКИВАТЬСЯ**

СТОРГОВАТЬСЯ see **ТОРГОВАТЬСЯ**

СТОРОНИТЬСЯ (несов.) **to avoid, shun** С кого/чего (С прежних друзей to shun one's former friends)

СТОЯТЬ (несов.) A. **to be, stand** 1. С где (С в очереди за билетами to be/stand in line AE/in a queue BE for tickets; посуда стояла в шкафу the china was in a cupboard; тарелка стоит на столе the plate is on the table; С перед зеркалом to stand in front of a mirror) 2. С на чём (С на голове to stand on one's head; С на коленях to kneel; С на ногах to stand on one's feet; С на цыпочках to stand on tiptoe; С на четвереньках to be on all fours) 3. *misc.* С спиной к публике to stand with one's back to the audience; С лицом к кому to face smb.; за кем вы стоите? who is ahead of you in line AE/the queue BE? за чем вы стоите? what are you queueing for/waiting in line for? С в дательном падеже to be in the dative; С в центре внимания to be in the limelight; С в списке to be on a list; С на повестке дня to be on the agenda; С на первом плане to be in the foreground; С на своём посту to be at one's post; С на часах/на страже to stand guard; С на якоре to ride at anchor; С за штурвалом/у штурвала to be at the helm; *С как вкопанный to stand as if rooted to the spot B. **to rest, stand** С на чём (мост стоит на сваях the bridge rests on piles) C. **to be; to be located/situated** С где (село стоит на возвышенности the village is situated on high ground; дом стоит у реки the house is near a river) D. **to be** 1. С какой (погода стояла прекрасная the weather was beautiful; мы стояли ошарашенные we were dumbfounded) 2. С каким (комнаты стояли пустыми the rooms stood empty) E. **ПОСТОЯТЬ** (сов.) **to stand (up) for** 1. С за кого/что (С за правду to stand for the truth; С за свои права to stand up for one's rights) 2. *misc.* *С горой за кого to support smb. wholeheartedly; *С на своём to stand up for one's opinion *or* to stand one's ground F. *misc.* С лагерем to be encamped; С у власти to be in office/power; С на чьей точке зрения to share smb.'s viewpoint; С у власти to be in

power; С за станком to work at a lathe; *or,* — fig.: to be a worker; перед нами стоят трудные задачи we face difficult tasks; *С над душой у кого to keep nagging smb.; *С насмерть to fight to the death; *С поперёк горла to be a thorn in smb.'s flesh/side; *С поперёк дороги to stand in the way; *он твёрдо стоит ногами на земле he has his feet firmly planted in the ground *or* he knows the story

СТРАДАТЬ (несов.) A. **to be subject to, suffer from** 1. С чем (С ревматизмом to suffer from rheumatism) 2. С от чего/из-за чего (С от головных болей to suffer from headaches; С от жары to suffer from the heat) B. **to feel sympathy** (for) С за кого/что (С за больного друга to feel sympathy for one's sick friend) C. **ПОСТРАДАТЬ** (сов.) **to suffer** 1. С за что (С за убеждения to suffer because of one's convictions) 2. С из-за/от чего (С из-за чьей подлости to suffer because of smb.'s meanness) 3. *misc.* она пострадала за родину she gave her life for her country

СТРАНСТВОВАТЬ (несов.) **to roam, wander** С по чему (С по северу to wander through the north)

СТРАХОВАТЬ (несов.) **ЗАСТРАХОВАТЬ** (сов.) A. **to insure, to safeguard** С кого/что от кого/чего (С имущество от пожара to insure property against loss from fire; С себя от риска to safeguard oneself against risk) B. *misc.* альпинисты страхуют себя верёвкой mountain climbers take the precaution of roping themselves together

СТРАХОВАТЬСЯ (несов.) **ЗАСТРАХОВАТЬСЯ** (сов.) **to take out insurance** С от чего (С от пожара to take out fire insurance)

СТРАШИТЬСЯ (несов.) **to be afraid of, fear** 1. С кого/чего (С смерти to fear death) 2. *misc.* *С как чёрт ладана to be deathly afraid

СТРЕЛЯТЬ (несов.) **СТРЕЛЬНУТЬ** (сов.) A. **to fire, shoot** 1. С в кого/что (С в цель to shoot at a target; С в зайца to shoot at a hare; С во врага to shoot at the enemy) 2. С по кому/чему (С по движущейся цели to fire at a moving target; С по врагу to shoot at the enemy) 3. С из чего (С из винтовки to fire a rifle) 4. С чем (С дробью to shoot buckshot; С кумулятивными снарядами to fire armor-piercing shells) 5. С куда (С в воздух to fire into the air; С в сторону to fire to the side) 6. С откуда (С из окопа to fire from a foxhole; С с холма to fire from a hill) 7. *misc.* стрелять на стрельбище to practice on the firing range; стрелять из положения лёжа to fire from the prone position; стрелять с колена to fire from the kneeling position; стрелять из положения стоя to fire from the standing position; стрелять очередями to fire in bursts; стрелять на поражение to fire for effect; стрелять метко to be a good shot; я стрельнул ему вслед, но не попал I fired at him, but missed; C в упор to fire point-blank; *C глазами to cast a piercing glance *or* to look around flirtatiously; *стрелять из пушек по воробьям to use a sledgehammer to smash walnuts B. (slang) **to borrow** C что у кого (С папиросы у товарища to borrow cigarettes from a friend) C. (only perf.) **to dart, flit** C куда (заяц стрельнул в лес the hare darted into the forest) D. *misc.* у меня стреляет в ухе I have a sharp pain in my ear

СТРЕМИТЬСЯ (несов.) A. (lit.) **to rush** C куда (С на родину to rush home; С к сетке to rush the net — in tennis) B. **to seek, strive, try** 1. С к чему (С к славе to seek fame; С к мирному решению кризиса to strive for a peaceful solution to a crisis) 2. С + неопр. ф. (С понять to try to comprehend) 3. С к тому, чтобы + неопр. ф. (она стремится к тому, чтобы написать диссертацию в срок she is making every effort to finish her dissertation on time)

СТРИЧЬ (несов.) **to cut, trim** 1. С кому что (она стригла дочери голову she was cutting her daughter's hair) 2. *misc.* *С всех под одну гребёнку to lump everyone together

СТРОГАТЬ (несов.) **ВЫСТРОГАТЬ** (сов.) **to plane** C что чем (С доску рубанком to plane a board) (see also **ВЫСТРУГИВАТЬ**)

СТРОИТЬ I (несов.) **ПОСТРОИТЬ** (сов.) A. **to base** C что на чём (С вывод на точных данных to base a conclusion on precise facts) B. **to build; to form** C что из чего (С дома из кирпичей to build a house out of brick; С слово из букв to form a word out of letters C. *misc.* *строить глазки кому to make eyes at smb.; *строить куры кому to court smb.

СТРОИТЬ II (несов.) **ВЫСТРОИТЬ** (сов.) (mil.) **to assemble, form** C кого/что во что (С взвод в три шеренги to form a platoon in three ranks)

СТРОИТЬСЯ (несов.) see **ВЫСТРАИВАТЬСЯ**

СТРОЧИТЬ (несов.) (colloq.) **to blaze away** C из чего по кому/чему (С из пулемёта по наступающим to blaze away at attacking troops with a machine gun)

СТРУИТСЯ (несов.) **to pour, stream** 1. С из чего (кровь струится из раны blood pours from the wound) 2. *misc.* потоки воды струились по коридорам streams of water poured through the corridors

СТРУСИТЬ see **ТРУСИТЬ**

СТРЯХИВАТЬ (несов.) **СТРЯХНУТЬ** (сов.) **to shake off** C (чем) что с кого/чего (С снег с шапки to shake snow off a cap)

СТУКАТЬ (несов.) **СТУКНУТЬ** (сов.) (*Note:* This verb is usu. used in the perf.) A. **to bang, hit, knock, pound** 1. С (чем) во что/по чему (С в дверь to bang/pound on a door; С кулаком по столу to bang/pound one's fist on a table) 2. С (чем) кого во что/по чему (С кого в лицо to hit smb. in the face; С кого локтем по спине to poke smb. in the back with one's elbow) B. *misc.* ей стукнуло сорок she has turned forty (see also **СТУЧАТЬ**)

СТУКАТЬСЯ (несов.) **СТУКНУТЬСЯ** (сов.) (*Note:* This verb is usu. used in the perf.) **to bang, bump, hit, knock** 1. С чем (они стукнулись головами they bumped heads) 2. С (чем) обо что (он стукнулся локтем об дверь he bumped/hit his elbow against a door)

СТУКНУТЬ see **СТУКАТЬ, СТУЧАТЬ** В

СТУПАТЬ (несов.) **СТУПИТЬ** (сов.) **to step** C куда (С в воду to step into water; С через порог to cross/step across a threshold)

СТУЧАТЬ (несов.) A. **ПОСТУЧАТЬ to knock** C во что (С в дверь to knock at a door) B. **СТУКНУТЬ** (сов.) **to bang, pound, rattle** C (во что/по чему) чем (С посудой to rattle dishes; С кулаком по столу to bang/pound a table with one's fist; С молотком в дверь to pound a door with a hammer) (see also **СТУКАТЬ**)

СТУЧАТЬСЯ (несов.) **ПОСТУЧАТЬСЯ** (сов.) **to knock** C куда/к кому (С в дверь к кому to knock on smb.'s door; С к соседям to knock on a neighbor's door)

СТУШЁВЫВАТЬСЯ (несов.) **СТУШЕВАТЬСЯ** (сов.) A. (obsol.) **to disappear, retreat, withdraw** 1. С куда (С в угол to withdraw into a corner) 2. С откуда (С с места to disappear from a spot) B. (colloq.) **to become flustered** C перед кем (он всегда стушёвывается перед экзаменаторами he always gets flustered when he takes an examination)

СТЫДИТЬ (несов.) **ПРИСТЫДИТЬ** (сов.)

to make smb. feel ashamed С кого за что (С кого за жадность to make smb. feel ashamed of her/his stinginess)

СТЫДИТЬСЯ (несов.) **ПОСТЫДИТЬСЯ** (сов.) A. **to be shy** (with) С кого/чего (С посторонних to be shy with strangers) B. **to be ashamed** 1. С кого/чего (С своих поступков to be ashamed of one's actions) 2. С + неопр. ф. (С спросить to be ashamed to ask) 3. С того, что с придат. (она стыдится того, что её отец неграмотный she is ashamed of the fact that her father is illiterate)

СТЫКОВАТЬСЯ (несов.) **СОСТЫКО-ВАТЬСЯ** (сов.) **to dock, link up** С с чем (космический корабль состыковался с орбитальной станцией a spaceship docked with the orbital station)

СТЯГИВАТЬ I (несов.) **СТЯНУТЬ** (сов.) **to assemble, concentrate** С кого/что куда (С войска к переправе to concentrate troops at a river crossing; С составы на узловую станцию to assemble trains on a siding)

СТЯГИВАТЬ II (несов.) **СТЯНУТЬ** (сов.) **to pull** (off) С что с кого/чего (С с ребёнка одеяло to pull a blanket off a child)

СУДИТЬ (несов.) A. **to judge, evaluate** 1. С о ком/чём (С о книге to evaluate a book; С о знаниях учащихся to evaluate pupils' knowledge) 2. С по чему (С о человеке по внешности to judge a person by her/his appearance; С по собственному опыту to judge on the basis of one's own experience; судя по предварительным отзывам judging by preliminary responses) B. **to prosecute, try** С кого за что (его судили за растрату he was tried for embezzlement) C. *misc.* нам не суждено было встретиться we were not destined to meet

СУДИТЬСЯ (несов.) A. **to sue, go to court** С с кем (С с соседями to sue one's neighbors) B. **to be tried** С за что (С за растрату to be tried for embezzlement)

СУЛИТЬ (несов.) **ПОСУЛИТЬ** (сов.) **to promise** 1. С что кому (С кому блестящую будущность to promise smb. a bright future) 2. С + неопр. ф. (С прийти to promise to come)

СУФЛИРОВАТЬ (несов.) **to prompt** (on the stage) С (что) кому (С слова актёру to prompt an actor; С певцу to prompt a singer)

СУЩЕСТВОВАТЬ (несов.) **to get along** (on), **live** (on), **subsist** (on) 1. С чем (С случайными заработками to get along by doing odd jobs) 2. С на что (С на стипендию to subsist on a fellowship)

СФОКУСИРОВАТЬ see **ФОКУСИРО-ВАТЬ**

СФОРМИРОВАТЬ see **ФОРМИРОВАТЬ**

СФОТОГРАФИРОВАТЬСЯ see **ФОТОГ-РАФИРОВАТЬСЯ**

СХВАТИТЬ see **ХВАТАТЬ** I

СХВАТИТЬСЯ (сов.) A. see **ХВАТАТЬСЯ** B. **to close** (with); **to take on** 1. С с кем (С с противником to close with an enemy; С с соперником to take on a competitor) 2. *misc.* С врукопашную to fight hand-to-hand

СХИТРИТЬ see **ХИТРИТЬ**

СХОДИТЬ I (несов.) **СОЙТИ** (сов.) A. **to come down, go down, descend** 1. С с чего (С с горы to come down from a mountain; С с трибуны to leave a rostrum; С с лестницы to come/go downstairs) 2. С куда (С в подвал to go down to the basement; С на платформу to go down onto a platform) 3. С по чему (С по тропинке to go down a path; С по лестнице to come/go downstairs) 4. С какой (она сошла готовая к бою she came down ready for a fight)) B. **to get off, disembark** 1. С (каким) с чего (С с поезда to get off a train; С с парохода to get off a ship; он сошёл последним со трапа самолёта he was the last to leave the plane) 2. С куда (С на пристань to get off at a dock; С на берег to go ashore) C. **to get off, turn off** С с чего (С с дороги to get off/turn off a road; С с тротуара to get off the pavement BE/sidewalk AE) D. **to disappear** С с чего (загар у неё сошёл с лица her tan has disappeared; снег сошёл с полей the snow has melted) E. *misc.* С со сцены to give up/leave the stage; С с конвейера to roll off the assembly line; поезд сошёл с рельсов the train derailed; корабль сошёл с стапелей a ship was launched; *С с ума to go mad; *всё сходило ему с рук he was getting away with everything; *С на нет to come to nothing; *С в могилу to pass away

СХОДИТЬ II (сов.) **to go** (somewhere and come back) 1. С куда (С в гости to visit smb.; С в магазин to go to a store; С на почту to go to the post office; С к врачу to go to the doctor) 2. С за кем/чем (С за хлебом to go for bread)

СХОДИТЬ III (несов.) **СОЙТИ** (сов.) (colloq.) **to be taken** (for), **pass** (as, for) С за кого/что (С за иностранца to pass as/for a foreigner)

СХОДИТЬСЯ (несов.) **СОЙТИСЬ** (сов.) A. **to meet** 1. С где (С в условленном месте to meet at a designated spot; С у товарища to meet at a friend's place) 2. С куда (С в столовую to meet in the dining room 3. С с кем (наши бойцы сошлись с красноармейцами our soldiers met the soldiers of the Red Army) 4. *misc.* С лицом к лицу to meet face to face B. **to agree** 1. С (с кем) в/на чём (С с товарищем во взглядах to agree with a friend's views; мы сойдёмся в цене we'll agree on a price; все свидетели сошлись в показаниях the witnesses all gave the same testimony) 2. С на том, что с придат. (они сошлись на том, что положение критическое they agreed that the situation was critical) C. **to become friendly, become intimate** С с кем (С с сотрудником to become friendly/intimate with a co-worker) D. *misc.* они не сошлись характерами they did not get along

СЧЕСТЬ see **СЧИТАТЬ**

СЧИСТИТЬ see **СЧИЩАТЬ**

СЧИТАТЬ I (несов.) A. **СОСЧИТАТЬ, ПОСЧИТАТЬ** (сов.) **to count, tabulate** 1. С кого/что на чём (С голоса на компьютере to count/tabulate votes on a computer) 2. С до чего (С до десяти to count to ten) 3. *misc.* С на пальцы to count on one's fingers; С в уме to count in one's head B. **ПОСЧИТАТЬ, СЧЕСТЬ** (сов.) **to consider, regard** 1. С кого/что кем/чем *and* каким (С кого героем to consider smb. to be a hero; С что своим долгом to consider smt. to be one's duty; правительство считает необходимым заявить следующее the government considers it necessary to state the following; мы считаем требование обоснованным we consider the demand justified/to be justified) 2. *misc.* я считаю за честь, если вы меня приглашаете I consider it an honor to be invited C. **ПОСЧИТАТЬ, СЧЕСТЬ** (сов.) **to believe, feel** С, что с придат. (я считаю, что мы должны помочь I believe that we must help)

СЧИТАТЬ II see **СЧИТЫВАТЬ**

СЧИТАТЬСЯ (несов.) A. **ПОСЧИТАТЬСЯ** (сов.) **to consider, take into account** 1. С с кем/чем (С с чужим мнением to consider smb. else's opinion *or* take smb. else's opinion into account) 2. С с чем, что с придат. (С с тем, что не хватает продуктов питания to take into account the fact that there is not enough food) B. **to be believed/considered** 1. С кем/чем/каким (С авторитетом to be considered an authority; он считается хорошим инженером he is considered to be a good engineer; это считается нормой this is con-

sidered the norm; С пропавшим без вести to be listed as missing in action) 2. С, что с придат. (считается, что у них высокий уровень жизни it is believed that they have a high standard of living)

СЧИТЫВАТЬ (несов.) **СЧИТАТЬ** (сов.) **to check** С что с чем (С текст с рукописью to check a text against a manuscript)

СЧИЩАТЬ (несов.) **СЧИСТИТЬ** (сов.) A. **to clean** (off) С что с чего (С лёд с ступенек to clean ice off of steps; С пятно с платья to clean a spot off a dress) B. *misc.* С кожуру с апельсина to peel an orange

СШИТЬ see **ШИТЬ**

СЪЕЗДИТЬ (сов.) **to drive, go** (somewhere and return) 1. С куда (С в деревню to go to the country; С к родным to visit one's family) 2. С за кем/чем (она съездила за фотоплёнкой she went to pick up the film)

СЪЕЗЖАТЬ (несов.) **СЪЕХАТЬ** (сов.) **to drive** (down), **come** (down), **go** (down) 1. С с чего (С с горы to come down/go down a mountain) 2. С куда (С в долину to drive down into a valley; С на обочину to drive onto the shoulder of a road) 3. *misc.* С с квартиры to move; шапка ей съехала на лоб her cap fell down over her forehead

СЪЕЗЖАТЬСЯ (несов.) **СЪЕХАТЬСЯ** (сов.) A. **to meet, run into** С с кем (С с товарищами в городе to meet one's friends in town) B. **to assemble, come/get together, gather** 1. С откуда (С из разных мест to assemble/come together from various places) 2. С куда (С на конференцию to come together/get together at a conference; они съехались в столицу they gathered in the capital)

СЪЕСТЬ see **ЕСТЬ** I

СЫГРАТЬ see **ИГРАТЬ**

СЫПАТЬ (несов.) **ПОСЫПАТЬ** (сов.) A. **to pour** С что куда (С соль в суп to pour salt into soup) B. **to heap, rain, shower** 1. С что куда (С бомбы на жилые кварталы to rain bombs on residential areas; С удары направо и налево to rain blows in all directions) 2. С чем (С деньгами to squander money; С цитатами to quote from many sources; С проклятиями to let out a string of oaths) C. *misc.* что ты всё сыплешь из рук? why do you keep dropping everything?

СЫПАТЬСЯ (несов.) **ПОСЫПАТЬСЯ** (сов.) A. **to pour** С из чего (мука сыпалась из мешка flour poured from a sack) B. *misc.* искры сыплются во все стороны sparks are flying in all directions; всё у меня из рук сыплется I keep dropping everything; градом посыпались дополнительные предложения there was a whole slew of new proposals; на него сыпались проклятия curses rained down on him; *искры из глаз посыпались he saw stars

СЭКОНОМИТЬ see **ЭКОНОМИТЬ**

СЮСЮКАТЬ (несов.) (colloq.) **to use baby-talk** С с кем (С с детьми to use baby-talk with children)

СЮСЮКАТЬСЯ (несов.) (colloq.) **to fool around, waste time** С с кем (доволно сюсюкаться с этими бездельниками! let's stop wasting time on these bums!)

Т

ТАИТЬ (несов.) **to conceal, hide** Т что от кого (Т горе от посторонних to conceal one's grief from strangers)

ТАНЦЕВАТЬ (несов.) **to dance** 1. Т (что) с кем (Т вальс с женой to dance a waltz with one's wife) 2. Т где (Т на сцене to dance on the stage) 3. *misc.* *Т от печки to begin from the very beginning

ТАСКАТЬ see **ТАЩИТЬ**; таскать кого за волосы to pull smb. by the hair; *таскать каштаны из огня для кого to pull smb.'s chestnuts out of the fire

ТАСКАТЬСЯ (несов.) A. see **ТАЩИТЬСЯ** B. **to roam, wander** Т по чему (Т по городу to roam through a city; Т без дела по улицам to wander the streets aimlessly) C. *misc.* всюду она за мной таскается she tags along behind me wherever I go; вечно он таскается с какими-то чертежами he's always carrying some drawings around

ТАЩИТЬ (несов.) **to drag, pull** 1. **ПОТАЩИТЬ** (сов.) Т кого/что куда (Т лодку в воду to drag a boat into the water; Т кого на концерт to drag smb. to a concert) 2. **ВЫТАЩИТЬ** (сов.) Т кого/что откуда (Т ведро из колодца to drag/pull a bucket out of a well; Т гвоздь из стены to pull a nail out of a wall; Т занозу из пальца to remove a splinter from a finger) 3. **СТАЩИТЬ** (сов.) Т с чего (Т чемодан с полки to pull a suitcase down from a shelf) 4. Т кого за что (Т мальчика за руку to drag a boy by the arm)

ТАЩИТЬСЯ (несов.) **ПОТАЩИТЬСЯ** (сов.) A. 1. **to drag** Т по чему (Т по земле to drag along the ground; Т по полу to drag along the floor) 2. *misc.* Т в город to drag oneself to town B. **to follow** Т за кем (собака тащилась за хозяином the dog followed its master)

ТВЕРДИТЬ (несов.) (colloq.) **to keep talking of, keep repeating** 1. Т что/о чём (Т о женском равноправии to keep talking about women's rights 2. Т (о том), что с придат. (они твердили, что будет депрессия they kept repeating that there would be a depression)

ТЕЛЕГРАФИРОВАТЬ (сов. и несов.) **to cable, telegraph** Т что/о чём кому (они телеграфировали нам о согласии they cabled us their consent)

ТЕРЕБИТЬ (несов.) A. **to pull, tug** 1. Т что чем/в чём (Т бороду руками/в руках to keep tugging at one's beard) 2. Т кого за что (она теребила отца за рукав she kept tugging at her father's sleeve) B. (colloq.) **to badger, bother, pester** Т кого чем/с чем (Т мать вопросами to badger one's mother with questions; студенты теребят ректора с постройкой стадиона the students keep pestering the rector/president/chancellor about the construction of a stadium)

ТЕРЕТЬ (несов.) **ПОТЕРЕТЬ** (сов.) A. **to rub** 1. Т что чем (Т глаза пальцем to rub one's eyes with a finger) 2. Т что обо что (лошадь тёрла бок о забор the horse rubbed its side against the fence) B. **to brush, clean** Т что чем (Т пол щёткой to brush a floor)

ТЕРЕТЬСЯ (несов.) **ПОТЕРЕТЬСЯ** (сов.) A. **to rub** Т обо что (Т о стену to rub against a wall) B. (colloq.) **to hang around** Т около кого (он трётся около них he's always hanging around them)

ТЕРЗАТЬ (несов.) **to nag, torment** Т кого/что чем (Т кого упрёками to keep scolding smb.)

ТЕРЗАТЬСЯ (несов.) **to be racked, tormented** Т чем (она терзается сомнениями she is racked by doubts)

ТЕРПЕТЬСЯ (несов.) (impers.; negative) **to wait** Т кому + неопр. ф. (ей не терпелось начать she couldn't wait to begin)

ТЕРРОРИЗИРОВАТЬ (сов. и несов.) **to terrorize** Т кого/что чем (Т население репрессиями to terrorize a population through acts of repression)

ТЕРЯТЬ (несов.) **ПОТЕРЯТЬ** (сов.) **to lose** 1. Т в чём (Т в весе to lose weight; Т в скорости to lose speed; Т в зарплате to have one's salary reduced; очень терять в переводе to lose a lot in translation) 2. *misc.* партизаны потеряли двести человек убитыми и ранеными the partisans' casualties/losses were 200 killed and wounded *or* the partisans lost 200 killed and wounded; Т безвозвратно to lose forever; Т в чьём мнении to sink in smb.'s estimation; *Т кого/что из виду to lose track of smb./smt.

ТЕРЯТЬСЯ (сов.) **ПОТЕРЯТЬСЯ** (несов.) A. see **ТЕРЯТЬ** B. **to become flustered** 1. Т перед кем/чем (Т перед опасностями to become flustered in the face of danger) 2. *misc.*

Т в догадках to be stumped

ТЕСАТЬ (несов.) **to chop, hew** 1. Т что чем (Т брёвна топором to chop logs with an axe) 2. *misc.* *хоть кол на голове теши he will not listen to reason

ТЕЧЬ (несов.) (*Note:* The perf. **ПОТЕЧЬ** is used to denote the beginning of an action) A. **to flow, pour, run, stream** 1. Т откуда (кровь течёт из раны blood is flowing from the wound; с площади потекла нескончаемая колонна демонстрантов an endless column of demonstrators streamed from the square) 2. Т куда (Т в море to flow into the sea) B. **to leak, run** 1. Т откуда (Т из трубы to leak from a pipe; Т с потолка to leak from a ceiling) 2. Т куда (Т на пол to leak onto the floor)

ТЕШИТЬ (несов.) **ПОТЕШИТЬ** (сов.) A. (rare) **to amuse** Т кого чем (Т слушателей остротами to amuse an audience with jokes) B. **to console** Т себя чем (они тешат себя надеждой вернуться на родину they console themselves with the hope of returning home)

ТЕШИТЬСЯ (несов.) **ПОТЕШИТЬСЯ** (сов.) **to make fun of** Т над кем (Т над хвастуном to make fun of smb. who is always bragging)

ТКАТЬ (несов.) **СОТКАТЬ** (сов.) **to weave** 1. Т что из чего (Т ковёр из шерсти to weave a rug from wool) 2. *misc.* (saying) жизнь со-ткана из мелочей it's the little things in life that count

ТКНУТЬ see **ТЫКАТЬ**

ТОЛКАТЬ (несов.) **ТОЛКНУТЬ** (сов.) A. **to push, shove** 1. Т кого/что чем (Т кого рукой to shove smb. with one's hand) 2. Т кого/что куда (Т кого в воду to shove smb. into the water; Т кого в грудь to jab/poke smb. in the chest) 3. Т что откуда (Т лодку от берега to push a boat from the shore) B. **to drive, push** Т кого к чему/на что (Т кого к войне to push smb. into war; Т кого на преступление to drive/push smb. into crime)

ТОЛКАТЬСЯ (несов.) **ТОЛКНУТЬСЯ** (сов.) (colloq.) **to push** 1. Т во что (Т в дверь to push a door open) 2. Т чем (Т шестом to push with a pole)

ТОЛКОВАТЬ (несов.) A. **to explain** Т что кому (Т правила кому to explain the rules to smb.) (see also **РАСТОЛКОВЫВАТЬ**) B. **ПОТОЛКОВАТЬ** (сов.) (colloq.) **to discuss** Т о ком/чём с кем (Т с товарищем о ново-стях to discuss the news with a friend)

ТОЛОЧЬ (несов.) **ИСТОЛОЧЬ, РАСТО-ЛОЧЬ** (сов.) **to crush** 1. Т что чем (Т кир-пич молотом to crush bricks with a hammer) 2. *misc.* *толочь воду в ступе to waste one's time

ТОМИТЬ (несов.) **ИСТОМИТЬ** (сов.) **to wear out** Т кого чем (Т кого голодом to starve smb.; Т кого расспросами to wear smb. out with questions)

ТОМИТЬСЯ (несов.) **ИСТОМИТЬСЯ** (сов.) A. **to languish** Т где (Т в тюрьме to languish in prison) B. **to suffer** Т чем/от чего (Т жаждой/от жажды to be very thirsty; Т скукой/от скуки to be bored; Т ожиданием to get tired of waiting)

ТОПАТЬ (несов.) **ТОПНУТЬ** (сов.) **to stamp** Т чем (Т ногами to stamp one's feet)

ТОПИТЬ (несов.) **to heat** Т что чем (Т поме-щение углём to heat a building with coal)

ТОПОРЩИТЬСЯ (несов.) **to bristle** Т чем (лаборатория топорщится арматурой the laboratory is crammed full of equipment)

ТОПТАТЬ (несов.) **ПОТОПТАТЬ** (сов.) **to trample** 1. Т что чем (Т цветы ногами to trample flowers) 2. *misc.* *топтаться на месте to mark time

ТОРГОВАТЬ (несов.) **to deal** (in), **trade** (in) 1. Т чем (Т хлебом to trade in grain 2. Т с кем/чем (Т с соседними странами to trade with neighboring countries) 3. *misc.* Т между собой to trade with each other; Т в розницу to be a retailer; Т оптом to be a wholesaler; Т честью to compromise one's honor

ТОРГОВАТЬСЯ (несов.) **СТОРГОВАТЬ-СЯ** (сов.) **to bargain, haggle** 1. Т с кем (Т с покупателем to bargain with a customer) 2. Т за что (Т за каждый рубль to haggle over every rouble)

ТОРЖЕСТВОВАТЬ (несов.) **ВОСТОР-ЖЕСТВОВАТЬ** (сов.) **to triumph** Т над кем/чем (Т над врагом to triumph over an enemy)

ТОРМОЗИТЬ (несов.) **to slow up** Т что чем (Т строительство забастовкой to slow up construction by striking)

ТОРОПИТЬ (несов.) **ПОТОРОПИТЬ** (сов.) A. **to hurry, rush** Т кого/что куда (Т детей в школу to rush children off to school) B. **to press, urge** Т кого/что с чем (Т директора с решением to urge a director to make a quick decision)

ТОРОПИТЬСЯ (несов.) **ПОТОРОПИТЬ-СЯ** (сов.) **to hurry, rush** 1. Т куда (Т на работу to rush off to work) 2. Т с чем (Т с решением to rush to make a decision) 3. Т +

неопр. ф. (Т отправить посылку to rush off to send a package)

ТОРЧАТЬ (несов.) A. **to jut** (out), **protrude, stick** (out) Т откуда (Т из воды to jut out of the water; Т из-под снега to stick out from under the snow) B. *misc.* (slang) целый день торчит у друга he hangs out all day at his friend's place

ТОСКОВАТЬ (несов.) **to long** (for), **miss** Т по кому/чёму *and,* — now rarer: Т о ком/чём (Т по родине to be homesick; Т по детям/о детях to miss one's children; Т по друзьям to miss one's friends) (see the *Note* at the entry for **СОСКУЧИТЬСЯ**)

ТОШНИТЬ (несов.) (impers.) **to cause nausea** Т кого от чего (меня тошнит от этого запаха this smell nauseates me)

ТРАКТОВАТЬ (несов.) (lit.) **to consider, take up, treat** 1. Т что/о чём (Т о важных вопросах to take up important questions) 2. Т что как что (Т реформы как возврат к капитализму to consider the reforms to be a return to capitalism)

ТРАМБОВАТЬ (несов.) **УТРАМБОВАТЬ** (сов.) **to beat down, stamp down** Т что чем (Т снег ногами to stamp down the snow with one's feet)

ТРАНЖИРИТЬ (несов.) **РАСТРАНЖИРИТЬ** (сов.) **to squander, throw away** Т что на кого/что (Т деньги на дорогие сигары to squander money on expensive cigars)

ТРАНСЛИРОВАТЬ (сов. и несов.) **to broadcast, transmit** Т что по чему (Т речь по радио to broadcast a speech by radio; Т концерт по телевидению to televise a concert; Олимпийские игры будут транслироваться по двум каналам the Olympic Games will be telecast/televised over two channels)

ТРАНСПОРТИРОВАТЬ (сов. и несов.) **to ship, transport** Т кого/что куда (Т грузы на юг to ship freight south)

ТРАТИТЬ (несов.) **ИСТРАТИТЬ, ПОТРАТИТЬ** (сов.) A. **to spend** Т что на кого/что (Т деньги на книги to spend money on books) B. **to expend** 1. Т что на что (Т средства на строительство to expend funds on construction) 2. *misc.* тратить время впустую to waste time

ТРАТИТЬСЯ (несов.) **ИСТРАТИТЬСЯ, ПОТРАТИТЬСЯ** (сов.) **to spend one's money** Т на что (Т на поездку to spend one's money on a trip)

ТРЕБОВАТЬ (несов.) **ПОТРЕБОВАТЬ** (сов.) A. **to ask for, demand, request, require** 1. Т что/чего (see section A8c of the Introduction) (кондуктор требует билет the conductor is asking for a ticket; они потребовали у нас денег they demanded money from us; они потребовали у нас три тысячи долларов they demanded three thousand dollars from us; учитель требует объяснения the teacher asks for/demands an explanation; они потребовали отставки правительства they demanded the resignation of the government) 2. Т что/чего от кого/чего *and* у кого/чего (Т ответа от/у ученика to ask/require a pupil to answer; Т объяснения от/у подчинённого to ask an employee for an explanation) 3. Т (от кого/чего) + неопр. ф. (они потребовали от городского совета наладить снабжение продуктами they demanded that the city council make/should make plans to supply the population with food; журналисты требуют созвать съезд the journalists are demanding that a conference be/should be convened) 4. Т, чтобы с придат. (директор требовал, чтобы мы остались на заводе the director demanded that we remain/should remain at the factory) B. **to call for, need, require** Т чего (Т немедленного решения to require an immediate decision; работа требует подготовки the job calls for training; квартира требует ремонта the apartment AE/flat BE needs repair; растение требует влаги the plant needs moisture) C. **to ask** (of), **expect** (from) Т чего (от кого/чего) (Т сочувствия от семьи to expect sympathy from one's family; Т тишины от слушателей to expect silence from one's audience) D. **to call, send for, summon** Т кого куда/к кому (Т студента в деканат to call/summon a student to the dean's office; Т инженера к директору to call an engineer to the manager's office)

ТРЕБОВАТЬСЯ (несов.) **ПОТРЕБОВАТЬСЯ** (сов.) **to be necessary/ needed** 1. Т кому/чему (мне требуется время I need time; дому требуется ремонт the house is in need of repair) 2. Т (кому) для чего/на что (на строительство такого большого завода потребовалось три года it took three years to build such a large factory; сколько времени мне потребуется на дорогу? how long will it take me to get there? 3. Т (от кого) + неопр. ф. (требуется выполнить эту работу в назначенный срок it is necessary to finish this job on time; от них требуется предпринять более решительные шаги they must take more decisive steps)

ТРЕВОЖИТЬ (несов.) A. **ВСТРЕВОЖИТЬ** (сов.) to **alarm, worry** Т кого чем (Т родителей отсутствием to worry one's parents by staying away) B. **ПОТРЕВОЖИТЬ** (сов.) to **disturb** Т кого/что чем (Т чей сон шумом to disturb smb.'s sleep by making noise)

ТРЕВОЖИТЬСЯ (несов.) **ВСТРЕВОЖИТЬСЯ** (сов.) to **worry** 1. Т за кого/что *and* о ком/чём (Т за чьё здоровье/о чьём здоровье to worry about smb.'s health) 2. Т из-за кого/чего (Т из-за сына to worry about one's son)

ТРЕНИРОВАТЬ (несов.) **НАТРЕНИРОВАТЬ** (сов.) to **train** Т кого чем (Т спортсменку новым методом to train an athlete by a new method)

ТРЕНИРОВАТЬСЯ (сов.) to **practice, train** Т в чём (Т в стрельбе из лука to practice archery)

ТРЕПАТЬ (несов.) **ПОТРЕПАТЬ** (сов.) A. **to pull** Т кого/что за что (Т кого за волосы to pull smb. by the hair) B. **to pat, stroke** Т кого/что по чему (Т кого по плечу to pat smb. on the shoulder; Т лошадь по шее to stroke a horse on the neck; Т ребёнка по головке to pat a child on the head) C. *misc.* *Т нервы кому to get on smb.'s nerves; *трепать языком to prattle

ТРЕПЕТАТЬ (несов.) A. **to flutter** Т чем (Т крыльями to flutter one's wings) B. **to tremble** 1. Т чем (он трепетал всем телом his whole body was trembling) 2. *misc.* Т перед начальством to tremble in fear before one's superiors C. **to be concerned/ worried** Т за кого/что (Т за жизнь to be concerned for one's life; Т за детей to be worried about one's children) D. *misc.* Т от восторга to be thrilled; Т от ужаса to be horrified

ТРЕПЫХАТЬСЯ (несов.) **to get upset** Т из-за чего (Т из-за пустяков to get upset over trifles)

ТРЕСКАТЬСЯ (несов.) **ТРЕСНУТЬСЯ** (сов.) (slang) **to hit, strike** Т чем обо что (Т головой о притолоку to hit one's head against a doorframe)

ТРЕСНУТЬ (сов.) (slang) **to hit, pound** С чем по чему (Т кулаком по столу to pound a table with one's fist)

ТРЕТИРОВАТЬ (несов.) **to treat** (with disrespect) Т кого/что как кого/что (Т своих подчинённых как рабов to treat one's subordinates like slaves)

ТРЕЩАТЬ (несов.) A. **to crackle** Т от чего (лёд трещит от холода the ice crackles in the cold) B. *misc.* *Т по швам to fall apart

ТРОГАТЬ I (несов.) **ТРОНУТЬ** (сов.) to **touch** 1. Т кого/что чем (Т кого рукой to touch smb. with one's hand; Т струны пальцами to pluck/touch the strings with one's fingers) 2. Т кого/что за что (Т ребёнка за плечо to touch a child on the shoulder) 3. *misc.* *он пальцем никого не тронет he would not hurt a fly

ТРОГАТЬ II (несов.) **ТРОНУТЬ** (сов.) to **affect, move, touch** 1. Т кого чем (она тронула слушателей своим рассказом the audience was moved by her story) 2. *misc.* Т кого до слёз to move smb. to tears; Т глубоко/сильно to move deeply

ТРОГАТЬ III (несов.) **ТРОНУТЬ** (сов.) A. **to get moving, spur** Т кого/что чем (всадник лёгким ударом шпор трогает коня the rider gets the horse to move by applying his spurs lightly) B. **to move, start**; see **ТРОГАТЬСЯ** II; машина плавно тронула с места the car started out smoothly

ТРОГАТЬСЯ I (несов.) **ТРОНУТЬСЯ** (сов.) **to be affected/moved/ touched** *misc.* Т до слёз to be moved to tears; Т глубоко/сильно to be deeply moved; *тронуться умом/в уме to lose one's mind

ТРОГАТЬСЯ II (несов.) **ТРОНУТЬСЯ** (сов.) **to move, start** (out) 1. Т куда (Т в дорогу to start out on a trip) 2. *misc.* Т с места to get moving

ТРОНУТЬ see **ТРОГАТЬ** I, II

ТРОНУТЬСЯ see **ТРОГАТЬСЯ** I, II

ТРУБИТЬ (несов.) **ПРОТРУБИТЬ** (сов.) A. **to blow** Т во что (Т в трубу to blow a trumpet) B. (colloq.) **to divulge, spread** Т о ком/чём (Т о новостях to spread the news)

ТРУДИТЬСЯ (несов.) A. **to labor, toil, work** 1. Т над чем (Т над книгой to work on a book) 2. Т на кого/что *and* для кого/чего (Т на общее благо/для общего блага to work for the common good) 3. Т за что (Т за деньги to work for money) 4. Т кем (Т медсестрой to work as a nurse) 5. *misc.* Т упорно to work hard; Т не покладая рук to work very hard B. **to attempt, try** Т + неопр. ф. (Т доказывать что to attempt to prove smt.)

ТРУСИТЬ (несов.) **СТРУСИТЬ** (сов.) **to be afraid** 1. Т кого/чего *and* перед кем/чем (Т наказания/перед наказанием to be afraid of being punished; Т учителя/перед учителем to be afraid of a teacher) 2. Т + неопр. ф. (Т пойти в лес to be afraid of going into the forest)

ТРЯСТИ (несов.) A. **to shake** 1. Т кому что (Т руку кому to shake smb.'s hand) 2. Т кого за что (Т кого за плечо to shake smb. by the shoulder) 3. **ПОТРЯСТИ** (сов.) Т чем (Т головой to shake one's head) 4. **ВЫТРЯСТИ** (сов.) Т что из чего (Т крошки из кармана to shake crumbs out of one's pocket) 5. *misc.* телегу сильно трясло the cart was shaking badly B. **ПОТРЯСТИ** (сов.) **to shake, upset** 1. Т кого чем (она была потрясена новостью she was shaken/upset by the news) (see also **ПОТРЯСАТЬ** C) 2. *misc.* Т глубоко to upset deeply

ТРЯСТИСЬ (несов.) A. **to shake, shiver, tremble** 1. Т от чего (Т от страха to tremble in fear; Т от волнения to quiver in excitement; Т от лихорадки to have fever and chills) 2. *misc.* Т всем телом to shake all over B. (colloq.) **to worry** (over) Т за кого/что *and* над кем/чем (Т за детей/над детьми to worry about children; Т над каждой копейкой to worry over every kopeck) C. (colloq.) **to be afraid** Т перед кем/чем (Т перед начальством to be afraid of one's superiors) D. (colloq.) **to be shaken up** Т в чём/на чём (Т в автобусе to be shaken up while riding on a bus)

ТРЯХНУТЬ (сов.) A. (obsol.) **to be free/ generous** (with) Т чем (Т мошной to spend money freely) B. *misc.* *Т стариной to bring back the good old days

ТУСКНЕТЬ (несов.) **ПОТУСКНЕТЬ** (сов.) **to pale** Т перед кем/чем (Т перед таким событием to pale into insignificance before such an event)

ТУЖИТЬ (несов.) (colloq.) **to grieve** Т по кому/чему *and* о ком/чём (Т по матери to grieve for one's mother; Т об ушедшей молодости to brood over one's lost youth) (see the *Note* at the entry for **СОСКУЧИТЬСЯ**)

ТУШЕВАТЬСЯ (несов.) see **СТУШЁВЫВАТЬСЯ** B

ТУШИТЬ (несов.) **ЗАТУШИТЬ, ПОТУШИТЬ** (сов.) **to extinguish, put out** Т что чем (Т костёр водой to put out a bonfire with water)

ТЩИТЬСЯ (несов.) (lit.) **to attempt, try** Т + неопр. ф. (она тщится доказать свою невиновность she is trying to prove her innocence)

ТЫКАТЬ (несов.) **ТКНУТЬ** (сов.) **to jab, poke, stick, thrust** 1. Т что во что (Т колья в землю to stick poles into the ground; Т нос во что to poke one's nose into smt.; поросёнок тычет нос в корыто the little pig pokes its snout into the trough) 2. Т чем во что (Т булавкой во что to stick a pin into smt.; Т палкой в землю to jab a stick into the ground; Т кого/кому кулаком в лицо to thrust one's fist into smb.'s face) 3. *misc.* без конца меня тычут во всякие комиссии they keep putting me on all sorts of committees; *Т пальцем на кого to call attention to smb.

ТЫКАТЬСЯ (несов.) (slang) **to bang into, run into** Т во что (Т в стену to run into a wall)

ТЮТЬКАТЬСЯ (несов.) (colloq.) **to baby; to be lenient** Т с кем (Т с подчинёнными to be lenient with one's employees)

ТЯВКАТЬ (несов.) **ТЯВКНУТЬ** (сов.) **to yap, yelp** Т на кого/что (собаки тявкали на прохожих the dogs were yelping at passers-by)

ТЯГАТЬСЯ (несов.) **ПОТЯГАТЬСЯ** (сов.) (colloq.) **to compete** Т с кем (в чём) (Т с кем в популярности to compete with smb. in popularity)

ТЯГОТЕТЬ (несов.) A. **to gravitate** (to, towards) Т к кому/чему (Т к интересным людям to gravitate to interesting people) B. **to hang** (over), **threaten** Т над кем/чем (проклятие тяготеет над ними a curse hangs over them)

ТЯГОТИТЬСЯ (несов.) **to find to be a burden** Т кем/чем (он тяготится бездельем he finds his idleness to be a burden; Т коллегами to be ill at ease with one's colleagues)

ТЯНУТЬ (несов.) A. **to pull** 1. Т что/за что (Т верёвку/за верёвку to pull a cord) 2. Т кого/что куда (Т ребёнка к выходу to pull a child towards an exit; Т провод в дом to pull a cable into a house) 3. Т кого/что откуда (Т ведро из колодца to pull a pail out of a well; Т лодку из воды to pull a boat out of the water; Т чемодан с полки to pull a suitcase off a shelf) 4. Т кого/что за что (Т кого за рукав to tug at smb.'s sleeve) 5. Т что по чему (Т баржу по реке to pull/tug a barge down a river) B. **ПОТЯНУТЬ** (сов.) (colloq.) **to drag, pull** 1. Т кого куда (Т товарища в театр to drag a friend to the theater) 2. Т кого + неопр. ф. (Т кого купаться to drag smb. along to swim) C. **to delay, drag out** Т с чем (Т с ответом to delay an answer) D. **ПОТЯНУТЬ** (сов.) (impers.) **to attract, draw** 1. Т (кого/что) куда (её тянет домой she wants to go home; нас тянет к работе we want to go to work; его тянет на юг he wants to go south; меня тянет ко сну I am sleepy; опять стало жарко — тянет на пляж it's hot again — it would be great to go to the beach; вертолёт потянуло к земле the helicopter plunged towards the ground) 2. Т кого + неопр. ф. (меня тянет купаться I want to go swimming) E. **ПОТЯНУТЬ** (сов.) (impers.) **to blow; to smell** 1. Т чем (потянуло плесенью there was a smell of mold) 2. Т (чем) откуда (тянет холодом от окна cold air is blowing in from a window; тянет сыростью из подвала you can feel dampness coming up from the basement) F. (colloq.) **to be suitable** (as, for) Т на кого/что (его работа вполне тянет на диссертацию his work is quite suitable for a dissertation) G. *misc.* *Т кого за язык to make smb. talk

ТЯНУТЬСЯ (несов.) **ПОТЯНУТЬСЯ** (сов.) A. **to reach** (out for, to, towards); **to seek; to turn** (to) 1. Т (чем) к кому/чему (цветок тянется к солнцу the flower turns towards the sun; больной тянется рукой к звонку the patient reaches for the bell; Т к славе to seek fame; Т к знаниям to seek knowledge; Т к товарищу to turn to one's friend) 2. Т за чем (она потянулась за фотоаппаратом she reached for her camera) B. **to try to keep up with** 1. Т за кем/чем (Т за товарищами to

try to keep up with one's friends) 2. *misc.* он тянулся изо всех сил, но догнать класс не мог he tried his very best, but could not catch up with his class C. **to extend, reach; to stretch** 1. Т куда (степи тянутся до горизонта the steppes reach to the horizon; Т на многие километры to extend for many kilometers; долина тянется к югу the valley stretches to the south) 2. Т по чему (по земле тянулся провод a wire stretched along the ground; по дорогам тянулись обозы supply trains stretched along the roads) 3. Т через что (верёвка тянется через двор a rope stretches across the yard) 4. Т откуда (канал тянется от города до моря the canal extends from the city to the sea; Т с севера на юг to stretch from north to south) D. **to drag, trail** Т за кем/чем (за ней тянулся длинный шлейф the long train of the dress trailed after her) E. **to move, stream** (one after the other, in a line) 1. Т куда (гости потянулись в столовую the guests streamed into the dining room; птицы потянулись к югу/на юг the birds flew south; остатки войск потянулись домой the remnants of the army set out for home) 2. Т откуда (гости потянулись из столовой the guests streamed out of the dining room) F. see **ВЫТЯГИВАТЬСЯ** C G. *misc.* время тянулось часами the time dragged on and on; (colloq.) проснувшись, она сладко потянулась she woke up and gave/had a good stretch

У

УБАВЛЯТЬ (несов.) **УБАВИТЬ** (сов.) A. **to reduce** У что/чего (У скорость/скорости to reduce speed) B. **to lose** У в чём (У в весе to lose weight)

УБАЮКИВАТЬ (несов.) **УБАЮКАТЬ** (сов.) **to lull** (to sleep) У кого/что чем (У ребёнка колыбельной песней to sing a child to sleep with a lullaby)

УБЕГАТЬ (несов.) **УБЕЖАТЬ** (сов.) A. **to run** (away, off) 1. У куда/к кому (У в лес to run into a forest; У на почту to run to the post office; У к товарищам to run to one's friends) 2. У от кого/чего (У от опасности to run away from danger; У от товарища to run away from a friend) 3. У с кем (У с коммивояжёром to run off with a traveling salesman) 4. У + неопр. ф. (дети убежали мыться the children ran off to wash) B. **to escape, flee** 1. У туда (У за границу to escape/flee abroad) 2. У откуда (У из тюрьмы to escape from prison; У от преследователей to escape from one's pursuers) 3. *misc.* У незаметно/тайком to escape unnoticed

УБЕЖДАТЬ (несов.) **УБЕДИТЬ** (сов.) **to convince, persuade** 1. У кого/что в чём (У кого в своей искренности to convince smb. of one's sincerity; У суд в невиновности подсудимого to convince a court of the innocence of the accused) 2. У кого чем (У кого фактами to convince smb. by citing facts) 3. У кого + неопр. ф. (У товарища остаться to persuade a friend to remain) 4. У кого (в том), что с придат. (она меня убедила, что мы должны уехать she convinced me that we must leave)

УБЕЖДАТЬСЯ (несов.) **УБЕДИТЬСЯ** (сов.) **to become convinced, make certain** 1. У в чём (У в чьей искренности to become convinced of smb.'s sincerity) 2. У (в том), что с придат. (мы убедились в том, что она права we became convinced that she was right) 3. *misc.* У окончательно to become firmly convinced

УБЕРЕГАТЬ (несов.) **УБЕРЕЧЬ** (сов.) **to guard, protect, secure** У кого/что от кого/чего (У одежду от моли to protect clothing from moths; У квартиру от воров to secure an apartment AE/a flat BE against break-ins)

УБИВАТЬ (несов.) **УБИТЬ** (сов.) A. **to kill** 1. У кого/что чем *or* из чего (У зверя выстрелом из винтовки *or* У зверя из винтовки to kill an animal with a rifle; У кого ударом кинжала to stab smb. to death) 2. *misc.* У наповал to kill outright B. (colloq.) **to throw away, waste** У что на кого/что (она убила жизнь на него she threw her life away on him) C. *misc.* У кого отказом to stun smb. by refusing; У туза козырем to trump an ace; *У двух зайцев одним ударом to kill two birds with one stone

УБИВАТЬСЯ (несов.) (colloq.) see **ГОРЕВАТЬ**

УБИРАТЬ (несов.) **УБРАТЬ** (сов.) A. **to clear** (away), **remove, take out; to put** (away) 1. У кого/что откуда (он убрал со стола посуду he cleared the table of dishes; У чемодан из комнаты to take a suitcase out of a room; У волосы со лба to brush hair off one's forehead; У войска из района to withdraw troops from an area) 2. У что куда (У книги в шкаф to put books into a bookcase; У вещи в чемодан to put one's things into a suitcase; У документы в стол to put documents into a desk) B. **to clear out, straighten up** У где (С в комнате to straighten up a room) C. **to delete, remove, take out** У что из чего (У абзац из рукописи to remove a paragraph from a manuscript) D. **to harvest** 1. У что чем (У пшеницу комбайнами to harvest wheat with combines) 2. У что откуда (У картофель с полей to bring in a harvest of potatoes from the fields) E. **to decorate** У что чем (У комнату цветами to decorate a room with flowers)

УБИРАТЬСЯ (несов.) **УБРАТЬСЯ** (сов.) (colloq.) **to go, leave** 1. У куда (У домой to leave for home) 2. У откуда (У из города to leave town) 3. *misc.* убирайся отсюда! beat it!

УБЫВАТЬ (несов.) **УБЫТЬ** (сов.) (official) **to drop out** (of), **leave** 1. У из чего (У из полка to leave one's regiment) 2. У куда/откуда (У из Москвы в Вашингтон to leave Moscow for Washington)

УВАЖАТЬ (несов.) **to respect** 1. У кого за что (мы её уважаем за честность we respect her for her integrity) 2. У кого как кого (У кого как специалиста to respect smb. as a specialist) 3. *misc.* У кого глубоко/искренне to respect smb. deeply

УВЕДОМЛЯТЬ (несов.) **УВЕДОМИТЬ** (сов.) (official) **to inform, notify** 1. У (кого/что) о чём (чем) (У сотрудников о собрании to notify one's co-workers of a meeting; он нас об этом уведомил телеграммой he wired us about this) 2. У кого (о том), что с придат. (они нас уведомили, что приедут через неделю they informed us that they would arrive in a week)

УВЕЗТИ see **УВОЗИТЬ**

УВЕЛИЧИВАТЬ (несов.) **УВЕЛИЧИТЬ** (сов.) **to increase** 1. У что на что (У что на четверть to increase smt. by 25%) 2. У что до чего (У ход до двадцати узлов to increase the speed to 20 knots) 3. У что с чего (У процентную ставку с 4 до 5 процентов to increase the interest rate from 4 to 5 percent) 4. *misc.* У производительность вдвое to double productivity

УВЕНЧИВАТЬСЯ (несов.) **УВЕНЧАТЬСЯ** (сов.) **to be crowned** У чем (дело увенчалось успехом the matter turned out successfully)

УВЕРЯТЬ (несов.) **УВЕРИТЬ** (сов.) **to assure** 1. У кого в чём (У товарища в истинности чего to assure a friend that smt. is true) 2. У (кого) (в том), что с придат. (уверяю вас, что мы правы I assure you that we are right)

УВЕРЯТЬСЯ (несов.) **УВЕРИТЬСЯ** (сов.) **to make sure/certain, become convinced** 1. У в чём (У в чьей искренности to become convinced of smb.'s sincerity) 2. У (в том), что с придат. (она уверилась, что жизнь подруги в безопасности she made certain that her friend's life was not in danger)

УВЁРТЫВАТЬСЯ (несов.) **УВЕРНУТЬСЯ** (сов.) **to avoid, evade, get out of** У от кого/чего (У от преследователей to evade one's pursuers; У от прямого ответа to avoid answering a question)

УВЕСЕЛЯТЬ (несов.) **to amuse, entertain** У кого чем (У публику шутками to entertain an audience with jokes)

УВЕСТИ see **УВОДИТЬ**

УВЕШИВАТЬ (несов.) **УВЕШАТЬ** (сов.) **to cover** (with hanging objects) У что чем (У стены картинами to cover walls with pictures)

УВЕЩЕВАТЬ (несов.) **to admonish, exhort, plead** (with) У кого + неопр. ф. (У кого не курить to plead with smb. not to smoke)

УВИДЕТЬ see **ВИДЕТЬ**

УВИДЕТЬСЯ see **ВИДЕТЬСЯ**

УВИЛИВАТЬ (несов.) **УВИЛЬНУТЬ** (сов.) **to dodge, evade** У от чего (У от удара to dodge a blow; У от ответа to avoid answering a question)

УВЛЕКАТЬ (несов.) **УВЛЕЧЬ** (сов.) А. **to carry** (off), **sweep** У кого/что куда (толпа увлекла детей на площадь the crowd swept the children along to the square; волны увлекли брёвна в море the waves carried the logs out to sea) B. **to captivate, fascinate** 1. У кого чем (У детей рассказом to fascinate children with a story; она увлекла зрителей игрой she captivated the audience with her acting) 2. *misc.* он увлёк за собой толпу he won the mob over to his side

УВЛЕКАТЬСЯ (несов.) **УВЛЕЧЬСЯ** (сов.) А. **to go in for; to be interested in** У кем/чем (У спортом to go in for sports; У театром to be interested in the theater; У Пушкиным to be interested in Pushkin) B. **to be carried away by, be captivated by** У чем (У рассказом to be carried away by a story) C. **to fall in love with, fall for** У кем (он увлёкся молодой девушкой he fell in love with a young girl)

УВОДИТЬ I (несов.) **УВЕСТИ** (сов.) А. **to take, lead** 1. У кого/что куда (У детей домой to take children home; след увёл меня на поляну the trail led me to a clearing) 2. У кого/что откуда (У стадо от обрыва to lead a herd away from a cliff; У флот от берега to move a fleet away from the shore) B. **to go off, lead** У куда (переулок уводит в сторону the alley goes off to the side) C. *misc.* У девушку от кого/у кого to steal smb.'s girl

УВОДИТЬ II (сов.) **to take** (and bring back; used in the past tense) У кого/что куда (она уводила детей в парк she took the children to a park)

УВОЗИТЬ I (несов.) **УВЕЗТИ** (сов.) **to drive, take** 1. У кого/что куда/к кому (У учеников в школу to drive pupils to school; У пассажиров на вокзал to take passengers to the station; У детей к родителям to drive/take children to their parents) 2. У кого/что откуда (У товарищей из гостиницы to drive/take friends from a hotel)

УВОЗИТЬ II (сов.) **to take** (and bring back; used in the past tense) У кого/что куда (увозили картину на выставку в другой город they had the picture on exhibit in a different city for a while)

УВОЛЬНЯТЬ (несов.) **УВОЛИТЬ** (сов.) А. **to discharge, dismiss, fire** 1. У кого откуда

(У сотрудника из института to dismiss an employee from an institute; У рабочего с работы to fire a worker from his job; он уволился из армии he was discharged from the army) 2. У кого за что (он был уволен за прогулы he was fired for absenteeism) B. **to retire, pension off** У кого куда (У сотрудника в отставку to pension off an employee; У офицера в запас to transfer an officer to the reserves) C. **to free, relieve** У кого от чего (увольте меня от лишних хлопот relieve me of these petty chores)

УВЯЗАТЬ I see **УВЯЗЫВАТЬ**

УВЯЗАТЬ II (несов.) **УВЯЗНУТЬ** (сов.) **to get bogged/mired down** У в чём (У в грязи to get bogged down in the mud; У в долгах to get bogged down in debt)

УВЯЗЫВАТЬ (несов.) **УВЯЗАТЬ** (сов.) A. **to pack, tie** 1. У что во что (У вещи в узел to tie things up into a bundle) 2. У что чем (У книги верёвками to tie books up with cord) B. **to coordinate** У что с кем/чем (У план с руководителем to coordinate a plan with the director; У сроки с администрацией to coordinate dates with the administration) C. **to link** У что с чем (У соглашение с выводом войск to link an agreement to the withdrawal of troops)

УВЯЗНУТЬ see **УВЯЗАТЬ** II

УГАДЫВАТЬ (несов.) **УГАДАТЬ** (сов.) A. **to spot** У кого/что в ком (У талант в ученике to spot talent in a pupil; У будущую актрису в студентке to spot a future actress in a student) B. **to figure out, guess** У (то), как/когда/что с придат. (она всегда угадывает, что я хочу she always figures out what I want)

УГЛУБЛЯТЬ (несов.) **УГЛУБИТЬ** (сов.) **to deepen; to extend** 1. У что чем (У канаву бульдозером to deepen a ditch with a bulldozer; У знания чтением to extend one's knowledge by reading) 2. У что на что (У канаву на два метра to deepen a ditch by two meters)

УГЛУБЛЯТЬСЯ (несов.) **УГЛУБИТЬСЯ** (сов.) A. **to go deeply** (into); **to delve** (into) У во что (У в лес to go deep into a forest; У в историю Кремля to delve into the history of the Kremlin) B. **to become engrossed in** 1. У во что (У во чтение to become engrossed in reading; У в изучение литературы to become engrossed in the study of literature) 2. *misc.* У у себя to be lost in thought

УГНАТЬ see **УГОНЯТЬ**

УГНАТЬСЯ see **УГОНЯТЬСЯ**

УГОВАРИВАТЬ (несов.) **УГОВОРИТЬ** (сов.) **to persuade, talk into** 1. У кого + неопр. ф. (я уговорил брата уехать I talked my brother into leaving) 2. У кого, чтобы с придат. (они меня уговорили, чтобы я пошёл с ними в театр they talked me into going to the theater with them)

УГОВАРИВАТЬСЯ (несов.) **УГОВОРИТЬСЯ** (сов.) (colloq.) **to agree** У + неопр. ф. (мы уговорились пойти в театр we agreed to go to the theater)

УГОДИТЬ I (сов.) (colloq.) A. **to fall** (into), **land** (in) У куда (У в яму to fall into a hole; У в тюрьму to land in prison; У в западню to fall into a trap) B. **to hit** У (чем) (кому) во что/по чему (он бросил мяч и угодил мне прямо в голову he threw a ball and hit me right in the head; он угодил ему кулаком в грудь he punched him in the chest; пуля угодила ей в плечо the bullet hit her in the shoulder; снаряд угодил в танк a shell hit a tank; кирпич угодил ему по ноге the brick hit him in the leg; У камнем в окно to throw a stone at a window) C. **to bang, bump** У чем во что (в темноте я угодил лбом в дверь in the darkness I banged my head against a door; У головой в стекло to bang into a window with one's head) D. **to become, end up as** У в кого (У в солдаты to end up as a soldier; как это ты угодил в бюрократы? how did you become a bureaucrat?)

УГОДИТЬ II see **УГОЖДАТЬ**

УГОЖДАТЬ (несов.) **УГОДИТЬ** (сов.) **to please** У кому/чему *and* У на кого/что (ему никак не угодишь! it's impossible to please him!; на всех не угодишь you cannot please everyone; У отцу/на отца to please one's father)

УГОНЯТЬ (несов.) **УГНАТЬ** (сов.) A. **to drive** (away, off) У кого/что куда (У стадо на пастбище to drive a herd to pasture) B. **to hijack** 1. У что куда (У самолёт на Ближний восток to hijack a plane to the Middle East) 2. У что откуда (У самолёт из США to hijack a plane from the USA)

УГОНЯТЬСЯ (несов.) **УГНАТЬСЯ** (сов.) (*Note*: This verb is usu. used in the perf.) **to** (attempt to) **keep up** (with) У за кем/чем (никак не угонюсь за ним I just can't keep up with him; мне не угнаться за машиной I cannot keep up with that car)

УГОРАЗДИТЬ (сов.) (may be impers.) (colloq.) У кого + неопр. ф. (угораздило же тебя явиться с визитом! what made you drop in now! чёрт меня угораздил поехать! why the hell did I ever go!

УГОТОВИТЬ (сов.) (obsol.) **to prepare, set** У что кому (У кому ловушку to set a trap for smb.)

УГОЩАТЬ (несов.) **УГОСТИТЬ** (сов.) **to treat; to serve** 1. У кого чем (У детей мороженым to treat children to ice cream; У гостей пирогами to serve pirogi to one's guests; нас угостили вкусным обедом we were treated to a good dinner) 2. *misc.* он любит угоститься на даровщинку he likes to freeload

УГРОЖАТЬ (несов.) **to threaten** 1. У (кому) чем (У ребёнку наказанием to threaten to punish a child; У физической расправой to threaten to use force; У кому пистолетом to threaten smb. with a pistol) (see also **ГРОЗИТЬ** В1.) 2. У кому/чему (ей угрожает туберкулёз she is susceptible to tuberculosis; террористы угрожают правительству terrorists are threatening the government; городу угрожала блокада the city was threatened with a blockade) (see also **ГРОЗИТЬ** В2.) 3. У чем (река угрожает наводнением the river threatens to flood *or* the river is on the verge of flooding) (see also **ГРОЗИТЬ** С) 4. У + неопр. ф. (река угрожает прорвать плотину the river is on the verge of breaking through the dam; террористы угрожали взорвать авиалайнер the terrorists were threatening to blow up the airliner) (see also **ГРОЗИТЬ** В3.) 5. У, что с придат. (мальчик угрожал, что расскажет всё учителю the boy threatened to tell everything to the teacher) (see also **ГРОЗИТЬ** В4)

УДАВАТЬСЯ (несов.) **УДАТЬСЯ** (сов.) А. **to be a success** 1. У кому (обед мне удался my dinner was a success) 2. *misc.* У на славу to be a smashing success В. **to succeed** (impers.) У кому + неопр. ф. (ей удалось решить задачу she succeeded in solving the problem)

УДАЛЯТЬ (несов.) **УДАЛИТЬ** (сов.) А. **to move farther away** У кого/что от чего (У предмет от фотоаппарата to move an object farther away from a camera) В. **to remove** 1. У кого откуда (У публику из зала to clear a room; У ученика из класса to send a pupil out of a classroom; У пьяниц с улиц to remove drunks from the streets) 2. У что с чего (У ржавчину с металла to remove rust from metal) 3. У что кому (ей удалили опухоль

she had a tumor removed)

УДАЛЯТЬСЯ (несов.) **УДАЛИТЬСЯ** (сов.) А. **to isolate oneself** 1. У от кого/чего (У от друзей to isolate oneself from one's friends; У от общества to isolate oneself from society) 2. У куда (У в глушь to isolate oneself in the country) 3. *misc.* суд удалился на совещание the court retired to deliberate В. **to digress** У от чего (У от темы to digress from one's topic) С. **to get** (away), **move** (away) 1. У от чего (он удалился от тюрьмы на расстояние примерно 10 километров he got around 10 kilometers away from the prison) 2. *misc.* поспешно У to beat a hasty retreat

УДАРЯТЬ (несов.) **УДАРИТЬ** (сов.) А. **to hit, kick, pound, punch, strike** 1. У кого/что чем (У кого кулаком to punch smb. with one's fist) 2. У кого во что/по чему (У кого в лицо/по лицу to punch smb. in the jaw) 2. У (чем) во что/по чему (У кулаком в дверь to pound a door with one's fist; У рукой по столу to pound a table with one's hand; У ногой по мячу to kick a ball; молния ударила в дерево lightning struck a tree) 3. У обо что (волна ударила о борт лодки a wave hit the side of the boat; о землю to hit the ground) 4. *misc.* У больно/сильно to hit hard В. **to beat, ring, sound** У во что (У в барабан to beat a drum; У в колокол to ring a bell; У в набат to sound the alarm) С. **to attack; to strike** (at) 1. У (чем) по кому/чему (У по врагу to strike at an enemy; У по флангу to attack a flank) 2. У куда (У во фланг to attack a flank) 3. У откуда (У с тыла to attack/strike from the rear) D. *misc.* вино ударило ему в голову the wine went to his head; кровь ударила в голову blood rushed to the head; *не ударьте лицом в грязь be sure to put your best foot forward; *он палец о палец не ударил, чтобы нам помочь he didn't lift a finger to help us; *У как обухом по голове to stun *or* to knock for a loop; *У кого по карману to put smb. to great expense; *У по рукам to close a deal

УДАРЯТЬСЯ (несов.) **УДАРИТЬСЯ** (сов.) А. **to run into, hit** У во что/обо что (лодка ударилась в скалу/о скалу the boat ran into/hit a rock; мяч ударился в стену the ball hit a wall; пароход ударился о подводный камень the steamer hit a reef) В. **to bang, bump, hit, strike** У (чем) обо что (У головой о дверь to bump one's head against a door; она ударилась коленом о ножку стула she banged/struck her knee against a chair) C. (colloq.) **to begin, break into** 1. У во что (У в бегство to break into a run; У в воспоминания to begin to reminisce; У в слёзы to burst into tears) 2. У + неопр. ф. (У бежать to break into a run; У вспоминать to begin to reminisce) D. *misc.* У в крайности to go to extremes; *У об заклад to wager; *не ударится лицом в грязь to put one's best foot forward

УДАТЬСЯ see **УДАВАТЬСЯ**

УДЕЛЯТЬ (несов.) **УДЕЛИТЬ** (сов.) A. **to spare** У что кому/чему (вы можете мне уделить полчаса? can you spare me a half hour?) B. **to devote, give** У что кому/чему (У вопросу внимание to give a matter some thought)

УДЕРЖИВАТЬ (несов.) **УДЕРЖАТЬ** (сов.) A. **to withhold** 1. У что из чего (у нас из зарплаты ничего не удерживают they don't withhold anything from our salary) 2. У что за что (У сорок тысяч рублей за брак to withhold forty thousand roubles to cover the cost of defective merchandise) B. **to keep; to restrain** 1. У кого чем (я удержал его силой I forcibly restrained him) 2. У кого от чего (мы удержали их от необдуманного поступка we kept them from doing smt. foolish) 3. У кого за что (он бросился было бежать, но я его удержал за руку he started to run away, but I held onto his arm) 4. *misc.* У роль за собой to keep a role for oneself

УДЕРЖИВАТЬСЯ (несов.) **УДЕРЖАТЬСЯ** (сов.) A. **to keep** (from), **refrain** (from) У от чего (У от смеха to keep from laughing) B. **to remain, stay** У на чём (У на поверхности to stay on the surface; У на должности to stay on the job; У на ногах to stay on one's feet) C. **to hold** (onto) У за что (она удержалась за ветку she held onto a branch)

УДЕШЕВЛЯТЬ (несов.) **УДЕШЕВИТЬ** (сов.) **to bring down/lower/reduce** (the cost of) У что на что (У строительство на 10 процентов to bring down the cost of construction by 10 percent)

УДЕШЕВЛЯТЬСЯ (несов.) **УДЕШЕВИТЬСЯ** (сов.) **to come down** (in price) У на что (У на 20 процентов to come down in price by 20 percent)

УДИВЛЯТЬ (несов.) **УДИВИТЬ** (сов.) **to amaze, surprise** 1. У кого чем (У учителя своими знаниями to surprise a teacher with one's knowledge) 2. У кого, что с придат. (меня удивляет, что наша команда проиграла I am surprised that our team lost)

УДИВЛЯТЬСЯ (несов.) **УДИВИТЬСЯ** (сов.) **to be amazed/surprised** 1. У кому/чему *and* на кого/что (мы удивились его неожиданному приезду we were surprised by his unexpected arrival; она удивилась его уму she was amazed at his intelligence; удивляюсь на тебя I am surprised at you) 2. У (тому), что с придат. (она удивляется тому, что мы приехали she is surprised that we came)

УДОБРЯТЬ (несов.) **УДОБРИТЬ** (сов.) **to fertilize** У что чем (У землю навозом to enrich the soil with fertilizer)

УДОВЛЕТВОРЯТЬ (несов.) **УДОВЛЕТВОРИТЬ** (сов.) A. (usu. used in the imperf.) **to meet, satisfy** У чему (У требованиям to meet requirements) B. **to furnish, provide, supply** У кого/что чем (У город электроэнергией to supply electric power to a city) C. **to satisfy** У кого/что чем (У кого объяснением to satisfy smb. with an explanation)

УДОВЛЕТВОРЯТЬСЯ (несов.) **УДОВЛЕТВОРИТЬСЯ** (сов.) **to be content/satisfied** (with) У чем (У обещанием to be content with a promise)

УДОВОЛЬСТВОВАТЬСЯ see **ДОВОЛЬСТВОВАТЬСЯ**

УДОСТАИВАТЬ (несов.) **УДОСТОИТЬ** (сов.) A. **to award** (to), **confer** (on) У кого/что чего (У кого премии to award a prize to smb.) B. (usu. ironic) **to deign, favor** У кого/что чем (У кого ответом to deign to answer smb.) C. *misc.* У кого уважения to lavish attention on smb.

УДОСТАИВАТЬСЯ (несов.) **УДОСТОИТЬСЯ** (сов.) **to deserve, earn; to win** У чего (У награды to win an award; У похвалы to earn praise; У привилегии to earn a privilege)

УДОСУЖИВАТЬСЯ (несов.) **УДОСУЖИТЬСЯ** (сов.) (colloq.; ironical) **to** (manage to) **find the time** (for) У + неопр. ф. (не удосужился прочитать отчёт he couldn't even find time to read the report)

УДРУЧАТЬ (несов.) **УДРУЧИТЬ to depress, upset** У кого чем (У кого печальной вестью to upset smb. by conveying bad news)

УЕЗЖАТЬ I (несов.) **УЕХАТЬ** (сов.) **to depart, drive away, leave** 1. У куда/к кому (У в город to leave for town; У на работу to leave for work; У к бабушке to go to one's grandmother; У за границу to go abroad) 2. У откуда/от кого (У с работы to leave from work; У из столицы to depart from a capital; У от родителей to leave one's parents) 3. У за чем (У за покупками to go shopping) 4. У на чём (У на автобусе to leave by bus) 5. У + неопр. ф. (У обедать to leave for lunch)

УЕЗЖАТЬ II (несов.) **to drive away, leave** (and come back; used in the past tense) 1. У куда (она уезжала в командировку she was away on a business trip) 2. У откуда (мы уезжали из Москвы we were out of Moscow for a while)

УЖАЛИТЬ see **ЖАЛИТЬ**

УЖАСАТЬ (несов.) **УЖАСНУТЬ** (сов.) **to horrify** У кого чем (У родителей своим поступком to horrify one's parents by one's action)

УЖАСАТЬСЯ (несов.) **УЖАСНУТЬСЯ** (сов.) **to be horrified** У чему (У преступлению to be horrified by a crime)

УЖИВАТЬСЯ (несов.) **УЖИТЬСЯ** (сов.) **to get along** (with) У с кем (У с соседями to get along with one's neighbors)

УЖИНАТЬ (несов.) **ПОУЖИНАТЬ** (сов.) **to dine** (on) У чем (У рыбой to have fish for dinner)

УЗНАВАТЬ (несов.) **УЗНАТЬ** (сов.) A. **to find out, learn** 1. У что о ком/чём *and* про кого/что (У подробности о событии to find out the details concerning an incident) 2. У о ком/чём (У о чьих намерениях to find out about smb.'s intentions) 3. У что от кого/у кого (У что от товарища to learn smt. from a friend) 4. У что из чего (У новость из газеты to read the news in a newspaper; У что из первых рук to learn of smt. first hand) 5. У (о том, что с придат. (она узнала, что они не приедут she found out that they would not come) B. **to recognize** У кого по чему (У старую подругу по голосу to recognize an old friend by her voice) C. *misc.* У значение слова из контекста to figure out/infer the meaning of a word from the context

УЙТИ see **УХОДИТЬ** I

УКАЗЫВАТЬ (несов.) **УКАЗАТЬ** (сов.) **to point** (out, to) 1. У (чем) (кому) на кого/что (У сотруднику на ошибку to point out a mistake to one's co-worker; У на недостатки to point out deficiencies; У на разные новые проекты to point to various new projects; У на что пальцем to point to smt.; она указала левой рукой на доску she pointed to the board

with her left hand) 2. У что кому (он указал нам дорогу he pointed out the road to us *or* he gave us directions) 3. У, что с придат. (в сообщении указывается, что президент намерен подать в отставку the report points out that the president intends to resign) 3. *misc.* У гостью на стул to offer a seat to a guest; *У кому на дверь to show smb. the door.

УКАЛЫВАТЬ (несов.) **УКОЛОТЬ** (сов.) **to prick, stab** У кого/что чем (У палец иголкой to prick one's finger on a needle)

УКАТЫВАТЬ I (несов.) **УКАТАТЬ** (несов.) **to level, roll, smooth** У что чем (У дорогу катком to smooth a road with a roller)

УКАТЫВАТЬ II (несов.) **УКАТИТЬ** (сов.) A. **to roll** (away) У что куда (У бочку в подвал to roll a barrel into a basement; У мяч под диван to roll a ball under a sofa) B. *misc.* (colloq.) она укатила за границу she left and went abroad

УКЛАДЫВАТЬ (несов.) **УЛОЖИТЬ** (сов.) A. **to lay** (down), **place, put** (down) 1. У кого/что куда (У больного на носилки to place a patient on a stretcher; У ребёнка в кровать to put a child into bed) 2. У кого/что где (У мальчика на диване to put a boy down on a sofa) 3. У кого + неопр. ф. (У детей спать to put children to bed) B. **to pack, put** У что куда/где (У вещи в чемодан/в чемодане to pack one's things in a suitcase) C. **to cover** У что чем (У дорогу камнями to cover a road with rocks; У пол плитками to tile a floor) D. **to fit** (in) У что во что (У книги в шкаф to fit books into a bookcase; У текст в одну страницу to fit a text onto one page) E. **to pile, stack** 1. У что во что (У письма в стопки to stack letters in piles) 2. У что чем (У письма стопками to stack letters in piles) 3. *misc.* *уложить кого на обе лопатки to defeat smb. decisively

УКЛАДЫВАТЬСЯ I (несов.) **УЛОЖИТЬ-СЯ** (сов.) A. **to fit into** 1. У куда/где (всё укладывается в чемодан/в чемодане everything fits into a suitcase; У на пяти страницах to fit into five pages) 2. *misc.* строители уложились в график the builders held to their schedule; У в поставленный срок to meet a deadline B. **to confine oneself, be confined to** У во что (докладчик уложился в полчаса the speaker confined himself to a half hour; У в стипендию to keep within the bounds of a fellowship) C. *misc.* у меня это не укладывается в голове I simply cannot believe this

УКЛАДЫВАТЬСЯ II (несов.) **УЛЕЧЬСЯ** (сов.) (*Note*: This verb is usu. used in the perf.) **to lie down** У куда/где (У на диван/на диване to lie down on a sofa)

УКЛОНЯТЬСЯ (несов.) **УКЛОНИТЬСЯ** (сов.) А. **to dodge, evade** У от чего (У от удара to dodge a blow; У от уплаты налогов to evade paying taxes; У от прямого ответа to evade a direct answer; У от ответственности to evade one's responsibility) В. **to turn off** У от чего (У от дороги to turn off a road) С. **to digress** У от чего (У от темы to digress from a topic)

УКОЛОТЬ see **УКАЛЫВАТЬ**

УКОМПЛЕКТОВАТЬ see **КОМПЛЕКТОВАТЬ**

УКОРЯТЬ (несов.) **УКОРИТЬ** (сов.) **to reproach** У кого в чём (У товарища в неискренности to reproach a friend for being insincere)

УКРАСТЬ see **КРАСТЬ**

УКРАШАТЬ (несов.) **УКРАСИТЬ** (сов.) **to adorn, decorate** У что чем (У комнату картинами to decorate a room with pictures)

УКРЕПЛЯТЬ (несов.) **УКРЕПИТЬ** (сов.) **to reinforce, strengthen** 1. У что чем (У стену подпорками to brace a wall; У берег сваями to shore up a coastline with piles; У сердце гимнастикой to strengthen the heart muscle with exercise) 2. *misc.* укрепиться в своём мнении to have one's opinion confirmed

УКРЫВАТЬ (несов.) **УКРЫТЬ** (сов.) А. **to conceal** У кого/что от кого/чего (У беглеца от преследователей to conceal a fugitive from pursuers) В. **to cover** У кого/что чем (У ребёнка одеялом to cover a child with a blanket)

УКУСИТЬ (сов.) **to bite** У кого во что/за что (собака его укусила в ногу/за ногу *or* собака укусила ногу the dog bit him in the leg)

УКУТЫВАТЬ (несов.) **УКУТАТЬ** (сов.) **to wrap** У кого/что чем/во что (У ребёнка одеялом/в одеяло to wrap a child in a blanket)

УЛЕТАТЬ I (несов.) **УЛЕТЕТЬ** (сов.) **to fly** (away, off) 1. У куда (У в Москву to fly to Moscow; У на юг to fly south) 2. У откуда (У из Киева to fly from Kiev; У с севера to fly from the north)

УЛЕТАТЬ II (сов.) **to fly away** (and return; used in the past tense) У куда (они улетали в Иркутск they were in Irkutsk for a while)

УЛЕТУЧИВАТЬСЯ (несов.) **УЛЕТУЧИТЬСЯ** (сов.) **to disappear, vanish** У откуда (У из дома to disappear from home)

УЛЕЧЬСЯ see **УКЛАДЫВАТЬСЯ** II

УЛИЧАТЬ (несов.) **УЛИЧИТЬ** (сов.) **to catch** У кого в чём (У кого в преступлении to catch smb. in the act of committing a crime; У кого во лжи to catch smb. in a lie)

УЛОЖИТЬ see **УКЛАДЫВАТЬ**

УЛОЖИТЬСЯ see **УКЛАДЫВАТЬСЯ** I

УЛЫБАТЬСЯ (несов.) **УЛЫБНУТЬСЯ** (сов.) А. **to smile** 1. У кому/чему (У ребёнку to smile at a child; У шутке to smile at a joke) 2. У от чего (У от радости to smile with joy) В. (colloq.) (only imperf.) **to please** У кому + неопр. ф. (ночью дежурить мне не улыбается I don't like the idea of being on night duty) С. *misc.* жизнь ей улыбается life looks good to her; удача улыбается ему he is successful

УМАЛЧИВАТЬ (несов.) **УМОЛЧАТЬ** (сов.) **to say nothing** (about), **fail to mention** У о ком/чём (У о подробностях to say nothing about the details)

УМЕНЬШАТЬ (несов.) **УМЕНЬШИТЬ** (сов.) **to decrease, reduce** 1. У что на что (У скорость на двадцать процентов to reduce speed by 20 percent) 2. У что до чего (У скорость до сорока километров в час to reduce speed to 40 kilometers an hour) 3. У что с чего (У численный состав вооружённых сил с 300 тысяч до 200 тысяч to reduce the number of military personnel from 300,000 to 200,000)

УМЕРЕТЬ see **УМИРАТЬ**

УМЕРЩВЛЯТЬ (несов.) **УМЕРТВИТЬ** (сов.) **to kill, exterminate** У кого/что чем (У насекомых ядом to exterminate insects with poison)

УМЕТЬ (несов.) **to be able, know how to** У + неопр. ф. (девочка умеет читать the girl knows how to read; он умеет льстить he knows how to use flattery)

УМЕЩАТЬ (несов.) **УМЕСТИТЬ** (сов.) **to get** (in), **fit** (in, on) У куда/где (У текст в одну страницу/на одной странице to fit a text into/onto one page)

УМИЛЯТЬ (несов.) **УМИЛИТЬ** (сов.) **to affect, move, touch** У кого чем (она его умилила лаской he was touched by her kindness)

УМИЛЯТЬСЯ (несов.) **УМИЛИТЬСЯ** (сов.) **to be affected/moved/touched** 1. У чем (он умилялся её правдивостью he was moved by her truthfulness) 2. У чему (У исскуству великого. жудожника to be moved by the work of a great artist)

УМИРАТЬ (несов.) **УМЕРЕТЬ** (сов.) **to die** 1. У от чего (У от ран to die of wounds; У от голода to starve to death; У от жажды to die of thirst) 2. (colloq.) У с чего (У с голоду to starve to death) 3. У за кого/что (У за родину to die for one's country) 4. У кем/каким (он умер ребёнком he died in childhood; она умерла молодой she died at a young age *or* she died young) 5. У чем (У естественной/ своей смертью to die a natural death; У насильственной смертью to die a violent death) 6. *misc.* умерла на его руках she died in his arms; У преждевременно to die prematurely; У скоропостижно to die suddenly; *чуть не умерла от скуки she was bored to death; *со смеху умереть можно you can die laughing

УМНОЖАТЬ (несов.) see **МНОЖИТЬ**

УМНОЖИТЬ see **МНОЖИТЬ**

УМОЛИТЬ see **УМОЛЯТЬ**

УМОЛЧАТЬ see **УМАЛЧИВАТЬ**

УМОЛЯТЬ (несов.) **УМОЛИТЬ** (сов.) **to beg, implore** 1. У кого/что о чём (У кого о поддержке to beg smb. for support) 2. У кого/ что + неопр. ф. (У кого помочь to beg smb. to help)

УМОРИТЬ see **МОРИТЬ**

УМУДРЯТЬСЯ (несов.) **УМУДРИТЬСЯ** (сов.) (colloq.) (ironical) **to manage** У + неопр. ф. (она умудрилась опоздать на поезд she managed to miss her train)

УМЧАТЬ (сов.) **to whisk** (away, off) У кого/ что куда (У туристов в игорное заведение to whisk tourists off to a gambling casino)

УМЧАТЬСЯ (сов.) **to race** (off), **rush** (off) 1. У куда (У на курорт to rush off to a resort) 2. У на чём (У на мотоцикле to rush off on a motorcycle)

УМЫВАТЬ, УМЫТЬ A. see **МЫТЬ** B. *misc.* *У руки от чего to refuse to take responsibility for smt.

УМЫВАТЬСЯ (несов.) **УМЫТЬСЯ** (сов.) **to wash** 1. У чем (У теплой водой to wash in warm water) 2. У с чем (У с мылом to wash with soap)

УНАСЛЕДОВАТЬ see **НАСЛЕДОВАТЬ** A

УНЕСТИ see **УНОСИТЬ**

УНЕСТИСЬ see **УНОСИТЬСЯ**

УНИЖАТЬ (несов.) **УНИЗИТЬ** (сов.) **to humiliate; to degrade** У кого/что чем (У себя ложью to degrade oneself by lying)

УНИЖАТЬСЯ (несов.) **УНИЗИТЬСЯ** (сов.) A. **to humilate oneself, be humiliated** У перед кем (У перед начальством to humiliate oneself before one's superiors) B. **to stoop to** У до чего (У до лжи to stoop to lying)

УНИЧТОЖАТЬ (несов.) **УНИЧТОЖИТЬ** (сов.) **destroy** У кого/что чем (У вредителей ядохимикатами to destroy household pests with chemicals)

УНОСИТЬ I (несов.) **УНЕСТИ** (сов.) A. **to carry** (off), **take** 1. У кого/что куда (У больного в операционную to take a patient to the operating room AE/the operating theatre BE; У список в канцелярию to take a list to an office) 2. У кого на чём (У кого на носилках to carry smb. off on a stretcher) 3. У кого/ что откуда (У ребёнка из комнаты to carry a child out of a room) B. (impers.) **to carry off** У кого/что чем (течением унесло плот the raft was carried off by the current) C. *misc.* воспоминания унесли её в далёкое детство memories took her back to a distant childhood; У с собой ключ to carry off a key; она унесла ребёнка спать she put the child to sleep

УНОСИТЬ II (сов.) **to carry off, take** (and bring back; used in the past tense) 1. У кого/ что куда (она уносила книгу в канцелярию she had the book in her office for a while) 2. У кого/что откуда (я уносил ребёнка из комнаты I took the child out of the room for a while)

УНОСИТЬСЯ (несов.) **УНЕСТИСЬ** (сов.) A. **to race** (off), **rush** (off) У куда (У в далёкие края to rush off to faraway places; У на юг to rush south) B. *misc.* У в прошлое to go back in one's thoughts to the past

УПАКОВАТЬ see **ПАКОВАТЬ**

УПАКОВОВЫВАТЬ (несов.) see **ПАКОВАТЬ**

УПАСТЬ see **ПАДАТЬ**

УПЕРЕТЬ see **УПИРАТЬ**

УПЕРЕТЬСЯ see **УПИРАТЬСЯ**

УПИВАТЬСЯ (несов.) **УПИТЬСЯ** (сов.) A. (lit.) **to delight** (in), **enjoy** (thoroughly), **love** У чем (У музыкой Бетховена to love the music of Beethoven) B. (colloq.) **to drink** (a great deal) У чем (У водкой to drink a great deal of vodka)

УПИРАТЬ I (несов.) **УПЕРЕТЬ** (несов.) 1. **to lean, prop, rest** У что во что (У бревно в стену to prop a log against a wall; У руки в бока to put one's hands on one's hips; У руку в колено to rest an arm on one's knee) 2. *misc.* (colloq.) ехать отказывается: упирает на семейные обстоятельства she refuses to go because of family circumstances

УПИРАТЬ II (несов.) **УПЕРЕТЬ** (сов.) (slang) **to steal, swipe** У что откуда (У деньги из сейфа to steal money from a safe)

УПИРАТЬСЯ (несов.) **УПЕРЕТЬСЯ** (сов.) A. **to dig, plant, prop** У чем во что (У ногами в землю to dig one's feet into the ground; У локтем в стол to rest one's elbow on a table) B. (colloq.) **to run into** У во что (У в забор to run into a fence) C. (only imperf.) (colloq.) **to be held up** У во что (проект упирается в отсутствие средств the project is being held up because of a lack of funds) D. *misc.* У взглядом в кого to stare at smb.; мешок безопасности упирается в грудь водителя the airbag presses into the driver's chest; *упёрся как бык he was as stubborn as a mule

УПИСЫВАТЬ (несов.) **УПИСАТЬ** (сов.) (colloq.) **to fit** (smt. written) У что где (У все заявление на одной странице to fit an entire application on one page)

УПЛАТИТЬ see **ПЛАТИТЬ** A2, 3

УПЛЫВАТЬ (несов.) **УПЛЫТЬ** (сов.) A. **to swim** (away, off) У куда (У на другой берег to swim to the other bank) B. **to sail** 1. У куда (У в море to sail out to sea) 2. *misc.* У на плоту to float away on a raft C. **to disappear** 1. У куда (иконы уплывают за рубеж icons are being taken out of the country) 2. У откуда (валюта уплыла из страны hard currency disappeared from the country)

УПОВАТЬ (несов.) (obsol.) **to count on, hope for** У на что (У на успех to hope for success)

УПОДОБЛЯТЬ (несов.) **УПОДОБИТЬ** (сов.) **to compare, liken** У кого/что кому/чему (У молодость весне to compare youth to spring)

УПОДОБЛЯТЬСЯ (несов.) **УПОДОБИТЬСЯ** (сов.) **to become like** У кому/чему (У зверю to become like an animal)

УПОЛЗАТЬ (несов.) **УПОЛЗТИ** (сов.) **to crawl** (away), **creep** (away) У куда (У в нору to crawl into a hole; У под кровать to crawl under a bed)

УПОЛНОМОЧИВАТЬ (несов.) **УПОЛНОМОЧИТЬ** (сов.) **to authorize** 1. У кого/что на что (У комиссию на заключение договора to authorize a commission to negotiate a contract) 2. У кого/что + неопр. ф. (У адвоката вести дело to authorize a lawyer to plead a case)

УПОМИНАТЬ (несов.) **УПОМЯНУТЬ** (сов.) **to mention** 1. У кого/что *and* У о ком/чём (У коллег/о коллегах в докладе to mention one's colleagues in a report) 2. У (о том), что с придат. (она упомянула, что будет в Амстердаме she mentioned that she would be in Amsterdam)

УПОРСТВОВАТЬ (несов.) **to persist** У в чём (У в своих требованиях to persist in one's demands)

УПОТРЕБЛЯТЬ (несов.) **УПОТРЕБИТЬ** (сов.) **to use** 1. У что для чего (она употребляла такие слова для выражения негодования she used those words to express her indignation) 2. У что на что (У деньги на покупки to use money for purchases) 3. *misc.* у нас употребляют в пищу кукурузу we use corn AE/maize BE in our diet

УПРАВЛЯТЬ (несов.) A. **to drive, operate** У чем (У автомобилем to drive a car; У самолётом to fly a plane; У трактором to operate a tractor; У судном to sail a ship) B. **to direct, lead** У чем (У оркестром to direct/lead an orchestra) C. **to direct, govern, manage, run** У кем/чем (У страной to govern a country; У людьми to manage personnel; У предприятием to run a firm; У огнём to direct fire) D. (grammatical) **to govern, take** У чем (У родительным падежом to govern/take the genitive)

УПРАВЛЯТЬСЯ (несов.) **УПРАВИТЬСЯ** (сов.) (colloq.) **to cope** 1. У с кем/чем (У со стиркой to cope with the laundry) 2. *misc.* постой, я с тобой управлюсь! just wait until I get my hands on you!

УПРАЖНЯТЬСЯ (несов.) **to practice** 1. У в чём (У в стрельбе to practice marksmanship) 2. У на чём (У на турнике to practice on the horizontal bar) 3. У с чем (У со снарядами to practice on gymnastic equipment)

УПРАШИВАТЬ (несов.) **УПРОСИТЬ** (сов.) **to persuade** У кого + неопр. ф. (она упросила брата остаться she persuaded her brother to remain)

УПРЕКАТЬ (несов.) **УПРЕКНУТЬ** (сов.) **to rebuke, reprimand, reproach** 1. У кого в чём/за что (У товарища в скупости/за скупость to reproach a friend for being stingy; У ученика за плохое поведение to rebuke a pupil for behaving badly) 2. У кого за то, что с придат. (она упрекнула его за то, что он опоздал she reprimanded him for being late)

УПРОСИТЬ see **УПРАШИВАТЬ**

УПРОЧИВАТЬ (несов.) **УПРОЧИТЬ** (сов.) **to assure, establish** 1. У что за кем/чем (это полотно упрочило за ним славу художника this painting established his reputation as an artist) 2. У что чем (этой книгой она упрочила свою репутацию she established her reputation with this book)

УПРЯТАТЬ (сов.) А. **to hide** У что куда (У деньги в кубышку to hide money in a money box) В. (slang) **to banish, send** У кого куда (У кого в глухое место to banish smb. to a remote region)

УПУСКАТЬ (несов.) **УПУСТИТЬ** (сов.) *misc.* *У кого/что из виду to disregard smb./ smt.

УРАВНИВАТЬ (несов.) **УРАВНЯТЬ** (сов.) **to make equal, equalize** У кого/что (в чём) с кем/чем (У женщин с мужчинами в правах to give women and men equal rights)

УРЕГУЛИРОВАТЬ see **РЕГУЛИРОВАТЬ**

УРЕЗАТЬ, УРЕЗЫВАТЬ (несов.) **УРЕЗАТЬ** (сов.) **to cut, reduce, shorten** 1. У (кому/чему) что на что (министерство нам урезало бюджет на 10% the ministry cut our budget by 10%; У платье на пять сантиметров to shorten a dress by five centimeters) 2. У что до чего (они нам урезали бюджет до минимума they cut our budget to the minimum)

УРОДОВАТЬ (несов.) **ИЗУРОДОВАТЬ** (сов.) **to disfigure, spoil** У что чем (У себя плохой причёской to spoil one's appearance with an unattractive hairdo; У ребёнка плохим воспитанием to mess up a child's upbringing)

УРОНИТЬ see **РОНЯТЬ**

УСАЖИВАТЬ (несов.) **УСАДИТЬ** (сов.) А. **to seat** У кого куда/где (У товарища на диван/на диване to seat a friend on a sofa; У гостей за стол/за столом to seat guests at a table) В. **to put** (smb. to work) 1. У кого за что (У кого за работу to put smb. to work; У девочку за шитьё to put a girl to work sewing) 2. У кого + неопр. ф. (У кого учиться to get smb. to study; У кого обедать to get smb. to sit down for lunch) С. **to plant** У что чем (У двор деревьями to plant trees in a courtyard)

УСАЖИВАТЬСЯ (несов.) **УСЕСТЬСЯ** (сов.) А. **to sit down, take one's place** У куда/где (У на диван/на диване to sit down on a sofa; У за стол/за столом to take one's place at a table; У у входа to take one's place near an entrance) В. **to sit down** (in order to do smt.) 1. У за что (У за работу to sit down to work; У за книги to sit down to read; У за карты to

settle down for a game of cards) 2. У + неопр. ф. (У обедать to sit down for lunch) 3. *misc.* У удобно to sit down comfortably

УСВАИВАТЬ (несов.) **УСВОИТЬ** (сов.) **to learn** 1. У что от кого/чего (она это усвоила от сестры she learned this from her sister) 2. У, что с придат. (мы должны усвоить, что каждый имеет право на своё мнение we must learn that everyone has a right to an opinion)

УСЕИВАТЬ (несов.) **УСЕЯТЬ** (сов.) А. **to dot, sprinkle, stud** У что чем (небо усеяно звёздами the sky is studded with stars) В. *misc.* У путь препятствиями to place obstacles in smb.'s path

УСЕРДСТВОВАТЬ (несов.) **to be zealous** 1. У в чём (У в работе to work very hard) 2. *misc.* У в похвалах to praise excessively; У в комплиментах to shower compliments (on smb.)

УСЕСТЬСЯ see **УСАЖИВАТЬСЯ**

УСЕЯТЬ see **УСЕИВАТЬ**

УСИЛИВАТЬ (несов.) **УСИЛИТЬ** (сов.) **to intensify, step up** У что до чего (У воздушную войну до максимума to step up the air war to the maximum)

УСКОЛЬЗАТЬ (несов.) **УСКОЛЬЗНУТЬ** (сов.) А. **to slip, slide** 1. У куда (У в воду to slip into the water) 2. У откуда (У из дома to slip/sneak out of a house) В. **to elude, escape, evade** У от кого/чего (У от преследователей to elude pursuers; У от внимания to escape one's notice)

УСЛАВЛИВАТЬСЯ, УСЛОВЛИВАТЬСЯ (несов.) **УСЛОВИТЬСЯ** (сов.) **to agree, come to an agreement** 1. У (с кем/чем) о чём (У с покупателем о цене to come to an agreement with a customer on a price) 2. У + неопр. ф. (У встретиться to agree to meet)

УСЛЕДИТЬ (сов.) **to keep an eye on, watch** У за кем/чем (я не могу уследить за ребёнком I cannot keep an eye on the child)

УСЛОВИТЬСЯ, УСЛОВЛИВАТЬСЯ see **УСЛАВЛИВАТЬСЯ**

УСЛОЖНЯТЬСЯ (несов.) **УСЛОЖНИТЬСЯ** (сов.) **to be complicated** У тем, что с придат. (задание усложняется тем, что не хватает специалистов the job is complicated by the lack of specialists)

УСЛЫШАТЬ see **СЛЫШАТЬ**

УСМАТРИВАТЬ (несов.) **УСМОТРЕТЬ** (сов.) А. see **УСЛЕДИТЬ** В. **to perceive, see** У кого/чём в ком/чём (У в ком соперника to see a rival in smb. *or* to see smb. as a rival; У в чьих действиях оскорбление to perceive smb.'s actions as an insult)

УСМЕХАТЬСЯ (несов.) **УСМЕХНУТЬСЯ** (сов.) **to grin, smile** У от чего (У от удовольствия to smile with pleasure)

УСНАЩАТЬ (несов.) **УСНАСТИТЬ** (сов.) **to adorn, embellish** У что чем (У речь прибаутками to embellish a speech with humorous quips)

УСНУТЬ (сов.) *misc.* У вечным сном to pass away

УСОВЕРШЕНСТВОВАТЬСЯ see **СОВЕРШЕНСТВОВАТЬСЯ**

УСОМНИТЬСЯ (сов.) **to doubt** 1. У в ком/чём (У в правдивости чего to doubt the veracity of smt.; У в друге to doubt a friend) 2. У в том, что с придат. (мы не усомнились в том, что она поможет we did not doubt that she would help)

УСПЕВАТЬ (несов.) **УСПЕТЬ** (сов.) А. (only imperf.) **to make progress** 1. У в чём (У в занятиях to make progress in one's studies) 2. У по чему (У по математике to make progress in mathematics) B. **to be in time for, get somewhere on time** У куда (У на собрание to get to a meeting on time; У к обеду to be in time for lunch; У к поезду/на поезд to catch a train; У в школу to get to school on time) C. **to find time** (for) У + неопр. ф. (У погулять to find time for a walk) D. *misc.* самолёт не успел приземлиться, как его окружила полиция as soon as the plane landed, it was surrounded by the police

УСПОКАИВАТЬ (несов.) **УСПОКОИТЬ** (сов.) **to calm down, quiet** У кого/что чем (У ребёнка словами to calm a child down with a few words)

УСТАВАТЬ (несов.) **УСТАТЬ** (сов.) **to get tired** (of) 1. У от кого/чего (У от посетителей to get tired of one's visitors; У от ходьбы to get tired of walking) 2. У + неопр. ф. (У ждать to get tired of waiting) 3. *misc.* У с дороги to be tired after/from a trip

УСТАВЛЯТЬ (несов.) **УСТАВИТЬ** (сов.) А. **to cover, fill** У что чем (У полку книгами to fill a shelf with books) B. *misc.* У взгляд в пространство to stare into space; У все журналы на полку to place all the journals on a shelf

УСТАНАВЛИВАТЬ (несов.) **УСТАНОВИТЬ** (сов.) **to determine, establish, fix** 1. У что чем (Варшавская конвенция устанав-

ливает верхний предел компенсации суммой в 75 тысяч долларов the Warsaw Convention fixes the upper limit of compensation at $75,000) 2. У, что с придат. (комиссия установила, что обследование необходимо the commission determined that an investigation would be necessary) 3. *misc.* У квоту на импортируемые машины to set a quota on imported cars

УСТАТЬ see **УСТАВАТЬ**

УСТИЛАТЬ (несов.) **УСТЛАТЬ, УСТЕЛИТЬ** (сов.) **to cover** У что чем (У пол коврами to cover a floor with rugs)

УСТОЯТЬ (сов.) А. **to keep one's balance** У на чём (У на ногах to stay on one's feet) B. **to hold out, resist** У от чего *and* перед кем/чем *and* против кого/чего (У от искушения/перед искушением/против искушения to resist temptation; У перед неприятелем to hold out against an enemy)

УСТРАИВАТЬ (несов.) **УСТРОИТЬ** (сов.) А. **to place, put up** 1. У кого куда (У больного в санаторий to put a patient into a sanatorium; У делегацию в гостиницу to put a delegation up in a hotel; У кого на ночлег to put smb. up for the night) 2. *misc.* У кому комнату to find a room for smb. B. **to find employment for, place** 1. У кого куда (У друга на фабрику to find a job for a friend at a factory; У брата в учреждение to find a job for one's brother at an institution) 2. У кого кем (У родственника лаборантом to find a job for a relative as a laboratory assistant) 3. У кого + неопр. ф. (У сестру работать to find a job for one's sister) C. **to get ready, prepare** У что кому/для кого (У детям/для детей постель to prepare a bed for children) D. **to arrange, get, see to it** 1. У что для кого/чего *and* У что кому (У приём для делегации to arrange a reception for a delegation; устрой мне билет в театр get me a ticket for the theater) 2. У, что/чтобы с придат. (я устрою, чтобы они пришли к вам I'll see to it that they visit you) E. **to cause** У что кому (У кому неприятность to cause smb. trouble) F. **to suit** У кого, чтобы с придат. (их не устраивало, чтобы она уехала they did not like the idea of her leaving) G. *misc.* У овацию артистам to give the actors a round of applause; У кому сцену to have an argument with smb. *or* to have a scene with smb.

УСТРАИВАТЬСЯ (несов.) **УСТРОИТЬСЯ** (сов.) А. **to get ready, prepare** У + неопр. ф.

(У спать на диване to get ready to sleep on a sofa; они устроились работать they got ready to work) B. **to begin to work** У куда (У на завод to begin to work at a factory; У на работу to find employment) C. see **УСТРАИ-ВАТЬ** B2; он устроился лаборантом he got a job as a laboratory assistant

УСТРАНЯТЬ (несов.) **УСТРАНИТЬ** (сов.) **to dismiss, remove** 1. У кого откуда (У преподавателя из института to dismiss an instructor from an institute; У кого от власти to remove smb. from power) 2. У кого за что (У кого за прогулы to dismiss smb. for absenteeism)

УСТРЕМЛЯТЬ (несов.) **УСТРЕМИТЬ** (сов.) A. **to direct, fix** У что на кого/что (У глаза в потолок to fix one's eyes on the ceiling) B. **to hurl, throw** У кого/что куда (У танки на врага to hurl tanks at an enemy; У все силы на борьбу to throw all forces into a fight)

УСТРЕМЛЯТЬСЯ (несов.) **УСТРЕМИТЬ-СЯ** (сов.) **to race, rush** У куда (У на автобусную остановку to rush to a bus stop; У на выручку to race to the rescue; У за кем to race after smb.)

УСТРОИТЬ see **УСТРАИВАТЬ**
УСТРОИТЬСЯ see **УСТРАИВАТЬСЯ**
УСТУПАТЬ (несов.) **УСТУПИТЬ** (сов.) A. **to give in, grant, yield** 1. У кому/чему (У насилию to yield to force; У просьбе to grant a request; У соседу to give in to a neighbor) 2. У кому/чему в чём (У товарищу в споре to yield to a friend in a quarrel) 3. *misc.* *не уступить ни на йоту not to give in an inch B. **to give up, hand over, yield** У что кому (У билет товарищу to give up one's ticket to a friend; У место женщине to give up one's seat to a woman) C. **to be inferior** (to) У (в чём) кому/чему (он не уступает товарищам в знаниях he is in no way less knowledgeable than his friends; как рассказчик, он никому не уступит as a story-teller, he's the best) D. *misc.* я это ему уступил за сорок долларов I let him have it for forty dollars

УСТЫДИТЬСЯ (сов.) **to be ashamed** (of) У кого/чего (У своих поступков to be ashamed of one's actions)

УСУГУБЛЯТЬСЯ (несов.) **УСУГУБИТЬ-СЯ** (сов.) **to be aggravated/ exacerbated** 1. У чем (положение усугубляется постоянными подрывными действиями the situation is exacerbated by constant subversive activity) 2.

У тем, что с придат. (кризис усугубляется тем, что у них нет работы the crisis is aggravated by the fact that they are out of work)

УСЫПАТЬ (несов.) **УСЫПАТЬ** (сов.) **to pour, spread, sprinkle** 1. У что чем (У дорогу песком to spread sand on a road) 2. *misc.* небо усыпано звёздами the sky is studded with stars

УСЫПЛЯТЬ (несов.) **УСЫПИТЬ** (сов.) **to lull to sleep, put to sleep** У кого/что чем (У ребёнка мерным покачиванием to rock a child to sleep; медсестра усыпила больного снотворным the nurse gave the patient a sleeping pill; У аудиторию монотонным чтением to put an audience to sleep with a monotonous delivery)

УТАИВАТЬ (несов.) **УТАИТЬ** (сов.) **to conceal, hide** 1. У что от кого (У правду от домашних to conceal the truth from one's family) 2. У, что с придат. (она утаивает, что собирается уезжать she is concealing the fact that she intends to leave)

УТАПТЫВАТЬ (несов.) **УТОПТАТЬ** (сов.) **to trample down** У что чем (У снег ногами to trample down snow with one's feet)

УТАСКИВАТЬ (несов.) **УТАЩИТЬ** (сов.) (colloq.) A. **to drag** У кого/что куда (У мешок в подвал to drag a sack into the basement; У кого в театр to drag smb. to the theater) B. **to steal, swipe** У что откуда (У мыло из туалетов to steal the soap from the washrooms)

УТВЕРЖДАТЬ (несов.) **УТВЕРДИТЬ** (сов.) A. (only imperf.) **to assert, claim** У, что с придат. (журналисты утверждают, что договор подписан the journalists claim that a treaty has been signed) B. **to reinforce** У кого в чём (У товарища в своём мнении to reinforce a friend's opinion) C. **to confirm, establish** 1. У что за кем (У права за наследником to establish an heir's rights) 2. У кого в чём (У кого в должности to confirm smb.'s appointment) 3. *misc.* сенат её утвердил подавляющим большинством голосов the senate confirmed her by an overwhelming majority; он утверждён кандидатом на пост президента от демократической партии he has been confirmed as the presidential candidate of the Democratic Party

УТЕШАТЬ (несов.) **УТЕШИТЬ** (сов.) **to comfort, console** У кого чем (У ребёнка игрушкой to comfort a child with a toy)

УТИРАТЬ (несов.) **УТЕРЕТЬ** (сов.) A. **to**

wipe 1. У что откуда (У пот со лба to wipe perspiration from one's brow) 2. У что чем (У рот салфеткой to wipe one's mouth with a napkin) B. *misc.* *утереть нос кому to humiliate smb.

УТИХОМИРИВАТЬ (несов.) **УТИХОМИ-РИТЬ** (сов.) **to calm, pacify** У кого/что чем (У собрание обещаниями to calm a crowd with promises)

УТОМЛЯТЬ (несов.) **УТОМИТЬ** (сов.) **to exhaust, tire, wear out** У кого/что чем (У больного расспросами to wear out a patient with questions)

УТОПТАТЬ see **УТАПТЫВАТЬ**

УТОЧНЯТЬ (несов.) **УТОЧНИТЬ** (сов.) **to ascertain, find out** У где/как/что с придат. (У, где находится противник to find out where the enemy is)

УТРАМБОВАТЬ see **ТРАМБОВАТЬ**

УТЫКАТЬ (несов.) **УТЫКАТЬ** (сов.) A. **to stick** У что чем (У землю колышками to stick pegs in the ground) B. **to fill in** У что чем (У щели паклей to fill in holes with oakum)

УХАЖИВАТЬ (несов.) A. **to court** У за кем (У за молодой девушкой to court a young girl) B. **to care for, take care of** У за кем/чем (У за больным to care for a patient; У за садом to care for a garden; У за детьми to baby-sit)

УХВАТЫВАТЬ (несов.) **УХВАТИТЬ** (сов.) **to grab, grasp, seize** 1. У кого/что за что (У кого за руку to grab smb. by the arm) 2. У что чем (орёл ухватил добычу когтями the eagle seized the prey with its claws)

УХВАТЫВАТЬСЯ (несов.) **УХВАТИТЬСЯ** (сов.) (*Note*: This verb is usu. used in the perf.) A. **to grab, grasp, seize** У (чем) за кого/что (У за чей рукав to grab one's sleeve; У за перила руками to grab a banister) B. **to jump** (at) У за что (У за предложение to jump at an offer)

УХИТРЯТЬСЯ (несов.) **УХИТРИТЬСЯ** (сов.) (colloq.) **to manage** У + неопр. ф. (они ухитрились влезть на крышу they managed to get up on the roof)

УХОДИТЬ I (несов.) **УЙТИ** (сов.) A. **to go** (away, off), **depart, leave** 1. У куда/к кому (У в университет to go to/leave for the university; У на работу to go to/leave for work; У к товарищу to go to a friend's place) 2. У откуда/от кого (У из дома/из дому to leave home; У с работы to leave work; У от друга to leave a friend's place; У с ринга to get out of

the ring) 3. У кем (они ушли добровольцами на фронт they volunteered to serve at the front) 4. У какой/каким (Олег ушёл совсем расстроенный Oleg was very upset when he left; Маша ушла первой Masha left first) 5. У за чем (У за хлебом to go for bread) 6. У + неопр. ф. (У кататься на лыжах to go skiing; У обедать to go for lunch) B. **to leave** (for good) 1. У от кого (У от жены to leave one's wife) 2. У откуда (У из дома to leave home; У со сцены to leave the stage) 3. У куда (У в другую деревню to leave for a different village) C. (colloq.) **to quit; to retire** 1. У откуда (У с работы to quit one's job; У из университета to retire from one's position at a university; У со сцены to quit the stage) 2. У куда (У в отставку to go into retirement; У на пенсию to be pensioned off) D. **to escape, elude** 1. У от кого/чего (У от преследователей to elude one's pursuers; У от расплаты to escape punishment; У от ответственности to evade responsibility; У от опасности to avoid danger; У от ответа to refuse to answer) 2. У из-под чего (У из-под чьего влияния to get out from under smb.'s influence) 3. *misc.* *У в кусты to shirk one's responsibility E. **to go** (into) 1. У на что (много работы ушло на это a lot of work went into that; вся его жизнь ушла на достижение этой цели his whole life went into achieving this goal) 2. У на то, чтобы + неопр. ф. (много времени ушло на то, чтобы усовершенствовать изобретение a lot of time went into perfecting the invention) F. **to sink** (into) 1. У во что (У в песок to sink into the sand; свая ушла в грунт на метр the pile sank one meter into the ground) 2. *misc.* *у неё душа в пятки ушла her heart sank G. *misc.* праздник уходит своими корнями в язычество the holiday has its roots in pagan customs *or* the holiday goes back to pagan times; У от фактов to disregard the facts; У в прошлое to go back to the past *or* to be a thing of the past; *У с головой to become engrossed; *У в себя to isolate oneself

УХОДИТЬ II (сов.) **to leave** (and come back; used in the past tense) 1. У куда (днём я уходил на работу during the day I was at work) 2. У откуда (она уходила из дома she was out of the house for a while)

УЦЕПЛЯТЬ (несов.) **УЦЕПИТЬ** (сов.) **to catch** (hold of) У что чем (У багром корягу to catch hold of a bough with a hook)

УЦЕПЛЯТЬСЯ (несов.) **УЦЕПИТЬСЯ**

(сов.) see **УХВАТЫВАТЬСЯ**

УЧАСТВОВАТЬ (несов.) **to participate** У в чём (У в забастовке to participate in a strike)

УЧИНИТЬ see **ЧИНИТЬ** I

УЧИТЫВАТЬ (несов.) **УЧЕСТЬ** (сов.) **to take into account** У, что с придат. (она не учла, что это место требует специальной подготовки she did not take into account the fact that this position required special training)

УЧИТЬ (несов.) **ВЫУЧИТЬ, НАУЧИТЬ, ОБУЧИТЬ** (сов.) **to teach** 1. У кого чему (У кого рисованию to teach smb. to draw; У иностранцев русскому языку to teach Russian to foreigners; У кого честности to teach smb. to be honest *or* to teach smb. honesty) 2. У кого + неопр. ф. (У кого говорить по-английски to teach smb. English *or* to teach smb. to speak English; она учила детей быть скромными she taught her children to be modest) 3. У, что с придат. (он учил, что мы должны жить в мире he taught us that we must live in peace) 4. *misc.* У кого, как надо работать to teach smb. how to work

УЧИТЬСЯ (несов.) **ВЫУЧИТЬСЯ, НАУЧИТЬСЯ**, and, rare: **ОБУЧИТЬСЯ** (сов.) **to learn, study** 1. У чему (она многому научилась she learned a lot; я научился всему, что нужно I learned all that was needed; У терпению to learn to be patient *or* to learn patience; У музыке to study music; она выучилась грамоте she learned how to read and write) (*Note*: It appears that in colloquial Russian the use of a modified dative object in this construction is often avoided. Thus, a sentence such as *она выучилась русскому языку* 'she learned Russian' is usually replaced in the spoken language by *она выучилась говорить по-*

русски. The use of the infinitive with **УЧИТЬСЯ** is treated in construction 2, which follows) 2. У + неопр. ф. (У говорить по-английски to learn how to speak English *or* to learn English; У плавать to learn how to swim; мне надо научиться распределять своё время I have to learn how to distribute my time; У играть на трубе to learn how to play the trumpet) 3. (only imperf.) У у кого (У у известного профессора to study with a well-known professor; У у матери to learn from one's mother; У пению у преподавателя to study voice with a teacher) 4. *Note:* The perf. is **ВЫУЧИТЬСЯ**) У на кого (У на врача to study medicine *or* to study to be a doctor; он выучился на инженера he became an engineer) 5. *misc.* учиться настойчиво/упорно/усердно to study hard; учиться в университете to study at a university *or* to be a university student; учиться заочно to take correspondence courses; учиться в аспирантуре to do graduate (esp. AE)/post graduate (esp. BE) work; учиться на вечернем отделении to be an evening student; *учиться на ошибках to learn from one's mistakes; *учиться на пятёрки to be an A/excellent student; *век живи — век учись it's never too late to learn

УШИБАТЬ (несов.) **УШИБИТЬ** (сов.) **to bang, bump, hurt** 1. У что обо что (У голову о дверь to bump one's head against a door) 2. У чем обо что (У плечом о косяк to bang one's shoulder against a doorpost)

УШИБАТЬСЯ (несов.) **УШИБИТЬСЯ** (сов.) **to bang, bump** У (чем) обо что (У плечом о косяк to bang one's shoulder against a doorpost)

УЩИПНУТЬ see **ЩИПАТЬ**

Ф

ФАРШИРОВАТЬ (несов.) **ЗАФАРШИРО-ВАТЬ** (сов.) (usu. culinary) **to stuff** Ф что чем (Ф перец мясом to stuff peppers with meat)

ФАСОВАТЬ (несов.) **РАСФАСОВАТЬ** (сов.) **to wrap** Ф что во что (Ф овощи в мешочки to wrap vegetables in small bags)

ФЕХТОВАТЬ (несов.) **to fence** Ф на чём (Ф на рапирах to fence with foils)

ФИГУРИРОВАТЬ (несов.) **to figure, play a role** Ф при чём (Ф при подписании контракта to play a role in the signing of a contract)

ФИКСИРОВАТЬ (несов.) **ЗАФИКСИРО-ВАТЬ** (сов.) **to concentrate, focus** Ф что на чём (Ф внимание на чём to concentrate one's attention on smt.)

ФИЛОСОФСТВОВАТЬ (несов.) **to philoso-phize** Ф о чём (Ф об ошибках to philosophize about past errors)

ФЛАНИРОВАТЬ (несов.) (obsol., colloq.) **to stroll** Ф где/по чему (Ф по площади to stroll around a square)

ФОКУСИРОВАТЬ (несов.) **СФОКУСИРО-ВАТЬ** (сов.) see **ФИКСИРОВАТЬ**

ФОРМИРОВАТЬ (несов.) **СФОРМИРО-ВАТЬ** (сов.) **to form** Ф что из кого/чего (Ф правительство из представителей всех партий to form a government from representa-tives of all parties)

ФОТОГРАФИРОВАТЬСЯ (несов.) **СФО-ТОГРАФИРОВАТЬСЯ** (сов.) **to have a photograph taken** 1. Ф с кем (Ф с друзьями to have a photograph taken with one's friends) 2. *misc.* они сфотографировались на память they had a photograph taken as a token of remembrance

ФУНКЦИОНИРОВАТЬ (несов.) **to func-tion, operate** Ф как кто/что (Ф как совмес-тное предприятие to operate as a joint ven-ture)

X

ХАРАКТЕРИЗОВАТЬ (несов.) **ОХАРАК-ТЕРИЗОВАТЬ** (сов.) **to characterize, describe** 1. X кого/что как кого/что (X кого как верного друга to describe smb. as a true friend) 2. X кого/что как какого/какой (X состояние экономики как критическое to characterize the state of the economy as critical; X работника как способного to describe a worker as/as being capable) 3. *misc.* X верно/метко to describe accurately

ХАРАКТЕРИЗОВАТЬСЯ (несов.) **to be characterized** (by) 1. X чем (южные районы характеризуются крайне сухим климатом the southern areas are characterized by a very dry climate) 2. see **ХАРАКТЕРИЗОВАТЬ**

ХАРКАТЬ (несов.) **ХАРКНУТЬ** (сов.) **to cough up** X чем (X кровью to cough up blood)

ХВАЛИТЬ (несов.) **ПОХВАЛИТЬ** (сов.) **to praise** 1. X кого/что за что (X кого за откровенность to praise smb. for being frank; X ученика за хорошее поведение to praise a pupil for good behavior) 2. *misc.* X очень to praise highly/strongly; X чересчур to praise excessively

ХВАЛИТЬСЯ (несов.) **ПОХВАЛИТЬСЯ** (сов.) see **ХВАСТАТЬСЯ**

ХВАСТАТЬСЯ (несов.) **ПОХВАСТАТЬСЯ** (сов.) **to boast, brag** 1. X (кому *and* перед кем) кем/чем (X друзьям/перед друзьями своими успехами to boast to one's friends of one's success; ему похвастаться нечем he has nothing to brag about) 2. (colloq.) X + неопр. ф. (она хвасталась достать мне книгу she boasted about being able to get the book for me) 3. (colloq.) X (тем), что с придат. (он хвастался, что решит задачу he boasted that he would solve the problem)

ХВАТАТЬ I (несов.) **СХВАТИТЬ** (сов.) **to grab, grasp, seize** 1. X кого/что за что/подо что (X ребёнка за руку/под руку to grab a child by the arm) 2. X что чем (собака схватила кость зубами the dog grabbed up a bone in its teeth) 3. X что с чего (она схватила ключ со стола she grabbed the key from the table) 4. *misc.* не хватайте это у меня из рук don't grab it out of my hands; *звёзд с неба не хватает he will not set the Thames (BE)/the world (AE) on fire; *X быка за рога to take

the bull by the horns; *X кого за душу to move smb. deeply; *X на лету to catch on right away

ХВАТАТЬ II (несов.) **ХВАТИТЬ** (сов.) (impers.) A. **to be enough, suffice** 1. X чего (не хватает продуктов питания there isn't enough food) 2. X чего кому/чему *and* X чего у кого/чего (хватит ей/у неё денег she will have enough money; этих запасов нам хватит на целый месяц these supplies will last us for a whole month; угля заводу/у завода не хватило the factory ran out of coal) 3. X на кого/что (хватит на всех there will be enough for everyone; нам хватает на жизнь we have enough to live on; не хватило денег на покупку there wasn't enough money for the purchase; хватит угля на много лет there will be enough coal for many years) 4. *misc.* мне не хватит времени написать письмо I will not have enough time to write a letter; этого ещё только не хватало! that's all we needed! хватит спорить! that's enough arguing! хватит воды до среды there's enough water until Wednesday; его не хватит на это дело he will not be able to cope with this matter; с меня хватит! I've had enough! B. (only imperf.; negative) **to be missing** 1. не X чего (не хватает пяти страниц five pages are missing) 2. *misc.* мне тебя не хватает I miss you

ХВАТАТЬСЯ (несов.) **СХВАТИТЬСЯ** (сов.) **to grab, grasp** 1. X (чем) за кого/что (X за перила to grab hold of a banister; X за оружие to grab for one's weapon; он схватился за него обеими руками he grabbed him with both hands) 2. *misc.* *X за голову to clutch one's head (in despair); *X за соломинку to grasp at a straw

ХВАТИТЬ I see **ХВАТАТЬ** II

ХВАТИТЬ II (сов.) A. **to experience, suffer** X чего (X горя to experience sorrow; X страху to be terrified; X беды to have trouble) B. (colloq.) **to hit, strike** 1. X кого/что (обо что)/(по чему) чем (хватил его рукой по плечу he hit him on the shoulder; X кого палкой to strike smb. with a stick; X стулом об пол to bang a chair against the floor) 2. (impers.) X что чем (морозом хватило посевы the crops were damaged by frost) 3.

misc. *X через край to do smt. stupid; *X лишнего to get drunk

ХВАТИТЬСЯ (сов.) (colloq.) **to note the absence/disappearance of, miss** 1. X кого/чего (придя домой, она хватилась денег when she got home, she realized that the money was missing) 2. X, что с придат. (я хватился, что у меня пропал кошелёк, только когда пришёл домой I didn't miss my wallet until I got home)

ХИТРИТЬ (несов.) **СХИТРИТЬ** (сов.) **to** (try to) **outwit** X с кем/перед кем (X с товарищами/перед товарищами to try to outwit one's friends)

ХЛЕБНУТЬ (сов.) (colloq.) A. **to experience** X чего (X горя to experience sorrow) B. *misc.* *X лишнего to drink too much

ХЛЕСТАТЬ (несов.) **ХЛЕСТНУТЬ** (сов.) A. **to flog, lash, whip** 1. X кого/что чем (X кого ремнём to whip smb. with a belt) 2. X кого/что по чему (X кого по спине to lash smb.'s back) 3. X чем по кому/чему (X кнутом по лошади to flog a horse) B. (only imperf.) **to gush** X откуда (вода хлещет из крана the water gushes from the tap) C. **to pound, strike** X во что/обо что (волны хлещут о берег the waves pound the shore; дождь хлещет в окно the rain patters on the window)

ХЛОПАТЬ (несов.) A. **ХЛОПНУТЬ** (сов.) **to bang, slam; to crack; to hit, slap** 1. X чем (Ч дверью to slam a door; X кнутом to crack a whip) 2. X кого/что чем (X кого рукой to slap smb.) 3. X (кого/что) (чем) по чему (X кого по плечу to slap smb. on the shoulder; X по столу рукой to bang a table with one's fist) B. **ПОХЛОПАТЬ** (сов.) (colloq.) **to applaud** X кому (X артисту to applaud a performer; похлопаем им! let's give them a hand! C. *misc.* *хлопать глазами to look blank

ХЛОПАТЬСЯ (несов.) **ХЛОПНУТЬСЯ** (сов.) (colloq.) A. **to tumble, fall** X куда (X на пол to tumble to the floor) B. **to bang, bump** X обо что (X о стол to bump into a table)

ХЛОПОТАТЬ (сов.) **ПОХЛОПОТАТЬ** (несов.) A. (only imperf.) **to bustle, fuss** X по чему/с чем (X по хозяйству to bustle around the house; X с ужином to fuss with supper) B. **to intercede** (for smb.) X за кого/о ком (X за товарища/о товарище to intercede for a friend) C. **to attempt** (to arrange, bring about) 1. X о чём (X о пенсии to apply for retirement benefits) 2. X, чтобы с придат. (она похлопотала, чтобы ему выдали квитанцию she

saw to it that they gave him a receipt)

ХЛЫНУТЬ (сов.) **to pour** 1. X откуда (кровь хлынула из раны blood poured from the wound) 2. X куда (вода хлынула в отсеки water poured into the compartments; люди хлынули на улицы people poured out onto the streets)

ХЛЮПАТЬ (несов.) (colloq.) **to slog, slosh** X по чему (X по грязи to slosh through the mud)

ХОДАТАЙСТВОВАТЬ (несов.) **ПОХОДАТАЙСТВОВАТЬ** (сов.) A. **to apply for** X о чём (X о позволении to apply for permission) B. **to intercede** (for) X за кого/о ком (X за сына/о сыне to intercede for one's son)

ХОДИТЬ (несов.) A. see **ИДТИ**; X в школу to attend/go to school; X на концерты to attend/go to concerts B. **to go** (and return; used in the past tense) 1. X куда (вчера мы ходили в театр yesterday we went to the theater) 2. X за чем (я ходил за минеральной водой I went to buy mineral water) C. **to pace; to walk** 1. X по чему/где (X по комнате to pace a room; X в парке/по парку to walk in a park) (see also **ПОХОДИТЬ**) 2. X какой (она ходила грустная, озабоченная as she paced back and forth, she seemed to be depressed, preoccupied) D. **to care for** X за кем (X за больным to care for a patient) E. **to wear** X в чём (X в новом костюме to wear a new suit; X в очках to wear glasses) F. (chess, checkers) **to move** X чем (X конём to move a knight; X ферзём to move the queen) G. (cards) **to lead, play** X чем/с чего (X с туза to lead an ace; X с треф to lead a club; X тузом to play an ace) H. **to go for, fetch** X по что (X по воду to go for water; X по грибы to go to pick mushrooms) I. *misc.* X на четвереньках to crawl on all fours; X босиком to go barefoot; X на цыпочках to tiptoe; X на лыжах to ski; X по пятам to follow on smb.'s heels; X на медведя to hunt bear; они ходили под руку they walked arm in arm; X по канату to walk a tightrope (usu. fig.); *X вокруг да около to beat around the bush; *X на задних лапках перед кем to play up to smb.; *X по рукам to be passed around; *X по струнке у кого to toe the line with smb.; *X гоголем to strut

ХОЛОДЕТЬ (несов.) **ПОХОЛОДЕТЬ** (сов.) **to freeze** X от чего (X от ужаса to freeze in horror)

ХОТЕТЬ (несов.) A. **to want, wish, desire, long for** (see section A8c of the Introduction) 1. X что (X конфету to want a piece of candy

AE/a sweet BE; X машину to want a car; X собаку to want a dog; хотите валюту? do you want hard currency? X мороженое to want ice cream) 2. X чего (often with uncountable nouns) (X хлеба to want bread/some bread; X чая/чаю to want tea/some tea; X конфет to want some candy; X воды to want water/some water; X пива to want beer/some beer; X мира to long for/want peace; X безопасности to want security; X свободы to long for/want freedom) 3. X + неопр. ф. (они хотят учиться they want to study) 4. X, чтобы с придат. (они хотят, чтобы мы учились they want us to study) B. (colloq.) **to want/wish to go** X куда (X в театр to want to go to the theater; X на юг to want to go south; X домой to want to go home)

ХОТЕТЬСЯ (несов.) (impers.) A. **to feel like, want** 1. X кому (мне хочется I want to) 2. X (кому) + неопр. ф. (ей хочется вернуться she wants to return; ему хочется есть he is hungry; мне хочется пить I am thirsty; нам хочется спать we are sleepy) 3. X кому чего (мне хочется хлеба I want some bread) 4. X

(кому), чтобы с придат. (нам хочется, чтобы они договорились we would like to see them come to an agreement) B. **to want/ wish to go** X (кому) куда (нам хочется в Москву we want to go to Moscow; им хочется на юг they want to go south)

ХОХОТАТЬ (несов.) **to laugh** (loudly) X над кем/чем (все хохотали над ним everyone was laughing at him)

ХРАНИТЬ (несов.) A. **to preserve, save** 1. X что для кого (она хранит старые письма для дочери she's saving the old letters for her daughter) 2. *misc.* X бережно to preserve carefully B. **to keep** 1. X что в чём (X продукты в холодильнике to keep food in a refrigerator) 2. *misc.* X что в памяти to remember smt.; *это хранится за семью печатями it is kept under lock and key C. **to protect** X что от чего (X одежду от сырости to protect one's clothing from dampness)

ХРОМАТЬ (несов.) *misc.* она хромает на правую ногу her right leg is lame; *X на обе ноги to be in bad shape

Ц

ЦАРАПАТЬ (несов.) **ОЦАРАПАТЬ** (сов.) **to scratch** Ц (кому) (кого/что) чем (Ц кому лицо ногтями to scratch smb.'s face with one's nails)

ЦАЦКАТЬСЯ (несов.) (slang) **to make a fuss** Ц с кем/чем (Ц с ребёнком to make a fuss over a child)

ЦВЕСТИ (несов.) **to bloom, blossom** Ц чем (Ц здоровьем to be the picture of health)

ЦЕДИТЬ (несов.) **to filter, strain** 1. Ц что через что (Ц бульон через сито to strain a broth) 2. *misc.* Ц сквозь зубы to mutter (see also **ПРОЦЕЖИВАТЬ)**

ЦЕЛИТЬ (несов.) **НАЦЕЛИТЬ** (сов.) see **ЦЕЛИТЬСЯ**

ЦЕЛИТЬСЯ (несов.) **НАЦЕЛИТЬСЯ** (сов.) A. **to aim** 1. Ц в кого/что (Ц в мишень to aim at a target) B. **to try** 1. Ц на что (он целится на её место he's trying to get her job) 2. Ц + неопр. ф. (она целится поступить в университет she's trying to get into a university)

ЦЕЛОВАТЬ (несов.) **ПОЦЕЛОВАТЬ** (сов.) **to kiss** 1. Ц кого во что (Ц ребёнка в лоб to kiss a child on the forehead) 2. *misc.* Ц страстно to kiss passionately; она их всех крепко поцеловала she gave them all a good kiss

ЦЕЛОВАТЬСЯ (несов.) **ПОЦЕЛОВАТЬСЯ** (сов.) **to kiss** Ц с кем (Ц друг с другом to kiss each other; Ц с девушкой to kiss a girl)

ЦЕНИТЬ (несов.) **to appreciate, rate, judge, respect, value** 1. Ц кого/что за что (я ценю его за мужество I respect him for his courage; Ц кого за доброту to appreciate smb.'s kindness) 2. Ц кого как кого (Ц кого как специалиста to respect smb. as a specialist) 3. Ц кого/что по чему (Ц людей по их заслугам to judge people on their merits) 4. Ц в ком/у кого что (Ц в ком откровенность to appreciate smb.'s candor) 5. *misc.* Ц высоко to rate highly; Ц весьма/очень to appreciate a great deal

ЦЕПЛЯТЬСЯ (несов.) A. **to catch** (on), **get entangled** (in) Ц за что (Ц за сучья to get entangled in branches) B. **to cling** (to), **hang** (onto) Ц за кого/что (Ц за мать to cling to one's mother; Ц за чью руку to hang onto smb.'s hand; Ц за жизнь to cling to life) C. (colloq.) **to carp** (at), **fuss** (over) Ц из-за чего/к чему (Ц к каждому слову to carp at every word; Ц из-за каждого пустяка to fuss over every trifle)

ЦЕРЕМОНИТЬСЯ (несов.) **ПОЦЕРЕМО-НИТЬСЯ** (сов.) (colloq.) **to be lenient with, go easy on** Ц с кем (полиция не церемонится с демонстрантами the police are rough on demonstrators)

ЦОКАТЬ (несов.) **ЦОКНУТЬ** (сов.) **to click, clink** Ц чем (Ц языком to click one's tongue; лошади цокали подковами the horses were clopping down the street)

Ч

ЧАРОВАТЬ (несов.) **to captivate, charm** Ч кого чем (Ч всех своей красотой to charm everybody with one's beauty)

ЧВАНИТЬСЯ (несов.) **to boast** Ч кем/чем (Ч роднёй to boast of one's family)

ЧЕРЕДОВАТЬ (несов.) **to alternate** Ч кого/что с кем/чем (Ч работу с отдыхом to alternate work and recreation; Ч белый цвет с чёрным to alternate white and black)

ЧЕРЕДОВАТЬСЯ (несов.) **to alternate, take turns** Ч с кем (я чередуюсь с ней на дежурстве у этого больного she and I take turns staying with this patient)

ЧЕРПАТЬ (несов.) A. **ЧЕРПНУТЬ** (сов.) **to draw, scoop** 1. Ч что чем (Ч песок горстью to scoop up a handful of sand; лодка черпает воду носом the boat is taking on water at the bow) 2. Ч что из чего (Ч воду из колодца to draw water out of a well) B. **ПОЧЕРПНУТЬ** (сов.) **to draw** (on), **extract** Ч что из чего (Ч сведения из книг to extract information from books)

ЧЕРТИТЬ (несов.) **НАЧЕРТИТЬ** (сов.) **to draw** 1. Ч что на чём (Ч карту на бумаге to draw a map on paper) 2. Ч (что) (по чему) чем (Ч карту карандашом to draw a map with a pencil; Ч палкой по песку to draw with a stick in the sand; Ч пальцем по стеклу to draw on glass with one's finger)

ЧЕСАТЬ (несов.) A. **ПОЧЕСАТЬ** (сов.) **to rub** 1. Ч что чем (Ч лоб пальцем to rub one's forehead with a finger; Ч лошадь щёткой to rub down a horse with a brush) 2. *misc.* *Ч в затылке to rub the back of one's neck (as a sign of indecision) B. (colloq.) **to comb** Ч кого/что чем (Ч ребёнка расчёской to comb a child's hair) C. *misc.* (colloq.) так и чешут из пулемётов they're just blazing away with their machine guns; у меня язык чешется сказать ему всю правду I'm just dying to tell him the whole truth

ЧЕСТВОВАТЬ (несов.) **to honor** Ч кого/что за что (Ч кого за доблестный труд to honor smb. for outstanding work)

ЧИНИТЬ I (несов.) **УЧИНИТЬ** (сов.) (official) **to cause, create** Ч что кому (Ч кому препятствия to create obstacles for smb.)

ЧИНИТЬ II (несов.) **ОЧИНИТЬ** (сов.) **to sharpen** Ч что чем (Ч карандаш лезвием to sharpen a pencil with a razor blade)

ЧИРКАТЬ (несов.) **ЧИРКНУТЬ** (сов.) A. **to rub** Ч чем по чему (Ч ножом по ремню to sharpen a knife on a strop) B. *misc.* Ч спичкой to strike a match

ЧИСЛИТЬСЯ (несов.) A. **to be, be listed** (officially) 1. Ч кем/чем (он числится руководителем, но ничего не делает he is listed as the director, but he doesn't do anything; он редко бывает в этом институте, где числится консультантом he rarely comes to this institute where he is listed officially as a consultant) 2. Ч где (Ч на чьём иждивении to be listed as smb's dependent; Ч в отпуске to be on leave; Ч в командировке to be on an official trip; Ч в отъезде to be out of town on business; в списке её фамилия не числится her name is not on the list) B. *misc.* за ним числится много недостатков he has many shortcomings

ЧИСТИТЬ (несов.) A. **ВЫЧИСТИТЬ, ПОЧИСТИТЬ** (сов.) **to clean** Ч что чем (Ч зубы пастой to brush/clean teeth with toothpaste; Ч платье щёткой to brush a dress off; Ч ковёр пылесосом to vacuum a rug; Ч ногти ножницами to trim one's fingernails; Ч сапоги гуталином to polish one's shoes) B. **ОЧИСТИТЬ** (сов.) **to clean, peel** (fruit, vegetables) Ч что чем (Ч картофель ножом to peel potatoes with a knife)

ЧИТАТЬ (несов.) A. **ПРОЧИТАТЬ** and (colloq.) **ПРОЧЕСТЬ** (сов.) **to read** (*Note:* The perf. is normally used only when this verb is transitive) 1. Ч (что) кому (Ч сказки детям to read stories to children; она любит читать внучкам she loves reading to her granddaughters) 2. Ч (что) о ком/чём *and* про кого/что (*Note:* In this construction both aspects may be used with an intransitive verb if a single, short-term action is denoted) (мы прочитали книгу о войне we read a book about the war; я прочитал в газете о забастовке I read about the strike in a newspaper; дети читали об Англии the children were reading about England; Ч про любовь to read about love) 3. Ч (что) на каком языке (она прочитала статью на французском языке she read an article in French; мы читали на испанском языке we were reading in Spanish) 4. Ч (что) с чем (студентка прочитала рукопись со словарём the student read the manuscript with the help of a dictionary) 5. Ч (о том), что с придат. (мы читали в газете о том, что зима будет холодная we read in the newspaper that the winter would be cold) 6. *misc.* Ч бегло to scan; Ч быстро to read fast/quickly; Ч вслух to read aloud; Ч выразительно to read with expression; Ч громко to read loudly; Ч запоем to read avidly; Ч медленно to read slowly; Ч по складам to read slowly, sounding out each syllable; Ч про себя to read to oneself; Ч тихо to read in a low voice; Ч хором to read in chorus; *Ч между строк to read between the lines; *Ч кому нотацию to give smb. a dressing-down; *Ч кому наставление/ нравоучение to give smt. a talking-to B. **to lecture** 1. Ч кому (Ч аспирантам to lecture to graduate students) 2. Ч кому что (Ч студентам синтаксис to lecture on syntax to students; Ч лекции студентам to lecture to students) 3. Ч о чём (о чём она сегодня читает? what is she lecturing about today?)

ЧЛЕНИТЬ (несов.) see **РАСЧЛЕНЯТЬ**

ЧМОКАТЬ (несов.) **ЧМОКНУТЬ** (сов.) *misc.* Ч губами to smack one's lips

ЧОКАТЬСЯ (несов.) **ЧОКНУТЬСЯ** (сов.) **to clink** Ч чем (Ч бокалами с друзьями to clink glasses with one's friends)

ЧУВСТВОВАТЬ (несов.) **ПОЧУВСТВОВАТЬ** (сов.) **to feel** 1. Ч себя каким (Ч себя больным to feel sick; Ч себя счастливым to feel happy) 2. Ч, что с придат. (я чувствую, что мы правы I feel that we are right) 3. Ч что чем (интуицией она почуствовала фальшь в его словах she felt intuitively that he was lying) 4. *misc.* Ч себя хорошо to feel good; он чувствует себя хозяином he considers himself to be the boss; Ч глубоко to feel deeply; Ч остро to feel keenly; *не чувствовать под собой ног to be in seventh heaven

ЧУВСТВОВАТЬСЯ (несов.) **to be felt** Ч, что с придат. (чувствовалось в воздухе, что приближается весна spring was in the air)

ЧУДИТЬСЯ (несов.) **ПОЧУДИТЬСЯ, ПРИЧУДИТЬСЯ** (сов.) **to appear, seem** 1. Ч кому (ей чудится шум she thinks that she hears a noise) 2. Ч (кому), что с придат. (чудилось мне, что я нахожусь где-то на западе it seemed to me that I was somewhere in the west)

ЧУЖДАТЬСЯ (несов.) **to shun, avoid** 1. Ч кого/чего (Ч старых друзей to shun one's old friends) 2. *misc.* она чуждается зависти she doesn't envy anybody

ЧУРАТЬСЯ (несов.) (colloq.) **to avoid, shun** Ч кого/чего (они не чураются чёрного труда they are not afraid of hard work)

Ш

ШАГАТЬ (несов.) **ШАГНУТЬ** (сов.) A. **to step** 1. Ш куда (Ш в лужу to step into a puddle; Ш на крыльцо to step out onto a porch; Ш на ступеньку to step onto a rung; Ш через порог to step across a threshold) B. (only imperf.) **to come, go, hike, walk** 1. Ш куда (Ш в школу to go/walk to school; Ш на работу to go to work; Ш через мост to cross/go across a bridge) 2. Ш откуда (Ш из школы to come/walk from school; Ш с работы to come from work) 3. Ш чем/по чему (Ш по дороге to hike/walk along a road; Ш по улице to walk along a street; Ш длинным коридором to walk down a long corridor) 4. Ш мимо кого/чего (Ш мимо дома to walk past a house *or* to pass a house)

ШАЛЕТЬ (несов.) **ОШАЛЕТЬ** (сов.) (colloq.) **to go crazy** Ш от чего (Ш от радости to go crazy with joy)

ШАЛИТЬ (несов.) A. **to fool around** Ш с кем (Ш с товарищем to fool around with one's friends) B. **to play** Ш с чем (Ш с огнём to play with fire; Ш с спичками to play with matches)

ШАРАХАТЬ (несов.) **ШАРАХНУТЬ** (сов.) (slang) A. **to throw** Ш чем куда (Ш камнем в забор to throw a rock at a fence) B. *misc.* Ш кого по голове to hit smb. in the head

ШАРАХАТЬСЯ (несов.) **ШАРАХНУТЬСЯ** (сов.) (colloq.) A. **to jump aside** Ш куда/откуда (лошадь шарахнулась в сторону the horse jumped to the side *or* the horse shied) B. **to hit, strike** Ш (чем) обо что (Ш головой о стену to hit one's head against a wall)

ШАРКАТЬ (несов.) **ШАРКНУТЬ** (сов.) **to shuffle** Ш чем (Ш ногами to shuffle one's feet)

ШВАРТОВАТЬ (несов.) **ПРИШВАРТО-ВАТЬ** (and less frequently) **ОШВАРТО-ВАТЬ** (сов.) **to moor, tie up** Ш что к чему (Ш корабль к причалу to moor/tie up a ship at a pier)

ШВЫРЯТЬ (несов.) **ШВЫРНУТЬ** (сов.) **to hurl, throw** 1. Ш что/чем в кого/куда (Ш камни/камнями в кого to throw stones at smb.; она швырнула мелочь ему под ноги she threw the change at his feet) 2. *misc.* Ш деньги/деньгами to throw one's money away

ШЕВЕЛИТЬ (несов.) **ПОШЕВЕЛИТЬ** (сов.) A. **to turn, move** Ш что чем (Ш сено грабля-ми to rake hay; Ш волосы рукой to tousle one's hair) B. (сов. тж.) **ШЕВЕЛЬНУТЬ, ПОШЕВЕЛЬНУТЬ to move, shake, wag, wiggle** Ш чем (Ш хвостом to wag one's tail; Ш головой to shake one's head; Ш плечом to wiggle one's shoulder; Ш губами to move one's lips) C. *misc.* *шевелить мозгами to use one's brain; *он бровью не шевельнул he didn't pay the slightest attention; *шевелить ногами to hurry

ШЕПТАТЬ (несов.) **ШЕПНУТЬ** (сов.) **to whisper** 1. Ш что кому (Ш секрет товарищу to whisper a secret to a friend) 2. Ш (кому), что с придат. (она мне шепнула, что должна позвонить домой she whispered to me that she had to call home) 3. *misc.* Ш на ухо to whisper into smb.'s ear

ШЕПТАТЬСЯ (несов.) **to whisper** Ш с кем/между собой (Ш с девушкой to whisper to a girl; они шептались между собой they were whispering among themselves)

ШЕФСТВОВАТЬ (несов.) **to serve as a patron/sponsor** Ш над кем/чем (Ш над школой to serve as a patron to a school)

ШИТЬ (несов.) **СШИТЬ** (сов.) A. **to sew, make** 1. Ш что из чего (Ш платье из шерсти to make a dress out of wool) 2. Ш что кому (она шила одежду детям she made clothing for her children; она сама сшила себе платье she made a dress for herself) 3. Ш чем (Ш белыми нитками to sew with white thread) 4. *misc.* Ш детям одежду на вырост to make clothing for children a little large so as to allow for growth; Ш на швейной машине to sew by machine B. **to have one's clothing made** 1. Ш что у кого (он уже второй костюм шьёт у этого портного he's having his second suit made by that tailor) 2. *misc.* Ш одежду в ателье to have one's clothing custom-made (*Note*: the sentence *она сшила себе платье* can mean, depending on the context, either 'she made a dress for herself' *or* 'she had a dress made for herself') C. **to embroider** 1. Ш чем (Ш шёлком to embroider in silk) 2. Ш по чему (Ш по канве to embroider on canvas) D. *misc.* *не лыком шит pretty good; *шит белыми нитками thinly disguised

ШЛЁПАТЬ (несов.) **ШЛЁПНУТЬ** (сов.) A. **to slap, smack** Ш кого/что по чему (Ш ребёнка по руке to slap a child on its hand; Ш кого по спине to slap smb. on her/his back) В. (only imperf.) **to shuffle** Ш чем по чему (Ш туфлями по полу to shuffle along the floor in one's slippers)

ШЛЁПАТЬСЯ (несов.) **ШЛЁПНУТЬСЯ** (сов.) **to fall, tumble** Ш куда (Ш в грязь to tumble into the mud)

ШМЫГАТЬ I (несов.) **ШМЫГНУТЬ** (сов.) А. (only imperf.) **to shuffle** Ш чем (Ш ногами to shuffle one's feet) В. **to dart** Ш куда (Ш в дверь to dart through a door)

ШМЫГАТЬ II (несов.) **ШЫГМНУТЬ** (сов.) *misc.* Ш носом to have the sniffles

ШПИОНИТЬ (несов.) (colloq.) **to keep under surveillance, spy on** Ш за кем (Ш за журналистом to keep a journalist under surveillance)

ШТРАФОВАТЬ (несов.) **ОШТРАФОВАТЬ** (сов.) **to fine** 1. Ш кого/что за что (Ш водителя за нарушение to fine a driver for a violation) 2. Ш кого/что на что (Ш кого на 500 долларов to fine smb. 500 dollars)

ШУМЕТЬ (несов.) А. (old-fashioned) **to bang, rattle** Ш чем (Ш посудой to rattle dishes) В. **to make a fuss, make noise** Ш о чём (Ш о реформах to make a fuss about reforms; Ш о своих успехах to boast of one's successes) С. *misc.* Ш громко/очень/сильно to make a great deal of noise; Ш из-за пустяков to bicker over trifles; у меня ещё шумит в голове I still have a hangover; её имя шумело на весь мир her name used to be on people's lips all over the world

ШУРШАТЬ (несов.) **to rustle** Ш чем (Ш газетой to rustle a newspaper)

ШУТИТЬ (несов.) **ПОШУТИТЬ** (сов.) А. **to joke, fool around** 1. Ш с кем/чем (Ш с товарищами to fool around with one's friends) 2. *misc.* Ш весело/добродушно to joke good-humoredly; Ш ехидно/зло to mock/ridicule; *чем чёрт не шутит anything can happen; *Ш с огнём to play with fire В. (only imperf.) **to make fun of** Ш над кем (Ш над приятелем to make fun of a friend) С. (only imperf.) **to neglect** Ш чем (Ш здоровьем to neglect one's health; Ш своим будущим to jeopardize one's future)

Щ

ЩЕГОЛЯТЬ (несов.) **ЩЕГОЛЬНУТЬ** (сов.)
A. **to flaunt, show off** Щ чем (Щ эрудицией
to flaunt one's erudition) B. **to strut around,
show off** Щ в чём (Щ в новом платье to strut
around in a new dress)

ЩЁЛКАТЬ (несов.) **ЩЁЛКНУТЬ** (сов.) A.
to flick, slap Щ кого/что во что/по чему (Щ
ребёнка в лоб/по лбу to flick a child on the
forehead) B. **to click, crack, snap** 1. Щ чем (Щ
каблуками to click one's heels; Щ затвором
фотоаппарата to click the shutter of a camera;
Щ языком to click one's tongue; Щ кнутом to
crack a whip) 2. *misc.* она щёлкает зубами от
холода her teeth are chattering from the cold;
град щёлкал по окнам the hail pattered on the
windows

ЩИПАТЬ (несов.) **ОЩИПАТЬ, УЩИП-
НУТЬ, ЩИПНУТЬ** (сов.) **to pinch** Щ кого/
что за что (Щ мальчика за ухо to pinch a
boy on the ear)

ЩУПАТЬ (несов.) **ПОЩУПАТЬ** (сов.) **to
feel** 1. Щ кого/что чем (Щ ткань пальцами
to feel a fabric with one's fingers) 2. *misc.* (Щ
глазами to look over

ЩУРИТЬСЯ (несов.) **to squint** Щ от чего (Щ
от солнца to squint in the sun)

Э

ЭВАКУИРОВАТЬ (сов. и несов.) **to evacuate**
1. Э кого/что куда (Э госпиталь на восток
to evacuate a hospital to the east; Э детей в
тыл to evacuate children to the rear) 2. Э кого/
что откуда (Э раненых с фронта to evacuate
wounded from the front)

ЭКЗАМЕНОВАТЬ (несов.) **ПРОЭКЗАМЕ-
НОВАТЬ** (сов.) **to examine, test** Э кого по
чему (Э студентов по математике to exam-
ine/test students in mathematics)

ЭКОНОМИТЬ (несов.) **СЭКОНОМИТЬ**
(сов.) **to economize, save** 1. Э на чём (Э на
питании to economize on food) 2. *misc.* Э ста-
рательно to practice strict economy; *Э на
спичках to pinch pennies

ЭКСПЕРИМЕНТИРОВАТЬ (несов.) **to
experiment** Э над кем/чем *and* с кем/чем (Э
над/с морскими свинками to perform experi-
ments on guinea pigs)

ЭКСПЛУАТИРОВАТЬ (несов.) **to exploit**
misc. Э жестоко/нещадно to exploit cruelly

ЭКСПОРТИРОВАТЬ (сов. и несов.) **to
export** 1. Э что куда (Э товары за границу
to export goods abroad) 2. Э что откуда (они
экспортируют трактора с западного побе-
режья США в Китай they export tractors
from the West Coast of the USA to China)

ЭМИГРИРОВАТЬ (сов. и несов.) **to emigrate** Э куда (Э в Канаду to emigrate to
Canada

Ю

ЮЛИТЬ (несов.) A. **to flit, move quickly** Ю
где (Ю между цветами to flit among the
flowers; Ю на/по земле to move quickly
across the ground) B. **to ingratiate oneself,
play up to** Ю перед кем (Ю перед начальством to play up to one's superiors)

ЮРКНУТЬ (сов.) **to dart, slip** Ю куда (Ю в
щель to dart through an opening; Ю под
дверь to slip under a door)

ЮТИТЬСЯ (несов.) A. **to huddle, nestle; to be
cooped up** Ю где (на пригорке ютилась
деревушка a small village nestled on the hill-
side; Ю в небольшой комнатке to huddle in
a small room) B. *misc.* Ю у знакомых to be
spending time with one's friends

Я

ЯВЛЯТЬСЯ (несов.) **ЯВИТЬСЯ** (сов.) A. **to appear, come, report, show up** 1. Я куда/к кому/где (Я в школу to show up at school; Я на работу to show up at work; Я в суд to appear in court; Я к врачу to show up at a doctor's office; Я к директору to report to a director; Я на собрание to appear at a meeting; Я в Нью-Йорке to show up in New York) 2. Я откуда (Я с работы to come from work) 3. Я за кем/чем (Я в министерство за документами to come to a ministry to pick up one's documents) 4. *misc.* у меня явилась интересная мысль I had an interesting idea; Я внезапно to appear suddenly; Я неожиданно to show up unexpectedly; Я кому в сновидениях to appear in smb.'s dreams; *Я с повинной to acknowledge one's guilt; *Я на свет to be born

B. **to turn out to be** Я кем/чем (зараза явилась причиной болезни the illness was caused by an infection) C. **to be** Я кем/чем (она является автором нового романа she is the author of a new novel; Я другом to be a friend; Я доказательством to serve as proof; Я необходимостью to be necessary; Я истиной to be the truth; Я смягчающим вину обстоятельством to be an extenuating circumstance; что явилось результатом опыта? what was the result of the experiment?)

ЯВСТВОВАТЬ (несов.) (lit.) (can be impers.) **to be clear** 1. Я из чего (это явствует из её письма this is clear from her letter) 2. Я, что с придат. (из документов явствует, что улики недостаточны it is clear from the documents that there is insufficient evidence)